战争科学论

——认识和理解战争的科学基础与思维方法

胡晓峰　著

科学出版社
北　京

内 容 简 介

针对信息化战争运行机理研究，本书重点讨论战争的科学基础与思维方法问题。战争存在巨大的复杂性，牛顿科学体系下的认识论和世界观已经无法作为信息化战争研究的科学基础。复杂性科学原理和方法，应该成为开启研究现代战争大门的钥匙。了解现代科学的最新进展，建立全新的科学思维模式，研究信息化战争的运行机理，理解战争科学的本质和意义是本书的重点。全书共7章，分别介绍什么是战争研究的科学基础，复杂系统与复杂性科学思想，复杂性研究在复杂网络、大数据及深度学习方面的新进展，信息化战争的科学思维方法，复杂性科学思想与战争研究，从科学思维到科学方法，科学对于战争的意义等内容。

本书可供从事军事科学、社会科学、科技哲学、国防科技、系统工程与管理科学领域研究，或对此领域问题感兴趣的领导干部、研究人员、教师、学生和军事爱好者阅读参考。

图书在版编目(CIP)数据

战争科学论：认识和理解战争的科学基础与思维方法/胡晓峰著. —北京：科学出版社，2018. 1

ISBN 978-7-03-056036-0

Ⅰ. ①战…　Ⅱ. ①胡…　Ⅲ. ①战争理论　Ⅳ. ①E0

中国版本图书馆CIP数据核字(2017)第323775号

责任编辑：魏英杰 / 责任校对：桂伟利

责任印制：赵　博 / 封面设计：陈　敬

科学出版社 出版

北京东黄城根北街16号

邮政编码：100717

http://www.sciencep.com

三河市春园印刷有限公司印刷

科学出版社发行　各地新华书店经销

*

2018年1月第　一　版　开本：720×1000　1/16

2025年9月第十次印刷　印张：27 1/4

字数：550 000

定价：188.00元

（如有印装质量问题，我社负责调换）

前　　言

1997 年，我从国防科技大学调入国防大学，这对我来说是一个巨大的转变：从以工程技术为主的自然科学研究领域，转入了我不熟悉的战争研究与联合指挥为主的军事科学研究领域。国防大学作为国家最高军事学府，不仅担负着培养高级指挥人才、高级参谋人才和高级理论研究人才的重任，而且还担负着国家和军队重大理论研究和决策咨询的重任。因此，如何搞好军事理论与科学方法的结合，就成为我一直在思考的问题。

从那时起，我就一直想写一本讨论战争科学的书。不是因为我对战争研究有多么深的造诣，而是因为我觉得战争研究也应该可以采用科学思维方法和工具，而非仅仅采用逻辑思辨式的哲学研究方法。我坚信，战争也可以是科学研究的对象，就像大自然是自然科学的研究对象一样。但如何去做，我却想当然地认为，只要将自然科学中的数学、物理学，以及信息科学等方法平移到战争领域就可以了。但是，在 2001 年我参与主持了一个战争危机预测预警研究项目，却因为这个想法栽了跟头。战争及社会系统表现出来的巨大复杂性和不可预测性，与我们很多熟知的自然科学规律背道而驰。这让我迷惑不解，继而开始反思：到底应该用什么理论才能作为战争研究的科学基础，那些我们已经习以为常的自然科学理论，究竟适应不适应战争研究的要求。推而广之，一个更大的问题：战争是科学吗？如果是，怎样才能让战争成为科学？如果不是，那么战争还能用科学方法加以研究吗？是不是像对待传统的历史研究、艺术研究、哲学研究那样就可以了？

提出这个问题并不是空穴来风。19 世纪的西方战争理论家约米尼说，“战争并不是科学，而是一种艺术”，但我国著名科学家钱学森却坚定地认为，“战争是一门科学”。现在，我们几乎每个人都会认可战争需要科学的研究方法，但应该建立在什么科学理论基础上却是很多人没有想过的事情。“科学理论难道还有多种？”，这是他们最直接的反应。想起来问这个问题好像有点多余，但遗憾的是，“科学”确实有不同的类型和方法，也有它们的适用范围。也就是说，人们所说的“科学”并不能解决所有问题。举例来说，自然科学方法可能并不适应战争科学乃至社会科学的研究。而且，科学理论也会随着时代的发展而进步，任何理论都不会停留在过去。了解现代科学理论的进展，理解战争的科学基础，掌握科学的思维方法，应该是每一个战争研究者要做的事情。

本书并不是要全面阐述“战争科学”的宏大体系，而是要讨论与战争科学相关的一些我感兴趣的问题，所以书名叫做“战争科学论”。“论”就是讨论的意思。本书以战争的科学基础和思维方法为主要线索，介绍复杂性科学的主要观点，在复杂网络、大数据和深度学习等方面的新进展，以及它们对复杂系统研究带来的作用意义，讨论面向信息化战争的网络化、体系化、大数据和虚拟化四种思维方法，探讨战争研究中面临的复杂性问题，最后回归到“战争科学是什么”的讨论上。前面出版的《战争工程论》的重点在方法学问题上，本书集中在认识论方面，重点讨论如何认识和理解战争的科学基础这个主题。与《战争工程论》有重复的地方尽量简化，并仍然采用“讲故事”的口语化写作手法，力图将枯燥的科学理论融汇其中。尽管这样做似乎不如教科书那般地严谨，但与其枯燥无味的“严谨”而曲高和寡，我宁愿选择大家“愿看”。我非常同意一句话：没有人愿意了解的理论，再高深也是很难发挥作用的。

关于这本书，完全没有在我的规划之中，阴差阳错地开始，万分纠结中结束。之所以如此，有以下几个方面的原因：第一，我一直怀疑自己是否有能力完成这本书。这本书所要讨论的问题横跨哲学、军事、社会和科学等多个领域，即使是浅尝辄止的讨论，但也很难说得十分清楚。第二，我一直怀疑自己是否有体力完成这本书。写书的辛苦早就知道，一旦开始就又是一个“自虐”的过程，将自动丧失任何假日和休息，而我已年逾花甲。第三，我一直怀疑在这个碎片化阅读泛滥的时代，还会不会有人愿意静下心读纸质的书。读书现在恐怕已经成了最容易做但也是最难做的事情，我甚至想过，要不要把我写的东西拆成碎片，用所谓“新媒体”的方式发布。既然如此，还有必要去写可能根本没有人会去读的纸质书吗？

话虽如此，但很多事情并不是自己所能决定的。2013 年底，国防大学开始了新的一轮教学改革，“信息化战争的科学基础和思维方法”成为所有班次的教学内容。可能是因为我的理工科专业背景，以及二十年的战争模拟系统研究和部队演习的经验，学校指定我来牵头讲授这门课程。由于当时工作繁忙，我是百般推辞，但推脱不掉，只好硬着头皮接下任务，开始了《现代科学理论与思维方法——理解信息化战争的科学基础》课程的准备和教学。这之后连续四年的授课，也包括应邀去部队、机关和院校的讲学，让我进行了更深入地思考，并积累了大量教学素材，这些成为了本书的基础。更为重要的是，与听课的各级领导和学员，尤其是和部队指挥员的讨论交流，让我受益匪浅。这些讨论交流，既修正了我过去一些片面的看法，也让我找到了与他们交流的共同语言，我认为这是更为重要的事情。要让那些学科专业背景不同，岗位职责各异的指挥员和领导干部、社会学者能够读懂和理解，就必须能和他们用共同的语言对话。

整整花了四年的时间，这本书终于写作完成了，但已经远远超出了我原先的估计。内容上虽然力图避免太学术化，但还是难免有一些令人费解的人名和术语出现，即使注释也很难说得清楚；叙述上想要完全口语化，但也很难做到所有的内容都朗朗上口，仍有很多生涩之处；字数上原先估计控制在 25 万字左右，但最后却几乎翻了一番，以至于很多内容还是要忍痛割爱。无论如何，书是完成了，如果能有那么一些人在碎片化阅读时代，还真正愿意去读这本书并有所收获，我想我的心愿也就满足了。

我要特别感谢为本书的出版做出了贡献的人。感谢国防大学的校首长和信指教研部的几任领导，他们不仅指明了我研究的工作方向，而且排除了不少杂事干扰，让我能够心无旁骛地专心投入教学和写作。特别感谢赵文华教育长和郑云华副教育长，是他们力排众议，积极支持战争科学和思维方法的研究和教学，书中的很多灵感来源于他们的建议和讨论；感谢后装部路文主任在百忙中审读了书稿，并给出了很好的修改建议；感谢贺筱媛教授、罗批副教授、周文博士、丁剑飞博士、王春政博士认真审读书稿，并提出很多的建设性意见；感谢刘宝书、杨惠云两位女士，她们的认真审读和校对，大大减少了本书文字上的低级错误。也要感谢本书写作过程中参考的所有文献的作者，因为许多都来源于网络和微信，可能存在作者标注错误或根本找不到作者等现象，只能在此一并致谢！感谢科学出版社和魏英杰编辑，你们一丝不苟的工作使本书增色不少。最后，感谢我的父母和妻子，是你们的陪伴和容忍，让我能够把几乎一切时间都放到工作上去。

这可能是我的最后一部书了，但愿真能如此。因此，不希望自己失望，更不希望读者失望，但我要说的是，我确实已经努力了。如若不然，只能请读者多多包涵。如不吝指出谬误之处，也许还能在再版时加以改进。在这里先谢谢大家！

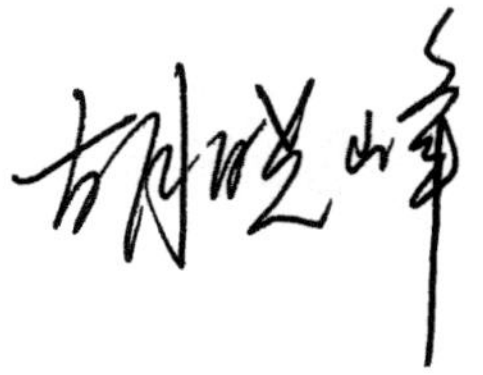

2017 年 10 月于北京红山口

目　　录

第 1 章　战争研究的科学基础是什么

1.1　从经验到科学的战争研究

1.1.1　海湾战争往事

我想先从一段 27 年前的往事说起。

1990 年，伊拉克突然出兵占领了科威特，导致海湾战争爆发。当时我还在国防科技大学的系统工程与数学系任教，对这场战争也仅仅停留在关心这个层面，并没有进行深入的研究。但是，我的一位同事却对这场战争很关注。他是军事运筹学领域一位很有理论造诣的教授，曾用数学方法研究伊朗和伊拉克的“两伊战争”多年，并成功地用数学方程描述了两伊战争的进程和结局，得到了学术界的肯定。这次，他又跃跃欲试，试图再次使用他提出的数学方法，来预测海湾战争的进程和结局。当时的资料来源十分有限，只能通过各种报刊收集材料，最后写出了研究论文，结论是美军会因此陷入长久的消耗战之中，结局可能会与越南战争基本相同。大家知道，越南战争让美国人深陷其中，进退两难，最后不得不灰溜溜地撤军了事。

论文提交到系学术委员会评审，准备正式交由学术会议发表。我恰好是被选中的评审者之一，论文被送到了我的手上。但是，正在我努力学习和理解他的想法并要给出评审结论的时候，海湾战争结束了。很显然，论文的结论与战争的结局完全不符。这位老教授得知后也郁郁寡欢，他始终没有想明白，为什么在同一地区的两场战争进程和结局会如此的不同？虽然以美国为首的多国部队和伊朗军队差别很大，但从参与战争的总人数和总装备上看却相差并不太大，为什么伊拉克与伊朗可以打个平手，而和美国人打就完全不堪一击呢？

其实，美国当时也有很多学者对海湾战争做了预测，说什么结果的都有。我印象最深刻的就是战损，结果其实也不比我们那位老教授预测的好到哪里去。美国人当时采用了两个最著名的模型预测战损结果①，一个叫“波森模型”，预测联军将伤亡 4000～11000 人；另一个叫“爱泼斯坦模型”，预测联军将伤亡 3000～16000 人。这两个模型倒是预测战争会很快结束，不过都会出现消耗战的情况。美国军队自己也准备了几万个收尸袋，估计预测的结果也差不多。但海湾战争的实际结果大家都已经知道了，多国部队仅 147 人死于作战，35 人死于友军误伤，这和预测

①参见迈克尔·欧汉伦著《战争的科学》，任海燕译，军事科学出版社，2013 年版，第 85 页。

结果相比误差实在是太大了。

我讲这个故事，其实并不是要讨论海湾战争应该如何预测，而是想从这件事情探讨一下我们该如何去认识和理解战争运行机理这个问题。我们大家都知道，海湾战争给全世界提了个醒，信息化战争即将来临，所以我们开始重视信息化和武器装备的建设，但不知不觉中我们却忽视了战争机理变化这个更为核心问题的研究。为什么同一地区的两场战争会得到完全不同的结果？这是不是只是由于武器装备的不同带来的？通过观察越南战争、两伊战争和海湾战争这三场不同的战争，战争这个事物的背后到底有什么样的运行机理？到底是什么东西影响了我们对战争规律的判断？

本书就是要从科学认识论的角度，认识和理解战争的科学基础和思维方法，探讨战争，尤其是信息化战争的运行机理这个问题。

1.1.2 战争理论的实践性特点

战争理论的总结起源于实践

人类最早是通过总结经验认识战争的。从原始部落之间的流血冲突，到近代百万大军之间的疯狂搏杀；从冷兵器时代的尸横遍野，到核武器制造出来的恐怖平衡；从面对面的堂堂之阵消耗争斗，到“农村包围城市”游击战的星火燎原；从网络空间的风云再起，到对付恐怖主义的新型战争，这些都给战争研究者带来无穷的源泉和灵感，激发出一代又一代的战争理论。

军事家通过对战争经验的不断积累，从而找到战争的一般性规律，用于指导下一场战争。中国古代“兵圣”孙子，写出了千古不朽的名篇《孙子兵法》；无产阶级革命家军事家毛泽东，从理论上总结出了“农村包围城市”、“持久战”、“人民战争”等具有中国特色的战争理论，创造了人类战争史上以弱胜强的奇迹。西方军事理论家克劳塞维茨①和约米尼②，总结了拿破仑战争的得失成败，克劳塞维茨写出了著名的战争理论经典《战争论》，而约米尼也写出了极具实用性的《战争艺术概论》等书。

这些军事理论家写出的战争理论能够被世人认可并传诵至今，很大程度上是因为他们大多数都是战争的实际参与者。这种对战争的直接经验认识，既反映了战争理论的实践性特点，也反映了战争理论研究者本人的概括和总结能力。他们作为战争的主要决策者或谋划者，能够亲身感受战争中那种变化莫测的不确定性，担负着生死成败巨大责任的压力，从而促进他们对战争经验进行总结并形成

---

①冯·克劳塞维茨，1780～1831，德国军事理论家和军事历史学家，著有《战争论》，被誉为“西方兵圣”。

②安托万·约米尼，1779～1869，法国拿破仑时期的将军，后投奔俄国沙皇，成为俄军上将。其最大的贡献在于军事理论研究方面，撰写了《战争艺术概论》等著作，与克劳塞维茨并称为西方军事思想两大权威。

理论。时至今日，这种直接从战争经验中总结出来的理论，不仅仍然具有很强的生命力，对战争具有巨大的指导作用，而且其理论产生的方式也仍然是战争理论的主要来源。

哲学家、历史学家、经济学家和社会学家等其他领域的研究者，虽然他们可能没有亲身参与或组织战争，但也将战争作为他们的重要研究对象，采用各自熟悉的方法加以研究，用以回答哲学理论、历史评价、经济影响，以及社会发展等各方面的问题。古希腊哲学家赫拉特里特①，就是说出名言“人不可能两次踏入同一河流”的那个人，他认为：“战争是万物之王，可以使一些人成为神，另一些人成为人、奴隶或是自由人”。古希腊历史学家修昔底德②，写出了影响至今的《伯罗奔尼撒战争史》，以他名字命名的“修昔底德陷阱”理论，现在还有人用于预测大国崛起的进程。我们熟悉的无产阶级理论家马克思、恩格斯，也都对战争研究做出了杰出的贡献。

这种主要基于经验和精于思辨的战争理论研究，在近代也有新的发展。美国当代军事历史学家杜派③等率先采用战争历史数据进行定量化研究，创建了美国著名的“军事历史经验主义”学派，对当代的战争理论研究产生了重大影响。他们做的最重要的工作就是把“一战”、“二战”，以及这之间很多战争的数据收集起来，并通过这些量化数据，研究战争的运行规律和机理。军事运筹学中著名的“杜派指数”，也就是“战斗力指数”，就是由杜派在 1964 年创立的一种描述战斗力和作战损耗的量化方法，至今仍被很多学者和部队使用。邓尼根④是著名的兵棋设计大师，美国国防部使用的不少兵棋就是他设计的。邓尼根设计兵棋的一个基本理念，就是要将历史上的战争进程和结果都进行量化，然后编入兵棋规则中，用于对未来战争进行推演。这些做法的本质就是“让历史告诉未来”。

经验理论到底是不是科学?

千百年来，这些战争理论研究者做出了突出的贡献。但不可否认，他们同时也受到所处时代科学思想发展不足带来的局限。战争理论研究依靠的基本还是经验总结和逻辑思辨，得到的还是一些口诀式或警句式的结果。即便是搜集数据

①赫拉特里特，公元前 540～前 470 年，古希腊哲学家。

②修昔底德，公元前 460～前 396 年，古希腊历史学家，著有《伯罗奔尼撒战争史》，提出了著名观点“使战争不可避免的真正原因是雅典势力的增长和因而引起的斯巴达的恐惧”，即新崛起的大国必将与守成大国发生战争，被后人概括为“修昔底德陷阱”。

③T. N. 杜派，又译杜普伊，是美国陆军退役上校，哈佛大学教授，军事历史学家。早年参加过“二战”，后专门从事研究，成为世界军事历史学界的权威。著有 90 多部著作，代表作为《哈珀-柯林斯世界军事历史全书》和《哈珀-柯林斯世界军事人物全书》，在世界军事史学界占有重要地位。

④詹姆斯 · 邓尼根，美国著名兵棋专家，著有《完全兵棋手册》，设计了海湾战争中美军推演用的兵棋。

的分析,也大多停留在“知其然而不知其所以然”的程度。因此,还很难说清楚,战争背后运行的真正机理是什么。这就像当年我在农村当知青向老农学习看天气一样,靠背一些谚语进行天气预报,比如“天上鱼鳞斑,晒谷不用翻”,“朝霞不出门,晚霞行千里”等,这些都是农民上千年积累下的经验总结,是不是准确也没有什么人去追究。如今人们通过气象卫星已经知道了全球云图,知道了台风风眼,也搞清楚了高压脊、低压槽等,了解了这些气象变化的真正机理,才有了准确预报天气的可能。

即使到了今天,战争理论的研究很大程度上也还在这个层面上徘徊,许多战争理论还停留在谚语式的“四六句”方面。大多是以定性的方式说明“是什么”和“为什么”,但对如何用规范的、科学的方法来研究背后隐藏的运行机理却关注较少。比如,我们经常见到的几句话,“信息化战争,信息为主导”,但是信息是如何“主导”的?在哪个环节上起到了“主导”作用?又比如,“人的因素起决定性作用”,人是何时,以及如何起的决定性作用呢?决定性作用又是什么呢?再比如,“体系破击需要打击关键节点”,听上去这些关键节点就应该是像通信枢纽、指挥所、最高领导人这一类,而不会是别的什么节点。但是,它们真的就是体系的关键节点吗?这些问题听起来好像都是一些不证自明的事情,但事实上恰恰最可能的是说不清楚。

我们的战争理论大多数都建立在哲学理解、逻辑思辨和经验认识的基础上。由于这些大多是基于常识的理论,所以谁都可以评说两句,即使看电视的老头、老太太也可以评论伊拉克战争,网络上的“愤青”也可以评论战略局势,指责萨达姆不会打仗,指责政府不懂战略。因为没有坚实的现代科学作为理论基础,也说不清楚战争内在真正的运行机理,所以经常被有人指责为“不科学”。不容否认,严格意义上的“科学”,主要指的是近代自然科学方法,从出现到今天也只有几百年的历史,而战争已经有几千年的历史。尝试用近代自然科学方法去解释战争机理,满打满算也只有不到二百年的时间。所以,要弄清楚战争运行的科学机理,不仅军事理论界研究积累不够,就是科学界在方法手段上也准备不足。

但是,是不是这些经验式的理论就真的不科学了呢?那些指责它们的人是否想过,这些所谓“不科学”的经验理论,比如《孙子兵法》,又为何可以千百年盛行不衰,仍然可以指导今天的战争呢?这中间是否还蕴含着我们现在的科学尚不能解释,或者是还没有去解释的内在机理呢?答案是肯定的,其中的道理后面会慢慢细说。

1.1.3 用科学原理解释战争机理

科学原理和发现对战争的巨大影响

科学的介入在战争中发挥了重要作用。从古代、近代到现代,科学原理的新发现，几乎都被首先考虑用于战争。科学原理有两大战争应用领域：一个是研发武器装备；另一个是解释战争机理。

将科学新发现用于制造武器装备，这个大家比较熟悉。这是因为战争关乎国家的安危，当国家处于生死存亡的关键时刻，谁都希望有撒手锏武器出现，拯救国家于水火，以避免当亡国奴。最典型的莫过于"二战"期间出现的核武器，所以哪个国家都是尽自己最大的能力，不惜一切代价地去发展新型武器装备。正是这个原因，现代主要的重大科学技术进步，很大程度上都是被军事需求牵引出来的。像计算机、互联网、导航卫星、激光技术、核能技术、无人机技术等，几乎都源于对未来战争的准备和发展武器装备的需要。只是在最近这些年，才出现了一些反过来的现象，很多新技术是民间先广泛使用，反过来才转移到军用方面，如自动物流技术、机器智能技术等。

将科学原理用于解释战争运行机理是另一方面。这是将战争研究上升为战争科学的必由之路，但仅有大约不到 200 年的历史，并不是很长。最早将近代科学原理用于解释战争机理的是克劳塞维茨、约米尼和兰彻斯特等。克劳塞维茨在《战争论》中，借鉴了他那个时代最先进的科学理论，也就是牛顿物理学理论，引入诸如"摩擦""重心""阻力"等物理学概念来解释战争现象，因此被称为伟大的社会物理学家。法国将军约米尼，跟随拿破仑多年，系统地总结了拿破仑作战的行动逻辑，也成为赫赫有名的军事理论家。

1914 年，英国飞机工程师兰彻斯特①在英国《工程》杂志发表了一系列的论文，首次提出描述作战行动定量化结果的微分方程，后来被人们称为"兰彻斯特方程"。兰彻斯特方程结合了数学方法和战争经验，一度被认为是战争的"万能数学方程"，成为军事运筹学的重要基本理论。它以微分方程的方式描述了"兵力损耗"、"集中兵力"等经典作战理论，尽管并不是十分精确，但与战术原则基本匹配，至今仍有人不断将其扩展，应用到很多作战理论研究方面。这可能是最早以数学方程方式表达出来的作战理论，而在这之前没有人会认为，作战行动能够用数学公式的方式表达出来。著名科学家钱学森把这种方法称为半经验半理论方法，说它既反映了人类的战争经验认识，又具有数学理论上的严密，比较符合战争理论的特点。

博弈论是用数学方法研究战争的另一个重要学科。创造博弈论的冯·诺依曼②是一个数学家，但是这个学科却并不属于数学。另一位研究博弈论为大家所

①F. W. 兰彻斯特，1868～1946，英国飞机工程师，1915 年提出著名的"兰彻斯特作战方程"。

②冯·诺依曼(J. von Neumann)，1903～1957，出生于匈牙利，后加入美国国籍，普林斯顿高等研究院研究员，美国国家科学院院士。20 世纪最重要的数学家之一，在现代计算机、博弈论、核武器和生化武器诸多领域都有杰出建树的最伟大的科学家之一，被后人称为"计算机之父"和"博弈论之父"。

熟知的是传奇数学家和经济学家纳什[①]，电影《美丽心灵》说的就是他的故事。纳什的贡献在于他给出了纳什均衡，也就是在完全理性条件下博弈双方会在什么时候停下来。博弈论虽然被经济学家运用最多，但冯·诺依曼创立博弈论的初衷却是为了分析战争和国际关系。在20世纪前半个世纪，世界都是战争，他重点研究零和博弈，也就是可区分输赢的博弈方法，就是可以理解的了。以色列有个博弈论数学家叫马席勒，当年在美国搞出了谈判集概念，可用于战争谈判对策，所以中央情报局很长一段时间都对他进行特殊保护，生怕苏联人把他给弄走。这是因为当时这些博弈论方法被认为是一种战争逻辑，谁理解深透谁就会占据主动。2005年有两位经济学家获得诺贝尔经济学奖，一位是以色列的奥曼[②]，另一位是谢林[③]，都是因为用博弈论方法改进了对冲突和合作的理解。其实说白一点，就是他们用博弈论冷静地分析了冷战的局势，提出合适的战略威慑理论，并取得很好的效果。谢林曾将他的理论用于古巴导弹危机分析，其决策建议被肯尼迪政府采用，逼迫苏联撤走了部署在古巴的导弹。奥曼的诺贝尔奖获奖演说题目就是"战争与和平"，可见他们的研究对于战争的重大意义。

第二次世界大战期间产生的军事运筹学在作战研究中发挥了重要作用，为战争胜利立下了汗马功劳。尤其是在作战方案分析、战争规划评估等方面，展现出了科学计算的魔力，一直沿用至今并被大大发展。它被认为是将数学方法应用于战争分析的典型代表性学科，在战后甚至很快被推广到工业界，成为科学管理的重要工具，并诞生了运筹学这门新学科。很多人很容易弄混，以为军事运筹学是从运筹学中诞生的一个分支，事实上运筹学是从军事运筹学中诞生出来的，而且军事运筹学也不是运筹学的分支，是军事学的一个分支。Operation Research 原意就是"作战研究"，是钱学森将其翻译成了"运筹"，取其"运筹于帷幄之中，决胜于千里之外"的含义。

将数学方法用于作战分析，军事运筹学界一直是中坚力量。这些年突然"火"起来的作战任务规划，各级各方面都在努力研发和运用，实际上就是军事运筹学多少年来一直呼吁并努力在做的事情。只是这些呼吁和努力不如高层的关注，高层一关注事情就好办了。可是为什么高层会突然关注了呢？据网络传说是因为在和外军的对抗演习中吃了亏，才发现原来我们信奉的那套经验理论，在未来战场上未必能够经得起作战考验，别人靠小小的作战规划系统就可以使你未战先败。还没有站上角斗场，就已经倒在了台下，还谈何"狭路相逢勇者胜"呢？

---

①约翰·纳什，1928～2015，美国著名数学家、经济学家，博弈论的创始人，1994年获得诺贝尔经济学奖。

②罗伯特·奥曼，1930～，以色列和美国(双重国籍)经济学家，2005年获诺贝尔经济学奖。

③托马斯·谢林，1921～2016，美国经济学家，2005年获诺贝尔经济学奖。

更为重要的是，与其他科学原理用于研发新装备不同，作战规划系统并不是什么新的武器装备，而是对作战行动的科学控制和管理，前提是对作战行动机理的深度理解。有了它即使装备落后也能发挥更大的作用，没有它就可能使打仗盲目，行动缓慢，科学的力量在这里发挥得淋漓尽致。大家开始重视作战规划系统，我觉得是个好事，说明现在各级认识到科学方法对作战研究的重要性，是个重要进步。

科学方法意味着“精确”和“确定”?

不管是武器装备研发，还是战争机理研究，大家都认为应该采用科学的方法进行。一个基本的共识就是：世界万物都必须遵从科学规律，只要我们掌握科学规律，就可以解释世间的一切，包括武器装备，也包括战争本身。因为战争机理就应该是客观规律的反映，而这个规律就应该以一种明确的、量化的科学方式反映出来。但这个规律到底是什么？用哪种科学方式来表示？要搞清楚却并不容易。

因此，出于“科学”的目的，一部分人一直渴望将战争机理的研究尽可能地与数学的精确性和确定性结合起来，解释和揭示战争的普适法则和原理，认为这才是科学。这些人在美国被称为机械唯物论学派，也叫技术至上主义学派，他们迷信数学和数字，相信世间万物运行背后都有数学公式主导，一切结果都可以通过条件分析得出。其中最著名的代表，就是20世纪60年代出任美国国防部长的麦克纳马拉为首的一批“神童”，他们在“二战”期间利用数学方法解决了不少作战问题而功勋卓著，因此就将其推而广之，试图应用于战争的一切，结果铩羽而归。

同样，即使是从完全理性模型出发建立起来的博弈论，后来也产生了有限理性模型，也就是假定人不可能完全理性。还有人抛开数学模型，直接从实验入手，专门通过研究现实中人们如何博弈，看看究竟会出什么样的结果，并寻找这些决策中的规律，这就是后来发展起来的行为博弈论。因为很多经济学家发现，人在现实中决策不可能完全理性，也不会只用数学分析，很多情况下就是凭着感觉行事，所以理性的分析和最终的决策存在差距，研究这个差距就非常有意义。但是，为什么会产生的这个差距，就众说纷纭了。

20世纪80年代，这个技术至上主义学派与杜派为代表的历史经验主义学派经常爆发冲突，互相指责。一派说经验主义纯属瞎扯，不懂科学；另一派则说数学分析不接地气，脱离实际。两派势不两立，闹得不可开交。最后还是由美国国防部的一个副部长亲自出面，专门去调停两派的冲突。他说，你们这两个学派都是服务于美国国防部的，各有各的优长，所以大家还是求同存异吧。双方这才偃旗息鼓罢兵了事。闹到这个程度，对于崇尚“民主自由”的西方人来说还是比较少见的，可想而知这两个方法对立的尖锐程度。

那么，究竟什么才是科学的方法呢？是不是一定要“精确”和“确定”才能算是真正的科学呢？这又是一个需要我们探讨的问题。这让我想起有一些人在讨论科学方法时，也认为只有量化、确定和精确才是科学的，而且喜欢引用恩格斯的那句名言："任何一门科学的真正完善在于数学工具的广泛应用"来加以证明。其实，恩格斯说得一点都不错，强调了数学工具对于科学的重要性，但他并没有说凡科学必须"精确"和"确定"，数学也不能与"精确"和"确定"画等号，只是一种科学工具而已。

那么，我们怎么会有这样的看法呢？不管是经验理论，还是数学理论，将它们用于战争理论研究，到底哪种正确哪种不正确呢？他们能成为战争理论的科学基础吗？这就要从我们的科学世界观、认识论谈起了。

1.2　牛顿科学范式的起源与内容

我们是如何认识和理解世界，怎样思考解决问题的？很多人可能并不能说得清楚，但我们却一定会不自觉地按照某种方法去做。这就是科学世界观和方法论，它决定了我们如何看待这个世界，以及采用什么方法去解决相关的问题。也可以这样说，科学世界观和方法论是我们思维的底层密码，是它决定了我们的思维模式，而这种思维模式是在我们长期受教育的学习过程中逐渐形成的。那么，我们的思维模式是什么样的呢？事实上，我们绝大多数人的思维模式，基本上都是建立在笛卡儿-牛顿科学体系基础之上的。笛卡儿-牛顿科学体系，又被称为"牛顿科学范式"，它起源于300多年以前的欧洲文艺复兴后期。

1.2.1　走向科学时代的科学方法①

带来"光明"的牛顿

1686年注定是历史上一个伟大的年份。这一年之所以伟大，只是因为一本书的诞生，这本书成为了划分黑暗中世纪和走向科学时代的分水岭。这本书就是艾萨克·牛顿的《自然哲学的数学原理》，它揭开了人类走向理性时代的序幕。同时代的英国诗人亚历山大·蒲柏②写给牛顿的墓志铭如下：

> 自然和自然法则在黑暗中隐去。
> 上帝说，让牛顿来！一切又变得光明起来。

为什么说牛顿将人类带入了理性的世界？这是因为，在牛顿之前，人类对于

---

①参见吴军著《文明之光》，人民邮电出版社，2014年版；胡泳等《牛顿、爱因斯坦以及量子力学》，《IT经理世界》，2014年23期，第88-89页。

②亚历山大·蒲柏，1688～1744，英国著名诗人。

自然规律的认识还非常有限，自然科学体系也不完整，数学方法更是薄弱。人们对大自然的认识充斥着迷信和恐惧，比如像太阳月亮为什么东升西落，扔出去的球为什么会落回地面，这些在今天简单得小孩都会回答的问题，在几百年前人们却是无法认识的。即使最理性的科学家在讨论问题时，也免不了用教条主义的方法加以说明，比如“这是亚里士多德[①]说过的”，“这样才符合上帝创造世界的本意”等。

牛顿用他的成就告诉人类：世界万物是运动的，这些运动都遵从特定的规律，而这些规律又是可以认识的。他创造出来的牛顿力学和微积分方法，将宇宙万物的运行规律囊括其中，一切都可以在给定条件下进行计算并且得出结论。他可以计算出太阳明天会在何时升起，扔出去的球会在何处落地。这对当时的人们来说，无异于神迹再现、上帝现身。每一个普通人都可以用牛顿创造的方法，得出过去只有上帝才知道的结果，这不是奇迹什么才是奇迹！所以，这个时候的人们可以自豪地说，我们终于可以理解这个世界了！一切都可计算，蒙蔽人类双眼的夜色散去，世界变得理性起来，人们就有了自信。所以，才有了蒲柏“一切又变得光明起来”的那个诗句。

其实，在牛顿之前的近千年历史中，科学思想和方法已经开始逐步成长。从古希腊时期开始，哲学家就开始思考大自然的运行法则。那时候的各种文明，对科学方法的应用是自发的而不是自觉的，人们对什么是科学，什么不是科学的理解也很含糊。正如《文明之光》作者吴军所言，“那是一个科学与巫术共存的时代”，尤其是中世纪，充斥着黑暗、迷信和非理性。比如，他们认为，当时天体运行估计是圆形的，因为这是天堂的完美形式。古希腊的科学观由哲学家建立，缺少实验精神，而更多是审美的诉求。到了中世纪，亚里士多德的科学观和托勒密[②]的“地心说”被宗教所采用，成为描述天堂和地狱的依据。16世纪，哥白尼[③]和开普勒[④]分别利用算法技巧对宗教宇宙观发起挑战，“地心说”在数学上被推翻，“日心说”掀起了新的知识革命。但是，真正对后世物理思想产生重大影响的是当时非常年轻的伽利略[⑤]，他对亚里士多德科学观的反驳采用的方法是实验，最著名的当属比萨斜塔的落球实验。这个实验的意义极为深远：科学只应该处理能被证实的事情，直觉和权威是没有意义的。科学终于摆脱了空想和计算，带着实验精神取

①亚里士多德，公元前384～前322，古希腊最伟大的哲学家、教育家和科学家之一，被认为是集古希腊哲学之大成者。

②克罗狄斯·托勒密，约90～168，罗马帝国统治下的天文学家、地理学家和占星学家。

③尼古拉·哥白尼，1473～1543，文艺复兴时期的波兰天文学家、数学家和神父，提出了著名的“日心说”。

④约翰尼斯·开普勒，1571～1630，杰出的德国天文学家、物理学家和数学家。

⑤伽利略·伽利雷，1564～1642，意大利数学家、物理学家、天文学家，近代实验科学的奠基人。

得了前所未有的进步。

伽利略去世的同年牛顿诞生，所以有人开玩笑说牛顿是伽利略的转世。按武侠小说的逻辑来看，“转世”的功力必强于“前世”，所以牛顿的出现才将一切前人的局部贡献转化为普适的定律。牛顿提出的力学三大定律，奠定了经典力学基础；发明的微积分方法，建立了现代高等数学；提出的万有引力定律，又奠定了现代天文学基础。自牛顿开始，物理学就一直在构建一个日益精巧，且以力学为基础的世界观。整个宇宙被假定为一个巨大的机械钟表，所谓“科学”就是无限地去发现隐藏其中的错综复杂的运转细节。借助力学、热力学、光学等方法，物质世界的每个方面，原则上都可以想象为一个巨大的、联动的、合乎逻辑的机械装置的一部分。每一个物理原理都能产生可预知的结果，而每一个结果又都能追溯唯一的原因。所有这些就形成了以牛顿思想为代表的科学世界观。

牛顿最直接打破的是中世纪物质世界和精神世界合一的世界观，认为世界上任何地方都应服从物理定律，这一点让教会的宗教势力很恼火：这把上帝置于何处？更重要的是，以牛顿为代表，其前后的很多科学巨匠，如伽利略、笛卡儿、拉瓦锡①等，一起创立并发展出了一整套的科学方法和科学世界观，极大地影响了人类发展的方方面面，使世界脱离了蒙昧，走向科学时代。甚至可以说，伟大的工业革命都是牛顿定律的产物。

笛卡儿的《方法论》

说到科学方法和科学世界观，就不能不提笛卡儿。牛顿科学范式的全称就是笛卡儿-牛顿科学体系，笛卡儿还排在前面，说明他的重要性。这个笛卡儿其实大家都很熟悉，就是我们在中学学习数学时所用坐标系的发明人，所以那个坐标系叫做笛卡儿坐标。但是笛卡儿在中国哲学界的名声不太好，他的哲学思想经常被认为是唯心主义的代表，他的很多名言大家可能熟知，如“我思故我在”、“大胆假设，小心求证”等。

很多人不知道的是，牛顿在数学上的很多成就都来源于笛卡儿，解析几何就是笛卡儿建立的，打通了几何学与代数之间的关系，牛顿就是在此基础上完善了笛卡儿的解析几何学，得出天体运行数学定律。牛顿那句很有名的关于站在巨人肩膀上的话，全文实际是这样的：“如果说我比笛卡儿看得更远一些，那是因为站在巨人肩膀上的缘故”。牛顿说的这个巨人就是笛卡儿。在牛顿之前，很多自然科学结论是没有经过验证的假设和教条，别人信不信在很大程度上取决于说话人权威的高低，而不是看逻辑和证据，这一现象在牛顿出现后得到了根本的转变。牛顿理论的科学方法论基础就是笛卡儿奠定的。

①安托万-洛朗·德·拉瓦锡，1743～1794，法国贵族，著名化学家、生物学家，近代化学之父。

笛卡儿著名的《方法论》一书，系统阐述了科学的研究方法，并由此为科学研究所遵循。他研究问题有四个关键点：第一，绝不盲从，不接受任何自己不清楚的“真理”，只有那些没有可疑之处的命题才能被认为是真理；第二，分解问题，越复杂的问题，越要分解为多个简单的小问题来解决；第三，先易后难，按照先易后难的顺序解决问题，简单问题的答案可能为复杂问题提供条件；第四，再次综合，将已经解决的小问题综合起来，看看是否解决了原来的大问题。大家想一下，这是不是我们今天的科学研究还会采用的方法？当然是的。可见笛卡儿理论的影响力有多大。

笛卡儿特别强调两点：一是“批判怀疑”的重要性，“大胆假设，小心求证”，一切都可怀疑，无论你是什么来头，名头有多大，但求证要非常小心，要凭证据说话；二是逻辑的重要性，一切推理必须符合逻辑，虽然对同一事物每个人的看法可能不同，但通过逻辑得出的结论必须是相同的，并能从实验中得到解释。笛卡儿的这两点，后来成为所有科学的基础论点之一。牛顿发展并完善了笛卡儿的自然科学研究方法，他也强调一切从实验和现象出发，并且把实验和数学推理相结合作为基本手段，巧妙地运用归纳法和演绎法得到科学结论。

笛卡儿总结的科学研究方法，将过去自发的研究过程和方法，上升到了理性的层面并加以推广，影响了后来的众多科学家。因此，他被西方学术界认为是开创科学时代的“祖师爷”之一。他的墓碑上刻着这样的文字：

> “笛卡儿，欧洲文艺复兴以来，第一个为人类争取并保证理性权利的人…”。

所以，我们现在常说近代科学体系为笛卡儿-牛顿科学体系，就是因为他和牛顿的重大贡献。他们以及后来的一大批科学家，共同在各自的领域里做出了重要贡献，而且奠定了科学的认识论和方法论基础，为我们的世界第一次描绘出一个清晰的科学蓝图。

1.2.2　牛顿范式的“一法两观”

笛卡儿-牛顿科学体系的出现，不仅创造了理解世界万物的科学原理，而且还在认识论、方法论上形成了被广泛认可的科学思维基本范式，也就是所谓的牛顿科学范式。正是这个范式，不仅让我们形成如何看待世界的科学世界观，而且让我们形成如何进行研究的科学方法论，主导了我们的研究方法和思维模式。其主要内容我把它概括为“一法两观”，即还原论方法、绝对时空观和因果对应观，它们的核心思想就是认为这个世界是“确定的”。

还原论方法：“砖石”组成了世界

还原论方法就是说在这个科学体系下，任何事物都可以通过分解和还原进行认识,也就是我们通常所说的 1+1=2,即整体等于各部分之和。这包含两个方面的含义,一方面是世界的组成,另一方面是认识的方法。

首先,在这个理论体系下,认为这个世界的组成是确定的。因此,了解世界本质的一个自然而然的方法,就是找到组成所有物质的基本构件。了解了这些基本构件的性质,就了解了它们所组成物质的性质。几百年来,科学研究的很大一部分就是在寻找这些基本构件,也就是所谓的基本粒子。例如,宇宙中的所有物质都是由分子和原子组成的,水就是由水分子组成的,一个水分子又是由两个氢原子和一个氧原子组成的;原子又由基本粒子组成,如质子、电子等,再往下就是夸克、胶子等更小的粒子单位。后来物理学家干脆“弄”了个基本模型,物质最后可以认为是由 62 种不同的粒子组成,2013 年找到的号称“上帝粒子”的希格斯粒子,就是最后一种。这就像世界是一堵石墙,组成墙的是各种砖石,而砖石又是由沙粒等组成。这里讲的是关于对世界组成的看法,因为可以分解,也可以还原,所以也称为还原论思想。

同样,这个确定性世界可以通过不断分解的方法去认识。不管什么事物,当这个事物很大很复杂的时候,可能难以一下全部认识,但可以把它分解拆开,分成小一点的部分再去看,如果还是不能认识,还可以继续分解,一直分解到我们认为能够认识它。然后,回过头来再把它逐层组装回去,形成更高层次的理解。这样,我们就可以认识和理解任何复杂的事物和难题。比如,很多人小时候都背着父母拆过闹钟,就是想看看它到底是怎么一回事,但大多数人都组装不回去了,最后挨一顿揍了事。所以,这种方法被称为“还原论方法”,讲的是方法论。从上面可以看到,笛卡儿在总结科学研究方法时,提出的就是这种方法,它其实是一种很自然的做法。

还原论虽然是一种哲学思想,但一直是物理学研究的主导思想,因为物理学家总希望可以将更多的理论整合到一个理论中,将一切现象都归纳并还原在这一理论中。他们的努力也获得回报,让人们更深入地理解了宇宙中的基本规律,但后来也发现,过度的分解还原可能最后并不能提高对复杂问题的解决能力。

绝对时空观:“宇”和“宙”

既然在牛顿科学体系下认为世界是确定的,那么空间和时间就是绝对的,这就是绝对时空观。在这里,时间和空间是两个完全独立的概念,彼此之间没有联系,两者之间相互绝对独立,而且一切物理规律在这个时空中都不会发生改变。也就是说,空间和时间之间是不可能发生相互转换的。我们在研究任何事物时,所做的假设必然是默认了这个观点。

这正是我们很自然能够感觉到的现象。我们看到的空间,如果画个坐标系的话,那它就是一个三维空间。而时间则是另外一个维度,就像河流一分一秒地流逝，延续不断，“逝者如斯夫”，不因为我们的感慨而减缓流逝。古人也是这么认为的，庄子说：“四方上下曰宇，古往今来曰宙”。宇宙其实就是对时空的描述，时间上无始无终，空间上无边无界，都是按物理定律运行的客观世界。

这种确定性的时空观其实还隐藏着一个假设，那就是任何物质总是可分的。庄子也说过：“一尺之棰，日取其半，万世不竭”，一尺长的木棍每天取一半，也是永远取不完的，也就是说什么东西都是可以不断分解下去的。这虽然是朴素的哲学思想，但反映的其实就是绝对时空观。

因果对应观：拉普拉斯的“妖”

牛顿科学范式认为，任何事物运动的原因和结果必须一一对应，任何结果都一定能找到原因，而特定的原因一定引发特定的结果，这是不容改变的，也是它最重要的一个结论。比如，牛顿发现万有引力定律，也是寻找因果关系的结果，从行星运行轨道这个结果，找到了万有引力这个原因，这就是所谓因果对应观。

从因果对应观其实可以得出两个推论，一个是所有的结果必然是精确的，另一个就是所有的结果必然是可以重复的，进而是可以预测的。由此还可以进一步推论出“只要条件足够，就可以预知未来”的决定论观点。

得出“结果必然精确”的结论是很自然的事情。因为牛顿发展出来的各种物理学定律，都是建立在物理规律基础上的数学方法，只要给定条件，通过公式就可以算出精确结果。反之，如果知道了结果，应该也就可以找到是哪些原因引起了这个结果。天文学家预测哈雷彗星 76 年后回归，太阳系行星运行轨道的偏差导致海王星的发现等，都有力地证实了这些因果关系的正确性。这是一个非常理性的结论，而不是某些宗教所谓的无法查证的因果报应。按照这个观点，既然可以算出天体星辰的运转，也应该可以精确地算出其他任何事物运行的确定结果，只要你给出足够的条件和数据。所有出现的不精确，要么是因为条件数据不够，要么是存在计算的误差。

得出“结果必然可以重复”的结论也是很自然的。因为条件决定了结果，相同的条件必然决定相同的结果，所以结果是可以重复的。因而，知道了条件，结果也是可以预测的。也正是这个观点，确立了现代科学方法中最重要的结论，就是重复和预测。在这个结论下，任何科学理论都必须做到能够重复和预测，并以此为证明，否则就会被认为不是科学，甚至伪科学。这也成为了牛顿科学范式最具代表性的结论。

这个理论最坚定的支持者就是拉普拉斯①，我们在很多数学书里都见过以他

①皮尔-西蒙・拉普拉斯，1749～1827，法国数学家、天文学家，是天体力学的主要奠基人，应用数学的先驱。

名字命名的拉普拉斯变换。大家可能不知道的是，拉普拉斯曾任巴黎军事学院数学教授，当过拿破仑的数学老师，与拿破仑的关系十分密切。他曾在一本著作中写道："我们可以把宇宙现在的状态视为其过去的果以及未来的因。如果一个智者能知道某一刻所有自然运动的力和所有自然构成的物体位置，假如他也能够对这些数据进行分析，那宇宙里最大物体和最小粒子的运动，都会包含在一条简单公式中。对于智者来说没有事物会是含糊的，而未来只会像过去般出现在他面前。"说白一点，拉普拉斯认为，只要给定足够的初始条件，未来的一切都可以算出来，所以这也被称为决定论。他说的那个智者被后来的人概括为"妖"，因为只有"妖"能够什么都知道。所以，这个结论有时也被称为拉普拉斯的"妖"。

很多物理学家是坚定地相信决定论的。但是，从这个结果可以得到一个推论，那就是我们这个世界的一切都是事先决定好了的，因为原因和结果一一对应，这样往前可以一直追溯到宇宙的起源，往后还可以预知无穷的未来。因此，根据这个理论，在宇宙刚刚诞生的时刻，一切事情都已注定。更基础一点的会质疑，如果决定论正确，那么"宇宙运行的第一次起点在哪""人是否还有自由意志"等等。其实，这个观点本质上就是认为世界的一切都是确定的。

1.2.3 牛顿科学范式的影响和质疑

牛顿科学范式被无限制的推广

牛顿科学范式，也有人将其称为机械思维模式。其核心思想可以概括为几句话：一是这个世界是确定的，无论是组成内容，还是运动规律；二是因为是确定的，所以规律是可表达的，并且是精确的，无论是用简单公式，还是用逻辑语言；三是这些规律是普适的，应该放之四海而皆准。这种确定性、精确化的世界观和方法论，它开始主要针对的是自然科学研究，尤其是物理学的研究。但由于其影响深远，加上几百年来的自然科学教育，后来使其远远超出了自然科学的范畴，基本上被社会默认为是标准的科学范式和认识论方法，统治了世界几百年。

这样，一个见怪不怪的现象就出现了：很多物理学概念被引入社会科学、经济学、军事学等非自然科学领域，来解释一些并非物理学的现象。比如，写出《国富论》的著名经济学家亚当·斯密[①]将引力的概念引用政治经济学中，他所说的市场发挥了"看不见的手"的作用，其实就是引力作用的另一种描述。还有人提出社会物理学的概念，很显然是要把物理学概念和方法，引入社会科学研究中。前面说过的《战争论》作者克劳塞维茨，也同样用物理学概念来描述作战行动的过程，当

①亚当·斯密，1723～1790，苏格兰人，经济学的鼻祖，提出古典经济学、现代自由市场、劳动分工等概念，对后来的经济学发展和经济学家产生了很大的影响。

然他也意识到了用研究“死”的物质对象的物理学方法，来研究人与人之间“活”对象的战争，存在着不可调和的矛盾，因而非常地纠结。

同样，这些物理学的世界观和研究方法，也被无限制地推广到其他领域。比如，分解研究已经被认为是科学方法，在哪里都不假思索地被采用。再比如，物理学要求任何研究结果必须能够严格地重复，并且能够通过理论计算就“预测”出结果。如果做不到，就一定会被认为是不科学、不严谨，甚至还会被认为是伪科学。前些年，很多科学家在讨论什么是伪科学时，能够精确地重复预测一定是一个重要标准，而不管你研究的是自然科学问题，还是其他什么学科领域。可见牛顿科学范式“一法两观”的影响之大！

其实，大家这样想也是有道理的，因为我们眼中的周围世界不就是这样吗？但是，如果掉过头看一看，牛顿科学体系下的世界观和方法论，到底适不适合自然科学以外的对象，比如说社会科学、经济学，甚至战争科学领域呢？实际上，还可以质疑，它是不是适合于自然科学的全部对象呢？从目前的科学进展来看，这还真是一个问题。

对牛顿科学范式的质疑

当把牛顿科学范式推广到其他领域时，有很多自然的“推广”，但也会有人质疑。拿“重复预测”这个最重要的标准来说，使用牛顿科学体系的方法，在所有领域都能够做到吗？

比如，经济危机能够预测吗？如果可以预测的话，经济学家就不会总是成为别人调侃的对象。因为某些经济学家在大众眼里，基本上就是些“光说不练”的天桥把式，或者“一练就废”的废才。据说，有的经济学家因为其经济学理论获得诺贝尔奖，但当他按照其理论拿着奖金去炒股、炒期货时，一两年的功夫就全部亏光了。还有好事之徒研究这些年的美国经济，结果发现每当美国总统的经济顾问委员会主席因种种原因空缺时，便是美国经济发展的最好时期。一旦主席在位，经济就开始下滑，尤其是一批经济学大腕掌管时，贫困率更是以可怕的速度增长。你说这又是什么原因？如果用牛顿科学理论来看，这经济怎么这么缺乏理性呢？你说这是因为理论错了，还是经济还有没被发现的规律？

更让物理学家匪夷所思的是，2013 年的诺贝尔经济学奖居然颁给了两种截然不同的理论。简单地说，就是美国经济学家尤金·法马[①]教授认为市场价格是有效的，完全可以反映市场实际，而罗伯特·席勒[②]教授则认为市场是有泡沫的，并不能反映市场实际。当然，瑞典皇家科学院的颁奖理由是为现有对资产价值的认

①尤金·法马，1939～，美国经济学家，芝加哥大学布斯商学院教授，2013 年诺贝尔经济学奖获得者。
②罗伯特·席勒，1946～，美国经济学家，耶鲁大学教授，2013 年诺贝尔经济学奖获得者。

知奠定了基础,但认知是什么,本身就不是一个确定性的结果。两个完全不同"相互矛盾"的理论,居然同时得到诺贝尔奖。而且这还不是第一次,据说 1974 年也可以算作一次。这在物理学家眼里简直就是不可思议,有点逆天的感觉。不同的原因就应该得出不同的结果,怎么还会是同一个结果呢?这在牛顿科学体系下,绝对是不可想象的事情。

再比如,社会动荡能够预测吗?总是有人试图利用牛顿物理学的方法来预测未来社会政局的发展和变化,总觉得应该能够找到某种规律性的东西,揭示出社会运动未来的变化。即使找不到某种有理论依据的公式,找到某种经验公式也好啊!总之,还是认为这个世界应该是确定的,是可以预测的。但是,有谁预测到了乌克兰的社会动荡,当西方那些政要们跑到基辅的独立广场去煽动群众推翻政府时,又有谁预测到普京会突然出兵克里米亚,而这恰好是西方那些人最不想见到的事情。更让西方蒙羞的是,当年他们信誓旦旦要推翻叙利亚巴沙尔政权的时候,是否预测到了伊斯兰国的崛起,让美国人和欧洲人在伊拉克、叙利亚如此应接不暇?

更有意思的是,当几乎所有的媒体和专家无论是根据经验,还是根据什么民调数据,或者是某种什么理论计算,都预测希拉里将战胜特朗普当上美国总统时,特朗普却当选了。用他们的话说,这是"飞出了一只大大的黑天鹅",狠狠地打了所有人一个耳光。即使有的人预测正确了,是不是就是说明他的算法永远就是正确的,将来的预测也还会是正确的呢?

还有战争,也有同样的问题。我们大家都知道有一句古话,叫做"战胜不复"。就是说,你用这个方法打胜了一场战争,下一次再照此去打,可能就不一定取胜了,而且可能还会失败。这是因为,下棋可以有一个固定模式,只要不变,结果必然一样。但战争没有固定模式,不会出现完全一样的两场战争,即使同样的人、同样的理论、同样的打法,也可能会有完全不同的结果。正是这样,我们曾经想找到某种数学公式或经验公式,来预测战争效果或胜负的想法成为泡影。这又是什么原因呢?

其实还可以举出更多的例子和疑问。这一切都可以归结为一个问题:我们为什么不能像预测彗星回归、预报天气那样,来准确地分析、预测和解释这些与社会、经济和战争有关的问题呢?我们可以通过了解油量预测这个汽车开多远会停下来,但我们能不能找到预测社会动乱的确切日期,确保股市一定赚钱的软件,确保战争一定取胜的数学公式呢?为什么这些社会、经济和战争的问题就失去了物理世界本应有的确定性,变得神秘莫测了呢?到底还有没有不以人的意志为转移的战争运行机理?为什么牛顿范式对于自然界可行,而对人类社会却不行?换句话说,用什么科学范式才适用于社会领域包括战争领域的研究呢?

1.3　超越牛顿科学范式

1.3.1　催生认识论进步的百年世纪①

科学的进步总是最重要的驱动力，推动人类社会走向更高的阶段。但科学的进步也总是那么无情，使得前人曾经引以为豪的东西总有一天会黯然失色。你方唱罢我登场，各领风骚数百年，三百年后，牛顿科学体系也到了需要重新审视的地步。这是因为 20 世纪的几项重大科学发现，严重动摇了牛顿理论的科学基础。要理解这一点，就必须介绍那些物理学方面的科学进展，但这些物理学概念极为抽象，常人一般难以理解。我并不是物理学家，所以只能根据自己的理解进行通俗化描述，也许并不十分准确，但也不至于错得离谱，只要理解了结论就好。

制造"时空穿越"的相对论

第一个是相对论，打破了"绝对时空观"。1905 年，爱因斯坦提出狭义相对论，他认为，光速是恒定的，且是速度最快的物质。他抛弃了世界绝对静止的概念，认为整个宇宙都在运动，只是快慢不同而已。比如，地球也在高速运动，只是由于我们身在地球上感觉不到而已，牛顿也是在这样相对静止的参照系中得出其物理定律。但是，如果在爱因斯坦的运动体系下，尤其是速度接近光速的情况下，很多物理定律就会发生改变。比如，在两个高速运动物体之间相互观察时，对时间的测量就取决于观测者之间的相对运动。如果光速还要在所有参照系中保持不变，唯一的办法就是将空间压缩，或者是将时间压缩，因此时间和空间之间就应该可以相互转换。这样，时间就变成相对的了，空间自然也就变成相对的了。这就彻底改变了牛顿的绝对时空观，将时间和空间联系到了一起，而不是绝对的独立。

狭义相对论的另一个重要定律是，质量和能量也可以进行转换。这是因为空间和时间随物质运动而变化，质量也会随运动而改变，所以质量和能量之间也应该可以相互转换，这就产生了著名的质能方程 $E=MC^2$。这个方程就更不得了了，它就是制造原子弹最基础的理论依据之一，彻底改变了人类社会的发展进程。

1915 年，爱因斯坦又完成广义相对论，使时空完全突破了物理学家惯常依赖的先验模式，成为动力学演化的场，彻底改变了主导宇宙的万有引力逻辑机制。爱因斯坦还预言了引力波的存在，结果在 100 年后的 2016 年终于得到证实。更为奇妙的是，在爱因斯坦的理论里，牛顿的万有引力定律只是其中的一个特例。这说明，爱因斯坦完成的是对牛顿的一次继承和超越。

正是在爱因斯坦的相对论之后，理论物理学家又衍生出了更匪夷所思的黑洞

①参见胡泳等《牛顿、爱因斯坦以及量子力学》，《IT 经理世界》，2014 年 23 期，第 88-89 页。

理论、虫洞理论等。很多科学幻想小说或电影都借此制造奇特的效果。比如，电影《星际穿越》里，飞船就是利用了宇宙中的黑洞和虫洞穿越了不同的星系，当宇航员父亲归来时，自己的女儿已经是耄耋老人了。这部电影是由著名物理学家基普·索恩[①]参与编剧并指导拍摄的，被认为是最符合现代物理学理论的科幻电影。这个基普·索恩绝不简单，他是世界上最著名的理论物理学家，在黑洞理论、引力物理等方面是绝对的“大牛”。他还是领导引力波探测的三人组成员，并在2017年获得诺贝尔物理学奖。

理解相对论绝对需要非凡的想象力。当年爱因斯坦就说，全世界只有三个半人能理解这个理论，这当然是句玩笑话。但爱因斯坦绝对是个千年一遇的科学天才，他在1905年一年就发表了6篇论文，这些论文至少可以让他获得3个诺贝尔奖，而当时他年仅26岁。他发表的关于光电效应的文章，成为了量子理论的奠基之作，并因此获得诺贝尔物理学奖。发表的关于测量分子大小的论文，为他获得了博士学位。两篇关于布朗运动的论文，成为分子理论的里程碑。“论运动物体的电动力学”的论文，就是后来如雷贯耳的狭义相对论。之后，他又发表了关于物体惯性和能量之间关系的论文，对狭义相对论做了进一步说明，并提出著名的质能方程。

所以，科学界将1905年称为奇迹之年。彼时，被誉为“热力学之父”，曾担任英国皇家学会会长的开尔文[②]勋爵，刚在1901年的一次著名演讲中说过：“当前，物理学中已经没有什么新东西可以发现了，剩下的事情就是把测量做得越来越精确而已。”这倒也不是开尔文勋爵目光短浅，而是时代又到了该变迁的时候了。正如当年牛顿的出现打破了传统限制一样，爱因斯坦再次划破了固有思维的天空，为科学开辟出一个更加广阔的空间。我想，这就是天才之于人类的存在意义吧。

薛定谔的猫与女神的“滚”

第二个是量子力学，打破了因果论、还原论、实在论等一系列牛顿科学体系下的基本常识。这就更是一个让很多人弄不懂的理论，但却真正地改变了我们的世界。简单地说，我们现在这个信息化社会，就是拜量子物理学所赐。所谓量子，是一个物理学的概念，是由德国物理学家普朗克[③]首先提出来的。作为不可再分割的基本粒子，量子就是能够表现出某物质或物理量特性的最小单元。这么说可能

①基普·索恩，1940～，美国著名理论物理学家，加州理工学院教授，是引力物理和天体物理学领域的权威，2017年获诺贝尔物理学奖。

②开尔文勋爵，原名威廉·汤姆森，1824～1907，爱尔兰数学物理学家，格拉斯哥大学教授，被誉为热力学之父，1890～1895担任英国皇家科学院院长。

③马克思·普朗克，1858～1947，德国物理学家，量子力学的创始人。20世纪最重要的物理学家之一，1918年获诺贝尔物理学奖。

谁也听不懂，但只要记住这是一个能代表微观世界性质的最小单位，它既可能是某种粒子，也可能是某种能量。而这些量子的性质也完全不同于我们熟悉的经典物理世界，其中最明显的区别可能不是非此即彼，而是某种诡异的叠加特性。

这个理论也是爱因斯坦参与创建的，前面说过，他第一篇划时代的论文讨论的就是这个问题。爱因斯坦虽然不愿承认自己革了牛顿物理学理论体系的命，但事实上，正是他对牛顿体系时空的重新定义，以及质量与能量的转换，推动了量子物理学体系的建立。但是，爱因斯坦从一开始就总是质疑自己的想法，虽然不能说他反对量子物理学，但他认为量子物理学虽然理论上无懈可击，但总是与他在长期研究中形成的一些固有思维原则不相容，这让他感到万分的纠结。

最让爱因斯坦纠结的是因果关系。1926 年，25 岁的海森堡[①]在柏林和他的偶像爱因斯坦进行过一次谈话，第二年便提出量子力学的基础性概念测不准原理，又称为不确定性原理。海森堡认为，我们能够测量量子的坐标和运动，但是不能同时测量两者。这就意味着，对一个测量值知道的越精确，另一个相关的量就越是测不准，这就迫使我们对一个物体的位置所下的断言不能那么绝对。量子力学里有个双缝实验，居然出现了结果决定原因的情况，或者说量子世界里已经“无所谓因果”了。有个美国电影大片叫《降临》，其中外星人使用的就是这种无所谓因果的语言，是我们这些生活在三维世界的人无法理解的。这就彻底摧毁了牛顿体系的基本原理，用概率性取代了确定性，从而使得因果论彻底失效。

在这个不确定性原理下，最为知名的假说便是薛定谔的猫。这是物理学家薛定谔[②] 1935 年设计的一个思想实验，假想一只猫在盒子里，还有一些放射性物质。然后，这些放射性物质有 50%的概率衰变释放毒气杀死猫，也有 50%的概率不会衰变使猫存活。在这种情况下，经典物理学认为猫只能是生死两个状态之一，而量子力学则认为在不打开盒子时猫处于一种生死两种状态的叠加态，就是既死又活。只有打开了盒子，也就是进行了观察，量子的状态才能确定。换句话说，量子状态比较“怕看”，一“看”量子态就会被破坏，就会成为固定状态了。

这种既生又死的“叠加态”到底是什么，以及为什么“看一眼”都不行，确实不是一般人所能理解的。后来有人用一个网络上的段子进行解释，反倒容易理解了。这个段子大意这样的：

老王在班级三十年同学聚会上，发现自己曾经暗恋多年的女神对

---

①韦纳·海森堡，1901～1976，德国理论物理和原子物理学家，量子力学的创始人，哥本哈根学派的代表人物。他提出的著名“测不准原理”，也称“不确定性原理”，对物理学的发展产生了很大的影响，1932 年获诺贝尔物理学奖。

②埃尔文·薛定谔，1887～1961，奥地利物理学家，概率量子力学-波动力学的创始人，1933 年获诺贝尔物理学奖。

自己也暗恋多年，不由得感慨万千，相谈甚欢。回到家后，一时冲动，向女神发一微信："滚床单不?"女神回信："滚。"老王百思不得其解，这个"滚"字到底是什么意思？于是有人总结说，"当一个妹子让你滚的时候，你永远都不知道她是在叫你真的滚，还是叫你过来抱紧她"。

这个"滚"其实就具有量子理论中的叠加态，具体是什么只有实践了才知道。它的确与薛定谔的猫有异曲同工之妙。

波粒二象性与"上帝不掷骰子"

量子理论的这些特性简直有些不可思议，但后来的大量实验证明事实就是如此。这些结果的产生都是源于所谓的波粒二象性，这是由法国物理学家德布罗意①提出的物质波概念的一种性质。

顺便说一句，这个德布罗意可以说是一个奇才，本来是个研究欧洲历史的文科生，却半路出家考了物理学的研究生。他的五年研究生生涯几乎一无所成，据说写出来的博士论文也就一页多一点，他的导师拿着他的博士论文不知如何是好，就寄给了爱因斯坦。结果爱因斯坦拿着德布罗意的论文倒是觉得很有意思，给出肯定评价。由于有名人肯定，于是德布罗意顺利地拿到博士学位。据说薛定谔就是看了这页论文，苦思冥想一个月，才提出"薛定谔的猫"这个假说，写出著名的薛定谔方程，也从一个不得志的讲师一跃而成一名伟大的物理学家，并获得了诺贝尔奖。当然，这里有戏说的成分，事实上，德布罗意在写出博士论文前，已经发表了 2 篇有影响的论文了，至于博士论文是几页就不是太重要了。因为博士学位证明的是人，而不是论文本身。

德布罗意提出来的是什么呢？从前的物理学家都认为，所有的物理现象都是固态粒子属性的表现，也就是说，都是些具体的、实在的东西，而不管你将它们分得多么微小。但量子理论迫使他们接受这样的事实：固态物质对象到了亚原子层次，就是比原子还小的粒子，就会分解为概率的波状模式，同时具有波和粒子的特性。其实，科学家发现，到了夸克层面，再往下分，是没有实体的，夸克的内部只是能量。这也很好地解释了爱因斯坦的质能方程 $E=MC^2$，为什么能够实现质量和能量的转换。因此，量子的波粒二象性，使得我们在微观层面突然发现，构建我们世界的不再是一个一个实体化的"砖石"了，而可能是某种和光子一样的能量"波"，以概率方式表现出来的，并且受到整个系统的变化支配。

这样，量子物理学一下就推翻了牛顿科学体系中的基础：第一，推翻了确定性理论，导致因果关系不再确定，因而未来也就无法预测；第二，推翻了实在性理论，

①路易·维克多·德布罗意，1892～1987，法国理论物理学家，波动力学创始人，量子力学奠基人之一，1929 年获诺贝尔物理学奖。

也就是粒子固态理论，导致在粒子层面不可再分，组成世界的不再是更小的粒子，而是某种关系，使得还原论失效。如果说牛顿构建的世界是一台齿轮之间高度精密咬合的机器，海森堡带来的世界则是一个混沌的，对结果无法预知的生命体。这意味我们的世界本质上就是一个"不确定的"世界，而牛顿的确定性也只是它的一个特例。如果我们想知道未来，唯有通过行动，因为未来不可预知。

这一点让爱因斯坦非常不爽，他觉得物理学家们认为穷尽一生探索的因果关系，正是我们了解过去和未来的线索。也正是因果关系，让爱因斯坦面对新的知识革命时纠结万分，因为量子力学认为随机性是物理世界的内在性质。没有了因果，科学探索还有什么意义吗？因此，才有了爱因斯坦的名言"上帝不会掷骰子"，意思是因果关系不可能只靠随机概率描述，因为没有什么事情是无缘无故发生的。这句话是爱因斯坦在与玻尔①论战时说的，玻尔当时的回答是，"亲爱的爱因斯坦，请不要指挥上帝干什么"。这个玻尔也是个"牛人"，也是量子力学的奠基人之一，他的儿子和很多弟子都得过诺贝尔奖。

比爱因斯坦更纠结的大有人在，薛定谔、德布罗意等都是因为不能接受量子物理学太多的概率成分和不确定因素，站到了量子力学的对立面。"薛定谔的猫"其实就是薛定谔提出来用于否定量子物理学的，但却成了别人的经典。更有甚者，在量子物理学诞生之初，著名物理学家玻尔兹曼②就因为不能解释经典物理学的局限性，在 1906 年选择了自杀。1933 年，荷兰物理学家埃伦费斯特③因感觉在量子物理学里力不从心，干脆结束了自己的生命。这些人真是把科学看得比生命都重要啊！

量子纠缠与"鬼魅般的超距作用"④

第二个让爱因斯坦纠结的是量子纠缠现象。这又是一个爱因斯坦参与提出，却又不愿意接受，但后来又被证实是正确的观点。

什么是量子纠缠？简单地说，就是两个相关的量子，不管相距多远，一个量子发生状态变化，而另一个量子状态也同时发生变化，就像有什么东西紧紧地将它们拴在一起似地，使它们总是纠缠不休。如果两个量子离得近点还好说，但是科学家发现，量子纠缠与距离无关，不管距离多远，即使相隔几千光年，量子纠缠在理论上都是成立的。我们知道，连速度最快的光 1 秒钟也只能跑 30 万公里，难道

①尼尔斯·玻尔，1885～1962，丹麦物理学家，量子物理学奠基人，著名的哥本哈根学派创始人，1922 年获得诺贝尔物理学奖。

②路德维希·玻尔兹曼，1844～1906，奥地利物理学家和哲学家，热力学和统计物理学奠基人，提出著名的玻尔兹曼熵公式。

③保尔·埃伦费斯特，1880～1933，荷兰物理学家，爱因斯坦的好友。

④参见李小托《量子纠缠：万物皆有默契的可能》，微信公众号《量子科学》，2016 年 6 月。

量子之间的纠缠可以超越光速？简直是不可思议。所以，爱因斯坦虽然从理论上得出这个结果，却将其称为“鬼魅般的超距作用”，不太相信这个结论。

量子纠缠还是在2015年底被荷兰科学家通过严格的实验证实了。量子纠缠在现实中确实存在，而不仅仅是理论的结果。我国科学家已经首先在千公里级上实验实现了量子纠缠，而且还发射了量子卫星来做这件事。这么匪夷所思的理论真是让人难以理解，这让人不得不佩服爱因斯坦天才的大脑，但又不禁思索他又为什么不相信呢？是不是还是因为他的那些科学原则？

量子纠缠这个让人“烧脑”理论被证实，有着更不一般的意义。这个原理最直接的用途，就是应用于保密通信，它可以作为一种加密的手段，而不是通信手段使用。这是因为，量子纠缠只是一种状态改变，并不能传递信息，但通过它可以知道是否有人在“偷窥”这些信息。一旦有人“偷窥”解密，信息的量子态就被破坏，因而接收方马上就会知道。

其实，量子纠缠带来的许多猜想也许更重要。尽管还没有被严格证实，但是已经有科学家认为，我们的世界甚至整个宇宙，在量子层面还存在一种整体关系，这种关系就是由量子纠缠建立起来的，超越了局部时空的限制，在冥冥之中建立起了世界万物之间的联系，可以成为万物关联的理论基础。所以，我们的世界并不仅仅是由某种物质组成的，还包括表达它们之间关系的更复杂的量子纠缠网络。正是这个复杂网络，向我们揭示了这个世界我们还未认识到的那一面。

比如，现在就有人认为，量子纠缠现象可以解释心灵感应、第六感觉等，可以用于建立有关意识的理论，研究脑科学等，让心理学有了物理学的科学解释。从无意识的物质中产生意识，这看起来就是不可想象的事情，但在量子纠缠理论下，这似乎又可以理解了。又比如，还有人认为，也许生命的产生、宇宙的虫洞等，也都可能是量子纠缠的一种特殊形式。所以，许多科学家猜想，量子纠缠理论也许就是我们现在很多谜题的答案所在。

挑战牛顿科学范式的革命

相对论、量子理论可以说是挑战了我们认识的极限。我看给我们带来的更多的还是思维方法上的进步，因为笛卡儿-牛顿的科学世界观是还原论的，在他们看来，宇宙就是一个巨大的机器，没有意识，没有目的，各组成部分之间相互独立，它们之间的相互作用受到时空的限制，可以通过研究个体来认识整体，整体是个体之和。因此，持这种观点的科学家总是试图把世界分解得越来越小，认为通过研究这些个体就可以认识整体。事实也是如此，近300年的科学进步，很大程度上依靠的也是这种哲学理念和科学思维。

相对论和量子理论的出现打破了牛顿的科学思维模式，虽然这两者并没有统一起来。爱因斯坦相对论虽然将牛顿物理学从三维扩展到四维，能量和质量也可以互相转换，但哲学基础基本上还是一样的。而量子理论却是更大的突破，从波粒二象性、不确定性，到量子纠缠，将牛顿的科学方法论基础都打破了。爱因斯坦在他生命的最后 30 年，一直希望将相对论和量子力学统一起来，但最后也没有做到。迄今为止，全世界唯一可能把量子理论和相对论结合在一起的，是所谓的"弦理论"及其延伸出来的"M 理论"，这个理论是纯粹推导出来的，认为世界有 11 维，除了我们熟知的 4 维空间以外，还有 7 维被压缩在很小的空间里面。但是，这个理论至今也没有获得证实，很可能根本无法用已知的方法证实。

并不是所有的理论突破都能被大众接受，量子物理学的地位尤为尴尬。当年牛顿搞出牛顿力学，马上被任命为英国铸币局局长，好像与其专业并不相符，但并不妨碍他名利双收，风光无限，在学术界一统江湖，也算是"学而优则仕"。但量子物理学理论从诞生的那一年起，就连其缔造者之一的爱因斯坦自己都不承认，就更谈不上得到什么好处了。奇怪的是，量子理论虽然一直被人质疑，但总是能够被证明是正确的，这更让人称奇不已。这说明人类的科学思维模式也在不断地前进。

相对论、量子理论打破了牛顿科学世界观的机械思维模式，带来一些全新的观念，这些观念直接影响我们的科学世界观和方法论。第一，时间和空间不是绝对的，而只是相对的，并且可以互相转换，能量和质量也可以互相转换；第二，组成世界的并不是实在的粒子，也可以是能量，在量子层面具有波粒二象性，不是可以无限分解下去的；第三，因果可以是不对应的，具有不确定性的，有些事情本来就可以平白无故地发生，并不需要什么原因，所以并不能从条件就决定结果，这意味着观察世界的传统因果观、决定论会失效；第四，世界各部分并不独立而是关联纠缠的，存在着现在还不清楚的关系，这意味着个体不是整体的基础，反而整体才是个体的基础，任何失去整体的个体也就失去了存在的意义；第五，正是因为这种整体性，才有可能得到 1＋1＞2 的整体性效果，反过来使得分解还原方法失效。

从这一点来看，牛顿科学范式有点显得"只见树木，不见森林"，缺乏整体观念，反倒是中国传统哲学、科学和医学中强调"天人合一"，强调各部分的内在联系，强调整体性等观点，却显得和量子理论有相似之处。是不是有点意思？但是，我也看到有一些人拿着量子理论，来说明一些与科学并不着边的东西，比如证明"佛学"的科学原理，这就有点不着调的感觉。

相对论和量子理论彻底打破了还原论、绝对时空观和因果对应观，支撑起了自 20 世纪初发展起来的新科学。其实，还有很多新的科学进展，如生物进化论、生命科学等，也都不同程度地打破了过去的传统观念。它们挑战的并不是某个传统物理学理论，而是整个笛卡儿-牛顿科学范式，挑战的是基于还原论思想的世界观、认识论和方法论，这就是一场新科学范式的革命。就像牛顿科学体系对人类世界的影响一样，新科学范式带来的也将是全新的世界观。

顺便说一句，认识到不仅只有"分解还原"一种认识世界的方法，也被认为是

20 世纪的重大发现之一。所以说,这是认识论上的一个重大进步。

1.3.2 哥德尔定理

相对论、量子理论等一系列新的科学发现,严重动摇了牛顿科学范式的科学世界观。所有的这一切都直指还原论思想的局限,大家突然意识到,我们的世界并不都是眼中所见的中观物理世界,无论宏观、微观物理世界,还是生物世界、人类社会,并不都遵从牛顿的物理学定律,而应该有更合适的理论加以解释。那么,我们该怎么办呢?

没人能抓着头发提起自己

我们先说一个定理,这个定理叫做哥德尔①定理,是 1931 年被当时年仅 26 岁的奥地利数学家哥德尔首先证明的。这个哥德尔是何许人也?很多人都不熟悉他,但他的大名在科学界却是如雷贯耳,成就绝不亚于爱因斯坦。霍金②就曾经说过,如果外星人来到地球,要告诉他们人类最大的成就是什么,首选的就是哥德尔定理和费马大定理,因为只有这些才是那些智慧高度发达的外星人能够认可的东西。晚年的爱因斯坦和哥德尔成为挚友,他也说过:“我的工作没有什么意思,我来上班就是为了能和哥德尔一起散步回家”。可见哥德尔当时的名气有多大。

哥德尔定理全称为“不完备性定理”,虽然是针对数学问题提出来的,但是我觉得它的哲学意义甚于数学意义,具有一定的普适性。它讲的是什么呢?我只能概括简要地介绍一下。一般说来,我们在思考问题的时候,都可能会觉得搞那么多理论太复杂,最好一个理论就能包打天下解决所有问题。对科学家来说也是如此,总觉得这个世界上最好能够有个什么“大一统”的理论,能把关心的事儿全部囊括进去才好。牛顿就想着能否用他的三大定律解决宇宙所有运动的问题,爱因斯坦也毕生追求能够把强力、弱力、电磁和引力四种力统一起来,建立一个统一场理论。

当时的数学家里也有这么一位,这就是大名鼎鼎的希尔伯特③。希尔伯特是个德国人,一生中贡献无数,可以说是近代数学界的“总舵主”。数学史上留下许多用他名字命名的成果,如“希尔伯特空间”、“希尔伯特问题”等等。如果了解相

---

①库尔特·哥德尔,1906～1978,出生于捷克的摩拉维亚,后加入奥地利国籍,1948 年成为美国公民,是著名数学家、逻辑学家和哲学家,最杰出的贡献是“哥德尔不完备性定理”和连续统假设的相对协调性证明。

②史蒂芬·霍金,1942～,英国著名物理学家,英国皇家学会会员,著有《时间简史》等。

③大卫·希尔伯特,1862～1943,德国数学家,是 19 世纪和 20 世纪初最有影响力的数学家。1900 年,38 岁的希尔伯特在第二届国际数学家大会上,作了题为《数学问题》的著名演讲,提出新世纪面临的 23 个问题,有力地推动了 20 世纪各个数学分支的发展,也奠定了他在数学界的地位。我们熟知的哥德巴赫猜想,就是其中第 8 个问题中的一部分。

对论产生历史的人还会知道,希尔伯特几乎和爱因斯坦同时给出了相对论的数学表达式,但他很大度地将发现相对论的荣誉全部归于爱因斯坦。既然是当时数学界的"总舵主",他也希望能用一个统一的形式逻辑框架,把所有的数学问题统一起来,一劳永逸地消除对数学系统的怀疑,这就是所谓的希尔伯特纲领。但是,年轻的哥德尔却告诉希尔伯特,这是不可能的。

哥德尔当时发表了一篇论文,证明"不完备性定理",这个定理被后人称为哥德尔定理。哥德尔在这篇论文里证明一件事,就是没有哪个逻辑系统是完备的。也就是说,不管什么系统,都不可能在自己的系统内部解决所有的问题,必定存在一些在自己系统内部解决不了的问题。这个问题就是所谓的 bug,要到更大的理论体系内才能解决。比如,牛顿科学理论体系开始时看起来是完备的,但后来发现它不能解决宇宙空间中高速运动的问题,这就是它的 bug,只好建立新的理论体系来解决,这才有了爱因斯坦的相对论。

其实,很多逻辑悖论说的也是这个意思。比如,"我这句话是错的",就是一个相互矛盾的断言,因为这一句话在证明自己的同时又否定了自己。有人形容,这种大一统理论的想法,就像是想抓着自己的头发把自己提起来,是不太可能的事情,只是哥德尔是从数学上严格证明了这一点。他的这个结论如此出人意料,以至于希尔伯特十分沮丧,但也无可奈何。希尔伯特属于他自己的时代,但哥德尔属于新的时代,就是要打破前人的框架,走出自己的道路。哥德尔定理出来以后,从此断了很多人建立大一统理论的念想,在建立理论体系时,都要想一想是否符合哥德尔定理。

哥德尔虽然终结了很多人逻辑完备和相容并存的梦想,但他对逻辑的要求却到了近乎偏执的地步。据说,他在中学时就从来没有犯过任何一个语法错误,因为这些在常人看来无关痛痒的小错,在他那里是无法容忍的。申请美国国籍时需要考试宪法,结果哥德尔研究了一遍美国宪法后却发现宪法中的不完备处,而且根据这个漏洞可以推理出美国会成为独裁国家。最后到了面试时,他就跟面试官一直较劲,要不是爱因斯坦及时出面想尽一切办法调解,恐怕他的美国国籍也成问题。哥德尔晚年患有严重的精神疾病,爱因斯坦的去世对他打击很大,一直幻想有人要毒杀他而拒绝进食,最后实际上是被饿死的,死时体重不到 60 斤。就是这样一个伟大的人物,最后也没有逃脱自己的生存逻辑。

跳出原有系统,跳出传统思维

哥德尔的这个定理告诉我们,没有哪个系统能够解决所有问题。如果一个系统有 bug,你也许能够发现或者能意识到,但未必就能解决它。只有跳到这个系统之外,在一个更大的系统中,才能把原来的系统和 bug 整合到一起,使它们能够在逻辑上重新相容,这就叫跳出系统。从思维角度来看,这就是跳出思维,也就是跳出传统思维。所以，bug 是悖谬点，也是一个能够突破传统思维的机会点。

事实上，当年牛顿就是跳出了亚里士多德的思维模式，挣脱了中世纪黑暗的宗教迷信羁绊，才给世界带来理性的光明。爱因斯坦也是跳出了牛顿的经典物理学思维，才创造出一个全新的科学世界观。跳出地球，我们看到了宇宙的浩瀚；跳出工业时代，我们才看到了信息时代的多彩。同样，只有跳出传统思维的羁绊，我们才能从新的角度去思考未来战争的发展。

在这种时代变迁的时刻，最需要改变的首先就是思维，因为思维是决定我们科学世界观的底层密码。著名管理学家德鲁克[①]曾说过，一个企业只能在企业家的思维空间之内成长。同样的道理，我想一支军队也只会在指挥员的思维空间里成长，一场战争也会在不同战争研究者眼里有所不同。这就是改变思维的全部意义。

但是，改变思维并不是一件很容易的事情。传统的思维已经根深蒂固，所以看什么东西都会用已有的思维模式去套，自觉不自觉地回到老路上去。真正能跳出原有思维、原有系统的，只有极少数人才能做到，而这些人往往都是智者和勇者。“系统之内是常识，系统之外是见识”，常识人人都有，但见识却未必如此。要想做到这一点，需要的不单单是智力，还需要勇气。我们大多数人只是遵循前人给我们留下的常识做判断，还以为自己是独立的、创造性的，其实只是随波逐流而已。

所以，如果你想成就一番伟大的事业，想要留下自己的印记而不是别人的脚步，就要勇于跳出原有思维和系统。尤其是，当我们面对的是一个不确定的未来时，更应该如此。

未来为何是“不可预测”的？

说到这里，我们需要先打破一个传统思维：未来是确定的。有人总是说，“未来是不确定的”“未来是不可预测的”，这到底是什么意思？人类不是预测过哈雷彗星的回归，不是预测过太阳光线的弯曲吗？但请注意，这个未来说的是人类的未来，但为什么这样说呢？这其实是哲学上一个很重要的论断，是卡尔·波普在 1944 年就提出来的，影响到了后来的很多人和很多理论。

哲学家卡尔·波普[②] 1944 年在他的《历史决定论的贫困》一书说，人们看到物理学、天文学的成功，看见它们能够准确预测行星的运行，就萌发了“用科学原理预测人类社会发展”的想法。其实，直到今天这仍是很多人的梦想，包括很多人看

---

①彼得·德鲁克，1909～2005，原籍荷兰，后移居美国，美国著名管理学家，被誉为现代管理学之父。

②卡尔·波普，1902～1994，奥地利裔英国人，当代西方最有影响的哲学家，批判理性主义学派的代表人物，曾出版《科学发现的逻辑》、《历史决定论的贫困》等著作。

到大数据、计算机技术的进步，就更是抱有这个坚定的信念，认为人类一定能够对人类社会规律有足够的了解，从而实现预测人类未来的目的。但是，波普用坚实的逻辑论证说，这是不可能的，因为人类社会和物理学是完全不同的事情。

卡尔·波普用哲学论证的三段论逻辑来说明这个道理：第一，所有人都会同意，人类的知识和看法，都会对人类的行为产生影响，因而这些行为就会改变人类社会；第二，人类知识是会增长的，总有一些知识只有到了明天才会知道，但今天并不知道明天会发现什么新知识；第三，这个今天不知道明天才会知道的新知识，也会影响人类的行为，从而改变人类社会和世界。这些不可预测的新知识会如何改变世界，也是无法预测的。因此，人类社会的未来就是无法预测的。

多么简洁的论证。人类社会的未来完全不可预测。这和物理学的决定论观点是完全不同的。这其实也是社会科学和物理学之间的本质区别，即物理学对象并不会产生新知识，从而不会去改变物理学定律。人类会产生出新知识，从而也就可以改变未来的人类社会。

听到这个结论，很多人马上就会产生很多的疑问：战争决策不就是要靠预测才能做出的吗？但未来不可预测，是不是我们就无能为力了？过去不是已经有很多人预测到很多事情吗，你怎么能说未来不可预测呢？不可预测是不是“不可知论”？等等。这其实就是本书后面要重点讨论的内容：到底应该如何看待我们所处的世界？我们所处的世界到底是简单的、可预测的，还是复杂的、不可预测的？在这里先提一下这个问题，其实就是为了说明，未来是不确定的，而这个不确定性是具有本质性特点的。

1.3.3　应对不确定的未来

对于当年的海湾战争，美国人和多国部队是准备大打一场的，据说光收尸袋就准备了几万个。但是，战争的发展绝对出人意料，联军仅以 100 余人的代价就取得胜利，其中许多人还是出事故死的。伊拉克战争也差不太多，但仗打完后却陆陆续续地又死了 4000 多人。那么，未来的战争又会是怎样？我们只能猜想，但不能确定。只要你想充当“先知”预告未来时，未来就总会给你一个绝对意想不到的结果。正如前面所说，未来是复杂的，未来是不确定的。

两部兵书与第一性原理①

大道至简。在我们追求的真理中，有一类是很独特的。它们的相似之处在于，既要简单，又要普适，而且描述的又是最基本的原理，其他都可以看成是它的

①参见物理学家张首晟的演讲《危机来源于知识分散，科学跨界能带来更大价值》，微信公众号《混沌研习社》，2016 年 4 月 10 日。

推论,这就是所谓的第一性原理。理解了第一性原理,就可以使我们从本质上理解事物,从而能够用简单的原理对付复杂的环境。同样,我们理解战争,也首先需要去理解战争的机理,而战争机理是由科学原理来解释的。这些科学原理就构成了战争的第一性原理。那么,我们为什么要关注第一性原理呢?

19世纪初,拿破仑带领法军打败了欧洲列强,改变了欧洲的态势,并上台称帝执政,法国进入了拿破仑时期。随后,欧洲列强多次处于混战之中,拿破仑经过两次下台两次复辟,随后在滑铁卢败北,至1815年,历史上所称的拿破仑战争才算结束。战争之后,出了两本兵书,都是对拿破仑战争的总结。但从这两部兵书最终的结局来看,我们就可以看出第一性原理的价值之所在。

第一本兵书是《战争艺术概论》,由拿破仑手下将军约米尼所著,书名也有翻译成《战争的艺术》的。因为拿破仑在战争中总是取胜,那时就是一个"战神",所以大家认为,他的将军写的书必然管用。虽然约米尼后来投奔了俄国,但这并不妨碍他理论的传播,而最后也是俄国让拿破仑吃尽了苦头。因为拿破仑战争和此前所有的战争都不一样,特别是大炮在战争中发挥了举足轻重的作用,拿破仑本人就是炮兵出身,这在当时也算是"高技术"兵种。所以,这本书非常详细地介绍了怎么摆炮布阵,以及如何应对雨天等各种不利的气象因素等。这些经验介绍出来以后,大家都觉得非常有用,很快就变成了畅销书,各个国家的军官都争相购买。

第二本兵书叫《战争论》。这是大家现在比较熟悉的一部著作,由普鲁士军官克劳塞维茨所写,但当时却没有什么名气。虽然克劳塞维茨也官至柏林军官学校校长,少将军衔,至少也相当于现在的陆军指挥学院院长,这部书也是他潜心研究了拿破仑战争130余次作战行动的呕心沥血之作,但因为普鲁士几次被拿破仑打败,那就是手下败将啊,写出来的书还会有谁去看呢。况且,这书还是他死后由他妻子整理的,内容也不是很规整,而且也没有什么经费,所以能够出版就算是谢天谢地了。

但是,200多年过去了,两部兵书却显现出了不同的结局。第一部约米尼的《战争艺术概论》,已经没有了什么名气,而第二部克劳塞维茨的《战争论》,却为他赢得了"西方兵圣"的美誉,即使在今天,仍被评为影响世界的100本最重要的图书之一。这是因为,战争在演变,武器在更新,约米尼总结出来的经验虽然当时很有用,但也只是特定时期的特定经验,没有什么普适意义,所以只能辉煌一时,难以永久持续。而且,约米尼认为战争和政治没有关系,应是自成体系,很显然是错误的。然而,《战争论》则相反,克劳塞维茨从更基本的哲学原理去研究战争,将政治、军事、外交和民众都统一了起来,才真正抓住了战争的内在核心本质。比如,战争是政治的继续,就是其中最重要的论点之一。他还特别强调人的因素和精神作用,给出的基本作战原则,比如"集中兵力原则",至今还被军事理论家奉为圭臬。

著名物理学家张首晟①说过一段话，我觉得很有道理：伟大的思想往往能够脱离载体而存在，真理的本身与发现和创造它的人无关。追求真理就要远离权贵，即使是“败军之将”的理论，也可能远远地高于那个时代。诚哉斯言！

《战争论》能够长久不衰，这就是第一性原理的作用。它当时是从哲学原理这个最基础层面研究战争的，因为当时现代科学体系还未完全建立，更未广泛普及，尽管克劳塞维茨已经大量引用物理学的概念来解释战争机理。今天，我们对战争机理的理解，恐怕不仅需要从哲学层面，而且需要从科学层面进行解释了。

理解战争的科学思维方法

所以说，要想了解现代战争运行机理，首先需要理解现代科学原理和思维方法，因为这就是认识战争的第一性原理。而过去牛顿科学体系下的认识论和世界观，不仅在自然科学领域需要发展和完善，而且也无法作为现代战争理论的科学基础。相对论、量子力学等一批20世纪的科学发现更新了我们的科学世界观，那么什么样的科学理论才适应现代战争理论研究的需要呢？我认为，复杂性科学的原理和方法，就是我们认识和理解现代战争的那把钥匙。

复杂性科学，也被称为新科学，应该是研究战争的新的科学基础。建立起全新的科学思维模式，研究信息化战争的运行机理，理解战争科学的本质和意义，就是本书所要讲的重点。这就需要回答以下几个问题。

第一，我们应该如何看待世界，看待战争？这实际上是建立科学世界观、科学战争观的问题。是从科学原理的角度，而不是通常的政治意义或哲学意义角度，去理解世界和理解战争，是本书的重点。这实际上是一个认识论的问题。本书将重点介绍复杂性科学思想，以及如何利用复杂性科学思想去理解战争复杂系统。

第二，什么才是研究战争的科学方法？这实际上是一个方法论问题。具体的方法我在《战争工程论》一书中已经进行了重点介绍，所以本书还是以认识论为重点，讨论什么是科学思维和科学方法，应该如何建立科学的思维模式，并将其用于战争的研究。本书重点介绍复杂网络、大数据、深度学习三种复杂系统的研究工具，以及隐藏在它们背后的如何理解复杂性的原理。

第三，我们应该如何科学地思考战争问题？本书并没有讨论传统的“求异思维”、“形象思维”和“直觉思维”等哲学上的思维问题，这样的书籍已经非常之多，而是从科学原理出发，介绍对信息化战争影响最大的“网络化思维”、“体系化思维”、“大数据思维”和“虚拟化思维”等。实际上就是将这些思维方法作为范例，讨

①张首晟，1963～，美国华裔科学家，斯坦福大学教授，中国科学院外籍院士。2007年发现量子自旋霍尔效应。

论如何建立科学的思维模式，以及如何应用到实际战争研究之中。

第四，讨论一个更基本的问题，什么是科学？什么是科学方法？战争是科学吗？如何才能将战争变成科学？战争科学与自然科学有什么异同？这个问题很早就被提出来过。比如，约米尼就认为，“战争并不是科学，而是一种艺术”，但钱学森却认为，“战争是一门科学”。很显然，约米尼和钱学森并不是生在同一时代，我们又应该如何去理解这些先人的见解呢？

科学的战争思维“有什么用”

科学思维是坚毅的理性思维。什么是理性思维？就是说，在这里，任何道德的、宗教的或是经验的东西都没有用武之地，它只相信证据和逻辑，通过观察、比较、分析、综合、抽象和概括，完成整个思维过程。这是一种建立在证据和逻辑推理基础上的思维方式，是人类思维的高级形式，也是其他领域思维的基础形式。因此，建立科学的战争思维，也必须建立在理性思维的基础上。

建立一个新的战争思维模式非常难，这是因为传统力量的惰性太强大。很多人喜欢成熟的东西，不喜欢打破现状，这点在战争领域尤甚，在相对落后的国家里更是如此。恩格斯说：“我们任何一个创新对付的都是保守阶层的惰性，而这个阶层往往就在军队的内部”，可见恩格斯早就预见到了这一点。一位英军上校在1839年也说过同样的话：“没有哪个行业会比军队更守旧惧变了”。美国战略学者萨缪尔·亨廷顿[①]说：“在一个先进国家里，军队往往是最先进的那一部分；而在一个落后国家里，军队则是最保守的那一部分”。可见创新战争思维模式有多难。

建立基于现代科学思想的战争思维模式更难。中国是一个历史悠久、文化辉煌的古国，但也是一个缺乏科学传统的国家。有文化不等于有科学，自古以来崇尚的是名人和名言，喜爱的是器物和技艺，而非这些事物背后的科学原理。即使到了科学如此普及发达的今天，我们很多人仍然喜欢收集名人警句，最热门的仍然是各种武器装备，只是随着时代的不同，从飞机、大炮、机关枪，转换到了卫星、飞船、航空母舰。总是以为，只要有了这些装备，打胜仗是必然的事情。

过去我们对战争背后科学机理的思考非常表面化，基本上是人云亦云，往往是“知其然而不知其所以然”。比如，我们天天在研究美国人打的各种战争，研究他们发明的诸如“网络中心战”之类的战争理论，但其实并没有真正弄懂其中的科学原理。其实，别人的现象对你没有什么用处，要挖出它背后的思维才是关键。现在的世界变化得如此之迅速，战争形态转化得如此之快，是我们过去从没有遇到过的事情。要想应对这既不确定又越来越复杂的未来，只有建立起科学的思维模式，才是正确的途径。

---

①萨缪尔·亨廷顿，1927～2008，美国当代著名政治学者，因著有《文明的冲突》而闻名于世。

也有人对科学思维的实际作用提出质疑。有一次，我给学员上完课，有学员就提出了这样的问题："科学思维有什么用？能教会我们如何打胜仗吗？"我就给他们讲了下面一个故事。

> 第一次世界大战前，牛津大学有位信奉黑格尔哲学的著名哲学教授，名字叫 A. J. 史密斯。老先生在第一堂课时对诸位学生说，你们将来会从事各种各样的职业，我要告诉你们的是，在我这门课上，你们将学不到任何技能，不管在哪一方面都不会有丝毫用处。"但是有一点我可向你们保证：如果你们从头到尾听完我的这门课，你们将总能看清楚人们什么时候在胡说八道。"

同样，战争科学思维的学习也是如此，可能不会告诉大家怎样指挥，怎样判断，更不会告诉你怎样取胜，但是它却可以告诉你如何进行科学的思考，在许多习以为常的地方去问为什么，将知识转变为智慧；告诉你什么人说的什么话是违反科学原则的，什么人是在胡说八道；它也可以告诉你，沿着什么样的道路，也许你会有不一样的发现，从而提高你辨别方向的能力。

第 2 章　复杂系统与复杂性科学思想

2.1　复杂性与复杂系统

相对论和量子理论等 20 世纪一系列的科学进展，告诉了我们一个最直接的结论，就是原有的牛顿科学范式出现了 bug，按照哥德尔定理，就必须建造更大、更完善的科学范式去修补它。这就出现了复杂性科学，研究对象也从简单系统变成了复杂系统。复杂性科学对牛顿科学最基本的改变，就是从它将世界看成是钟表式的冰冷机器，转化为了相互关联的“活”的系统。这是一个本质性的重大转变。

2.1.1　如何看待世界、看待战争

理解复杂性科学，首先需要调整我们看待世界、看待战争的方式和角度。系统论告诉我们，世界是由大大小小的系统组成的，大如宇宙银河、地球大自然，中如航空母舰、工业基础设施，小如计算机、钟表，或者是几个东西组合起来的茶杯、旗帜、自行车等，也可以是复杂的人体系统、经济系统、社会系统，或者是战争系统等。不管怎么划分，一般来说，这些系统基本上都可以分为两类，一类是简单系统，另一类是复杂系统。

简单系统和还原论思维

简单系统也可以称为简单性系统，实际上就是那些可以做到所谓“1＋1＝2”的系统，也就是可以进行分解还原的系统，如机器系统。一辆自行车，你可以把它拆成一堆零部件，然后还可以再把它组装起来，它不会变成什么别的东西。即使是非常复杂的航空母舰这样的大的机器，也可以把它拆开，然后再组装起来，它的性质和功能仍然不会改变。简单系统的特点就是“整体等于各部分之和”，研究了系统的每一个局部，就可以知道系统的整体是什么样的。

简单系统具有可分解再还原、结果可重复、因果关系明确、状态稳定、可预测等特点。这些系统基本上都是线性系统，因为可以线性地描述它的输入输出，即小动因产生小结果，大动因产生大结果。简单系统有一个很重要的特点，就是只要知道了方程及其初始值，就可以计算出方程变量的未来值，这意味着我们只要能够用数学模型描述一个系统，就能从其初始状态准确地知道它的未来。比如，我们找到了哈雷彗星的轨道方程，就可以通过计算知道它何时可以回归。

对简单系统进行解释的理论基础就是牛顿科学理论，最重要的思维方法是基

于还原论的机械思维。在这种机械思维方式下,任何事物都是可以分解还原的,任何结果都是可以重复再现的。世界就像一个巨大的钟表,结构虽然复杂,但可以分解还原,运行虽然多变但仍然可以预测,关键是能否找到对应的“公式”。对问题的求解也是一样:我们可以把一个复杂的问题分解,如果需要还可以继续分解,直至可以解答;然后对各部分求解,最后把结果累加起来,就能得到问题的整体解答。所以,它的本质是决定论的,未来是可知的。概括来说,简单系统的思维方法就是还原论思维,主要表现为机械观、决定论、因果观、可预测和确定性。

复杂系统与复杂性思维

复杂系统也可称为复杂性系统,就是那些所谓“1+1≠2”的系统,整体不等于各部分之和,研究每一个组成部分并得不出整体性质,必须从整体出发才能知道。从性质来看,它是非线性的,具有因果关系不简单、结果不可重复、状态混沌等特点,因而不能用还原论方法进行研究,比如人体、网络、社会、经济、战争等,都属于这一类系统。

什么叫“得不出整体性质”?以人体为例,大家知道,现在科学家已经完全弄清楚了我们身体中的所有成分,比如在分子水平上,是由水、脂肪、蛋白质和无机物组成;在原子水平上,是由氧、碳、氢、氮、钙、磷等元素组成,这些已达 99%,再加上一些微量元素。但是,虽然这些都清楚了,可是活人和死人有什么区别呢?他们身体的成分一点也没有改变啊!表示一个人是“活着”的性质又在哪里存放着呢?所以,生命就是一个整体性质,你只研究有多少分子、多少原子是没有用处的,更重要的是,你还要研究它们之间的关系、组成方式等这些整体性的东西。其实,凡是有生命的系统,比如人群、社会、军队,甚至是动物组成的群体,以及由人主导的系统,如经济、交通或战争系统,也都具有这个特点。

所以说,像人体这种复杂系统,你用还原论的机械思维是没法理解的。还原论认为,世界是“机器的世界”,个体是整体的基础。而复杂性理论认为,世界是“信息的世界”,个体之间的关系才是整体的基础,关系才是最重要的。在这一点上,倒是量子理论和复杂系统性质比较符合,所以也有人认为应该用量子理论来解释复杂系统。

与简单系统思维相反,复杂系统的思维是复杂性思维,也有人称之为整体性思维,它具有动态适应性、不确定性、涌现性、非线性等非还原论性质,以及由此带来的组分相互关联、结构自组织、结果不重复、不可预测等系统特点,这些都与简单系统的机械思维完全不同。显然,思维上的这个转变是巨大的。很多人一时难以理解,仍然习惯用简单系统思维去看待复杂系统问题还浑然不觉,或者是认识到了复杂性,但最后又回归简单系统方法去解决问题,其结果可想而知。

战争是典型的复杂系统

如果我们把与战争相关的各种要素看成是一个有机的组合,这就是战争系统。将战争看成是一个内部各要素相互作用的系统,有利于我们去认识和研究战争的系统性质和整体效果。这里所说的战争系统主要是针对战争时期而言的,其中不仅包括与战争密切相关的军事系统,也应该包括与战争时期相关的政治、经济、社会和环境等各个相关系统,但是不包括与战争时期不密切的相关内容。

顺便说一句,我们用“战争系统”而不是“军事系统”,用“战争科学”而不是“军事科学”这些术语,既有扩大领域范围,也有限定研究时段的考虑,使其包含战争中的政治、经济、社会这些内容,但却将其限定在最反映战争本质、动态对抗性最强的时期,目的都是为了能更好地理解战争复杂系统的运行机理。

战争系统就是典型的复杂系统。我们常见的一些名言,像“战争中的偶然性”“战争结果的不可重复性”“战争中的迷雾”“兵无常势,水无恒形”,以及近年来常说的“战场中的自同步”等,其实都是在说明战争复杂性的特征。我们将战争系统称为战争复杂系统,就明确了战争的复杂性特点。这样就摆脱了传统牛顿科学范式下“战争机器”理论的束缚,将战争看成是人与人之间的对抗,而且战争的结果本来就具有不确定性,用这种理论来描述它就更符合战争本来的性质。

战争机器理论已经统治了我们的思维很长时期。按牛顿科学范式的观点,战争系统也是由“机器”也就是各种武器装备组成的,战争的对抗主要是武器装备间的对抗,人也被看成是某种“机器”,这也可以看成是唯武器论的理论基础。我们的许多战争研究,最后也都因此异化成了对武器装备的研究,作战模拟也演变成了武器装备模拟,基本上忽视了人的主观能动性,忽视了军队组织的作用和指挥艺术的发挥。

而复杂性科学的观点认为,战争系统主要由众多可自主适应的子系统组成①,这些自主子系统中既有专门执行作战任务的军事子系统,也有涉及战争的经济子系统、政治子系统、社会子系统等。它们中的每一个组成个体一般都具有对战场环境、敌情我情等外部环境的识别能力和适应能力,并能自主地进行改变以适应环境的变化,从而与战争进程的发展保持一致。这里,人是系统的核心部分,武器装备是人手中的工具,每一个自主个体都具备生命特征和适应能力。在这个观点下,战争系统是由具有适应能力的自主系统组成的。采用复杂系统的观点,战争就被还原成人与人之间的战争,而不再是机器之间的战争。从这一点上看,复杂

①注意这里说的是战争系统“主要”是由自主适应系统组成。实际上,也还有很多不是自主适应的子系统参与到战争系统中,例如环境系统等。这些系统由于在战争复杂系统中并不起主导作用,所以就没有特别加以强调。

系统理论才是更接近战争系统本源意义的理论基础，或者说是世界观的基础。

复杂性是性质而非现象

关于复杂性，这里还要特别说明几点。

第一，复杂性是一种系统性质。我们汉语中经常用"这个很复杂"，代表"东西很多很乱，一下理不清楚"的意思，"复杂"往往是个形容词。而我们所说的"复杂性"，指的是系统的一种性质，是个名词。不要把它们弄混。这个意思在英语里分得很清楚，形容词是"complicated"，名词则是"complexity"。

第二，复杂性不能分解和简化。过去经常有人提议，对付复杂系统的方法就是分解或者简化，但实际上这是不行的。对复杂系统的任何简化，都会使系统的复杂性质丧失。就像我们把活人变成死人，然后再去研究人的运行机理，那就没有了任何意义。所以，不能对复杂系统进行简化或者分解。

第三，哪些事物具有复杂性还很难判定。这一条可能有人不好理解，什么叫"很难判定"？其实，对于复杂系统的研究，前提是你要知道这个系统是复杂系统。由于复杂系统的性质千奇百怪，还没有找到判定的方法。这是因为，复杂性是一种固有属性，与人的认识多少无关，所以我们不知道这些系统性质是由于我们暂时不认识，还是就是固有的属性。例如，过去原始人不理解电磁波，以为那是"千里眼"、"顺风耳"，但现在我们知道了，它就变得不复杂了，那就不是复杂性。

但是，由于简单系统只是复杂系统的特例，所以就是当成复杂系统研究也不要紧。钱学森是我国最早展开复杂系统研究的学者之一，他曾说过一句话，"凡是不能用还原论处理的，都应归到复杂性一类"。意思就是说，你现在如果还不认识它，就先归到复杂性里来研究，如果能认识了再归回去也可以。一般说来，用还原论处理不了的系统，基本上都是复杂性系统。

2.1.2　复杂性的概念与产生

复杂性概念与新科学

"复杂性"的概念是奥地利生物学家贝塔朗菲[①]于 1928 年在《生物有机体》一书中首先提出来的。贝塔朗菲也是"一般系统论"的创始人，也就是我们所说的老三论，即系统论、控制论、信息论中的"系统论"的提出者。控制论的创始人是维纳[②]，信息论的创始人是香农[③]。贝塔朗菲在书中提出，对具有复杂性的系统进行

---

①路德维基·贝塔朗菲，1901～1972，美籍奥地利理论生物学家，一般系统论和理论生物学创始人。

②诺伯特·维纳，1894～1964，美国著名数学家，控制论的创始人。

③克劳德·香农，1916～2001，美国著名数学家，信息论的创始人，提出信息熵的概念。

研究，必须采用新的方法才行，这些方法就被称为新科学，其实也就是复杂性科学。

从这一点来看，复杂性科学其实就是从系统科学发展来的。虽然贝塔朗菲这么早就提出复杂性科学的思想，但发展起来却步履维艰，很大程度上就是因为牛顿科学范式的强大影响力，要想跳出原有的思维，是多么的不容易。即使很多科学家早就意识到复杂性的存在，但真正要能认识它、理解它，不经过长期的努力也是不可能做到的。

符合贝塔朗菲定义的复杂系统其实很广泛，既包括我们前面提到的生命系统、社会系统，也包括物理系统。比如，普利高津①的耗散结构论属于物理学范畴，哈肯②的协同论属于社会组织学范畴，托姆③的突变论属于生物学范畴等，也就是后来所说的“新三论”，它们都属于复杂系统的范畴。美国有几个诺贝尔奖获得者还组织了一个专门研究复杂性科学的研究所，叫圣菲研究所，其研究的内容就更为广泛了。

从这一点就可以看出，复杂性科学不是某一个学科子类，包括几乎所有领域，是我们认识世界的更高阶段。从科学方法论角度来看，这是一种超越牛顿科学范式的新科学范式，而还原论方法则可以看成是复杂性科学的一个特例。

复杂性的三大类：成思危的分类

如果全面地去讲复杂性科学和复杂系统，就超出了本书的范围，我想还是集中在我们所关注的战争复杂系统上。全国人大原副委员长成思危④是一位专门研究经济的系统科学家，对复杂系统有比较深入的研究。他把复杂性分成了三类，易于我们分类理解。

第一类叫物理复杂性。专门研究物理系统、天气系统、混沌系统中的复杂性等，回答诸如普里高津提出的耗散结构理论一类的物理复杂系统问题。我认为，这一类复杂性最终还是会回归到物理学原理上去解决问题，就像量子物理学理论，尽管匪夷所思，但仍然可以在物理原理上得到完美解释。现在很多复杂性科学家都出身物理学，他们讲的复杂性大多属于这个类型。

第二类是生物复杂性。比如，生命系统、人体系统等，回答“生命从何而来”、“突变因何发生”之类的问题，因为生命也属于生物复杂系统的内容。现在也有科学家在追踪“生命从何而来”，准备在分子层面做到从无机化合物中逐步合成出有

①伊利亚·普里高津，1917～2003，比利时化学家和理论物理学家，提出耗散结构理论，1977年获诺贝尔化学奖。

②赫尔曼·哈肯，1927～，德国物理学家，斯图加特大学教授，协同论创始人。

③R. 托姆，1923～2002，法国数学家，法国国家科学院院士，突变论创始人，1958年获菲尔兹奖。

④成思危，1935～2015，著名经济学家。

机物质，继而合成出细胞和生命，这扮演的有点像上帝的角色。但什么时候才是临界点，在临界点又会发生什么现象，都是很让人好奇的事情。显然，生物科学家对复杂系统的关注点和物理学家是不一样的。

第三类是社会复杂性。研究的是经济系统、社会系统，以及战争系统这一类以人为核心的复杂系统，回答的是诸如“经济为何崩溃”、“社会态度为何转向”，以及“危机因何爆发”、“战争能力如何度量”之类与系统运行机理有关的问题。这一类系统和问题得到了更多人的关注，如经济学家、社会学家、军事学家等，反倒是自然科学家关注的较少。但是，因为关注这一类问题的学者大多数出身于所谓的“文科”，不太了解现代科学日新月异的进展，所以研究问题时不善于使用科学工具，研究结果缺乏科学根基，取得的成果乏善可陈。在我看来，这个领域才应该是系统科学家关注的重点。

这三大类复杂系统的性质有很大的不同，很可能将来研究出不同的结论。将它们分开来研究，才能集中到关键点上，有利于深入。本书将主要讨论战争科学问题，所以为了主题更集中，重点将放在社会复杂性，尤其是战争复杂性上面。

复杂性如何产生：是生命体，还是机器？

既然复杂系统具有那么多独特的复杂性质，那么这些复杂性又是如何产生出来的呢？要回答这个问题，可以从两个尺度来看系统的变化：一个是空间尺度上的变化，另一个是时间尺度上的变化，如图 2.1 所示。当然，这个过程还是简化了的概念示意，实际原理可能会比这更加复杂，只是很多我们还不是很清楚。

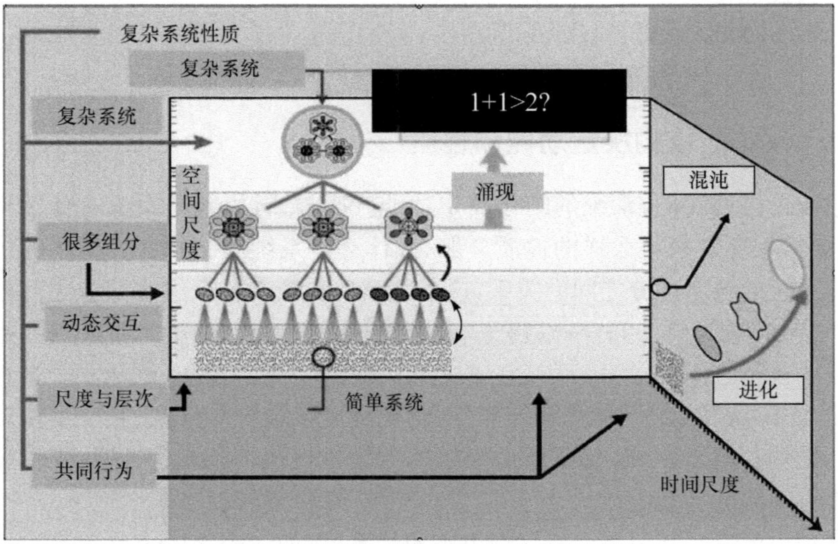

图 2.1　复杂系统性质示意图

首先看空间尺度。这是一个由简单到复杂的演化过程。在最底层是很多小的单元或系统，它们最大的特点就是具有适应能力，能和周边的其他单元或系统发生动态交互，产生相互作用，并逐步聚集成一个一个更大些的单元或系统。这个过程会在空间尺度上不断向上层发展，每上升一层，复杂程度都会增加，开始只是某些不同成分的合成，然后产生控制结构，之后会实现自组织，最后涌现出整体性效果，产生复杂系统性质，就是 1+1>2 那一部分，成为复杂系统。

再看时间尺度。时间尺度的演化可能会有不同的方向。产生出自组织的行为，形成复杂系统结构的过程叫做进化，产生出来的系统结果也会越来越有序。如果产生不出什么结构，系统就会进入混沌状态，结果就会什么也得不到。所以，复杂系统的演化结果是不确定的，具有偶然性。

从这个过程可以看出，系统从简单性到复杂性是一个递进但是跳跃的过程。递进是因为系统可能会有一个从简单到复杂逐步发展的过程，这意味着系统会有不同的复杂程度。跳跃则是因为系统在演化过程中是按层次形成性质的，所以每一层都会发生一次涌现，形成一次质的跳跃。这些说起来可能有点“烧脑”，很难理解，但后面还会有更详细的解释。只要记住一点就可以了，就是把系统看成“生命体”，还是“机器”？如果看成是“生命体”，它就是复杂系统；如果看成是“机器”，它就是简单系统。这是辨别和思考复杂系统的一个简易模式。

战争系统的状态演变充满不确定性和偶然性，不以人的意志为转移，前人已经总结出很多不同的特性并加以阐释。但从复杂系统理论出发，我认为有三个最重要的特性值得我们关注和深入研究，这就是适应性、不确定性和层次涌现性。这三个特性也是我们理解复杂系统的关键。

2.2 复杂系统性质之一：适应性

2.2.1 系统的结构决定功能和性质

系统论告诉我们，系统的结构决定功能。换句话说，就是系统有什么样的结构，就会给系统带来什么样的性质。那么，什么是系统的结构呢？系统的结构就是组成系统的各个部分之间的关系，这个关系反映系统各个组成部分之间的相互作用。例如，最简单的如“一双筷子”就可以是一个系统，一根木棍和另一根木棍就组成了筷子之间的关系，可以完成夹菜扒饭的功能。复杂一点的如“自行车”，有两个轮子、大梁、龙头和链条等部件，它们组成了自行车系统，系统结构就是自行车的结构。但是，一堆沙子就不是系统，一堆树枝也不是系统，因为它们组分之间并没有明确的功能关系。

结构也可以是其他并没有显现出来的关系，例如一个人的家庭关系组成了家庭系统结构，部队的编制关系组成了军队系统结构等。但是，很明显，筷子和自行车的结构一般不会变,但家庭和军队的结构却会根据环境发生改变,因此这就带来系统的复杂性。这种改变就是复杂系统的适应性。

系统结构:金刚石与石墨为何一硬一软?

美国圣菲研究所的霍兰教授认为“适应性造就了复杂性”。他认为,如果没有系统的适应性,就没有系统的复杂性。因此,那些能够根据环境不断调整结构加以适应的系统,就被他称为复杂适应性系统。比如,各种生物体、智能体,包括各种群体和组织等都是这样。

比如,一个有几十万只鸟的鸟群在傍晚时要归巢,而它们的巢就在一个小树林里。几十万只鸟要想一起落下去,这并不是一件容易的事情。但科学家观察到,尽管它们数量很大,但它们却可以在没有任何指挥的情况下,有条不紊、互不碰撞、毫发无损地安全落入树林,依靠的就是对鸟群这个巨大系统结构的调整。对鸟群结构的调整,并没有谁来指挥,仅仅依靠的是每只鸟对自己三个飞行参数的调整,也就是飞行速度、飞行方向,以及与周围鸟只的距离。而且,这个过程仅仅靠感知周围局部信息就可以完成。对这三个参数的调整,就是每一只鸟的适应过程。

同样,当很多人在大街上行走的时候,比如在北京王府井大街,由于人流很大,人群会很拥挤,但每个个体也会对周围环境不断适应,自然而然地分成相向而行的两个人流,互不碰撞、互不交叉,也是同样的道理。

产生这个结构最大的原因就是鸟群、人群都是智能群体,每个个体都有感知周围环境并适时调整自己行为的能力。如果不是智能体,可能就不一定有这种适应的能力,不会出现这个效果。所以说,复杂系统最大特点就是组成系统的个体和结构会随着环境变化而适应。鸟和鸟个体之间组成了一种结构,但这种结构会根据环境改变,每个鸟都在变,鸟群这个系统的结构就变了。但简单系统的结构就不同,比如自行车前轮和后轮的安装方式、链条在什么位置,把手起什么作用等,是不会随意改变的,所以由这些部件组成的系统结构就不会改变了。

系统的结构决定功能和性质。这就意味着,复杂系统结构的改变,其性质和功能也就可能改变,这是一个很重要的结论,大家要时时记住这个结论。结构不同,性质就会迥异。比如石墨和金刚石,虽然由相同量的碳原子构成,但石墨非常软,用于做铅笔,而金刚石却非常硬,用于划玻璃,就是因为它们的结构不同。从这个角度来看,如果复杂系统的结构能随着环境不断改变,那么很显然,它的功能和性质也会发生改变。而这种改变就是“适应”,这正是复杂性产生的重要原因之一。

自组织是演化的动力:不同修车铺带来不同城市

复杂系统的个体可以适应环境,导致其结构随着环境变化而变化,这就产生了自组织现象，使得系统有了“演化”的可能。什么是自组织？就是系统内部各要素能够按照相互默契的某种规则，各尽其责而又相互协调，自动形成某种有序结构的过程。反过来，如果一个系统靠外部指令才能形成组织结构，就是“他组织”。这是德国理论物理学家哈肯提出来的，也就是创始协同论的那个人。协同论是20世纪60年代末期开始建立并发展起来的一种系统理论，它研究的对象主要是复杂自组织系统，如生命系统、社会系统等，研究的内容是它们的形成和发展机制，就是在一定条件下，系统是如何自动地由无序走向有序，由低级有序走向高级有序的。

自组织现象无论在自然界，还是在人类社会中都普遍存在。蜂群、蚁群、人群都存在自组织现象，都是依靠内部某些规则自动地协调各自的行为，以适应外部环境的改变。比如，蜂群的等级分工，蚁群适时的分窝，人类社会的政治、经济系统的发展等。显然，一个系统自组织功能越强，其保持和产生新功能的能力就越强。例如，人类社会比动物界自组织能力强，人类社会就比动物界的功能高级多了。自组织行为调整了系统结构，成为复杂系统能够不断演化发展的主要驱动力。不同的自组织规则会带来完全不同的自组织结果。有人讲过这样一个故事，对城市演化过程进行了很形象的说明①。

> 当年美国某个地区公路上有个十字路口，犹太人和中国人最先到达此处，就分别在东西两侧各开了一个修车铺，为过往人群提供修车服务，生意很是火爆。不久，又来个犹太人，一看修车人很多，就开了个咖啡馆；又一个犹太人过来，就再开间旅馆，慢慢地在东边就有了超市、商店、教堂等，不久就成为了一个犹太人社区。
>
> 而西边又来了个中国人，看修车生意很好，他就又开了间修车铺，价钱便宜一半。后来又来一个中国人，又开了一间修车铺，价钱更便宜。太便宜了抵不上成本，就开始用残次零配件。慢慢地，好车都到犹太人那里修，而二手车才到中国人这边修。这样发展下去，城市的东部也就成了富人区，而城市的西部则成了唐人街。

且不管编这个故事的人想说明什么，但从中可以看出，这个城市的形成过程就是一个自组织过程，演化的结果却取决于不同的规则。复杂系统中不同部分的不同适应性，就是系统结构变化的原因。中国人和犹太人对环境的不同适应方式，导致城市演化出了不同的结果。不管什么结果，自组织演化都在其中起到驱动的作用。需要说明的是，不管演化出什么结果，其实都是最符合适应环境需求的结果，也无所谓什么是“最优”。因为环境还在不断改变，系统性质也在不断变

①参见马兆远著《量子大唠嗑》，中信出版社，2016年版，第287页。

化，未来到底会是“好”还是“坏”，现在谁也说不清楚。这一点与简单系统不同，简单系统结构不会改变，而复杂系统则在不停地变化。

复杂系统的这种适应性，在很大程度上顺应了事物本来的发展规律。所以，要想理解和把控复杂系统，首先就要尊重其自身的发展规律，这就是自组织思维，是复杂系统思维中最重要的思维方法之一。换句话说，复杂系统按照其规律演化出来的结果，可能更符合实际。尊重复杂系统的这个特点，实际上就是老子说的“上善若水”“顺势而为”，就是要根据外在环境不断调整自己的行为，让自己始终和环境处于一个和谐统一的状态。大自然、人类社会都有这样的规律，如果不遵从，恐怕都没有什么好结果，最后都得老老实实地回到原地，从敬畏大自然、敬畏自然规律重新开始。

军队编制体制调整：陆航直升机为何不能落航母？

军队的编制体制也是一样，同样需要根据环境的变化而变化。要适应时代的变迁，适应未来作战的需要，就需要不断地改变部队编组编成、编制体制等，而不是墨守成规。但对于一支大型军队来说，要进行结构调整其实也是一件很困难的事情，因为系统的结构已经固化，要调整必然要打破原有的组织和利益关系，而很多东西是“牵一发而动全身”的，会引起整个系统性质的大改变，也可能带来不可预期的风险。

我们现在搞联合作战指挥体制改革觉得困难很大，其实美军当年也是一样。20 世纪 80 年代，美军曾经入侵格林纳达，这个小小的岛国虽然面积不大，但美军有两个军种部队参加入侵，一个是海军陆战队，一个是陆军。另外，海军的航母还在海上支援作战。为了协调作战分工，他们在格林纳达岛中间划了一条作战分界线，左边是陆军，右边是海军陆战队，各负其责，似乎很好。虽然格林纳达军队不值一提，但打着打着美军自己就开始闹矛盾了。不知由于什么任务，需要陆军的直升机落到海军的航母上去，但海军就是不让他降落，理由是你陆军的直升机驾驶员没有降落航母的执照，可能他的条令就是这么写的，你要降落就必须经过海军部的批准。所以，陆军就不得不通过打越洋电话到美国海军部去，通过司令部下命令给他们才允许降落，气得陆军够呛。但一波未平一波又起，陆航的直升机需要在航空母舰上加油，但因说不清楚加油费用由谁来出，两家又闹矛盾，最后还是由海军部出面协调才勉强解决问题。

当时的美军就是这样，别说联合作战了，就是一般的联合行动都困难重重。好在打的是小国家，要是与势均力敌的大国作战，这样的结果那还了得？所以，基辛格当时就说，美军参联会哪是一个组织作战的地方啊，简直就是“一个签订军种互不侵犯条约的地方”，讽刺他们只是维护各自军种的利益。后来，这些问题，也包括在巴拿马等地作战出现的一样问题，都反映到美国国会和国防部，逼得他们不得不去改变指挥体制以适应联合作战的需要。这也是美军后来大力推进联合作战体制变革的最大诱因之一。

其实看看美军的情况，我们自己有很多问题也非常相似。诸如，“不要把自己的脚踩到别人的田里”，“不要种了别人的地荒了自己的苗”，搞装备的不能提作战，凡“作战”必改为“对抗”；搞作战也不掺和装备建设，免得装备部门误解等。看起来似乎很注意照顾其他部门的利益，但从另外一个方面看，其实也是没有联合作战意识的反映。所以，我们也需要通过军队的编制体制改革，来解决联合作战体系结构上的问题。

从复杂系统角度来看，信息化战争更关注的是信息交互方式、部队组织形态、指挥保障方式，及其适应变化的过程，因为它们与系统结构密切相关，而信息化则凸显了这些结构关系的影响。其实对这些系统结构过去也很关注，但由于信息化程度很低，它们的影响虽有但比较小，而且反应也比较慢，所以没有凸显出来。但现在信息化程度很高，反应速度很快，影响也就很大了。过去那种只关注作战力量组成，而较少关注组成关系的静态能力比较方式，已经不再适合对当前作战体系能力的评估。那种关注有“多少万门大炮”、“多少万辆坦克”、“多少千架飞机”的时代已经过去了，再进行比较已经没有了多大意义。

我们常说的“系统是结构主导”，其实是说，堆放在一起的不是系统，而赋予了它们可动态变化的相互关系，才是构成系统的关键。

2.2.2　复杂系统的适应性进化

进化的力量：鼻涕菌造出的道路①

系统的演化会导致系统自组织进化，发展出更好的结构，产生不可思议的力量。自组织进化得到的可能比设计出来的更厉害，即使是来源于非常低等的生物。2010 年 1 月，著名科学杂志《科学》刊登了一篇北海道大学学者的文章，介绍了他们利用现实世界的一团黏菌，也就是俗称的鼻涕菌，一种生长在腐烂植物或潮湿地面上的黏菌门组织，设计了一个连通东京及其附近城市的铁路网，就展现了这种力量。

黏菌是一群裸露的、无细胞壁、多核的原生质团，它们可以通过连续的形变而缓慢移动。当这团裸露的细胞在空间中遇到多个分散的食物源时，就会构建起一些输运营养的通道。作者正是利用了黏菌的这种天性，在实验室中为黏菌团设计了一套人工食物源环境，让这群简单的原生质团形成输运营养的网络。他们将一

①参见张江的《神奇的涌现计算：‘鼻涕虫’绘制城市交通路网》，微信号《赛先生》，2016 年 1 月 27 日。

张东京及附近城市的地图作为黏菌生长的环境，在初始时刻，让黏菌集中在地图上的东京点，并在其他几个附近城市的位置上放上黏菌喜欢吃的糖分，然后就让这群黏菌在实验地图上缓慢变形、游走，经过一天多的时间，它们最终演化出了一条条营养输运通道。

起初，这群简单细胞群体在地图上扩散，几个小时后，当它们遇到了食物后就开始精炼这些模式，从而形成若干输运营养的通道。再经过几个小时，一些较大的运输通道开始慢慢形成，而一些小型的通道则逐渐消失，最终只有几个主干通道保留了下来。实验人员将黏菌构建的食物输运网络，与东京附近的实际地铁网络进行对比，发现这两种网络竟然非常地相似。也就是说，这群看起来笨拙无比，没有任何智力可言的黏菌，却以自组织的方式，完成轨道网络的设计任务。更有趣的是，为了修建这样一套有效率的网络输运系统，号称具有超凡智力的人类设计师也要花费数年的时间。

我在作战研究领域也碰到过类似情况。我的一位研究生，曾经专门研究如何利用遗传算法评估作战方案，比如如何选择作战突破口。如果按照一般的方法来评估，那就是根据作战目的，首先看对方力量部署是否有弱点，然后计算在此处突破所需要的作战力量是否满足要求，最后分析突破过程中力量运用方式哪种最好等等。这样做当然可以得到结果，但对于一些很复杂的问题有时候就难以权衡。但这个研究生采用可以自组织适应的遗传算法来做这件事，他首先根据方案生成了一个战场环境，双方兵力都成了可运动的细胞，对抗过程则成为了细胞分裂、遗传和进化的过程。最后，通过细胞的自组织进化过程，很巧妙地找到突破敌方阵地最合适的薄弱环节，竟然是从一个缝隙先绕过去。这是一般人做方案很难发现的地方，也是守方所忽视的地方，但遗传算法却做到了。

这些例子使我想起一些过去的事情。大约从 1958 年前后开始，经常会有人研究如何利用“化学的方法”，人工制造出“粮食”和“肉”。很多科学普及刊物无不充斥着这一类所谓的科学幻想和方法，甚至还有人造出了所谓的“人造肉”。其实，我们想一想，大自然经过这么长时间的演化，怎么可能让我们人类这么简单地就发现它的秘密？其实我们真正要好好学习的正是大自然本身，而“进化”就是其中最核心的秘密。每一头牛、每一只猪，其实都是一个个极为复杂的肉类合成工厂，是大自然通过上百万年时间进化出来的最好结果，我们梦想几十年就得到类似结果，那是不可能的。所以，我们一定要相信进化的力量。

死亡是进化的唯一“老师”

系统的这种适应环境的变化，如果久而久之，就逐步形成了进化，也就是系统从本质上在向高级阶段发展。但并不是所有的适应都能长久地进行下去，进化实际上就是与环境的一种“对赌”。也就是说，系统其实并不知道它为了适应环境朝这个方向发展是否真的合适,但也只能这样去试。赌对了,活下去;赌错了,死亡。进化就是这样,有的活下来了,有的消失了。所以,进化往往标志着一种新的性质,乃至一种新系统的诞生,这就是创新。

系统适应能力决定系统生存时间。国外有个很有名的未来学家叫凯文·凯利,曾经是《连线》杂志的主编,这个人在中国曾经非常火,他在北京做一次报告仅门票就是几千块钱一张。他写过一本畅销书,书名叫《失控》,在这本书里,他提出一个观点,说"死亡才是进化的唯一'老师'"。这是什么意思?就是说,系统在进化过程中会不断试验,不断地以生存或者死亡的方式向前发展,只有生存下来的,才是进化所适合的,也就是所谓的"适者生存"。他认为,在复杂系统反复无常巨大变化面前,它才不管有什么"伟大意义"等表面性的东西,所谓的"正确"将会被"生存"所取代,任何系统首先要争取在激烈竞争中生存下去,才能保证进化还能继续进行。所以,生存才是第一位的,然后再考虑其他。换句话说,什么是"正确"的?"生存"才是首先"正确"的东西,这就像有些流浪的穷人,每天能填饱肚子是第一位的,至于卫生、礼仪这些恐怕不是他首先要考虑的问题。

我有一个同学,20 世纪 70 年代末参加了对越自卫反击战。当时,大多数战士发到手里的都是半自动步枪。在上战场前,连长做动员告诉大家,枪是战士的第二生命,任何时候都不能丢了枪支,如果丢了回来还会受处分。但等真正打起仗来,战士们发现越军使用的大多数都是 AK47 冲锋枪,当然比半自动步枪火力要猛,装弹也多,所以一旦缴获了冲锋枪,马上就把步枪给扔了,自己就换上了冲锋枪。那些所谓"正确"的规定都被丢到了脑后。为什么?在战场那样一个关系生死存亡的地方,一切都被"保存自己,消灭敌人"这个最高原则所取代,"死亡"成为教会战士如何继续生存下去的最好老师。

进化过程中的"死亡",其实也可以看成是一种系统化的纠正和腾空机制。如果你实在不愿意离开这个历史舞台,自然规律的"死亡"也会叫你淘汰。第二次世界大战(简称二战)前,法军元帅埃塞伦说,德军不可能取胜,因为他们中没有哪个人在第一次世界大战(简称一战)时获得过上尉以上军阶。但"死亡"告诉了埃塞伦,什么才是战争中最重要的。人死了,或是老了,或是退休了,位置就腾出来了,就给了年轻人和新思想机会。

其实,到年龄退休已经不是腾空的最佳时机了,在很多领域可能需要更早地把位置让出来。比如,在现在发展极为迅速的信息产业,早已是年轻人的舞台,30 多岁可能已经就是"老人"了。有人因此抱怨,"我有什么错啊?这么早就让我退休?"腾讯公司的创始人马化腾就对他说,"其实你什么错都没有,你错就错在你太老了"。你已经无法理解九零后、零零后那些年轻人的想法了。

当然,退出一个舞台,可能还有其他的舞台。人本来就应该是在什么时期干什么时期的事。清华大学教授、著名生命科学家施一公,在博士后出站后被普林斯顿大学聘去当助理教授，他给自己定下的目标是“先干三年超级博士后”，意思是先在一线工作。在三年之后，再转为科研、管理并重，并不是一定要永远只做同样的工作。一线积累实践经验，而管理更能发挥有经验者的作用。所以，他很快便拿到终身教授职位，后来又先后成为美国科学院院士、中国科学院院士。什么时期干什么事，就需要不断地适应新的要求。

葬礼时才会发生的改革

不愿意退出历史舞台，并不是只在官场才有，在任何领域都存在。老官员、老工人，甚至一个老农可能都不觉得自己应该被时代淘汰，总觉得自己经验丰富，正是发挥巨大作用的时候，怎么就退休了呢？所以，总是想方设法维持自己的地位，用现在的话说，就是要表现出“存在感”，对“人一走，茶就凉”颇有微词。

就是在非常理性的科学界，其实也是一样。当有人问著名物理学家普朗克[①]，科学多久才会发生改革、愿意采纳新思想时，普朗克回答说，“在每次举行葬礼的时候”。他曾经正式解释道：“一个新的科学观点和科学方法得到科学界的认同，往往并不是由于新观念战胜旧观念，而是持旧观念的科学家因衰老退出历史舞台，而持新观念的科学家走上历史舞台。”说白一点，就是老人总是不愿意直接退出历史舞台，但自然规律仍然会给年轻人机会。纵观世界历史，很多改革都发生在某个“强人”的葬礼之后，就充分证明了复杂系统进步的适应能力。这也是“历史的车轮滚滚向前，不依人的意志为转移”的最好说明。

不可否认，老人的经验对于我们社会来说是一种财富。但是，随着时代的前进，经验的意义也将发生改变。农业时代知识积累得很慢，慢于人类年龄的增长速度，所以年龄大的人有知识、有权威，天然就可以当老师。工业时代知识增长加快，年龄的大小已经开始脱离知识积累的速度，老年人和年轻人各有优势。到了网络化时代，信息大爆炸，知识传递出现巨大变化，反而年轻人很容易超过老年人。很多老年人现在适应不了很多新鲜的事物，不会用很多工具，他的经验自然也就失去了作用。有人说，淘汰人的从来都不是年龄，而是工具，说的就是这个道理。

承认时代在变化，社会在发展，本身也是一种变革。现在中央决定即使院士也要适时退休，这对我国科技界来说，实在是一件好事。取消院士的事实终身制，意义也等同于取消领导干部的终身制。对于像中国这样具有尊崇权威、尊崇老人传统文化的国度，更需要建立起有效的腾空机制。邓小平建立的官员退休制，现在建立的院士退休制，就是伟大的贡献，这为新人成长“冒尖”提供了更多的可能。

军事思想能不能跟上时代的步伐，常常决定了一个国家在未来战争中能否取

①马克思·普朗克，1858～1947，德国物理学家，量子力学的创始人。20 世纪最重要的物理学家之一。

胜。但这个“跟上时代步伐”绝不是像人们想象的那样简单，发几篇充满警句的文章，上电视讨论一下就可以做到的，往往可能是在付出极大，甚至是血的代价之后，才能够被真正接受。例如，鸦片战争、甲午战争都是如此。有句话说，不换观念就换人。其实，人的观念是很难改变的。即使有改变，很多也是假改变，迫不得已、逢场作戏的“改变”，“外”变“心”不变的“改变”。虽然系统最终也可以靠腾空机制来纠正，但那样带来的代价未免太大了一些吧！

2.2.3 战争对抗比的就是适应能力

东野部队的神来之笔

毛泽东说过一句很有名的话：“美军打到哪里，哪里的人民就学会打仗”，其实说的也是适应能力。这些年来我们天天在看美军打仗，从海湾战争到阿富汗战争、伊拉克战争，我们也在反思自己的不足，其实就是在学习，不断调整我们的军事理论和训练方法，以适应战争的变化。两军在对垒的时候，更要看谁适应情况快，谁的反应快，所以说战争对抗的其实就是适应能力。从复杂系统理论的角度来看，这个适应能力表现在对战场环境的感知能力，对作战系统结构的调整能力，以及在战争过程的学习能力上面。

通过快速适应战场情况获取作战主动，是适应能力的一种表现。1948 年，东北野战军在辽沈战役攻克锦州后，参战的各部队请示下一步行动。当时战场非常混乱，双方近百万部队相互缠绕，敌我双方经常擦肩而过，一不小心还可能迎头相撞。如果将部队再组织起来，重新做下一步部署，已经非常困难，还可能贻误战机。其实，就是东野指挥部自己也不清楚战场情况，更不知道敌军指挥所在哪儿。就在这时，当时东野司令员下了一个奇怪的命令：“哪里有敌人就往哪里打，哪里有枪声就往哪里追”。他不再集结部队，而只是下了这么一个奇怪的命令。这个命令之所以奇怪，是因为它缺乏一个“命令”所应具有的几乎所有要素，比如时间、地点、目标、任务等。但令人惊奇的是，战场局面顿时改观，部队既无一线二线之分，也无前方后方之别，主动穿插、渗透、分割，打乱了敌人部署，最后在胡家窝棚活捉了廖耀湘。

这个战例大家耳熟能详，电影《辽沈战役》中上也有表现，但是东野司令员下达这个命令却使大家觉得匪夷所思，为什么这个似乎不是命令的命令却取得这么好的效果呢？其实，正是这个“奇怪的”命令，反映出了东野指挥员的适应能力。在无法得知战场实际情况，更无法统一指挥时，交代目标，将指挥权下放，反而能更好地达成目标效果。所以，后来外电评论说，是“上帝之手”为东野部队送来了“神来之笔”。这个“神来之笔”的一次指挥，实际上就是在动态过程中快速适应战场能力的体现，也是指挥员动态处理战场形势非常有创造力的一种表现。

战争系统的适应性，也反映在有意识地学习方面。战争要想取胜，就必须形成不对称优势，不管你是强国还是弱国，都是如此。这种不对称的优势，其实就是在准备战争及战争进行的过程中，通过不断适应环境变化形成的。大到快速适应时代的军事变革，小到快速适应战场态势及时做出处置等。但这种适应绝不是那种“兵来将挡，水来土掩”式的简单反应式变化，而是通过不断学习总结经验，从中真正找到系统运行规律，才能知道我们该怎样适应以建立不对称优势。

国外一直猜测我军东风-21D 导弹是末制导弹道导弹可以打运动目标，比如航母，这在阅兵中已经得到证实。这就是一个武器装备发展不对称优势的成功范例，也反映了我们主动去适应外部环境，学习总结寻找规律，建立不对称优势的过程。因为一般来说，谁都认为弹道导弹打动态目标不可能，连美国人自己也这样认为。但我们突然把它造出来了，就使得美国人措手不及，感到对它威胁很大。像在“963 演习”①时，他们的航母可以靠在我们海边非常近地耀武扬威，现在它在 1200 海里(1 海里＝1.852 千米)以内就不敢这样。按照他们的话说这是中国的“区域拒止”战略，我们自己好像还没有这么说。所以，我认为这种方式就是通过有意识的学习建立适应优势非常成功的一个范例。

但美国人也根据弹道导弹反舰这种新情况，提出了新的作战概念加以应对。比如，他们提出用“分布式杀伤”取代以航母为主的集中杀伤，让更多的舰船参与攻击行动，而不是仅仅为了保护航母。从而做到“凡舰皆可战”，不单纯依赖航母以形成全面威胁；“兵力分散化”使得侦察预警变得困难，攻击目标也难以确定；“网络中心化”则使整个舰队形成有机的一体。

总之，有矛必有盾，有来必有往，战场上对抗的就是看谁适应得快一些。

将军们总在准备上一场战争

胜利者往往不容易吸取教训。第一次世界大战结束后，各国都在总结“一战”的经验，反思作战思想上的得失。法国在“一战”时是战胜国，它打的最著名的一场战役就是 1916 年的“凡尔登”战役，打了几乎整整一年。德法两军投入两百多万人，打的是阵地战、消耗战，双方在开战后三个月就被由铁丝网、战壕和各种地下掩蔽部组成的防线阻挡，虽然集中了大量兵力兵器，但也难以实现突破。双方伤亡近百万人，最后以法军取得战略性胜利而告终。

法军在总结“一战”经验时就认为，阵地战在未来世界大战当中非常关键，因此也寄希望于修建固若金汤的马其诺防线，在未来抵御可能来自德国的进攻。但结果大家都已经知道了，基本上就是形同虚设。而且更有意思的是，当坦克出现

①“963 演习”是民间对 1996 年 3 月我军组织的反“台独”导弹演习的称呼。当时美国派出两个航母编队靠近台海海域，引发了台海危机。

时，德国产生了利用大型装甲集群作战的闪击战理论，组建了坦克军、坦克师，但法国人还固守过去的一些成功经验，把坦克当成"可机动的大炮"来使用，这样的结果就可想而知了。法国人被打败也是很自然的事情，因为他学习的仅仅是历史事实，而不是战争规律和机理，败就败在观念和思维的陈旧。所以，从这个角度来说，经验有时候很有用，但有时候也会毁掉未来。

英国人也是如此。"一战"时虽然英国也是巨舰大炮相拼，但却在康布雷战役中，无意中创造出了坦克集中使用，同步兵、炮兵和航空兵协同作战的先例。虽然英国学者福勒等极力主张建立以装甲部队为核心的机械化陆军，从根本上改变由步兵、炮兵和骑兵为主体构成的传统陆军力量，但英军首脑却并不接受。"一战"时曾任英国远征军总司令的黑格将军说，"我完全赞同使用坦克和飞机，然而它们不过是任何骑兵部队的附属品而已"。正是这种观念上的落后，不能跟上形势的发展，直到"二战"爆发，英国派往法国的远征军中竟然都没有一个装甲师，在欧洲战场大吃败仗，最后不得不在敦刻尔克大撤退。

反过来，失败者却容易吸取教训。因为他们与其被动地"死亡"，不如主动求变，在求变中博取一丝生机。既然上次败了，这次就必须另寻出路，这是很自然的事情。德国人"一战"失败，痛定思痛，彻底抛弃了导致失败的作战思想，从英法打败自己的坦克和空中优势中寻找未来制胜的灵感，把大部分骑兵都改成了摩托化部队，或者是编入装甲部队，组建了装甲集群、航空兵集群，最后横扫欧洲。

这就难怪英国首相丘吉尔曾经评说：将军们总是在准备上一场战争。因为上一场战争特别熟悉，胜利者知道是如何胜的，失败者也知道是如何败的，熟门熟路。但未来战争怎么打，却准备的比较少。

看别人打仗只能培养出专业军迷

事实上，我们现在地位可能更尴尬一些。说我们在准备别人的战争也许有点不太合适，但我们好多年没有经历战争了，总是在看别人打仗，旁观别人的战争，所以现在我们很多的战争理论都是建立在别人经验基础上的。这就像 NBA 的球迷，总看黑人运动员在球场上"飞来飞去"地扣篮，就觉得自己也可以，但实际真的到了球场上，才发现篮筐是那么高，对手是那么强。所以有人说，光看别人打球只能培养出球迷，而培养不出职业运动员。同样，以上帝的视角光看别人打仗，也只能培养出爱好军事的"军迷"，最多再加上几个电视评论员，培养不出真正的职业军人和战争理论家。

我们必须找到合适的方法根据自己的情况去适应、去改变。敢于去面对面的碰撞，就是很好的学习适应途径。现在我军一改过去关起门来搞训练的做法，积极参加各国军队组织的各种大赛，比如坦克大赛、空降兵大赛、防化兵大赛等，我觉得就很好。虽然开始可能成绩会不太好，有时还要怪别人裁判不公平，但只要坚持下去，必将从中学到很多东西，不仅对装备改进有好处，对人员训练，甚至理念的改变，也都会有极大的促进作用。这就是适应性发挥的作用。

未来战争究竟会怎样，会不会还是“二战”时期的坦克大战，“越战”中的地毯式轰炸，或者是后来的海湾战争、伊拉克战争中的精确火力战，还真的不好说。每次读到黑格将军说的“我完全赞同使用坦克和飞机，然而它们不过是任何骑兵部队的附属品而已”这句话时，不知为什么，我总会想到现在有的作战理论总是在强调，“信息战只是火力战的辅助，最后战斗的解决还是要靠火力”这个论点。未来火力战真的就是那么不可或缺？我觉得还真值得好好思考。

战略理论的动态性特点：证明有效就开始消亡

有些人以为战略理论是一成不变的，但其实战略理论也有动态适应性的特点。当然，一般说来，大战略理论不会经常改变，它为现实世界中的战略制定提供了相应的概念框架，用于理解战略的总体需求和一般逻辑。但是，由于战略理论研究的对象是人们的思想，人们的思想又会随着社会发展、战争空间扩展，以及武器装备进步等因素发生改变，因而战略理论就免不了发生转变。

而且，战略理论还会受到自己研究结论的影响，这对很多人来说就有点不明白了。其实，如果从复杂系统角度来看，这是很自然的事情，这叫反身性[①]，意思就是自己会影响自己所处的系统。所以，本来人们的基本行为模式是战略理论预测的内容，但正是由于人们知道了这样的结论，他们的反应就可能完全不按照以前的模式行事，从而导致战略理论预测的落空。从这点来看，这和自然科学理论不太一样，自然规律一旦被发现，就不会随着人的思想而改变，也不会有意地与预测本身背离，它会永远存在，并永远起作用。但是战略理论就不行，它针对的对象是战争、社会这样的复杂系统，而人本身就在这些系统中，会不断地发生变化，以适应环境的不断改变。

战略理论必须不断地发展，才能应对层出不穷的挑战。某个战略一次奏效之后，就可能被模仿，或者因为被对手研究出应对之道而失去作用，因此就需要不断地创造出新的理论才行。这个过程就可以看成是一个适应战略环境的过程。比如，美国人曾经认为中国人通过东风-21D 搞了个所谓“区域拒止”战略，使得他们的航母无法靠近中国沿海。但之后他们很快就推出了所谓的“空海一体战”战略来应对，其实也是针对中国战略的一次适应。当然，也有人认为“空海一体战”只是美国海军和空军为多拿国防预算而搞的一个作战概念噱头，并不是什么战略。为了弥补这一点，后来他们又提出了一个所谓的“第三次抵消战略”，但恐怕也是同一个意思。

---

①关于反身性，第 6.3 节将专门讨论。

一个理论被证明有效，也会制约新思想的产生。事情往往都是这样，我们一般都会认为什么方法有效，就没有必要加以改变。在没有证明其失效之前，为什么就不能继续使用呢？所以，它同时又会制约新思想的产生。当环境发生改变时，总是不能及时应对，到吃了苦头才猛然觉醒。特别像我们中国人，格外注重经验，注重传统，就更是如此。所以，我们提出的很多战略经常要用好多年，但是美国人的战略却经常在变化。我想这可能是因为两者的战略理论内涵不同的缘故。我们的战略比较注重宏观概念和原则性的内容，而具体的东西并不多，所以可以长久使用，而美国人的战略却比较具体，因此就需要经常变化。不管怎样，注意引入新的思想，在环境变化时及时加以调整，应该是战略制定者必须注意的事情。

一个成功理论何时开始消亡？其实恰恰是从它被证明有效时开始的。这是因为，你的对手已经为对付你的战略开始出招了，为了应变，你必须及时地加以调整，而不能僵硬地坚持。这时的所谓坚持，只能是战略懒惰的借口，应对这个快速变化的世界，就必须要及时做出改变。战略管理大师迈克尔·波特①也说过一句话："战略的意义就在于让你远离竞争，战略不是要你做得更好，而是要你做得不同"。其实说的就是要注重在变化中寻求机会，在不同中谋取优势。当对手、环境、世界都在改变时，你难道还有不变的理由吗？战略理论的适应性，反映的其实就是这个道理。

概括来说，复杂系统的第一个性质就是适应性，系统结构会随着环境的变化而发生改变，力图能在进化的优胜劣汰过程中生存下去。也正是因为复杂系统的结构会不断变化，所以无法分解之后并再次还原。就像一个小孩长大之后，你不可能再把他还原回童年时代一样。因此，我们研究战争复杂系统，就必须首先建立起动态进化的适应性思维，才能更好地去理解和应对这充满复杂性的世界。

2.3　复杂系统性质之二：不确定性

牛顿科学体系的本质是确定性科学，也就是说，如果知道了初始条件，我们就可以推导出结果，如果还有什么不确定的，那就只可能是误差。比如，我们知道一个球扔出去的初速度、角度等参数，根据牛顿力学公式，就可以计算出这个球会落在什么地方。向空中扔出一个小球如此，向太空发射一颗卫星也是如此，所以我们才可以计算出卫星在何时过境，宇航员会在什么地方着陆。如果还有什么不准的地方，毫无疑问一定是我们给出的算法还不够精确，输入的初始条件数据还不够准确，或者是还有什么遗漏。这种确定性的观念一直贯穿于我们所有的知识体

---

①迈克尔·波特，1947～，哈佛大学商学院著名教授，被誉为"竞争战略之父"，是全球公认的战略管理权威，出版过《竞争战略》、《竞争优势》等著作，2005 年入选"世界管理思想家 50 强"排行榜第 1 名。

系，使我们一直认为我们的世界就真的是一个确定性的世界。但实际上，著名物理学家普里高津已经告诉我们，确定性只是错觉，而我们的世界其实是一个不确定的世界，确定性只是它的一个特例。也就是说，牛顿看到的确定性世界其实只是很特殊的一类现象。佛教也说，你面对的是“无常”的世界，这个“无常”其实就是不确定性。

2.3.1　什么是不确定性

我们的世界里其实到处都存在不确定性。明天会不会下雨？今天晚上你会睡几个小时？你女朋友未来会不会和你结婚？打仗时炮弹会落到哪里？能否击中目标？你出门是先迈左脚还是右脚？这些问题都蕴含着不确定性。不确定性，其最根本的核心在于，世界上存在着无缘无故发生的事情，而不像牛顿理论中的决定论所说，什么事情都有因果。那么，有哪些不确定性呢？

不确定性的一般种类

不确定性有很多种类型，但一般来说主要有四大类。

一是随机不确定性，即事件本身确定，但是否发生不确定。比如，明天天气预报说下雨的概率是 70%，但能不能下雨还取决于明天的实际情况，但下雨的大致可能性先告诉你了，至于出门带不带雨伞那就是你的事情了。战场上的虚假告警、武器故障、操作失误、天气变化等，不论我们怎样努力，这些情况仍然有可能出现。甚至还有人总结出所谓的“墨菲定律”，大意就是“首长不来肯定没事，首长一到必定出事”，有时候就是这么“寸”。

二是模糊不确定性，即事件本身模糊，但发生是确定的。比如，我们说“小孩像爸爸还是像妈妈？”在有的人看来小孩像爸爸，但另外一些人就认为小孩像妈妈，这里面就是模糊和不确定性，不管像的成分有多少，但一定是爸妈生的这一点是可以确定的。同样，我们判断一个人年龄也是模糊的，什么叫“青年人”，是 18 岁到 35 岁？那 35 岁零 1 天就算中年人了？所以这种分类就有很大的模糊性，往往在各个年龄区间存在重叠，有很大的一段可能属于模糊的范畴，说他是年轻人也行，说他是中年人也不错，这就是不确定性。类似的情况还有很多，比如什么叫“干净”？什么叫“脏”？什么叫“形势占优”？因为这都是些很难准确回答，各有各的看法，而且标准尺度不能严格确定的问题。

三是灰色不确定性，也就是我们常说的对有关信息了解得不够完全而产生出的不确定性。我们下棋可以看到棋盘上所有情况，但打仗就不行。打仗总是要与敌人斗智斗勇，隐真示假，这样战场上的敌我双方就不能掌握所有的情况。其实，真的打起仗来，有时连自己部队的情况也不是都清楚。这样的不确定性，就叫灰色不确定性，是信息不完全带来的不确定性。

四是未确知的不确定性。什么叫未确知的不确定性呢？这是一种属于纯主观，由于认知不足带来的不确定性，意思是我们自己可能都不知道我们自己知道不知道，也就是"未知的未知"，以及"已知的未知"。有点拗口是不是？讲一个故事就清楚了。

> 伊拉克战争期间，美国人说伊拉克有大规模杀伤性武器，但真的打进伊拉克后又没有找到，辩解说是情报失误，但战争也打了，萨达姆也被绞死了。有记者在美国五角大楼的新闻吹风会上，向时任国防部长拉姆斯菲尔德①发难，要求他拿出美国指责伊拉克藏有大规模杀伤性武器的有力证据。
>
> 但拉姆斯菲尔德顾左右而言他，莫名其妙地回答道："我们知道，有些事情属于已知的已知，我们知道我们已经理解了它们。我们也知道，有些事情属于已知的未知，就是说，我们知道我们还不清楚它们的来龙去脉。但是有些事情属于未知的未知，我们根本就不知道，我们对它们一无所知。"
>
> 这段话翻译成中文非常清楚，这是翻译者的功劳，但如果用英文硬译应该是这样的："有些事情我们知道我们不知道，但有些事情我们不知道我们不知道"，就像绕口令一样，当场笑倒一片记者。

其实，拉姆斯菲尔德说的这个"未知的未知"和"已知的未知"，指的就是第四类不确定性，属于认知不足带来的不确定性。虽然记者嘲笑他，但这一点倒是深得科学家的认可。2006 年加州大学的格林斯坦教授在一次关于理论物理学国际会议上作大会报告，其中就引用了拉姆斯菲尔德的上述言论来比喻物理学家们所面临的难题，令在场的听众无不莞尔。其实，拉姆斯菲尔德倒也不怕嘲笑，他后来写的回忆录名字就叫《已知与未知》，还真有点针锋相对和勇于自嘲的意思在里面。

"黑天鹅"与"灰犀牛"

"未知的未知"其实就是"黑天鹅"。为什么叫"黑天鹅"呢？这是因为欧洲人早期都认为天下的天鹅都是白色的，从而形成了一种人人认可、习以为常的常识观念。从而欧洲人有一句老话，"你以为天鹅是黑的"，大概和我们说"太阳从西边出来了"的意思相当。但当他们登陆澳洲的时候，突然发现澳大利亚居然真的有黑颜色的天鹅，可想而知他们是多么地震惊，太阳真的从西边出来了！在震惊之

---

①唐纳德·拉姆斯菲尔德，1932～，美国政治家和军事战略家，1975～1977 年、2001～2005 年两度担任美国国防部长。

余，这个发现一下子把他们已经根深蒂固的观念给推翻了。以后，凡是造成这种出人预料、震惊式改变的事件，就被称之为“黑天鹅”事件①。

将这种事件定义为“黑天鹅”的人，是一个名字叫纳西姆·塔勒布②的美国教授，他在不确实性研究领域是非常有名的专家。之所以出名，是因为他写的三本书，精确地预言了“9·11”和金融危机。2001年9月4日，《黑天鹅的世界》出版，他在书中提到了一架飞机撞进他所在办公楼的可能性。所有读者都会觉得，这是根本不可能的事情。结果，7天后，两架飞机真的撞进纽约世贸中心的大楼里。2007年，塔勒布出版第二本书《黑天鹅》，在书中他预言，金融机构面临全球性崩塌的危险。一年后，金融危机爆发了，几乎和他说的完全一致。从此，塔勒布声名鹊起，关于“黑天鹅”的书全球畅销，“黑天鹅”这个词也开始流行，电视、报纸上经常出现。他近年又出了一本书，叫《反脆弱》③，也是谈不确定性的，更是引发了抢购的热潮。

其实，“黑天鹅”事件是复杂系统经常表现出来的一个特性。比如，“9·11”就是一个典型的“黑天鹅”事件，当大家都认为世界一切都“正常”的时候，突然间基地组织开飞机撞了纽约世贸中心的“双子塔”。这个事件深刻影响了美国，同时也改变了世界。当时，刚上台不久的美国总统小布什正在一心一意全力准备对付中国的时候，“9·11”事件一下子把整个世界战略格局给全面改变了，中国也没想到会突然遇到这么一个“黑天鹅”的机遇。2008年的金融危机同样如此，当美国人正在为他们的“金融创新”高声欢呼的时候，突然一夜之间华尔街的雷曼兄弟投资公司破产，“两房”股价暴跌，导致“次贷危机”连锁反应，三分之二的世界金融体系崩塌，很多国家一夜之间变为穷光蛋。我们最熟悉的莫过于“非典”事件了，2003年一场谁都说不清楚的病毒在中国流行，导致严重危机。这些都是认知不足造成的不确定性。

这些都是典型的“黑天鹅”事件。前面几种不确定性基本上还是有迹可循：随机性至少还有个概率，模糊性只是概念含糊，但毕竟还有概念在那。灰色不确定性只是部分信息不全，未确知的不确定性也只是认知层面的问题，但“黑天鹅”事件却是一种从历史和趋势中无法预知，并且具有“拐点”性质，影响巨大的不确定性。塔勒布说，“历史不会爬行，只会跳跃”，就是说，黑天鹅事件经常成为历史的转折点，而你在事前可能根本看不出任何迹象。

我经常用一个故事来解释“黑天鹅”现象。

你养了一只小鸡，从孵出壳来的那一天起你就开始喂它，每天你都

---

①参见纳西姆·塔勒布著《黑天鹅：如何应对不可预知的未来》，中信出版社，2009年版。

②纳西姆·塔勒布，出生年月不详，美国纽约大学理工学院教授，著名的不确定性研究专家，出版《黑天鹅》、《随机漫步的傻瓜》、《反脆弱》等世界畅销书，被誉为“黑天鹅之父”。

③参见塔勒布著《反脆弱》，雨珂译，中信出版社，2014年版。

会伸出手来给它撒把米，这样经过1000天之后，这只小鸡就变成了一只老母鸡。假如它是个人的话，它一定会根据历史上这1000天的经验判定，你这个主人对它非常好，把它从一个不点大的小鸡养成一只肥肥大大的老母鸡。

因此，它会根据历史经验做出一个完整的趋势推论，这就是明天你仍然会对它很好。但是没想到在第1001天的时候，你伸出的手并没有给它撒米，而是把它的脖子给拧断了，炖了一盆老母鸡汤端上了春节的餐桌。如果它有"在天之灵"，它一定没有想到，这一天成了它生命的末日，只是因为你的节日到了，就彻底改变了它的命运"鸡生"。

这就是从历史和趋势中无法判断的不确定事件，也就是由于认知不足而带来的不确定性。塔勒布认为，"黑天鹅"现象的存在，很大程度上是有生命的有机体或复杂系统(比如人体)，与无生命的机械体(比如订书机)之间的区别，它是复杂系统的固有属性，使得复杂系统性质完全不同于简单系统，因为它有改变系统结构的能力。

"黑天鹅"事件一般有以下一些特点。

一是很少发生。"黑天鹅"事件不会天天发生，如果天天发生就不是"黑天鹅"了。比如，天气变化，虽然经常不能确定到底会是怎样，但毕竟有一个概率值。但如果歌舞升平中突然来个八级地震、海啸什么的，这恐怕就是"黑天鹅"事件了。

二是影响巨大。一旦发生就不得了，造成的影响会非常大。比如，发生战争，出现社会动乱，或者是产生金融危机等，"9·11"事件、全球股灾等，影响就非常大。这些都会导致国家或世界产生很大的改变，尤其是一些颠覆性、转折性的改变。

三是不可预测。"黑天鹅"何时会发生是根本无法预测的，能够预测出来的"意外"就根本不是意外。不能预测，也是复杂系统的基本特性。虽然不能预测，但却可以预防，就像我们不知道会不会突然下雨，只要带上伞就可以了；我们无法预测地震，只要把房屋的抗震等级提高就可以了。

四是发生有理。也就是说，事后可以找到解释。反过头来想一想，原来这件事情是由什么引起的，还真是有点道理。但这是不是有点"事后诸葛亮"意思？比如，有人分析说，第一次世界大战是因为塞族青年普林西波无意中枪杀了费迪南大公而引起的。但需要注意的是，因果关系倒置并不能成立，即使普林西波没有开枪，可能也会有其他什么事情导致第一次世界大战爆发。

五是危机参半。也就是说，"黑天鹅"这种不确定事件并不都是坏事，既可能是一种危险，但也可能是一种机遇。个人处理不好会倾家荡产，军队处理不好会一败千里，国家处理不好会亡国亡民。但如果处理好了，就可以抓住可能是十年二十年才有的一次机遇，国家大发展，个人赚大钱。有个搞投资的叫巴菲特，大家都知道，他说要应对“黑天鹅”，第一要成大功，争取抓住它，抓住了它你就赚大钱了；第二更要避大险，不能让它把你吞了，吞了你就彻底完蛋了，所以要避险优先。

有趣的是，与“黑天鹅”相对的还有个“灰犀牛”理论①，是由米歇尔·渥克在他写的《灰犀牛：如何应对大规律危机》一书中提出来的。塔勒布的“黑天鹅”是指极为罕见、影响极大，而且不可预见的事件，也就是“未知的未知”；而渥克的“灰犀牛”则是指那些我们早就看到却又视而不见的危险事件，也就是“已知的未知”。就像非洲草原上远处灰色的犀牛，我们明知它存在危险，但却熟视无睹直至它飞奔到我们面前。如果说黑天鹅事件难以预防是因为不可预测性，那么灰犀牛事件则是可预测、可感知、可预防的，但却引不起我们的高度重视而带来的巨大灾难后果。灰犀牛事件其实经常可以遇到，比如，全球气候变暖、饮用水短缺等等问题征兆早已显现，人们也深知其危害，但仍然没有引起高度重视加以解决，总觉得危机离我们还非常遥远；再比如，柯达公司早已预见，甚至开发出了数码相机技术，但却对未来发展趋势熟视无睹，最后导致公司的倒闭。有人说，人工智能也是这样的事件，未来可能十分危险，但我们仍熟视无睹。

“灰犀牛”事件其实也是一种不确定性，是由决策不当引起的，它与“黑天鹅”事件的本质不太相同，但带来的破坏性影响同样巨大。它之所以会产生巨大的破坏性，源自人们面对“灰犀牛”时五个阶段的反应：第一阶段是本能的否定，第二阶段是得过且过，第三阶段是尝试去回应，第四阶段则是惊恐，第五阶段就是崩溃。这个理论描述了决策者面临的困境，就是即使拥有海量的信息，也仍然有很大可能做出了错误的决策，甚至海量信息本身就会给决策带来更多的不确定性。

2.3.2　不确定性产生的缘由及争论

不确定性成为问题：谁能决定我的人生？

如果说不确定性就像上面说的那样分分类，也就没有什么问题了。但实际上有很多问题经不起仔细地追问，举例来说，是不是我们建立起了更精确的模型获得更准确的数据之后，就可以把天气预报确定化？也就是说，我们可以知道明天，甚至明年哪个地方什么时间一定下雨或者不下雨？本着我们一贯受到的教育，我们的回答应该是“yes!”。这是因为依据牛顿物理学，任何结果都应该有原因对应，我们要想预测结果，只要找到足够多的条件，就一定可以做到。这也是牛顿科学被称为决定论的原因。

按照决定论提出者拉普拉斯的观点，未来的一切都是由现在的原因决定的，世界的运行就像是一个大公式，今天的条件可以推导出明天的结果，明天的结果

---

①参见米歇尔·渥克著《灰犀牛：如何应对大概率危机》，中信出版社，2017 年版。

又成为后天的原因。换句话说，未来就是由现在决定的。所以，利用牛顿的三大定律可以推导出哈雷彗星哪一年回归，明天的太阳在几点几分升起。同样，按照他的观点，之所以有些事情我们目前还无法预测，是因为我们还没有找到那个公式，或者是我们没有把足够多的条件输入进去。

但是，这个结论也经不起推敲。如果按照这个结论，再推而广之，那我们所有的未来是不是早已经被决定了？只是我们自己还不知道而已。难道我们现在的生活，只是像播放录像一样经历着我们必须“经历”的人生？我们知道自己哪天出生，哪天上学，哪天生病，哪天谈恋爱，跟谁结婚，最后死于哪一天。那么，又是谁决定了我们的这个“人生”呢？难道真有上帝？想起来是不是有点可怕？

但好在科学也告诉我们，世界上还存在一些无缘无故发生的事情，并不一定非要有什么原因。这对决定论者来说是具有颠覆性的。因为他们认为，世界上一切事情的发生皆有原因，甚至有目的。比如，佛教就认为，有因必有果，有果必有因，因果总是循环报应的。但实际上，有些事情跟它之前的任何事情都没有关系，也不会成为发生的原因。比如，你买彩票，选择哪个号码完全由自己的意志所决定。

这就说明，我们的世界其实并不都是确定的，不确定性才是主宰世界运行的基本性质，是一种客观存在，且与人的认识多少无关。确定性，只是不确定性中的特例。不管你的学识多么丰富，将来科学怎么发展，不确定性都是复杂系统中固有的性质，不以人的意志为转移。

物理世界不确定性:海森堡的测不准原理

20 世纪的科学进步已经证明这一点。20 世纪的科学很多都是反直觉的。所谓“反直觉”，就是说和我们的直觉感受不一样，如相对论、量子力学。那我们的直觉又是从哪里来的呢？其实都是我们所受教育潜移默化的影响带来的。我们感觉上认为空间和时间是相互独立的，互不搭界，但相对论却把它们牵扯到一起。同样，我们感觉上认为世界是确定的，但量子理论告诉我们，其实不是这样。

量子理论中的测不准原理就被称为不确定性原理，是德国物理学家海森堡在很年轻的时候提出来的。海森堡出身于德国一个中上阶层的学术家庭，从小就喜欢数学和科技制作，深受老师们的喜爱，被认为是天赋超人。他大学期间就连续发表高水平论文，拿到博士学位后又先后跟随两位诺贝尔奖获得者玻恩①和玻尔工作，研究当时最时髦的量子力学。不确定性原理是海森堡研究波粒二象性时提出来的。1927 年，海森堡在 26 岁那年发现了“测不准原理”，从此声名大噪，也因

①马克思·玻恩，1882～1970，德国理论物理学家，量子力学奠基人之一，1954 年获诺贝尔物理学奖。他还是中国著名科学家程开甲、黄昆、彭桓武、杨立铭的老师，这四人都是中国科学院院士，其中两人还获得国家最高科学技术奖。

而获得莱比锡大学的教职，成为当时德国最年轻的正教授。之后，1932 年他又因此获得诺贝尔奖。

那么什么是不确定性原理呢？一般认为，我们要想得到一个理论结果那就一定是确定的，不会出现不确定的现象，即使在量子力学中也应该如此。只要我们知道任一时间量子的位置和动量，以及所有作用在其上的力，就可以至少在理论上预测未来任意时间的位置和动量。但海森堡利用他的量子力学方程说明，由于量子的独特性质，我们虽然能够精确测量出量子的位置和动量，但是不能同时测量两者。这就意味着，如果我们对一个测量值知道得越精确，对另一个相关的量就越是测不准，反之亦然。这就是不确定性原理。

这种不确定性是量子力学的一个基本性质，不受限于任何特定的实验设备仪器。因此，这就迫使我们对一个物体的位置和状态所下的断言不能那么绝对。顺便说一句，不确定性原理这个名称并不是海森堡起的，海森堡一直称之为“关系”，是其他科学家这样叫之后，才逐渐流行开来。薛定谔提出的“薛定谔的猫”，说明的也是量子性质带来的独特不确定性。他的这只猫，如果处在量子情况下，它就“既可能是死的，也可能是活的”，处于一个不确定的状态。但猫到底是死是活，取决于你怎么观察它。是不是难以理解，有点匪夷所思？但这又再一次表明，观察行为对事实有着巨大的影响力，这只猫也深深地影响后来的量子力学学者。

不确定性原理后来在很多方面都得到证实。比如，在信号处理领域，就有科学家发现，一段声音不可能既只占极短的时间，又具有极纯的音频。当声音短促到一定程度的时候，频率就变得不确定了，而频率纯粹的声音，在时间上的延续就不能太短。这看起来像是技术上的难题，但反映的却是某种大自然的本质性规律：任何信息的时空分辨率和频率分辨率是不能被无限提高的。一种波在频率上被我们辨认得越精确，在空间的位置上就显得越模糊，反之亦然。有趣的是，很多信号处理专家也不知道自己讨论的这个问题与量子力学专家讨论的不确定性原理其实是一回事，虽然两者讨论的对象完全不同：一个是信号，另一个是粒子，它们只在数学公式上才显现出相关性。这一点，恐怕海森堡也没有想到吧！

海森堡的不确定性原理更深刻的意义在于，它揭示了物理世界并不是像我们原来所想象的那样，什么都是确定的。这就打破了经典物理学的确定论科学体系，把我们送入一个崭新的时代。

认知的不确定性：有无自由意志的争论

测不准原理是物理学界的不确定性代表，在人类自己的世界也有不确定性的问题，这就是关于自由意志的争论。

什么是自由意志？简单地说，在认知上我们相信自己的行为是完全自由的，不被任何力量所约束，也不可能被别人简单地预测。也就是说，我们的意志是自由的,我们一切所作所为都是依据自己的意志决定的,而不会被什么物理定律左右,别的人也不会依据什么就能预测我们下面会如何。我们可以决定今天早上想吃什么就吃什么,决定更改昨天制定的会见女朋友的计划,也可以在任何时候决定自己是伸出右手还是左手。显然,正是因为这种自由意志,我们每个人是自主的,表现出来的行为就可能是随机的,不确定的。一个人如此,一个社会也是如此。这样,无论个人行为还是社会群体行为就都具有很强的不确定性。

从这个角度来看,我们绝大多数人都相信"自由意志"的存在,应该说这是人性的使然。事实上,没有那么简单。许多科学家,尤其是物理学家,认为自由意志其实并不存在,我们感觉到的"自由"其实只是一种错觉。他们甚至已经采用各种实验方法,来证明我们在做任何决定之前,其实大脑神经已经提前替我们做出了决定。换句话说,我们仍然只是自然规律、社会文化的傀儡,而没有什么不可预测、具有无限发展可能的自由意志能动主体。

《自然》的编辑凯利·史密斯曾撰文介绍心理学实验对"自由意志"的挑战。德国柏林计算神经科学伯恩斯坦中心有一名神经学家叫戴兰·海恩斯,他在2007年做的一个实验,足以撼动自由意志存在的可能性。在实验中,他给志愿者安上大脑扫描仪,并让他们观看屏幕上随机显示的字母。他告诉参与者可以随时按下左手或右手食指下的按钮,并且记住在做出这个决定时,屏幕上出现的字母。通过磁共振成像技术,研究者能够看到大脑在面临选择时产生的活动。

海恩斯的本意是看看人的决定用多长时间能够传递到动作上,但实验结果却让所有人都大吃一惊,他甚至觉得需要重新检查一遍实验的真实性。因为实验结果表明,有意识地按按钮的决定通常是在做出按按钮这个行为之前约一秒做出的。但是,研究小组发现的一种大脑活动模式,似乎能在长达7秒之前就预示决定行为的发生。也就是说,早在主体意识到他做出这个决定之前,大脑就已经自己做出了决定。其实,还有一些类似的研究也从不同方面证实了这个结论。

实验报告发表后,让全世界都吃了一惊。我们人类往往认为我们拥有自由意志,但海恩斯和其他几个实验神经学家则认为,做出决定的意识仅仅只是一种生理上的"后知后觉",跟人类的行为无关。沿着这个逻辑,他们提出,自由意志只是一种幻觉或者错觉。伦敦大学的神经学家帕特里克·海加德说:"我们以为我们在做出选择,事实上根本就没这事儿。"这听起来是不是有点可怕?你也许曾以为你能决定今天早上是喝茶还是喝咖啡,但事实上早在你意识到之前大脑就已经帮你做出了决定。这个事实令海恩斯感到不安:"如果我连我的想法是什么,以及它是什么时候产生的都不知道,那我怎么还能将它称为'我的想法'呢?"

当然,海恩斯的实验还没有得到所有人的认可。2009年,新西兰的科学家杰夫·米勒和朱迪·崔福纳用相似的技术却反过来证明了自由意志并非幻象,而是确实可能存在。但海恩斯的结论非常契合“决定论”的思想，所以许多经典物理学家就非常赞同。但反过来也有人说，人的大脑就是一个复杂系统，面对人脑亿万个神经元的复杂结构，即便测量仪器再精良，也不可能获得一个决定性的预测结果，它产生的意识也不是我们现在掌握的知识所能破解的。就像现在我们才知道量子纠缠是对的，而不是被原有的理论或方法束缚。如果什么都是事先可以决定的，那宇宙是如何起始的？世界是不是真的该有个上帝？我们现在的一切只不过是冥冥之中已决定的宿命？

所以，我认为自由意志从哲学上讲肯定是存在的，从科学上也应该是能够证实的，只不过不能采用传统的物理学理论。有很多科学家发现，我们的认知与行为很多可以用量子理论进行解释，这值得我们特别关注。大约 20 多年前，一群物理学家和心理学家创造性地提出，用量子概率原理研究人的认知和决策行为，可能比用经典概率和理性行为假设更加适合。这种方法被冠以量子认知科学的名字，从而走出一条新的研究人类认知的道路，也为重新探索自由意志问题开辟了新路。对复杂系统来说，自由意志是复杂性产生的重要原因之一，它带来的就是不确定性。

自由意志带来的不确定性：行为可否预测？

如果我们认为自由意志存在，那它就应该包含两层意思：第一，人的动机或行为不受任何物理定律约束，是真正的随机；第二，人的动机或行为完全不能预测，取决于自己的自由决定。是不是只要有了自由意志，就没有任何规律可循？事实并非如此。

先看第一点，是不是自由意志就不受任何物理规律约束。比如，有个人说：“我每天晚上睡觉。”虽然这是一句很平常的话，但它在一定程度上就违背了自由意志的第一点：既然人的行为不受任何物理定律约束，可当事人却给自己的行为找到一条有章可循的“规律”，即每天睡觉并且只在晚上。即使一个人的行为高度随机，是不是就找不到规律呢？比如，街头有一个酩酊大醉的酒鬼，摇摇晃晃东倒西歪，你无法知道他下一步迈向哪里。如果进行长时间统计，也可能发现这个酒鬼随机行走的步伐符合某种分布规律，还可能计算出步长的平均值和标准差，也就是说，可以给出一种统计式的物理规律来描述他的行为。所以，从这些例子来看，虽然我们的每个决策都是自由的，但不能认为自由意志就等同于随机，仍然可以从中发现规律，有规可循。这说明，自由意志也可以跟物理规律相容，而且两者并不矛盾。

再看第二点，自由意志会不会导致完全无法预测人的行为。如果真是绝对不可预测的，看似很自由，但却好像与我们观察到的实际不相符。比如，某人今天是个遵纪守法的好公民，明天就可能变成一个目无法纪的犯罪分子；上一秒钟还是一个乐天派，下一秒就立刻对生活绝望。自由倒是自由了，但好像与我们周围的世界明显不同，接受它就等于默认人类社会一片混乱。在现实生活中，人们通过预测对方的人品、性格建立朋友关系，商家通过预测消费者的喜好和需求来提供商品，政府管理部门通过预测来预防事故、维护治安。这些都是既承认了人的自由意志，但也承认了人的先天生物本能、后天环境影响等因素，其行为在一定程度上就是可以预测的。事实上，后面我们还会讲到，这种行为的预测准确率可以说是惊人的高。

也就是说，人即使有自由意志，其行为也不是绝对随机的，而是相对随机并且可以预测的。这一点并没有排除自由意志带来的不确定性。这也是人类社会与物理世界最大的不同，前者遵循社会规律，而后者遵循物理定律。事实上，也正是人所具有的自由意志，才使得像社会、经济、战争等人类主导的系统具有了复杂性。

2.3.3 不确定性与多样化思维

对于战争，不确定性更是占据了统治地位，不了解不确定性，就不能真正了解战争。克劳塞维茨说，战争是“不确定性的王国，充满了战争的迷雾”。毛泽东也说，战争充满了盖然性。其实，他们都说出了战争的不确定性特征。

信息与不确定性：战争迷雾有没有被驱散？

战争迷雾反映的是战争的不确定性特征。但有人说，这主要是因为得到的信息情报不够充分造成的，如果有足够的信息侦察手段，就可以驱散战争迷雾。持这个观点的代表性人物，就是美国大名鼎鼎的欧文斯海军上将，他也是美军转型的主要鼓吹者。他认为，由于新技术革命导致信息化装备快速发展，使得情报侦察能力大幅度提升，也就使得“千百年来围绕着指挥官的战争迷雾终于被驱散了”，这是他的原话。也正是这句话，说明他对什么是“战争迷雾”及其产生的原因并不十分清楚。

克劳塞维茨说过：“在战争中获得的大部分信息都是相互矛盾的，另外一部分则是错误的，而且剩下的那一部分也是让人充满怀疑的。”这说明，战争中的信息本身就充满了不确定性。其实，欧文斯说的那种可以由更好的情报侦察装备，比如雷达、卫星，以及各种网络建立起来的情报感知系统，确实可以使战场变得更加单向透明。但即使完全透明，它所能消除的也只是我们前面说的第三类不确定性，也就是由于只能知道局部信息而产生的“灰色不确定性”，原先看不到的东西现在能够看到了。但其他的不确定性并没有被消除，更不可能从本源上解决战争迷雾问题。后来的事实也证明，包括欧文斯他自己主张建设的“未来作战系统”，不但没有消除不确定性，而且它自己也成为“迷雾”之一，因为过于复杂，部队运用时反而带来了更多的不确定性。研发计划最后也不得不撤销，白花了不少钱。一个新研装备，如果没有经过战场考验，往往就会带来很多问题，这是大家都知道的常识，是不确定性很重要的一种表现。

其实，信息缺乏、信息过多、证据矛盾、理解错误，都有可能带来不确定性。不是像有的人说的那样，所谓不确定性就是由于信息缺乏。按照他们的说法，信息多了就可以确定了。其实不然，事实上信息过多也是一种不确定性。西方有个民谚说，“用两块手表你永远不知道准确的时间”①，就很有道理。现在你抬起手表来看，是九点十五分，但是再给你块手表，上面是九点十七分，你马上就会觉得不知谁对谁错。本来很确定的事情，给了你两块手表反而搞不清楚时间了。托夫勒②20年前就预言过，未来我们可能“淹死在数据的海洋里，是因为缺乏信息”，这种情况实际已经出现。海湾战争时，地面战的前30小时，美军一个师就收到了130万份电文，你让他怎么去看？信息多了你又相信谁？这对我们的将来也是一个很大的考验，未来战争信息量会越来越大，指挥员将如何对待它们呢？

不能正确地对待不确定性，在战争中就会吃大亏。“二战”的时候，法军非常奇怪，也非常教条，他们一直恪守“不完全搞清敌情绝不发动战斗”的原则，一直在等待更详细的情报。但创造“闪击战”的德军将领古德里安，指挥德军故意变来变去，频繁调整部署，使法军始终未能查清德军情况，从而没有发动成功过一次的反击。战场上的情况肯定永远都不能完全搞清楚，法军最后落败的下场也就很自然了。所以，战场永远不会完美感知，必须学会在不确定条件下作战。这对任何指挥员都是一个基本的要求。

“不确定性的科学，可能性的艺术”

战争决策都可以看成是对不确定性的处理。拿破仑说：“战争的过程，基本上就是对各种可能性的计算”。兰德公司有一位很资深的研究员，名字叫戴维斯，他在评论伊拉克战争时说：“很难设想拉姆斯菲尔德会问他的将军或参谋，某个作战方案是不是最优的？但可以肯定，他总是要反复地询问各种不确定性是否都考虑了”。也就是说，高明的决策者在战场上关注的重点实际上是各种不确定性，而不会去问做出来的方案是不是最优。实际上，对于像战争这样的复杂系统，是不可能有最优方案的，因为情况总是在变，千万不能把我们在研究简单系统时养成的

①也有人称之为“萨盖定律”，提出者为英国心理学家P.萨盖。

②阿尔文·托夫勒，1928～2016，美国著名未来学家，社会思想家，著有《第三次浪潮》、《未来的冲击》、《权力的转移》等未来学三部曲，对社会当今思潮有深刻影响，享誉全球；还著有《未来的战争》等军事未来学专著。

那些习惯和观念都搬到这里来。

大国战略的选择尤其需要重视不确定性。偶然性不是必然性的附属，而是一种规律。它不是历史大潮中可有可无的几朵浪花，也不是一些微不足道的插曲，而是在其中蕴藏着某种规律。只要巧妙地加以利用，就可能扭转战略发展的走向，而不是一定要走向某种“必然”。19 世纪中期，欧洲陷于政治经济混乱之中，英法豪强拼命地阻止新兴大国德国的崛起，一时之间爆发冲突似乎在所难免。但当时的普鲁士“铁血宰相”俾斯麦虽然知道历史规律的必然性，但同时他也承认不确定性导致的“历史间隙”，随时准备接受某种不完善，甚至是不确定性的结果，抓住机会增强自己的实力，改变了历史走向，结果使德国实现了崛起和统一。俾斯麦的继任者却过于强调那种“不可避免”的确定性，很快德国就陷入第一次世界大战，并被打败，导致帝国迅速瓦解①。

其实，看看我国周边的大国战略博弈，就可以很好地证明这一点。有谁会想到，在南海问题上，菲律宾总统阿基诺三世是如此追随美国给我们制造麻烦，但其后的杜特尔特总统却反其道而行之？韩国总统朴槿惠顶住西方压力参加我们抗战 70 周年大阅兵，但转眼就力主引进美国的萨德系统，又给我们带来了多大的麻烦？这些看似偶然的事件背后，都揭示了某种必然的规律，关键是你会不会很好地利用。从这个角度来说，必然性给你的是方向，而偶然性给你的是机会。当偶然性来临时，考验的是你事先的准备和抓住机会的决心。就现实问题而言，南海问题如此，台海问题、东海问题、朝鲜半岛问题也都是如此。

利用不确定性也是战略博弈的常用手段。美国总统特朗普上台前，作为商人曾跟中国打过交道。他在他的早期著作中曾说过，“中国人是世界上经验最丰富的谈判者，因此你最好不要和中国人谈判，因为必定吃亏。而要对付中国人就一个办法，就是让中国人觉得你不可预测”。后来他上台当上总统后，好像还真是按照他的想法干的，不按常理出牌，我们没有觉得怎么样，他的许多盟友倒是感到莫名其妙，不知所措。这也算是在不确定性领域的斗智斗勇吧！

所以有人说，战争是“不确定性的科学，可能性的艺术”，是“最接近哲学的科学”，在战争这个生死之地对科学的理解最接近哲学，是很有道理的。塔勒布在《黑天鹅》一书中就说过，“只有军人会以真正的、内省的诚实对待不确定性，而不像学者和那些用别人钱的公司经理人”，大概说的也是这个意思。

多样化思维：不确定性不是坏事

听上去“不确定性”好像不是一个好词，似乎给我们添了不少麻烦，但其实不

---

①关于德国的崛起相关内容，可以阅读徐弃郁的《脆弱的崛起：大战略与德意志帝国的命运》（修订版），新华出版社 2014 年出版，其中更详细地讨论了不确定性对大国战略选择起到的作用。

确定性的存在并不一定都是坏事。事实上,它是一个中性词,无所谓好坏之分。复杂性思维的核心是创新和适应,而有不确定性就意味着有创新的可能。如果什么都是确定的,似乎很好,但也失去了其他的可能性。比如,人生如果都是确定的,那你的整个人生就像放电影录像带,还有什么意思?当然这是不可能的。

我们的人生如此,我们的社会也是如此。它可能是好事,比如哪天国家足球队好不容易赢了一场球大家兴高采烈,哪个姑娘接受了哪个小伙子的求婚;也可能是坏事,比如今天哪里出车祸影响了交通,哪里着了火烧毁了一大片房子等等。所以,不确定性意味着既可能发生"好事",也可能发生"坏事",一切取决于演化的结果。也许,还会出现意想不到的结果:烧掉了老房子,给建设一个更大、更好的社区提供了条件;国家队赢了球又可能乐极生悲,球迷庆祝造成踩踏事故。正如老祖宗说的"福兮祸所伏,祸兮福所倚",但也正因如此,我们的社会才丰富多彩。

这就是复杂系统带给我们的多样性。多样性是指事物之间存在各种差异,不是数量的不同,而是本性的不同,它也是衡量事物复杂程度的一个标尺。这是复杂系统在演化过程中,由于各种不确定性产生的结果。它既反映了系统演化中的不确定性,也反映了这种不确定性带来的结果,这种结果反映出的就是系统的生命力。所以有专家说,"生命的价值不在于其繁殖的稳定性,而在于其繁殖的不稳定性"。因为正是这些不稳定性,才创造出现在这个五彩缤纷的世界。比如,一个草原若只有一种植物,一种动物,那么这个草原注定是要很快死亡的。大自然的多样性,绚丽多彩,才使得生态系统生机盎然。我们看屎壳郎是丑陋的,但它却是某个生态系统里不可或缺的角色。"有序孕育习惯,无序才能孕育生命"。保护多样性,就是保护自然和社会的丰富性,同时也保护了系统的生命力。

我们有些官员喜欢什么都整齐划一,比如计划经济,结果效率极差,输给了市场经济;有的领导喜欢用同一类型的人才,结果也形不成合适的团队,最终也会落伍。市场经济之所以有效率,是因为通过多样性的演化自发地发展,又再次加强了多样性,调动每一个参与市场行动者的积极性。表面上看虽然好像混乱,结果却越来越有序,而且多样性不断增加。其实一个人也是这样,如果你为了被社会认同,拼命地去迎合主流标准,说大家喜欢听的话,做大家喜欢做的事,最后的结果是,你不是被认同,而是被忽视。古往今来,概莫能外。

2.3.4　管理和控制不确定性

高手的对决取决于"黑天鹅"

战争中最大的不确定性,存在于对抗双方最接近的地方。如果对抗的双方差距很大,结果一目了然,不确定性会大量消失。比如,大人和小孩打架,美军当年组织联军打伊拉克,都是如此。但如果双方势均力敌,不确定性就会大幅度提高,

“黑天鹅”就会出现并发挥作用。越是高手的对决，结果越是取决于无处不在的不确定性。就像金庸小说里的两个武林高手，虽然打得天昏地暗几百回合，但最后决定胜负的却可能只是一些偶然因素，比如家人喊了一声分了他的神，影响了注意力，或者是过去某个旧伤突然复发导致动作变形，都会使他败北，结果就是天壤之别。这样，决定胜负的可能仅仅只是我们常说的“运气”。

过去有一段时间，我们中国篮球的主要对手是韩国，不管男女。有一年，为了争夺奥运会参赛权，中国女篮和韩国女篮打得难解难分。结果在最后一秒钟，中国女篮的中锋郑海霞非常幸运地把已经出框的篮球又用手指给“扒拉”进去了，结果中国队以 1 分之差获得胜利，进军奥运会，举国欢腾。女篮回国后进行总结，结果当然是郑海霞表现好，评为三八红旗手，其他队员表现好，拼搏精神强，团队荣获团队奖；教练指挥好，用人得当，荣膺最佳教练；篮协也组织得好，全国大协作，球迷给予肯定。总之就是一切都好，因为她们赢了。但如果郑海霞手指的力量少了那么一两克，结果就可能完全反转，那回来的总结就不知道会是什么样子了，估计得有球迷给郑海霞送上吊绳。但事实上，两者差得真有那么多吗？可就是这“一两克”的不确定性力量，得到截然不同的结果，胜王败寇，谁也没有办法。有人说，这就是运气。所以，越是高手的对决，越取决于这种“运气”，“黑天鹅”就是决定性的力量。

所以说，对待“黑天鹅”这种不确定性事件，虽然结果总也免不了胜王败寇的世俗，但我们却可以从中悟到管理不确定性的方法，最好的方法就是你要想办法成为比他更高的高手，使态势能朝着你所想的方向发展，而不是等着碰运气。只有成为比他高一个层次的高手，“运气”虽然还会有，但很难成为决定性的力量。在武侠小说中，为什么那些侠客要去练独门绝技，目的就是为了成为比别人高一个档次的高手。我们国家的男子足球队，最后总是出不了线，很大程度就是因为没有比别人高一个档次。与香港队这样的球队都可以踢平，还要责怪裁判漏判进球，是没有多大价值的。香港队的守门员说，你还是不够强，你如果强，多进几个球不就可以了。其实他说的是有道理的。美国男篮跟中国男篮比赛从来就不担心，就是因为他们的水平比中国队高了不止一个档次。

美国人打仗也是这种思想，要比你强很多，我就会占据主动。在“二战”的时候，美国人抢先研制成功原子弹并直接攻击日本，导致“二战”后期态势急转直下，也是一个典型例子。但未来恐怕他们也做不到了，兰德公司 2015 年出了一个关于中美未来作战的研究报告①，研究中美在台海和南海发生对抗时，会是什么结果。报告的结论是，1996 年的时候，美军只要 150 架左右的飞机就可以在台海占

①参见《兰德公司分析报告认为，美军对华空中优势正在飞速缩小》，《参考消息》2015 年 11 月 19 日第 6 版。该文介绍了兰德公司防务和历史问题研究员迈克尔·佩克的文章《为什么美国需要担心中国的空军》。

据绝对的空中优势，而在 2017 年，这个数字将是 2000 架。这对美军来说绝对不是什么好事。“黑天鹅”就可能会起到决定性的作用，所以美国人恐怕也不敢像 1996 年台海危机时那样放肆了。

同样，如果你不是高手，为了能有取胜的可能，就要想办法制造点不确定性出来。伊拉克战争前夕，萨达姆请俄罗斯专家来论证买什么装备为好，专家建议应该多购电子战装备，至少可以使得美军武器被致盲，“瞎子对瞎子”也许还有取胜或是胶着的机会。但萨达姆认为电子战看不见摸不着的，不如多买飞机和大炮，也没采纳俄罗斯专家的意见。俄罗斯专家的意见是很有道理的，通过电子战让你也看不见，至少不是单向透明，别让我光挨打，这也是制造不确定性的意思。也就是说，如果你的能力比对手高不了一个档次，那比的就是利用不确定的能力了。在这一点上，我们中国人是有传统的，否则也出不了像《孙子兵法》这样的传世之作了。

不确定性不能消除，只能管理

不确定性是复杂系统的核心特征，这就意味着根本无法全部消除。但是这一点并不是每个人都能理解。这是因为不确定性是复杂系统的固有性质，不能像简单系统那样对变量进行简单固化处理，一旦没有不确定性，这个系统就不是复杂系统了，就会丧失复杂性而成为简单系统。因此，我们应对不确定性，不能建立在消除的基础上，而应该是找到合适的方法把它凸显出来，并且加以管理。对于战争，也是如此。在长期的战争实践中，已经总结出了很多管理不确定性的方法，主要有跨代优势、加大余量、预案准备、加快反应等几种，可以供大家运用时参考。

跨代优势就是要有超出对手一代以上的优势。比如，武器装备研制，美国人就奉行所谓的跨代优势，要求武器装备始终要比任何潜在的对手先进一代以上。他的五代飞机、太空投送、网络作战等装备，比世界上其他任何国家都至少先进一代以上。即使是他的盟友，比如北约，美国人在和他们联合轰炸利比亚的时候，也抱怨英法军队的飞机无法和他们交流情报，就更谈不上其他国家了。他担心的就是，一旦你和我武器差不多，不确定性就大大增加，比的就不再是武器的长处，而可能是指挥能力和战术能力，甚至是运气了。

加大余量就是在“量”上下工夫。比如，以前打仗为了减少不确定性，战场上进攻与防御兵力实行 3∶1 的原则，也就是在进攻兵力达到敌人防御兵力三倍时才能发起进攻。“越战”时还没有精确打击，美国人在轰炸越南河内目标时，为了确保能够炸到，采用不区分民用军用目标的地毯式轰炸方式，非常残忍，但他其实也是在实施对目标打击的不确定性管理。

预案准备就是事先多做研究，先把预案拿出来，到时候就不会慌张。简单地说就是，我不能预测什么时候下雨，但我把伞先准备好；我不能预测何时地震，但我可以把房屋的抗震等级提高。战争准备方法中最重要的就是兵棋推演和各种演习，尤其是带指挥所的全员实战前演习，往往能够发现很多平常发现不了的问题。所以，兵棋推演和演习要的并不是结果，而是通过过程发现问题。

加快反应是要在速度上争取主动。一般说来，不确定性会带来连锁反应，不仅对自己有影响，而且对对手也会有影响。比如，突然天降暴雨，对战斗的双方都是难题。如何应对？就看谁能尽快调整好计划，找到应对举措。这个时候比的就是反应速度了，谁快谁主动。加快反应的另一方面则是要"以快制变"，战场上的不确定性变化会给态势带来很大的改变，如果一方反应快速，就可能将这态势的不确定性变化，转化为某种取胜的机会。

控制不确定性:博弈中的斗智斗勇

博弈论听起来是数学问题，但在实际的对抗性博弈中，很多情况下考验人的是人性而不是数学，因为人性是最不可靠的，充满不确定性。这对于对抗的双方来说都是考验。如何控制不确定性，就成为关键中的关键。历史上，很多战争中的合作或博弈，对抗的其实都是人性的不确定性。曾经看过一个小故事①，对控制战争博弈中的不确定性，很有启发意义。

英国广播公司 BBC 有一个真人秀节目，名字"金球"。节目最开始时有四名选手参加，经过许多轮人性考验和互相角力后，最后只剩下了两名选手。这两名选手都有机会获得一大笔积累下来的奖金，关键是要在最后的对抗博弈中获胜。

游戏开始时主持人会给每人两个球，其中一个写着"平分"，意思是我愿意把奖金在两个人之间平分；另一个写着"偷走"，意思是我一个人独吞这笔奖金。他们两人需要从中进行选择，之后就不能再次改变。但是在选择时，允许两个人进行讨论和协商。所以，根据两个人的选择，会出现以下三种情况。

第一种情况，如果两个人都选择"平分"，那么皆大欢喜，两个人就可以平分之前累积的奖金，这是最理想的情况；第二种情况，如果一个人选择"平分"，另一个人选择"偷走"，那么选择了"偷走"的那个人就可以拿走全部奖金，而选"平分"的人则一分钱也拿不到；第三种情况，如果两个人都选择了"偷走"，那么两个人就都一无所获，奖金作废。

游戏有意思的地方在于，两个人在作出各自选择前可以互相商量。于是，以前这个节目经常出现这样的情况：其中一个人极力保证自己一定会选择"平分"，让对方也选择"平分"，但最后他实际选的却是"偷走"，坏人伪装成好人，偷袭成功拿走了全部奖金；好人上当受骗，后悔莫及。另一种常见的情况是，两个人都说好

①参见假装在纽约的《如何操纵一个想做坏事的人》，微信公众号《假装在纽约》，2015 年 4 月 9 日。

了选"平分",结果两个人却都选了"偷走",结果两个坏人谁都拿不到钱,白忙活一场。

这些都反映出人性的不可靠,选手往往被复杂的人性和游戏的规则所玩弄。其实,在博弈论里这种做法有一个名字,叫做囚徒困境①,学过博弈论的人都知道。这对于参加游戏的人来说,如何做出自己的决策就很难取舍,因为人性的不确定性实在是太难评估了。在一期节目里,一个选手却把规则玩弄了一把,成功地控制了不确定性。这个选手叫尼克·克里根,他的对手叫伊布拉汗·侯赛因。

一开始,伊布拉汗向尼克表示,自己一定选择"平分",请尼克也选择"平分",这样两个人就可以平分奖金,这是一般的套路。但为了让尼克相信他的为人,伊布拉汗还说了一个父亲教育自己要为人诚实、信守承诺的故事,感人至深。但是,没有想到的是,尼克却态度强硬地表示,自己一定会选"偷走",不过他同时表示,只要伊布拉汗选择"平分",他在节目结束后会把拿到手的奖金和对方平分。此前节目从来没有出现过这样的情况,现场观众和主持人都不敢相信尼克会作出这样的表态,伊布拉汗更是气得直骂娘。导演组也从来没有预想过这种情况,一时也不知所措。

在尼克一定选择"偷走"的情况下,伊布拉汗面临的情况是:选择"偷走",则两个人谁都拿不到钱;选择"平分",那么尼克拿到所有的钱,然后节目结束后两人平分,但尼克会不会遵守承诺可不好说,谁又相信谁呀。但是,伊布拉汗没有别的选择,在尼克如此强硬的情况下,他只能选择"平分",指望尼克会信守诺言,这样还有一点机会,否则将肯定一无所有。最后,在将正式选择的球亮相时,尼克对着镜头展示的却是"平分",而不是他一直坚持的"偷走"。结果两人皆大欢喜,平分了那笔巨额的奖金。观众一片哗然,导演组也恍然大悟,不禁为尼克的聪明击节叫好。因为尼克成功地控制了对手的选择,让不确定性牢牢地控制在了自己的手里。

节目虽然结束了,但是最精彩的部分是在节目之后。后来,有好事的媒体调查了伊布拉汗,结果发现他从来就没有见过自己的父亲,他从小是被母亲养大的。他讲的那个关于父亲教他如何做人的故事,是他从一部电影里看来的,纯粹是为了让尼克相信他的欺骗。而他本来要选的是"偷走",这样要么两个人都拿不到钱,要么他一个人拿走所有的钱,把自己的利益最大化了。伊布拉汗肯定事先做过研究,也使出了各种计谋,但算来算去,最后却被别人算计了。尼克算是"好

①"囚徒困境"模型是由兰德公司的专家梅里尔·弗洛德等提出的。说的是两个共谋犯罪的人被关进监狱,不能互相沟通情况。如果两人都不揭发对方,由于证据不足只需坐牢一年;如果一人揭发对方,另一人沉默,则揭发者因立功获释,而沉默者不合作入狱五年;如果两人都揭发对方,由于证据确凿,就两人都坐牢二年。由于囚徒无法信任对方,则都倾向于揭发对方,而不是同守沉默,最后会导致博弈的纳什均衡点落在非合作点上。

人”，他没有被伊布拉汗的伎俩迷惑，也没有因贪心独吞这笔奖金，但是他却通过认真分析控制了对手，防止对手使坏，让对抗中人性的不确定性降到了最小。

值得思考的是，当其他观众看到这个结果后，再去参加这个节目又会如何出招呢？这种方法还会不会仍然有效？我想节目导演组恐怕又要修改规则了，否则更多的将会是双方都一无所得，博弈的均衡点会落到互相不信任的纳什均衡点上。这种博弈中对不确定性的控制，对战争决策研究是不是很有启发意义？

善用不确定性的才是大师

未来充满变化。“未来唯一可以确定的，就是一切都会变化”，这是复杂世界的真实写照。未来怎样改变，却谁也说不清楚。韩国三星公司的董事长李健熙1993年接手公司后，就说了一句让人印象深刻的话：“除了妻儿，一切皆变”，而且是不停顿地改变。从此开始了三星的全面改革，也使得三星很快便成为世界电子企业的龙头。反之，诺基亚公司不愿意改变，总是相信自己的技术，珍爱自己的产品，最终被市场抛弃。为什么要变？就是需要适应世界的不确定性。李健熙还说了一句话，也挺有启发意义：“未来是不可预测的，未来是用来创造的”。什么意思？就是只要你创造了未来，那未来的不确定性就把控在你的手里。

系统论中有句话，“创新总是存在于混沌的边缘”，就是说既然要创新，就要容忍一定的无序。那是不是一片混乱就容易创新？真的是“乱世出英雄”？其实也不是，这里就有一个“度”的问题。一般说来，创新总是存在于“有序”和“混沌”之间。也就是说，不确定性的程度会起到很大的作用，太有序或者太混沌都意味着无法创新。太有序，系统会按照既定的轨道前进，保守主义盛行，很难给创新者空间。太混沌，系统又根本建立不起基本的创新条件，也无法促使创新。如何给创新者一个合适的创新空间，就是管理者需要把握的最根本问题。我们现在很多管理仍然是“一抓就死，一放就乱”，说明管理者还根本没有理解复杂系统管理中的奥妙。

有时候，不确定性是我们自己的选择。凯文·凯利说：“想要创新吗？去拥抱不确定性吧！”这就是要你自己去选择。我有一个学生，有一天过来问我，“您说我博士毕业后应该去哪里工作呢？”原来，她面临着一个选择：要么留在原来的研究所，要么调入总部机关。她觉得在原来的研究所可能就是按部就班，比较稳定，但已经没有了挑战性，空间也不太大；但如果调入总部机关也许能够发挥更大的作用，个人也许会有更大的发展，但问题是一切都不能确定。我说，这就要看你自己想要什么了，如果想要一个相对确定的未来，那就别动了。但如果你想要可能的变化，那你就去拥抱不确定性吧！但要记住，不确定性给你的不一定都是惊喜，也可能给你的是惊险或惊讶，你去选择吧！她后来还是选择了接受挑战，现在干得也不错。

很多有本事的人愿意抛弃优厚条件去创业，很大程度上他们也都是想在不确定性中去寻求更大挑战和成就。这是那些“小富即安”的人无法想象的。所以，塔勒布说：“你要成为火，就不要怕风的吹拂”。风既可以把火吹灭，也可以把火吹旺，关键在于你怎么把握它，而不确定性就是那股“风”。把不确定性当成朋友，在冲击中学习，在风险中进步。人之所以有智慧和灵性，很大程度上就是在外界各种不确定性的冲击下，不断学习和成长的结果。

优秀的指挥员应该是利用不确定性的大师，塔勒布说：“真正的强者喜欢变化”。正是因为有了不确定性，才能从中寻求机会取得胜利，而不是墨守成规。所以，在战场上你如果不敢冒险，那你几乎就已经输了一半。那些在战争中留名千古的军事家，几乎都是那些敢于冒险、敢于进取的人。

这就是复杂系统的第二个性质：战争复杂系统具有固有的不确定性，只能管理不能去除。你要管理利用得好，就能获得好处；否则，就会吃亏。这就是不确定性告诉我们的结论。

2.4　复杂系统性质之三：涌现性

复杂系统的第三个性质是涌现性。什么叫涌现？就是系统内每个个体都遵从局部规则，不断进行交互后，以自组织方式产生出整体性质的过程。这个整体性质，也就是我们所说“1+1>2”中多出来的那一部分。涌现这个词，就描述了系统整体性质突然发生改变的那个瞬间过程。涌现对于复杂系统非常重要，它既是复杂系统的重要特色，也是复杂系统追求的主要目标。

2.4.1　什么是涌现性

整体性质的产生：水的相变和人的死活

涌现在表现上看非常类似于物理学的“相变”现象，但内在含义并不相同。什么叫相变呢？比如，水变成冰，性态从很软变得很硬，这就是相变。水变成水蒸气，又变得虚无缥缈，这也是相变。这是水的三种不同相，而相的转变过程就是相变，相变的结果就是产生了一种新的整体性质。但是，相变不是涌现，因为相变的结果是由于外界的影响，而不是依靠内部的自组织交互产生出来的。比如，水分子在一定温度条件下相变成冰、汽，而复杂系统的涌现主要靠内部的适应性、自组织交互而产生。所以，相变是物理学的概念，而涌现是系统科学的概念，虽然本源不同，但反映的都是系统性质的变化。

只有复杂系统才会有涌现发生，因为其内部的个体有适应、交互和自组织的能力。正是通过这些适应和交互，众多独立的个体形成了一个整体，并涌现出整体的性质。因此,说涌现是"1+1>2",其实并不是太准确,更准确的说法应该类似"1+1=苹果"之类的,也就是系统的本质都可能改变,可能出现意想不到的结果。我们常说的综合集成,其目的其实也是这个意思,就是希望通过综合集成的方式,产生出一个比现在已有系统组合更好的系统整体性质出来。

这样的涌现现象在大自然中比比皆是。比如,一些小鱼在大海中独自巡游觅食时,很难对付海豹或者海狮,但是如果将一大群鱼看成是一个系统整体,它们在对付海豹时,就会借助群体的力量。科学家观察到,当他们发现海狮突然冲进鱼群时,每条小鱼虽然会想办法逃命,但由于是一个群体,所以又会受到群体行为的约束,它们局部行为的结果就会形成一个巨大的鱼群隧道,就好像是另外一个巨大生物张开了巨嘴一样,使得海狮望而生畏,赶快逃命。这个鱼群隧道是由每条鱼局部的、无意识行为共同产生出来的,是一种整体性的系统性质,是鱼群从松散的系统结构方式,通过涌现产生出来的一种更紧密的集体防御结构。

微观上,也可以用涌现解释产生生命的过程。死人和活人有什么区别?身体上任何物质都完全一样,但为什么一个是活着的,另一个却是死的呢①?其实,在复杂系统看来,某些物质以某种方式联系到一起并产生交互时,就可能产生生命。死人与活人的区别,不在于那些完全一样的物质,而在于能够涌现出某种"活着"状态的系统性质。生命的产生一定是那些无机分子不断复杂化,最后产生出来的一个组织形式,有这个组织形式它就有生命,没有这个组织形式它就没有生命。人工生命概念的提出者兰顿②就是这样认为的。这应该是生命涌现最基本的过程,后面还要介绍的文特尔,就在追踪生命的最简组织形式是什么。

宏观上,我们也可以发现人类社会产生出的系统涌现。最典型的莫过于互联网的产生与发展。互联网从来都没有一个中心,所有连入的部分都是遵从互联网那几个简单网络协议的结果。到今天,互联网已经将无数的计算机和各种设备接入,并与几十亿的网民交互,形成了一个巨大无比的人造网络,造就了今天网络化的社会形态,也涌现出只有大规模互联网才有的网络整体性质。由此还诞生了网络科学,专门研究这种大规模网络的性质和演化。

涌现反映的是复杂系统整体关联性的结果。也就是说,事物内部各要素都是相互关联的,你不能简单地分解拆开,一旦拆开,它就不是那个它了。同样,如果与外部环境相互关联,也无法把它与外部环境剥离开来。所以,我们在思考复杂

---

①以前很多人相信,人之所以是活的,是因为活人有灵魂。17世纪欧洲就有人和死刑犯签订合约,要借用他的尸体称一称人在死前死后的重量差别,想要知道人的灵魂有几斤几两重,来证明灵魂的存在,当然不会有可信的结果。

②克里斯·兰顿,1949～,美国生物学家,仿生领域开创者之一,是人工生命的提出者。

系统的时候，必须有关联性思维，凡事要注意该事物与其他事物的关联。中国社会就强调关联性，也就是所谓的关系学，这其实就是一种复杂性的文化。比如，你去办事并想把事情办好，首先要把关联性也就是关系建立起来，这样事情就好办多了。所以，有人说，中国社会是个复杂的“关系”社会，虽然是幽默，但也不无道理。

由于人类认识世界是从分类开始的，所以我们已有的知识大都被割裂看待，都是以某种分类学的形式出现的。这虽然是一种学习方法，但也给我们认识世界的本质带来麻烦，使我们以为世界本就是分开的模样。实际上，我们的世界，包括生命，其实都是相互依存的整体性结果。人与人相互依存，人与大自然相互依存，事物与事物之间相互关联，这才是我们应有的整体性观念。

生命可否涌现：扮演“上帝”的文特尔

我们再来看几个与涌现相关的案例。许多人都很关心，到底是什么创造了生命。所以，也有科学家想从无到有地合成出哪怕最简单的生命形式，以此来证明从无机物质中是可以涌现出生命的，关键就是要找到是什么物质的组合做到了这一点。被称为“疯子”科学家的美国生物学家克莱格·文特尔[①]就是其中之一。因为他想要创造生命，构造出从未存在过的生命形式，所以文特尔就被美国《新闻周刊》称为是一个想要“扮演上帝”的人。

文特尔的想法其实也非常简单，就是看看无机物需要什么物质，并怎样组合才能产生出生命，哪怕只是最简单的生命形式，比如某种细菌就可以。2004 年，文特尔和他的团队以一种类似细菌的微生物“丝状支原体”的基因组作为模板，化学合成出一整套支原体的基因组，并将它移植到除去了 DNA 的山羊支原体细胞内。这套人工合成的基因组最终在细胞中活了下来。当时，文特尔喜出望外，给它起了个名字，叫“辛西娅”，因为后来又有了新进展，所以它又被重新编号为“辛西娅 1.0”。

在文特尔看来，生物的基因组就好比一套系统代码，基因测序技术使得人们能够“阅读”生命在亿万年时间里演化出的种种“代码”，而这些“代码”又可以控制基因组的运行。辛西娅的出现，证明人类也可以自己创造一套能用的代码，但这个代码还是太长太大，还是很难弄清楚到底是什么创造了生命。所以，文特尔真正希望做到的，是透过辛西娅 1.0 的这些代码看到本质，在基因组中抽丝剥茧，不断删减，去除不是生命最关键的东西，找到生命之所以能成为生命的基石究竟是什么。

---

①克莱格·文特尔，1946～，美国生物学家，最早实现人类基因组测序的科学家之一。

辛西娅 1.0 的基因组有 901 个基因,超过 100 万个碱基对。这些术语对于不熟悉生物科学的人来说无异于天书,当然对我也是一样,没有什么概念,我只能根据我的理解来简要说明。这么多的基因和碱基对数量看上去很吓人,但在能自主复制的细胞中,身为支原体的"辛西娅"的基因组已经是很小的了。为了能在不同的环境中存活下来,细菌通常会携带很多具备不同功能的基因来应对环境变化。比如,大肠杆菌就有大约 4000 个基因。早在 20 年前,文特尔就知道在所有可自我复制的细胞中,已知最小的基因组来自生殖支原体,它仅包括 525 个基因。现在他们要做的就是不断减少,看看能不能精简得比这个还小。

删减工作是这样做的:把辛西娅体内那些被删了也不会致死的基因去掉,把删了就活不下去的基因留下。说起来简单,但实际做起来很复杂。经过艰苦的努力,他们将辛西娅 1.0 基因组中的碱基对精简了几乎一半,基因也只留下 512 个,比生殖支原体的基因组还小。这就是"辛西娅 2.0",成为了人造的拥有最小基因组、可以自行繁殖的细胞。之后,他们得到的"辛西娅 3.0"仅仅含有 473 个基因,是最接近文特尔苦苦追寻的生命基石的基因组。

不知道文特尔团队什么时候能够找到构成生命的起点形式,仅从已经进行的工作来看,生命的涌现应该是某些无机物质在某种条件下进行某种组合的结果。文特尔的工作让我们可以更好地了解生命的涌现过程,这对复杂系统研究来说是非常重要的成果。我想,如果我们在社会群体中也做类似的研究,也去了解某类群体形成整体性质的过程,这个研究应该有很好的启发意义。正如文特尔所说,"生命更像是一个交响乐团而非一个短笛独奏家。"他认为,在这个过程中,建立一种以基因组为中心的生命观,从整个基因组的整体视野去看基因的功能,可能是了解生命过程的关键。可以想象,未来在我们窥得生命基石的那一瞬间,会有多少可能性涌现和迸发出来。

顺便说一句,文特尔本来就是个"神人",当年他独立带领团队挑战"国际人类基因组计划",最后居然走到了最前面,逼得对手不得不与其共享荣誉;由于放弃了人类基因组的专利,收入大幅度降低,结果又被自己一手创立的公司开除。他这样特立独行的经历,可能也只有苹果公司的乔布斯可以和他相媲美;他试图创造新生物的企图,给他带来了"坏小子"的名声,但谁也不敢小看他的能力。这可能就是那些极具创新性科学家的特点吧!

涌现计算:模拟的鸟群与复杂问题求解

群体行为也可以带来涌现,帮助我们解决复杂的问题。前面我们说过,成千上万的鸟群可以通过自适应解决集体飞行的难题。这个鸟群的行为后来被计算机科学家用程序模拟出来了,而且十分逼真。1986 年,计算机科学家克瑞格·雷诺兹写出一个计算机模拟程序,通过给计算机中的智能体设置三条简单的规则,即靠近、对齐、避碰等，就能模拟出鸟类群体活灵活现的飞行行为，公布之后学术界一片哗然①。没有想到计算机模拟出来的鸟群几乎与真实鸟群一模一样！不可思议。

后来，又有人想，如果利用这些鸟类的行为，是不是可以帮助我们解决一些复杂一点的问题呢？比如，我们在模拟鸟群的计算机虚拟环境中，加入食物会出现什么情况呢？显然，在真实世界中，鸟类会争先恐后地奔向食物。那么，在虚拟环境中，如果我们将颜色深的地方表示为食物浓度大，而颜色浅的地方表示食物浓度小，那么虚拟的鸟群就应该会自动聚集在食物浓度较大的地方。如果我们把人工鸟群飞行的空间比喻成优化问题的解空间，把优化函数的函数值比喻成食物的浓度，这样优化函数值越大的地方对应的食物越多，虚拟鸟群飞向这个点的概率就会越大。最后，有可能所有的虚拟鸟群都集中到了目标函数值最大的点，这样就可以利用群体的涌现行为求解函数优化的问题。

这就是被称为粒子群优化算法解决实际问题的思路。在这个算法中，一群虚拟的粒子，也就是相当于虚拟鸟群，在优化空间中自由地飞翔，他们会寻找食物并聚集到食物最多的点从而完成优化任务。如果某个特殊的虚拟鸟在问题空间中发现一个食物浓度更高的点，它就会召集其他的鸟飞过去。虚拟鸟在飞行的过程中会经历一些小的干扰，这样就会使某些虚拟鸟的飞行轨道与原轨道发生偏移，从而使虚拟鸟的群体具有一定的创新性。

当然，利用鸟群行为涌现的方式来求解实际问题，这个问题一定是比较复杂的，一般说来是用通常方法还无法解决的。比如，列出的方程维数比较高，变量比较多，相互关系复杂等等。但利用这种局部行动规则简单，但又需要大规模群体相互适应的方式来模拟，就可能涌现出我们想要的结果。这也是很多群体行为模拟仿真要达成的效果。比如，研究大礼堂失火后人群的疏散策略，城市中流行病爆发后的控制过程等，都可以采用这种被称为涌现计算的方法。

局部规则影响：南京与布鲁塞尔法官的不同判决

涌现是根据局部规则完成的，众多个体在不断交互后，会以自组织方式带来新的整体性效果，这就是新的系统性质。就像前面说的那个鸟群，都是根据自组织规则，仅靠距离、方向和速度三个参数，在运动中就突然产生出一个整体效果。但是，局部规则影响系统的整体性质能达到什么样的程度呢？

很多人都知道这样的案例："见义勇为"本是社会的共识，是社会通过长期的教育逐步形成的总体性道德规则。多少年来，老师都是教育大家要学雷锋做好事、扶老奶奶过马路，要拾金不昧，最后就逐步成为了社会这个系统的共识，这也

①《战争工程论》已经做了更详细地介绍，有兴趣的读者可以参看。

相当于系统的一种结构。但是,有一天南京出了个“彭宇案”,一夜之间导致社会共识发生了转变,这是谁事先也没有想到的。“彭宇案”是这样的:

> 2006 年,南京的一位老太太下公交车,突然跌倒受伤骨折。有一个叫彭宇的小伙子上前去扶她,还带她到医院治疗,并且预付了 200 元钱。后来,老太太及其家属非说就是彭宇撞倒了她,并让他赔钱。但彭宇说,我这是见义勇为做好事啊! 怎么能赖我,让我去赔钱呢? 最后老太太只好到法院去告状,打官司向彭宇索赔 13 万元。由于找不到当时的证明人,彭宇也没有办法证明不是自己的过错,因而双方争得不可开交。各个媒体也跟着凑热闹,搞得天下尽人皆知。
>
> 后来,法院主审的法官宣判了此案。其中的一句判词,改变了整个社会的共识。法官的大概意思是说,双方虽然都无过错,但你上前去扶并送医院,至少证明你有撞人的可能。所以,按照公平原则,你也必须承担 40%的责任。结果一出,舆论哗然。最后以调解结案,赔了大约 4 万多元钱。

这其实是法官对法律的理解而已,并不是法律的具体条文,但正是因为这么一个法律判决,加上媒体的不当片面宣传,结果颠覆了全体民众对见义勇为的共识,导致全国老百姓对中国法律体系的重新理解,一个新的共识,也就是新的系统性质产生了出来,最后大家谁都不敢去扶倒地的老人了,继而也不敢去帮助需要救助的人了。这其实就是局部规则的改变,导致出来的整体涌现效果。

这是我们和那位法官谁也没想到的事情。系统的性质一旦转变,再转回去可不是一件容易的事情。出现这个结果,既有规则解释片面改变的原因,也有媒体快速不当传播的原因。如果媒体不像现在这么发达,即使一个地域的法律解释出现问题,也不至于影响全国民众的看法转变。不管后面彭宇是否承认他究竟是不是见义勇为,其实已经不重要了,重要的是这件事已经导致整个系统涌现出新的性质。所以,不要小看局部规则的改变,对于复杂系统而言,产生的结果往往是非线性的、整体性的,不变则已,一变惊人。

无独有偶,在比利时也出现过一件类似的案件。20 世纪 80 年代在布鲁塞尔,一女子在半夜不慎掉下露台受重伤,一男子路过时发现了伤者,他先是洗劫了毫无反抗能力的受伤女子,拿走了她的钱包,然后又不忍看她伤重而亡,于是报警后迅速离开。警察来后救走了这名女子,又通过附近安装的监控摄像头拍摄的录像抓获了这名男子,并予以起诉控罪。在经过长达四周的激烈辩论和商讨后,法庭最后作出了该男子无罪释放的判决。当时法官的判决是这样陈述的:

> “每个人的内心深处都有脆弱和阴暗的一面,对于拯救生命而言,抢劫财物不值一提。虽然单纯从法律上说,我们的确不应该为了一个

人的善行而赦免其犯下的罪恶，但是如果判决他有罪，将会对整个社会秩序产生极度负面的影响。我宁愿看到下一个抢劫犯拯救一个生命，也不愿看见一个奉公守法的无罪者对他人所受的苦难视而不见。”

我想，这个法官就是一个懂得从法律系统整体角度思考问题的人，他没有去纠缠那些似乎“准确”的法律条文，而是从法律的精神实质出发，对局部规则给予最准确地把握，才使得整个法律体系没有演化为我们并不希望看到的那样。所以，从表面上看，法庭赦免了一个抢劫犯，但更深远的是对救死扶伤、拯救生命的鼓励，是对整个社会保持良好风气的促进和传承，显然更加科学和准确。

2.4.2　涌现结果的非线性

“意料之外，情理之中”的演化结果

涌现是系统不断演化的结果，但并不一定总是符合主观意愿。就像南京法官判案，他并没有想到会是目前这个结果，而且他还选了个最稳妥的判罚，各打五十大板，似乎容易接受，也符合中国人历来的思维。但人算不如天算，最后得到的却是最不愿意看到的结果。仔细想想，这个结果虽然意外，但又很有道理，也就是我们常说的“意料之外，情理之中”。这一点也反映出复杂系统演化并不是以人的意志为转移的。

许多人并不承认，总觉得自己本事挺大，肯定能够“人定胜天”。比如，有一段时间中国的股市暴涨之后又突然暴跌，于是就有人呼吁政府赶快出来救市。房地产也是如此，涨了没有管，跌了必定让政府买单。结果经常是事与愿违，市没有救起来，钱花了不少，还养成了很多人的坏习惯，反倒对股市、房市的健康没有好处。不是不能救市，但在什么时候救，以怎样的方式去救，恐怕这里面大有学问。关键的是，维护市场秩序，让股市在既定规则下平稳运行才是根本。如果规则不完善，应该首先去补规则的漏洞，而不是把钱往无底洞里砸。

我觉得，很多管理者为什么经常是“好心办坏事”，得到的结果总是“事与愿违”，根子上还是没有真正理解复杂系统演化的规律。复杂系统的管理必须按复杂系统的规律行事，不能依然沿用简单系统的线性思维。管理部门制定了很多管理办法，甚至越定越细，以为越细就越科学，越细就越好管理，但结果是管理效果并不好，很多方法显得很弱智，总是遭人诟病。

例如，为了评价科研人员的绩效就定出了很多关于论文发表的指标，相应的奖励规定，以及评奖的各种办法等。似乎一切都很完满，但经过多年的运行，仍然遭到大家的质疑：论文大幅度增加，但科学研究水平并没有本质提高；为了提高论文发表刊物等级，作假层出不穷；为了得到各种奖励，行贿受贿竟然成了潜规则，还有人成了“获奖专业户”。科研人员成了论文生产、报奖的机器，也成了学术界

的笑话,这与科研原本的目的就南辕北辙了。

再比如,“八项规定”出台后严格了各种经费的管理,但当时尚没有跟进的细化政策,导致科研工作暂时减少了补贴,所以有些人就不愿意接项目做课题了,但参加学术会议的人数却大幅度提高。我曾参加一个全国性的学术会议,会议组委会根据往年经验,订了大约150人左右的宾馆,认为这就足够了。但到会议报到时,人数一加再加,最后参会人数突破600人。当然,学会的理事长非常高兴,认为这是学会“兴旺发达”的标志。但明白人不以为然,一个老教授点出了其中的奥秘:现在科研奖金反正都不让发了,那就让大家都出来开会吧,还可以顺便旅游。这就是复杂系统演化的结果,虽然结果有些出乎意料,但仔细分析一定会发现其实事出有因,只不过它与管理者本来想要达到的目的可能完全不同。

对于战争来说也是如此。从古代到现代,从“一战”到“二战”,战争看起来似乎越打越大,死亡数量和破坏程度越来越高。即使近五六十年没有世界大战,人类却创造出了可以毁灭地球的核武器,达摩克利斯之剑高悬。但从全球总体来看,结论却可能是相反的。美国有个学者叫伊恩·莫里斯,他写了本书叫《战争》[①],副标题很长:“从类人猿到机器人,文明的冲突和演变”,其中有一个和我们平常印象不同的观点:“战争并非一无是处,因为尽管我们不愿意面对这个事实,但是战争是我们所能找到的,使人类从暴力死亡率高达10%~20%的石器时代小社会,发展到今天暴力死亡率低于1%的巨大全球社会化的唯一途径。战争让这个星球更和平、更繁荣。”这又是一个“意料之外,情理之中”的结果。

莫里斯的观点概括起来说就是:因为通过战争,人类创造出了更庞大、组织更完善的社会,而更完善的社会又会制止战争。简单地说就是,战争缔造国家,国家实现和平。这个结果是不是有点出乎意料?仔细想一想,人类社会的演化从总体上看,好像还真是这么一回事。莫里斯还预言,未来将从“美国治下的和平”向“技术治下的和平”转变,前提是,技术发展的速度超过“世界警察”崩溃的速度,在引发新的钢铁风暴到来之前完成过渡,人类才会赢得与死亡博弈的终局。但这是另外一个问题了。

非线性:洛伦兹的蝴蝶效应

涌现结果可能南辕北辙,这是非线性现象。什么叫非线性呢?一般情况下,我们对结果的思维都会有这样的预期:小的动因一定只会产生小的结果,而大的动因才会产生大的结果。我们轻轻地敲一下鼓,听到的是小的鼓声,但如果我们重重地敲它一下,就会听到很大的鼓声。这种现象在日常生活中随时可见,以至

①参见伊恩·莫里斯的《战争:从类人猿到机器人,文明的冲突到演变》,中信出版社,2015年版。伊恩·莫里斯是世界著名历史学家,斯坦福大学教授,出版过《文明的度量》、《西方将主宰多久》等。

于我们就形成了大小对应的线性思维模式，并被自觉不自觉地推广到其他领域。但事实上，生活中也存在非线性特殊现象，小动因也可能产生大结果，这可能与我们的常识不太符合。

发现这个现象的是一个叫爱德华·洛伦兹[1]的气象科学家。“二战”期间，盟军曾利用仅有的十几个小时好天气在诺曼底登陆成功，气象预报员成为英雄。著名科学家冯·诺依曼就试图造出一台计算机，想进行长期的精确天气预报。但洛伦兹的发现打破了他十几年的梦想和努力，直到去世也没能做到。因为在天气预报需要的气流微分方程求解中，出现了结果不可预测的现象。

1961 年，洛伦兹在计算机上进行计算时发现，得到的结果与他预想的还差那么一点点儿，于是他就把输入的数值稍微调整了一点，期望输出结果会和他预想的完全吻合起来。但等他吃完饭回来后发现，计算机算出的结果与他预想的结果根本不同，差距非常大。他觉得可能是计算机算错了，重新再次计算，但结果更加离奇，又完全不同于前一次的结果。他这时就纳闷了，这是什么原因呀？怎么会是这样呢？他突然脑中灵光一现，是不是因果关系不再是线性的了？小动因也可引起大后果？是不是结果本来就是不可预测的？他开始反复思考和研究这个问题，其中的复杂和艰难我们就不说了，最后他创立了混沌学理论。从此，洛伦兹成了名满天下的牛人。

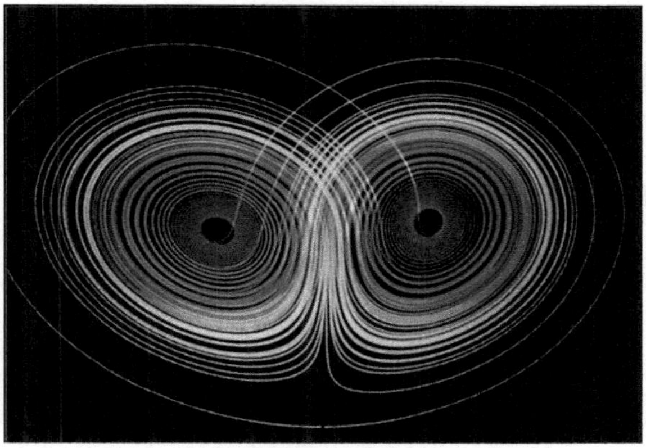

图 2.2　洛伦兹的“蝴蝶”

由于用洛伦兹方程画出来的曲线图非常像一只美丽的蝴蝶（图 2.2），于是有人将这种非线性结果的现象命名为蝴蝶效应，具体表述为：“南美的蝴蝶扇一下翅膀，在亚洲引起了一场风暴”。从而全世界的人尽管并没有真正理解这是怎么一

①爱德华·洛伦兹，1917～2008，美国气象学家，美国科学院院士，混沌理论之父，在 1963 年最早提出非线性混沌问题，影响了基础科学的众多领域。

回事，但并不妨碍它被到处传诵和引用，并且还拍成了多部电影，晦涩的复杂理论反倒成了一个通俗时髦的词汇。从这点来看，尽管表述得可能并不是太严格，但要让大众明白，找到一个朗朗上口又基本正确的比喻，对科学传播来说是多么重要！

洛伦兹的混沌学实际上研究的是“微小扰动可能给系统带来巨大影响”的科学。什么是微小扰动带来巨大影响？就是中国的那句老话，“差若毫厘，谬以千里”。以气象预报为例，为什么我们能够预测近期的天气，但却不能预测中远期的天气？原因就是这些不可忽略的微小扰动。很多科学家相信，只要建立完整的气象模型，加上巨型计算机的计算，我们应该就可以预测远期天气。但是，洛伦兹告诉我们，如果时间长了，各种微小扰动会是如此之多，以至于我们根本没有办法都去跟踪和计算，所以天气系统总是混沌无法预测的。从这个角度来说，对于复杂系统，我们已经无法确定它内部的因素哪些是大因素，哪些是小因素了，很小的因素也可能带来巨大的后果。

蝴蝶效应与社会科学观察到的现象特别接近，许多大灾难可能仅仅都是很小的原因引起的，比如森林火灾、金融危机、社会骚乱等，都会产生非线性的结果。一根火柴可能引起一场铺天盖地的大火，一个网络帖子也可能导致一场社会动乱。所有的这些事情用简单系统理论方法是根本没法解释的。战争的演化也经常出人意料，比如解放军当年打淮海战役时，据说原先并没有想打到那么大的规模，但打着打着就把“小淮海打成了大淮海”，有点出乎预料。仗越打越大，就是因为出现的相互影响因素越来越多，最后不得不铺更大的摊子。

理解混沌理论：吸引子和平衡态

混沌理论是复杂系统理论的一个重要组成部分，专门研究对初始条件极为敏感的动态系统的特性。说起来比较高深难懂，简单地说，混沌是一种介于有序和无序的系统中间状态，这种状态不同于混乱，虽然初看起来系统是杂乱无章随机的，但从更高层次看又揭示了某种规律性。所以有人说，这是一种“确定性系统内在的随机性，而随机性状态又表现出了某种确定性”。你看洛伦兹曲线的“蝴蝶”图，它就像一团麻线，如果有个“小虫”可以沿着麻线在里面随机飞行，永远都不会与飞过的路径相交，这意味着结果虽然可以是随机不确定的，但这个不确定也还有个范围，怎么也不会飞出这只“蝴蝶”。就像是“孙悟空不管怎么变，都跳不出如来佛的手掌心”一样。这是一个有序和无序完美结合的例子。

当然，这样的“蝴蝶”根据方程不同可以画出很多，但无论是哪一种，“蝴蝶”都会约束“小虫”的飞行范围。这只“蝴蝶”中的那两个黑点和运行轨迹，在系统科学中被叫做吸引子，可以像磁铁一样吸引着想乱跑的“小虫”，使其不跑出划定的范围。吸引子是系统科学的一个概念，意思是系统的某个稳态，如果不出大的扰动，系统总是会朝这个地方演化。比如，大江小河都会奔向大海，大海就是一个吸引子，这叫定点吸引子；月球围着地球转，地球也是吸引子，叫周期吸引子。但复杂系统感兴趣的是第三类吸引子，也就是所谓奇异吸引子，即虽然系统中的点集是不稳定的，但由这些点集构成的系统却能形成一个有序结构，如洛伦兹“蝴蝶”。

说直白一点，吸引子就是一种平衡态，就像一个山坡上有很多沟和坑，这些沟和坑就像是吸引子。当一个球快速旋转沿着沟在山谷里滚动时，不同的沟会引导球沿着不同方向移动，遇到坑就有可能停下来，也可能又旋转出去接着滚，直至遇到一个更大的坑旋转不出去而停下来为止。山坡的形状是由沟谷和坡脊构成的，因而可以改变球的滚动速度、动量，以及在不同沟谷连接处选择方向的概率。山坡上的这些变化如果足够大，那么改变球的滚动路径也是可能的，最后会导致落入不同的坑中，也就是得到不同的结果。这就是一个从势能最大点到达势能较低稳态点的过程，也是一个从高自由度下降到低自由度的过程。

一个系统可以有多种平衡态，但每一种平衡态的稳定性是不同的，系统进入每一种平衡态的概率大小也不同。比如，把一根筷子竖着放在桌子上是一种平衡态，把它横着放在桌子上又是一种平衡态，但显然前者是不稳定的平衡，而后者是稳定的平衡。可以直观地看到，系统的稳定性与其所处的能量状态有关，显然势能越小越稳定，这也是为什么倒下的筷子比站立的筷子要稳定。自然的状态一般都是系统势能最小的状态，系统追求自然，应该算是一种本能。扭曲的系统往往不稳定，因为扭曲的系统非自然，不符合自然本性。所以，顺其自然是有科学意义的。

能否应对外界干扰也可以反映系统的稳定性，或者称为鲁棒性。也就是说，当给系统一个扰动时，看它是不是还能够保持平衡，也就是看它对初始状态是否敏感。显然，竖起的筷子很敏感，而横躺的筷子就比较稳定。前一种平衡是不稳定的，后一种平衡则是稳定的。所以，可以用鲁棒性来衡量一个系统抗干扰的能力。当鲁棒性很低时，系统会处于一种脆弱性状态。比如，一个社会对一点风吹草动都承受不起，这个社会系统就是脆弱的，很容易出现各种突发事件。

简单系统不会出现混沌现象，但方程变量一旦多于三个，情况就不同了，这叫做高维度方程，比如具有三个变量的洛伦兹方程。高维度有点类似高自由度，低维度就是低自由度。在低自由度条件下，个体的选择非常小，行为简单，产生不出混沌，也不可能产生新组织和新结构，比如在一维条件下就只是一条线的空间范围。在高维度下，个体的选择自由度提高，就会出现复杂行为，只有在这样的行为主体和环境下，才会出现混沌现象，产生自组织。比如，吸引子有多个，就会产生一个共同作用的综合结果，如同老式电视机的显示屏，就是靠控制电磁的作用，使得电子枪发射的电子能打到显示屏的正确位置上，以点亮屏幕上的像素点；地球在太阳系中的位置，也是由太阳及其他行星的位置和运动共同决定的。在洛伦兹“蝴蝶”中，“小虫”也只能围着那两个点转动。这些都比山坡上滚球复杂得多。

有意思的是，在复杂系统的无序中可以孕育出有序，确定性系统也可能有内在的随机性。复杂系统从无序中可以产生出结构，靠的就是自组织过程，而并不像我们想的那样无序只会带来混乱。这种无序的非线性虽然会带来不可预测性，但同时也可能会在自组织过程中不断适应环境变化，从而涌现产生新的结构和组织；反之，对于混沌系统而言，系统即使是确定性的，也不能保证系统的行为是可预测的，而这种随机性是内在的，并不是由噪声或干扰产生的。

洛伦兹从中受到的启发是：高维系统本质上是不可能做长程预测的，而且对初始条件高度敏感，哪怕系统本身是确定性的并没有随机因素。如果小因素在复杂系统中不可忽视，那么系统所受到的随机扰动也就不能忽视，这样就把随机性引入了复杂系统。特别是当系统临近临界状态时，系统变得高度不稳定，随机扰动和小事件往往起决定性作用。比如，当社会系统高度不稳定时，一个城管和小贩之间极小的纠纷，都可能演化成一场涉及数万人的恶性群体事件。

制度变迁和冲突调停[①]的科学之解

其实，一个国家政治制度的演化也可以用混沌演化理论来解释。比如说，虽然一个国家的政治制度未来走向何处谁也无法预测，但可以看看它有几种可能的路径，以及对应于什么吸引子。这些吸引子就是各种比较大的政治主张，如国家资本主义、权贵资本主义、社会主义、君主宪政、民主宪政、宗教化政治等等，它们都可以算是系统的吸引子，差别仅在于在不同国家出现的概率不同。

吸引子并非是独立存在的东西，它是系统中各单元在互动中达成的某种稳定关系，是一种互相适应的结构。比如，一个国家的政治制度也是那个国家人民自己互动的结果，是人与制度之间的某种自适应。有什么样的人，就有什么样的文化，就有什么样的制度。反过来说，不同文化背景的人群可能就无法与这种制度互适应。比如，你有另外一套价值观，对正义、公平和善恶有不同的观念，那么你就无法与此种制度相互适应。当然，文化也不能决定全部，但却可以带来不同的鲁棒性，有的历经百年不倒，有的则危机不断，前程未卜，就是因为每一种吸引子和鲁棒性不同。

例如，所谓的“西方民主”制度，在很多国家虽然貌似相同，但鲁棒性差异极

①参见红枫的《战争有没有科学之解》，《中国科学报》，2015 年 3 月 23 日。

大，比如英美等西方国家、日本和韩国、印度和土耳其等就很不相同。虽然可以在不同国家建立相同制度，但由于不同宗教的价值观有差异，各自的稳定程度就不同，也就是对抗扰动的能力不同。比如，土耳其，虽然也建立了类似于西方的制度，但因其受宗教吸引子的吸引力很大，一有风吹草动就会跃迁到另一个吸引子影响为主的状态上去，例如 2016 年土耳其未遂政变带来的向伊斯兰化国家的转型。经济政策、移民政策、福利政策等都可能成为影响国家发展的吸引子，最终导致国家制度或者政策选择的转变。有的国家总是动荡，很容易发生政变，比如泰国，最后稳定下来的却是军人统治，其实也是这个道理。它们的共同特点就是要转到一个更稳定的状态上去。

也有人将这种思维方法用于调节地区冲突。美国威斯康星大学密尔沃基分校的调停专家罗伯特·里希里亚诺认为，过去的调停方式都是“饮鸩止渴”，签订协议、换领导人、仲裁边境等，但仅仅几天这些协议就会崩溃，因为这些方式并没有搞清楚造成冲突的最根本原因是什么。人们都用简单性和决定性的线性思维，但却不知道双方是因为什么产生冲突，以及这些原因之间是怎么互动影响的，不管是因为争夺财富、种族身份，还是屈辱的历史。引入混沌理论的吸引子，用于描述各个群体的观点和之间互动行为，就可以比较好地解释这些棘手冲突中破坏稳定及形成秩序之间的关系。但数学方法不能直接使用，还需要将其转换为可用的工具，因此他们就建立了可以捕捉社会冲突动态的计算机模型。

2000 年，里希里亚诺抵达刚果民主共和国，试图找到协调第二次刚果战争的方法，这是一场多个反叛团体和支持政府的“麦麦战士”之间的血腥冲突。在战场后方，他和同事见证了艰难达成的和平协定一次又一次破灭。2002 年，他和同事开始利用模型绘制冲突各方和相关利益群体之间的关系图，结果弄清楚了当地一些社会群体被反叛组织所操控，而这些组织希望继续战争以获得珍贵矿藏的情况。之后他们改变了策略，开始尝试阻断反叛组织和当地社会群体之间的联系，从而推动了当地停火进程，随后的冲突也大幅度减少。

从这些例子可以看出，用复杂系统的混沌演化理论，其实是可以对很复杂的社会、政治等问题进行解释的，尽管我总感到有点牵强。但要说明的是，这些理论只能用于可以建立混沌方程的复杂系统，还有很多系统其实根本就无法建立方程，比如与人的自由意志有关的系统，这就要采用其他方法了。

但混沌理论对复杂系统的研究确实有一定的启示意义。它与相对论、量子力学一起被科学家誉称为 20 世纪物理学三大革命。美国佐治亚理工学院的物理学家福特说：“相对论除去了绝对空间与时间的幻想，量子力学清除了可控测量过程的牛顿梦，而混沌学则宣告了拉普拉斯决定论式可预测性的幻灭。”

涌现结果不能预测：东欧剧变与“破窗效应”

涌现是混沌自组织演化的结果，但结果难以预测。因为混沌过程就是系统众多要素相互影响的过程，当要素多到一定数量，我们就可能没有办法去建模和计算了，当然也就得不到确定性的结果了。前面说过，非线性方程到了三维，就很难求解。最简单的混沌就是“三体”运动，这是一个令很多智商超群的科学家迷惑不解的问题。两个天体，比如太阳和地球，18 世纪的伯努利[①]就解出了所有可能的轨迹，在合适的坐标系就能用简单曲线加以描绘。但仅仅只增加一个天体，三个天体的运动就会变得复杂而炫目。直到 19 世纪，庞加莱[②]才给出“三体运动轨迹不能用简单公式表达”的结论。也就是说，三个以上的天体运动是复杂的，存在太多的不确定性，随时都有破坏平衡的可能。现在我们的太阳系这么多天体，其实也是一个不稳定系统，随时都有可能崩解。2015 年，获世界科幻小说大奖的科幻小说《三体》[③]，描述的就是这样一种现象。

混沌自组织演化的结果不能预测，但不等于完全随机。完全的随机是处处与前面过程不同，不会有什么深刻的含义，就像白噪声[④]一样。而混沌不同，混沌处处都在变化，时时都在变化，但是混沌的变化是在有规律与无规律之间。演化会造成结果的多样性，从而造成发展的分叉机会。其实复杂系统的混沌状态也不是一开始就有的，它有一个从有序到混沌的过程。开始的时候还可以观察或控制，可能由一种情况变成两个分支的情况，然后又会变成 4 个分支的情况，之后进入完全不确定的混沌状态。到这时，我们才无法进行预测，更无法控制了。也就是说，混沌的程度是一个逐步发展的过程，这是从数学角度证明了的一个客观规律，不是我们的认识所能左右的。

这也是为什么有的系统在开始的时候我们还能预测或控制，但到了后来系统就处于完全无序失控状态的原因。在现实生活中，这样的例子有很多，结果往往出人意料。1989 年 5 月 2 日，匈牙利发生了一件不同寻常的事情。当时，匈牙利政府为了表示对西方国家的友善，决定拆除华约组织设在匈牙利与奥地利边界处的电子报警系统。就是这样一个看似偶然性的决定，导致了一个谁也没有想到的

---

①丹尼尔·伯努利，1700～1782，瑞士物理学家、数学家、医学家，在流体力学方面贡献突出，提出伯努利方程。

②亨利·庞加莱，1854～1912，法国数学家，物理学家，在代数和天体力学等方面贡献突出，创立了代数拓扑学，是相对论的理论先驱，著有《天体力学新方法》、《科学与假设》等。

③《三体》是中国科幻作家刘慈欣创作的科学幻想系列小说，共三部，2006 年、2008 年和 2010 年分别出版。2015 年获得第 73 届雨果奖最佳长篇故事奖，这是世界科幻文学作品的最高奖。

④白噪声是指在较宽频段内等带宽能量完全相当的噪声，功率频谱密度为常数的完全随机的信号。白光由各种颜色的光混合而成，所以称为白噪声。与之相对，其他不具此性质的噪声称为有色噪声。

结果：一批又一批的民主德国人借口旅游，来到这里偷渡过境，经奥地利到达联邦德国，引发了民主德国的逃亡浪潮，最终像多米诺骨牌倒塌一样引发东欧剧变。开始似乎还可控制，但后来则完全失控，并彻底改变了事件的性质。

对于这些事先谁也没有想到的结果，社会学家给出了很多因果分析，但实际上这些分析都很难说清楚其背后到底是什么机理。有些政客认为，这是他们组织抗议活动的成果。但也有人说，这些政客不过是像童话里的小王子，“每天指挥太阳升起一样”，只是追随这些群体活动的步伐，以显示他们“具有领导力”罢了。这其实就是混沌世界给我们展现出来的非线性力量，并涌现出新的系统性质。需要注意的是，这些非线性结果的产生，本质上还是由于复杂系统内部已经形成了剧变的条件，所有偶发的事件，不过是导火索而已。

社会学研究中也经常见到这种非线性涌现现象。比如，有专家①研究证实，很多社会危机发展初期仅仅只是“模仿”，也就是某种“心理传染病”，但到后来逐步发展，以至于产生了雪崩效应，一发而不可收拾，进而成为社会危机。富士康工人跳楼自杀、法国青年躲避警察触电身亡导致巴黎骚乱、网络上的大规模谣言传播等很多事件，几乎都是如此。前面有人干，后面就有人跟着模仿，结果就造成了雪崩效应。法律界有个术语，叫破窗效应，说的也是这个意思。现在网络如此发达，非线性影响的放大效果就会更加明显。很显然，处置这种事件的方法其实也很简单，掐断最初传播的链条，也许就不会有后面的事情了。美国在“9·11”后严格管控航空安全，很大程度上就避免了模仿出来的恐怖袭击。所以，千万不要轻视非线性的作用。

这些事例说明，复杂系统的演化过程，实际上是系统自己内部因素相互作用涌现的结果，是一个从高维向低维、从高势能态向低势能态转变的自组织演化过程，并且具有很强的随机性，具有历史记忆和路径选择的整体性，既会改变自己，也会改变环境，历史不同、选择不同、时间不同，带来的结果也会不同。因而事后可以总结，但基本没有可预测性，最多只能进行短期预测。如果了解这个机理，我想很多管理者至少在思维上会清楚怎么办更加有效。

从另一方面来说，这种非线性的涌现其实也可以为创新提供条件，那些意想不到的结果，往往会带给我们很多新的启示，最后导致突破性的创新。比如，互联网上的电子商务，就是从少数网上店铺创新开始的，最后造就了像淘宝、京东、亚马逊这样的大型网络企业，涌现出风靡全球的互联网商业形式。从这个角度说，涌现就是一种创新。

---

①参见万维钢著《智识分子》，电子工业出版社，2016 年版，第 9 页。

2.4.3 涌现的层次性

系统的层次性与量子化跃迁

涌现还具有层次性,结果会按层次不同而不同,这是系统的层次性观点。复杂系统强调的整体性与原始的整体论是不一样的,因为原始的整体论不分层次。哥德尔定理也告诉我们,不可能在同一层次解决所有问题。哥德尔定理动摇了逻辑形式体系的基础,又提供了一个描述知识局限性的理论,其实也是不确定性的另外一种表现。哥德尔坚信,总是存在我们不能完全知晓的东西,要想解决这个矛盾,就必须上升到更高层次。即使那么严密的数学和逻辑也有局限性,也存在既不能证明,也不能证伪的东西,所以也有人将哥德尔定理称为数学上的测不准原理。

现实中有很多例子可以说明这个定律的正确性。比如,军队的体制和编制调整,很难从内部由自己完成,尤其是改变体系的改革。这就像医生可以给自己剪剪指甲,但是不能给自己动手术一样,自己搞体制编制调整就总会避重就轻,你减一个军级单位,我减一个师级单位可以,但很难真正做到彻底的体系改革。要想做到彻底的改革,就必须跳到系统之外,在更高层次上进行,改革才有可能成功和彻底。比如,美军所有的国防改革都由国会主导,而不是军队,也是出于这样的道理。这是哥德尔定律告诉我们的,就像我们永远也做不出永动机,因为必须遵守能量守恒这个定律,是同样的道理。

哥德尔的思想也影响了很多军事理论家,他们从中找到了解释战争整体性和不确定性的理论基础。哥德尔定理虽然是数学定理,但却可以解释很多社会学方面的问题。不过,数学物理学的定律不容易理解,但容易被接受,而社会学的定律却相反,很容易被人理解,却很难被人接受。哥德尔定律恰好位于两者之间,它的层次性观点应该成为我们思维最基本的方法之一。层次不但导致涌现的分层出现,而且涌现出来的性质也不是线性的,而是"阶跃式"的会突然显现出来。

层次之间的关系:印第安部落去哪儿了

每个层次都会有整体性涌现效果,但结果并不一定都是相同方向的,甚至可能完全相反。换句话说,就是每一层次并不一定都是为上一层做贡献的。这里讲一个关于印第安人部落发展存亡的故事,来说明这一点。

> 人类历史学家曾经对美洲的印第安人部落分支的发展历史进行过考察。但他们发现了一个很奇怪的现象,说明了两个印第安部落体系

在演化中，可能涌现出完全不同的结果，而且出乎一般人的意料。

很久以前，有这样两个印第安人的部落，他们分别居住在相距很远，但生活条件非常相似的地域，各自都以打猎为生并独立繁衍发展。其中，有一个部落[①]在现在的加拿大地区，每天晚上他们都会聚集在篝火旁，商量明天到哪儿去打猎。怎么商量呢？就是由巫师拿出一块驯鹿的肩胛骨放在火上烧，烧出一个裂缝来帮助他们判断该去哪里打猎。如果裂缝朝东，明天就去东边打猎；如果裂缝朝西，那就去西边打猎。用现在的话说，就是迷信，骨头的裂缝朝哪个方向与动物在什么地方有什么关系？所以，很显然这个部落肯定经常打不到猎物，他们肯定会饥一顿饱一顿，就这么苟延残喘地活下去。

但是，另一个部落则不同，用现在的话说就是他们巫师有点科学态度，他比较相信对过去经验的总结。他把那些猎人、老人都找到一起，坐在篝火旁商量。秋天了，湖边有鹿，去年在这个时候打到过鹿。冬天了，应该到山上打兔子，因为兔子冬天总在山上跑。显然，这个部落肯定会满载而归，部落的人也会生活得更好些。

但奇怪的是，当这些人类历史学家再去考察他们几千年之后各自发展的轨迹时，却很惊讶地发现，那个所谓"讲科学"的部落却消失掉了，而那个所谓"讲迷信"的部落至今还在。人类历史学家感到匪夷所思，这是怎么一回事呀？

其实仔细一分析，发现这个结果还是有缘由的。这个所谓"讲科学"的部落，因为能打到很多猎物，所以他们部落的人就生活得好一些，繁衍的人口就越来越多。为了养活众多人口，就需要猎取更多的猎物。当部落人口太多时，就可能会分裂成两、三个，甚至更多的部落。部落一多，就免不了为了生活争斗，而自然界的馈赠是有限的，达到一定程度就什么都没有了，从而发生战争，打来打去这个部落也就打没了，最后消失在历史的长河之中。

反倒是这个所谓"讲迷信"的部落，利用骨头裂缝指示来打猎，虽然饥一顿饱一顿，但总能活下去，生活得不好也就使得人口不至于过度膨胀，但也可以维持下去，所以一直延续至今。他们的骨头裂缝法打猎虽然看起来不科学，但却在无意中利用了另外一个科学规律，这就是随机性规律，确保了大自然给予的平均水平，从而使得这个部落能够维持下去。用现在的话说，就是所谓的"可持续发展"，不过他们自己并不知道这其中的科学道理。

所以，从这个角度来说，虽然涌现出低层次的狩猎规律和高层次的生存规律，

①这个部落属于那斯克皮族(Naskapi)，在加拿大拉布拉多省。

但这两个规律是相悖的，并不存在低层次规律为高层次规律服务的关系。这说明，涌现的发生在层次之间可能完全不同。同样，我们在制定国家或军队的发展战略时，也会有层次问题，层次之间也并不总是相容的。注意到这一点，我们才有可能找到最后的合理解决方案。

反过来说，把系统分成多个层次需要特别小心，对于无生命的简单机械系统来说，你或许可以这样做，而一旦牵涉复杂系统时，就需要特别地清醒，要认识到这种操作的局限和问题。在很多情况下，复杂系统总是从整体上进行研究的，即使划分层次，也只是为了观察方便，分析本身还必须从整体进行。

随机性选择的实质：哥伦比亚大学招生与刀耕火种

上面这个故事也说明，局部性规则的不同，最后可能涌现出完全不同的结果。这说明局部决策对涌现结果的重要性。但它还蕴含着一个很深刻的问题，就是为什么随机性选择在这里是正确的选择呢？像这种占卜式的选择，我们一般都把它看作迷信，至少也是把它看成是“撞大运”的过程，但为什么它的结果却是最好的呢？难道其中还真的有什么秘密？

通常来说，我们做选择是建立在理智分析、公开、公正、公平的基础上的。比如，对人的评价和选择，如大学录取新生，我们按成绩排名；体操裁判打分，去掉最高分和最低分，然后取平均值等等。稍微复杂一些的选择，比如政治选举、干部提拔、股票挑选等，也是建立在同样基础上的。但是，做出这样的决策必须有两个重要的前提：第一，我们能够看到的所有判断依据都必须是确定的；第二，这些依据能够完美地反映评判对象的实际情况。也就是说，如果我们要进行评价或选择，就应该去掉一切不确定性和偶然性，而且判断事实依据必须与实际表现一致。这样，做出的评价和选择才是可信、理智的，至少是公平、公正的。

但是，我们面对的是一个令人焦虑且充满不确定性的世界，那两个很重要的前提，也就是完全的确定性和完美的事实依据，要想达到简直就是痴心妄想，是一种永远也达不到的乌托邦式的约定。因此，在评价和选择之前，我们也许要与现实情况妥协，即承认我们的生活被不确定性、偏见、主观评判，以及变化莫测的偶然性所主导。我们在这种情况下做出的选择，事实上有很多是偏离了原先我们主观愿望想要的选择基础的。比如，各种腐败行为的存在，如候选人行贿、买官卖官、利益交换等。就算是没有任何腐败，临时的发挥失常、考核的标准不一致等原因，也可能造成不能真正甄别出最合适人选的问题。即使不是选人，比如选择股票，这些的问题也仍然存在。

其实，很多情况下随机性选择才是最优选择。听起来似乎有点匪夷所思，但事实却是如此。哥伦比亚大学每年招生时，报名的一般都在 33000 人左右，但录取只能在 2200 人左右，也就是说大约只能有十五分之一的人能被录取，其他人只能遗憾落榜。如果仅靠成绩排名，很难说考试成绩排在最前面的一定就比排在后面的优秀多少。很多人的分数如何得到的，就有很多存疑。历史也证明，很多出类拔萃的人很可能考试成绩并不一定最高，状元中的高分低能者也不在少数。为了更公平一些，有人给哥伦比亚大学出了个主意：定一个分数线让达到基本标准的人都入围，比如 5000 人入围，然后再在这 5000 人里面随机选择，就有可能有更大的概率选择到更合适的人选。这种录取方式不知哥伦比亚大学采纳没有，但据说荷兰的一些学校已经开始采用这种录取方式了。无论如何，它至少给了我们一种新的思考方法。

这种随机性也被国际花样滑冰联合会引入，用于给花样滑冰选手打分，从 12 名裁判中随机地选出 7 名裁判的分数进行综合。目的就是为了避免裁判搞利益小团体，相互之间“投桃报李”，你给我的人打高分，我给你的人打高分，这在没有绝对衡量尺度的竞技体育中非常常见。当没有了利益交换的可能时，评判选择才能真正做到公正。当然，也会有合适的人可能因为这种评判方法而落选，存在运气的成分。但事实上，如果另外选择 7 个人当评委，选择本来就可能完全不同。

还有其他一些类似的例子。印度尼西亚有一个部落还是刀耕火种，每年都要选择一个新的地方烧荒种地，选择的方法就是看某种小鸟飞在山的左边还是右边。这当然没有什么道理。但这种随机性选择却保证了当地农民在长期生产活动中的“多样性”，不至于被囿于某种特定模式之中，导致部落的衰退和消亡。这和印第安部落使用烧裂的鹿骨作为打猎的方向是同一个道理。如果某个“聪明人”根据今年河水的高度在河滩上种地，并且形成了某种“定式”，结果某一年突然河水泛滥就有可能导致颗粒无收，部落整体遭殃。

为什么有些专家炒股往往血本无归，而一些“大妈”却赚得盆满钵满？这其中恐怕也有选择的问题。专家学识渊博，但学识并不等于理智和正确，所以可能做了错误的选择。而“大妈”由于啥也不懂，所做的选择本质上其实是随机的，却没准碰对了。所以说，在还没有真正理解事物，并且能够做出真正理智选择时，也许最有效、最保险，或者是最公平的选择，就是随机性选择。因为这种随机性清除了一切“合理”或“不合理”的理由，使得一切归于一种更自然不受影响的状态。“理由”往往都会影响选择，而这些理由有时又无法判断是否成立。

需要特别说明，我们不能简单地去理解随机性选择的意义。随机性选择并不是我们想的那样没有价值，而是说，随机性选择在没有真正理解规律情况下反而可能更科学。但这不是让大家什么都去“抛硬币”做决策，把一切责任归于随机性，那是懒人的想法。但对于复杂系统来说，我们是不是真的了解了它的所有规律？在这种情况下，巧妙地利用随机性有时反而是个好的选择。同样，在对待很多我们并不熟悉的复杂性事物时，比如未来的战争，是不是也应该好好地去思考一下，应该用什么样的选择，采用什么样的行为，去迎接最终涌现的结果呢？

2.4.4 涌现过程的产生

从量变到质变：计算机如何战胜人类

1997年，计算机界发生了一件引人瞩目的大事，IBM公司终于造出了一台能够战胜人类国际象棋大师卡斯帕罗夫的计算机，这台计算机叫做“深蓝”。IBM公司想借助这样一台下棋计算机，来研究计算机的智能究竟能不能超过人类。人类在很多地方都不如计算机，比如记忆。大家知道江苏卫视有一个节目，叫“最强大脑”，其中就有很多表现人类记忆能力的项目，比如记忆100组骰子。这对计算机来讲根本就不是难事，别说100组，就是10万组对计算机来说也是小菜一碟。但在智能方面，计算机比人类就差得太远了。

所以，让计算机与人类比比下棋，可能是我们能够想出来的最直接做法。开始的时候“深蓝”可以击败很多其他的国际象棋大师，但与世界冠军卡斯帕罗夫还是打成了平手。接着IBM又花了几年时间进一步改进，造出了名字为“更深的蓝”的计算机，最后总算击败了卡斯帕罗夫。卡斯帕罗夫被打败后，还有点不服气，发了点牢骚，说计算机下棋让他感到很不自在，所以他才会分心，导致失败。但计算机是绝对不会疲劳的，更不会分心。其实卡斯帕罗夫也在想出奇招怪招，但最后还是被“更深的蓝”一一化解了。

深蓝的下棋程序在很大程度上是一个数学问题，就是要通过计算找到最佳的走子方式。因为对于一个棋子而言，假设每一步有10种可能，那么第二步就有100种可能，第三步就有1000种可能。如果考虑5步，就会有100000种可能。其实象棋每一步的着法可能远不止10种，棋盘上有几十个子，每一步的可能性就更多了，多到一般的计算机都无法处理。怎么办，一方面需要造出更好的硬件，能够更快速地计算；另一方面还需要采用数学方法进行程序的简化处理，但如何简化就需要在方法上有所创新。除此之外，还可以通过棋谱引入前人的经验，这样就可以大大减少一些废棋的走法。据说，“深蓝”储存了大约200万份从18世纪到现在的经典对局。通过对前人棋谱的研究，以及对自己以前所下棋局的总结，“深蓝”还会自学习，不断地改进，最后就可能超过它的设计者，打败人类。

从这个角度来看我们会发现，“深蓝”将大量前人的棋谱输入其中，相当于将众多棋手的着法在数学层面建立起联系，使它们融汇起来，这就发生了本质性的变化。当只有一个棋手时，它的作用并不明显，但有多个棋手时，就相当于来了许多帮手，帮你支招，帮你发现“臭手”，这就很不一样了。如果这些棋手并不是街边的那些臭棋篓子，而是从古到今的弈棋名家时，这个效果的作用就可想而知了。200 万份棋谱是什么概念？几乎大多数人所能想到的高招妙招，都可以从前人的对弈中得到反映。再通过统计概率的方法变现，就会发生从量变到质变的变化，涌现出整体性的智能效果，这样人类单枪匹马当然难以战胜。所以说，涌现一定会有一个从量变到质变的过程，有一定数量的个体是非常重要的。但是，仅有数量也不一定会产生涌现，比如一堆沙子，关键在于每个个体都要有自适应、自学习的能力。

IBM 公司后来又搞了个问答计算机，名字叫“沃森”，就更厉害了，可以回答人们提出来的任何常识性问题，而且还在美国的智力问答比赛中战胜人类冠军，获得了最高的奖金。“沃森”与“深蓝”不同，它的所有“知识”都源于网络，而不是某种数学表达，所以实现起来更加困难一些。所以，有人说“沃森”才是真正的人工智能。“沃森”的内存就有 4T，也就是 4000G。什么概念？我们一般的台式计算机才有几个 G。要这么多内存干什么？主要就是存储需要检索的知识数据。“沃森”在比赛之后，被 IBM 公司用于开发医学问答系统，据说它“读”的各类医学出版物是以“吨”计算的，其实也就是在学习前人已有的知识。但是，当它真正“读懂”这些文献后，带来的涌现性可能就不得了，甚至可以取代一般水平的医生。

所以，很多专家认为，像这一类以占有知识资料和经验为主的职业，比如医生、律师和教师，很可能最先被计算机取代。这些热门职业在目前还是最赚钱的行当，但如果“沃森”发展起来，一夜之间很可能就变成穷光蛋，这应该不是妄言。

群体性智慧：怎样找到潜艇？

智慧也是可以通过群体涌现而产生出来。一般说来，我们总是认为，没有一个中心控制中枢，整个系统或社会将陷入混沌无序状态而失效，就像军队有司令，国家有总统，就连居委会也得有个主任大妈，这个社会才会正常运转。即使在动物界，狼群也得有个头狼，狮群有个狮王才行。但实际上，很多智慧的产生并不需要什么中心控制，也不需要什么“头领”，只是由于数量众多，之间交互复杂，就自然而然地产生出来，比如蜂群、蚁群或者鸟群。人们凭直觉很难接受一些极为低等的生命形态，其脑容量也许只有针尖那么一点大，却也可能完成人类都无法完成的极为复杂的任务。比如，一只蜜蜂只有 6 天的记忆，但作为整体的一群蜜蜂却有 180 天记忆，是一只蜜蜂记忆的 30 倍，是其寿命的两倍。这就是整体涌现的力量。

1968 年 5 月，美国潜艇“天蝎号”完成任务后在从大西洋返回港口途中失踪。对于最后一次联系后它又航行了多远，人们仅有模糊的判断。军方确定的搜索区域是一个 20 英里（1 英里＝1.609 千米）宽、几千英尺（1 英尺＝30.48 厘米）深的环形区域，要找到它几乎没有可能。正当大家一筹莫展的时候，一位名叫约翰·

克拉文的军官提出一个异想天开的方案:编写各种可能的事故想定脚本,提出各种可能的解释。然后,召集了一批具有不同背景的人士,包括数学家、潜艇专家、搜救人员等,让他们根据所提供的信息进行猜测,并对猜对了的给予奖励。尽管这些信息中没有一条指明潜艇到底在什么地方,但克拉文认为,如果将所有的答案综合起来,就有可能形成潜艇如何遇难的拼图。后来的事实证明,这个主意光彩夺目,五个月后就发现了"天蝎号"沉没的地点,那里离那个专家团体估测的位置仅仅相差大约200米,结果惊人的准确。

这说明一个道理:在适当的环境下,群体的智力可以表现得非常突出,而且可能会比群体中最有智慧的人还聪明。这种群体智慧既有纵向反映历史纵深的,也有横向结合人的数量的。即使群体中绝大多数的人并不是见多识广,但他们仍能做出充分体现集体智慧的决定。也就是说,只要环境合适,很多的臭皮匠,是可以赛过诸葛亮的。但这种群体智慧有个前提,就是只对不存在社会互动的预估问题有效,一旦能够相互影响,就会导致泡沫、恐慌或是从众等问题出现。2014年,当马航MH370失踪时,全世界那么多人在找,收集了那么多的信息,可是依然没有找到。是不是这个原因,还没有确切答案。

其实仔细研究人类智慧的物质载体大脑时,我们就会发现,如果从自上而下的观点看,人脑毫无疑问是控制中枢。人脑制定了整个人体在系统层次上的所有规则,可以说是人体的中心。当人们把组成人脑和相关神经系统的个体成分"神经元"放到显微镜下观察时就会发现,神经元世界完全是一个真正"众生平等"的世界。但从解剖解构的角度,神经元却是多种多样的。胞体小的直径只有5～6微米,大的可达100微米以上。虽然神经元本身的功能有差别,但总的来说功能具有相似性,也就是负责传输或发出某种信号。在这个层次上,所有的神经元都是平等的。神经元之间不存在某种类似于组织或器官那样的金字塔式结构。只有当1000亿个神经元组成神经网络,再由神经网络组成人脑,才使得人脑成为整个人体的系统控制中枢。现在,计算机就是通过学习这种神经元网络,来模拟群体智慧的,比如会下围棋的阿尔法狗。它只定义了最底层、最简单的规则,通过神经元之间的连接,就可以涌现出类似智慧的结果。关于这一点,我们后面还会深入讨论。

智能如此,其他的复杂系统性质恐怕也是如此。互联网就是这样一个巨大的智能温床,海量的数据,充足的运算能力,也许某种生命或智能会以一种人类无法察觉的形式出现和发展。由于其发展的进程迥异于人类,使得我们可能永远不知道我们已经不知不觉间创造了一个连我们自己都不认识的人工世界。

涌现何时发生:10%定律和"轮流颠覆定律"

复杂系统会发生涌现,但涌现会发生在什么时候呢?这恐怕是最值得我们关心的问题，因为这个问题直接关系到系统性质转变的那个“关键点”。就相变而言，水变成冰，是零摄氏度；变成蒸汽，在平原通常需要 100 摄氏度，但这是简单物理学的结果，不是复杂系统。如果问你，对于复杂系统我们怎么知道这个转变的“点”呢？这就不是那么简单的事情了。每一个复杂系统都需要对具体情况进行具体分析。比如说，社会什么时候会发生骚乱？什么时候会发生金融危机？我们应该何时对战争进行预警？当海啸来临时，什么时候大家会接受劝说，离开家园赶快撤离？这都是涌现关注的点。下面的例子对理解这个问题可能有参考价值①。

20 个世纪 50 年代的美国，为什么原先反对种族隔离政策的星星之火，突然就成为声势浩大的民权运动？21 世纪初，为什么中东一些国家的民众突然抛弃了原来的政府，发动了声势浩大的“反政府运动”？这些问题都是社会学研究的热点问题，对研究涌现问题也有很好的参考价值。如果用学术语言就是，一种全新的主张是如何在人群中扩散并最终达成共识的？显然，这种扩散不是被逼迫出来的，而是通过信息传播实现的，其基础就是人类社会共有的社会网络，也称为社交网络。

家人、亲戚、朋友、邻居、同学和同事，就构成了每一个人的社会网络。由于信息传播的关系，任何人的政治态度、购买决定、个人爱好等，都会多多少少受到社会网络的影响，这其中也包括受到单向信息传播的电视明星、运动员的代言广告，不同群体中意见领袖的观点，以及代表政府的官员意见的影响等。关于社会网络后面还会专门介绍，这里我们只看一些结论性的东西。

社会学家以前提出过很多数学模型，来解释依托社会网络进行信息传播对群体共识会产生什么样的影响。但这些模型都有一个共同点，就是假设一个人被说服后其观点就不会再动摇了。在新观念很少的时候，比如古代，这个假设基本是成立的。但在今天，各种新思想层出不穷，并在互联网的帮助下充分交流，上述假设就显然有些过时。为了适应新的时代，美国伦斯勒理工学院社会认知网络学术研究中心的副研究员萨米特·斯林瓦桑及其同事，决定采用二元一致性模型来研究这个问题。

斯林瓦桑提出这样一个模型，假定一个人的政治主张会随着周围社会网络的变化而变化，与上面的模型相比，这显然比较符合实际。他们虚拟了一个社区，而且这个社区中的所有成员都相信某个理论 B。在这个社区中，其成员之间可以遵循三种联系模式：第一种是每个人与每个人有联系，第二种是只有少数意见领袖具备联系更多人的能力，第三种是每个人都有大小不一的社会网络。这三种行为模式代表当今社会的三种结构，在实际生活中都能找到。

接着，研究人员在社区中安插了少数“反对派”，他们坚定地相信另一个理论 A，然后所有成员按照上述三种模式进行交流。在整个过程中，只有反对派不会改

①参见袁越的《十分之一的反对派》，《三联生活周刊》，2011 年 32 期，第 150 页。

变看法。结果发现，如果反对派人数少于总人数的10%时，整个社区共识的转变过程会十分漫长，但当比例大于10%时，情况发生了天翻地覆的改变，共识在很短的时间里就完成了。研究人员说，“就像着火一样，火势一下就蔓延开来。”

值得一提的是，反对派的比例不受联系模式的影响，三种模式都趋于10%这个神奇的数字。这是什么意思？就是说，不管你这个社区的人用什么方式联系，只要有十分之一的人转变并坚定地维持自己的看法，一个全新的观念才有可能迅速传播到整个社区，并达成共识。为什么是十分之一呢？现在科学家还在研究。但很多历史事件确实支持了这个结论。比如，美国黑人人口数量是在20世纪50年代末首次超过人口总数10%的，所以很快就有了黑人民权运动，并形成全民共识，最后导致种族歧视隔离制度的取消。

斯林瓦桑认为，这不是偶然的，而是有科学根据的。这也提醒了很多国家的政府，如何让全民达成共识，必须要有“十分之一”这个概念。这也是复杂社会系统涌现的一个很好例子，也就是说，一定的数量与涌现的发生是有密切关系的。但数量与系统的关系到底是什么，还值得深入探讨，因为并不是所有系统的涌现都发生在10%这个数字上。你再看看乌克兰说俄语的东部与不说俄语的西部，泰国的红衫军和黄衫军的动荡等等，几乎都跑不出这个规律。需要注意的是，如果不是在美国，而是在南非，黑人数量早就是多数，但仍然实行种族隔离政策，因为这已经不是达成共识的问题了。

2006年，《科学》杂志还报道过另一个结果。说的是，如果制度诱使导致坏人的数目超过总人口的三分之一，社会则会出现向坏人发展的雪崩效应，反之亦然。这与社会共识不一样，需要具体的行为行动。比如说，如果有人想造假酒，但开始的时候没有人敢这么干的，可能怕被抓住，也可能是道德的约束。但如果有人偶然这么干了没有受到制度的惩罚，结果就会蔓延开来，一旦达到三分之一左右，就会产生雪崩效应，你不这样干都不行了，结果是这个社会人人都在造假。反过来，如果在假货充斥市场的时候，在制度保证下坚持非真货不卖，坚持久了达到了三分之一的界限，也会反过来影响整个社会，这个社会就会都开始卖真货了。这种现象被哈佛大学的一个教授称为轮流颠覆定律。

这种情况其实也非常常见。前些年，很多留学生回国，把小孩送进幼儿园，很快这些孩子就变“坏”了，学会了很多国内才有的不好的东西，家长为了孩子不得不再次出国。这个规律并无好坏之分，如果在创新上也能坚持，只要能够达到市场上的“三分之一”，也许你的产品也会流行爆发起来。其实这都是制度的问题。我们关心的是，为什么是“三分之一”而不是其他数字？

这其实就是涌现产生的“点”。如果我们能够在社会管理中寻找并利用这些规律，也许比我们盲目地发布一些政策和对策，可能会更加有效。如果在未来战争中也了解并运用这些规律，也许能更加主动。美军将对社会影响的行动，称为影响力作战，就是要充分理解社会运行并能影响它。所以，从这个角度来说，复杂系统有自己的运行机理，如果大家将来能够用科学的方法研究这些机理，就能找到更多的科学依据。

这就是复杂系统的第三个性质，战争复杂系统具有涌现性，整体性质是自组织演化的结果，它们有非线性、层次性和不可预测等特点。

2.5　复杂系统的预测与应对

世界观是思维最底层的代码，任何思维都不可能超越世界观高度而自己发展。复杂系统的三大特性，也会带来与牛顿科学体系完全不同的科学世界观。概括起来就是：第一，适应性导致复杂系统结构总在动态变化，因而不能用局部决定整体的还原论方法去理解系统，也不会存在所谓的最优；第二，不确定性导致因果不再一一对应，而且也不会唯一，因而结果就具有非线性和不可预测性；第三，涌现性会导致系统自组织演化，因而会产生出新的整体性质。

这些特点完全颠覆了我们熟悉的牛顿科学体系下的认识论。确定性成为不确定性的特例，还原论也成为复杂性科学的特例。牛顿科学体系下的可分解还原、结构不变、确定性、可预测、可重复的机械思维模式，突然转换成了非还原论的、结构动态可变、不确定、非线性、不可预测的复杂性思维模式。面对复杂系统的世界，我们突然发现一切都是那样的陌生，并由此产生很多困惑：科学最重要的特点不就是理解事物，寻找规律，并预测未来吗？如果未来都是不可预测的，那它还算不算科学呢？这样，世界是不是就是不可知的？面对复杂系统，我们又应该怎么应对？这些都是初次接触复杂系统的人迷惑不解的地方，下面简要地回答这些困惑。

2.5.1　复杂系统预测之难

我们总是说，复杂系统不可预测，也不可重复。比如，我们为什么不能准确地预测一场经济危机或社会动乱，为什么战争具有"胜战不复"的特点等等。我们应该怎样理解复杂系统不可预测这个问题呢？我觉得应该按照复杂系统的性质来进行思考。下面首先看一个例子，尽管这个例子可能很极端。

不靠谱的预测：大猩猩奥拉与"砖家"的比赛①

万维钢曾经讲过一个故事，并解释了复杂系统的预测问题，我觉得挺有意思，

①参见万维钢的《别用常识理解复杂世界》，《东方早报·上海书评》，2011年10月29日。万维钢在电子工业出版社出版的《智识分子》，2016年版。

让我们看看复杂系统预测的困难程度。

> 1984 年,美国一位科学家开展了一项长期的研究课题,就是专门研究专家预测的准确性问题。当时,他请了 284 名专家对当时一些重大事件及未来发展的可能性进行预测,包括政治、经济、外交等各个方面,请他们按照专业擅长领域对相关问题进行预测,并给出相应的结果。这 284 名专家可不是一般的人,都是些有头有脸的各个领域的“大牛”,其中有著名的政治家、党派领袖、卸任外交官和各部部长、军队退役将领,各个大学、智库的资深教授、研究员等。
>
> 让他们预测些什么问题呢?我举一个例子大家就明白了,比如说有一道题是这样的:“请预测戈尔巴乔夫会不会因政变下台?”答案有 3 个选择:第一,会;第二,不会;第三,不知道。请专家从中选择一个答案。然后将专家所作答案全部封存,20 年之后再打开。为什么要 20 年后?因为所有的预测在那时就应该有结果了。
>
> 20 年之后,也就是 2004 年,这位科学家把所有封存的答案打开并汇总,并将结果公布于众,结果大家哗然。为什么?就是因为这些专家的预测从总体上来看,可以说是基本不靠谱。当然其中也有预测准确的,但如果将这些专家的预测结果进行统计分析的话,他们的正确率基本上在 1/2 左右。也就是说,他们预测的准确率与扔个硬币做选择几乎没有区别。特别奇怪的是,越是那个领域的专家,预测结果就越是不准。

大家说这怎么可能啊?这可都是鼎鼎有名的大专家呀!不应该啊!一些媒体和研究机构还做过一些更令人叫绝的研究。

瑞典一家大报为了做关于股市预测的研究,特意请了 6 名基金经理,给他们每人提供了 1250 美元,请他们在半年时间内,根据股市行情选择买卖股票,然后计算相关收益。为了对比,他们搞了一只叫奥拉的大猩猩来,也给它提供了 1250 美元,并且教会奥拉扔飞镖,镖靶上写着上市公司股票的名字,奥拉把飞镖扔到哪个上面就买哪个股票。结果居然是奥拉赢了。《华尔街日报》是一个金融大报,还特意重复了这项使用大猩猩的研究,结果仍然如此。

英国科学促进会的科学家 2001 年也做过类似研究。他们没有用大猩猩,而是找了一位叫蒂娅的 5 岁小姑娘,提供了 5000 英镑投资 100 家英国最大公司的股票,结果蒂娅采用随机选择方法,也赢了资深专家。

这就奇怪了!为什么总是随机性战胜专家呢?网上总是有人调侃股评人或某些专家,称他们为“砖家”,说相信他们,还不如相信一只大猩猩。我在课堂上讲了这些故事,下课就有学员来问我,既然复杂系统带来的结果都是不确定的,无法预测,那我们的作战指挥是不是只靠随机决策,简单地扔个硬币就可以了?

当然不是。但是,我们不能用简单系统的思维来看待复杂系统世界。简单系统是可以预测的,因为它具有确定性。复杂系统却是天然不可预测的。为什么?就是因为复杂系统都存在着程度不同的不确定性,存在可能无缘无故就会发生的事情,所以未来是不可预测的,也就是不可知的。也就是说,连我们自己也不能确定明天早上几点几分会醒来,出门会碰到什么人、什么事,那还谈什么对未来的预测?不能总是用确定性的思维看待世界,才能想清楚这个问题。

但是,不可知论不是神秘论,也不是让我们消极应付,而是要求我们的视野必须从客体变为主体,态度从傲慢变为谦逊,来积极应对不确定的未来。针对复杂系统,我们要把计划转变为认知,把办事从规划转变为演化。承认自己对未来的复杂世界无知,学会用复杂性思维看待世界,这在思维上是一次重大的改变。

所以,既然复杂系统演化是由不确定性控制的,那么未来究竟会是什么就根本不可能准确预测出来,出现什么结果都应该是合理的。在这种情况下,你让专家去预测一些本来不确定性就很强的事情,就像是让专家去扔硬币,是不是专家已经不重要,谁扔都是一样。在这种情况下,越复杂的事物,随机性结果反而可能越是最经常出现的结果,过去所谓的经验反而可能误导我们更加脱离实际。比如,让证券专家预测股市涨跌,很多时候会比炒股大妈更差,就是这个道理。这是因为股市中的不确定因素太多,专家不可能全部把握,随机性选择有时反而可能更好。

在第一章中,我曾经说过,有两个经济学家用相反的理论同时获得诺贝尔经济学奖。法马教授就认为,市场的价格已经是消化了所有信息的有效价格,这就是他的有效市场假说。因此,在法马教授看来,用不着对股票进行研究,选哪个都是一样,基本上随机性占主导地位,也就是和扔飞镖选股票没有什么区别。但这种方法也能帮你赚钱,就是帮你省下了研究股票的费用和时间。但席勒教授则认为,市场是有泡沫的,定价有时会过高或者过低,人们反应有时不足,有时又会过激。在他看来,股票的价值不是资产内在的价值,而是人们心目中对其判断的价值。这种依赖“认知”的行为,就导致了人为的炒作,最后就形成了经济学家说的“博傻”行为,就是看最后谁最傻,高位拿住股票而被套牢,没被套的就大赚一笔。这种情况就是我们前面说的反身性,结果仍然也是无法预测的。因此,这两个经济学家说的都有道理,所以诺贝尔奖同时颁给了他们。

为什么有些专家又可以预测得比较准呢?这就有两个方面的原因:第一,系统的不确定程度较低。比如,预测海湾战争中美军和伊拉克军队打仗谁会取胜,预测奥运会篮球比赛美国队打中国队谁会取胜,我想傻子都知道结果会是什么,因为双方对比的差距实在是太大了,不确定性程度太低了。需要专业知识的预测更是如此,比如预测彗星何时回归,天文学家肯定要比老百姓强得多。第二,只找了过去预测准的结果来说事。很多人喜欢炫耀自己，说的基本上都是“预测”对的结果，没有预测对的就都忘记了。这就像算命先生算命，一次蒙对了，不但自己到处炫耀，而且被算命的人还惊讶其神技念念不忘，偏偏没有人关注他算错的时候更多。这在科学上称为选择性证实，其实所谓的准确只是错觉。

所以，从决策上看，对付复杂系统并不是去扔硬币，而是去控制不确定性。比如，前面说过“高手的对决可能要靠运气”，因为大家都很强，不知道哪一下没搞好，就导致满盘皆输。一个球进还是不进，可能是天壤之别。但是，如果你的球队能力比他强很多，就像美国 NBA 球队对其他国家球队，那比赛结果的不确定性就会大大下降，确定性就会提高。会不会输？理论上还有可能，但概率很低，这就是控制不确定性。一场战役总有强点弱点，所以毛泽东要求“不打无把握之仗”，找到相对优势，也是这个道理。美国人武器装备要搞跨代优势，也是在控制不确定性。这都是复杂系统中的决策。部队为什么要强化实战训练，其实也是要通过训练，达成控制自己部队能力不确定性的目的。

需要特别说明的是，我上面引述的那些例子，恰好都选了专家预测错误的例子，是为了说明复杂系统的不可预测性。但这样做，可能会让大家产生一个错觉，以为只要是专家预测就可能不如黑猩猩，那可就是一个天大的误解了。实际上，可能还有很多专家预测对的案例却没有选，这可能会误导人们产生随机选择更好的错误结论。其实，这只是为了说明复杂系统的特性而已。

专家的作用：黑暗中的一盏“明灯”①

既然对于复杂系统来说，即使专家的预测也不太靠谱，那我们还要专家干什么呀？这里的专家指的当然不是自然科学家，而是社会和经济领域的专家。就是因为两者研究的对象不同，前者面对的是具有确定性的简单性系统，而后者面对的是具有不确定性的社会、经济或战争等复杂系统。对不确定性的系统进行预测，不管是谁，难度都远远高于确定性系统。所谓靠谱或者不靠谱，其实是相对于不确定性和复杂性而言的，对于复杂系统，谁也不敢自称完全确定，完全靠谱。

著名行为经济学家卡尼曼和塔勒布认为，不靠谱的专家仍然有市场，除了人们对专家的迷信，还在于人性的一个根深蒂固的弱点，就是对确定性的追求，不管这是有意的，还是无意的。由于未来充满不确定性，而普通人内心深处又充满了对不确定性及风险的恐惧，总希望得到关于未来明确的答案，专家的出现正好可以满足这一点。专家用他的专业知识，对未来进行预测，即使预测并不准确，但总算在充满“迷雾”的黑暗路途上给普通人点上了一盏灯，让我们有了方向感。当年我在农村当知青的时候，晚上田野里一片漆黑，除了手电筒能照见前方一点点路，

①参见卢周来的《为什么我们还是需要专家》，《北京青年报》，2014 年 12 月 14 日 A2 版。

完全失去方向。南方农村稻田里的田埂小路弯弯曲曲，一段时间里都不知道自己到了哪里。但突然看到远处山上农户家里有一盏油灯亮着，我们就知道方向对了。专家起的就是这个作用。

专家的存在还有另外一个功能，就是对普通人看不透的复杂世界给出解释。股市如此，战争如此，甚至找对象谈恋爱、人生命运也是如此。这也是满足人们追求确定性心理的另一种表现。比如，大家都知道那些所谓的股评专家不靠谱，可是他们的话为什么仍然有人相信呢？因为无论股市运作，还是危机发展，这些对普通人来说一向都是个谜，尽管无数证据表明这些复杂系统可能是被随机性所操纵，但越是这样，我们越希望能看清楚其"面目"。专家有一套解释系统，以至于即使他预测错了，也能以"事后诸葛亮"的方式找到为什么犯错的答案。经由他的解释，普通人也逐渐熟悉了专业术语，发展出了自己的判断。比如，大多数股民在经历股市暴涨暴跌之后，最终也逐渐适应了股市的无常状态，对股市的分析解释也可以达到专家的水平。

如果哪些事件解释不清，可能就会带来各种猜测，甚至上升为阴谋论的程度，影响社会的稳定。比如，马航 MH370 至今没有找到，所以网上各种阴谋论盛行，有的说这是美国针对中国崛起的一个"惊天陷阱"，有的说这是美国和印度遏制中国的"联手阴谋"，就是一个典型的例子。但是，对于复杂系统来说，很多解释并不能起多大作用。比如，股评家经常解释他预测不准的原因，但即使他"改正错误"，下次很可能还是预测不准。这就是复杂系统的特性，事实上，不管你感觉如何，我要说的是，解释只能起心理安慰的作用，而且解释得越肯定效果越好。

所以，越是给出确定性结论的专家，越受欢迎。有研究表明，越是自信地给出肯定性判断的专家，即使他的预测一错再错，仍会受到大众欢迎，而一些很谨慎、不敢给出非此即彼判断的专家，尽管他可能很理性，讲得也很准确和实际，但现实中却反而不受待见。这一点无论电视台，还是普通的观众，都是如此。因此，在电视上敢于"放炮"的专家越来越多，什么都懂的专家也越来越多，而且越极端越受欢迎。这就是因为，大家都希望能有一个确定性的结果，而并不太关心他说的是对还是错。这也是为什么一些肯定性预言大行其道的原因，比如古时候李淳风和袁天罡的《推背图》①，国外的诺查丹玛斯的《诸世纪》②，就预言了 1999 年是世界末日。其实这些预言内容都是模棱两可，所谓预言大都是后人附会的结果。现代的

①传说是唐太宗李世民为推算大唐国运，下令当时著名的天象家李淳风和袁天罡编写的。李淳风利用周易八卦推算，结果算上了瘾，一发不可收拾，竟推算到了唐以后 2000 年，直到袁天罡推他的背说，"天机不可泄露，还是回去休息吧"才停下，所以此书得名《推背图》。

②诺查丹玛斯，1503～1566，法国医生，也是一位占星术家，《诸世纪》就是他花四年时间完成的一本预言书，其中有 1000 首预言诗，包括预言世界末日等。其实，这些预言都是后人附会的结果。

如雷·库兹韦尔[①],在他的《奇点临近》一书中就肯定性地预言,机器智能将在2045年超过人类,精确到了年份,所以也大受欢迎。当然也有人说他就是个骗子。

但是,即使专家有再多的不足,一味地批评他们也有失公平。他们也为我们提供了那么多理论产品和精神食粮,为人类创造了很多财富。就拿大家最喜欢调侃的经济学家来说,他们已经为"美国和世界其他地区创造了数万亿美元的收入和财富。"这是布鲁金斯学会的罗伯特·利坦在新书《万亿美元经济学家》中给出的数字。鉴于经济学家数量相对较小,这份贡献听起来似乎相当伟大。美国经济学会只有两万名会员,如果他们创造了2万亿美元的收入和财富,那么每名经济学家创造的财富就约为1亿美元。经济学家做了大量极有价值的工作,为社会和经济发展做出了贡献。正如医生们没法预测疾病一样,大多数经济学家也没法预测金融危机。但是,也和众多的医生一样,经济学家给世人生活带来的改善也是显而易见的。

倒是如何选择专家是一个问题。现在有点唯名人论和唯头衔论,不管什么单位,选择专家时都喜欢找些官员、名人、院士什么的,而恰恰不找在该领域真正明白的人。当一些单位告诉你,他们的著名专家都是媒体名人、部门高官或者远离一线的老人时,这个单位的科学研究质量就应该被打上问号了。他们中的有些人或是极度珍惜名誉而一言不发,也可能是某一领域的"学霸"而胡说八道,这对科学研究起到的可能就是反作用了。如果某个人还成了高官、院士,就更值得警惕了。其实,真正有用的专家,是那些仍在第一线的年富力强的专家,他们的意见应该更贴合当前的实际。但最终的决策,还是要靠决策者自己做出。

理论家与决策者的不同[②]:参谋长不一定能当司令

决策需要预测,但预测并不等于决策。专家分析预测、出谋划策不容易,但决策者拍板定论、当机立断就更难。以前看《三国演义》,非常佩服诸葛亮之类的谋士,觉得这些谋士太厉害了,反倒觉得像刘备那些主公有点窝囊,决策时听谋士的就可以了。但随着年龄增长阅历丰富,就越来越感到决策之难,尤其是那些关系十几亿人命运的国家决策。"谋"需要的是智慧,而"决策"需要的是气魄。只有魄力而无智慧则易莽撞,只有智慧而无气魄则易犹豫。当只是一介谋士时,不用通观全局为成败负责,成功了别人夸赞你智谋过人,失败了也不用承担责任。因此,作为谋划者,尽可以天马行空,随意发挥想象力,都是"个人意见,仅供参考"。而且很多情况下,专家考虑问题会非常周全,但给出决策意见一般都会模棱两可,这

---

①雷·库兹韦尔,1948~,美国发明家、企业家和学者,出版《奇点临近》,并创办奇点大学。

②参见知乎@暗黑历史的《谋略容易,难的是决断》,知乎网;杨晗轶译的《诺贝尔经济学奖得主罗伯特·席勒:经济学家有什么用?》,观察者网。

样做是对的，那样做也有可能，唯独不知道到底该做什么。一旦总揽全局，成为最高统帅，一言成败身系生死命运之时，那种压力与负担就不是每个人都能承受得了的。

拿破仑的总参谋长贝尔蒂埃位列法兰西帝国十八名元帅之首，在拿破仑的历次战役中为其屡出奇谋。贝尔蒂埃对作战的一切细节，如各军行动、部队人数、宿营地情况和指挥人员能力，具有惊人的记忆力；他执行任务迅速，非常善于使用地图，能十分敏锐地判断地形特点，并以简明语言报告最复杂的行动情况；他经验丰富，十分机智，在战斗时知道应该向哪里下达什么命令，并且能够亲自监督执行这些命令。他与拿破仑二人配合默契，相得益彰，甚至被士兵们称为"拿破仑的妻子"。

然而，就是这样一位优秀的参谋长，一旦离开拿破仑的领导，他却没有任何决断能力。当奥地利的卡尔大公进攻巴伐利亚时，贝尔蒂埃因为拿破仑不在而惊慌失措、手忙脚乱，将军队分散配置，犯了兵家大忌，好在拿破仑及时赶回才没有铸成大错。远征俄国时，贝尔蒂埃被留下断后，整天按部就班，无所事事。在关系到法兰西帝国前途命运的莱比锡会战中，贝尔蒂埃更是将自己缺乏独当一面能力的缺陷暴露得淋漓尽致。当时拿破仑曾口头指示，要在艾尔斯特河上增架桥梁，以确保法军的退路。但是，贝尔蒂埃的办事方针是，没有拿破仑的书面命令绝不贸然行事。因此，他并未积极落实拿破仑的架桥指示。结果造成法军在撤退时只有一座石桥可用，而这唯一的一座石桥又因为负责炸桥的工兵班长心情紧张，误以为追兵来临而提前炸毁。结果造成留在河对岸的 28000 名法军后卫部队官兵悉数被俘，法军元帅、波兰亲王波尼亚托夫斯基也在河中淹死的惨重损失。

这就是"谋士"和"主公"的区别，也是理论家和决策者的不同之处。理论家知道事物的道理和机理，但却缺乏实践家的决断和冒险精神。所以，这些理论家只能从理论上进行研究，给别人"当黑夜里的明灯"，而不能自己去做。一旦自己付诸行动，短处便立刻暴露无遗，胆小怕事、优柔寡断等词语就是对他们最好的注解。决策者虽然可能对一些事物的运行机理并不太清楚，但他的眼光、洞察力和冒险精神，使他可能在很小的概率下抓住机会，取得最终的胜利。这一点无论对于战场上的指挥员，还是市场上的企业家来说，其实都是一个道理。

所以，有的人可以成为优秀的谋士，但却永远也当不了成功的决策者，关键可能就是因为性格和意志力不行。日俄战争中的俄军统帅库罗帕特金是优秀的参谋人才，曾在俄土战争和征服中亚的过程中立过众多功勋。但是他的性格却太过被动和谨慎，缺乏积极和自信，万事总求周全，结果他有优势兵力却战败于日俄战争之中。所以他的老上级斯别科列夫曾警告过他："阿列克谢·尼古拉耶维奇，一旦国家有事，但愿你永远不要担任司令官的职务，因为你虽然会做出很好的作战计划，但却没有坚强的毅力把它执行到底。"所以，即使这样的优秀参谋人才，如果放到了统帅的位置上，没有坚毅的性格支撑，恐怕也逃不掉失败的命运。从这个角度来看，人才也是分类的，不要指望人人都可以都成为全才，发挥他们的长处才是正道。

智库应该干什么：从兰德公司的咨询报告说起

尽管有那么多调侃，但谁都知道专家的作用是无可替代的，尤其是对决策者来说更是如此。从古代的谋士到现代的智库，专家在历史重大决策中都发挥了关键性的作用。网络上传说，当年美国五角大楼不愿花150万美元购买兰德公司“中国一定出兵朝鲜”的报告，事后后悔莫及；为表诚意，再花200万美元购回报告，以示重视。但后来有人查证，证实此事为虚，纯属编造。有意思的是，兰德公司并不辟谣，反而在2011年借朝鲜战争60周年之际，推出了名为《与中国的冲突》报告，观点一脉相承。不管怎么说，专家的作用绝不应该低估，他们当中既包括那些科学家，当然也应该包括那些社会学家和经济学家。

我们国家这些年大力建设战略智库，取得了很大成绩，一些智库蜚声海内外。他们提出的一些决策建议很有价值，最后被采纳。但是，实事求是地说，也有一些智库被人诟病，说他们在重大决策上的预测基本不靠谱：给出的结论模棱两可，好像总给自己在留后路；分析结果的宏观认识多于实际建议，没有可操作性；使用的方法过于陈旧，得不到新的见识；评价的手段常以领导人圈阅为主，无法实际评估取得的真正效果。总之，并不是所有的智库都起到了应有的作用。

这是什么原因呢？我觉得他们在认识论和方法论上都存在问题。在认识论上，仍然固守老的思维模式。所有的战略问题几乎都是复杂性问题，存在巨大的不确定性，具有天然的不可预测性，因此在应对上就应该以控制不确定性为主。如果我们还是拿着那种线性、静态、局部的思维模式思考问题，给出的预测和建议恐怕难免被“打脸”。比如，有人拿着几十年前的数据和观点来研究现实问题，又怎么能够让人信服？在方法论上，则拒绝创新，而且缺乏独立见解。新加坡的郑永年[①]就说，中国的智库没有独立性是最大问题，没有独立性就“有屁股”，“屁股就会决定脑袋”，就会揣摩领导意图，结果自然不会客观。更有甚者，有的智库是先得出结论，然后再去寻找证据，或者是让战争模拟系统运行“凑出”分析结果，这就更是自欺欺人了。其实，真正有价值的咨询报告并不在数量的多少，更不能结论先行，而在于能够发现别人看不见的东西，并由此预见未来的发展。

那么，应该怎么做才好呢？首先，任何研究不能以“预测”为主，而应该以“应对”为主。比如，不管特朗普上不上台，智库都应该研究如果他上台会带来哪些不确定性，又应该如何应对，而不是寄希望于“不要飞出黑天鹅”。预测只是辅助，分析才是关键。第二，分析要更具专业化和深度，不能人云亦云。有些智库报告没

---

①郑永年，1962～，中国问题专家，新加坡国立大学东亚研究所所长。

有价值，没有深度，很大原因就是采用的方法太简单，得不出什么新的"见识"。国外优秀智库完成一个报告，经常要对世界战略大家进行咨询，采用战争模拟方法多次推演，最后才形成咨询意见，这是我们很多"急就章"式的报告所不能比拟的。第三，评价标准应该以事后评估为主，而不是以某个领导事前圈阅为主，究竟有无价值需要看的还是最后结果。即使建议已经被采纳，也不能证明这个建议就不是"馊主意"，还必须等到建议实施后才知道。

2.5.2　复杂系统如何预测

科学理论的作用不在预测而在解释，但预测却是科学理论最重要的运用和证明。从做学问的角度来说，凡事必有规律，知道了规律就能有所预测。但复杂系统的规律绝不等于简单系统的规律，不能简单照搬。对于复杂系统来说，不可预测性是基本特点，但不可预测并不等于不能预测。复杂系统的预测不是简单系统的确定性预测，而是可能性预测，而且与系统的复杂程度有关。也就是说，复杂系统预测得出的结果不是确定性的，而是可能性的。因此，预测错了，不能说明其预测方法就是错误的；反之，预测对了，也不能说明其预测方法就会永远正确。所以，我们不能采用简单系统思维来看待复杂系统预测问题，必须考虑系统的复杂性。有几点看法供参考。

预测结果还是预测趋势：短程与长程的不同

结果预测只能短程，趋势预测只能长程。

这是因为长程与短程的复杂度不一样。所谓长程与短程指的是相对于未来时间点的描述，短时间就是短程，长时间就是长程。如果想得到复杂系统的结果，那么预测未来的时间就不能太长。这是因为，对于复杂系统来说，它的演变充满了不确定性，如果用图形来描绘，画出来的就是弯弯曲曲没有任何规律的曲线。也许刚开始的时候，我们还有几分把握知道复杂系统演变会有什么可能，何时产生分叉；但混沌理论告诉我们，基本到了第三次分叉时，系统就会陷入混沌，基本无法判断了。对于黑天鹅事件，就更是如此。所以，预测明天的天气比较容易，但预测一年之后的天气就很困难。这不是花多少钱能解决的问题，而是理论上根本没有可能，给出的只能是那个时间天气的可能。

如果仅就复杂系统演化曲线起始的一段来看，也是可以被看成是线性的，因而也就有了进行短程预测的条件。所以，复杂系统的结果预测可以在起始的短程时间内进行，对它的预测是有条件的。比如，预测明后天的天气，预测流感产生的时间等，不能说100%准确，但至少可以给出一个答案，条件是找到合适的方法。一般说来，越是复杂的系统，需要的分析预测方法就越独特。近年来出现的复杂性科学、大数据科学等，就可能为寻找新的科学理论和方法，提供一些可行的途径。这些后面都可以看到。所以，说复杂系统不可预测是就其整体性质而言的。但要对其进行结果预测，就必须明确某些条件，本质上是将其限制在近似简单系统范畴内，有人称之为降阶。

但是从长程来看，趋势是可以提供的。两年后当天的准确天气虽然无法提供，但却可以告诉你那个时段的基本天气规律。这是经过多年总结得出的结果。对天气如此，对股市、房价、就业等经济趋势预测也是如此。比如，股市虽然短期反复震荡，曲线上上下下，但如果只看它的包络线，大趋势就可以明显地显现出来。这是因为趋势预测需要长期的积累，这就避开了短期震荡不确定性带来的影响，而只留下了对整体趋势的把握。所以，看趋势就不能仅看眼前，要从宏观进行分析和把握。

系统演化与方法进化：预测方法的一次性使用

如果你好不容易通过刻苦研究，找到了一种预测复杂系统的绝招，切记这个方法可能只是一次性有效。比如，利用微博数据发现股票的涨跌与微博上的喜怒哀乐情绪有关，或者发现谷歌的搜索词恰好反映了本国人群中流感的规律[①]，你肯定会欣喜若狂。因为这有可能使你抓住机会成为百万富翁，或者使你成为医学界的明星。但是，你不要高兴得太早了。利用这个方法，你可以去赚第一笔钱，可以去预告第一次流感，当然这个“第一次”并不是严格的，而是模糊的“前几次”的意思。但是，到了后面，你的预测就不一定有效了。你会发现，怎么不准确了？说好的结果到哪去了？比如，《参考消息》就报道，“谷歌的流感预测在近几年不再准确”，就是这个道理。

这是为什么呢？这其实就是复杂系统的“反身性”和不断演化的性质所致。开始的时候，系统已经形成了一定的规律，所以你还可以利用一下这个规律。但由于你的发现和后续的实际操作会反过来影响系统，也就是反身性，系统就会发生适应性演化，最后导致系统规律的变化，你再次预测当然就不会准确了，因为规律已经改变了。比如，谷歌流感预测是通过查询搜索词实现的，但如果大家都知道这个可以预测流感，因而在搜索时就会不知不觉地改变习惯，多几次少几次，没有感冒也可能试试，这些行为当然也会破坏系统平衡。这就是复杂系统预测方法只能一次性使用的道理。

所以，如果要想始终能够对复杂系统实现预测，就必须不断地和系统的适应性演化做斗争，不要以为有什么灵丹妙药可以一劳永逸。最基本也是最可行的方法就是预测方法不要一成不变，而要不断地根据系统演化而进化。要做到这一

---

①这两个案例是实际存在的，下一章会详细介绍。

点，预测方法本身就必须要有适应和学习能力。

股市涨跌与战争爆发：预测拐点比预测趋势要难

什么叫拐点？就是系统运行过程中趋势发生根本性转折的点。比如，股票涨到最高点突然下降了，从牛市变为熊市；人民币对美元本来总是看跌，突然看涨了；某地区本来一切基本正常，突然发生战争了；某个公司发展一切顺利，突然一夜之间走下坡路了；这个地方本来挺平静，突然地震了等等。注意，这里说的趋势性转变，指的是方向发生了转变，所以称为拐点，而不是某时某刻的临时性改变。有些拐点是亮在明面上的，谁都能看出来，不存在预测问题。比如，某国发展了某种超高音速反舰导弹，当导弹试验成功那天，就意味着原来海上交战的平衡状态会被改写，这是明显的拐点，会导致该国对手的舰队必须撤离到安全区域。但是，更多的拐点是隐藏在复杂系统的状态演变之中，这就需要进行预测并加以防范。

一般来说，趋势性预测比较容易，就是根据过去预测未来。现在是春天，天气总的趋势是变暖的，这是不会改变的。所以，通过今天的气温预测明天的温度，总会是八九不离十的。很多事情的预测，就是建立在对过去经验数据总结的基础上完成的，这也是我们最习惯的方式。但这种方式得到的结果价值不大，因而不能用准确率来评价。比如，预报地震不能用每天预报不地震的准确率来衡量，而要用地震发生的准确率来衡量，就是这个道理。因为发生地震的天数毕竟是极少数，所以不地震的预测就是傻子也能达到 99%的准确率，只要每天都预报不地震就可以了。但这一点用都没有，需要的是能预报出发生地震的那一个点，这就是拐点，能预测出来才是本事。地震如此，股市如此，战争更是如此。

拐点是最重要的转折，但是预测起来并不容易。这就像买股票，关系到能赚还是会亏。每次股灾的时候，很多人都在想，这是不是到“底”了？要不要抄底啊？但对“底”的判断几乎很少能准确，以为到了“地板”，结果下面还有“地下室”，还有“十八层地狱”，最后亏得一塌糊涂。反过来，以为明天股市还可能更高，结果却是暴跌。但如果能够预测到系统的拐点，就可以得到极大的利益。就如塔勒布所说，如果你抓住一只“黑天鹅”，将收益极大。这样，若是股市你将赚到大钱，若是地震你将拯救无数人的性命，若是战争你将立于不败之地。

对战争爆发点的预测，很多人以为主要靠情报。比如，当年日军偷袭珍珠港的情报就被苏联事先得知，但美国人并没有在意；德国人突袭苏联的情报报到斯大林那里，也没有引起重视等。但这不是预测，而是事实，只是你知不知道而已。这与我们所说的从社会复杂系统运行机理来预测战争的爆发，根本就不是一回事。很多人在战后会追寻战争爆发的起源，但发现都是一些很小的事情。比如，

“一战”的爆发，有人说就是因为塞族青年普林西波枪杀了走错路的费迪南大公造成的。根据临界自组织理论，这些都是表面现象，其实从更深层次的政治、经济、军事等方面找原因，是因为欧洲当时已经到了爆发危机的临界点了。就像一堆干柴，一点点火星就可能会引起熊熊大火；但如果是一堆湿柴，你就是拿着火把也未必点得着。普林西波只是偶然当了那颗“火星”而已。所以，对拐点的预测，必须靠科学的方法，分析整个系统的运行才能得出正确的结论。这和通过获取情报得知情况是完全不同的事情。

忽悠领导还是科学结论：不能选择性证实

战争系统也好，经济系统也好，市场系统也好，它们都是复杂系统，都有这种不可预测性，因此预测失败的往往会比预测成功的多。但是，这好像与我们的感觉不同，平常听到的恰恰是成功的更多。比如，对于兵棋推演，一个最有名的案例就是说，美国在海湾战争前进行过兵棋推演，结果战争打完了一看，居然惊人地相似云云。因此，我们很多人，包括很多领导就觉得，这个兵棋有这么大的能耐，那我无论如何也要搞一套出来，碰到打仗、演习什么的，先让它帮我推演推演。

然而事实真的如此吗？这种说法是对听众或领导有意无意地一种误导，这与我们相信算命先生没有多大区别。很多人经常说，某个算命先生太神了，预测得太准确了，但这可能是你自己的错觉。比如，算命先生说你明年会摔伤，明年你碰巧骑自行车摔伤了，你就会想这个算命先生还真灵。从此把他奉若圣明，还到处去告诉别人。但是这个算命先生可能还对其他九十九个人也说过同样的话，但他们都没事，都没有摔伤的，大家却可能早就把他忘掉了，没忘掉的骂他一句也就过去了，因为还是不摔伤的好。这就是选择性证实，也就是只选择有利的证据，丢掉不利的论据。

算命可以这样骗钱，但科学的事情不能这样。用一次兵棋推演证明海湾战争的结果，就是一种选择性证实。其实，在战前美国人研究海湾战争，不知道具体推演了多少次，但可以肯定不止一次，据说是 180 多次。早在珍珠港事件后，美国海军战争学院针对日军的行动就进行了 127 次推演，这个有具体数字可查。如果是上百次的推演，结果就会有上百种。而其中有一个结果恰好和战争的后来实际结果接近，就把它单独挑出来，说我成功地预测了海湾战争的结局，而其他结果都被忽视，这与那个算命先生又有什么不同呢？这也是选择性证实。

从复杂性科学理论来看，由于战争结果的不确定性，会认为任何预测结果都是一种可能，而不管它的预测与实际结果是否恰巧相符。也就是说，预测与结果不一致的不能说预测的不对，而预测与结果一致的也不能说它就一定正确。这就是复杂系统特性所致。但是，兵棋推演确实可以对战争方案的形成起到关键作用,可以通过推演了解战争的整个发展趋势,发现战争方案存在的问题,从而不断地修正方案,最后得到相对较好的结果。所以说,兵棋推演的核心作用在于,它不会告诉你未来结果肯定是什么,但却可以告诉你现在的方案中有哪些不足,也就是发现问题。

对海湾战争的推演指的是全部推演,因为不管你推演了 10 次还是 100 次,在战前你也不知道战争的实际结果或过程会是推演的哪一次。但作战的规律和趋势还是可以看出来的,因为美伊实力悬殊差别太大,作战行动几乎一边倒,美国人的计划几乎都能顺利实施,这就使得预测更加容易,几乎不判自明。如果两方实力相当,预测就很难说了,那些不确定性的因素将成为主角,但最终会是什么结果就说不清楚了。所以,选择性证实是不行的,挑有利的论据来证明自己是对的也是不行的。如果只说一种,而且每次都对,那才算是真本事。

对于复杂系统来说,预测本来就很难做到,但恰恰敢对复杂系统做预测的人却最多。没有人敢去预测物理学上的定律,但总是有人敢去预测生死、股市涨跌,或者是战争的爆发。这是因为物理学定律是严格确定的,除非真懂,否则胡说八道就是立刻露怯自取其辱。但复杂系统具有不确定性的特点,就有可能出现任何结果。因此,有赌球、赌马、赌狗的,但没有去赌物理定律的,就是这个道理。

所以,对于任何论点都不要只挑有利的证据来说,对于预测来说更是如此。我们必须有严谨的科学态度,一是一,二是二。当故事讲讲还行,但我们自己内心必须清楚明白。

2.5.3　复杂系统的应对

在我们的世界上,简单系统只是特例,复杂系统才是常态,主宰它们的是各种固有的复杂性,并且是无序和不可预测的。面对复杂系统要如何应对?我觉得关键就在于把握其性质,以复杂性思维行事。

接受复杂性

只有接受了才会理解,这其实就是认识论问题。认识到世界不是机器,而是复杂的、多变的、不确定的,是无法分解组装的,也是无法预测的,这是复杂性思维的基础。有了复杂性思维,才能理解这个世界的复杂性,才会用正确的眼光看待它。如果连世界的复杂性都不能接受,还认为这个世界就是简单物理规律控制的,那就失去了进一步讨论的基础。如果只是一个物理学家,倒也没有多大问题,但如果研究的领域恰好又是复杂系统领域,如社会、经济、战争等,恐怕很多问题你就想不通了。

复杂系统具有要素的关联性。首先需要认识到这个世界不是可以简单分解的,而是复杂一体的;不是一成不变的,而是动态发展的;不是相互独立的,而是整体关联的，牵一发而动全身。建立复杂系统的关联性思维，是理解复杂系统的第一步。

复杂系统具有动态演化性。其基本原则就是“生存第一”。这是复杂系统演化的基本规律，系统的结构会跟随环境变化而改变，这不以人的意志为转移，目的就是为了“生存”。演化就会有大量的优胜劣汰，留下来的才是“精品”，是系统与环境“对赌”获胜的“战利品”，是适应环境的典范。我们常说，要顺应自然规律，顺应历史潮流，大概说的就是这个意思。任何逆科学规律而动的“人定胜天”，必然会碰得头破血流。历史从来都是由活人书写的，生存下来才有资格。

复杂系统具有固有的不确定性。不确定性既存在于系统的内部运行过程中，也存在于系统的演化结果中。这使得复杂系统总是有那么点神秘的味道，有了不可预测的特点。不确定性不是简单的随机，有些随机还是确定性的，有些则是真正的混沌。能够预测出来的“意外”就不是真正的“意外”，真正的意外就是“黑天鹅”。对不可预测的事情做出错误的预测而采取错误的行动，只会犯下更大的错误。要预防“黑天鹅”，注意反身性，就要多做风险准备。

非线性思维

就是不能像过去对待简单系统那样线性思考，即小动因带来的就是小结果，大动因才会带来大结果，必须注意到复杂系统的非线性特点。

非线性意味着复杂系统演化会有太多的不确定性。所以，任何针对复杂系统的精确计划纯属多余，因为我们无法在一开始就知道计划中的每一步会如何被环境改变。我们能做的就是不断试错，也就是“摸着石头过河”，在不断变化中摸索前进。

非线性也意味着系统不会永远单调单向发展。“三十年河东，三十年河西”是经常的事情。复杂系统并不是越大越好，必须小心规模效应，越大反而越脆弱。当系统发展到一定地步时，如果没有相应举措，就会发生崩塌现象，即所谓的“物极必反”；反之也是一样，系统也不会总是走弱，总会有反转的机会。

特别注意人类社会中的幂律[①]特点。不能拿物理世界的定律来套用人类社会，所谓的社会物理学只有参考价值，并没有实际意义。幂律的特点告诉我们，既要抓大放小，抓住主要矛盾；同时也要注意聚少成多，小力量也可能成为大资源。我们在后面还会看到很多这样的事例。

2016 年中国的股市出现一个怪现象，证监会费尽心机推出了“熔断机制”，本来想的是减少股市的波动，结果却造成了最大的波动。缓冲波动的熔断机制，成了推动波动的加速器，很快在宣布三天后就被暂停，实际上是取消了。这个机制

①关于幂律，下一章会详细介绍。

很大程度上就是对复杂系统非线性特点没有充分警惕，还是拿着线性思维看待复杂系统，当然要栽跟头。

保护多样性

多样性是系统发展的创造力和生命力，正如我们的世界五彩缤纷。“一枝独秀不是春，百花齐放春满园”，复杂系统只有在多样性中才会发展。但是有很多人并不觉得这有多重要，总觉得整齐划一才最好，对一些突然冒出来的新生事物总是看不惯，结果就有可能失去变革的机会。

要相信自组织进化的力量。每个事物都有其自身的演化规律，都可以通过自组织的方式找到最适应的发展形式。如何利用好这种自组织进化的力量，才是复杂系统控制的基本任务。计划经济时代，我们总想着集中控制，以为这样才能做到资源最优化，结果失去了活力。邓小平放开管制，小岗村的农民就找到了最合适的生产方法，推广到全国就获得了农业大发展。如何引导演化，要敢于放手，而不是强制推行，这才是最符合复杂系统特性的管理控制手段。

通过多样化实现创新筛选。单一化肯定不能创新，只有多样化才提供了选择创新的可能。对于复杂系统来说，我们根本不知道哪些是合适的，哪些是不合适的，所以只有敢于放手，通过多样化让其自行发展，让自然规律进行淘汰，留下来的才是最合适的。任何人为的干预，都有可能破坏其正常发展的轨道。

否定最坏，容忍小坏。你不能把所有的事物像简单系统一样对待，因为简单系统可以预测，而复杂系统无法预测。多样化的目的是为了保护创新，在这个前提下就必须能够容忍一些可能暂时不合常规、不合时宜的东西存在，让实践来检验。当然，一些绝对不允许的东西也必须坚决卡住。不知你注意没有，那些艺术家为什么总是奇装异服？这就是他不愿与大众一样，而特意地标新立异。这种标新立异经常是创新的代表符号。

同样，一个社会也不会整齐划一，肯定有各种声音，有些人有点不满情绪发个帖子，发些牢骚也在所难免，如果我们不允许它存在，都去堵、都去删，结果可能是永远堵不住，删也删不完，反而传播得更广。你不妨让他去说，说久了大家都烦了，就都不听他的了，社会也就有了免疫力。我们的政治思想工作也好，指挥过程也好，其实都是一个道理，顺势而为才是正道。

以无常对无常

不确定性是复杂系统的固有属性，是不能去除只能管理的重要特性。对待不确定性，既不能无视它的存在，也不能将其简单化处理，而是要找到管理不确定性的基本方法，以无常对无常，才能应对无误。

速度优先。速度是第一要务。只要你的速度比世界平均速度快，你就不会吃亏；只要你的速度比敌人快，你就能掌握主动。所以，在复杂系统的无序中不要执著最优，不要企图找到“最佳”：等最好的时机，等最佳的配置，在复杂系统世界里根本没有。只要基本条件“满意”就赶快动手，这时只要你比他快，你就会处于主动，就会牵着他的鼻子打。

注重学习。这个“速度”，既是行动速度，也是学习速度，更是认知速度，也就是学习理解得比对手要快。只有不断学习，善于学习，才能从变幻莫测的不确定性中，寻找到可以借用的力量，才会出奇制胜。这一点对于复杂性不断加大的网络时代，更为重要。有人说，互联网时代首先制定的不应该是实施计划，而是学习计划，说的就是这个道理。

把控风险。控制不确定性的基本方法，一是风险对冲，采用杠铃策略，事事留一手，避免“把鸡蛋放在同一个篮子里”，确保有保底的措施，这是对抗中弱者首先需要注意的。二是扩大两者差距，通过加大两者之间的差距，将不确定性转变为确定性，这是强者最愿意采用的。无论哪一种，都是把控风险的基本手段。三是学会利用，特别是弱者，在打“堂堂之阵”的仗时往往会吃亏，但却可以在“乱中取胜”，最重要的就是学会利用不确定性。

从上面可以看出，无论面对的是战争系统，还是社会系统，采用的很多方法恰好都与前人总结出来的经验相同，但到了复杂系统理论里都能找到相应的科学解释。这意味着，过去我们很多知识是“知其然而不知其所以然”的。所以，研究战争机理乃至社会机理，学会用复杂性思维思考问题应该是科学研究的首要条件。

第3章 复杂性科学新方法

复杂性科学的思想让我们能够理解复杂系统，但这只解决了认识论问题。对于如何分析、处理或控制复杂系统，长期以来并没有很好的手段，在方法论上也没有找到合适的途径。有些方法勉强可以处理某些复杂系统，但结果也是失望大于希望。但是，从20世纪末到21世纪初，连续的一些科学发现和进展，使得这种窘况大为改观，终于我们不再是赤手空拳了。这就是复杂网络、大数据和深度学习方法的出现。

3.1 复杂网络的发现

复杂网络的发现和研究，主要起源于《自然》和《科学》在1998年和1999年分别发表的关于小世界模型和无尺度网络的论文。这两篇论文在学术界引起了巨大轰动，导致复杂网络理论及应用的研究蓬勃开展起来，并很快被应用于战争复杂系统研究。那么，什么是复杂网络呢？是不是就是我们熟悉的互联网？其实不是，复杂网络理论研究讨论的是世界上的各种关系网络。

3.1.1 小世界模型和无尺度网络①

小世界和小小世界②

我们每个人都有许多社会关系，如爸爸妈妈、兄弟姐妹、亲戚朋友、领导同事，以及同学朋友等等。一旦有事，我们总会想着去找找熟人，托托关系，走走门子。中国人如此，外国人其实也是如此，没有谁能够离开社会关系而孤立地生活在世界上。但是，你想过没有，这些社会关系中间存在着什么规律？比如，如果我们想认识世界上的某个陌生人，平均需要通过多少个人去介绍？这会不会是一个很大的数字？

现在我们先来做一个试验，看看这个数字大概会是多少。假设国防大学某学院有一名负责勤务的普通战士，需要和美国总统拉上关系，看看需要经过多少人才行。这两个人的关系看起来很远是不是？但是中间关系却可以是这样的：这名

---

①关于复杂网络研究的一些细节，《战争工程论》中有更详细的介绍。为了不重复但又保持内容相对完整，这里仅简要介绍相关内容。

②参见艾伯特·巴拉巴西著《链接：网络新科学》，徐彬译，湖南科技出版社，2007年版。

战士肯定认识这个学院的院长，因为他经常要给院长送信送报；院长认识国防大学校长，而校长是国家主席任命的，而国家主席肯定认识美国总统。其实中间总共才经过了 3 个人。这是不是很奇特？但这又是不是一个普遍规律呢？

实际上欧洲的民间早有传说，世界上的任何一个人，平均只需要经过 5 个人，就可以和世界上任一人建立联系。匈牙利有个作家叫凯伦斯，1929 年他写过一本书叫《链条》，其中还根据传说专门设了这样一个"赌约"情节，可能是最早见诸文字的这种关系说明。大约 40 年后，哈佛大学的斯坦利·米尔格莱姆教授，利用明信片邮政通信的方式，从科学意义上重新发现了这个理论，证明任何美国人之间的平均"距离"是 5.5，四舍五入就是 6。当然这个"距离"指的是中间需要经过的中间人平均数目，并将其命名为"六度分隔"。但真正传播开来，还是因为纽约的百老汇将其作为了某个戏剧的名称，后来还拍了同名电影，才在世界上造成很大影响，让大家都知道了这个理论。

六度分隔的说法让人很感兴趣，因为它与我们想象的完全不同。我们总以为世界很大，人与人之间遥不可及，但事实是这个世界其实很小。人与人之间的关系可以看成是一个巨大的网络，但每个节点之间的间隔却平均只有 6 个链接，网络术语叫做"跳"。跳数就被称为网络距离，或者网络半径。所以有人说，我们的世界还真是一个小世界，只需要 6 跳就可以建立与世界上任何人的连接。

现在网络和手机如此普及，而且像微信这样的社交软件几乎人人都有，实际上我们的世界已经变得更小了。微信的数据没有报道，但美国有人研究了 Facebook 的数据，发现通过社交网络链接起来的世界，在 2011 年 7 亿活跃用户时，平均网络距离为 4.74 跳；到 2016 年 16 亿活跃用户时，平均网络距离缩短为 4.57 跳①。也就是说，我们的世界正在变得越来越小，又成了小小世界。

这些看上去很远但实际上很近的网络距离，其实主要是因为中间有一批关键人物，也就是我们说的那些网络上的"大 V"。前面我们所举例子中的校长、主席、总统等，其实他们都是一些关键人物，而正是这些关键人物的存在，才使得人与人之间的距离大幅度缩短，造就了所谓的六度空间。这些"大 V"用网络术语来说，就叫中心节点，因为他们认识人多而具有大量链接，因此成为信息流动的枢纽，同时也缩短了人与人之间的距离，因为信息只走捷径。

但是，这些中心节点并非只有一个，比如政治、经济、娱乐、教育、体育、媒体等各个领域，都有自己的核心平台和重要名人，他们都是中心节点。这种中心节点变多的现象，反而导致去中心化的结果，也就是中心多了反而会使中心变得不那么重要，就像原来只有一个电视台，谁都离不开；现在几百个电视台，离开谁都没有关系。去中心化也成为网络化最重要的性质之一，但当年并不知道这些，还总

①参见汪小帆的《数据时代的网络科学》，《中国计算机学会通讯》，2016 年 4 期，第 9 页。

以为这些网络都是随机连接的。当网络连接节点数目越来越大时，居然涌现出一系列新的系统性质，这是我们始料未及的。

邓肯·瓦茨的小世界模型

将六度分隔引入网络关系研究的，是一个叫邓肯·瓦茨[①]的人。20 世纪 90 年代中期，瓦茨正在康奈尔大学攻读应用数学博士学位，开始研究的是自然界一些群体同步现象，比如蛐蛐为何集体鸣叫等。后来他突然对人际关系有了兴趣，转而研究人类社会关系的组成问题。1998 年，他和导师史蒂文·斯特罗加茨一起在《自然》上发表论文《小世界网络的集群动力学》，第一次用数学方法将小世界变成科学理论，获得了世界范围的声誉。瓦茨也从数学界转行到社会科学界，成为一名社会学家，并被哥伦比亚大学聘为教授，得到社会学学术界的承认。

瓦茨研究了这样一个简单的数学问题：我的两个朋友相互认识的可能性有多大？原来大家都认为网络的连接是随机连接，形成的网络也是随机网络，所以这个问题的答案就是，由于网络很大，因而两个人互相认识的概率很小。我们从六度分隔传说中知道，这一点与实际观察到的结果不符。瓦茨引入称为群集系数的参数，来说明朋友圈子的紧密程度。简单说，如果群集系数为 1，这意味着你的所有朋友相互之间也是朋友；反之，群集系数为 0，那你就是将朋友连接起来的那个唯一的人。通过研究群集系数，就可以计算出世界上各种关系的紧密程度。瓦茨和斯特罗加茨就用这个方法，第一次用数学方法证明了这个世界实际上就是一个小世界。同时，他们也发现，只要几个少数链接，就可以大大减少所有节点之间的平均距离，并不会因此太大地改变群集系数。

瓦茨和斯特罗加茨证明我们的世界并不像想象的那么大，它中间间隔的点并不多，所以把这个理论称为小世界模型。不要小看这个模型，它启发我们应该如何研究系统中的连通度，如社会网、食物网、生态网、电力网内部的连接如何，作战体系中各个实体之间的联系要经过多少环节等。此外，也可以为建立疾病传播、消息传递、互联网控制的模型提供基本的理论基础。

巴拉巴西的新发现[②]

邓肯·瓦茨发现小世界模型后，获得了很高的声誉。小世界模型已经证明社会关系只有六度分隔，而且几个简单的链接就可以大大缩短节点之间的距离，那么如果将这个理论放到互联网上来看，又会发现些什么呢？这就是 1998 年美国诺特丹大学教授艾伯特·巴拉巴西读到瓦茨他们论文时的想法。

---

①关于邓肯·瓦茨的介绍，可以参见他自己写的书《小小世界》，陈禹等译，中国人民大学出版社，2006 年版。

②参见艾伯特·巴拉巴西著《链接：网络新科学》，徐彬译，湖南科技出版社，2007 年版。

巴拉巴西通过研究发现，在很多情况下，社会网络中总有一些特别的人，有着比别人更多的链接。换句话说，这些人维系着不同圈子的联系。在互联网①中，也有一些节点，起着连接其他节点的作用，这些节点就是所谓的中心节点，有时起到的是“骑墙”联通的作用。但是，这和我们以前想象的不太一样，因为我们一直以为互联网也是个随机网络，因而每个节点所起的作用差不多。事实说明，互联网不仅有中心节点，而且这些节点还有等级差别，具有幂律特征。

什么是幂律？说简单点，就是网络具有这样的规律：极少数节点占据绝大多数链接，而大多数节点只有很少的链接。这与我们平常见到的物理世界很不相同。凡是学过中学物理的人都知道，一般认为这个世界是一个随机的、平均的世界。从统计数据来看，比较常见的是正态分布，就是中间高两头低，画出来的曲线像个大钟，如图 3.1 所示。所以我们把它称为钟形曲线，专业上叫高斯曲线。因为这个曲线可以比较好地反映出集中性、均匀性、均匀变动性等随机、平均的特点，所以常常被作为标准的概率分布来使用，用在估计产品的等级、测量的误差分布等方面。

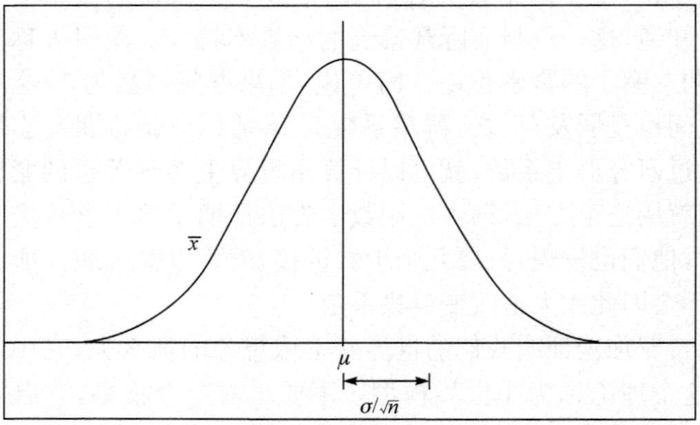

图 3.1 钟形曲线

高斯曲线描述的是实验过程中不同结果的分布。当试验次数越来越多时，概率分布的值就会慢慢集中到一个确定的点上，这个就被称为大数定律。什么是大数定律？比如，扔硬币，看国徽面朝向哪里，扔 10 次可能 3 面上 7 面下，也可能 6 面上 4 面下，并不一定都是 5 面在上 5 面在下，说明它的试验有一个概率分布，没有特殊情况的话，这个分布应该是均匀的正态分布。如果实验次数变多，比如扔 1000 次，或者扔 1 万次呢？显然，只要扔的次数越多，这个面朝上和面朝下的概率各取一半的可能性就越大。因此，随着扔的次数增加，得到的概率值就会越收越

①“互联网”在这里指的是一般意义上的网络，它的连接或链接指的不是具体的硬件连线，而是通过网络协议在逻辑意义上建立起来的会话联系，比如通过浏览器建立的万维网连接。因为网络硬件的连线是可以根据构形部署的，很多通信信道可以共享，因而硬件连接并不具有完全的动态性。

窄,也就是不确定性越来越低,最后就收敛到 1/2 上了,如图 3.2 所示。这是一个从不确定分布到确定值的过程。

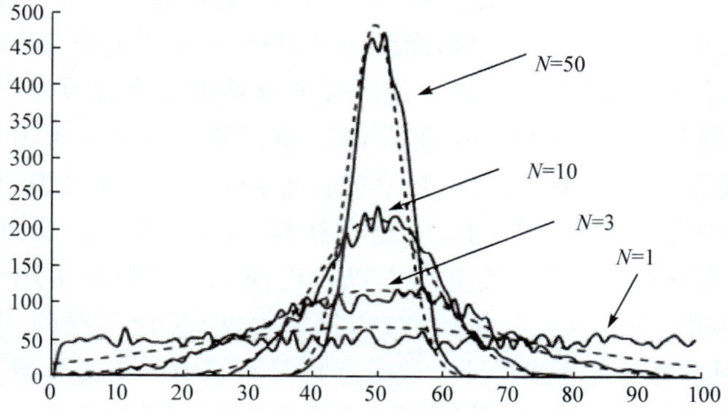

图 3.2 大数定律的收敛过程

原来我们一直认为人类社会和物理世界一样,都应该服从高斯分布和大数定律,因而人类社会也应该是个随机的、平均的世界。所以,我们经常把正态分布用于估计班级的成绩、人群的行为等方面。巴拉巴西却证明,人类社会实际上并不是这样的,而是遵从所谓的"幂律"定律,并由幂律统治。如果画出图来,幂律曲线就是一个大头长尾的样子,它不存在峰值,开始往往是一个很大的柱形曲线,但之后迅速下降,逐步平滑,尾巴拖得很长,如图 3.3 所示。如果描述网络上的链接,这就意味着,网络上的绝大多数节点的链接数很少,而少数几个节点的链接数又特别多。比如,新浪门户网站的链接数肯定很大,而绝大多数个人网站的链接数肯定很少。

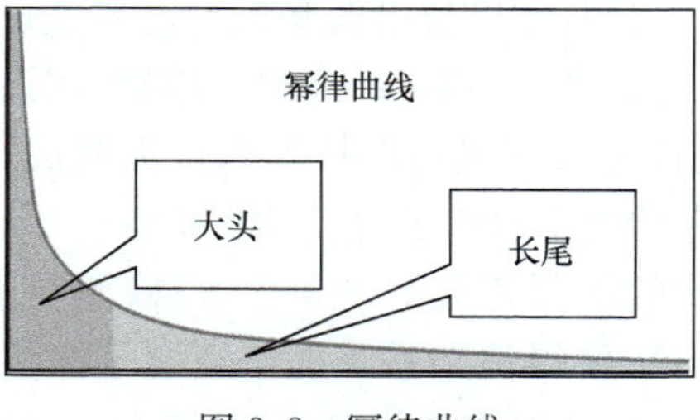

图 3.3 幂律曲线

无尺度网络的发现

凡是出现幂律特点的现象都被称为无尺度现象,具有幂律特征的网络,就被称为无尺度网络,也有人称其为无标度网络,都是一个意思,只是翻译上有所不同。所谓无尺度,就是尺度没有意义的意思。一个节点的链接数远高于其他节点,再去讨论平均链接数就没有了意义。就像我的收入一年有 100 亿,你的收入一年 100 元,我说我俩平均收入每人每年 50 亿零 50 元,这还有什么意义呢?

物理世界往往不是幂律，而更欢迎钟形曲线，因为自然现象更符合随机平均的特点。但在互联网这个人造人用的世界里却出现了幂律，这是不是意味着有什么规律在里面？巴拉巴西发现，这些互联网的节点比较符合“二八律”，也就是我们常说的“20%的人干了80%的事，而剩下的80%的人干剩下20%的事”等。在互联网中居然也有这个现象，占据大量链接的只是少数部分节点，而剩下的节点只能占据少量的链接。互联网中出现了幂律，就意味着这个系统出现了自组织现象，因此有人说幂律是复杂系统自组织的“注册商标”。一般来说，只有能够发生从无序到有序相变过程的系统，才会普遍存在幂律，也就是我们前面说的涌现。

那么网络系统在发生什么变化呢？巴拉巴西和他的研究生瑞卡·艾伯特对多种不同类型的网络进行了分析研究，包括电力网、芯片布线网、演员关系网等等，发现这些网络都具有幂律特征。这就意味着网络中一定蕴含着某种定律或机制，来支配着这些网络的性质，这就是“富者愈富”现象，说的学术点就是偏好依附和优先增长。简单地说，就是当网络链接在增加时，并不是随机连接的，而是有选择的。这样，越是链接多的节点反而越容易增加新的链接。这一点与我们上网时的感受一样，为方便起见，我们更愿意选择那些大的网站。

那么是谁引起了这种偏好依附和优先增长呢？其实，就是人类本身。人类的选择不会像物理世界的选择那样，只遵从物理定律，而是遵从自己的自由意志，遵从自己所处社会定下的规则，因而才会有个人的喜好，才会有对节点的选择。但人类这种行为就造成了“富者愈富”现象，最后的结果就是产生一些链接比较集中的中心节点，从而形成无尺度网络。这就彻底推翻了互联网是随机网的假设。

巴拉巴西非常兴奋，马上写出论文寄给了顶级科学期刊《科学》，但仅仅10天就被退回，也没有经过同行评审，而是期刊编辑自己就认为论文不符合“创新性、广泛性”的要求。虽然很失望，但巴拉巴西坚信自己研究成果的重要性，给编辑打了一个很长时间的长途电话进行说明，最终说服编辑，因而有了一篇轰动全球、引领复杂网络研究的开创性论文问世。巴拉巴西也因此成为世界著名的复杂网络研究领军人物，在美国东北大学也有了自己的实验室。

其实，发现复杂网络的重要意义不在于其本身，而在于它为复杂系统研究提供了一种可靠的理论工具，使得复杂系统的研究有了抓手和着力点。所以，很快各个复杂系统领域掀起了复杂网络的研究热潮，各个学科的科学家开始利用复杂网络理论解决自己领域的问题，从研究蛋白质网络、交通网络，到恐怖分子网络、体系网络等，干什么的都有，大大促进了复杂系统的研究。

3.1.2　复杂网络的特点

与人有关的网络几乎都是复杂网络

幂律的存在是不是说明网络系统在相变？巴拉巴西通过研究得到了答案：网

络并不处于从随机到有序的路上，它们也不处在随机性和混沌的边缘。相反，网络链接的无尺度拓扑结构证明，在网络的形成过程中，因为偏好依附和优先增长等原因，一直是自组织的原则在起作用。不论网络多大、多复杂，只要存在偏好依附和优先增长因素，它就会保持中心节点和无尺度的拓扑结构。说到底，反映的就是每一个人行为自组织的整体结果。

网络的结构并不是静态、一成不变的，正是这些不断变化的链接才是网络产生自组织的根源，也是网络成为复杂系统并能不断涌现出新性质的根源。事实上，几乎所有与人类活动相关的网络都具备无尺度网络的特征。电力网、通信网、万维网、公路交通网、飞机航线网等，还有各类作家协作网、演员网、社会关系网、病毒传播网、疾病传播网等，都是如此。直到很多年后的今天，还有很多人不断地在证明某些网络是无尺度网络。2009 年，《科学》杂志还专门组织了一期专刊，来纪念无尺度网发现十周年。其中一篇文章就写到："现代技术社会系统由大尺度的物质基础设施（如运输网、电网）组成。这些设施嵌入由通信和计算设施组成的密集网络中，而这些网络的动力学与演化则由人类行为限定和驱动"。也就是说，网络为什么是无尺度的？就是因为这是人类的活动在网络上的反映。

巴拉巴西在《链接》一书中说："万维网的大尺度拓扑结构，进一步加强了对我们行为和可见度的限制，其力量超过了政府部门和业界。规则来了又走，但不变的是控制它的拓扑结构和基本的自然法则。只要我们继续将链接的目标选择权交给个人，就无法显著地改变万维网的大尺度拓扑结构，而必须接受其带来的结果。"也就是说，网络的规则既然来了，就将成为影响今后社会生活的一个不可或缺的因素。

对无尺度网络的研究成果，也可以应用到战争系统研究中。我们可以确定哪些是网络中最关键的节点和连接，哪些节点与其他节点关系更密切等，来研究作战体系、武器装备体系，以及战争系统的性质和特点，研究体系的能力和行为，研究打击和防护的效果。通过复杂网络的理论支持，我们可以研究恐怖组织的结构形式，找到最关键的环节和核心人物。美国现在就有不少单位在利用复杂网络理论研究恐怖组织结构，试图能够有所突破。

理解复杂网络不能仅靠直觉

研究复杂网络性质，可以揭示复杂系统的运行机理。比如，我们可以发现人类社会是"六度空间"分隔的小世界。我们还会发现，节点链接具有"赢者通吃"的特点，也就是所谓的"偏好依附"，谁都想"傍大款"。因为这个特点，在网络社会里，要搞就要搞到第一，搞到第二生存起来也比较困难。

比如，在互联网中文搜索领域，百度就是第一，别人想要超过它就不容易。当然，这要托谷歌退出中国市场的"福"。在社交网络领域，早期是 QQ，后来出了个微信，一下就占领了移动通信的市场，开始还有易信、飞信之类的和它竞争，但最后怎么样？微信几年就是6亿多用户，而其他的不知所踪。当然，这也是因为国外类似网站进不来中国市场的缘故。支付宝占据了网络支付的市场，微信则创新了红包市场，都在争市场第一。很多互联网企业为什么一开始拼命“烧钱”？就是为了吸引用户，先用钱把对手干下去再说，采用的都是免费加赠送的策略，再不行就收购。滴滴打车和优步打车在北京惨烈竞争，最后优步被滴滴吃掉了事。这就是赢者通吃。

复杂网络还有很多性质，比如相互影响的非线性、结构演化会形成圈子等，这些都与运行机理有关。但是，理解复杂网络的逻辑不能靠我们的直觉和经验来思考，想象它是什么样它就会是什么样。比如，某个城市的某路段入口很拥堵，我们很自然地就会想到，再修一个新路口就可以解决这个问题。上海原先机场路和快速路的堵点出现时，就有人是这样建议的。但是，当修好这个新的入口后，结果道路更加拥堵，完全不是想象的那样。后来有个懂行的专家说，其实你不应该增加路口，而是应该再封闭一个路口，照此办理，结果道路一下畅通了许多。

很多人不理解，这是什么道理啊？那位专家解释说，交通流量的管控首先要从整体来看，不能只从一个点来看，堵了某个路口看上去好像进去的车少了，但实际上却使得原来行走缓慢的车流变快了，整条主干道车流变快，就会带动周边所有辅路车流变快，使原先不通的很多路都变通了，从整体上看就畅通了很多。

这就是复杂系统的特殊运行机理，它是非线性的，不像我们将因果关系看得那么线性和直接。现在许多城市管理者的思维还在简单系统范畴下思考，所以经常是“头痛医头，脚痛医脚”，车多了限车，路少了修路，当然效果不会太好。其他很多复杂系统的管理，也有这样简单化思维的毛病。所以，对付复杂系统不能靠简单性思维，了解复杂网络的机理也不能仅凭直觉。

网络科学：21世纪的“元科学”

复杂网络的发现产生了网络科学。网络科学被认为是21世纪的元科学，也就是“科学的科学”，属于最基础的科学类型。原来哲学家认为，科学哲学是元科学；但很多科学家认为，哲学毕竟不是科学，而网络科学不仅是真正的科学，而且将成为物理、生物、社会等众多科学的共同基础①。我觉得这个说法非常有道理。巴拉巴西曾说，20世纪是量子力学的世纪，而21世纪则应该是网络科学的世纪。意思就是说，网络科学将像量子科学一样起到关键性的基础作用。

有人一看到网络科学，就以为是计算机网络的科学。其实不是这样，网络科学描述了系统中最关键的内容，也就是关系。它指的既是各种有形的网络，如计

①参见李国杰的《网络科学：21世纪的元科学》，《中国计算机学会通讯》，2016年4期，第7页。

算机网、互联网等，也是各种无形的网络，如组成关系网、交互关系网等。比如，军队的编制体制、社会的人群结构、我们的亲戚关系、同学朋友关系等都是关系，正是通过这些网络关系，世界上万事万物相互影响并不断演化。影响程度的深浅、距离的远近都可以靠网络科学来描述。

事实上，不论是传统学科，还是新兴学科，其实都离不开对网络的研究。从系统论的角度来看，只要有结构就可以看成网络，不管是简单系统，还是复杂系统。但对复杂系统而言，这些结构关系更为复杂，而且还处于不断变化之中，如生命系统、人脑系统、神经元网络、人类社会、互联网等。这些结构变化往往又导致系统性质改变，因此研究网络就成为重点。虽然各种网络都有不同的特点，但一定有一些共性的科学问题。比如，系统元素之间的影响如何通过网络结构传递？网络结构又如何影响系统的性质和行为？各种网络内部的运行机理有无普适的规律？这些都是网络科学要研究的问题。

还有人说，没有网络科学，互联网也发展到了今天的规模，可见网络科学并没有什么用处。这正好说明网络科学的基础性特征。网络科学是我们认识和理解世界、理解复杂系统的新工具，就像 17 世纪牛顿发现万有引力定律一样。只有更好地认识和理解了这个世界，我们才有可能去把握和改造它。所以，在网络科学领域很多研究成果都被称为发现，就像当年牛顿发现了各种物理学定律一样，是在寻找世界运行的自然规律，而不是发明某种新技术。当然，也不排除我们在发现的同时，也创造出一些新方法、新技术，使得我们能更好地去发现、控制或管理。比如，对互联网的管理今后可能就更有针对性。

一般说来，网络科学从理论上讲应该包含所有网络有关的科学理论，但实际上主要指的是复杂网络的研究，这是因为传统的网络研究基本上属于简单网络，面向的是简单系统，在其他学科中已经有所介绍，比如数学中的图论。复杂网络关注的对象主要是网络的复杂性机理，所以研究的重点就落在复杂系统上面。由于复杂网络有坚实的数学基础，因此复杂网络的发现具有划时代的意义，因为它使得我们有了认识复杂系统的工具和方法。

3.1.3　复杂网络的性质

复杂网络是一个理论性很强的领域，在本书进行详细的介绍，肯定会吓跑一大半读者。它的许多特性都可以用数学方法描述，如介数、核度、中心性、特征谱等，而且相关的传播动力学、混沌同步、演化博弈、抗毁性分析等都比较专业。但是，我不准备这样做，下面仅举几个例子，让大家了解复杂网络的性质有哪些，就知道复杂网络研究能起什么作用，有什么用处了。

弱关系的力量:信息传播的朋友圈如何建?

人脉在现代社会尤为重要。所谓“多个朋友多条路”,但这条路究竟是谁给的呢?是不是那些“一起扛过枪,一起同过窗”的强关系才是最有效的呢?根据复杂网络理论,如果从信息传播角度来看,似乎并不是这样。反倒是那些很少能见面的弱关系,在信息传播效果方面会更好。

什么是弱关系?这就要说到一个人,马克·格兰诺维特[①],他读研究生时专门研究“找工作”问题,提出弱关系理论,并因此成为世界最著名的社会学家。根据他的研究,在靠关系找到工作的人当中,16.7%的人每周至少见面两次以上,这当然是强关系;55.6%的人每周见面不到一次,但每年至少见一次;还有27.7%的人一年都见不到一次,后两者很显然就是弱关系。弱关系就是那些说熟不熟,说不熟又熟的人,但正是通过他们,超过八成的人找到了工作。这是因为弱关系的本质不是人脉,而是信息传播,通过弱关系更能得到新的信息。有了这些信息,找工作就可以有的放矢,不跑空路,这一点通过复杂网络理论完全可以证明。懂得了复杂网络的这一特性,很容易就可以将其运用到日常生活中。

微信现在已经非常普及,由于其具有很强的信息传播作用,很多人都将其作为信息资料的收集交流工具,而不仅仅是当成不收费的短信平台。基于这样的理由,我们选择什么样的朋友圈就应该仔细斟酌:如果都选自己的熟人,都是同学、同事,那么得到的信息就都差不多,他知道的,你也早就知道,你得到的信息就会缺乏新意;如果你能精心地选择那些不同行业、不同领域、不同类型,但是并不是很熟的人,你反而可能得到更多、更新的信息。这就是因为在信息传播中弱关系更加有效。

那么,找什么样的人更具信息传播力呢?复杂网络理论告诉我们,应该首先选择那些不同类型的人更有效。2010年,三个美国人把英国2005年8月的所有电话记录拿来分析,涵盖90%的手机和99%的固话,并且与三万个小区的经济排名进行对比后发现,越是富裕小区的人,其交往人群的多样性就越明显。富人容易跟不同阶层、类型和地区的人交往,但是电话的时长却比较短;反而那些贫穷小区的人却不太这样做,喜欢在自己的圈子里交流,而且喜欢“煲电话粥”。但是有一个问题专家还没有弄清楚:到底是因为社交的多样性导致这些人变富,还是富裕才导致他们的社交多样性?

---

①马克·格兰诺维特,斯坦福大学著名社会学教授,最重要的贡献是提出弱关系理论。

由于弱关系是一个人所具有的社会关系的大多数，那么显然信息来自他们的概率就要高。根据 Facebook 2012 年的一个研究，以“转发”为特征，强关系的放大系数为 6，而弱关系的放大系数却为 9。这是很多人没有想到的。很多人认为，一条名人的微博影响力更大，因而利用名人微博发广告的价格就高得离谱，一条消息往往达到 6 位数的价格。但是后来的研究发现，虽然名人的“粉丝”更多，但大约 98%的信息根本就没有转发。所以，最好的营销方式不是拿大价钱请名人，而是雇佣一批具有一定影响力的人可能更有效。有些商家利用“水军”可能也与此有关。

扩大朋友圈的第二个选择是，应该找那些同时活跃在不同圈子里的人。这些人往往担负着不同圈子之间桥梁的作用，可以把某个圈子里的信息传播到其他圈子里去。用复杂网络的术语来描述这些人，就是他们属于“骑墙”节点，这好像是李德毅①院士起的名字。显然，属于骑墙节点类型最多的人就是媒体人士。为什么现在这么多的记者离开传统的垄断媒体去选择创业，就是因为他们可以利用他们的“骑墙”优势，获取比别人更多的信息，以至于心里痒痒，最后干脆自己跳出来去创业。很多人干脆就利用微信朋友圈、公众号，或者是聊天群，去争取天使投资、风险投资了。比如，我认识的一个以前专门从事人工智能领域报道的记者，就通过聊天群很快地聚集起了世界范围的人工智能领域华人学者，然后创建了一个面向人工智能的媒体公司，发展极为迅速。这就是他们的优势，而我们利用他们的跨墙桥梁作用，也就可以快速地获得更多新颖的信息。所以说，人脉的关键不在于你融入哪个圈子，而在于你能接触到多少圈外的人。

人群中的不同关系最终会导致形成一个个的“圈子”，在复杂网络理论中它被称为“社团”或“社区”。社团内联系紧密，而社团外就可能联系甚少。这时候，那些具有超级关系能力的人，就成了联系这些社团的纽带或桥梁。每个圈子如果联系过于紧密，也可能导致社团内的成员不愿与其他人交往，从而损害交流的效果。比如，夫妻双方属于不同的社团，可能还会导致一定程度的疏离。这一点与哈佛大学教授博特②研究夫妻关系的结论一致：如果夫妻双方独自所有的网络密度越高、越亲密，夫妻双方就会越隔离，因为通过对方获得陪伴及情感支持的依赖程度就会越低。所以，复杂网络理论又告诉我们，放任夫妻各自紧密依赖自己的“圈子”，对夫妻关系是有害的。

弱关系也经常是创新要素，比如通过临时编制增加一个单位，在下一次体制编制调整时，它就可能成为正式编制。为什么？因为这种弱化关系实际上是一个创新要素，我们是拿它来做实验的，成功了就留下，不成功就没了。我们常说：外

---

①李德毅，1944～，中国工程院院士，欧亚科学院院士，我国指挥自动化和人工智能领域的著名专家。

②若欧·博特(Raoul Bott)，美国著名数学家，1923 年出生于匈牙利，2000 年获沃尔夫数学奖。

人一句话，点醒局中人。什么是外人呢？就是弱关系，他看问题可能比我们局中人更清楚一些，这些都可以反映复杂网络一些很独特的机理。

三度强关系影响力①：如何托人办事？

虽然在传播信息方面弱关系更有效，但我们仍然很难摆脱强关系的诱惑，总喜欢去找自己熟悉的人帮忙。即使自己不熟悉的人，也希望通过自己熟悉的人介绍，才敢去找他们。但是，这种人托人的方式究竟有多大作用呢？复杂网络理论告诉我们，这种关系具有“三度影响力”的特点。

假设我要找某个人办事，比如请他在招聘的时候举荐我，或者在某个选举中投我的票，如何找人才最有效呢？我们知道，在小世界模型中只需6个人就可以联系到世界上任何一个人，但对联系上的人有多大影响力呢？这个影响程度有人利用复杂网络理论进行过计算：对我托的第一个人（一度）的影响力大约在15%左右；如果他再托人（二度），影响力就降到10%左右；如果还要再托人（三度），影响力就降到6%左右，之后就不会再有什么影响了。这说明，如果你要托人拉票的话，最多只能人托人在三个人以内，超过三个人几乎就没有什么作用了。这就是“三度影响力”原则。所以，虽然人与人之间只有六度分隔，但影响力最多只能达到半程。这是由于影响力的固有衰减性、网络链接的不稳定性，以及网络连接也在不断变化造成的。

需要注意的是，这种人托人的关系是一种强关系，只有非常熟悉了才能够去托他办事。八竿子打不着的关系就敢于去托人，那是蠢人才会干的事，说好听一点是等于没说，说不好听一点就是自取其辱。这种强关系不同于弱关系，弱关系引发的是信息传播，谁都没有损失，顺水推舟而已；强关系影响引发的是行为，是需要成本的，难度更大，也就是俗话说的“关系用一次少一次”，“谁还欠谁一个人情”等。有人利用Facebook系统做实验发现，在选举中如果只发出“出去投票”的号召作用很小，但如果同时标出哪些朋友已经出去投票了，就比号召本身影响高4倍以上。这说明影响行为更需要行为的本身，而不能仅靠信息。

这种“三度影响力”适用于态度、情绪和行为的传播，也适用于政治观点、发胖和抽烟、抑郁或快乐，甚至创新思想的传播。比如，老是跟快乐阳光的人在一起，你也会变得更快乐和阳光；反之，你老是跟一些悲观厌世的人在一起，恐怕很快你也会不想活了。你的朋友抽烟的多，你有很大概率也会抽烟；你的朋友都在减肥，你可能很快也会加入到他们的阵营。有人说，你每多一个快乐的朋友，让你快乐的概率增加9%；每多一个不快乐的朋友，让你的快乐减少7%。道理很对，但我不知道他这个数值是如何计算出来的。对于政治观点的传播也是如此，什么样的传

①参见尼古拉斯·克里斯塔吉斯等著《大连接》，简学译，中国人民大学出版社，2012年版。

播最有效？三度影响力原则就必须注意，因为政治影响力关系到政治行为。

复杂网络研究还发现，即使能够托人说服，还需要注意所托人的类型，而多样化的类型更有说服力。如果你想让人推荐招聘你，找一堆亲戚去帮你说情，其实这都等于是一个类型，没有多大用处。招聘的人会想，亲戚当然会帮他说话啦。但如果帮你说情的人中既有亲戚，也有大学同学，还有你的同事，或者是公司的老板，这对你的形象就会大有好处。这会使招聘你的人觉得，各个方面对你的反映都不错，就更坚定了他招聘你的决心。这其实也是一种行为影响的机理。

鲁棒性机理："不怕贼偷，就怕贼惦记"

什么是鲁棒性？这是形容系统稳定性、可靠性的一个术语，说一个系统比较稳定可靠，就说系统的鲁棒性好。复杂网络的鲁棒性机理说的就是，如果你这个系统是复杂网络的话，那它就具有稳健性与脆弱性并存的性质特点。

这是很奇怪的一件事。稳健性和脆弱性本来是描述系统的两种完全不同的性质，就像是说，这个系统既稳定又脆弱一样，怎么会两者并存呢？其实，这正是复杂网络之所以成为复杂网络的原因：它的性质不是简单线性的。一个系统如果是复杂网络，那它就具有一定的稳健性，那些随机故障对它不会有太大的影响，它可以自动修复。比如，网络的某个节点坏了，它可以自动地寻找另外的路径替代，继续工作。这是因为无尺度网络中的那些中心节点起到了核心聚集、分发作用，能够应付一定比例的节点损失。这是与随机网络截然不同的一个性质，因为随机网的节点随机删除到一个临界点后，整个网络就会崩溃。但是已经证明，无尺度网只要幂次小于等于 3①，这个临界点就不存在。而大多数无尺度网的幂次基本上都小于 3。

但是，如果有敌意者分析了这个网络，找到那些关键节点，然后专门进行攻击，这个系统就会显得十分脆弱。一旦攻击成功，这个中心节点就会失效，由于该节点的连接度很高，影响就会很快散布到整个网络，导致整个网络的崩溃。这就是脆弱性。所以，复杂网络就有了"不怕随机故障，就怕蓄意攻击"的特点。是不是有点"不怕贼偷，就怕贼惦记"的意思？

这个性质与作战体系的关键节点性质相似。我们过去常说的一句话是"强点制胜"，现在战争系统由于体系化、网络化之后，很可能出现的是"弱点致败"！一个弱点如果被抓住了，坍塌的就是体系。这一点我们后面还会再讨论。不过最近又有人研究证明，像互联网这样的超级巨型网络，对这种蓄意攻击也有一定的稳健性，并不一定就那么脆弱。也许网络大到一定规模和程度后，可能反而强化了

①关于幂律计算等问题，考虑到其专业程度比较高，本书不做更多的介绍，有兴趣的读者可以参考复杂网络的相关书籍。

它的稳健性,而减少它的脆弱性吧!

上面这几个例子并不是复杂网络理论的全部,仅仅是其很小的一角。诸如复杂网络的六度空间分隔和无尺度幂律性质、结构演化中"社团的形成"、连接的"赢者通吃"与"后来居上"、网络的弱关系的强度,以及同质性原理、整体性质与局部性质的差异等,都值得我们去了解,这对我们理解网络社会,理解复杂系统都有好处。更详细的内容,读者可以去阅读相关书籍,如《链接》[①]。

3.1.4 复杂网络研究三部曲

了解、预测和控制

研究复杂网络的目的是理解系统的复杂性。对于复杂网络首先要记住的是,它不是计算机网络的理论,而是关于复杂系统的理论。过去我们只是从认识论上去理解复杂系统,现在通过复杂网络理论这个工具,我们就可以从方法论上研究系统的复杂性了。我甚至猜想,过去复杂系统研究一直缺乏理想的数学理论基础,一些复杂系统数学理论显得过于抽象或者没有抓住核心,就是因为缺乏对实际复杂系统的针对性。复杂网络与复杂系统在性质上有很多相似之处,两者之间似乎有天然的映射关系。可不可以借助复杂网络已有的数学理论,来作为构建复杂系统的理论基础呢?我相信,将来这一点会看得更加清楚,很多学者也在做不懈的努力。

复杂网络的研究还在进行之中,相信将来还会有更多的惊喜。要想知道复杂网络未来会有什么发展,不妨看看巴拉巴西的研究规划,他将其分为三部曲。

第一步,了解网络的性质。通过收集的大量网络数据,他发现与人类行为有关的世界,实际上都是由幂律控制的,从而发现了无尺度网络结构,以及复杂网络的相关性质,加深了我们对社会和复杂系统的理解,并开创了复杂网络科学的研究。

第二步,预测网络的演化。这实际上就是行为预测,既然复杂系统可以用网络性质来研究,就可以通过研究网络的演化看看它会如何变化,从而实现对人的行为未来的预测。比如,他曾经利用电话公司提供的600万用户匿名数据,研究人类行为预测问题。他提出一种可以识别用户更换手机品牌的网络数据挖掘算法,找到更换手机用户的共同特征,同时也找到了定位和预测用户位置的方法。利用这个算法,居然可以做到误差不超过1600米,准确率达到93%,最低也不低于80%[②]。过去的算法比较粗糙,而这个算法甚至可以精确到某个街区。

这真是一个惊人的结果。所以此项研究还引起美国民众的抗议。他们觉得,

---

①参见艾伯特·巴拉巴西著《链接:网络新科学》,徐彬译,湖南科技出版社,2007年版。

②参见艾伯特·巴拉巴西著《爆发》,马慧译,中国人民大学出版社,2012年版。

如果政府采用这项技术，那老百姓还有什么隐私可言？我今天到哪儿，明天到哪儿，你都能预测出来，我们还有什么自由？巴拉巴西还用此算法研究了利用航班飞行路线数据预测流行病传播，如何防止城市的交通拥堵，管理流动人口等。同时，他还预言，为什么手机病毒尚未大流行，其原因就是多种手机操作系统！因此，他预测一旦一定数量的手机被单一操作系统控制，病毒就将带来极大的威胁。后来，巴拉巴西根据这些研究结果又写了一本书，书名叫《爆发》，出版社的广告词号称“颠覆《黑天鹅》之作”，意思就是《黑天鹅》不是说不能预测吗！现在我做到了可以预测，这不是颠覆吗！其实两者有很大的不同，出版社的广告语有哗众取宠、吆喝卖书之嫌。

第三步，控制网络的变化。既然系统能够被看成网络，又了解了它的结构和性质，而且还可以预测它的演化，那下一步就应该是对网络实现控制。一旦控制问题能够解决，许多复杂系统的控制就有了手段，比如舆论的管理、社会的控制、经济的调整等。如果说对战争能够控制，那就是真正掌握制胜机理了，至少我知道对复杂系统控制什么东西能够达到预期目标，而不像现在还是一团迷雾。

复杂网络控制难题

从预测到控制，这中间存在一个巨大鸿沟。巴拉巴西考虑的这个问题倒也简单：将事物看成是一个由不同重要性节点组成的系统。以汽车为例，虽然整台车有 5000 个左右的零部件，但能控制汽车的只有 3～5 个节点，即方向盘、油门、刹车踏板，以及离合器和换挡手柄等，如果能控制这 3～5 个节点，就可以使汽车开往任何地方。

因此，巴拉巴西就与他人合作，寻找各种网络中控制节点，就是那些能够接收外部信号（如油门踏板力度），转换为对网络节点的指令（如燃油的喷射速度），达成对网络控制的目的。有的科学家已经证明，那些能够抵达系统中每一个节点的最少起始点，即为控制节点。巴拉巴西认为，控制了起始点，就控制了整个网络。在对 37 个不同类型的系统进行测试后，他得出结论：网络连接越密集，所需的控制节点就越少；输入数据越多，网络结构就会越完整。所以，为了控制的目的，要求整个系统结构能够完整（至少是大多数）地绘制出来。

但是，汽车是一个简单系统，控制本来就没有什么问题。如果用这个方法控制复杂系统，恐怕就没有这么简单了。巴拉巴西用这个方法研究了第一个被基因测序的多细胞生物，也就是一种线虫，共有 297 个神经元，其中找到了 49 个控制节点。但是，稍微复杂一点，比如某种酵母细胞共有 4441 个蛋白质，但却需要其中 3500 个才能控制，占到总数的八成还多。

这些还都是一些简单生物细胞，如果要控制一个庞大的生物体，或者是一个社会巨系统，可想而知那将是一个什么样的结果。且不说能够找到多少控制节点,仅说数据量那将是一个什么样的量级?比如,控制一个人,也就是控制大脑,大脑的神经元据说有1000亿个。如果要控制一个人群,或者是控制一个社会,那又将是控制什么呢?它的数据量又将是一个什么样的量级呢?

其实,我对通过复杂网络方式,像控制机器一样控制复杂系统一直持怀疑态度。复杂系统有很大的整体性、不确定性和适应性,对它的控制肯定不像控制汽车那样扳几个开关就可以做到的,我们要做的可能只是引导、约束或者是强制,就像我们现在对真人所做的那样。如果真能找到一个人群或社会中的控制节点,从科学方法上看也不失是一种手段。如果强制进行控制,会不会引起道德、法律或者人权方面的质疑呢?如果是战争,这又另当别论了。

3.2 大数据的出现

事实上,巴拉巴西在研究复杂网络时,就已经采用了很多数据分析挖掘的方法,他最初的研究就是利用诺特丹大学网站的32万多个网页的数据。当然,这32万个网页数据还称不上是大数据,但却已经揭示了大数据研究的趋势和潜力。那么,什么是大数据呢?

3.2.1 什么是大数据

大数据带来的迷思

很多人以为大数据就是数据很大,也就是很多的意思。所以,当大数据这个概念出现时,各种刊物、报纸或者电视媒体一拥而上,纷纷对其进行解读,其中就有不少和大数据概念根本不沾边。这反映出大众媒体对大数据概念的不理解或者误解,包括一些所谓的专家对大数据这个概念的错误解读。

大数据这个概念很早就已经出现,只是当时没有多少人在意。掀起最近这一波大数据浪潮的是国际著名科技期刊《自然》。2008年,《自然》杂志推出以大数据为主题的专刊,探讨研究“PB时代的科学”。什么是PB?大家知道数据的存储是以字节为单位的,1024个字节为1KB,1024KB为1MB,1024MB为1GB,1024GB为1TB,1024TB为1PB,1024PB为1EB,1024EB为1ZB等等。PB大约就是百万GB的量级。

这些个数据量单位是个什么概念呢?说几个具体的数量比较:根据国际数据公司IDC的研究报告,到2012年年底,人类产生的所有印刷品数据量是200PB,全人类历史上说过的所有话的数据量大约是5EB。大约90%的数据是近两年产生的,并且以大约每两年翻一番的速度增长。所以,当我们面对这样的数据时,免不了会发现很多事情都会改变,也就是从量变到质变。所以,《自然》杂志研究“PB

时代的科学”就是很自然的事情了。

数据多了会发生什么变化呢?《自然》杂志探讨的是科研形态的变化,认为“以数据为准绳的理念指导,以及强大的计算能力支撑,正在驱动着一次科学研究方法论的革命”。注意,它说的是“科学研究方法论”的革命!另一个著名刊物《科学》杂志则在 2011 年推出专刊“使用数据的处理”,围绕“数据洪流”展开讨论,将大数据深度分析看成是未来的研究重点和突破点。

由于这些刊物的影响力,一下子就引起了整个世界的注意。特别是 2012 年 3 月,美国奥巴马政府发布了《大数据研究与发展倡议》,启动“大数据发展计划”国家战略,更是引起了世界各国的跟风。很多人认为,奥巴马这样做,就是试图再次重复“信息高速公路计划”带来互联网霸权获得的广泛优势,也就是说互联网实际上是被美国控制的,奥巴马想做的一件事情就是还要获得大数据的霸权,甚至他们还想通过“脑科学研究计划”,进一步想控制认知域的霸权。这一方面反映了美国人想维持霸权的野心,另一方面也反映了美国人对科技发展趋势的敏感意识。所以,中国作为世界大国,也开始从战略高度推行中国的“大数据计划”、“脑科学计划”、“云计算计划”等,也算是对美国人的一个回应。

就连达沃斯经济论坛这样的经济组织,也发表了“大数据、大影响:国际开发新可能”的研究报告,更使它也成为各国首脑和企业家关注的主题。很多人认为大数据就是信息时代的“石油”,谁开采得早谁就将占据主导地位,谁就将最终受益。之后,各类学术机构纷纷组织各种研究和探讨,发表了大量研究报告,召开了各种会议,并成立了许多大数据学术组织等。就这样,大数据的普及和研究如火如荼地展开了。但是,我们真正理解大数据了吗?值得我们这么兴师动众吗?这却是没有几个人当时说得清楚的。稍微有点头脑的人都会有一些疑问,主要集中在以下三个方面。

第一,大数据的概念与传统的数据概念有哪些不同?它与我们早期提出的海量数据(massive data)、超大规模数据(very large data)有何不同?它们是不是一个意思?如果意思相同,为什么重提?如果不同,又不同在哪里?

第二,大数据方法与传统数据方法有什么差异?比如说,我们早就提出数据挖掘的概念,以及数据分析这套东西,但现在又来说大数据主要靠的还是数据挖掘和数据分析,那它们有什么不同吗?

第三,大数据应用与过去基于数据分析的应用又有什么不同呢?最典型的就是商业智能(business intelligence,BI),也是用数据分析得到一些对未来业务发展的预测。大数据是不是也要做这些事情呢?

“大数据”不仅仅是“数据大”

什么是“大数据”?很多人喜欢用 4 个“V”来说明,第一个 V(volume),即规模性，指的是体量大，一般在 TB、PB，乃至 EB 以上；第二个 V(variety)，即多样性，就是信息的种类多，并以各种信息载体的形式存在；第三个 V(velocity)，即高速性，要求处理速度能在合理时间之内，这反映了一定的实时性特点；第四个 V(value)，即价值性，是说这些数据体现一定价值，但它们经常是高价值低密度，比如监控录像录了几十个小时，对破案真正有用的可能只有几秒钟。其实，这 4 个 V 只是描述了大数据的外在属性，并没有说出大数据的核心特点。我认为，大数据的核心特点应该体现在以下三个方面。

第一点，大数据确实“数据很大”。这是一个基本前提，没有大量的数据，也不可能称为大数据。也正是随着信息化、网络化程度的提高，使数据量以指数级的速度飙升，比如网络视频监控、社交网络、博客微信、基于位置服务、搜索服务等，使得数据量飞速增加。光算算中国有多少摄像头，每个摄像头一天能够产生多少数据，就知道这个数据量是惊人的。“两年产生的数据等于之前人类产生数据的总和”，也就是两年翻一番。而且，这些数据的种类还多样，不仅仅是那些格式化的数据库数据，更多的是多媒体类的数据，如视频、图像、声音等。

第二点，大数据种类多源、相互关联，具有整体性。大数据的数据主体并不是那些单一的结构化数据，比如传统数据库管理的数据，而是来源广泛、种类繁多的多媒体数据。比如，一个人的信息如果只用“姓名”、“性别”、“年龄”等结构化数据库方式表达，数据量再大也是传统数据。如果能得到这个人的所有数据，比如监控得到的视频、图像、声音数据，通过社会服务记录的医疗、教育、商务、银行等社会数据，通过社交媒体记录的微信、邮件、上网等社交数据等，这些就是多源多类的数据，而且它们之间的相互关联还有可能被建立起来。所以，从这个角度来看，大数据的关键不仅仅是“大”，更在“多源”，以及多源数据之间的联系，这样就可以从多个方面去印证事实。数据的整体性才是大数据的核心特点。

第三点，大数据还要体现出价值能否被“挖出”和利用。大数据这个概念表示的不仅仅是数据的多少，而且表达了处理能力和方式，也就是能否通过某种方法得到大数据给出的价值。给你的是金山、银山，是石油，但你得有本事挖出来那才是你的，挖不出来一切白搭。用术语来说，这就是“大量数据可以在合理时间内处理完毕”，并且可以实现深度分析和挖掘。这当然不仅仅是传统的数据库处理，比如查个档案、搞个工资统计什么的，而是要“挖”。“挖”就是“挖掘”，是需要从海量数据中寻找出有用的东西。有人打比方说，“找出这个屋里谁的工资最高这不是大数据，而找出谁跟谁关系最好才是大数据”，这个比喻虽不完全准确，但也说出了基本意思。其实现在最大的问题不是没有数据，而是没有办法利用数据，关键难点就在于缺乏好的数据挖掘、分析算法。比如，这么多卫星天天在天上转，得到的海量数据就很难处理。

从这几点看，就回答了前面提出的问题：大数据不仅仅是一个数据量的概念，而是一个包含数据从量变到质变，种类从单一到多样，数据处理方法从简单处理到分析挖掘的概念。有人认为，只要是数据处理就都是大数据，其实这是很不准确的。大数据概念里其实蕴含着一个“世界皆数据”的内核，这是因为当前我们面对的已经是一个数据化的世界。有人很形象地形容说，大数据就是从“上帝的视角看待整个世界”。那么，在这样的世界面前，我们看待世界、认识世界的方式是否也需要改变？所以，在我看来，“大数据”概念更强调的是理念上的变革，是一种彻底颠覆我们传统思维的理念变革。这一点后面还会详细讨论。

3.2.2　大数据的种类和特点

科学大数据：引力波探测与“上帝的粒子”

2016年春节前后，在媒体上传播最广泛的消息恐怕就是“引力波被证实”了。百年前，爱因斯坦在相对论中就预言，宇宙中应该存在着一种称为引力波的东西，是因为两个黑洞碰撞导致的引力涟漪，最终会传播到宇宙各处，而今天终于被我们探测到。做到这一点的是美国的激光干涉仪引力波观测台，它利用两个分别放置在美国路易斯安那州和华盛顿州的孪生探测器，捕捉引力波传递到地球时的微小时空变化，从而发现了引力波的存在。这样的探测器在意大利、德国和日本等地也有，中国据说也要搞自己的探测仪，称为天琴计划。可以想象，要想发现引力波，这些探测仪每时每刻得要收集多少数据，然后进行分析。类似的宇宙观测计划还有很多，比如观测宇宙大爆炸、观测太阳黑子等。

前些年为寻找希格斯粒子，物理学家采用粒子对撞机进行大型物理实验。希格斯粒子是粒子物理学标准模型预言的最后一种粒子，由物理学家希格斯提出来的。其他的粒子早已经被一一发现证实，但希格斯粒子迟迟没有找到，因而被戏称为“上帝的粒子”。欧洲原子物理中心为此专门花费巨资，建造了一台巨大的粒子对撞机，结果在2012年就发现了希格斯粒子，终于圆了已过耄耋之年的希格斯的梦。2013年，希格斯也因此获得诺贝尔物理学奖。在这个过程中，需要做的也和引力波探测一样：收集大量实验数据，利用计算机进行数据分析，最后找到证据证明粒子的存在。

显然，这些数据的数据量是巨大的，肯定超过PB量级，但它们是不是大数据呢？事实上，这一类数据很早就已经是物理学领域中必须处理的内容，只是现在的数量更大，处理的手段更先进一些而已。如果仅从数据量和处理方法，以及取得的数据分析结果来看，它当然属于大数据的范畴。但是，这一类物理数据并没有从根本上改变数据处理的本质，沿用的还是传统的海量数据处理方法，目的还仅仅是找到。

类似的科学大数据，还有像人类基因组的基因大数据、地震研究中的地质大数据等。所以,它们并不是大数据研究的核心领域,除非将来他们找到了可以在更高层次上处理和理解数据的方法。

社会大数据:春节人员迁徙和月全食集体观测

说到底,大数据还是网络化的产物,与“人”相关才是核心。这就是所谓的社会大数据,就是那些由于网络化、信息化带来的相关数据。比如,每个人的健康、金融和商业相关数据,包括那些通过社交网络、博客、微信、位置服务等带来的数据。如果将眼光放大,那些关乎国家政治、经济、军事、外交、科技、工业等领域的数据,形成国家大数据;那些与战争相关的侦察情报、战场态势、武器装备及国防经济等数据,则形成战争大数据,这些也都属于社会大数据的范畴。

社会大数据一般有四个特点:一是都是与网络相关的数据,或者只产生在网络之中,现在这个在网络化社会中已经不成问题;二是这些数据都与人有关,可以反映人的活动;三是都是及时现场的数据,一般反映当下的活动,也就是要求要有一定的时效性,过期数据可能失去效用;四是数据采集比较全面,一般是多种来源、多种媒体形式数据的集合,以利于进行整体性挖掘和分析。

连续几年,中央电视台都发布所谓的“春节大数据”,其中一项就是春节人员迁徙的统计分析图。从这些图中可以看出,春节前,从广州、北京、上海等大城市返回四川的人流明显增加,而春节后则相反,从一些边远省份前往大城市的人流则变得比较集中。这很明显地反映了中国人春节团聚的民族习俗。但也可以从中间发现,在北京与乌鲁木齐之间,有一群特殊的人员往返,可能是当年“支边”知青或兵团的后代带来的独特结果,这揭示了内地与边疆之间的特殊人群关系。其实,如果仔细分析,从这些数据中还可以发现更多的东西。

中央电视台这些大数据的发布,利用的就是网络数据,比如飞机、火车等购票数据。其实,利用这些数据还可以进行更多的研究,比如研究未来一年企业用工趋势,甚至国家产业布局的合理性等问题。对于数据的利用,有的是研究人群行为本身,比如研究社会的情绪,不同人群的喜好等;也有的是利用得到的这些数据交叉分析,有时可能取得意想不到的效果。

2014 年 8 月,全球许多地方正好赶上月全食,好多人拍了无数照片并分享到网上,苹果的手机云一晚上就收集到几亿张月全食照片。人们用手机拍照是为了分享交流、发朋友圈,有点炫耀的意思;但当很多人都在做同一件事情的时候,可能就会有奇迹发生。苹果公司邀请天文学家来看苹果云中的照片,结果这些专家都惊呆了:世界上哪里也没有这样一个强大的检测系统,可以在同一时间、不同角度,不同地点,把月全食过程给记录了下来,但是被庞大的人群和小小的手机做到了。将这些数据整合起来,就有很大的天文学研究价值。想当年,天文学家为了观测某个天文现象,要花费巨资向世界各地派出很多的观测队,而今天却被众多的手机用户无意中完成了。这就是数据“大”的真正价值。

还有一些大数据也可以反映人类的活动，比如地球卫星观测数据。卫星每时每刻都在观测，虽然绝大多数数据都是相同的，但是如果发现变化，就意味着出现了应该关注的信息。比如，北极冰盖减小，意味着地球气候变暖，说明人类活动对气候发生影响；某个地区居民点进一步扩大，意味着此处人口构成发生变化；某个军用机场出现新的油罐，则说明该机场可能驻进更多的战机等。这些数据是从更高层次反映人类行为的，是更值得研究战争者关注的。也正是因为大数据的这些特点，我们也才有了对“人的行为”的洞察力和预测力。

3.2.3　大数据的作用

大数据发现：医生罢工的秘密

大数据能起什么作用呢？一般说来体现在两个方面：一是对复杂系统规律的发现或解释，二是对复杂系统未来行为的预测。先讲一个故事。

> 1973 年，以色列发生了一个非常蹊跷的事件①。在当年春天，以色列全国大部分医院医生举行罢工，持续数星期之久，医院中的数十万项检查停摆，数万台手术延期或取消。除了急诊、透析、癌症病房、妇产科、儿科之外，其余全部停诊。人们生病要么去找家庭医生，要么干脆待在家里。但对同期以色列殡葬业数据分析显示，这次罢工的结果是：几乎全国各地的死亡率都明显降低，居然降低到原来的 50%！
>
> 十年后的 1983 年，以色列医生再次举行全国总罢工，这次罢工的时间更长，长达 85 天，神奇的事情又发生了。以色列耶路撒冷殡葬协会又做了一次统计，在这 85 天中，全国人口的死亡率又下降了 50%。2000 年，故事重演，结果又是如此，死亡率再次降低。

真是令人匪夷所思。是不是只有以色列才有这个现象？后来又有专家收集了其他国家的情况：1976 年哥伦比亚的堡高塔市的医生罢工 52 天，当地死亡率下降了 35%。同年，在美国洛杉矶，当医生对医疗事故保险涨价不满而罢工示威时，全市病人死亡率下降了 18%。在加拿大，曼尼涛巴省的医生罢工两周，死亡率下降为 20%；不列颠哥伦比亚省的医生罢工 3 周，死亡率下降 30%。一个叫布鲁斯·波美拉的博士对此进行了调查，结论居然是医生罢工时间长短与死亡率下降多少成正比。

从这些数据来看，事情没有那么简单。《英国医学周刊》在分析以色列全国性

①引自尤格·布来克著《无效的医疗》，穆易译，北京师范大学出版社，2007 年版。

医生罢工问题时，甚至认为罢工“或许对健康是有益的”。世界卫生组织调查指出，全球的病人有 1/3 死于不合理用药，1/3 死于医源性事故，而不是疾病本身。也就是说，有 1/3 的病人是被药死的，还有 1/3 的病人是被治死的。多可怕！这就是大数据的作用：通过数据分析挖掘发现问题。

我不知道医生会怎样看待这个问题。曾经有一些医生听过我的课，他们也承认很多情况下，医生对某些疾病也无能为力，很多疾病如何治好的也不清楚。我是这样分析的：既然治病就有风险，比如手术，医生罢工不动手术了，所以病人也就没有了手术的风险，可以苟延残喘活着，死亡率暂时下降的结果就产生了；但病人也因治不好病终究要死，而这个死亡率又因为医生不罢工了却没有统计在内。无论如何，医学需要在不断试错中进步，出现一些治死药死的现象在所难免，但过度医疗确实也已经成为一个世界性的问题，治死药死的比例本来是可以降低的。

大数据的发现还可以用在其他领域。网络视频公司“网飞”(Netflix)在制作《纸牌屋》这部电视剧前，就通过收集分析观众喜好的大数据发现，只要演员史派西、大卫·芬奇出现，加上 BBC 公司摄制，就能确保剧集的收视率。根据不断收集的实时观众数据及时调整电视剧内容，结果观众数超过传统老牌有线电视公司 HBO，占到互联网流量的 38%。他们做的事情，就是通过数据去发现什么最适合观众的口味。

同样，湖南卫视在引进“爸爸去哪儿”这个节目时，也通过大数据进行过分析。他们发现，电视观众的主体主要是女性观众，而女性观众更喜欢看男人在家务事上出丑，父女关系更能引起大家的注意等，结果一炮打响，电视收视率极高。不仅如此，这档被网友戏称为“脑残”的节目，套拍的大电影居然在 2013 年春节轻轻松松过几亿，这让那些费尽心血拍故事大片的导演情何以堪啊！后来，几乎各个电视台的真人秀都要事先分析，确定选谁，以及演员表现什么更能提高收视率。这就是大数据发现的力量。

大数据预测：谷歌的流感预警

2009 年 2 月，谷歌公司的工程师在《自然》上发表了一篇非常有意思的论文，题目是《利用搜索引擎查询数据检测禽流感流行趋势》，说是他们可以利用统计某地区的用户搜索词，来预测流感的发生，并设计了一个流感预测系统 GFT(Google flu trends)，宣称他们的系统可以比美国疾病控制与预防中心预测流感趋势还要快，可提前 2 周发布流感预警信息，准确率居然达到 96%。论文一发表，很多人感到匪夷所思。没搞错吧？不去研究流感病毒本身有什么特征，仅凭着计算机上的搜索词就可以预测流感？简直逆天啊！这个消息一下子轰动全世界。

其实，看看他们的具体做法，觉得还是很有道理的。如果在某一个区域某一个时间段内，有大量有关流感的搜索指令，那么就可能存在一种潜在的关联：在这个地区，就有很大可能性存在对应的流感人群，相关部门就值得发布流感预警信息。因为有人感冒了，或者快感冒觉得不舒服了，就会上网去查一查“感冒吃什么药好”、“哪里有卖阿司匹林的”，或者是“嗓子不舒服是什么原因”等，这些搜索词就成了分析是否具有流感趋势的数据。因为流感一般具有传染性，所以如果这样的情况形成一个高峰，就可以考虑发布流感预警了。

后来又有研究证明，社交情绪还与该地区的年龄、性别、性格、收入水平、精神疾病，以及生理疾病都密切相关。2015 年的一项研究证明[①]，通过对推特、脸谱上负面信息的研究，比如愤怒和仇恨信息，可以预测该地区的心脏病死亡率。这一点与谷歌的研究可以说是异曲同工。

谷歌的流感预测研究一下子就成了大数据的经典案例广为流传。因为这个案例打破了传统思考问题的框框，展现出一个全新的途径。一是数据采集用的是谷歌公司得到的所有数据，也就是全样本；二是没有去分析流感本身，而是利用搜索词进行“相关性”分析；三是结果与实际检测进行对比，居然非常地接近，证明这个方法有效；四是促使新的思考：居然没有建立流感分析因果模型也能得到结果，是不是说明从数据也能得到科学的结论？

当然，也有人对此很不以为然。英国《财经时报》援引剑桥大学教授大卫·斯皮格哈特毫不客气的评价，说他们的解释“完全是胡说八道”。他根本不承认这个研究成果是科学的。很快，几年后，2013 年 2 月 13 日，《自然》又发文指出，在 2012 年 12 月的一次流感爆发中，谷歌的流感趋势不起作用了。美国疾控中心在汇总各地数据以后发现，谷歌的预测结果比实际情况要夸大几乎一倍。

这是什么原因？有人说是模型还不够准确，造成统计误差，也有人认为是本来做法就不科学。我的看法是，这是复杂系统本来的运行规律使然，也就是“反身性”带来的后果，即自己影响了自己所在的系统。但这个谷歌流感预测带给我们的启示，我认为是空前的，很值得我们去好好地研究总结。这可能就是一种全新的思维方式。

大数据分析：推特情绪与股市涨跌[②]

大数据的发现和预测都建立在分析的基础上。如果分析过程能够以接近实时的方式做到，带来的就可能是巨大的利益，而这在过去是完全做不到的。美国最流行的社交软件之一“推特”，活跃用户高达 6.4 亿，有点类似中国的微博，每天上面发布的都是用户贴出来的简短信息，或者是家长里短的短文，被称为推文。在美

---

①参见《社交网络：预测疾病趋势》，《环球科学》，2016 年 6 月。该杂志是《科学美国人》的中国版。

②参见布莱恩·奥康奈尔的《推特和脸书能否预测股票变动?》，微信公众号《大数据文摘》，2015 年 5 月 12 日。

国,就有很多人开始研究,如何通过实时地分析这些推文,来发现商机,获得利益。

2013 年 11 月 11 日,美国东部时间早上 8 点刚过,加拿大一家报纸泄露消息:黑莓公司总价达 47 亿美元的收购案取消。足足过了 3 分钟,华尔街的有关通讯社才陆续报道了这条消息。3 分钟算什么?但是就是这 3 分钟的差异,让一个公司出了大风头,这个公司就是纽约的一家数据分析公司,名字是 Dataminr。就在加拿大通讯社关于黑莓公司的报道刚出来几秒钟,他们的投资客户便收到 Dataminr 发来的电邮提示。根据这条信息,有很多 Dataminr 的客户,尤其是对冲基金客户,抢在其他还未获得消息的用户之前,很漂亮地卖空了这只股票,因为一般取消收购大多数都会造成股市的下跌。

同样,当号称"华尔街之狼"的传奇商人卡尔·伊坎刚发布一条推文,说他购买了大量苹果公司的股票时,另一家社交媒体数据分析公司"社交市场分析"(social market analytics)已经抢了先手,他们充分利用其覆盖 40 万推特用户的数据网络,获得了关于苹果公司的乐观传言,并将此传言告知了其客户,给了他们套利的机会。在这两个事例中,捷足先登者根据预警信息都大赚一笔。同时也告诉我们一个事实:利用社交网络分析在股市获利,并不是一个理论神话,它真实地存在着。这些都需要获取实时数据信息,来完成对大数据来源信息的监测。

更复杂一些的是对大数据进行分析在股市中获利,比如利用所谓的"情绪指数"。通过分析社交媒体上的数据,可以发现民众的情绪,从而预测股市的涨跌。这是印第安纳大学商学院教授约安·波恩在 2010 年就得到的结论。波恩教授发现,如果将这些推文全部收集起来,就可以得到当前社会的"情绪指数"。知道当前股民是乐观还是悲观,而这些情绪又可以反映到股市上去:如果乐观,股市就会涨;如果悲观,股市就会跌。波恩教授报告说,分析推特的数据能以 87.6%的准确率预测出道琼斯工业平均指数。还有报告说,这种预测可以大约提前 10~20 分钟。也就是说,如果去买卖股票,这 10~20 分钟的时间已经足够完成交易,从而在股市中大赚特赚了。

后来的研究证明,"社交情绪指数"着实让那些利用该技术获利的投资者们尝到了甜头。金融数据服务提供商 Markit 的研究表明,从 2011 年 12 月~2013 年 11 月,具有乐观社交媒介情绪的股票获得高达 76%的累计收益率,而具有负面社交媒介情绪的股票累计收益率只有 14%。这就证明原先波恩教授的研究结果。

知道了这一点,无论是推特公司,还是那些投资信息服务的公司,就展开合作,各取所需,大赚特赚。但是同样,这样的策略究竟能够维持多久,谁也不知道。比如,利用此方法行骗非常容易:通过推送公司的虚假推文,例如行业竞争者的买断或是新产品上市的暗示,将投资者引入歧途。投资诈骗者提前购买股票,从那些被推特上虚假消息骗过的投资者身上获得利润。所有的这些行为,最终都会导致数据分析方法失效,如同流感预测失效一样。所以,任何对股票信息的发送,都会有一句提示:股市有风险,投资需谨慎。

这是在撇清自己的责任。但无论如何,信息技术的发展是必然的趋势,更多地利用社交信息来研究和发现问题,也是我们需要不断学习和适应的过程。

大数据创造:硅谷极客的传奇球队

硅谷那些智力超群的极客经常干一些疯狂的事情。他们把那种对计算机和网络技术的狂热及钻研精神又用到体育领域。2011 年,乔·拉科布用 4.5 亿美元的联盟最高价买下 NBA“勇士”队,并承诺五年内将它建设成总冠军队伍,很多人都认为这简直就是胡扯和异想天开。不仅这 4.5 亿美元高得离谱,而且那一年“勇士”仅仅排在 NBA 全联盟倒数第二。然而,拉科布居然兑现了自己的承诺,2015 年勇士夺得 NBA 总冠军。2016 年又超过了传奇巨星乔丹当时所在的公牛队记录,夺得 82 场常规赛中的 73 场胜利,而这被认为是一个不可能完成的任务。

是什么让“勇士”变成了传奇?就是大数据。拉科布是数据分析的坚实支持者和实践者。在球队重组的过程中,他和他的合伙人雇佣了许多数据分析师,为球队提供咨询帮助。拉科布和他的新管理层经过分析后认为,大家所习惯的篮球打法其实是错误的。几十年来,球员跳得比篮筐还高然后把球塞进篮网的所谓“扣篮”,一直是这项运动的标志性投篮动作,但它只值 2 分。在约 7.3 米的三分线外投进,可以得 3 分,效率显然更高一些。如果找到有三分球天赋的运动员,并以此为重心重建球队,就可以彻底改变目前的打法。

所以他们重新设计了球队,开始了一个在他人看来是疯狂的计划。他们卖掉了队中所有明星球员,并围绕一位尚未证明自己的球员斯蒂芬·库里重建了球队。当时库里的脚踝好像还有些问题,而 1.91 米左右的身高虽然比我们常人高很多,但在高人林立的 NBA 里,那简直就是个“矬子”。而且库里高中毕业时,雄心勃勃要进大学打球,但几乎所有名校篮球星探都对他不屑一顾。后来虽然也进了 NBA,但也只能在末流球队中混口饭吃而已。

但今天斯蒂芬·库里已经是家喻户晓的名字了,被公认为是目前 NBA 最好的球员之一,而且也是广告商的理想人选:打球时面带微笑,与统治 NBA 的大多数巨人相比,他更像一个普通人。库里 2015～2016 赛季投中了 403 个三分球,而在此前还从来没有人在一个赛季投中过 270 个以上的三分球。他的命中率令人震惊,他在离篮筐 10 米开外处的投篮命中率,比 NBA 球员在距离篮筐 1 米开外的投篮平均命中率还要高。他平均每场比赛得到近 30 分,投篮命中率高达 50%,而三分球的命中率更是达到惊人的 45%。勇士队的第二投手汤普森,也继库里之后成为单赛季三分球命中数超过 270 的第二人。更令人惊奇的是,勇士队全队居然在一个赛季投中了 1077 个三分球,成为 NBA 历史上单赛季命中三分球最多的球队。

勇士队的教练史蒂夫·科尔曾是5夺NBA总冠军球队的成员，包括效力于创造了各项纪录的公牛队。科尔整个职业生涯的三分球命中率为45.4%，排名NBA历史榜首。当科尔在2014年被聘为勇士队主教练时，那还是他首次在NBA执教。这被美国职业体育界认为是一次不同寻常的任命，但在球队大老板乔·拉科布所在的风险投资界看来，这不过是一次正常的任命。从中可以看到，勇士队的管理层处事方式与常规是多么的不同。

毕业于加州大学洛杉矶分校和斯坦福大学，并在硅谷成长起来的投资人拉科布，给勇士带来的不仅是充足的经费、精良的训练设备，更重要的是硅谷的思维模式：每一项决策都基于扎实的数据分析。拉科布的勇士们试图用新的视角看问题：一个球队是更爱用中距离跳投，还是更擅长于篮筐附近？又分别投中了多少3分球和2分球？这些问题都有助于预测谁能取得比赛的胜利。这听起来有点故弄玄虚，但事实证明这些指标确实可以信赖。

他们还敲掉了球队总部内的所有墙壁。并最先在球馆中引入球馆录像和分析系统。为了更好地监测球员的健康状况，勇士队还测试了一种高科技智能服装，实时收集球员的运动状态、呼吸和肌肉活动信息，避免过度训练造成疲劳，并帮助减少运动损伤。现在，在他们的示范下，整个NBA都开始大量引入数据分析系统。2013年，联盟30个场馆全部安装了名为SportVU的数据收集系统。联盟每个赛季举办的比赛多达1250场，每场至少有10人在场上会做出跳跃、投掷等动作，这些信息都会被SportVU捕捉并记录下来，光是2013～2014赛季的数据就有80G之多。

很多人称勇士队就是“NBA的谷歌”，一个勇于创新，敢于走自己路的革新者。更多的数据分析必然能够更好地洞察比赛的进程和结果，他们取得胜利也是理所当然的。用《华尔街日报》的话来说，勇士队引领了“一种还没有人知道该如何击败的篮球风格”。事实上，这只是大数据带来的众多奇迹中另一个案例而已。我担心的是，如此下去，其他国家的篮球队就更没有办法和美国队对抗竞争了。篮球如此，经济、贸易乃至战争又何尝不是如此呢？

3.2.4　大数据的影响

斯诺登事件：情报能力提高100倍！

2013年6月，一条消息震惊世界。一个名叫爱德华·斯诺登的美国中央情报局前雇员，主动联系媒体，并接受英国《卫报》和美国《华盛顿邮报》的视频采访，向全球公开了美国国家安全局的“棱镜计划”，自此号称“棱镜门”的斯诺登事件爆发。原先曾对美国的数据分析情报能力有过评估，但从斯诺登事件曝光的情况来看，我们远远低估了美国人在情报大数据分析上面的投入和能力，低估了他们在情报挖掘方面所能达到的深度和广度，着实让人大吃一惊。谁都没有想到，美国人居然走得这么远、这么快。全世界甚至有点后怕，如果不是斯诺登曝光，恐怕大家都还蒙在鼓里。尤其是，美国的那些盟国，也被美国人分了个三六九等，哪一天被美国人卖了都还不知道。

“棱镜计划”起源于2004年小布什当政期间开始的绝密监控项目“星风”，它包括了四个主计划。其中前两个计划分别是“主干道”和“码头”，前者主要负责电话监听，后者主要负责互联网监视。它们并不直接监听内容，而主要负责监听诸如“谁跟谁通话”、“谁给谁发过邮件”等此类的信息。这些信息有点像我们常见的电话局提供的电话记录单，在技术上有一个特殊术语叫“元数据”，就是关于数据的数据的意思。对这些电话信息内容进行分析的，是另一个叫“核子”的计划，它可以分析其中的敏感词、关键词等信息，发现一些敏感的电话。

随着互联网的普及和逐步占据信息交换的主流领域，2007年美国开始实施“棱镜”计划。棱镜计划负责的是对互联网信息进行分析，包括邮件、图片、视频、文档、社交联系等。它最敏感之处在于，是从各大IT公司的服务器中获取数据的，而且几乎各大信息巨头无不牵涉其中，包括微软、思科、IBM、谷歌、推特、脸谱、雅虎、AOL等主要公司。这可是一个惊天的爆料！那么多公司打着“人权”“保护隐私”的幌子，结果在背后却是帮着美国政府对全世界进行监控。

可以想象，这是一个多么大的工程，收集到的又是多么大的数据！其实，我们这个世界之所以现在还存在“隐私”这个东西，很大程度上是因为数据分析的技术还不够先进，数据收集的程度还不够广泛，数据收集的法律还有限制。而这正是大数据要解决的问题。但是，一旦要以国家安全为名做这件事情，就很难说将来会是怎样。如果美国人能顺利地完成这个计划，尤其是能够分析数据内容的棱镜计划，那美国人对我们这个世界的了解，将会透明到什么程度？而且还是“单向的透明”。所以说，这就是各国之所以对大数据极为重视的一个根本原因。

同样，对战场数据的收集和处理，在大数据时代也面临着挑战。在信息化战争中，战场数据像洪水一样泛滥。比如，在阿富汗战争中，美军为了监控一伙恐怖分子，动用了卫星、无人机、雷达等各种手段，一天24个小时就可以产生53T的数据，也就是53000G数据。就是2T一个硬盘，一天也需要27个才能存下。如果没有相应的处理能力，数据收集了也是白搭。所以美军认为，大数据可以解决许多复杂系统问题，尤其是对人的行为的洞察和预测，在情报分析和自主决策上，将会提高能力100倍！我也不知道这100倍是怎么算出来的，但他们就是这么说的。

奇葩哲学家变身反恐巫师

为了能从大数据中获取情报，许多人开始在这个领域的冒险，而各国情报部门必然是他们最大的主顾。2015年6月，美国有个非常神秘的公司得到5亿美元的融资，但估值却达到了 200 亿美元。这个公司成立于 2004 年，美国中央情报局既是它的投资者，也是它唯一的客户。这个公司就是在业界大名鼎鼎的帕兰提亚公司，名字来源于《指环王》中的“视眼石”，一个巫师可以透过它看到各个地方情况的水晶球。公司老板是一个学哲学出身的博士，名字叫阿莱克斯·卡普，自己对任何技术一窍不通，而且尽干一些奇葩事情，却掌管着这个硅谷最牛的数据公司。

他们公司名气不大，安保措施却是全球顶级的。为了防止泄密，卡普办公室的窗户用的都是单面透视玻璃，窗上还安装了防止激光窃听的特殊装置。之所以要花这个价钱，是因为公司开发的产品实在太敏感了。从国家安全局、联邦调查局、中央情报局、国防情报局，到陆军、空军、海军、陆战队和特种作战司令部，美国几乎所有的情报和军事机构都在用他们的产品。

最早这个公司主要在支付领域做反欺诈和反洗钱的研究，后来才转到情报分析方面。他们从零开始，开发出了一个复杂的搜索工具，从原本各自分属不同情报机构的数据库海量信息中，自动找出恐怖分子的关系网。西点军校的分析师曾使用他们的软件，绘制出叙利亚自杀性袭击网络的关系图。数据来自 700 份缴获的文件，还包括数百份军队从伊拉克回收的个人记录。软件给出了关于叙利亚恐怖组织网络的更多细节，并推算出在当时的伊拉克，存在着不止一个针对叙利亚的自杀性袭击网络。

类似这样的细节报告令美国情报机构走出了许多过去的误区，比如他们发现，在伊拉克的自杀性袭击中，反抗组织更依赖雇佣军走私网络，而不是狂热的宗教信徒。在阿富汗，美国特种部队利用帕兰提亚的软件来策划袭击行动，在进入村庄前，系统会给出相应的地图，详细指出所有发生过枪击冲突和土制炸弹爆炸的地方，然后再判断出哪里最有可能被伏击。根据这些信息，特种部队就可以轻松地占领这个村子。还有消息说，在找到本·拉登的过程中，他们的软件也发挥了巨大的作用。

2011 年，有几个药品管制局官员听说他们的软件很神，也跑来找他们帮忙。连本·拉登都找得到，几个小毛贼又算得了什么？结果真是如此，帕兰提亚的工程师只花了几天就完成了数据分析。执法人员照着他们的分析结果去调查，最后居然逮到了 676 个毒贩，顺便还抄出了 467 千克可卡因和 29 千克冰毒。在短短 10 年内，他们从洛克希德·马丁、雷神和 IBM 等老牌国防承包商手里抢走了几十亿的订单。

奇葩的是，这么牛的一个公司老板居然是个“门外汉”，这是很多人没有想到的。但卡普却总能逢凶化吉，用有的人话说，就是“老走狗屎运”。他既不懂编程，也不懂数据分析，更没上过什么商学院，博士学位拿的是没有什么用处的哲学学位。所以，当卡普去找投资人的时候，基本上没有人愿意见他。但走运的是，投资家不见，却有人给他介绍了一个中情局的下属基金，给投了200万美元。正是这200万美元，有了向中情局领导汇报的机会，开启了他大数据情报分析的辉煌生涯。

虽然汇报的并不咋地，但奇迹终于发生，中情局居然同意试用他们的软件。当时的中情局局长、四星上将彼得雷乌斯在伊拉克当司令时，帕兰提亚就曾帮他解决了路边炸弹问题。在阿富汗和巴基斯坦，当时中情局从各种渠道获得的情报十分零碎，所以非常依赖线人报告和无人机视频。但当地的线人为了争权夺利，往往故意提供假情报给他们，而无人机的黑白视频清晰度有限，也导致他们经常炸错人。有一次，他们的无人机发现有个高个子在战场附近鬼鬼祟祟，而本·拉登的身高就超过一米九，无人机马上发射了一颗导弹过去，事后才发现那4人只是捡破烂的。帕兰提亚的软件能够分析比对上千个数据库内的审讯记录、财务信息、DNA样本、声音样本、视频、地图和世界各地的报告，并发现其中的关联和可疑之处，而这正是中情局急需的。

于是在接下来的三年时间里，卡普和他的同事们与一大帮既不知道姓名，也不知道部门的情报分析师开了数百次会议，并根据他们的要求升级了无数次软件，最后政府总算愿意掏钱了。但在正式签合同之前，领导们表示要先来公司视察一下，这下又把卡普他们急得团团转。因为他们全公司也没几个人，这要让领导们知道了，说不定项目都要黄。于是他们赶紧冲到宜家搬回来一堆桌椅，然后又买来许多电脑放在桌上，假装公司人很多的样子。终于到了视察的日子，领导们在公司里转了一圈很满意，但是提了个问题："这么多位子空着，人都去哪了？""现在才9点多，咱们硅谷人这个点儿都没起床呢！"陪同的家伙机智地答道。不过，现在他们的公司已经有1500多个员工了。

帕兰提亚在反恐战争中显示的实力，让许多政界人士成为了卡普的坚定支持者。其中包括前国务卿赖斯、前中情局长彼得雷乌斯等。正是他们的支持，让帕兰提亚获得了源源不断的政府订单，成了数据分析领域的"反恐巫师"。

大数据对战争的影响

当数据量达到一定规模时，就会发生从量变到质变的改变，对于战争来说也是如此。有人总结了以下一些说法[①]，我觉得还是有点道理。

第一，当收集数据的能力足够大时，战争中的许多细节和秘密就可以忽略不计。比如，当获得足够多的电话通信元数据时，即使没有具体通话内容细节，往往也可以使指挥员判断出敌方的指挥关系和指挥位置。这就像妻子发现老公总跟一个女人半夜长时间通话，她不用知道内容就可以判定老公出轨了，这就叫"元数

①参见郭继卫著《新战争咒语》，解放军出版社，2014年版，第32-34页。

据泄密”。而且，对于情报侦察来说，方法和数据的改进也服从“二八律”，即方法的改进只占二成，而数据量增加导致的改进往往占到八成左右。

第二，当处理数据的能力足够强大时，战争中的许多不确定性就可以转化为某种规律性。一发炮弹落在哪里具有不确定性，但老兵油子会告诉你，马上跳进新爆炸的弹坑，就不会被新飞来的炸弹炸到。这是他观察了很多炮弹落点后总结出来的经验，就转化为了某种规律性。其实，这是因为大炮在发射时会产生振动位移，自然下一发炮弹就很难落到同一个地方。这也说明，光有数据还不够，能挖掘出来才算数。

第三，当理解数据的能力足够大时，战争中许多冒险性就可能转化为某种创造性。当年林彪敢于在胡家窝棚冒险，下达“哪里有敌人就往哪里打，哪里有枪声就往哪里追”的奇怪命令，很大程度上就是对战场局势的把握，而这来源于对战争数据的理解力，最终展现出来的是战场上的创造性。

第四，当破坏数据的能力足够大时，虚拟的战斗力就可以转变成现实战斗力。这当然不属于大数据的范畴，而是属于网络战、信息战的范畴。但是，很显然如果我们破坏了敌人的数据中心，这在未来信息化战争中将起到巨大的作用。美国人在南联盟战争中，轰炸了我们的大使馆，最后解释说是“数据出错”。假设他们的数据全部被摧毁，又将是一种什么情景呢？

大数据给战争带来很多变革性的东西，需要我们很好地总结。有一位专门搞情报挖掘分析的专家就认为，大数据带来新的情报分析方法论，这就是“答案先于问题”、“能力先于需求”，这会产生改变游戏规则的颠覆性能力。就像我们有一座矿山，不管山里有什么，首先得要发展出挖掘能力，才能看看能够发现什么宝藏，再看看这个宝藏能干什么。

3.2.5 大数据带来了什么

大数据就是通过更多(全体数据)、更杂(多样数据)、更好(相关分析)的大数据理念，实现战争能力从还原论思维向复杂性思维的变革。因此，如果从战争科学思维的角度来看，大数据的本质是什么，给我们又带来了些什么，才是我们真正应该关注的，因为这才是我们在未来思考的基础。

被“标识”了的复杂世界

与其说过去我们无法理解世界的很多东西，不如说是因为过去我们没有世界的相关数据。大数据的出现，使我们开始走上了能够真正理解、加速洞察世界的道路。这是由于信息技术与网络的普及发展，使我们初步具备了标识世界、标识社会，也包括标识战争的能力，尽管这只是个开始。

这里所谓标识，其实就是能够以某种方法记录对象的各种数据，不管这种标识是有意，还是无意而为之的。过去，一切数据如果需要，都必须依靠手工录入，比如我们在开发完某个信息管理系统后，组织一大批人去录入各种档案数据，形成数据库，然后供相关管理人员使用。显然，这种“录入”虽然也可以标识某个对象，比如一个人可以用“姓名”、“性别”、“年龄”及“职务”等信息标识出来，但这种数据不仅少得可怜，而且还是“死的”，一经录入就很难改变。比如，我们经常听到这样的消息，由于某个派出所的错误，造成某个好人一直在被“网上追逃”，就是因为录入的数据出错，但却很难改变。

到了国家层面，为了国家安全或者社会发展的需要，也经常会主动采集大量数据供国家或军队使用。比如，通过各种不同类型的间谍卫星，不间断地收集监视目标的情报信息，一天下来数据就是海量。通过气象卫星、海洋卫星也可以收集信息，为全球提供气象服务。出于科学的需要，我们也会收集各种数据，比如收集宇宙数据用于引力波研究，收集电子对撞机数据用于寻找“上帝的粒子”等。在我们的生活中，数据服务也成为常态，谷歌地球可以免费提供全球地理影像，以及各种地理信息服务，已经成为我们不可缺少的生活工具。

由于互联网和移动终端的普及，数据的采集已经远远超出传统数据库的范畴。绝大多数数据源于网络上的注册、行为记录，而且经常是通过“自我量化传感器”提供的。最常见的就是人人都有的手机、手环和手表等移动终端，银行、商铺和个人联网使用的电脑，以及各类视频监控探头、汽车传感器、电视机顶盒、动作游戏机等联网使用的设备和设施。各类联网数据，不仅丰富了数据库中的基本数据信息，而且还标识了活动轨迹、社会关系、组织关系等动态信息。更重要的是，绝大多数数据还都是在不知不觉之中采集的，根本用不着一个“录入”的过程。所以，只要联网的设备设施覆盖的越全面，对任何关注事物的“标识”就越全面，就越能将我们周边的世界数据化。可以预计，这个过程还会不间断地继续下去，而且范围还会有极大的扩展。

当数据多到一定程度时，我们对复杂世界的理解就会加深。每一种数据来源都有一定的局限性和片面性，只有融合、集成各方面的原始数据，才能反映出事物的全貌。事物的本质和规律，隐藏在各种原始数据的相互关联之中。不同的数据可能描述同一实体，但角度不同。对同一问题，不同的数据能提供互补信息，就可以对问题有更深入的理解。过去我们无法理解的很多事物，其中一个很重要的原因就是我们没有更多的数据。当数据充足的时候，大数据会使世界相互的关系更清楚，我们对复杂事物的理解就会更进一步。

所以，总有那么一天，我们收集的数据不仅可以记录地球上的所有对象，而且可记录我们的历史。这将意味着什么？显然，谁掌握了大数据的相关能力，谁对这个世界理解得就会更加透彻，这个世界对谁就将是“透明”的，他也就可能因此而具备统治世界的超能力。这就是大数据带给我们的标识化世界的未来。

认识论理念变革:复杂系统研究的曙光

数据从少变多,从小变大,就会“从量变到质变”,引发认识理念上的变革。我认为,理念变化才是大数据最重要的内容。从前面讲到的很多案例中可以看到,大数据至少带来了三个很重要的变化。

第一,从局部到全体,将网络化的全体数据作为分析对象。

这主要区别于以往以采样为主的数据统计处理方法。过去如果要统计某个数据,首先就必须进行采样,然后利用这些采样数据,计算得出符合全体人群的结果。这就是统计学干的事情。比如,统计某国某一年的GDP、统计民众对春节晚会的看法、统计某个政党的支持率等。但采样绝不是上街上随便找几个人就可以的,必须要非常小心地避开某些可能引起误差的样本。比如,有人喜欢利用网民来调查对某个事物的看法,但网民毕竟是年轻人群体,这样就会忽视其他不上网人群的意见。

当然,也有人故意做手脚,有意地选取那些特定人群的采样,以达到不可告人的目的。比如,经常看到选举时,不同阵营的民调居然可以天壤之别,就是这个道理。但如果可以利用全体数据时,这个担忧就没有了,就可以避免人为的失误,分析得也更加直接和准确,更适合网络处理。比如,为什么淘宝网店对网购评价看得很重,因为只有购买过商品的人才能给出,是真实的全体数据。因此,每一个评价都很重要,当然要排除那些故意“刷好评”的行为。

大数据处理是一种直接面向全体数据的网络化分析方法。它有几个特点:一是将“局部和明确的数据”转化为“全部但可不明确的数据”。有人打了一个很好的比喻,他说:我们过去的数据库处理就像是在“池塘里抓鱼”,池塘里养了多少鲤鱼、鲢鱼、草鱼都是心中有数的,投放多少就会收获多少;而现在像是要在“大海里捞鱼”,有“鱼”与否并不知道,但大海里捞到大鱼的可能性远远要高于池塘,但需要我们想各种方法把“鱼”捞出来。我觉得这个比喻非常的恰当。二是要变“脱机”处理为“联网”处理。处理的同时数据还可能发生变化,因为它与网络的关系极为密切!通过网络可以将人类的个体知识汇总为人类的整体知识。打个比方,也许我们早就知道了治疗癌症的方法,但为什么至今仍然无法治愈癌症呢,就是因为这些知识分散在许多人的脑子里。而网络则提供了将这些知识联系到一起的条件。正是如此,大数据的处理规模、类型、模式、工具、对象都会有所不同。

第二,从单纯到繁杂,接受数据的繁杂和不精确。

我们常用的数据库一般要求数据非常精确,也就是非常“干净”,不然还要“清洗”。但是如果描绘一个人,仅用姓名、年龄、身高、工资等精确数字,实际上并不能准确地描绘出他的真实信息,只有把这个人的照片、图像、做过什么事情、在哪个地方出现等模糊的、不完全一致的、似是而非的各种信息都结合在一块,才是这个人本来的面貌。这就是繁杂和不精确的数据。所以，我们要抛弃那种对有条理和纯净数据的偏爱，容忍凌乱数据的存在。

其实，这也是一种"以多搏精"的方式，可以避免某些局部数据的失效。这就像有时候我们与其花费很大力气去造一个精度极高的仪器，不如利用精度稍低，但仪器数量更多，这样得到的数据可能会更准确也更全面一些。也就是说，更多的数据来源可能会更准确地反映实际，比如战场上的多源情报，就可以相互补充和验证。

第三，从因果到关联，注重相关性超越因果性。

这是大数据最重要的一个理念，简单地说，就是有时候可以放弃对事情因果的追究，通过相关性获取答案。因为在复杂系统中，有时因果关系是很难找的，或者根本不存在。比如，疑难病治疗，我们经常是知道怎么治，却不知为什么能治好。谷歌公司通过搜索词进行流感预测也是如此。因此，在这种情况下，它更适合于回答"是什么"，而不是回答"为什么"。也就是说，即使"知其然而不知其所以然"，也是可以得到结果的。但是，注重相关性并不是排斥因果性，如果能够找到因果关系当然更好。

非常值得注意的是，正是这种通过相关关系得到结果的方式，使得大数据方法有可能成为复杂系统处理的可行途径。因为我们知道，复杂系统已经颠覆了牛顿科学体系下因果关系明确的还原论思想，而通过相关性获取结果，就可以避开在寻求答案过程中必须先找因果关系的难题。这就给复杂系统求解带来一线曙光，很值得我们去探索。所以，这一点我觉得更应该值得关注。

科学始于数据[①]：第四种新的科学范式？

先说一下什么是科学研究的范式。这是托马斯·库恩[②]在 1959 年《科学革命的结构》一书中首先提出的概念。所谓范式，是指那些在一段时间内为科学家集团，或者称为"科学家研究共同体"，共同接受的科学信念，是用于指导现实科学研究的一组假说、理论、准则和方法的总和。实际上就是我们大家公认的一些科学研究方法。一旦范式无法指导新的研究就会发生危机，产生出新的科学成就，这就叫科学革命，而科学革命的结果就是一种新范式的诞生，这个过程就叫范式转换。因此，从一个范式到另一个范式不是渐进的，只会是跳跃式的。这就是托马斯·库恩提出的范式的概念。

①李国杰院士在这个方面的观点比较有参考价值。可参见他的有关文章，比如《大数据研究的科学价值》(刊于《中国计算机学会通讯》)，以及微信上的学术报告《对大数据的再认识》。

②托马斯·库恩，1922～1996，美国科学史家，科学哲学家，代表作有《科学革命的结构》、《哥白尼革命》等。

需要解释一下前面提到的“牛顿科学范式”与这里的“范式”有什么区别。从本质意义上看，这两个“范式”的含义是一致的，都是指“共同的科学信念”，但两者的划分方式不同。“牛顿科学范式”指的是牛顿那个时代建立起来的科学信念，它之前的则被称为亚里士多德范式。库恩提出的这个范式概念不是根据时代划分的，而是根据类型划分的，他更强调方法的不同。根据库恩的概念，现在已经公认的科学范式，总的来说主要有以下几种。

第一范式称为科学实验，主要是通过实验的方法来观测、记录、归纳和验证科学现象，从而得到科学发现。比如，伽利略的比萨斜塔落球实验，以及通过天文望远镜进行的观测实验等，都属于这一类。科学实验从伽利略那个时代开始，就逐步成为科学研究的主体形式，尤其是自然科学研究。即使是理论推导出来的科学结论，最后也还是需要通过科学实验加以证实，才会被大家承认。比如，爱因斯坦的相对论就是被观测证实之后，才得到广泛的认可。有人将其简单地概括为科学始于观察，属于归纳推理的方法。

第二范式是理论推导，也就是通过逻辑推理、数学证明得到发现。欧几里得几何可以从几条公理推导出来，爱因斯坦也仅仅依靠数学方法就推导出了划时代的相对论。所以有人将其概括为科学始于推导，属于演绎推理方法。理论推导最奇妙之处在于，它是纯粹从逻辑出发来研究问题的，以至于许多结果与我们的直觉完全不同。让人大跌眼镜的相对论如此，匪夷所思的量子纠缠也是如此。一般说来，在重大科学突破上，理论推导往往走在前面，并为科学实验指明方向。

第三范式是科学计算，也就是借助计算工具完成科学突破。其中最重要的是建模仿真，所以也有人将其简单地称为建模仿真范式，或者是科学始于计算。比如，通过计算完成几何定理证明，通过模型仿真发现新的湍流理论，通过人体体验掌握技能等等。这种方法属于类比推理的范畴，介于理论推导与真实实验，是一种虚拟现实的方法。通过科学计算、建模仿真的方法来得到科学发现，虽然还有不同看法，但大多数人还是认可这就是第三范式的。

第四范式是微软公司的吉姆·格雷①提出来的。他说，数据探索性的研究方式，也就是基于数据密集型的科学发现，是未来一个非常重要的趋势。这些科学研究从以数学模型计算为中心的方式，将要转变为对海量数据处理为中心的方式。在数据达到一定规模后，科学研究的模式就会发生根本的转变，“量变”转换为“质变”，这就是一种新范式的诞生。因此，大数据可以独立于基于数学模型的科研形式，单独成为一种新的科研范式，也就是科学始于数据。不过这个观点现在还有很多争论。

---

①吉姆·格雷，1944～2007，微软公司研究员，著名数据库专家，图灵奖获得者，2007年独自驾船在海上失踪。

第一种观点认为第四范式成立，只要数据足够大，仅靠数据就可以完成科学发现，因此可以不再需要数学模型。数据可以成为发现的主体，通过仪器采集、网络收集、仿真系统生成等方法获取数据之后，数据就可以脱离模型而进行科学发现了。这就是所谓的数据优先模式。最激进的是《连线》主编克里斯·安德森，他曾有一个惊人的断言："数据的洪流使传统科学方法变得过时"，"相互关系已经足够，没有了具有一致性的模型、统一的理论和任何机械式的说明，科学也可以进步"。我体会他的意思，就是说，建模方法对于科学发现而言，并不是必须的。他认为未来模型可以不要了，大数据方法就是一种新的科研范式，"搜索"也可以发展成为一种科学研究的形式。

因此，有人认为，在这种情况下，科学研究将会产生三个重大的变化：第一，将一般科研活动中"精心设计并提出问题"的研究环节变为关键词的选择，因而就不再需要假设，也不需要理论的指导；第二，摆脱实验的束缚，在海量观测数据或现实镜像世界中去寻找关联。即使有个别模型，也不影响其整体理论的存在，也就是所谓的相关性理论；第三，不再对研究结果进行解释，因此出现了能够预测但不解释的科学，这在以前我们会觉得匪夷所思，但现在却非常正常。有人说过去有五种科研方法：亚里士多德提出的逻辑方法，培根提出的实验方法，牛顿提出的数学方法，以及费米①提出的模拟方法等，现在又多了一个谷歌提出的关联方法。

第二种观点认为，第四范式并不成立。他们认为，单独将大数据的分析独立出来，并不能形成独立的科学研究模式，更不能单独进行科学发现。大数据需要获得大量的数据，这些数据要么从现实中采集，要么利用计算或仿真获得，它们都是科研过程中一个不可缺少的重要组成部分，不能割裂，大数据方法只是使分析方法更丰富了一些而已。任何分析都需要模型，没有数学模型是不可能进行分析的。即使谷歌搜索，也用到了各种搜索算法和匹配排序模型，使用数据都需要进行初筛，初筛就要用到模型和假设。正是由于模型和计算机的辅助，才能理解和驯服大量的数据，因此脱离模型的数据范式，也就是第四范式是不能成立的。

这种观点认为，要说第四范式是一种新的科研范式，是不是显得太粗糙了？新的发现依靠的居然是毫无技术含量的重复性计算，而不是科学家的敏锐思想。对科学结果只预测不解释又有什么意义呢？数据量的增加可以提高研究的质量，但不会引起科学研究方法的本质变化。"不解释"只能说明认识活动还没有完成。大数据是否预示着科技"去人类化"？这会改变科学家在科研活动中的角色，也将改变科研活动的基本规律。我们知道，科学的神圣任务就是"揭示隐藏在混沌世界中的有序结构"，难道可以只靠网络和计算机的蛮力就可以完成吗？科学家的

①恩里克·费米，1901～1954，美籍意大利物理学家，1938年诺贝尔奖获得者，被誉为"原子能之父"。

思考就不再重要了吗？这就是第二种观点的主要思想。

大数据核心在“洞察”:见识比常识更重要

事实上,我觉得无论“科学始于推导”、“科学始于观察”,还是“科学始于计算”,或者“科学始于数据”,最根本的是“科学始于问题”。也就是说,我们需要知道解决的问题是什么。对“原因”的追求是科学发展的永恒动力,但是原因是追求不完的,人类在有限的时间内不可能找到终极真理。在科学的探索途中,大数据研究者更重视知行合一,相信实践论。大数据认识论有许多与传统认识论不同的特点,我们不能因其特点不同,就否定大数据方法的科学性。大数据研究挑战了传统认识论对因果性的偏爱,用数据规律补充了单一的因果规律,实现了唯理论和经验论的数据化统一,使得一种全新的大数据认识论正在形成。未来会如何发展,我们不妨拭目以待。

其实,大数据与传统数据方法最大的不同,在于它追求的是“洞察力”,也就是发现更深层次的问题,得到更高层次的看法,能形成新的概念或见识。形容这个特点的英文单词是 insight,在中文里很难找到对应的词汇,一般翻译为“洞察力”,但它有时说的是一种结果,所以有人干脆就硬译为“洞见”,意思是“由洞察力得到的见识”。我曾经在网上发起过一次对这个词的翻译讨论,众说纷纭,意思大家都明白,但就是不知道怎么翻译更合适。还有人翻译为“新见”、“顿悟”等,虽然比较接近,但听起来也还不是那么贴切。

不管它叫什么,这个词确实揭示了大数据的核心本质。一般说来,如果是对同一层次上的事实进行分析得到结果,我们可以称之为“发现”。很多“发现”综合起来,就可以形成更高层次的见解,也可以看成是对结果的进一步“顿悟”,这就说明理解上升了,有了新的归纳,这才是能否真正理解这个事物的关键。比如,我们很容易统计了解学校里学生基本情况,比如发现了“这所学校男生占到学生总数的 90%以上”,以及“学生的专业 80%以上属于军事学”等,但这只是发现,传统数据库方法都可以做到。如果将这些发现归纳起来,就可以在高层概念上形成新的见解:“这是一所军校”,这才是大数据要做的事情。

这种顿悟,实际上就是一种涌现,形成了我们对事物理解的新的“见识”。因此,概括起来说,原有知识体系之内的是常识,原有知识体系之外的就是见识。见识是新的知识,如果大家都具有了这种见识,见识也就变成了常识。所以,见识总是处于发现的最前面,因此见识比常识更重要！但要获得这种更高层次上的“见识”,更需要对大数据进行深度的分析,而深度学习方法的及时出现,就又为我们获得见识提供了更好的手段和途径。

3.3 深度学习的突破

人类的见识是通过对大量数据分析总结后得到的，这些见识不仅反映人类的思考模式，同时也成为理解人类社会复杂性的关键。换句直白的话说，就是社会复杂性很大程度上与这种人类智能的涌现过程有关。所以，我们如果能够理解并模拟人类智能的形成过程，不仅能给我们提供更好的智能工具，而且也可以使我们更好地理解复杂系统机理。一种被称为深度学习的机器学习方法在近年来取得重大突破，尤其具有启示意义。

3.3.1 阿尔法狗的惊世表演

“人狗大战”和神秘“大师”

2016年3月9日，一台名为“AlphaGo”，也就是被网民称为“阿尔法狗”的计算机系统，向人类围棋顶尖高手李世石发出了挑战。这台被网民戏称为“人狗大战”大戏开演的时刻，距人工智能概念的提出，恰好整整60周年。

1956年夏天，在美国达特茅斯举行的一次学术会议，后来被认为是全球人工智能研究的起点。当时，28岁的约翰·麦卡锡①，同龄的马文·明斯基②，37岁的罗切斯特和40岁的香农四个人，提议在麦卡锡工作的达特茅斯学院召开一次头脑风暴式的研讨会，他们称之为达特茅斯夏季人工智能研究会议。参加会议的除了以上这四位，还有6位科学家，其中包括40岁的赫伯特·西蒙③和28岁的艾伦·纽维尔④。这些人，后来都被载入了人工智能发展的历史史册，麦卡锡、明斯基和西蒙等好几位还都获得了计算机界著名的图灵奖。

今天，计算机能向围棋超一流棋手发起挑战，不能不说是一个奇迹。60年的风风雨雨，从一开始要在“十年内实现计算机取代秘书，二十年内超过人类”等豪言壮语的失败，到20世纪80年代初期日本人牵头“第五代”智能计算机计划的破灭，再到90年代人工智能研究的大萧条，人工智能发展到今天，也可以说是几起几落了。按照我国专家王飞跃⑤的说法，“人工智能的季节没有春秋，只有冬夏，不

①约翰·麦卡锡，1927～2011，美国著名人工智能科学家，LISP语言的发明人，1971年获图灵奖。

②马文·明斯基，1927～2016，美国著名人工智能科学家，人工智能框架理论的创立者，1969年获图灵奖。

③赫伯特·西蒙，中文名“司马贺”，1916～2001，美国著名管理学家和认知心理学家，曾获9个博士头衔，1975年获图灵奖，1978年获诺贝尔经济学奖，也是中国科学院外籍院士。

④艾伦·纽维尔，1927～1992，美国著名计算机科学家，人工智能符号主义代表人物，曾开发出“逻辑理论家”“问题求解器”等人工智能程序，1975年获图灵奖。

⑤王飞跃，1961～，中国科学院智能控制及复杂系统研究专家。

是热得让人喘不过气来，就是冷得让人心寒”。“五代机”时代的一个计划可以拿到10亿美元，而冷的时候即使最有希望的方向也揭不开锅。我1986年到美国做访问学者，研究的也是当时最时髦的“医疗专家系统”，也算是亲身见证了一把。有人说，谷歌公司花费百万美金搞“人狗大战”，其实就是一次商业炒作。但我要说的是，就算是一次炒作也是应该的，因为只有这样才能得到世人和资本的关注，才有可能使得人工智能有条件再往前走几步。这也可以算是科学家适应商业形式的一次成功的形象宣传了。

围棋被认为是人类最重要的智能高地之一，根本就没有人相信计算机在近期可以战胜人类。聂卫平、柯洁等一众新老世界棋王，在赛前放出豪言，人类肯定是“5∶0赢”。即使是当事者李世石，他也压根儿没有想到会输，而且还会输得那么惨，1∶4！虽然赢回来的那一盘多少找回点面子，但从他比赛时的面部表情，就可以看出他是有多么的沮丧和崩溃。据说李世石在比赛的这一周时间里痛苦不堪，既要表现出棋王的样子以维护人类的尊严，但在整个对抗过程中简直就是受虐，又让他成了替人类受过的“可怜虫”。我虽然不怎么会下围棋，但好歹也知道一点那个意思，所以也比较关注人机大战的动态。心里暗暗地押了个结果，阿尔法狗以3∶2获胜，而且是先输后赢，心想阿尔法狗不是会学习吗！肯定要先学习两盘，交点学费再说了。但我还是相信阿尔法狗能够战胜李世石，这应该是一个自然规律。但结果是4∶1，李世石大败，这有点出乎我的预料。

但“人狗大战”并没有到此结束，10个月后，2016年年底，一个神秘的“大师”在围棋网络上连续打败中日韩三国所有高手，取得了60连胜的战绩，仅有的一盘平局还是因为掉电被裁判判和的。后来这个“大师”承认，它就是升级后的“阿尔法狗”，而此时，坊间传说它的能力已经达到了20段左右。2017年5月，这只“狗”又再次与世界排名第一的柯洁对垒，结果又是3∶0，柯洁输得让人无话可说。至此，它的使命已经完成，也就正式宣布退役了。但后来在2017年10月又出了个阿尔法“元”，完全不使用人类棋谱，仅靠规则用三天就进化出能战胜自己老版本的系统，更让人震惊。

如果仅仅是下棋，恐怕我的关注也就到此为止了，因为这和1997年“深蓝”战胜卡斯帕罗夫不会有太大区别。但阿尔法狗的表现让我大跌眼镜，难道人类真的只能通过拔插座来战胜它吗？我仔细研究了阿尔法狗的设计思想和学习方法，引发了我深深的思索：难道计算机人工智能这只“狼”，真的要来了？

“阿尔法狗”的神奇之处

我的惊奇当然不同于“人狗大战”期间一些媒体的狂热炒作，比如人工智能是不是就要超过人类？人类会不会被人工智能毁灭？等等。我看到的是另外一些东西，而这些东西是以前根本无法想象的。我觉得，阿尔法狗的进步主要在四个方面。

第一，自学习的能力。它的对弈知识是通过深度学习方法自己掌握的，而不像"深蓝"那样编在程序里，也不像"沃森"是通过"读书"来建立知识网络，而是通过大量棋谱和自我对弈完成的。尽管这个能力目前还比较初级，但却展现了极好的前景，使得之前长期困扰我们的人工智能自学习问题有了解决的可能。这种深度学习的能力，使得阿尔法狗能不断学习进化，产生了很强的适应性，而适应性造就了复杂性，复杂自适应性又是智能演化最普遍的途径。

第二，发现和创新能力。它发现了人类没有的围棋招法，为我们初步展示了机器发现"新事物"的"创造性"。在对抗过程中，从观战的超一流棋手讨论和反映可以看出，阿尔法狗的招法超出了他们的预料，但事后评估又认为是好棋。阿尔法"元"甚至都不用人类棋谱数据了。这意味着阿尔法狗的增强学习算法，甚至可以从大数据中发现人类千百年来还未发现的规律和知识，为人类扩展自己的知识体系开辟了新的认知通道，反过来也证明它不是"无限逼近人类智能"而是有可能超出。有人认为，"它可能比我们更接近围棋之神"，具备了超出人类对围棋博弈规律的理解能力。因此，人类也可以通过向计算机学习围棋，进一步加深对围棋规律的理解。在后来的采访中，聂卫平就一反战前的态度，谦虚地表示，下围棋真的应该向"阿老师"学习。

第三，捕捉经验的能力。也就是找到了一种捕捉围棋高手经验，即"棋感直觉"的方法。这是一个了不起的进步，要知道人类在学校学到的形式化知识只占了所有知识的很小一部分，更多的知识是人出生睁眼后开始学习到的经验知识，这些都是那种"只可意会，不可言传"的东西，比如棋感、经验或直觉等。阿尔法狗居然找到了捕捉经验的方法，那人类绝大部分经验知识就有了被捕捉、记录和传承的可能，而这种经验、直觉和平衡全局的能力，正是过去我们认为人类独有，而计算机却难以做到的。当然，现在阿尔法狗只是将其用在了围棋上面，但可以想象，如果推广至其他领域，将会带来什么样的结果！

第四，方法具有通用性。与很多其他博弈程序不同，通用性意味着对解决其他问题极具参考价值。阿尔法狗运用的方法，实际上是一种解决复杂决策问题的通用框架，而不仅仅是围棋领域的独门秘籍。自己学习的能力，使得计算机有了进化的可能，而通用性则使其不再局限在围棋领域。阿尔法狗的设计者就声称，其下一步的目标是"星际争霸"，这是一个比较复杂的战争策略游戏，与实际的战争决策非常接近，说明这种技术框架具有广阔的应用前景。事实上，谷歌公司的这个团队用这个方法玩视频游戏，已经在几乎所有测试过的视频游戏中完胜人类高手。阿尔法狗团队的核心人物哈萨比斯甚至觉得，应该不给阿尔法狗任何人类的棋谱，直接就应该让它自己通过规则去学习，这样可能更有通用性，所以也才有了后来的阿尔法"元"。毕竟阿尔法狗的下棋速度极快，据说一天就能和自己下上万盘棋，而一个人类棋手一生也就是下一两万盘棋就了不得了。由此可见，阿尔法狗的进化速度有多快。

比人还懂围棋的“狗”意味着什么?

这几点我认为对人工智能发展都具有里程碑意义。可能有的人会认为,阿尔法狗不过是一个围棋程序,离人类智能还有很大的距离,不值得我们如此看重。是的,阿尔法狗目前的智能水平,虽然在围棋方面已经打败人类,但从通用智能来说,它顶多达到了人类的百分之一,根本无法与人类相提并论,但它带来的启示意义却非同小可。尤其是上面说到的第二点,如果计算机超出了人类对自然规律的认识,这意味什么?首先意味着过去我们认为,“人工智能都是在模仿人,其知识体系建立在人的认识基础上,永远也不会超过人”的观点可能是错误的;然后就是利用深度学习算法,我们甚至可以从大数据中发现人类千百年来还未发现的规律和知识,为人类扩展自己的知识体系开辟新的认识通道。那种描述认知过程和结果的深度神经元网络,是不是从另一个侧面描述了复杂系统的结构?

可能一下难以理解。我再解释一下:过去我们利用各种数据和工具发现了复杂系统内在的隐藏规律,比如利用复杂网络和大数据发现了“与人相关的网络都是无尺度网络”,发现了“人的情绪可以影响股市涨跌”,但这些发现其实都是人在计算机的帮助下理解并顿悟出来的,也就是所谓的洞见。但现在这种对事物机理的高层次智能理解和认识,完全可以交由计算机去做,因为既然计算机比我们还懂围棋,将来也可能比我们还懂经济,还懂战争。我们是不是可以让计算机替我们去发现所有自然和社会的机理?这才是我们真正应该关注的。

这是一个巨大和本质的变化!与一般意义上的工具扩展人类能力,比如汽车扩展了我们的活动范围,雷达扩展了我们感知的范围,是有本质区别的。智能上的进步,尤其是学习和认知能力的扩展,由于计算机天然的快速进化速度和近乎无限的复制拷贝能力,预示着机器成为人类智力帮手或“同事”,甚至超过人类,可能不会是太远的事情。一个“人机智能”的时代可能就要来临,至少我们应该学会与智能机器相处,并为此做好准备。但这里说的智能上“超过人类”,就如同汽车跑得比人类快一样,还是在工具的范畴内,并没有自主的意识,但这种能够“认识规律”的智能工具,是不是还是有点可怕?

顺便说一句,阿尔法狗战胜人类后,那些围棋冠军们恐怕心理上会有阴影,因为他们好像争得只是“第二”,阿尔法狗早就是“第一”了。这种情况会不会很快出现在其他行业上?比如,“沃森”取代医生、律师?真的很难说。

人工智能的流派

阿尔法狗战胜人类,靠的是通过深度学习产生出来的两个神经元网络。但这是一个什么东西?了解一下人工智能的发展和机器智能的类型,有助于理解深度学习带来的进步意义。一般说来,人工智能从方法上分为符号主义学派、联接主义学派和行为主义学派三个学派,但目标都是要模拟出人类智能和行为。

符号主义学派认为人的智能源于逻辑，人类的一切知识都可以用数理逻辑表示出来。代表人物就是前面提到的纽维尔、西蒙等。所以，他们设计了一系列精巧的符号和推理方法，试图用符号运算来实现智能的推理。比如，“如果 $A>B$，$B>C$，则 $A>C$”这样的断言，就是符号推理的最简单形式。他们认为，所有的知识都可以表达成某种逻辑的形式。最典型的就是专家系统，采用的规则就是被称为产生式规则的“IF-THEN”形式。这一学派在 20 世纪 80 年代曾一枝独秀，一些含有各种奇理古怪符号推理的论文经常获得推崇。从那些符号就可以看出，这一学派比较适合抽象思维的表达，是一种自上而下的智能表达形式。

与符号主义学派相反，联接主义学派则认为智能应该仿生，应该自下而上地逐步抽象产生出智能。也就是说，应该模仿生物大脑的神经元网络，建立起各种知识之间的连接机制和学习算法。这一派起源很早，甚至比人工智能这个概念出现还早。在 20 世纪六七十年代这方面的研究很多，但由于计算能力跟不上，有很长一段时间几乎不见踪影，直到大约在 1986 年神经元网络出现后，才开始回归并再度复苏，而在 2003 年深度学习方法出现后才有了再次爆发。

行为主义学派来源于控制论，认为可以通过控制、反馈和学习等方法，模拟人类在控制过程中的智能行为，早期以维纳、钱学森等为代表。主要方法在自组织、自寻优、自适应、自学习等方面，大多数成果体现在智能控制、机器人等领域，比如工业控制系统、行走机器人、自动驾驶设备等。钱学森等也试图将此思想应用于更大的复杂系统，比如大型人机结合复杂系统，如综合集成研讨厅等，但智能部分主要是由人来实现的。这一类研究形成独立学派比较晚，在 20 世纪末才逐步出现。

阿尔法狗采用的深度学习方法应该属于联接主义学派。但实际上什么学派并不重要，在解决实际问题时，经常是很多方法并用的。符号主义学派的方法解决的是抽象逻辑问题，行为主义学派的方法解决的是反应式自动控制问题，而联接主义学派的方法，尤其是神经元网络，可能更适合于那些无法用抽象逻辑表达的知识，比如经验、棋感等。这次阿尔法狗这么露脸，深度学习神经元网络这种方法起到了关键性的作用。从目前来看，似乎也只有深度学习神经元网络，才使我们看到了人工智能真正大发展的曙光，毕竟人类绝大多数知识还是来源于自己的经验。

3.3.2　深度学习的前世今生

机器智能的分类和特点

一般说来，机器智能主要分为计算智能、感知智能和认知智能。各自在不同的层次解决不同的智能问题。

在计算智能领域，以科学运算、逻辑处理、统计查询等形式化规则运算为核心，在有些方面计算机早已超过了人类，比如“天河”巨型机的科学运算和“深蓝”基于规则的暴力搜索。什么是暴力搜索？就是把各种可能都试一遍。比如，下国际象棋，如果我走马，他就会走车，也可能走象；如果我走卒，他可能拱卒或者出王等等。在这里比的就是看谁能够想得深，想得远。

但是，国际象棋中这种可能性太多了，多到什么程度？信息论的创始人香农曾经给出过一个估算，为 10 的 120 次方，也就是 1 的后面跟上 120 个 0 那么多。这个数还有个名字，被称为香农数，可见它的重要性，说白点就是为了表示“多”。多到什么程度？比较一下就知道了：整个可观测宇宙中的原子数为 10 的 76 次方，也只是 1 的后面跟上 76 个 0。也有人进一步估算，国际象棋的“合法招数只有 10 的 47 次方”，但这也是一个不得了的数字。围棋是多少呢？有人估算合法着法有 10 的 170 次方之多，远远超过国际象棋，显然比地球上所有原子的数目都多。

所以，即使让再强的计算机去遍历各种招法，也是不可能的，香农数说的大就是这个意思。在计算机界，这个叫“EXPTIME-complete”计算复杂性问题，意思就是在可行时间内根本无法完成的复杂性问题。无法完成也要完成，怎么办？那就比谁想得深就可以了，人类的国际象棋大师卡斯帕罗夫可以想到 10 步，所以深蓝搜到 12 步，这样就可以强于人类继而战胜人类了。所以，为了这 12 步，IBM 公司花费巨资造了一台具有 480 个专门芯片，可以达到 114 亿次浮点运算的计算机。这就是所谓的暴力搜索。

但即使如此，在计算方面完全靠暴力搜索也不能解决所有问题，比如一些复杂的符号推理、几何运算等，计算机还无法超越人类，因为还无法把全局知识引进去。就像我们证明几何题，虽然可以逻辑符号化，但仍有些定理还是很难证明出来，更谈不上数论上的那些世界数学难题了。

在感知智能领域，以图像理解、语音识别、语言翻译、运动控制等为代表，近期由于深度学习方法的突破，取得了重大进展，开始逐步趋于实用水平。比如，后面介绍的谷歌的图片标注、讯飞的语音速记、机器人“大狗”等。但是，在认知智能领域，以理解、推理和决策为代表，强调“会思考”、“能决策”等，因其综合性更强，更接近人类智能，研究难度更大，长期以来一直进展缓慢。2011 年出现的问答智能程序“沃森”、谷歌的无人车等，就是比较接近此类智能的典型代表。

从上面看到，在机器智能的进展中，深度学习方法起到了关键作用。那么，深度学习究竟是什么呢？它为什么能够“比人还懂围棋”呢？这就要从深度学习的老祖宗，也就是神经元网络算法说起了。

深度学习的前世①：模拟大脑的神经元

2016 年年初发生的两件事，被很多人喜欢放在一起说。1 月 24 日，前面提到

①参见沐阳浸月的《从马文·明斯基到 AlphaGo，人工智能走过了怎样的 70 年》，微信公众号《新智元》，2016 年 2 月 4 日。王川的《深度学习有多深？学了究竟有几分》，微信公众号《硅谷王川》，2016 年 2 月 16 日。

的人工智能研究先驱者，麻省理工学院的马文·明斯基教授去世，享年 89 岁。三天之后，谷歌在《自然》杂志上发表论文，宣布以基于神经元网络的深度学习技术为主体的阿尔法狗，在 2015 年 10 月连续五局击败欧洲冠军、职业围棋二段的樊麾。这是第一次机器击败职业围棋选手，距离 1997 年 IBM 的深蓝击败棋王卡斯帕罗夫已经快二十年了。具有讽刺意义的是，明斯基既是最早研究神经元网络的人之一，但也是一直不看好神经元网络概念的人。他在 1969 年出版的《感知器》一书中，专门指出神经元网络技术的局限性，直接导致神经元网络研究的低潮期。

马文·明斯基 1946 年进入哈佛大学主修物理学专业，后来又改修数学。1950 年，也就是他本科学习的最后一年，他和他的同学建造了世界上第一台神经元网络计算机，并将其命名为斯纳克①。这台计算机由美国海军资助，用 300 多个真空电子管和 B-24 轰炸机上拆下来的自动指示装置，模拟了 40 个神经元组成的网络，用于迷宫求解。后来，明斯基又到普林斯顿大学攻读数学博士学位，并以“神经网络和脑模型问题”为题完成了博士论文，但当时的评审委员会并不认为这可以看做是数学论文。现在看来，这些就是人工智能联接主义流派的早期工作，但明斯基那时候就是一个毛头小伙子而已，并不被大家认可。1956 年那次开创人工智能的非凡会议上，明斯基的“斯纳克”成为会议的三个明星之一。另外两个，一个是麦卡锡用于下棋的“α-β 剪枝法”，另一个是西蒙和纽维尔的可以进行符号推理的“逻辑理论家”。后来也就是这四个人获得了图灵奖。

符号推理通过定义大量的规则，来模拟我们人类已经掌握的形式化知识，比如“如果身体温度超过 37 度，就是发烧”，就是一种规则式的知识。大量这样的规则就组成了人类的知识体系，以某一领域知识为基础建立起来的系统就是专家系统，比如医疗专家系统、法律专家系统等。IBM 的沃森本质上其实就是一种专家系统，只是它建立知识体系的过程可以自己完成。与符号推理自上而下的思路不同，明斯基的人工神经网络采用的是自下而上的另一种思路。它试图模仿大脑神经细胞或称神经元的工作模式，通过大量彼此连接的节点“神经元”网络，完成对信息的传递和处理过程。其实，很多人都不知道，现代计算机体系结构的发明人冯·诺依曼，1944 年在他提出经典的冯·诺依曼结构的报告里，构想的最基本器件居然不是逻辑门电路，而是一个电子神经元，很显然他想到的也是模仿大脑神经的工作方式②。

其实，说到大脑，我们对它的了解即使在今天也不是很多，所以才有那么多的

①全名为 SNARC(Stochastic Neural Analog Reinforcement Calculator)。

②这篇报告的名字为《First Draft of Report on the EDVAC》，是 1944 年冯·诺依曼在弹道研究所牵头撰写的关于计算机结构的报告。在这篇报告中，第一次提出标准的计算机体系结构，后来被称为“冯·诺依曼结构”。

脑科学计划试图解读它。古代中国人一直认为思考问题的是"心"而不是大脑，古希腊人则把脑的功能想象成一幅弹弓，发明微积分的莱布尼茨把它比作磨粉机，心理学家弗洛伊德则把它比作为水力发电机。我们总是试图用最新理论和技术来解释它，神经元网络可能是最接近实际的一种模型了。

现在已经基本清楚了大脑的形成过程。在人生命最初的 9 个月内，这些细胞以每分钟 25000 个的惊人速度被创建出来。神经细胞和人身上任何其他类型的细胞都十分不同，每个神经细胞都长着一根像电线一样称为轴突的东西，它的长度有时可以伸展到几厘米，用来将信号传递给其他神经细胞。神经细胞由一个细胞体、一些树突和一根可以很长的轴突组成。神经细胞体是一颗星状球形物，里面有一个核。树突由细胞体向各个方向长出，本身可有分支，用来接收信号。轴突也有许多分支，通过分支的末梢和其他神经细胞的树突相接触，形成所谓的突触，神经细胞通过轴突和突触把产生的信号送到其他的神经细胞，如图 3.4 所示。每个神经细胞通过它的树突和大约 10000 个其他的神经细胞相连。这就使得你的头脑中所有神经细胞之间连接总计可能有 100 万亿之多。这么复杂的连接，你可以想象是个多么密集的网络！所以我们会头疼就毫不奇怪了！

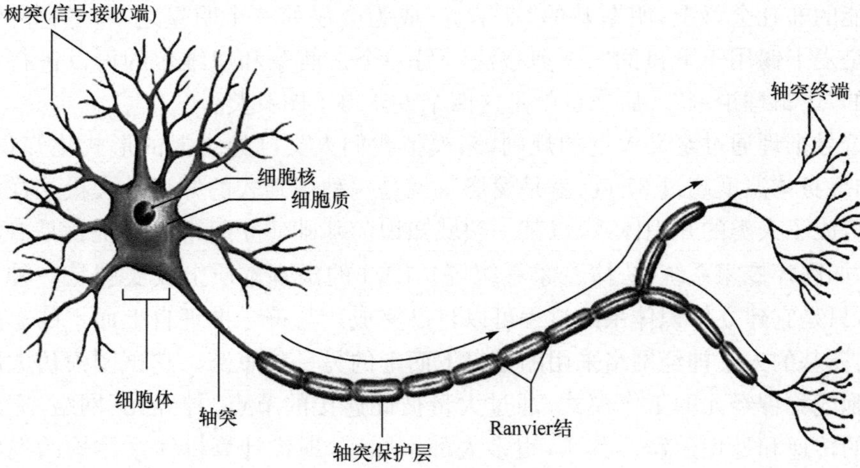

图 3.4　神经元细胞构成示意图

正是由于数量巨大的连接，使得大脑具备难以置信的能力。尽管每一个神经细胞工作频率并不快，只有大约 100Hz，但因为各个神经细胞都以独立处理单元的形式并行工作，并相互连接影响，就有了很多奇异的特点。第一个是它自己通过不断刺激进行学习的，而不需要老师来教，我们称之为无监督学习。比如，一个小孩如果被装开水的杯子烫了，他下一次摸杯子绝对就会小心。第二个是对损伤的冗余性，部分大脑损坏仍然可以完成大部分工作，而不像计算机的 CPU 一坏全完。这说明记忆并不是只存储在一个地方。第三个就是高速处理能力，虽然每个神经元细胞的处理速度比计算机慢很多,但它的整体处理能力、功耗等却远远优于计算机,这就是网络的作用。看看我们眼睛里的视网膜每秒能接收多少信息,就知道我们的大脑处理能力有多强了。第四个就是能够根据已知的知识归纳、抽象和推广。第五个就是人具有"意识",这在很多方面对我们来说还是个谜。

我觉得,正是这些连接,才是一切智能的根源。有时候我们想问题经常会百思不得其解,但忽然一下顿悟了、开窍了、想通了,其实就是把连接建立起来了。这些连接的建立还不能与其他连接矛盾,这就需要不断地进行调适,断开一些老的连接,建立一些新的连接,才能相互配合,这就是我们说的自圆其说。我很早就猜想,短期记忆可能是电信号,而长期记忆则是电信号不断刺激后建立的细胞连接,也不知是对是错,但好像与这个理论比较接近。

明斯基之所以有模拟神经元的想法,完全是受加拿大神经心理学家赫布①理论的影响。1949年赫布提出一种解释人脑学习的神经元工作理论,他认为,神经细胞利用电化学过程交换信号,而输入信号来自另一些神经细胞。这些神经细胞的轴突末梢和本神经细胞的树突相遇形成突触,信号就从树突上的突触进入本细胞。如果一个神经细胞在一段时间内受到高频率的刺激,则它和输入信号的神经细胞之间的连接强度就会按某种过程改变,使该神经细胞下一次受到激励时更容易兴奋,也就是具有学习功能。具体表现为前者的轴突将会生长出突触小体,如果已有则会继续长大,并和后者的细胞体连接,形成记忆痕迹。

信号在大脑中实际怎样传输是一个相当复杂的过程,为方便理解,我们把它看成只有"兴奋"和"抑制"两种状态。神经细胞利用一种我们还不知道的方法,把所有从树突突触上进来的信号进行相加,如果全部信号的总和超过某个阈值,就会激发神经细胞进入兴奋状态,这时就会有一个电信号通过轴突发送出去给其他神经细胞。如果信号总和没有达到阈值,神经细胞就不会兴奋起来。这样的解释虽然有点过分简单,但却可说明神经元的基本原理。当时正在哈佛读书的明斯基正是受此启发,才产生了制作电子模拟神经网络"斯纳克"实现人工智能的想法。

最早把神经元网络原理成功应用到图像识别的,是康奈尔大学的心理学教授弗兰克·罗森布拉特②。他和明斯基都毕业于纽约布朗克斯科学高中,而且是明斯基的学长。1957年,他利用神经网络原理成功制作了一台电子感知机,该设备因为能够读入并识别简单的字母和图像,其实也就是20乘20约400个像素,在当时却引起很大的轰动。这使得很多专家非常乐观地预测,在几年后计算机就将具

---

①唐纳德·赫布,1904～1985,加拿大心理学家,认知心理生理学的开创者,著有《行为的组织:神经心理学理论》、《驱力和中枢神经系统》等。

②弗兰克·罗森布拉特,1928～1971,美国康奈尔大学心理学教授,是最早从事神经元网络研究的学者之一。

备思考功能。以至于当时美国军方非常重视，为了美苏冷战的需要，特别是自动翻译俄语情报和资料的需要，他们对在这一领域的突破寄予厚望，每年都要资助明斯基等大量经费，但最后都不了了之。再后来，有人开始用软件来实现神经元网络，不再受限于硬件和连线，这就使得神经元网络规模不断扩大，能做的事情就更多了。

虽然明斯基是神经元网络的开拓者，但后来他并不看好这个方向。但罗森布拉特则坚定地认为神经元网络将无所不能。两个人一度长时间激烈争论，莫衷一是。后来，明斯基在1969年写了一本书，叫《感知器：计算几何简介》，提出两个问题，一个是单层神经元网络无法解决不可线性分割的问题，典型例子就是"异或门"，即两个输入不同则输出为1，反之则为0。另一个更为致命，就是当时的计算机完全没有能力完成神经元网络模型所需要的超大计算量。此后的十几年，神经元网络研究进入低潮。罗森布拉特则没有见证日后神经元网络研究的复兴，1971年他43岁生日时，不幸在海上开船时因为事故而丧生。这点和大数据理论提出者之一的吉姆·格雷很相似，提出的理论还没等证实，人就在海上失踪了，空留遗憾对故人。

人工神经元网络：智能连接的黑盒子

明斯基和罗森布拉特设计的人工神经元网络，以及后来人工智能专家在计算机上用软件生成的更复杂的虚拟人工神经元网络，都是通过模拟人脑神经细胞也就是神经元的工作机制实现的。每个神经元都是一个信息处理单元，有若干个输入端，以及一个输出端。在某个时刻，多个输入端可以接受信号，神经元按某种综合效果对这些输入信号进行反应，如果超过或不够某个阈值，则形成不同的结果，并在下一时刻输出。这实际上就是在进行分类，超过阈值的算是一类，而不够阈值的就是另一类，就像我们将人分成男女两类是一样的。

这听起来有点复杂，但结果有点简单是不是？但它却很好地模拟了神经元的工作机制，是个不得了的模型。因为人类进行分类似乎很简单，但对于计算机来说，它们看到的就是一堆数据，要做到正确分类其实并不容易。这个模型就从最基础的地方解决了这个问题。它后来被称为"莫克罗-皮茨"模型，或者是MP模型，是用它的提出者心理学家沃伦·莫克罗和数理逻辑学家瓦尔特·皮茨①的名字命名的。他们两人在1943年甚至还没有计算机的年代，就提出了这个计算模型。

一个人工神经元其实并没有什么用处，但如果将很多个具有分类能力的神经元组合并连接起来，就可以模拟大脑的推理过程，这就是神经元网络。当然，最开始时，所有神经元网络都是非常简陋的，完全无法和任何大脑相比，哪怕它是果蝇。果蝇的大脑还有约14万个神经元，而人类大脑则有约1000亿个神经元细胞，

①沃伦·莫克罗和瓦尔特·皮茨(Warren McCulloch 和 Walter Pitts)，具体简历不详。

150 万亿个神经突触，也就是连接。相比之下，明斯基的“斯纳克”只有 40 个神经元。所有的神经元通过某种形式连接起来，就形成了神经元网络，最简单的神经元网络只有输入和输出两个层次，比如罗森布拉特的感知机。一部分神经元作为输入层，只负责信号的输入；另一部分神经元就是标准的逻辑 MP 神经元，负责运算完毕后输出。两层神经元之间则是连接，决定哪个输出对应哪个输入。一般这种神经元网络称为单层网络，因为只有一层神经元真正在运算。显然，这样的神经元网络很难处理复杂的问题，最重要的原因就是这种方式很难具有学习能力。

所谓学习能力，其实就是神经元网络根据例子自己进行分类的能力。比如，人可以分为男女两类，然后它可以自己学会黑种人、白种人、黄种人、小孩等都可以分为男女两类。或者是，它由自己发现在提供的样本里很多动物都具有同样特征，而另一些具有另外的特征，继而也可将它们分为两类，比如猫和鸟。这就是学习能力。在神经元网络里要做到这一点，其实就是不断地调整每一个输入端的权值，使它能够得到恰当的输出结果。这个调整的过程就是学习的过程，但单层神经元网络，不管如何调整，都无法解决一些复杂的、非线性的问题。

为了解决这个问题，就出现了多层神经元网络。多层神经元网络包括三种类型的层：最外层的神经元负责接收外部的信息，输入需要训练观察的样本，叫做输入层；中间所有的神经元负责建立相关连接，这些连接如何建立，则通过学习来完成，这类层叫做隐藏层；最后一层神经元负责输出，有几个分类，它就有几个神经元，所以叫做输出层，如图 3.5 所示。为什么要这么多层？其实就是为了解决更复杂的问题。单层的神经元网络只能进行简单的分类，稍微复杂一点的逻辑运算都做不了。但增加中间的隐藏层后，就可以利用这些神经元建立更复杂的连接关系，进行更复杂的运算，解决更复杂的问题。

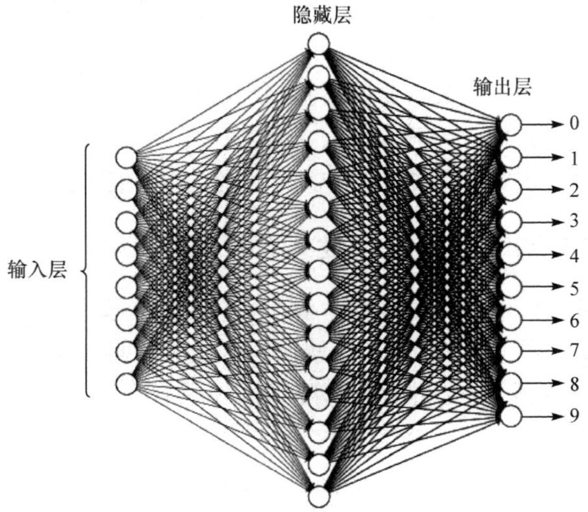

图 3.5　多层神经元网络示意图

那么隐藏层的连接怎么建立呢？对于一些确定性的逻辑问题，比如与或非逻辑运算，神经元之间的连接是固定的，可以事先确定。但对于一些模糊、非线性、不确定，甚至还在不断变化的问题，这些连接就很难事先确定了，因为即使我们自己也说不清楚这些连接该如何去建立。这时就可以让神经元网络自己去学习，这种学习过程也被称为训练。比如，识别手写体的支票数字，每个人的写法都不太一样，计算机就不容易识别。如果让我们给出各种数字的特征，恐怕最后的结果仍然会是模糊的，因为我们不能说出所有可能的结果。这时，我们就可以举出很多例子说明，这些例子就是"样本"。通过这些样本，让神经元网络输入各种手写体的结果，通过神经元网络激励它建立或取消相应的连接，来教它认识不同的手写形式。慢慢它就会分辨出不同数字的基本特征，比如"1"是一竖，不管这一竖写的是直还是歪，它都能认识。这样，对所有数字都认识后，就建立起了相关神经元之间的连接。

但是，这个学习训练的过程绝不是给几个例子就可以完成的。因为神经元网络的调整极为复杂，要想做到普适性，就必须尽可能多地让神经元网络"见识"各种样本，对神经元网络进行大量的培训、评估和纠错，最后形成出错率较低的神经元网络，就可以拿去使用了。所谓"见多识广"，对神经元网络训练来说，是最恰当不过的比喻了。只有经过充分多的样本学习，才算是有了对新事物的识别能力。

由于神经元网络连接的调整过程对外界来说是一个黑盒子，所以这些最后形成的神经元网络，甚至连设计者自己都不知道是什么样的，尤其是一些比较复杂的神经元网络。所以在设计不同的人工神经元网络时，除了遵循一些基本原则，更多的是通过经验和直觉来进行。据此有人称人工神经元网络的设计为一门"艺术"而非"科学"，这就与符号推理学派的理性形成了显著区别，形成了自己的联接主义学派。随着神经元网络研究的不断变迁，其计算特点与传统生物神经元模型渐渐脱钩，但它保留下来了最重要的精髓，就是神经元网络表现出来的非线性、自适应、自组织、分布式、并行计算等特点。看到这几个名词是不是感到很亲切？是的，这就是我们为什么要将深度学习神经元网络与复杂系统关联起来的原因。

神经元网络东山再起：要问爱你有多深？①

好像至此，神经元网络一切正常。其实，它的发展道路并不平坦。在风光了十几年之后，由于一些逻辑问题无法解决，比如前面明斯基提到的异或逻辑问题，以及神经元网络需要的大规模计算问题，导致它一度沉寂下去。其实，在 20

①参见王川的《深度学习有多深？学了究竟有几分》，微信公众号《硅谷王川》，2016 年 2 月 16 日～6 月 20 日。万赟的《人工智能 60 年：从图灵测试到深度学习》，微信公众号《战略前沿技术》，2016 年 4 月 22 日。

世纪70年代初，整个人工智能领域都进入低潮，相关政府部门在进行调研后认为，研究很难有大的突破，所以很多资助都停止了，人工智能的寒冬来临。

神经元网络研究能够保留下来，并最终产生出深度学习之类的成果，主要还是得益于有一些人在坚持，其中最著名的就是被戏称为“加拿大黑手党”的三个计算机专家。他们是加拿大多伦多大学教授杰弗里·辛顿[①]，曾经跟辛顿在多伦多大学做过博士后的纽约大学教授杨立昆[②]，以及与杨立昆在贝尔实验室共同工作过的加拿大蒙特利尔大学教授约书亚·本吉奥[③]。他们在极为困难的条件下专注机器学习领域多年，并最终取得成功。顺便说一下，“杨立昆”这个中文名字，还是他在中国清华大学的一次讲演中自己明确的。

1970年，当神经元网络研究的第一个寒冬降临时，在英国爱丁堡大学读书的辛顿刚刚获得心理学学士学位，那年他才二十三岁。辛顿在还是中学生时就对脑科学着迷，因为当时有一个同学给他说起关于大脑记忆的理论，不是我们想象的那样，把事物和知识像计算机一样存在特定的存储器里，而是像全息照片一样，分布式地存在于一个巨大的神经元网络里，并可以用很多神经元共同表达出来。他一下子就对此着了迷。

一个概念可以用多个神经元共同定义表达，同时一个神经元也可以参与多个不同概念的表达。比如，“白色大型卡车”，如果分别表达，就可以用一个神经元表示颜色，一个神经元表示大小，还有一个表示车型。这种方法不仅存储效率高，而且可以表示出很多不同的概念，更重要的是即使局部出现故障也不会受到根本性破坏。这个理念让辛顿顿悟，使他四十多年里一直在神经元网络研究领域里坚持下来没有退缩。

本科毕业后，辛顿选择继续在爱丁堡大学读研，把人工智能作为自己博士论文的研究方向。周围一些朋友对此颇为不解：“你疯了吗？能做出博士论文吗？很多专业大拿已经认为神经元网络早就不行了”。但热爱就是最好的老师，辛顿决心把一切都献给神经元网络。

1978年获得博士学位后，辛顿到多伦多大学任教，恰好碰上人工智能研究开始复苏，他就全力投入人工神经元网络的研究。他在1986年提出，在神经元网络中增加一个隐含层，就可以解决感知机无法解决的“异或门”难题。这个隐含层的出现，是对神经元网络结构的革命性变革，才为后面出现更多层的深度学习奠定了基础。而且，他提出的反向传播算法还大幅度地降低了计算量。这时候，神经元网络才算步入真正解决智能问题的道路。

---

①杰弗里·辛顿，1947～，加拿大多伦多大学教授，人工智能科学家。

②杨立昆(Yann LeCun)，1960～，美国纽约大学教授，人工智能科学家。

③约书亚·本吉奥，1964～，加拿大蒙特利尔大学教授，人工智能科学家。

尽管如此，遗憾的是，80 年代末人工智能再次进入低谷。虽然神经元网络开始复苏，但也因为无法解决更复杂的问题而再次被束之高阁。许多同事已经改行，开始转入别的领域，但辛顿仍然坚持不懈。当时，辛顿就被圈子里的人认为是一个"傻子"、"倔人"，不识时务，以至于很长一段时间里，多伦多大学计算机系私下流行对新生的警告，就是不要去辛顿的实验室，因为在那里不会有什么出路。

多年以后，辛顿回想这段与其父亲遇到的几乎相似的经历，十分感慨。辛顿的父亲是个昆虫学家，他十分相信大陆漂移学说，尽管在 20 世纪 50 年代初，这个学说基本上就被认为是胡扯。但老辛顿研究昆虫发现，不同板块的某种甲壳虫居然有相同的类型，因而大陆漂移是唯一解释。但当时的地理学家就直觉地认为不可能，完全拒绝面对客观的证据。同样，四十多年来，专家们普遍看衰神经元网络研究，但辛顿认为，大脑有自己独特的运行机制，与电脑的运算机制完全不同。如果人工智能还需要把所有东西都预先写到程序里，那就太荒谬了。因此，辛顿认为，只有本质上模仿人脑学习的机制，从长期看似乎才是人工智能唯一有可能成功的方法。

辛顿认为，尽管那些老家伙们永远都不会回心转意，但最终年轻人还是会向正确的方向前进。由此可见，要改变一个人的观念是多么困难。正如普朗克所说，变革只会发生在葬礼上。这是又一个例证。

神经元网络的对手出现

杨立昆 1960 年出生于巴黎，1987 年在法国获得博士学位后，追随辛顿教授到多伦多大学做了一年的博士后，随后到美国的贝尔实验室继续研究工作，在那里他重点研究如何将神经元网络用于手写体字符识别。他用美国邮政系统提供的近万个手写数字样本来训练神经元网络，最后在独立测试样本中错误率只有 5%，大大超出了人们的预料。杨立昆还是一个很重学术道德和师生情谊的人，发表论文也没有忘了导师辛顿的指导，将辛顿列为作者之一，所以辛顿也是邮政编码手写字符识别最早的研究者之一。杨立昆后来还运用一种叫做卷积神经网络的技术，开发出商业软件，用于读取银行支票上的手写数字，这个支票识别系统在 20 世纪 90 年代末占据了美国接近 20%的市场。这个卷积神经网络，后来被绝大多数研究者模仿采用，也用在了阿尔法狗的神经元网络中，可见杨立昆的贡献有多大。

但就在此时，贝尔实验室杨立昆一个同事的工作，又把神经元网络研究带入第二个寒冬。这就是沃拉德米尔·维普尼克和他的支持向量机算法，其实也是一种分类算法。维普尼克 1936 年出生于苏联，90 年代移民美国，在贝尔实验室工作。1963 年维普尼克就提出支持向量机算法，后来在图像和语音理解上得到广泛应用，有很高的声誉。杨立昆和维普尼克经常在走廊上就神经元网络和支持向量机的优劣展开讨论。

维普尼克的观点是,支持向量机可以非常精巧地进行"容量调节",找到一个平衡点,而这一点神经元网络并不擅长。什么是容量调节?举个简单的例子:如果算法容量太大,就像一个记忆力极为精准的植物学家,当他看到一颗新种类树的时候,由于这棵树的叶子和他以前看到树的叶子数目不一样,所以他会判断这不是"树";如果算法容量太小,就像一个懒惰的植物学家,只要看到绿色的东西,就都把它叫做树。所以,容量调节就可以找到恰到好处的点,既做到"不懒",也做到对新种类"相容"。

杨立昆的观点是,支持向量机算法虽然精巧,但本质就是一个双层神经元网络系统。它的最大局限性在于其对噪声信号的处理。比如,当图像识别技术需要忽略一些噪声信号时,卷积神经元网络技术的计算效率就比支持向量机高得多。

但在手写邮政编码的识别问题上,支持向量机技术不断进步,1998年就把错误率降到低于0.8%,2002年最低达到了0.56%,远远超过了同期传统神经元网络算法的表现,这让杨立昆很不爽。支持向量机技术在图像和语音识别方面的成功,使得神经元网络的研究重新陷入低潮。支持向量机在理论上更加严谨完备,结果重复性好,上手简单,得到主流学术界的追捧。当时学术界的共识是多层神经元网络计算模型实践效果不好,完全没有前途,就是个死胡同。神经元网络这时可以说是"臭名远扬","臭"到很多论文送到学术期刊时作者都不敢用"神经元网络"这几个字,免得被刊物粗暴拒绝。这种糟糕的情况一直延续到21世纪初。

"深度学习"的诞生

就这样,神经元网络的研究,在20世纪90年代末遭遇前所未有的困境。它最大的问题就是"慢",学习训练慢,运行也慢,而且还出现很多新的问题,比如梯度消失问题、全局优化问题等,并且很难调试。小型神经元网络一切都还正常,但一旦网络规模变大,连接变得复杂,输入就很难传递到深层节点,所有的信息都被淹没在各种噪声中。

2003年,辛顿教授还在多伦多大学苦苦坚守在神经元网络研究领域。一个花甲之年的穷教授,为了理想搞了三十多年没有前途的研究,到现在还要四处绞尽脑汁申请研究经费,除了让人感到"精神可嘉",是不是还有点"苦哈哈"的?但就在此时,时来运转,辛顿等了几十年的幸运女神敲门了。

2003年,以辛顿为首的15名来自各地不同专业的科学家,在温哥华大都会酒店与CIFAR的基金管理负责人西沃曼交谈,希望CIFAR能够支持神经元网络的研究。CIFAR是加拿大高等研究院①的简称。西沃曼问为什么要支持你们呢?有一个教授回答说,"你们不是要支持创新吗?你们不是要寻找高风险、探索性,

①加拿大高等研究院(Canadian Institute for Advanced Research),简称CIFAR。

甚至有点古怪的团体吗？我们就是”。这和电影《非诚勿扰》中风险投资家说得差不多，“什么是风险投资？就是越有风险越要投”。最终，CIFAR 同意从 2004 年起，开始资助这个团体 10 年，总额 1000 万加元。CIFAR 也因此成为当时世界上唯一支持神经元网络研究的基金机构。不夸张地说，如果没有 2004 年 CIFAR 资金的支持，人类在人工智能研究上可能还要在黑暗中多摸索几年。

辛顿拿到资金支持后不久，他做的第一件事就是先换个名字。鉴于神经元网络口碑不好，辛顿决定改名换姓，改改风水，就叫“深度学习”了。为什么要叫“深度学习”？就是因为辛顿认为，神经元网络中的隐含层应该有很多层才能模拟人的智能，这么多层的神经元网络要去学习，那不就是“深度学习”吗！

有了钱就好办事。从此，在杨立昆和本吉奥的协助下，辛顿再次启动了神经元计算和适应感知项目。该项目将一批一流的计算机、生物学、电子工程、神经科学、物理学和心理学专家聚集在一起，共同探讨用神经元网络深度学习的方法模拟人脑智能。该项目聚集了一批后来活跃在人工智能领域的专家，除了辛顿、杨立昆和本吉奥，还有后来负责谷歌大脑计划的斯坦福计算机系华人教授吴恩达，以及指导奥巴马政府“人脑”计划的诺斯基。诺斯基也是辛顿的老友，在 20 世纪 80 年代就和辛顿一起发明了用于神经元网络的玻尔兹曼机。

这些人虽然缺钱，但是从来不缺智慧，一旦有了条件，进展就可以用突飞猛进来描述。辛顿他们很快利用计算集群搭起了计算平台，发现了更优化的算法，早期难以克服的困难陆续得到解决。用逐层培训和抽象的方式，解决了反向传播算法中梯度消失的问题，有效地降低了观察对象的维度，简单地说就是将被识别对象的特征从最底层（例如单个像素）开始，逐层抽象收集，后一层把前一层的特征抽取结果作为新的识别对象，用同样的方法提取其新的特征。这种方式可以采用非监督的自动编码和解码方式来矫正，不需要预先对识别对象进行标注。2006 年前后，这一算法在图像识别等分类型预测方面取得突破性进展。

神经元网络需要“计算蛮力”

深度学习概念的出现，一下又把神经元网络推到了风口浪尖上。但其实辛顿等还有很多问题无法解决，用他自己在 2013 年一次演讲中说的话，深度学习以前之所以不成功，主要是因为缺乏三个必要前提：一是要有足够多的数据，二是要有足够强大的计算能力，三是要设定好每个人工神经元连接的初始化权重。事实也的确如此。大数据可以由亚马逊这样的公司提供，调连接参数是研究人员自己的职责，剩下的就是计算平台了。

神经元网络对计算的需求是很大的，基本可以概括为指数量级增加。也就是，随着神经元的数目增加，对计算能力的需求以指数级提高。计算能力是硬条件，没有还真的不行，总不能在几十上百个神经元里面打转吧。稍微复杂一点的问题，神经元数目就会成千上万，计算量一下子就上去了，学习一次就要几天甚至十几天，参数难以进行快速调整，根本无法忍受。如果都上巨型机，恐怕也不太可能，价格昂贵不说，一般的通用计算机还不一定适合神经元的计算方法。因此，人工神经元网络研究开始呼唤计算能力也能以指数级发展。

这时，人们发现了一个比巨型计算机可能更适合的东西，这就是图形处理器(GPU)。这个东西是一个叫黄仁勋的华人发明的。黄仁勋 1963 年出生于台湾，1993 年从斯坦福大学毕业后不久，就创立了英伟达公司。这个公司起家就开始做图像处理芯片，面对的是游戏机市场。1999 年，英伟达第一次推出了 GPU 芯片，GPU 这个名词也开始为世人所知。为什么它要为图形处理专门做一个处理器呢？这就要从一般的计算机处理器(CPU)说起了。

传统的 CPU，也就是中央处理器，是一台计算机的核心，最著名的就是英特尔公司的 x86 系列，比如 286、386、486，以及后来的奔腾、赛扬等等。这些处理器的关注点不在并行处理，提高速度主要靠增加频率、指令位数等来进行。后来虽然也增加了内核数，但毕竟数量有限，只有 4 个、8 个等少数几个。而 GPU 最底层的算术逻辑单元是基于所谓单指令多数据流的架构，这就十分擅长对大批量数据进行并行处理。打个简单的比方，要解密码，每个密码有 10 位数字，传统的 CPU 只能一个一个数字去试，直至所有的都算完才行。而 GPU 就允许对 10 个数字同时进行处理，就可以大大减少运算时间。虽然 GPU 内核的时钟速度往往比 CPU 要慢，但对大规模可并行处理的计算工作来说，整体速度就比传统 CPU 快很多。

GPU 开始是用于图像处理的，要在短时间内处理并显示出上百万，甚至千万量级的像素，这是传统 CPU 很难做到的，但这恰好是电脑游戏最核心的需求。所以英伟达在设计 GPU 芯片时，就专门优化系统，使其能够用于大规模并行计算。这个速度有多快呢？英伟达 480GPU，在 2010 年 1 秒钟就可以显示 16 亿个三角形，计算速度达到每秒 1.3 万亿次浮点计算，比早期的巨型机速度还要快。2015 年出品的“泰坦 X”GPU，可以达到每秒 6.1 万亿次，是 2010 年的 5 倍，但其二手货的市价还不到 1000 美元。作为参照，超级计算机第一次真正突破 1 万亿次计算速度，是在 1996 年底，但其价格在百万美元量级。由此可见，GPU 的计算能力和性价比之高。

由于英伟达的 GPU 横空出世，很多研究人员开始采用它作为计算平台，神经元网络研究更是如此。很多大学的研究者纷纷撰文，认为 GPU 比英特尔的处理器要快大约在 100～300 倍。这个结论一见报，英特尔公司的技术人员面子拉不下了，赶快发表文章反驳，意思是怎么可能快 100 倍呢？明明只是快 14 倍吗！

GPU 的出现为神经元网络的研究提供了可行的计算平台。它为神经元网络的计算提供的计算蛮力，在深度学习的应用中爆发了。2009 年 6 月，斯坦福大学的拉加特·莱娜和吴恩达合作发表论文，论文模型里的参数总数，也就是各层不同神经元之间连接总数达到 4 层 1 亿个。而且，使用 GPU 与传统双核 CPU 相比，要快近 70 倍，程序运行时间从几周降到一天以内。与之相比，辛顿在 2006 年论文里用到的神经元参数数目只有 170 万。2010 年，瑞士学者丹·斯瑞山发表论文说，一个 6 层 1200 万参数的神经网模型，在英伟达 GPU 上实现反向传播算法，速度要比传统 CPU 快 40 倍。经过两个小时的训练后，在测试图像上的错误率就降到 1%；经过 114 个小时训练后，模型的测试错误率更是降到了 0.35%。

其实 GPU 还不是最合适的神经元网络处理器，因为它主要还是用于图像处理。谷歌公司后来专门推广 TPU，也就是所谓的“张量处理器”，专门用于深度学习中神经元网络的训练与推理，效果又比 GPU 强了很多。阿尔法狗“大师”版用的就安装了 50 个 TPU 的谷歌云，虽然在跟柯洁对弈时只用了其中一块，但速度却快了许多，可见硬件发展速度之快。这里就不作详细介绍了。

3.3.3 深度学习的应用突破

深度学习研究到这里，钱有了，虽然不算多；硬件平台有了，GPU 初步满足要求；数据也有了，网络可提供海量图像和视频；算法也进步很快，取得了许多突破。应该说是万事俱备，就看如何证明自己方法的优越性了。果然，水到渠成，就在此时，一批令人振奋的成果破土而出。

命运转折点：图像识别竞赛

2012 年 10 月 13 日，也许可以被后人看成是人工智能技术突破的一个转折点。这一天，一个称为 ImageNet 的图像识别竞赛结果公布了。辛顿教授和他的团队，使用两个英伟达 GTX 580 处理器，花了近 6 天时间，让程序接受了 120 万个图像的训练后，参与了图像识别的竞赛。这些经过训练的模型，在面对 15 万个测试图像时，5 个类别的错误率只有 15.3%，在参与竞赛的 30 个团队中稳居第 1 名。排名第 2 的是来自日本的团队，相应的错误率高达 26.2%，而且所有的其他团队，采用的都是流行将近 20 年的支持向量机技术。这一次，神经元网络技术至少在图像识别领域，彻底超越了支持向量机技术。竞赛结果公布后，学术界一片沸腾，辛顿、杨立昆等一批神经元网络的支持者终于可以扬眉吐气了。这也为当年杨立昆与维普尼克的争论，神经元网络和支持向量机到底孰强孰弱，画上了一个句号。

这个被称为 ImageNet 的图像数据库，是由斯坦福大学的李飞飞、普林斯顿大学的李凯等一些华人学者在 2009 年建立起来的。这是一个超大型的图像数据库，是通过网络众包的方式完成的。他们设想，要把英文里的 8 万个名词，每个都收集 500～1000 个高清图片，最终达到 5000 万图像的水平。

该项目团队从互联网上下载了 10 亿多张图片，然后通过亚马逊低成本网络众包的方式，雇佣了来自 167 个国家共 5 万多人，对这些图片进行了分类标注。到 2009 年，该项目实现了一个包含 22000 个不同门类，共 1500 万张带标签的图片数据库。该数据库里的图片分类和标签质量超过以往任何数据库，其中仅“猫”这一门类就有 62000 张不同的图片，包含了所有种类的驯养猫和野生猫。

2010 年，以 ImageNet 为基础的大型图像识别竞赛——“ImageNet 大规模视觉识别挑战赛”第一次举办。竞赛的最初规则是，以数据库内 120 万个 1000 多类已经被标注的图像为训练样本进行训练，再用于 5 万个测试图像进行测试评估，看看它对图像的分类是否准确。2010 年竞赛的第 1 名是 NEC 和伊利诺伊大学香槟分校的联合团队，采用的是支持向量机技术，识别分类的错误率为 28%。在第二年竞赛的冠军，采用的是类似支持向量机的算法，将错误率降到了 25.7%，改进的并不是太多。

所以，到了 2012 年，辛顿采用深度学习神经元网络方法一下把错误率降至不到 16%，引起轰动也就不奇怪了。辛顿教授和他两个研究生建立的模型，是一个总共 8 层的卷积神经元网络，有 65 万个神经元，6000 万个自由参数，在当时也是比较大的规模了。后来，更多的团队参与测试，大都是采用神经元网络方法，微软的一个团队居然将网络层次提高到 150 层之多。到了 2017 年，算法的错误率居然只有 2.9%，远超人类 5.1%的水平，所以 ImageNet 比赛也就完成历史使命而停办了。

基于神经元网络的深度学习方法的命运，包括一些相关学者的命运从此彻底扭转。辛顿的公司被谷歌公司高价收购，杨立昆被脸谱公司聘为人工智能研究主管，吴恩达被百度高薪聘为首席科学家，负责百度大脑的工作。现在如果你说你会深度学习算法，懂神经元网络，马上一大帮公司或投资人就会用高薪忙不迭地邀请你，或者给你大量风险投资，而这时他可能连什么是深度学习，或者这个东西能干什么都搞不清楚呢！这就是命运，三十年河东，三十年河西，再也不用求爷爷告奶奶地找经费，过那些苦逼的日子了。谁让你站在风口上了呢！

但这对于人工智能来说，学者王川曾用丘吉尔的一句话进行总结，我认为可能更合适：“这不是结尾。这连结尾的开头都算不上。但这也许是开头的结尾。”

概念理解：如何让计算机认识“猫”

计算机处理能力很强，但其实它并不知道处理的东西是什么。你给它看照片，它知道的只是一堆像素；你给它听讲话，它能够知道的最多也只是一堆波形。从智能角度来看，这些很多我们人类觉得很容易的事情，比如感知和行动，对计算机来说却很难。反过来，有些对我们人类来说很难的事情，比如计算或下棋，计算机做起来却很容易。这就是所谓的“莫拉维克悖论”。

李飞飞教授的研究，就是要教会计算机看懂并理解图像。李飞飞生于北京，

16 岁随父母移居美国，后来到斯坦福大学当上了终身教授和人工智能实验室与视觉实验室主任。她用了近 20 年的时间，想要打造出一种看得见东西、能帮助我们改善生活的机器。有了能够理解图像的计算机，就可以帮助我们驾驶汽车、监视家园安全，帮助医生看懂医学图像，也可以帮助盲人说明图像画面，甚至帮助指挥员看懂当前战场态势。在她心目中，理想的未来应该是计算机可以看懂世界，并且可以和人类实现情感上的交流。

让计算机看懂图像很不容易。实现这一目标的第一步，是教计算机看到“对象”。在这个最简单的任务里，想象一下这个教学过程：给计算机看一些特定的训练图片，比如说猫，并让它从这些训练图片中，学习建立出一个模型来。最初设计的抽象模型，用数学语言可以告诉计算机这种算法：“猫”有圆脸、胖身子、两个尖尖的耳朵，还有一条长尾巴等，这其实都是概念描述。但在实际生活中，猫的姿态是千奇百怪的，它可以是漫步的，也可以是蜷缩的，甚至是藏起来只露出半个脑袋。这样那些模型就很难适应了。这其实就是僵硬的模式识别方式，将图像看成是具有典型特征的模式，比如人脸模式，然后拿着这些模式去套计算机看到的图像，看能不能找到相同的模式出来。虽然也能看懂部分图像，但若与模式不同就不认识了。

李飞飞通过观察自己的儿子，发现了我们人类理解概念的不同方式。她觉得，没有人教过婴儿怎么“看”，尤其是在他们还很小的时候。他们是从真实世界的经验和例子中学到这个的。如果你把孩子的眼睛都看做是生物照相机，那他们每 200 毫秒就拍一张照片，也就是眼球转动一次的平均时间。所以到 3 岁大的时候，一个孩子已经看过上亿张真实世界的照片了。所以，他们获得的这种“训练照片”数量是惊人的。所以，与其孤立地关注于算法的优化、再优化，还不如老老实实地将关注点放在给算法提供像样的训练数据上。所以，这也就有了她和李凯教授合作开发的 ImageNet 图像数据库计划。

然后，就是利用深度学习技术建立起认识这些图像的神经元网络，这个过程就是“训练”或“学习”。建立起来的神经元网络，有着上千万个节点，上亿的参数，以及几百亿的连接。即使如此，这也仅仅相当于人脑的百分之一。这个神经元网络有时高达几十层，最多的已经达到了几百层，目的就是模拟出人类理解概念的过程，而这个过程却不是可以精确描述的，只是一些模糊的，甚至是似是而非的连接。每层神经元负责识别图像的不同成分，有的识别像素，有的识别颜色，还有的识别形状。有了这些神经元和连接，计算机就可以对图像识别出个大概了。只要你的图片里，有这个对象，计算机就可以利用这些神经元网络感应到。计算机看到的就不再是像素，而是对象了。

这个识别过程其实就是概念理解的过程。在深度学习中，可以采用两种方法帮助它建立概念。这就是“有监督”学习和“无监督”学习。有监督学习，实际上就是有老师教,告诉计算机这是“猫”,计算机反过来把这个“猫”的特征总结出来,是一个分类过程。当不同花色、不同姿势的猫看多了之后,它就会建立起对“猫”的特征最全面的神经元网络连接,将来再发现类似特征时,就可以认为这就是“猫”,或者比较像“猫”。无监督学习则相当于没有老师教,自己通过看大量图像,逐步把一些对象的相近特征聚类出来,进而产生相应的概念,比如大家都管它叫“猫”。

对于无监督学习的例子,最有意思的是吴恩达发现“猫”的过程。2011年谷歌公司的迪恩和当时还在斯坦福大学的吴恩达,联合发起了“谷歌大脑”研究计划,并建立了未来技术实验中心,也就是Google X。该计划通过模拟新生婴儿的大脑发育环境来研究人脑物体识别和语言认知等功能。他们利用谷歌的云计算平台搭建了一个配备16000个CPU和10亿突触神经连接的谷歌大脑计算平台。为了收集有效的能够表征人类生活环境的数据,他们从YouTube中随机选取了1000万个视频短片,从每个视频里随机获取一个200×200像素的截屏,相当于模拟婴儿用眼睛不断观察到的周围环境。然后,吴恩达让计算机对这1000万张图片进行特征抽取和分析学习,采用的就是辛顿2006年提出的深度学习分层训练模型和自编码解码校验方法。结果该实验发现,在抽象最高层形成物体判断神经元网络中,居然有一只是“猫”的面部图像。这让吴恩达大吃一惊。这就是说,通过深度学习,该人工大脑自己形成了对“猫”的概念。

智能推理:深蓝如何下棋

让计算机自己学会下棋就要比识别图像更不容易了,因为它不仅需要理解“盘面”是什么意思,而且还要决定怎样落子才能保证自己能赢。这就有一个智能推理的问题。1997年,IBM深蓝击败世界象棋冠军卡斯帕罗夫,那时这场胜利被广泛描述为人工智能的里程碑。但结果表明,深蓝的技术除了对象棋有用,对其他事物就没有什么意义,计算机科学乃至机器智能技术并未经历一场变革。但这次阿尔法狗就不太一样了,它带来的就不仅仅只是围棋方面的进步,核心就是深度学习方法的采用。

在国际象棋中,初学棋手首先要了解的是象棋棋子形成的价值概念。比如,一个马或者象相当于三个卒;一个车,活动范围更大,相当于五个卒;而皇后的活动范围最大;国王的价值无限,丢掉国王就等于输了一盘棋等等。这样,你使用这些值就可以预估怎么落子才能取得最大的价值。

绝大多数计算机象棋程序都会搜索上百万乃至几十亿的落子和对抗手段组合,目的也就是根据对手落子的位置和顺序,找到一系列落子方式,将系统棋盘位置的值最优化。比如深蓝,组合运用了8000多个不同功能因素,用于评估棋盘位置价值。深蓝并不只考虑一个车等于五个卒,而有更精确的计算。假如同一方的卒位于车的前面，那么卒就会限制车的活动范围，减损车的价值。然而，如果能够通过捕获对手的卒而给车让路，深蓝会认为卒是“半透明”的，而不会减损车的价值。

所以，所有类似这样的想法，都需要象棋细节方面的知识，这也是深蓝成功的关键。这些规则、经验、判断方法等，都被编写进了深蓝的程序中。根据深蓝小组撰写的技术论文，在深蓝与卡斯帕罗夫的第二场对弈中，这个“半透明”卒的概念，就起到至关重要的作用。最终，深蓝的研发人员主要采用两个设计策略。第一，打造一个系统功能，使其可以吸纳许多象棋知识并根据这些知识评估给定棋盘位置价值。第二，使用强大的计算能力，评估可能的落子位置并从中挑选一个，使其能够导致最终的棋盘位置价值最优，也就是取胜。

如果将这一策略运用到围棋上，会发生什么问题呢？围棋最大的难题在于很难评估棋盘棋子的位置价值。顶尖围棋选手大量使用直觉来判断一个特定棋盘落子有多好，但根本没有办法用一种直观、清晰的规则来表示这种直觉。即使经过了几十年的努力，仍然没有找到某种可以像国际象棋那样成功的设计策略。

到 2006 年，情况发生了一些变化。一种被称为蒙特卡罗树搜索的算法开始崭露头角，尝试采用一种新的评估办法，利用一种随机模拟对策来完成策略的选择。但即使如此，围棋程序仍然落后人类棋手一大截，无法对人类高手提出挑战。对棋盘位置的强烈直觉，似乎才是成功的关键。所谓高手，其实也就是在棋感、直觉或者经验等方面高人一筹。而阿尔法狗恰好就是在这个方面取得了突破。

阿尔法狗怎样捕捉“棋感”

阿尔法狗研究团队采用的就是深度学习算法。他们首先分析了大约 16 万盘人类优秀棋手的比赛棋谱，其中大部分是从一个网上围棋对战平台上拿来的结果，使用深度学习方法去发现其中的博弈模式，并建立起相应的神经元网络。这个神经元网络是在学习人类围棋高手的过程中，慢慢学会预测人类棋手会在什么情况下、在什么位置、以什么样的可能性落子。这就像不会下棋的人，看久了也能下个八九不离十。

阿尔法狗怎样看棋？其实就是将 16 万盘棋谱拆成了 3000 万个盘面，然后从这 3000 万个盘面中学习的。只要看得足够多，产生出来的神经元网络就会足够好。由于这个过程是学别人的，所以从深度学习角度来看，这就是有监督的学习方式，专门学会在什么地方落子更合适，得到的神经元网络就是一个被称为“有监督学习的策略网络”。在此基础上，最后阿尔法狗的落子基本上可以做到与人类高手有大约 57%的相符率。注意，“相符”不是“正确”，只是说明模拟的像不像。

有了这个策略网络，只能说基本上就可以落子了，还称不上是高手，因为这还是“照葫芦画瓢”，比较机械地走棋，相当于在“背棋谱”。因此，阿尔法狗还需要想办法提高自己的胜率,尤其是要在棋感、直觉上下工夫。它采用两种方法来做到这一点,一种是“增强学习”,另一种是“快速走子”。

增强学习方法是阿尔法狗团队发明的。简单地说,就是通过与自己的早期版本自我对弈,反复地进行微量调整,不断地改进增强已经形成的策略网络。这个神经元网络就称为“增强学习策略网络”,也有人称之为“走子网络”。这种方法听上去好像有点疯狂,有点武侠周伯通“左右手互博”的味道。但如果你这样做的时间足够长,并且具备足够的计算能力,就可以逐步获得一些极其复杂的功能,其实就是“经验”。也就是说,产生出来的神经元网络就会变得足够好。

不要小看这个自我博弈的过程,因为这一步并不是“向人学习”的,这就有可能出现人类不曾出现的着法,有了战胜人类最高水平的可能。而且,还有一件奇怪的事情:没有人真正知道神经元网络变好的原因,因为它的提升是数十亿次自动微量调整的结果,并转变为一个极为复杂的13层神经网络连接。其实,这个变化过程就是在捕捉棋感和经验,是个只可意会不可言传的过程。阿尔法狗团队曾经把这种方法用于玩经典的视频游戏,结果仅仅是大量地“看”别人玩过的游戏,它就学会了如何取胜,并且在所有测试的49款游戏中战胜了人类专业玩家。

快速走子则是第二种方法。前面这个策略网络虽然比较好,但耗时会很多,以至于在有些情况下会超过比赛时限。这就需要一种更快,但胜率可能会低一点的方法,来应对时间不足的情况,这就是快速走子方法。这种方法其实就是深蓝采用的方法,它不会那么全面地考虑那么多情况,而仅仅根据对手最近下的两手棋来考虑,从中找到下一子应该落在哪里。很显然,这样胜率会降低,但速度则快了1000倍。

经过这个训练阶段之后,策略网络的围棋水平就相当不错了,基本上与业余选手水平相当,但距专业水平还有一定距离。为了超越业余水平,阿尔法狗需要一种方式来评估棋局的整体位置价值。这就产生了第二个神经元网络,叫做估值网络。估值网络的作用不同于策略网络决定下一步往哪落子,而是用于评价棋局的整体趋势,即评估如果这一手棋落在哪里,则最终会导致什么样胜负结果的可能性。也就是说,它关注的是棋局最终的胜负。

估值网络也是训练出来的,也需要大量的样本数据。但16万局棋谱因为每一盘只有一个“胜负”,所以样本数显然不够。为了做到这一点,阿尔法狗团队再次祭出自我博弈的法宝。从16万棋局中选择任何一个盘面,然后随机走一步,形成一个全新的盘面,然后用已有的策略网络走一遍,再看看胜负结果会是什么。就这样,又可以得到完全不同的3000万个样本,并得到3000万个棋局结果,最终训练出所需的估值网络,并且有了所走棋局可能胜率的估计。

然后,阿尔法狗用蒙特卡罗树搜索作为总控,将策略网络、估值网络和快速走子结合起来,最后从许多走法中找到最可能赢的落子点,并且这一落子点对最终棋局有着最高的估值。其实,策略网络、快速走子、估值网络都可以单独使用,但它们的胜率都只在一般水平上,一旦两两结合起来后,棋力就明显提高;三者同时全用,就可以超过人类的最高水平。

从上面的这个过程可以看出,阿尔法狗不是从围棋知识开始的,与深蓝团队所做的不同。恰好相反,它是通过分析成千上万之前的棋谱并进行多次自我对弈学会下棋的。通过这些海量样本的训练及不断的调整改进,构建出可以正确走子的策略网络。然后,再通过策略网络反过来帮助建立起一个估值网络,用来捕捉非常类似于人类优秀棋手直觉的东西。这种关于棋盘位置的直觉,就是我们常说的棋感。凭着这些方法的结合,阿尔法狗才变得如此出色。

所以,阿尔法狗比深蓝更能真切地反映人类智能的核心内容,也更符合人脑思考的复杂性特点。一般说来,人类思考的过程分为快思考和慢思考两类,对许多任务,快思考要好于慢思考。当我们碰到一个复杂问题,并且涉及不同目标之间的权衡时,快思考的关联机制通常优于慢思考的推理机制,在决策时间有限时更是如此。这一点已经为很多研究证实:第一直觉正确率更高。阿尔法狗采用的就是关联机制,而深蓝采用的是推理机制。所以,阿尔法狗在与李世石的对决中,既有第二盘被众多高手先是看不懂,然后是被赞为“太美了”的第 37 手;也有在第四盘逼得李世石下出“神之一手”第 78 手后导致输棋的莫名其妙应对。也正是这些非常类似人类的反应,才使得我们觉得阿尔法狗就是一个“人”,甚至是一个比我们更接近“围棋之神”的高手。相比深蓝的那种机械式应对,阿尔法狗可以说是有了本质性的进步。

但如果因此就认为阿尔法狗已经具备超出人类的通用智能,也是不合适的。这只是机器智能在智能领域前进的一小步,虽然这一步具有本质进步的意义。因为机器终于在逻辑处理能力之外,开始表现出了处理直觉的能力,而这一点在过去是不可想象的。当然,这个所谓的“直觉”能力还简单得可怜。就是这样简单的能力,还是从 3000 万样本中学会的,而人类即使是一个 2 岁小孩,也可以仅从几个例子中就可以分辨出从未见过的东西和概念出来。只能说,我们刚刚学会使用计算机系统重现人类直觉的某些形式。从这一点看,可能意义更大。

3.4 战争复杂性研究的工具

复杂性科学的研究进展,终于为战争科学乃至社会科学的研究提供了新工具,使我们不再赤手空拳。尽管这些工具还非常初级,但我们至少可以先做起来,在实践中进一步摸索。我更看重的是,这些方法和工具反过来又为开拓我们的思维,更好地理解战争复杂系统,提供了线索和方向。

3.4.1　复杂系统的不同认知路线

三个进展反映三个侧面

复杂网络、大数据和深度学习，这些方法都是我们认识战争机理的工具。这是因为，世界上任何事物都是由其内在自然法则控制的，物理世界有物理世界的法则，生物世界有生物世界的法则，战争系统也应该有其自己的自然法则。我们的目标就是要找到和认识这个自然法则，而这个自然法则就是我们所说的战争运行机理。

顺便说一句，我没有说战争的“致胜机理”或者“制胜机理”，而说的是“运行机理”，这是因为我认为，“致胜”或“制胜”的前提是必须要首先了解“运行机理”。这就像农民想要“丰收”一样，只是主观愿望，而真要获得丰收，必须先要掌握的是“地水肥天种虫作”，也就是“农作机理”。“运行机理”更能反映战争系统的本质性客观特点，也是我们对大自然规律，包括对战争系统规律的敬畏心之所在。

大数据是最基础的进步。复杂网络研究的起源依靠的是大数据，深度学习的训练也需要大数据，大数据才是信息化社会的基础。过去要做到这一点根本不可能，因为数据主要靠人力去收集，数据量极为有限。但现在什么都网络化了，人手一部，甚至两部手机，无时无刻地都连在网上，而且手机上还带有各种传感器，加上无处不在的摄像探头，各个公共设施中的数字门禁，以及各种购票、银行和购物等应用数据库，这些就为我们获取相应的数据提供了条件。所以，有人将现在的世界称为被标识了的世界，意思就是说我们的社会已经被完全传感器化了。

当世界被数据标识之后，我们用大数据研究它就有了可能。复杂网络的发现就是最直接的结果。通过大数据分析，我们发现了人类社会的无尺度现象和幂律规律，因而就了解到了人类社会运行最基本的动力学原因。通过实证研究找到的规律推而广之，就可以转化为对复杂系统的普遍理解，这就是用复杂网络表达出来的各种机理和理论，比如弱关系理论、鲁棒性机理等。然后，再利用这些理论去研究更多的复杂系统，逐步得到我们对复杂系统的更多认识。所以，我们说复杂网络并不是某个“网络”的理论，而是复杂系统的理论，就是这个意思。也就是说，复杂网络理论从客观角度描绘了复杂系统的组成、结构和演化过程。

过去我们对世界的认识都建立在牛顿科学体系下，走的还是经典物理学的道路，遵从着确切的因果关系，需要表达为某种形式化的函数或关系才行。即使那些用语言传递的知识，也都以文本、规则或逻辑的形式表达，这也可以看成是形式化的另外一种方式。所有的这些，就构成了我们从小到大在学校学习的主要内容。但是，这些仅仅只占了我们所掌握知识的很少一部分，因为从我们呱呱坠地睁开眼睛的那一刻起，或许在妈妈肚子里时，就已经开始了对周围世界的探索，掌握了大量感性的经验类型知识，可以分辨颜色和物体、感觉冷热和温度、听懂人声和鸟叫，也可以判断能不能接住飞过来的球等等。所有的这些，其实才是我们知识的大部分内容。

但是，对于这些经验型、综合性的知识，过去我们没有办法在大脑以外将其表达和理解，最多只能记录。深度学习方法的出现，就为表达和理解这样的经验型知识提供了条件和方法。对于复杂系统，这无疑是一个很大的曙光。因为很多复杂系统的性质可能就是一些“只能意会，不可言传”的东西，比如人群中的群体经验，对某个事物的简要概括等，深度学习方法就为其提供了表示和理解的方法。

所以，大数据、复杂网络和深度学习，从三个侧面对复杂系统进行了表示，使我们可以得到对复杂系统更深层次的理解，而这种理解可能更符合复杂系统的不确定性、非线性和动态适应性的本性。如果说大数据可以从客观角度描述出复杂系统的性质，深度学习就是从主观角度描述我们对复杂系统性质的理解，而复杂网络则揭示了复杂系统内在的结构。这三个侧面就构成了我们对复杂系统的整体理解。

神经元网络对战争复杂系统的“认识”

从主观角度看待复杂系统有点“唯心”的色彩，但其实最后会归结到对事物和规律的认识上。通过学习掌握的知识，最后都可以用深度学习等方法得到的神经元网络表示出来，这就可以看成是我们对事物的认知，尽管这种认知还是“黑箱”。一些显式的知识，比如可以形式化表达的东西，如围棋规则，可以采用有监督学习的方式训练得到，但这并不是必须的；一些非显式的知识，比如直觉、经验和棋感等，就可以用无监督学习的方式捕捉后得到。这些无以言表的经验知识既反映了该特定人对该事物的理解，也描绘了该事物内在机理的某个侧面。这种“侧面”描述与警察对嫌疑犯进行的“侧写”描绘很相似，也就是根据得到的部分证据对整体某个局部的理解。

如果把很多人的侧写放到一起会怎么样呢？很多人对事物都有自己的理解，因此就会得到很多个“侧面”，这就组成了对该事物的侧面集合。如果用神经元网络表示的话，就会有很多互有差异、基本相同的神经元网络，他们就可以反映这个事物的更多方面。如果将它们进一步融合，可能就更加接近事物的本来真实。如果用模拟的术语来说就是，从感知真实转换为实际真实。阿尔法狗的训练过程就可以看成这样一个过程，最后得到的是对围棋取胜规律的理解。

从对复杂系统认识的角度来看，可以得到以下结论。第一，神经元网络肯定是复杂网络，因为它反映的也是人的认知和行为。第二，训练这些神经元网络需要大量的数据，通过大数据的反复“感知”才能产生认知所要的神经元网络。第三，认知神经元网络就是描述复杂系统机理的网络。第四，我们从大数据中得到的各种复杂网络其实都是对复杂系统的认知，都可以看做是它的子集。因此，我们是否可以得出这样的结论：认知复杂神经元网络，就是终极的复杂系统认知结果？

得出这个结论，是因为它反映了已有的经验认知，但这是主观的结果。为什么这样做是有道理的呢？这是因为社会复杂系统是以人为核心的系统，反映的是人的行为带来的整体结果，而这些人的感知和经验，也属于系统的一部分，会对系统产生大大小小不同的影响，导致产生出“反身性”的效果。所以，对社会机理的认识，与其说是对客观事物的认识，不如说是对事物主观和客观的综合认识结果。这也是社会科学与自然科学最大不同的地方。

从这些主观认知中，又如何知道事物的客观机理呢？我们可以这样去做：通过大量不同侧写认知，发现更高层的规律，而更高层的规律又会反映更大范围的知识，其中就包括人类目前尚未了解的知识。这就像阿尔法狗通过 3000 万盘棋的盘面训练，了解了人类下棋的方法，但还仅仅局限在人类知识范围内。进一步通过另外随机产生的 3000 万盘新的棋局，才超出了人类知识的范畴，形成更高层的对围棋的认知，也因此阿尔法狗也才有了战胜人类的可能。

如果把这个思路放到战争系统机理研究方面，其实也是一样的。每个战争研究者对战争的认识也包括两个方面，一是显式知识，二是经验知识。如果我们想把战争机理总结成一条条的知识，比如《孙子兵法》、《三十六计》等，这些就是显式知识。但这些离真正运用还有距离：有经验的将军知道在恰当的时机、恰当的地点把大旗一挥，就能势如破竹；只会背条条者，则会像纸上谈兵的赵括一样，落得个失败被斩的境地。中间的差距就是那些“只可意会，不可言传”的“经验”和“直觉”等，而这些只能用神经元网络表达出来。所以，反倒是这些“含糊的”“不明确的”的表达，更能反映出有经验者认知的战争实际机理。那我们是不是应该考虑一种新的对战争复杂系统认知“载体”，也就是神经元网络呢？这可能比那些所谓的决策支持系统更加符合实际。

对复杂系统的“降维建模”

在我看来，深度学习不仅仅是一种人工智能技术，而且还是一种对复杂系统进行建模的方法，即所谓的“降维建模”方法。对于这一点，也只是我的一个猜想，但总觉得值得我们好好研究，并且重视起来。

为什么说它是“降维建模”呢？因为复杂系统内部的关系，构成了多维的复杂系统结构，这个结构相互缠绕和关联，所以对我们来说很难描述和理解。比如，围棋如何取胜、系统如何发展、人群如何影响等，都是如此。简单系统也有结构，但它的结构可能呈线性，比较明确，就比较容易理解，用几个公式就可以做到。复杂系统就不行，很难找到这样的公式，或者这样的公式根本就不存在。当我们采用深度学习方法理解其中一部分时，就相当于对这种理解建立了新的模型，它的复杂程度就会降低，也就是维度降低。更多的理解，就相当于更多的降维。

那么，建立的模型是什么呢？其实就是人工神经元网络。这个人工神经元网络是我们对复杂系统理解的一个模型，或者称为算法，只不过它不是用公式、规则、文字或者逻辑方式表达的。这个模型也不是一成不变的，只要学习还在继续，这个模型也就不断地在改变，因为理解复杂系统的过程也在继续。阿尔法狗相当于对围棋的建模，但今天的阿尔法狗和明天的阿尔法狗并不是同一个，因为它的神经元网络还在不断地改变。这就是这种模型最独特的地方。另外，这个模型还是个“黑箱”，即使建模者也不知道它是什么样子的，只是知道这就是那个模型而已。

但是，这个模型是可以复制的。就像阿尔法狗可以被复制很多一样，因为它毕竟是用计算机载体保存下来的数字形式。正是因为可以被复制，也就意味着“智能”或者“聪明”可以被复制，复制数量多到一定程度，就一定会产生智能的“链式”反应，涌现出什么结果就可想而知了。有科学家认为，虽然智能技术的进步要花费很长的时间，但一旦突破其发展将是神速的，几乎在很短的时间内就可以超出人类。对阿尔法狗的复制可能还看不到太大的影响，因为下围棋毕竟只是少数人的娱乐。如果对智能机器飞行员复制，会不会带来飞行器完全自主化的革命就很难说了。

我关心的是，如果更多智能系统产生和复制，我们对复杂系统的理解和控制，会不会达到随心所欲的程度？其反身性的后果又会是什么呢？还真的不敢想象。我相信，到了那个时候，人类将是一个全新的人类，因为认知水平完全不在一个量级上。

3.4.2 新时代的科学工具

为什么谁都敢骂社会学家

由此可以看出，大数据、复杂网络和深度学习方法都可以看成是新时代送给我们的新的科学工具，它们从不同侧面为我们提供了认识复杂系统的途径。这对社会科学包括战争科学机理研究来说是一大福音，因为终于有了“硬科学”的手段。发现“小世界模型”的邓肯·瓦茨说，现代社会科学发现了复杂网络，就等于有了它自己的“天文望远镜”，就等着“开普勒们”来总结社会科学的“行星运动三大定律”了。

从来没有外行敢去质疑物理学家或者数学家，除了所谓的“民间科学家”。据说在中国科学院物理所、数学所的大门外，经常会有一些“民科”前来“踢馆”，号称解决了那些物理学、数学上的世界难题，来向物理学家、数学家挑战，研究所的领导不胜其烦。别说他们，就因为我也担任过系统工程与数学系的副主任，也曾有几次收到过他们的数学难题证明，而且印刷精美，但经不起推敲。因此，为了既不会埋没人才，又不被那些“民科”干扰，据说数学研究所的领导想了一个办法，教会了门口保安大哥25道数学题，对这些“民科”进行初步测试。如果有人做出其中五道，就可以向所领导报告，但据说至今还没有人能够做到。

但谁都敢质疑社会学家。万维钢在《智识分子》①一书中调侃说，北京的“的哥”都知道油价为什么会涨，每个网友都觉得自己比纪委书记更知道如何反腐败，而且既然外行都当得了足协主席，那谁当都是一样。邓肯·瓦茨认为，社会科学的发展方向就应该像硬科学一样，还是要靠科学实验和各种数据。传统的专家预测之所以不靠谱，主要是因为他们依赖的更多是直观的“常识”，其实这是一厢情愿的想当然。事实上，哪怕一个最简单的统计模型，也可能比所谓专家“想当然”的预测要好。因为在复杂系统世界里，很多规律是反常识的，也就是说常识是不顶用的，无论非线性结果、复杂网络性质等等，都说明了这一点。

社会科学研究过去一直找不到合适的方法学，只能从文字到文字，从调查到调查，加上很多人连调查也不愿意做，闭门造车，翻故纸堆，生生地把科学研究变成修辞研究、文字游戏。因而，经常受到别人的质疑：你这究竟是不是科学？复杂网络出现以后，社会科学研究一下爆发起来，很多人利用这个方法，将互联网下的社会作为研究对象，发表出版了无数论文和专著，使社会科学研究呈现一派生机。最近20年，发表的关于用科学方法论证社会、经济，也包括战争研究的论文，已经是过去研究的几十倍，找到很多新的方法和手段。这是一个很大的刺激，不管是时政研究，还是理论研究，现在一下子出版了那么多书，大多都是基于这种新的科学方法。传统的那种找个案例定性，凑个四六句的研究方法已经远远落伍了。对搞战争科学研究的人来说，其实也应该如此，我们也应该借助这些工具，不要老抱着过去那些传统的东西。研究可以继续搞，但你应该知道有新工具了。

有了硬科学的手段，我们就可以使用硬科学方法进行研究，但这仍然不是一件容易的事情。要么囿于研究习惯，要么囿于技能恐惧，很多老一辈研究人员并不愿意采用新的科学方法。倒是一些年轻的研究人员勇于尝试，反而容易取得骄人的成就。前面说过的那个专门研究如何“找工作”的哈佛大学研究生格兰诺维特，就是因为他的一篇关于弱关系的学术论文，成为了世界著名的社会学家，他的这篇论文据说也成为社会科学领域被引用次数最多的论文之一。

这些新工具最基础的东西就是数据，但数据并不容易获得。特别是，对于一些无法获取数据的研究来说，比如战争、危机就很难有在实际案例背景下获得数据的可能，恐怕就得靠仿真推演。这也可以算是计算实验的一种类型。为了确保真实，最好由真人参与推演，这样可以反映出人的独特行为特征。但参加推演的

①参见万维钢著《智识分子，做个复杂的现代人》，电子工业出版社，2016年版。

人又容易跳出角色而失真，这就是一个矛盾。因此，未来恐怕还得寄希望于人工智能的发展。

科学的工具：计算历史学告诉了什么

科学工具的出现，往往会大幅度地促进科学的发展，甚至开辟新的学科。大数据、复杂网络、深度学习等的出现也是如此。有个叫尼克[①]的在《东方早报》介绍了一个他称为"计算历史学"的学科，挺有意思，就是把大数据方法用于了历史学的研究。

什么是计算历史学？简单地说，就是通过分析浩如烟海的文献数据，从中发现一些非常重要的结果。这是尼克仿照"计算社会学"、"计算广告学"的意思创造出来的，说是"现在不说个什么'计算'，都不好意思开口"。但你要"计算"，就必须有数据，就必须先把几百上千年的文献都变成数据才行。好在谷歌把这件很难办的事给办了，花了不少钱。马云说过，能用钱摆平的事儿都不能算是事儿，谷歌的"数字图书馆"计划恐怕也是这个意思。

谷歌的两位创始人在斯坦福读书时都在数字图书馆项目里打过工，对这一类项目比较了解，其实也就是将现在只能检索书名等目录的方式，全部转为数字化，从而可以对图书的全文进行检索。这样，古老图书承载的人类知识财富，才能为更多的人使用。此类数字图书馆项目很多大学都在搞，但当时的规模还比较小。早在 2002 年，谷歌还没出大名时，就启动了一个叫做"谷歌印刷"的项目，决心要把全世界的数字图书馆项目统一起来。

当时谷歌的创始人之一拉里·佩奇访问了他读本科时的母校密歇根大学，那里的图书馆学院也是美国排名最靠前的，当时正好该校也有一个数字图书馆项目，就是用数字扫描仪把图书馆的所有书扫描，然后做字符识别。佩奇参观了这个项目，结论是如果密歇根大学按目前的进度做这件事，至少还需要一千年，才能把本校图书馆的书全部扫描完毕。因此，佩奇向校长建议，"让谷歌来干，六年就能扫完全世界的书"。这还真不算什么，因为扫描和字符识别都是成熟技术，更重要的是谷歌有人有钱有效率。佩奇随后又访问了最古老的牛津大学图书馆，再次觉得应该干好这件事。由此也和更多的大学图书馆结成伙伴关系，由谷歌负责数字化他们的所有书籍，从英文版开始。

这本来是件造福读者的好事，但三年后谷歌却迎来了两场官司。一个是一批图书作者提出了关于著作权的集体诉讼，而另一场是来自出版商的版权官司。经过漫长的讨价还价，2008 年谷歌和出版商达成协议，同意为出版商和作者提供相应的补偿。随后将"谷歌印刷"项目改为"谷歌图书"，将版权已过期的书全部公

---

①参见尼克的《计算历史学：大数据时代的读书》，尼克的博客，2014 年 6 月 17 日。

开，版权没过期但得到授权的书，可通过“预览”功能部分公开。

美国作协对谷歌和出版商的协议不满，认为出版业不能代表作家的利益，于是再对谷歌提起诉讼。2011 年，一位联邦法官拒绝了谷歌和出版商的协议，于是“作协对谷歌”的案子正式进入诉讼程序，直到 2013 年 11 月，联邦法官陈卓光做出对谷歌有利的判决，他的根据是公平使用原则。哈佛图书馆馆长罗伯特·达恩顿 2010 年写了本书讲了这个案子的早期过程，书名就是《图书案》。达恩顿作为历史学家，只看到谷歌扫描书这件事，却并没有意识到谷歌看重的其实不止是扫描，更深的目标是企图用机器理解被扫描书的内容。

只有理解了才能成为知识，有了数字化的图书，特别是当图书的数量多到一定程度时，就可以做出许多意想不到的事情。比如，到 2013 年，谷歌已经扫描了 3000 万册图书，其中也包括部分中文书。这时它决定将已经扫描过的图书进行某些统计，并将结果公开，因此就有了许多有趣的发现。这也从另一个侧面说明了科学工具的作用。

比如，“中国文坛到底谁最牛”这个问题，就可以通过谷歌的词频统计软件对图书中这些作家的名字进行统计，看看谁被提起的最多。一般来说，中国文坛无外乎鲁迅、郭沫若、茅盾、巴金、老舍、曹禺等，还有人说应该包括金庸。把这几个人的名字，当然包括各种不同的拼音方法、汉字形式等，一并输进谷歌词频统计软件，两秒钟就可以得出结果：鲁迅的江湖地位不可动摇，20 世纪八九十年代有点下滑，但后来又回升，总之远超其他各位文豪。这当然也和中国大陆很长一段时间独尊鲁迅有关。不过在三四十年代鲁迅略微输给郭沫若。老舍、茅盾、巴金也都排在比较前面。当然，这个词频统计来区分“谁最牛”恐怕并不一定准确，但这个工具却可以告诉我们一些新东西。

还有人用谷歌图书统计软件研究哲学、科学和宗教的关系。按照罗素①在《西方哲学史》里的说法，科学是确定性的知识，神学是不诉诸理性的教条，而哲学则是介于两者之间。比罗素晚一辈的美国哲学家蒯因②可能不同意，他认为哲学压根就应该是科学化的，但蒯因的学生辈大概是最后一拨儿科学化的哲学家了，新出来的一大批逻辑学家都出自数学系和计算机系，哲学系已剩不下什么“科学”的玩意儿了。如果哲学家还不争气，再过个十年二十年，也许谷歌可能真会验证这个预测。

在谷歌图书统计软件中分别输入“科学”“哲学”“宗教”三个代表学科的词，结

---

①伯特兰·罗素，1872～1970，英国哲学家、数理逻辑学家，剑桥大学教授，分析哲学创始人之一，1950 年获诺贝尔文学奖，是 20 世纪最著名的学者和和平主义社会活动家之一。

②蒯因，又译奎因，1908～2000，美国哲学家，是 20 世纪最著名的哲学家之一，著有《本体论的相对性》等。

果发现，在公元1600～1800年，“宗教”是压倒性强势，然后是“哲学”，相比之下，“科学”还没有影子。但1850年是转折点，“科学”慢慢占据优势，比“宗教”和“哲学”加起来都大，但“宗教”还是强于“哲学”。19世纪初，确实有一批从事自然科学研究的学者不满意被称为“自然哲学家”，其中有个叫胡威力的提出“科学家”这个词，恰好也印证说明了科学从哲学分离的历史。

无独有偶。耶鲁大学教授陈志武等也就量化历史做过很多研究，也有很多新的发现。是不是采用的谷歌图书统计软件我不得而知，但量化方法确实是新颖的历史、经济学的研究方法。比如说，他们统计了中国自秦始皇以来658位皇帝的情况，发现他们平均在位时间为12年多一点，而且38％的皇帝死于非命，其中71％死于皇亲国戚和大臣之手，比普通人死于非命的概率高出1000多倍。如果按照剑桥大学对现代战场的定义，每年死亡概率超过十万分之五百的地方就是“战场”，那么中国历代皇宫就是标准战场的6倍！可见在中国当皇帝也是一个高危职业。相比之下，欧洲的君主日子就要好过得多，平均在位时间逐步提高，到1500年就达到了平均23年左右。可见其政治制度在不断进步。

他们还有很多新发现，比如发现民间借贷纠纷命案中，利率越高反倒是放贷者被打死的更多，而不是我们想象中的借贷者。这里就不一一细说了，有兴趣者可以到微信搜索他们的论文阅读。可以看出，即使对于历史、经济和社会等方面的研究，一个好工具也可以带来很大的不同。

淘汰人的是什么：年龄还是工具？

这就是科学工具的作用。前面不厌其烦地介绍计算历史学的研究，就是为了说明工具的意义。过去中国人追求“行万里路，读万卷书”，作为学识渊博的基本条件，但现在有了谷歌这类新的工具，情况就完全不同了，让我们有了更多新发现的可能。尼克调侃说，在家里躺在床上都可以指导博士研究生了。工具对于我们来说就不仅仅是工具，而是促进变革的导火索。

英国著名哲学家以赛亚·伯林[①]当年写过一篇文章叫《论科学化的历史学》，主旨是探讨历史学是否也能像科学那样有个客观标准，凭着那个时候的手段和见识，这个问题自然无解。但是，伯林引用了英国前辈历史学家亨利·托马斯·巴克尔[②]的话说：“历史学之所以没有变成科学，主要是因为历史学家的智力不如自然科学家”。他设想，如果伽利略、牛顿、拉普拉斯有时间，说不定历史学早就变成

---

①以赛亚·伯林，1909～1997，英国著名哲学家和政治理论家，是20世纪最杰出的自由思想家之一，著有《卡尔·马克思》、《概念与范畴》等。

②亨利·托马斯·巴克尔，1821～1861，英国著名实证主义历史学家，因著有《英国文明史》二卷闻名于世。

了科学的一部分。这话不好听，但是出自历史学家之口，至少态度是诚恳的，用现在的话说这叫“自黑”，是不是他的真实想法还不得而知。但是，至少在他看来，历史学与自然科学相比，还是缺少点让别人不敢随便质疑的“过硬”的东西。

尼克说，“科学化的历史学”放到现在就是“计算历史学”。其实在我看来，这还只是最初级的统计算法，还算不上有多复杂。研究复杂系统光用统计学恐怕就不行了，可能就要采用复杂网络、大数据和深度学习等更先进的方法才有希望。但不管什么方法，先用起来才是真谛。如果只是供在那里装样子、充门面，不敢用、不会用，也不愿意学着去用，那么不管什么学科，将来恐怕都要玩儿完。

我认为，对于科学工具的引入和应用，关系到这个学科的未来。至于哪个学科如何使用，既反映了那个学科的发展需求，也反映了那个学科的变革能力。工具可以让猿人直立行走变成智人，工具当然也可以引发学科的变革使其走向现代化。有人说，淘汰人的永远都是工具，而不是年龄。我觉得很有道理。同样，淘汰落后学科的恐怕也会是科学工具。如果我们仍然抱着老祖宗的东西不愿意放手，仍然贪图舒服顺手而不愿意采纳新工具，正如前面所说的，很可能自己就被自己淘汰。哲学如此，历史学如此，战争科学和军事学也应该如此。

第 4 章　信息化战争的科学思维

4.1　新时代的思维密码

4.1.1　“未来战争”的民间范本

什么时代就有什么时代的战争。但我们现在处于什么时代？如果在 2016 年之前，对于这个问题的回答不会有很大疑问：我们现在正处于信息时代。但在“阿尔法狗”战胜李世石之后再问这样的问题，恐怕就要打上一个很大问号。我们是处于后信息时代，还是前智能时代？这个问题的答案可能要到很多年之后才会得出。但我们确确实实已经看到了重大的变化。

“奥巴马遇刺”的新闻乌龙

2013 年 4 月 23 日，在推特上出现了一则由美联社发出的惊人消息，“白宫发生两次爆炸，美国总统奥巴马受伤”，顿时引发了全球恐慌。道琼斯指数暴跌 145 点，1360 亿美元瞬间蒸发，超过指数的 1%。3 分钟之后，美联社澄清，这个消息是个假消息，并说这是因为它的推特账号被黑客组织“叙利亚电子军”盗用所致。很快，随着假消息被揭穿，股指又迅速收复失地，回到正常范围。但是，仅仅这 3 分钟，也就是 180 秒的时间里，纽约泛欧证券交易所，也就是纽约交易所和欧洲交易所合并后的大交易所，已经产生了大约 1 亿次交易。有人利用这短短的 180 秒时间赚钱无数。

那么，是谁有如此之快的反应，居然能以迅雷不及掩耳的速度进行操盘交易？很快，人们就知道了这些操盘手的名字：“2012 游击队”“狙击手”等，他们时刻关注新闻消息和股票市场的变化，并以极快的速度在不同股票间进行买进卖出，赚取差价。他们之间也在相互竞争，尔虞我诈，每个月的盈利可达数百万欧元。但它们不是人类，而是计算机交易程序软件，正是它们掌控着股市的起起落落。过去那种在股票交易大厅中人头攒动高声叫嚷的景象，早已不复存在。如今取而代之的是运行在巨型计算机中的高速交易软件程序，完成的是所谓高频交易。高频交易高速到什么程度呢？简单地说，就是高速到你可能需要完成“秒内交易”，也就是要在一秒之内完成买进卖出，并且赚钱。什么叫“秒内交易”？比如，0.0 秒时开始找到最低买价买入一批股票，分析判断形势用了几百毫秒，查看各个股票行情趋势又用了几百毫秒，找到最高卖价再用几百毫秒，最后快到 1.0 秒时一下把它再抛出去，买进卖出在 1 秒钟之内完成。虽然每次赚钱差价很小，但架不住次数多，聚沙成塔，积少成多，高频交易就成了一个赚钱的买卖。对于人来说，别说 1 秒钟，就是 180 秒钟，恐怕还有很多人在发懵呢，但这些软件却已经沉着冷静地完成上百次赚钱操作了。

这是不是我们常说的“秒杀”？据说，有一位老院士听到中央首长说“我们的战争已经进入了‘秒杀时代’”后很不以为然，认为那是不可能的事情，觉得定在“分钟”级别还差不多。但上面这个故事是不是给他“打脸”了？战争比起股票交易来说，恐怕只会更快，而不会更慢，将来的胜负恐怕真的就在毫秒之间。美联社的这次乌龙新闻说是黑客“叙利亚电子军”搞的，那这是不是一次针对美国的网络战、金融战的成功预演呢？

事实上，这个事件的本质是一场时代化的革命。它告诉我们，真的不能再用过去那种传统思维看问题了。

“秒杀”如何完成：高频交易中的秘密①

仔细分析证券公司高频交易这个案例，可以从中得到很多启示。显然，任何证券公司要想在竞争激烈的股市中赚钱，就必须找到可能比别人优势的地方，高频交易就是其中一项。我相信，今后还会有更多的创新出现。但仅就高频交易来说，要想达到前面那个程度，有几件事情必须首先要做到。

第一，必须网络化。现在几乎找不到不联网的证券公司了，但要在激烈竞争中取胜，还要联入更多的关键因素，比如新闻媒体，尤其是网络媒体。把与股市所有相关信息都紧密地联系在一起，就可以形成一个证券交易信息体系。谁家的信息体系强大，谁就可以占据先机，反之就会处处被动。这不是找几个人搞个简单小软件就可以了的，而是一个巨大的信息系统工程。

第二，力争高速度。当胜负系于电光火石之间时，甚至光速也成了需要克服的桎梏，“分秒必争”已经不行了，必须要“毫秒必争”，甚至“微秒必争”了。伦敦和纽约之间的光缆传输信号仅需 60 毫秒，但这眨眼之间的时间就已经可以完成上百笔的交易了。为此，一家叫做“海比尼亚网络”的公司，专门铺设了一条经过北极圈的新线，长度比过去缩短了 10%，时间因此减少 5 毫秒。另一家“麦基兄弟”公司，建设了一条微波线路取代光纤线路，就是因为微波传播速度是每秒 30 万千米，而光纤传播速度是每秒 20 万千米，整体可以缩短 9 毫秒。更有甚者，“斯普雷德网络公司”投资 3 亿美元重建了纽约和芝加哥之间的新光缆，为的就是要缩短 1 毫秒的时间。有的公司为争取速度先机，干脆把主机安装到股票交易所的机房里，这当然价格不菲，也就是所谓的“主机托管”。但即便如此，也可能需要为更短的线缆付出更高的价钱。这正是“时间就是金钱”这句老话的真实写照。这在我

①参见 Emmanuel Monnier 的《计算机称雄股市》，王师译，《新发现》，2013 年 12 月，第 46-53 页。

们一般人看来是不是闻所未闻？当然，通信速度只是一个方面，处理速度、算法速度也同样需要锱铢必较，分秒必争。

第三，尽快智能化。很多人可能没有想到，计算机已经在支配金融市场的运行，而不管其是被动执行决策，还是自行操作交易。也就是说，我们已经将绝大部分股票交易交给了计算机算法去做，因为不如此恐怕已经无法在股票交易中赚到钱了。这项工作起始于美国，然后是欧洲，接着是亚洲。随着证券业竞争的加剧，电子交易系统发展很快。得益于此，证券交易可以在世界范围内寻求更高的报价进行交易。这样一来，能否在最短时间内从世界各大交易市场中发现最低卖价和最高买价，就成为决胜的关键。在这方面，计算机算法表现的要比人脑出色得多。今天的股票市场，有一半以上是由算法自动完成的，另外一半也是由人类交易员借助算法完成的。这还不够，如果能实现更高程度的智能化，就可以得到更大的好处。比如，能够很快从市场中判断“奥巴马遇刺”的消息是真是假，快速进行分析，就可能抓住更大的商机。

第四，算法要进化。一般比速度的算法倒是比较简单，只要在硬件、通信等方面肯花大价钱就可以了，保证硬件体系最先进。对那些针对人类行为更复杂一些的算法，比如根据人群情绪对股市涨跌进行判断，就必须能应对复杂性演化。前面我说过，这种情况下的预测只能用一次，用完系统就会演化，因此你的算法就不能以不变应万变，你自己也得演化才行。

这几条做到了，高频交易才有了赚钱的可能，但是否能够真的赚到钱，还需要恰如其分的运用。比如，高频交易大约有90%的指令会被取消，这是因为许多高频交易的报价其实只是试探，只要没有人回应都可以取消，但却会影响市场的报价行情。有专业人士曾这样操作：假定想买入100万股，那就先发一个抛售100万股的指令，这样一来股价就会下跌。随后以极快的速度取消抛售指令，在低价位买入该股，这才是真正的目的。抛售的诱导如此迅速短暂，根本不会弄假成真，因为其他买家的反应速度要比我慢得多。还有很多类似的操作，这真是实实在在的“秒杀”！

高频交易目前已经占据欧洲股市交易量的三分之一，在美国甚至达到60%以上。有人认为它破坏了经济秩序，但也有人认为它增强了股市的流动性，更好地促进了供需平衡。但无论如何，高频交易的出现改写了市场规则，使得适应它的人得利，不适应它的人被淘汰，除非规则再次改变。这再一次证明了在复杂世界里快速学习和自主适应的重要性。

显然，如果把这些方法运用于战争，那将会是一个什么样的景象？事实上，网络作战已经给我们敲响了警钟。斯诺登爆料的美国情报实时监听和深度挖掘分析，哪一样也不比高频交易带来的影响差，哪一样都可以让我们瞠目结舌。市场上已经出现了很多过去让我们梦寐以求的东西，比如高德地图可以用于导航和态势，微信可以用于信息传递和协作指挥，顺丰快递可以用于聚焦后勤的物流配送，阿里巴巴的天猫购物平台可以用于云计算和云服务，在民间都已成为现实。

我们究竟是在什么时代？战争将来会怎么打？"高频交易"就是未来战争的民间范本，让我们看到了一种新的可能，一种新时代的可能。

4.1.2　新时代的战争思维改变

战争时代的特点和特征

说起战争的划代区分，其实也是众说纷纭，莫衷一是。现在比较一致的看法是，将战争分为农业时代、工业时代和信息时代的战争。下一个战争时代是什么？现在来看最有可能的就是智能化战争时代，因为许多智能化时代的特征已经开始显现。那么，智能化时代的战争具有哪些特征呢？我们可以先从前几个时代的战争特征谈起。

农业时代的战争特点是地域化、数量化和体力化，以分兵把守为主要特征，实行的是体力中心战，军队采用地域军种分工组织、按地域屯兵守备的形式，也就是军区制，比如过去建立的湘军、淮军等，或者是在新疆、西藏屯兵戍边。军事理论主要表现为要点、口诀的形式，比如《孙子兵法》。在这个时代，战争在某种程度上比拼的是人口的数量，因为需要大量的兵力分兵把守。

工业时代的战争特点是标准化、流程化和规模化，以分工合作为主要特征，实行的是平台中心战，军队采用军兵种按业务分工、集中指挥的树状组织形式，一般以机动加基地的形式驻兵和用兵，强调对力量的联合运用。军事理论主要表现为法制化的条令、条例、流程和计划等形式，比如美军的《通用联合作战任务清单》。在这个时代，战争比拼的主要还是机动和火力的速度，靠机械化实现兵力的投送。

信息时代的战争特点是网络化、精确化和一体化，以分布共享为主要特征，实行的是网络中心战，军队采用的是政令、军令分离的形式，按任务编组、分布式指挥的网状组织形式，更强调在体系下对完成任务效能的整合。军事理论虽然也可以文字形式出现，但也可以表现为软件程序的形式，比如形成的信息化指挥流程、代码化的指挥命令等，都被装入指挥信息系统之中。这个时代，战争比拼的主要是信息能力和速度，靠信息化形成体系并整合力量和效能。

我曾将这个划代特征草稿放到网上征求意见，一位老先生指责我说，难道《孙子兵法》今天就没有用了吗？其实，他完全没有明白，划代并不是切分。新时代总是要在继承旧时代优势的基础上发展起来的，并不是要全盘否定过去，而是同时又产生出了新的特征。当这些新的特征逐步独立显现并成为主导时，就开启了一个新的时代。用计算机的术语来说，新时代是向前兼容的；用政治学术语来说，时代总是螺旋式上升发展的。而且，时代与时代之间也不是"切换"的，更不是整齐划一的，而是“整体前进，多代并存，自然淘汰”的发展过程。

现在，智能化战争又呼之欲出，那它又有哪些特点和特征呢？我们现在只能进行以下猜想：智能化战争应该充分体现力量、平台和行动的自动、自治和自主能力，以人机智能融合为主要特征，实行的是认知中心战，军事力量可以采用军民混合、智力参与的组织形式，更强调以共享态势、分散作战、自主行动为主要指挥和行动形式，以对战争战场战局控制为主要追求。作战理论最终可能反映到某些神经元网络中，比如战法反映到平台智能程序中，智能优化过程反映到决策过程中等。这时，战争在很大程度上比拼的就是认知速度。这一点，“高频交易”带给我们很多启示。

我们看到了智能化战争时代即将来临的可能，不等于现在就是。即使将来已经有了很多智能化战争的特征，也不等于所有军队都具备了智能化战争能力，就像现在世界绝大多数国家仍然还不是信息化军队，甚至还有很多军队还处于机械化的早期阶段。但我认为[①]，代与代之间的差距是不同的，机械化落后通过更新装备比较容易赶上；信息化还需要时间的积淀和规模效应，但也可以逐步追上。但智能化就不太一样，我认为这和前面两代是有本质区别的，一旦赶不上可能就会永远赶不上，因为战争可能不会给你追赶的时间了。这是因为，智能技术会快速地扩大强者和追赶者之间的鸿沟，放大两者之间的能力差距，从而就可能导致比核武器禁试更严格的约束，以及可能更狂妄的战争冒险，让你追无可追。

其实不管什么时代，我们都要与时代保持同步。不管现在叫什么，是信息化战争，还是智能化战争，或者是信息化战争高级阶段，其实也就是一个名词的不同，更重要的是我们必须要有一种能和时代一致的思维模式，看到它们究竟在哪里与众不同。为了叙述方便，我后面还是会用“信息化战争”这个术语表述现在的战争时代，但其中已经包含了智能化的因素。

信息化战争的与众不同

信息化战争与传统战争相比确实“与众不同”，它会影响我们的战争思维。我觉得可以用以下五句话加以简单概括。

第一，整体为先。信息化战争和过去不太一样，就是它特别强调“整体”。在一个局部取胜，并不意味着能在全局取胜；在一个时段占优，也不意味着总能占优。因为战争系统中的要素众多复杂，相互影响纠缠在一起，使整体性更加突出。有的人可能会说，过去的战争不也是这样吗！你为什么要强调这一点？是的，任何一场战争都是整体的，但从来也没有像现在这样，影响会这么迅速和巨大。试

---

①参见胡晓峰的《指挥信息系统的智能化挑战：从深绿到阿尔法狗的探索》，微信公众号《新智元》，2016年7月13日，其中讨论了这个问题。

想一下，三国时候的赤壁之战可以说是规模巨大吧？但它影响到西方世界的时候，恐怕最早也已经是千年以后了，而且可能是通过《三国演义》影响的。但现在，美国人的炸弹落到萨达姆的头上不过几分钟，电视已经传遍了全世界，世界各地的股市就已经发生了很大变化。世界联系是如此之紧密，那种还想只关注局部的战争已经不复存在，影响只有大小之分，没有无关的可能。这就是现在的整体性，想不考虑都不行。

第二，交互为王。交互就是相互影响，而信息化战争把这个影响大大加强了。网络化的环境使得任何事件都会快速传播，相互影响，而且会放大，发生级联效果和雪崩效应，导致系统以极快的速度演化，产生出想都想不到的结果。过去，古代的消息传递靠人靠马，即使快马加鞭也只能是按天计算。今天，信息的传播按秒计，甚至按毫秒计，影响的人数按亿计。一个人昨天还默默无闻，一夜之间就可能成为人人皆知的“网红”；一个小小的变压器损坏，可能就会造成一大片区域停电，导致上千亿美元的损失。你还能不关注这个影响吗？

第三，虚实交错。物理空间、信息空间、认知空间多空间混杂，虚实映射，相互影响。这个容易理解，过去的战争主要发生在物理空间，而未来的战争还会发生在网络空间，甚至在认知空间，比如网络战、心理战。多个空间交错在一起，必然会产生相互影响，而且这个影响可能还是本质性的改变。比如，当不明黑客组织控制了国家银行系统并要挟政府时，民众会否恐慌？银行如何应对？社会会否动荡？政府会否垮台？在一处爆炸的电磁脉冲炸弹只是损坏了电网，却并未杀死一人，社会会如何反应？但停电一周后导致医院病人死亡，又算谁的责任？若发生暴乱，又应怪谁？这甚至可能让我们不得不去重新思考战争的定义。

第四，速度第一。美国前防长科恩曾说，过去的战争哲学是“大吃小”，现在的战争哲学是“快吃慢”。有学者将其形象地描述为“大鱼吃小鱼”“快鱼吃慢鱼”。也就是说，在现代战争中，速度将是最关键的。这里的速度指的主要还是机动速度、火力速度等。但在信息化战争中，学习的速度，适应的速度将更为关键。因此，我还给加了一条，就是未来战争将更可能是“巧鱼吃笨鱼”，太笨的鱼可能会被首先吃掉，因为智能技术的发展，会导致人类智能空前的进步。有人说，未来机器智能会超过人类智能，而我的观点是：机器智能最可能的是会将现在的人变成“超人”。也就是说，人类也会因为机器智能而进步，比如，昨天的李世石就不是今天的李世石，李世石因为和阿尔法狗对弈而成长。柯洁在和阿尔法狗对弈后迅速“长棋”，连胜几十盘，有人开玩笑说他变成了“半人半狗”，也是这个意思。但谁能进步谁不能进步，却取决于谁能控制机器智能技术本身。

第五，快速进化。战争系统各部分之间的交互速度加快，战争系统的演化速度也会加快，使得战争形态的变化也在加快。过去战争几百年一种形态，比如农业时代的战争；到后来几十年一种形态，比如工业时代的战争；再发展到近些年可能几年就是一种形态，甚至每一次都不一样，这是信息化战争的特点。下一个形态到底是什么样子，我们谁也说不清楚。它的结构、规律，以及组织形式，都在不断改变。这就带来一个很直接的结果：我们没有时间去积累经验了，也就是没有了“从战争中学习战争”的可能。那怎么办？我们自己也得适应，也得进化。所以说，在越来越复杂的世界里，学习和适应的能力与速度是最重要的。如果我们连这种学习适应和进化能力都丧失的话，恐怕什么战争也没办法打了。

那么，在这样的情况下，我们应该如何去看待和理解信息化战争呢？也就是我们应该具备什么样的科学思维方法呢？我觉得有四个方面特别值得关注：一是网络化思维，二是体系化思维，三是大数据思维或者叫数据化思维，四是虚拟化思维。有很多种思维方法，但这四种科学思维方法依据的就是复杂性科学基础，在信息化战争思维方法中间可能更具代表性。

4.2　网络化思维——“点”“链”连接的革命

1994 年，全功能互联网正式接入中国，到今天已经 20 多年了，2014 年还在乌镇开会搞了一次纪念活动。当年，一大批“海归”从国外回来，开始了基于互联网的第一次大规模创业，这是与世界同步的。今天的百度、阿里巴巴、腾讯、搜狐、新浪等互联网企业，几乎都是从那个时候起步的。一批一批的互联网公司建立起来，但很快又一批一批地倒下，这就是大家后来所熟悉的网络泡沫时代。

大约在 2001 年前后，世界各地的网络泡沫陆续破灭，纳斯达克股市暴跌，悲观失望情绪笼罩。很多人认为，网络将来成不了什么气候。但当时有位专家说了一句话，让我记忆深刻，至今未忘。他说：“不管现在是不是泡沫，但是如果你想一想未来，当所有计算机都通过网络连接起来之后，将会怎样？所以，我们无论怎样估计网络化的作用都不为过”。这句话给我的震撼是巨大的，让我思索了很久。我第一次觉得，“网络”可能不再属于“计算机”的范畴，而具有自己独立存在的意义。虽然它表现出来的是互联网形态，但内在的本质却是“联网”这个核心。这一点，很快就被巴拉巴西的“复杂网络”论文证实了。有的人说，信息化底下包含网络化，其实我倒觉得应该反过来，是网络化下面包含信息化才更准确，因为网络化的概念更大些，网络起到的也绝不仅仅是通信作用，而是“关系”的强化，还会引起组织的变革，这一点后面还会谈到。

网络的一个突出特点就是“梅特卡夫效应”。也就是，当节点数达到一定规模后，就会产生指数级增长，带来的“核聚变”式的爆炸效应，才能真正发挥作用。100 多年前，全北京恐怕也没有几部电话，那时只能是“皇上”溥仪之类高官贵族打着玩的玩具，没有多大用处。就是到了 20 世纪六七十年代，电话也只是领导家里才能安装的奢侈品。但是，只有电话接到了每个普通人的家里，到了每个普通人口袋里的时候，电话才会起到它应有的作用。这就是梅特卡夫效应的通俗解释。

网络其实也一样，建立孤立的、小规模的网络根本算不上“网络化”。屋子里所有计算机联网不是网络化，自己单位搞个校园网什么的也不是网络化，网络必须是大规模的。当网络上的无数“点”与“链”连接起来以后，网络就不再是“工具”，也不是原来的“网络”，而是由这些网络连接起来的整个世界。从这一点来看，“网络”指的就不再仅仅是“计算机网”，而是在其上承载的各种各样的关系，比如军队编制体制关系，以及人与人之间的关系等。

如何看待网络的性质和作用，这无疑是一场“网络化思维的革命”。我们应该建立哪些网络化思维呢？我想重点挑四个方面来说一说。

4.2.1　系统即网络，关系为核心

系统即网络：人民战争是网络化战争的起源

网络化思维首先就是要把系统都看成网络，看成是由各组成部分链接起来的一个整体。过去，我们可能只会把那些有形的“网络”才看成网络，但现在我们要学会把所有的系统都看成网络。

比如，一个班级就组成了班级网络，每个人都是一个节点，每个节点又以某种关系与其他节点建立联系；每个节点又有不同的属性，比如班长、书记等，这就是一个关系，关系就是结构。一辆汽车也可以看成是由几千个零部件组成的网络，而这个网络描述了这些零件的关系，也就是如何将这些零件组装成一辆汽车，以及零件之间如何进行交互，如信息交互、汽油流动等。同样，雷达、导弹和指挥车的网络关系也可以构成防空导弹系统。即使是对立系统的作战过程，也可以看成是一个交战网络。比如，交战双方的火力打击关系构成了交战网，它们之间的交互就是相互之间火力打击的能量交互。所以，既有互联网、物联网这样的实际网络系统，也有通过各种“关系”链接起来的其他系统，而这些关系描述的就是系统的构成和交互。所以说，“系统即网络，关系为核心”。

为什么要将系统看成网络呢？这是因为网络科学可以为复杂系统的研究提供一种数学化的理论基础，也就是前面说的复杂网络科学。有了这个理论基础，我们就可以利用复杂网络手段去研究复杂系统，而不是简单地泛泛议论。因为找到了复杂网络的运行机理，就找到了复杂系统的运行机理。

战争系统也可以看成复杂网络。比如，网络中心战就是这么个思想。而且还有人认为，即使在没有互联网的时代，实际上网络化思维已经被用于战争了。美国学者托马斯·哈默斯写了一本书，书名叫《弹弓与石子：论 21 世纪的战争》①，就

①参见托马斯·哈默斯著《弹弓与石子》，阎卫平译，军事科学出版社，2009 年版。

认为,“网络化战争的真正起源,可以追溯到毛泽东提出的人民战争”。他认为,人民战争在某种程度上就是建立“网络”,通过“网络”在战争中获取胜利。党组织是网络,群众组织是网络,军队就更是网络。早在网络成为大千世界的要素之前,毛泽东就在政治和安全组织中运用了网络,所以打赢了战争。

我觉得他说的非常有道理。虽然过去我们的人民战争不是在现代计算机网络条件下进行的,但毛泽东很早就意识到“网络”的核心作用并运用在实践之中。这可以说是理念上的一个巨大进步,摒弃了只关注自顶向下层次影响的方式,而更关注网络要素之间的相互作用。过去其实也有“网络”,只是这种“网络”不是电子的,联系比较慢而已。联系慢系统演化就慢,所以我们经常是还没有发现变化就已经被淘汰出局了。但是,现在网络速度极快导致演化速度也特别快,在我们有生之年,甚至几天、几小时就能看到它的变化,这就会让我们越来越关注它。

邓巴数与“讲故事”:指挥关系的变革

毛泽东的人民战争理论,说明在人类社会中起关键作用还是网络关系。但这种关系并不是能够简单建立起来的,它不仅受限于链接的方式,也受限于链接的容量。也就是说,每个人能与其他人建立的联系是有极限的。大约 20 年前,牛津大学有一位人类学家叫罗宾·邓巴,发现了一个与人类局限性有关的现象[①],以及一个被称为“邓巴数”的极限数字,后来被很多人反复引用。

邓巴当时感兴趣的是,每个人的大脑在同一时期能够处理的最高交往人数是多少呢?有没有一个极限?邓巴对全球相关数据进行了全面考察,并查阅了大量历史资料后发现,一个人在交往过程中,通过自组织方式形成的群体规模大约在 150 人左右。据说,准确的数字是 148 人,但社会科学研究不能太精确,就四舍五入定为了 150 人。这就像是开舞会,2 个人太无聊,2000 人又太混乱,150 人左右正好。

邓巴认为,这个数字是因为我们大脑本身所具有的局限,是由原始认知模式决定的。原始社会中,在大约 150 人组成的部落里,发生在每一个人身上的每一件事,都会对部落中的每一个人产生影响。现在,虽然早已没有了那样人人相关的部落,但我们的大脑并没有从原始认知模式中完全脱离出来,还会受限于认知影响的范围。由于现在联系广泛,所以我们已经不能识别出我们关注的所有人,也不能区别他们的影响与某个亲戚有何不同等。这就是我们人类本身对交往关系设定的极限。

---

①参见彼得·戴曼迪斯等著《富足》,贾拥民译,浙江人民出版社,2014 年版。

邓巴还发现，很多人通过像脸谱、微信这样的社交网络，即使可能"认识"了数以千计的所谓"朋友"，但实际上，真正能与他们经常互动的也只有 150 人左右。多出来的人，其实都是弱关系。社交网络改变的只是链接方式，或许还有链接频率和速度，但并没有改变链接的极限，因为这是由我们大脑决定的。

事实上，任何组织都有一个最优人数的问题。美国军方也研究过"一个最优的功能性战斗单元应该是多少人"这样的问题。通过长期反复试错研究后得出结论，战斗单元的人数恰好也是 150 人左右，和一般部队的一个连人数差不太多。也就是说，一个指挥员能够直接指挥的人数极限应该在 150 人左右。从科学的角度来说，这个人数应该作为作战最基本单位的人数限制，只能少不能多。

但如果要指挥管理更多的人数怎么办？这就需要另辟蹊径，不能仅靠我们大脑建立起来的连接了，需要靠其他的连接方式，这就是"故事"。所谓"故事"，这只是一种形象的说法，其实就是某种信念，而这种信念一定是以某种"故事"的形式表达出来的，并为听者所容易接受。比如，小一点的故事像传销，几百个人相信通过传销可以发大财；大一点的就是政治理念，一个党派可能就是通过共同信念形成的。最大的"故事"就是宗教，几亿甚至更多的人，通过宗教"故事"结合了起来，成为人类不同宗教信念的群体①。其实，《圣经》、《古兰经》读起来是不是都像是故事？这就是人类扩大连接的基本方式。

这个结果也告诉我们一个道理：任何组织系统的形成，实际上都是遵从某种科学规律的，极限并不是随意得出的。反过来我们想，任何系统网络化的结果，也一定也会催生系统内部的变革，以适应网络化的变化。比如，军队的作战指挥体制，也一定会根据网络化的结果发生改变，"放权周边"，将更多的指挥权交给下级，就是很好的例证。所以，我们现在就不得不思考一个问题：工业化时代的军兵种分工编制方式，是否还适合未来网络化时代的需要？"蜂群"战术的出现是不是会导致军兵种取消而改为按任务功能编组等等？这是很多国家军队都在探索的问题。

"去中心化"：系统网络化带来的改变

把系统看成网络，有利于关注系统各要素之间的关系而不是实体，这是复杂系统理论最重要的观点之一。系统中各要素之间的关系演变，才是驱动系统发展的动力。另一方面，把系统看成网络，也有利于不以层层分解的视角，而是以相互影响的网络视角看待系统，更能反映系统的本质。而且系统的大小不限，只是网络连接的范围不同。这不仅是视角的变化，也是系统网络发展的本质趋势。

---

①《人类简史》的作者赫拉利在书中也说，人类正是由于语言的出现，才退化了感官的感知能力，而增强了个体间的协作能力。这促成人类在群体内的合作，而最大规模的合作就是通过宗教完成的。

以社会系统为例，如果我们以层层分解的视角，那它就是“省州县市镇乡村”的组合，看不到它们之间的相互影响关系。但如果我们以相互影响的网络视角来看社会，那就是每一个个体、每一个个体组成的群体之间的相互关系，可能更能反映民众的真正民意，反映民众个体之间的各种群体关系，如家族、同乡、利益共同体、意见相似群体等等。现在的网络化社会就突出了这一点的作用，甚至使得很多网络关系成为最主要的群体关系。近年来发生的绝大多数群体事件，比如“反化工设施”、“反核设施”、“某某上访事件”等，几乎都是网络关系，尤其是社交网络关系发挥了很大作用，甚至导致社会动乱或变革的发生。

这种社交网络引起的社会现象，用一个技术术语或者社会学术语来说，就叫做系统“去中心化”，也有人称之为“去中间化”，“去中间环节化”等。也就是“中心”逐步在消失。什么是“中心”？过去领导说了算，领导就是“中心”；媒体被垄断，媒体报出的消息就是“权威消息”，垄断媒体就是“中心”。现在网络普及了，社会系统中不再只有一个“中心”，而是有很多个“中心”。这样的“中心”多了，也就等于没有了绝对的中心。

过去做工作，我们一般常讲抓住重点，也就是“中心”，但这在网络化社会可能远远不够。举例来说，过去我们做社会动员工作，工作的重点都会放到那些关键人物身上，再由这些关键人物去影响社会，取得了很大成效。但在网络化社会光是这样做还行不行？这就要重新思考了。因为网络导致了“去中心化”，不是说这些“中心”不重要了，他们仍然很重要，但也不能忽视其他草根节点，因为它们也有可能发挥大的作用。有人说，现在是“得草根者得天下”，我们的眼睛不能光盯着那些“大 V”，也要多看看那些草根小民，这些“小 V”说不准哪一件事情就会变成“网红”，立刻就成“中心”，搞不好就会使我们的工作功亏一篑。比如，特朗普搞竞选，几乎所有名人大 V、大媒体都不看好他，他只好靠网络靠草根，结果还真成了事。

社会关系是人类关系构成的基本单元，社交网络正在变革着人类社会的关系结构、组织形式和时空结构，这就打破了等级制带来的等级垄断。过去，等级垄断不仅表现在领导体制上，也表现在我们生活的各个方面，比如传达文件，非要逐级传达，以示等级的区别；电视台和报纸，过去都比较少，那说出话来就是一言九鼎，不容置疑。这都是传统等级制带来的垄断效果，大家已经习以为常。但网络化大发展使得信息无法垄断，那些依靠信息垄断存在的东西，自然就会逐步消亡。所以，我们理解任何系统，也必须要适应这种网络化的趋势。

4.2.2 网络化的目的是系统化

达成统一目标：不仅仅为了通信

我经常说，网络化的目的不仅仅是为了通信。但过去有些单位搞信息化网络化建设，并不明白自己在干什么，结果就是把所有计算机都联网，而且是为了联网而联网，以为这样就是网络化信息化了。2003年前后，当时提出要搞"综合集成"，很多单位就是如此。我到一些单位参加评审他们提出的"综合集成方案"，看到的几乎都是将现有系统如何联网的方案。但其实这样做是错误的，因为他们忽视了联网的目的。

联网是为了什么呢？网络化的根本目的就是为了系统化，也就是要将零散的组成要素形成一个整体，让系统的每一部分都为系统的统一目标服务。为统一目标服务，首先要知道目标是什么。当年，美国总统肯尼迪到美国航天发射中心视察，看到一个清洁工在那里扫地，就走过去问他在干什么。清洁工回答说："总统先生，我在帮助将一个人送去月球。"这就是统一目标，即使最底层的清洁工都知道这个目标是什么，而且都知道如何为达成这个目标服务。

联网首先考虑的是系统要干什么。比如，要建设指挥信息系统，它的目的就是要起到战斗力"倍增器"的作用。因此，网络化就要围绕这个目的进行，为提高战斗力，尽量减少冗废的配置，减少信息的迂回。减少冗废，就是要实现配系的优化，也就是根据系统目的将各部分连接起来，同时把不应该进入系统的、重复的部分都去掉。不属于系统的你非要联上，就会成为累赘，丢掉"坛坛罐罐"，才能提高效率。减少迂回，就是通过网络的作用，加快信息流转和处理的速度，而不是模拟人力的处理方式。只有这样，指挥信息系统才有可能真正起到提高战斗力的作用。

这也是网络中心战的目的，并不仅仅是将所有作战系统联网。有人喜欢学美军提"发现即打击"，但要做到这一点的前提是所有相关作战系统和过程都能形成一个整体，也就是形成作战体系。我去海军开会，海军一位首长举过一个例子，我觉得特别好。他说：我们现在老说体系，但很多人并没有意识到体系必须是整体的。侦察卫星能够发现目标，不等于出去作战的海军舰艇编队就能发现目标；虽然目标可以通过网络传给你，但你仍然可能找不到这个目标；作战舰艇编队能收到目标指示，不等于舰艇上的作战系统能发现目标；即使这个平台能发现目标了，也不等于各个射击诸元都能装订得进去，诸元装订不进去就没有办法开火，开火了也打不准。

有人喜欢跟风，美国人搞网络中心战，他也搞"网络中心战"；美国人提出第三次抵消战略，他就马上宣称"美军不提网络中心战了"。其实，他根本就没有弄清楚网络中心战是什么。网络中心战的目的就是要形成体系，而这一直是美军坚定不移的目标。因而，美军的各种装备平台、武器弹药，也包括战术战法、演习训练，都围绕这个目标来形成战斗力。有没有组网作战能力已经是美军对武器装备的基本要求，而这就是系统化，也就是体系化。

所以，体系一定是个完整的整体，不是某个局部自称的整体，它不是简单联网就可以做到的，而是一个巨大的系统工程。网络中心战不是简单地联网，而是要形成真正的作战体系。

师长的位置应该在哪里?

在网络化条件下,也必须要按照网络化思维来行事,而不要去模拟或拷贝原有的一些东西,这一点非常重要,但常常被忽视。比如,在指挥信息系统建设中,网络建设了,但思维仍然停留在原有阶段。

有一次我去部队调研,跟一位师长聊天,他突然问了我一个问题,让我很有感触。这位年轻的师长说:"我们现在搞数字化师的指挥信息系统建设,你说我们要不要给师长、团长搞专门的指挥车?"。我不知道他为什么问这个问题,就反问道:"那就要看你有什么需求了?指挥车的每一节点之间地位是平等的还是不平等的?"。他说:"除了名字不一样,其他都一样。"我说:"其实那就没必要了"。他说:"对,我也是这么认为的。可是为什么现在的指挥信息系统里还要分师长指挥车、团长指挥车呢,是不是应该师长在哪个车里,哪个车就应该是师长指挥车?"。

他说的非常正确!因为网络上的每个节点都是平等的,指挥员在哪里都应该能够指挥,指挥员在哪个位置,哪个位置就是指挥所,而不应该必须到专门的指挥车里去。网络存在的意义,本来就是要拉平这些位置的不同,但我们的设计者却忽视了这一点,非要搞个与众不同的"师长指挥车"出来。我相信,他们也只是在逻辑上这么描述,但在部队这就成了硬性的规定,反而忘记了它本来的目的。

其实,任何信息都是只走捷径,不会绕远路的。你人为地非要让它绕远路,可能得到的就是你被别人糊弄。这些在平时可能还没有什么问题,绕点路就绕点路,费点时间就费点时间,但真打起仗来,可能就会真要命。信息只会走捷径,你人为设置的那些"远路"肯定没有人会理睬。这是自然规律,就像水往低处流一样,不会自己上山爬一圈。综合集成如此,作战体系更是如此。

系统化带来管理变革:始于技术,成于管理

网络化的目的是系统化,那么系统化的意义又是什么呢?让我来说,系统化的核心意义就在于它能催生管理的变革,这才是最重要、最关键的内容。

前些年刚改革开放时,很多企业都开始搞企业管理信息化建设,当时我带着一个课题组也在帮助企业做这方面的工作,就遇到过这样的问题。作为系统工程最早的实践,当时有两家很大的卷烟厂都请我们帮助进行论证,该上什么样的企业管理信息系统。当时就是两派意见:一家烟厂的方案是引进国外先进计算机系统,但采用我国现有的卷烟厂管理模式,这是因为这家烟厂一直是国内的先进企业,自然很看重自己熟悉的那套东西;另外一家烟厂则不同,不仅引进了国外的先进计算机系统,而且还要全盘引进国外的先进企业管理软件,同时也就引进了国外卷烟企业的管理思想、流程和办法。当时我们论证的结论是支持后面这一方案

的，却引起了轩然大波，因为我这样做颇有点“崇洋媚外”的嫌疑，是不合时宜的。为减少矛盾，有的领导甚至让我“高抬贵手”，至少不要否定第一种做法。

但后来的事实证明我们当时的结论是正确的，如果不是那样，这些企业可能很快就会倒闭。在那以后，几乎所有的大型企业都直接引进了国外先进的企业管理系统，也直接促进了我国大型企业管理的升级换代。因为企业的目的是要提高生产率，参与国际竞争，这就需要按照最科学的方式管理企业，对企业的流程实现再造，业务实现重组，达到资源优化和科学管理的目的。而不是“穿新鞋走老路”，拷贝原来落后的生产管理模式，简单地更换硬件，连上网络所能解决的。

这让我悟出了一个道理，科学的规律只有一个，不会因为你自己的原因而改变。谁最先进就应该向谁学习，而不应该总是抱着“孩子还是自己的好”的狭隘心态。其实我们军队的信息化建设何尝不是如此呢？我们最不应该做的，就是拿现代化的、信息化的技术和装备，又去模拟传统的、老的那一套指挥体制和决策体制。因此，我们的信息化建设也不应该仅仅局限于信息技术的应用上，而应该更多地体现在催生指挥体制和决策管理的变革上，这才是我们最根本的目的。

所以，任何信息化建设都可以用八个字描述：“始于技术，成于管理”。始于技术，这是因为信息化建设都是从技术起家的，没有技术什么都免谈。但是最后你要想搞成，必须落脚到管理上，也就是需要催生组织管理的变革。过去，搞技术的人只认技术，搞管理的人只认管理，两者没有很好地结合，是一个很大的缺陷。但近些年这一点已经有了很大的改进。一位老院士就对我说，“始于技术，成于管理”这八个字，应该成为我们信息化建设最核心的理念。

战争是最极端的竞争环境，是你死我活的对抗，军队就应该是最具创新精神的组织。因此，任何体制调整和指挥变革都应该是军队增强战斗力最重要的手段。我觉得，这就是系统化的意义所在。美军可能是世界上最愿意研究人类组织方式的机构了，甚至比任何商学院都重视组织管理学。这是否对我们军队的改革有所启示呢？

4.2.3　网络链接比节点更重要

网络中什么最重要？有人可能以为是节点，其实是“链接”。链接描述的是网络各要素之间的关系，关系不同则链接的类型、方式和涌现效果也就不同。正是这些链接，为系统发挥作用提供了各种可能。一辆汽车撞墙后变成一堆废铁，改变的也是要素之间的“链接”关系，而不是物质本身。网络是最能反映复杂系统整体性的概念，而这些链接就构成了网络的灵魂。

优步打车：网络链接创造的共享经济奇迹

过去我们常说，个体是整体的基础，没有个体就没有了整体，但网络却是反过来的，整体才是个体的基础。比如，手机不入网就什么都不是，网络整体才是每一部手机存在的基础。所以，单凭“网络关系”就能创造出奇迹，这只有在网络时代才有可能。“优步”是英文“Uber”的音译，传到中国后成为了“滴滴打车”，就创造了一种利用网络关系建立起来的新经济形式，也成就了一段让人瞠目结舌的故事。

2010 年夏天，特拉维斯·卡兰尼克突发奇想，利用网络在美国旧金山推出了实时叫车服务，并创立了“优步”公司。这个时候，他们的这个网络平台上也仅有两辆车，而且也仅向旧金山市区的大约 100 个用户开放。如果这仅仅是一个出租车公司的信息化工程建设，可能日后也不会有什么反响，但卡兰尼克却利用它无意中开创出一种新的经济模式。

卡兰尼克的想法很简单：现在有车也有闲的人很多，但大部分都被浪费掉了。如果能有一种方法将有车有闲的人，而不仅仅是出租车司机，与那些需要租车服务的人联系起来，就可以大大提高车辆的利用率，并且还可以为那些有闲的人提供灵活的分时就业机会，用空闲时间赚取外快，而不用放弃自己的职业。而且，那些需要租车服务的人也可以得到更好的服务，使用更舒适、更豪华的车辆，而不是那些简陋的城市出租车。这一切，只要打开他们提供的“优步”软件就可以了。在卡兰尼克看来，这是一个“改变生活的小小奇迹”。很显然，这个小小的奇迹就是网络关系创造出来的。如今，优步或者类似的企业，比如在中国就是“滴滴打车”，已经蔓延到了全世界上千个城市之中，网罗了几百万的司机，每天提供上千万次的接载服务。

无独有偶。另外一个叫布莱恩·切斯基的人在更早一点的时候也做过相似的事情，但他关注的是为各地旅行的客人提供睡床和早餐，所以他的公司叫“airbnb”，意思就是“空气床加早餐”的意思。为什么要用空气床？因为他觉得在别人家临时加个床比较困难，但要搞个空气床可能要更容易一些，但后来这一条限制被取消了。其实，说白一点，它也是要为有闲置床的人和那些需要床的旅客建立起联系，让他们各得其所。但提供床比提供车更麻烦一点，因为让一个陌生人到家里来住，很大程度上还需要更大的信任和不同文化方面的考虑。

2008 年切斯基和几个合伙人开始做这件事的时候，只有 3 张空气床，而且上线了三次才找到了 2 个需要的人。连续几次融资都不成功，因为很多人认为这就是把宾馆床位上网而已。但想法对了，经过他们的努力和发展，现在 Airbnb 已经拥有了几千万会员，平均每晚的客流高达 50 多万人，比世界著名大酒店希尔顿在全球的交易还要高出五分之一。希尔顿覆盖的国家有 90 多个，拥有客房 68 万间，而 Airbnb 覆盖的国家有 190 多个，拥有超过 120 万的房间数，两倍于希尔顿。他们只用了不到十年时间就超过了酒店业百年老店，而且员工数量只有其百分之一。这算不算是奇迹？

Uber 和 Airbnb 的成功，一下打开了很多人的思路。其实它们并没有发明什么，只是发现了一种能在需求与资源之间建立网络关系的手段，并延伸出了一个很重要的观点："使用权比所有权更重要"。这种网络关系将"所有权"转变成了"分享权"，当然不是无偿分享，最大限度地提高了所有者资源的利用率，也给有需求者带来了实惠。需要注意的是，"分享"与"共享"还是有些不同的，共享是一家出东西，大家使用；而分享是家家出东西，大家使用。共享改变的是资源利用率，比如共享自行车，仍由某个公司管理；分享改变的是经济模式，因而更具革命性，比如 Uber，它就使出租车公司失去了存在的意义，因而遭到激烈的反对。

有人说这是一种新的"公有制经济模式"，即"分享经济"，意思是人们不需要独占资产，可以通过分享来按需使用资产。这正应验了凯文·凯利说过的一句话："未来衡量财富的标准不再是拥有和占有多少资产，而是能够快速连接和使用多少资源"。现在已经出现了一堆的"Uber"，比如"Uber 快递""Uber 货运""Uber 餐桌""Uber 跑腿""Uber 问答"等，可能还会出现更多的新点子和想法，分享经济正在以惊人的速度改变我们住宿、出行、生活和生产的方方面面，而做到这一点的就是网络，通过网络释放出了意想不到的能量和机会，因为它把很多东西连在了一起。

无论是互联网，还是未来的物联网，最核心的本质就是链接。只有理解了链接，才会理解为什么很多行业会被颠覆。举个例子，微信为什么颠覆了通信网络运营商呢？就是因为微信改变了用户和运营商之间的关系，解决了我们每个人各种关系的链接问题。而且，一个网络的价值跟它的节点数目不是成正比的变化，而是呈指数级的提高。当只有一个节点的时候，它没有什么价值，但是当它有了第一亿个节点时，它获得的价值就是惊人的。所以，我前面说过，"对于网络的作用，你怎样估计都不会过分"，说的就是这个意思。

军队的建设和改革，很大程度上也是为了适应网络时代的变革。比如，军队指挥体制改革中，"军委抓总，军种主建，战区主战"，其实也是在军队资产、力量结构上进行重构，解决的也是使用权和所有权的分配问题。原先依靠自建自用、自下而上、划地盘式的分工模式，将被整体建设、分享使用、自上而下、依靠法规的矩阵式系统所取代。这也是信息化建设的潮流和方向。

链接使得世界变平：自媒体与网络动员

网络信息传播很多是通过社交网络链接完成的，从而导致大量自媒体的出现，带来的巨大改变是很多人始料未及的。一个明星的微博"粉丝"数就达到几千万，绝对超过了大多数报纸的订阅数。这就打破了传统媒体的垄断，信息传播去除了中间环节，同时到达了不同层级。在网络世界中，个人的作用得到充分发挥，不管你是名人，还是"草根"，只要是"网红"，可能就会带来很大的影响。

有人把这种现象称作“世界变平了”。为什么说变“平”了？就是说过去一些“高人一等”的垄断领域，例如由国家和大公司控制管理的传媒和电视台，现在个人也可以掺和进去，通过网络发表自己的观点，提供有关的内容。这就大大地改变和影响了原有的一些社会规则，也就是说，世界上原有的等级高低都被网络抹平了，“个人”也具备了向垄断大公司，甚至国家叫板的可能。提出这个理论的人叫托马斯·弗里曼，是在他写的一部畅销书《世界是平的：一部二十一世纪简史》[①]中提出来的，在世界上有很大的影响。

有些人以为这些网络难以控制，舆论无法把握，被谣言牵着鼻子走，因而就老是想着去封锁消息。但他们忘记了，任何复杂系统总是可以通过自我控制使之处于平衡状态，这就是“人人在现场，事事被检验”。任何人说的话，都会被在现场的人去查看，你要说假话还真不容易。前不久，某个人在网上喊冤，说是警察打了她，一时群情激奋，怎么骂警察的都有。但很快就有在现场的人把当时的情景发到了网上，真相马上大白，原来是这个人自己上手打警察，结果被网民骂得狗血喷头，还被“人肉搜索”了一把，狼狈不堪。某省的一位省长在全国人大会上说，我们省的煤矿工人没有被拖欠工资的，但不到2个小时网上就有了工人指责他说假话的视频，搞得省长大人十分尴尬。原中央电视台记者柴静搞了一个关于环保的片子，叫《苍穹之下》，在网上发布，一夜之间传遍国内外，点击数达到1.2亿，这比什么媒体发布传播的都快，影响极大。但是，柴静说得对不对？尽管大家认可她的理念，但事实马上就有人去检验，结果还是发现许多经不起推敲的地方。

“人人在现场，事事被检验”，不管你是普通百姓，还是高官贵族，任何人想掩盖真相都变得不容易。手机现在到处都是，一件事马上就有人在拍，就有人上网传播，封锁消息其实并不容易。所以最好的方法就是讲真话、办实事，经得起网络上众人的拷问。这就是现在我们面临的信息传播现状，必须要以网络的思维面对才行。在现在这种自媒体遍地开花的形势下，如何发挥官方主流媒体作用，就是必须研究的课题。官方媒体不能抱着过去那种“我说的就是对的”的心态，而是要为成为“最被信任”的媒体而努力。官方媒体在未来起到的应该是核实、证实和权威发布的作用，而要做到这一点，媒体的信誉是最重要的。当一个媒体被网民调侃为假话媒体时，它的作用就可想而知了。

力量动员也是如此。再举个例子，2012年7月21日深夜，北京特大暴雨，很多人下了飞机回不了家，机场班车也没了，困在了机场无可奈何。于是有人在微博上发布消息说，现在好多旅客下了飞机没有办法回家，大家如果有空的话，是不是请你们到机场去接一下他们，有点发扬一下雷锋精神这个意思，号召大家助人

---

①参见托马斯·弗里曼著《世界是平的：一部二十一世纪简史》，何帆等译，湖南科技出版社，2006年版。

为乐。结果 2 小时之内，600 多辆私家车到首都机场去免费接人。这是很多政府都做不到的事情，但网络却办到了。即使是官方组织，也很难在 2 个小时之内让 600 多辆私家车自己掏油钱开车送陌生人回家吧。我们想一想，网络动员的力量有多大，这在以前是难以想象的。但这也不是任何人上网振臂一挥就可以做到的。

英国前首相卡梅伦说过一段话，说明了自媒体出现带来政治上的变化。他说："自媒体是一个神奇的传播媒介，能够在几分钟内将观点和信息传播到全球。它把孤独的斗争变成了群体战役，把抱怨变换成了运动；引起成百上千，甚至数以百万人民的兴奋和关注，并激发人民采取行动"。这说明，西方政治家已经注意到了自媒体的作用，并且已经引导这些自媒体为自己服务，比如奥巴马、希拉里，包括特朗普，都积极利用自媒体进行竞选。也有利用自媒体发动"颜色革命"，煽动别的国家暴乱的。我们如果不能意识到这一点，就将受到时代的惩罚。

网络链接带来的去中心化抹平了世界上的垄断山头，为来自基层的创新创造了前所未有的条件。因为没有很多权威压制他，也没有父母和官员的限制，所以现在很多小年轻都在创业，发挥自己的聪明才智，这就会使得社会得以以一种新的形式发展。显然，网络在其中就起到了关键作用，因为网络让默默无闻的他们有了发现伙伴、寻找资源、展现自己和创造奇迹的最好机会。这种机会在以前是从未出现过的。

物联网和脑联网的神奇链接

Uber 告诉我们，链接的作用是如此神奇，以至于我们不得不重新思考网络的作用。互联网已经展现了其惊人的能量，而物联网又要将各种物理实体，比如汽车、洗衣机、电饭煲等又联入了网络之中，就会再次扩大网络的疆域。物联网有个缩写名词，叫做 IOE，就是 Internet of everything，意思是"任何东西的互联网"。所以有人说，由于物联网的出现，并和互联网联系到一起，世界才真正实现了互联。

实际上，作战体系本质上就应该是一个物联网。各个战车、飞机、军舰等作战平台，通过各种数据链和网络联接在一起，就形成了一个物联网。现在，后勤部门非常重视物联网，认为这是一种物资保障的技术手段，在大力推广。其实作战部门更应该重视才对，网络中心战所使用的网络，本身就应该是一个物联网体系。物联网，不管对谁来说，都是一场很大的革命。

更神奇的还有大脑的链接。很多人觉得这还是科学幻想，但科学家已经在这方面取得了很大的进展。著名极客埃隆·马斯克，就是搞出特斯拉电动汽车、发射火箭还能返回发射台的那个"神人"，又提出要实现人脑与电脑的连接。袁越在《三联生活周刊》上介绍了一些这方面的研究进展①。2015 年 7 月 9 日，《自然》出

①参见袁越的《实验室里的超感猎杀》，《三联生活周刊》，2015 年 7 月。

版集团旗下的《科学报告》杂志刊登了两篇来自同一个实验室的论文，证明起码在实验室条件下可以把多个哺乳动物的大脑连在一起，让它们彼此合作，共同完成某项任务。

两篇论文的作者都是美国杜克大学医学中心的米格尔·尼科莱利斯博士，他的研究方向是脑机互动，也就是让脑细胞直接驱动机械臂，这样就可以用意念来控制机器了。有一天他突发奇想，决定用现有装置把三个猴子的大脑连接起来，看它们是否能够学会合作。具体来说，研究人员把三只猴子大脑中负责动作的神经元与微电极相连，然后通过电线连到电脑上。经过一定的训练，每只猴子都学会了通过意念来操纵电脑屏幕上的虚拟机械臂，完成某个动作，然后得到奖赏。

之后，研究人员修改了参数，让每只猴子只能控制机械臂在两个维度上的动作（比如 X 轴和 Y 轴），每只猴子对于任一纬度的控制力都是 50%。然后，科学家把三只猴子的大脑通过电线连到同一台电脑上，看它们如何反应。结果出人意料，三只猴子很快就学会了相互合作，共同操纵机械臂完成特定的动作。也就是说，这三个大脑连接起来形成了一个微型的超级大脑，尼科莱利斯称之为“脑网”。有趣的是，实验证明这个“脑网”具备很强的抗干扰能力。如果一只猴子在实验过程中开小差，那么另外两只猴子便自动接管了它的工作，不至于让机械臂失去控制。想象一下，如果是 100 万个大脑同时相连，形成的超级大脑将具备极强的抗干扰能力，甚至可以说是百毒不侵。

上述实验中的三个猴脑并没有直接相连，而是通过一台计算机彼此合作，不是真正意义上的脑间感应，即所谓“超感”。于是尼科莱利斯又做了一个实验，这次他改用四只小鼠，每只小鼠的大脑连接了两组微电极，一组微电极可以输出电信号，用来刺激小鼠的脑细胞，另一组微电极则用来接收脑细胞发出的指令。四只小鼠大脑通过输入和输出端连接在一起，组成了一个真正的超级大脑。之后，科学家通过微电极刺激其中一只小鼠的大脑，另外三只小鼠的脑电波很快就同步了，说明另外三只小鼠间接地获得了和第一只小鼠同样的体验，它们之间就发生了“超感”。

接下来发生的事情更加神奇。科学家通过一个总开关向这个由四个大脑组成的脑网输入电信号，模拟温度和气压的变化。正常情况下小鼠会根据温度和气压的变化判断出未来到底会不会下雨，然后把这个判断以脑电波的形式输出。实验证明，这个超级脑网中的四个大脑很快就学会了相互合作，同步运算，做出气象预报的能力比单独任何一只小鼠都更快更准。这说明，超级大脑不但可以发生共情，而且可以相互合作，提高工作效率。后者正是研究人员想要达到的效果。

“这个由四只小鼠大脑连接而成的系统模仿了电脑行业‘并行处理’的工作模式，即从外部输入一个指令，然后并联的几台电脑自己进行计算，然后把结果统一输出。”一位没有参与这项工作的科学家评价说：“这项研究结果非常刺激，将彻底改变人与人之间相互合作的模式。”另一位科学家指出了其中的关键：“人与人之间的合作经常因为语言障碍而变得很困难，如果通过这种方式把他们的大脑连接起来，就可以绕过语言障碍，让两个不同个体直接感知对方的想法。”

当然，这还只是一个初步的实验，实验对象也只是猴子和小鼠，未来还有很长的路要走。但猴子和小鼠只能做简单的事情，如果将来有一天真的能够让人脑相互合作，能做的事情就太多了。但无论如何，我们可以从中看到，链接起到了关键作用。

4.2.4　网络遵从自己的内在运行规律

我们常说，世界有它自己的自然法则，一切依照规律运行。同样，网络也有它自己的自然法则，也要按照网络世界的规律运行。前面说过，互联网的规律很大程度上反映的是人的活动规律，比如幂律，通过互联网我们可以把它记录下来，并加以研究和利用。比如，小世界、无尺度、弱关系、脆弱性与稳健性并存、三度影响、六度传播等，都是我们已经知道的规律。还有许多我们并不知道的规律，现在还在深入研究中。因此，在思考网络特性时，就必须了解和遵从这些规律，否则就会吃亏。

长尾理论：商场的东西如何卖出去

先看看商业销售。我们知道，现在商店卖东西有个规律，基本上是符合“二八律”的。也就是 20％的商品赚 80％的利润，另外的 80％的商品只能赚 20％的利润。所以说，很多商店在卖东西的时候，很关注那些热销商品的销售，因为绝大多数利润来源于此。卖到一定时间之后，这 20％的商品就过季不再热销了，必须马上下架，换成新的热销商品；否则，它们就会多占商场营业面积，耗费租金，降低利润。这就是一般性的商业销售规律。

但在网络上销售就不是这个规律了，比如淘宝、京东之类的网上商店。那它是什么规律呢？网上商店卖东西开始肯定也是热销商品卖得快，赚得多，但到一定时间后也会开始滞销，可能每天就卖一两件商品。如果是普通商店可能就下架不卖了，但在网络商店就不会，因为网络商店没有占据商店营业面积，也没有销售员工资负担，所以它就可以继续卖下去。虽然每天就卖一点，但积少成多，卖了很长时间后，就可能卖得比热销时的总数还多。这就是网络销售上的“长尾理论”，意思是幂律曲线中后面拉长的“尾巴”，加起来比前面的“大头”还多。有人还专门写了一本书，就叫《长尾理论》[①]，国务院的一位副总理还专门推荐让大家去看。

这个“长尾理论”说明，我们要在网络上销售，就必须研究和依据网络的规律，

---

①参见克里斯·安德森著《长尾理论》，乔江涛译，中信出版社，2006 年版。

完全按照实体商店的做法是不行的。本质上说，长尾理论完全颠覆了过去传统商业销售的基本做法，并揭示了一个新的趋势，这就是时间重于空间。在网络上，不需要花很多钱去租商场，空间的价值就会下降，但需要利用时间的价值，这就要想更多办法利用网络的优势。利用好这些规律，就可以找到在网络世界成功的钥匙。

长尾理论反映的其实是人类行为的规律，这在战争中也被证实。有人做过统计，伊拉克战争期间，美军一共死亡139人，就是正式打仗的那几天死亡的。但战后这些年，又被路边炸弹、恐怖袭击等稀稀拉拉地弄死了4000余人。这不就是典型的长尾吗！你说战争的效果该如何计算？是该算实际打仗的那几天呢，还是要把后面死的人数也要加起来？商业销售出现了“时间重于空间”现象，战争是不是也有这样的趋势？未来的战争越来越要从更长远的时间范围考虑，要赢也要在更长远的范围内赢，关键是你对后面长尾的控制能力。

模仿、趋势与创新：应该到哪个饭馆吃饭？

如果我们想找个地方吃饭，都会面临这样的问题：是找一个人多的地方好呢？还是找一个人少的地方好呢？一般的经验都是“看车”，如果哪个地方停放的车辆多，说明这家饭馆火爆，就应该选这个地方。虽然人满为患，但至少这家餐馆不会把剩菜推销给你。是不是这个道理？其实，最重要的还不是这一点。王川[①]说，在没有更多信息的条件下，其他人的选择就是最可靠的指南。带来的后果就是赢者通吃，拥挤的餐馆越来越火爆，而人少的餐馆则越来越萧条。

这是复杂网络理论告诉我们的一个很自然的结果，是人类社会的固有规律。模仿别人的行为方式，是人类在进化过程中产生出来的一种优势行为，用复杂网络理论的话说，这叫“偏好依附”，可以实现最小风险的选择。英国圣安德鲁大学的进化生物学家凯文·拉兰，曾经采用公开悬赏的方式专门研究了这个问题。

2007年，拉兰专门设计了一个有奖竞赛，看看采取哪种方法可以在老虎机上赌到更多的钱。老虎机就是那种投入硬币，然后拉一下拨杆，看看能有多少个硬币落下来的赌博机器。一般说来，赌徒在玩老虎机时，会有三个动作：第一个是“观察”，看看别人玩了哪个老虎机，回报如何；第二个是“探索”，试试别的行为看回报如何；第三个就是“开发”，做出决策，获得相应回报。每个老虎机的回报，不是完全固定的，会随时间推进有一定几率的改变。而且竞赛规则规定，只有选择“开发”行为时，才可以真正获得回报，并且具有时间限制，回报越少的人越可能被淘汰。

---

①参见王川的《从抄袭的进化优势，看强者益强》，微信公众号《硅谷王川》，2017年4月11日。

在比赛开始前，包括拉兰在内的大部分学者都认为，观察和探索结合的方法将会获胜。来自十六个国家的 104 个参赛者，提供了他们的竞赛程序。经过一年多两个阶段、几十万个回合的厮杀，结果来自加拿大两个年轻研究生的算法意外地夺得了第一名。他们的算法以“观察”为主，几乎完全不用“探索”的学习方式。即便在竞赛主持者调整了各种环境参数后，这个策略仍然在绝大多数情况下可以轻松击败其他对手。这是为什么呢?

事后专家分析，“观察”作为一种社交学习方式，它的本质优势在于，观察到的社会其他成员的成功行为，有较大几率是回报最高的选择，所以值得模仿。这种优势在相对稳定的环境里尤为突出。而“探索”方式虽然有时也可以获得较大回报，但在统计意义上并不突出，不利于建立进化优势。但是，当环境变化速度极快时，老行为模式的回报随时间流逝会变化很大，简单的模仿就完全丧失了价值。生物界的扎堆现象，原来并不是天生如此，而是进化淘汰的自然结果。那些总是特立独行者，大多很快就会耗尽自身资源而早早夭折。

邓肯 · 瓦茨 2006 年也做过一个下载歌曲的实验。如果完全凭试听者匿名下载歌曲，结果每首歌曲的下载量差别不大。但是，如果公开了别人的选择，结果就会迅速被他人模仿，下载量迅速向前几名集中，很快便成为幂律结果。这个现象在网络时代更为突出，谷歌搜索的使用者 98%以上只使用前三个搜索结果。前几名吃肉，其他人只能喝汤，有的连汤都喝不上。所以，很多成功者只是网络模仿效应的结果，是人类行为“偏好依附”规律的结果，但其产品特性并不一定是最优秀的。因为模仿别人已经探索出来的结果，取得成功的概率最大，因为别人已经在产品特性、商业模式、客户认可等方面得到综合性证实，而且还会吸引更多的客户强化这种结果。国内外很多新颖的网络软件都有模仿产品，就是这个道理。如果以为只是自己的产品不够好而拼命改进特性，就会浪费时间，因为没有找对真正的症结所在。

模仿的时间也很重要，关键是要跟对趋势。事先无法预测谁是胜者，但在早期胜者开始涌现而趋势不可逆转时，应果断加仓顺应趋势才是正道。特立独行的结果可能会颗粒无收。西班牙著名服装品牌 Zara，采用的就是这种策略，他们在意识到无法预测流行趋势时，就会派人到各大购物中心观察消费者的选择，然后设计出新的款式，小批量生产投送，再看是否符合趋势，最后才决定能否大批量生产。就这样，它的创始人成为了欧洲首富。你能说模仿不重要? 但他又不是简单模仿。

对于战争研究来说也是如此。如果特立独行，拒绝接受别人成功的经验，可能将来就会被趋势抛弃，死无葬身之地;如果简单模仿别人，“言必称美军”，忘记了环境变化速度带来的影响，也会错误估计趋势和方向，很可能就会跟着犯错误。要想知道如何正确，了解网络机理是非常重要的。网络只遵从自己的规律，你不了解这些规律,就是创新也有可能犯判断错误。

驯鹿与断点:网络的规模应该多大?

现在网络连接的面越来越广。那么,是不是真的万物互联、系统越大越好呢?这还要看你链接的是什么,以及如何链接。对于不同的系统和网络,会有不同的答案。美国有一位脑科学家和企业家,名字叫杰夫·斯蒂贝尔,写了一本非常有名的书,叫《断点——互联网进化启示录》[①],专门讨论了这个问题。

1944 年,为解决战争期间的肉食储备问题,美国海岸警卫队将 29 头驯鹿放养到了位于阿拉斯加白令海附近的圣马太岛上。这座岛上覆盖着驯鹿爱吃的地衣,在这里驯鹿可以吃饱长大,进而迅速繁殖。但战争很快就结束了,这批驯鹿也被忘到了脑后。到 1963 年,岛上驯鹿的数量已经超过了 6000 头,而且它们比在其他地方的驯鹿都要胖得多。由于圣马太岛上没有人类居住,因此美国海军在 1965 年 5 月派出了一架飞机,希望可以拍摄到这些驯鹿。奇怪的是,偌大的一座岛上,机组人员居然根本没有拍到任何一头驯鹿。他们不知道的是,此时岛上已经只剩下 42 头驯鹿了。岛上覆盖的不再是地衣,而是累累鹿骨。发生了什么事情?

斯蒂贝尔说,圣马太岛上的驯鹿群也可以看成是一个网络,这个网络之所以崩溃,正是种群增长过快且资源消耗过多的结果。当驯鹿消耗的地衣超过自然界可以补充的地衣时,它们就超过了关键点,这个关键点就称为"断点",如图 4.1 所示。因为驯鹿对自己的状况一无所知,所以仍在不断地繁殖,并消耗着有限的资源,最终摧毁了它们自己的生活环境,以及生存能力。又过了几年,剩余的 42 头驯鹿也死了。它们的网络彻底崩溃,再也无法恢复了。大自然最后又让超载的世

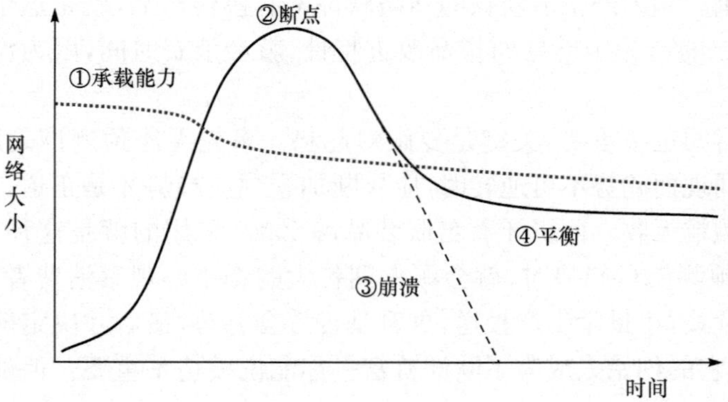

图 4.1 网络承载能力与断点

①参见杰夫·斯蒂贝尔著《断点:互联网进化启示录》,师蓉译,中国人民大学出版社,2014 年版。

界恢复了新的平衡。

但并非只有生命体才是有限的。我们习惯性的认为，什么东西都是越大越好，越多越好，几乎在所有领域都是如此。那些我们无法看到或感觉到的东西，比如“知识”，看起来似乎没有界限，但其实也都有着各自的极值。我们的大脑只能吸收有限的知识，一旦超过了某个点，知识也是有害的，心理学家将其称为“信息超载”。拥有超强记忆力似乎很美好，但我们为什么没有进化成能记住所有事情的物种呢？实际上我们的大脑也有断点，能记住所有事情的人实际是一种病，叫“超忆症”，他们其实是非常痛苦的。就像是在书架上摆放了太多的书，再坚固的书架也会承受不住。事实上，从大脑神经元的连接数看，大人的要比小孩的少，这也说明它在达到了断点减少了连接之后，才拥有了智慧。我总觉得，现在的互联网有个很大的问题，就是“永不遗忘”，即使是已经辟谣的谎言，也永远在网络上存在。这总有一天会带来巨大的问题。

同样的事情其实也发生在网络领域。斯蒂贝尔说，技术虽然不需要食物来存活，但它也是有限的，互联网的用户本身通常就是问题所在。如果一个网络上有太多用户就会造成拥堵，这与在繁忙公路上出现拥堵是一个道理，最终会造成整个网络的瘫痪。但是不是慢慢发展就好呢？当然也不是！发展必须迅速，慢了还不行，这是因为这个世界充满了竞争，要战胜潜在对手，最好的方法就是耗尽生存所需的资源，否则竞争对手就会利用这些资源发展壮大，在网络时代更是如此。你看那些网络公司最初的发展，几乎都是从“烧钱”开始，目的就是为了抢夺用户，因为用户对于这些网络公司来说，就是最宝贵的资源。

但任何网络的发展都是有断点的。也就是说，总有一天会超过它的承载能力。为什么会发生断点？主要原因就是环境封闭，承载能力极限很容易被越过，比如圣马太岛封闭了驯鹿迁移到别处的可能。超过了承载能力，就会发生两个结果：一是彻底崩溃，系统灭亡，就像驯鹿群的消失；二是主动或被动降到承载能力极限以下，进入平衡状态。比如，蚁群主动分巢，主动缩小蚁群的规模；人类大脑主动减少神经元连接数等，都是为了回到平衡状态。网络的核心永远都是效率而不是规模。

但这样是不是就会限制发展呢？当然不是。为避免超过承载能力极限，除了缩小自己的规模，还可以提高环境承载能力的极限。怎样提高这个能力极限呢？对于驯鹿来说，就是迁移到更大的岛屿或陆地上去；对于网络来说，就是迁移到具有更强承载能力的新技术上去。新的技术会大大扩充增长的极限，比如网络就是从拨号网、以太网，发展到宽带光纤网的，每一次技术创新，都会大大扩大网络的承载能力。从这点来看，如果没有技术创新，互联网也会有一天走到崩溃的边缘。所以，现在专家天天都在寻找最具承载能力的新技术形式，比如云计算、人工智能等，就是因为如此。

有人也将这个理论用于实例研究，提出一些很有意思的论点。比如，他们认为，作为世界最大的通信公司之一，华为公司的员工人数断点应该在 6～7 万人，如果再进一步扩展就有崩溃的可能。现在要做的就是想办法提高内在质量，而不是盲目扩张。再比如，有人计算，中国网络用户的“断点”数是 6 亿，而腾讯的微信已经迅速达到了这个网络断点，贸然继续增加微信的连接数，可能会带来网络能力的超载导致崩溃。微信要想继续发展的话就要进行分解，就像蚁群达到一定规模后要分窝一样，发展出新的技术，扩展新的领域，比如发展国外的微信、创造新的业务领域等。

从这点来看，任何系统网络都有一个合理规模，不能盲目地发展。在断点之前可以尽快增长，但不是无限制地增长。然后，要停止增长，并从稳定的规模中获利。这需要经历一个从“增长”到“断点”，再到“平衡”的过程。我们不能忽略这样的问题，衡量进度的单位不是大小，而是时间。如果意识不到这一点，断点之后就是崩溃，就像圣马太岛上的驯鹿群一样，就再也无法恢复了。这就是网络自己的运行规律。

从这个角度来看，网络化时代条件下，对战争的相关问题会带来哪些思考？比如，军队的合理规模应该多大？是不是越大越好？还会不会有像第二次世界大战那样的大规模战争？战争会不会越打越小？我相信，这些都可以从上面网络“断点”的叙述中得到一些启示。国防大学学者罗批研究后就认为，我们的地球就是一个封闭环境，而战争网络的能力却在不断扩展之中，比如核武器的出现，就很容易超出环境承载的极限。但好在人类还有理智，使得世界一直保持在平衡状态。这是因为有以下几个原因：一是“相互确保摧毁到相互确保稳定”机制从根本上控制了战争规模；二是“经济的全球化”使得地球上的人成为风险共担的共同体，有着无法回避的集体命运；三是“社会舆论自媒体化”极大抑制了个别战争狂人控制舆论，煽动战争的可能；四是科学技术推动战斗力生成模式的改变，精确打击、全维感知等技术客观上降低了战争的规模。

所以，罗批认为，战争网络在这些内部平衡机制作用下逐步演化，已经经历增长、断点（比如“二战”），逐步走向平衡状态，小（规模）战争是未来战争的主要形态，也必将导致军队组织架构和编成的改变，小战争对应着小部队，未来战场将是模块化小部队的舞台。同时，这也告诉我们，通过科学原理来认识战争机理，可能是研究和思考未来战争的更合适途径。

4.2.5　互联网思维与影响

“羊毛出在牛身上却让猪买单”

现在最火的一个词就是“互联网思维”，其实就是网络化思维在互联网环境下的一个具体表达，是在互联网环境下出现的一种新的思维方式。截至 2014 年年底，全球有超过 72 亿移动互联网链接点，其中约 36 亿为人，占到世界人口的一半。在人与物以指数级增长的方式扩大链接规模情况下，就会带来许多意想不到的颠覆。比如，有人说这将推动“上层建筑和经济基础的重新适配”。这句话大家很熟悉吧，我们在学习马克思主义政治经济学时经常听到，说的就是互联网创造出的新经济模式，必然会导致上层建筑，比如法律、制度、组织，甚至文化的变革，也会导致新的思维模式。这是必然的，因为上层建筑是由经济基础决定的。

那么，互联网思维究竟是什么东西呢？关于互联网思维，有很多说法。我说一下最重要的几个特征，供大家参考：

一是跨界创新。什么叫跨界创新？就是在不同领域进行创新。过去一般都是干什么吆喝什么，而跨界则是跑到别人的地盘去吆喝，结果反而能够出现一些意想不到的创新成果。比如，支付宝就是搞网络商业的人跑到银行金融领域去干的事，虽然引起银行业很大反感，但现在却成了世界上最火的移动支付方式之一。马云打了个比喻，说这是“羊毛出在牛身上，却让猪买单”，这就叫做跨界创新。现在互联网软件成功的法宝之一就是免费，如果哪个软件还收钱，恐怕还没有推出来就死掉了。但软件开发谁出钱？由广告商出钱，它就是那头“猪”。百度就是如此，它辛辛苦苦帮你去搜索网络信息，并不是白干的，而是那些想通过搜索排到前面的厂商来出钱。谁出的多，谁就排前面，这叫竞价排名。所以，那些非法行医的“莆田系”广告总排前面，因为它出的钱多。但如不监管，就出大问题，出虚假骗人的广告，百度就吃了大亏，不得不整改。这种跨界创新，既可以看成是一种颠覆性思维模式，也可以看成是一种开放思维模式，都是互联网时代带来的新形式。

二是用户定制。过去是市场上有什么，你才能买到什么。现在不是这样了，不是市场找用户，而是由用户自己去参与设计产品。小米手机之所以受到欢迎，是因为它在设计阶段就有大量的用户参与了设计，挑他的毛病。有很多产品很有创新性，但受不受市场欢迎？不知道。怎么办？就搞一个“众筹”，由大家出钱来定制这个产品，看看市场的反应。如果好，变成正式产品，出过钱的人可以获利，其他人则得到新的产品。如果不行，没有多少人出钱，那就暂时不做了，免得生产出来没人要。这实际上就是一种“用户至上”的思维模式，有人说这是“得草根者得天下”，在没有网络的时代是根本不可想象的。

三是平台延展。不能只靠某个具体的平台产品赚钱，那是赚不了多少的，而是造了平台还要造生态圈。“淘宝”平台建立起来了，不能坐等用户上门，而是再创造一些生态圈出来，让大家逐步接受。因此，就创造出了“双 11”购物节，结果全民购物狂欢，一天的购买量超过了很多国家全年的 GDP，干了不得了的一件事情。很多实体店由于网店而失业，但又创造出原来没有的全国物流系统。你看满街跑的那些送货快递员，这已经是一个很大的行业了。有的厂商为什么卖电视、手机便宜，甚至低于成本价，很多人觉得不可思议。但它的老板说得很清楚，我不靠平台赚钱，我靠的就是这些产品建立起来的生态圈来赚钱，比如播放的电视电影、各种流量等。

四是简洁接入。要想做到上面的这些事情，系统就不能太复杂，必须简洁，谁都可以使用。将技术和复杂性隐藏起来，才能最大限度地吸引用户。互联网时代信息爆炸，用户的耐心越来越缺乏，短时间抓不住用户他就跑了，所以一切必须简约。为什么现在那么多厂商都推移动客户端？就是因为手机将成为未来最主要的用户联网形式，而不是需要固定场所的台式计算机。手机使用比较方便，到哪里都能连上网络。这就为简洁接入提供了最好条件。绝大多数产品都没有说明书了，为什么？因为用户根本没有时间看也不愿意看，不好用直接扔！

五是迭代开发。互联网产品开发的典型方法论就是"快速开发"，出产品几乎没有超过三个月的。过去那种几年才出一个产品的开发方式早已被淘汰了。但三个月如何保证质量？这就要以用户为中心，靠不断迭代、不断试错的方式开发系统。过去我们总喜欢让用户"冻结"需求，不要老是变，但这怎么可能？用户本来就是多变的，而且随着开发进展也在不断进步。所以，可行的办法就是让用户直接参与，与产品一起成长。这些年我常作为专家评审工程项目，但发现很多单位还在使用传统系统工程的"瀑布法"，总喜欢分步实施。我就经常对他们说，你可以分步实施，一开始搞出来的产品可以功能不强大，但不能是半成品，必须是完整品，要可以实用，这是必须的。然后，在使用中不断完善提高成长。不能一干四五年还没有个结果。现在软件基本上是一周就要升一次级，其实这就是互联网时代最基本的开发方式，快速迭代，试错开发。

互联网思维看起来好像是在讲产品、讲市场，实际上它讲的是互联网时代普遍性的思维变革，这是经济基础变革带来的思想上的一次飞跃。放到军事领域，也会带来军队的编制体制、指挥方式等与网络化时代重新适配的问题。比如，"跨界创新"思维告诉我们，思维不能自我设限，跨军兵种、跨作战域等都是未来作战必须要考虑的问题，很可能是"指东打西却毁了南北"，如网电域的行动却毁掉了物理域设施，结果导致外空间行动的瘫痪。"用户定制"思维则让我们抓关键节点，控作战体系为要，始终以战略战役全局目标为中心，改变过去那种"积小胜为大胜"的消耗战打法。"平台延展"思维则告诉我们，在网络时代不再是独立平台的组合，而应该通过平台互联塑造出未来战争环境圈，并且从战前就应该开始，目的是"决胜于战前而非战后"，通过环境塑造和优势塑造，让敌人做无用功。"简洁接入"思维则是要通过网络聚拢装备平台，更要聚拢作战效能，要做到这一点就必须建立可以覆盖战场的作战云和云服务环境。"迭代开发"思维则是让我们小步快跑，不要企图一蹴而就，在实践中不断完善。

但是，很多道理大家都懂，却又无法落实到实践中。这里既有人的因素，也有体制的因素，很多情况是互联网思维碰上传统体制，让人无可奈何。比如，某单位搞一个大型信息系统的开发，各级领导也都表示重视，结果论证了整整五年还没有具体展开，让人哭笑不得。我和一位部门领导去参观阿里巴巴的云计算，这位领导看完后非常激动，说我们在十几年前就开始论证，并且一直不断开发，但到今天还没有影子，你们却已经实际运用得这么好了，让人羡慕不已。我觉得这就不仅仅是思维上的差距了。

互联网＋与 DARPA 的红气球挑战赛

国家领导人现在也强调借助互联网的力量，对国家的经济实现升级换代，称为“互联网＋”。“互联网＋”指的不是互联网升级的意思，而是一种建立在互联网基础上的经济生态，比如互联网＋金融、互联网＋商业、互联网＋学校。想做的事情就是如何利用互联网的优势，实现对传统经济的升级。比如，互联网＋商业发展出了一批网店和快递业务，当然也搞垮了一批实体店，这本身就是一个凤凰涅槃的过程。

我就一直在想，如果要搞“互联网＋军事”或者“互联网＋战争”，会是一个什么样的状态？当然，我们这里说的互联网，就不仅仅是民用互联网了，应该是一个更大的网络概念，包括军用网络在内。类似地，这样的网络思维会给我们带来什么样的影响呢？举一个例子，现在美国有人提出来搞“作战云”概念，我觉得这就是互联网思维在军事领域的体现。一个专门用于信息共享的“作战云”在空中“飘着”，部队或装备到哪里都可以“随遇接入”，共享作战态势，支持所有的部队作战。这就与传统的指挥信息系统不同。这朵“云”怎么建，可不是将现有的信息系统换个名字就可以做到的。这里面有一个从作战到系统再到技术的完整变革问题，需要从机理上进行深入的研究才行。

对机理的研究需要对未来战争有深刻的理解，基础性研究就是必不可少的，而在这方面我们做得是很不够的。美国的国防高级研究计划局，也就是 DARPA，它在这方面搞得就很有创意，尤其在基础性研究方面。它搞创新并不是像我们这样，发指南大家申请，再找一帮专家评审，谁评上了谁就拿钱开始科研。很多都是采用比赛的方式，先给点启动经费，然后比赛谁赢了我就给谁重奖，激发出了很多很有创意的点子，同时也得到了一般性科研得不到的结果。

2011 年，DARPA 发起过一次“红气球挑战赛”。在美国本土放置了 10 个红气球，任何团队或个人，无论采用什么办法，最先找到所有气球放置位置的，就可以获得 4 万美元的重奖。DARPA 的本意是观察民众如何组成传递信息的网络，并测试这个网络是否有效，用于研究网络化条件下民间获取并传递情报的能力，以及最快把信息传递给老百姓的方法。如果未来出现紧急情况，这些方法就可能派上用场。

在一般情况下要研究这个问题，都会发布指南然后挑出一个单位研究，结果可想而知。但DARPA采用这种网络竞赛的方式，直截了当，快速简洁，就得到了想要的东西。美国人本来就喜欢挑战类的事情，所以大家热情高涨，就当成是一个游戏，有200万人参加。仅用了9个小时，麻省理工学院MIT团队就完成了任务。他们采用的方法和其他团队几乎一样，就是在网上征集志愿者，但如何征集却是一个学问。MIT团队采用的就是俗话说的“老鼠会”办法，谁把信息告诉我们，我不仅奖励你，而且奖励你的推荐人等。这样一种网络激励方式，就使得大家愿意把更多的人吸引到为这个团队服务上面来。因为我和我的朋友之间不再是竞争关系，而变成一种合作方式，你找到了一个气球，我也能分成。

红气球挑战赛在两个方面体现了网络化思维：一是在组织项目研究上，尽量把问题需求面向更多潜在的真正创新者，而不是仅仅让专家选出所谓的“创新”者。二是MIT团队的解决方案上，采用网络激励的方式，“网络激励优于个体激励”，以最快的方式解决了问题。其实，从研究结果来看，找不找到红气球是次要的，关键是DARPA想要的研究结果是否能够得到。显然，他们如愿了，仅仅4万美元，全国就有那么多的聪明脑袋在研究这个问题。还有什么项目能得到这样的待遇？

网络化思维带给我们的是在各方面的创新。从项目研究来看，风险投资干的其实也是一样的事，能有20%的成功就赚了。而专家评审走的还是计划经济的老路，原工程院院长徐匡迪在一次会议上讲，“现在专家评审，经常把项目的‘颠覆性’技术给评没了”，其实说的也是这个意思。

互联网对地缘国际政治的影响

互联网的出现，对国际政治经济博弈也产生了巨大的影响。上海社会科学院研究员胡键写过一篇文章①，讨论大数据对地缘国际政治的影响，我认为他讨论的其实是互联网影响的问题。他的观点虽然很多还有争议，但还是对理解网络化思维有一定参考价值。

传统国际政治博弈是基于地缘政治理论和均势理论的一种博弈，也是基于国家利益的争夺。这些都是权力政治学的国际政治观，是建立在主权边界基础上的国际关系博弈。然而，互联网的出现，就对这些传统的地缘格局提出了巨大的挑战，很多国家对网络主权的观点是严重对立的。美国人认为，互联网属于“全球公域”，已经把传统的国家主权消解了，不应受任何国家管辖，因而特别强调互联网上的所谓“自由”。这是因为，美国作为互联网的先行者把控了互联网的核心技术，可以把网络虚拟主权延伸到任何一个国家，这其实就是美国的互联网霸权。

①参见胡键的《大数据时代的思维》，微信公众号《战略前沿技术》，2015年5月31日。

但中国和俄罗斯等国就认为,互联网并不是凭空存在的,网络基础设施、网络运营公司、网民等都是实体,都是重要的战略资源,都有国籍所属,理应受到所在国的管辖,而不应该是法外之地。事实上,虽然各国对网络主权说法不一,但在实践层面却无一例外地对本国网络严加管制,防止受到外部干涉。

现在有人说美国衰落了,但实际上是美国将其传统权力在向互联网权力转移。20 世纪 70 年代,保罗·肯尼迪曾说美国衰落了,但未来学家约瑟夫·奈却认为,美国并没有衰落,而是权力发生了转移和扩散,转移到了信息权力之上。也正是因为美国权力扩散的优先性,在美苏传统的政治博弈中占据着绝对优势,苏联最后土崩瓦解。同样,在 21 世纪的头 20 年,美国又在实现权力的新的转移和扩散,如果能如其构想的那样,将传统权力转移到互联网、大数据权力上面,甚至是人工智能权力方面,美国仍将是主导 21 世纪的霸权国家。

相比之下,很多人认为,中国已经崛起,经济规模成为世界老二,老大也指日可待,于是他们认为中国将会很快取代美国的主导地位。但这是过于乐观的判断,这是因为,中国的崛起仍然是传统权力的崛起,以互联网、大数据、机器智能权力为主的新兴权力在中国还很薄弱,也没有多少掌控权。在新型权力比拼中,中国仍然落后于美国至少十几年,还在传统权力环境下练基本功。要想在未来权力分配中占有一席之地,就必须在互联网、大数据和人工智能新兴权力领域奋力追赶才行。现在中央制定的大数据、互联网和人工智能规划,就是要在这个方面有所作为。

互联网时代需要互联网思维,对于国际政治经济博弈也不例外。今天的世界不仅仅是全球化的世界,更是互联网的世界。全球化只是一种趋势,而互联网则是一种现实。这些现实开始揭示国家主权、地缘政治等未来变迁的趋势,许多原先在物理空间中不可能的事情,但在互联网、大数据、机器智能的虚拟空间中,就有机会成为一种新的可能。如果我们能够清醒地认识到这一点,这些新型权力的转移,也不失为我们的一次机会。

所以,我们现在必须意识到,网络化已经不是我们愿意不愿意的问题,而是我们应该怎样去按照网络化思维去思考、去做的问题了。

4.2.6　网络化思维是什么

我们讲网络化思维,我觉得可以用一句话来概括,就是用互联的眼光看世界。我们要换个眼光看世界,也就是要转变我们传统的分解还原式思维模式。我想,主要有三点。

第一,看待世界需要从网络的视角出发。我们的世界是由网络组成的,我们每个人也都生活在由各种社会关系组成的社会网络之中。每个系统都可以看成网络,因而考虑任何问题都需要从网络出发,观察它们的结构组成,了解它们的相互影响,关注它们的演化发展。这实际上就是回归网络的本质,将事物之间的联系放在第一位。万物皆可互联,互联成全系统。

第二,关注重点应该放到网络演化上。信息网络的大规模普及,使得网络链接的作用突然强化,"去中心化"现象普遍产生,网络的结构加速改变,导致网络的演化规律发生改变。这既带来了过去意想不到的问题,也给我们带来无尽的创造性。要了解这一点,思维模式就必须从静态转为动态,不能一成不变。因此,网络化思维,也可以看成是一种动态化的思维。

第三,网络化作用的影响远没达到终点。至少现在看来,无论如何估计网络的作用都不会过分,我们对网络的认识也还刚刚起步。世界的未来是网络的,网络的世界还有大片未开垦的处女地,还需要我们不断地挖掘和创新。我们的思维不能自己设限,创新将是永恒的主题。

用互联的眼光看这个世界,就是要摒弃过去那种孤立的、割裂的思维方法,采用动态发展的、相互联系的思维来看世界。这其实并不是一件容易的事情。比如微信刚出来的时候,那些通信网络运营商是非常排斥的,因为你用微信把我风光无限的短信赚的钱给抽走了,当然不高兴。所以采取的策略就是打压微信,几家通信运营商想尽一切办法要把微信扼杀在摇篮之中。但是"青山遮不住,毕竟东流去",逆历史潮流肯定是不行的,结果怎么样?中央不让封杀,几家运营商也不得不接受,但是仅两三年的时间,数据流量收益就大大超过了原有短信收益,这才发现这是一个新的时代了。你不能仅仅看那几条短信,现在下载的是什么?都是视频、图像什么的,有的小年轻还在手机上看电影,那数据量得值多少短信?

所以说,网络化思维首先就是创新性思维,你不能老停留在过去,要与时俱进才行。然后就是在网络化的这个大环境下去思考更多的东西:如果把多余的车和需要用车的人联系起来会产生什么?于是 Uber 就出现了;如果把小公司产品与全世界的客户联系起来会怎样?于是产生了阿里巴巴;如果我们走到哪儿都可以与宽带网连接着,那办公室还有必要吗?于是出现了云办公、云笔记,甚至会导致管理模式的改变。同样,"作战云"的出现,也会导致军队编制体制和指挥方式的变革。

4.3 体系化思维——"死""活"系统的转变

要解释体系化思维,首先要说一下"体系"。简单地说,体系也是系统,但它是"系统的系统",也就是更大的系统,英文就是"System of systems"。有人翻译成"系统族"是不准确的,翻译成"集成系统"又不够简洁。所以,在军方就直接称其为"体系",就和我们常说的"作战体系"、"武器装备体系"等契合了起来。但也容易和"体系结构"中的"体系"等混淆。

体系的特征可以用以下五句话来描述。第一句是"组分系统各自独立"。也就是说,体系是由独立系统组成的系统。体系的下一级单元不是狭义上的"要素”,也不是“子系统”,而是可以独立运行的“系统”,因为狭义上的“要素”和“子系统”都不能独立存在和运行,只说明系统的组成关系。这是特别要注意的一点。第二句是“相互依存松耦关联”。就是体系各组分系统通过网络连接起来,以松耦合的方式协同工作并相互影响,而不是紧耦合变成一个系统。第三句是“软硬因素综合集成”。什么叫“软”因素?管理模式、规章制度、理论、条令、思想等都属于“软”因素。“硬”因素就是各种武器装备,也包括人力等一类资源。体系将“人”、各种软因素硬系统都进行了综合集成,而人与软因素将发挥重要作用。从这个角度说,体系中一定是有人的。第四句是“共同完成使命任务”。各个组分系统按照体系的共同目标,完成各自的任务,继而共同完成体系的使命。第五句是“渐进涌现整体效果”。它不是一下就可以完成的,而是通过不断磨合,才会逐渐成形,从而涌现出整体的体系效果。

比如防空反导体系,就是由防空导弹部队、航空兵部队、机场场站部队、雷达部队等可独立运行的系统构成的一个大系统。这些部队都可以独立完成任务,比如航空兵和防空兵都可以用于防空,但在一个体系中,就由体系从整体出发决定谁去更合适。最近,又提出一个“网络信息体系”的概念,其实也是一样,是由各类作战信息系统构成的信息支撑体系。它被认为是“信息化战争的基础支撑”,也是“理解作战体系的基础理念”,这是很恰当的。另外,还要注意,“体系”一般属于高层、整体的概念,如国家体系、作战体系、武器装备体系等,一般不会去指那些低层的事物。

由于人必然属于体系的重要组成部分,所以体系一定是复杂系统,因为人给“死”的硬件系统注入了“活力”。所以,体系也就因此而变“活”了。体系是活的,也就具有复杂系统的一切特征,如适应性、涌现性、不确定性等。因此,当那么多的“死”系统,通过体系变“活”的时候,这个过程会发生什么改变呢?又会产生什么样的体系化思维呢?

4.3.1　体系性质:具有涌现性会阶跃变化

体系也是系统,但它是一种特殊的系统。其特殊性主要表现在两点:第一,组成体系的内部系统间都是合作关系,最多是竞争关系,而不会是对抗关系;第二,很多系统组合在一起就必须涌现出新性质,否则体系就没有存在的意义。这是最核心的性质。我们常说,什么什么“形成了体系”,实际上讲的就是众多系统结合后涌现出了新的性质。

体系设计:“战斗力只存在于体系之中”

“战斗力只存在于体系之中”,这句话是美军转型代表人物欧文斯海军上将说的。什么意思?就是说,如果你要想得到战斗力,就必须通过体系才能实现。这就需要对体系进行设计，通过体系组合出最合适的系统群，共同形成具有统一目标的体系能力，达到想要的体系效果。比如，有了能打航母的弹道导弹，但这也仅仅是有了一种具备这个能力的武器而已。但这个武器能不能真正发挥作用，就必须将其纳入作战体系之中考虑：编成时将其配发给某支部队，训练相应人员，提供相应保障；作战时还需要与其他系统连接，比如卫星侦察、通信网络、情报融合、导航控制等，才能捕获目标、发射打击，真正形成对航母的攻击能力。这就是战斗力存在于体系之中，没有那种可以独立于体系之外的战斗力。

欧文斯还说过一句类似的话：军事革命的本质就是“体系”的形成。也就是说，要想进行任何变革，实质上都是对体系进行改造。这会产生出不同的结果，因而也就会有不同的战斗力。比如，军队的联合作战编制体制改革，其本质就是改变军队的结构，形成能够适应未来战争需要的作战体系，涌现出超出过去的战斗力。我军改革要实现“军委抓总，军种主建，战区主战”，就是一次深刻的变革，必将导致未来作战体系战斗力的变化，希望能够涌现出远超以往的战斗力水平。

这种目标能力的涌现，也可以看成是一种“相变”，也就是体系性质发生了某种根本性的改变，就像水变成冰后坚硬无比一样。对于作战体系来说，这种涌现也会导致某种性质形成并固化。过去，关于“联合作战”有些专家用“三个鸡蛋”来比喻，说参与联合作战的陆、海、空三军就像三个鸡蛋，如果三个鸡蛋只是摆在一个碗里，这不是联合作战；如果把三个鸡蛋壳打碎再放到碗里，也不是联合作战，因为虽然他们靠得很近了，但还没有融合到一起；只有将这三个生鸡蛋去壳放到一起后，再拿筷子搅一搅，搅和到一起，分不清哪个鸡蛋是哪个鸡蛋了，这才叫联合作战。大家可能都听过这个比喻，但我觉得这还不够。为什么？因为它还没发生“相变”。虽然鸡蛋混合到了一起，可它们也还是液体啊，并没有形成新的性态。怎么能让它发生相变呢？我说把它放到蒸笼里蒸一蒸，变成鸡蛋羹了，这才形成了新的东西，完全改变了性质，变成了固体。

这种团队性质的涌现在美职联 NBA 有一个特有的说法，叫做“化学反应”。意思是，一支球队上场的几个人必须要形成一个整体，就像发生了化学反应一样，形成了新的化合物。联合作战其实也是一样，放到一起，甚至混合到一起并不是关键，关键是要能形成完全不同于以往的整体，而这个整体就是体系具备了更强并且固化的性质。

体系性质的阶跃式变化：萨达姆军队“一夜蒸发”？

体系是复杂系统，具有涌现性，所以体系性质的改变就不会是线性的，而是在涌现过程中以台阶的方式，一级一级地上升或下降，有点像量子力学里面的能级跃迁，所以有人将其比喻为“量子化能力跃迁”。比如，我们给作战体系增加一部雷达,它可能并未对体系有多大贡献,体系的能力也不会因此而线性增加。但如果我们不断地增加达到一个临界值后,这么多的雷达就形成了一个雷达网,一下就把体系的感知能力大幅度提升了,也就是能力突然上了一个台阶。反过来也是一样,作战时一个支撑点被打掉可能体系还没有多大问题,但一个接着一个地被打掉,体系必将在某处坍塌。

正是因为体系的这个特点,就可以解释很多过去没法解释的现象。举两个最典型的例子。第一个是指挥信息系统的“倍增器”效应。指挥信息系统在体系中承担的是黏合剂的作用,把很多个体或系统连接到一起。同时,指挥信息系统又是诸多个体向形成体系转变的要素,体系因此形成的战斗力将会不断倍增,也就是指数级上升。但事实上,指挥信息系统使得体系变好、变差都有可能,前者使得效能跃升,后者则会导致效能坍塌。并不是只要有了信息系统就一定会变好,有时使用信息系统还可能会变得更糟。比如,如果计算机在关键时候老坏,你怎么都用不了,还不如过去跑腿送信、打电话快。所以有人说,一个坏的信息系统还不如没有信息系统。在西方国家联军空袭利比亚的时候,利比亚用的是俄罗斯的S200导弹,但人家一干扰,这个导弹系统就没有用了,记者在宾馆楼顶上都看见飞机飞过来了,但S200还是纹丝不动,真还不如高射炮。原因就是它的信息系统应付不了电子干扰。所以,信息系统不好用时,就成了“倍减器”了。

另一个例子是萨达姆军队的崩溃。在伊拉克战争期间,大家都以为萨达姆几十万军队会和多国部队打一阵子,有的电视评论员甚至预测美军将陷入地面战的泥淖。但几乎就在一夜之间,几十万大军“蒸发”般地消失了,完全失去了战斗力。去哪里了?有的电视评论员说是钻了地道,但其实就是军事作战体系坍塌了。后来我们知道,美国人通过各种手段让伊拉克军官放弃了抵抗,包括发送诸如“如果你放弃抵抗,你在美国的家人和子女将会得到善待,否则……”之类的邮件给那些伊拉克“裸官”。只要有几十个这样的“裸官”,伊拉克军队的作战体系就会完全坍塌,而不是能力的线性降低。这时就是有一些真心抵抗的军官,恐怕也无能为力了。

从这个角度来看,作战体系新性质的涌现,更多的依赖体系中各组分相互关系的改变。所以说,改变信息系统、变革编制体制、强化队伍建设,可能比只是简单增加武器装备能更快地提高体系的作战效能。这些年,中央军委在军队建设中所抓的工作,不都是在这些方面用力吗?我认为,从体系建设来看,这些工作都抓到了点子上。那种以为提高战斗力主要靠增加装备的想法,实际上是不正确的。

体系目标只能引导:阿姆斯特丹机场的厕所

体系还有一个很重要的特点,就是不能被“完美设计”。体系设计者可以确定体系目标,但体系最终得到的性质却不能由体系设计者决定,而需要在运行中不断演化出来。也就是说，体系设计者希望达成的体系目标，可能在演化中不一定能得到；而不想让体系具有的性质反而可能会出现。有点"有心栽花花不发，无心插柳柳成荫"的意思。这其实就是体系演化涌现过程中，由复杂系统的不确定性性质决定的。这是因为"人"在体系中起核心作用，但人不会像机器那样绝对地理性和准确，所以会导致许多过程和结果的不同。

那是不是体系设计者就无所作为了？当然不是。要记住的是，体系是"活"的，就不能把它当成机器对待，直接得到结果。必须像"养孩子"那样来对待，将体系逐步引导到你想达成的样子，需要的那个性质上去。学会对"活"的体系进行引导，这本身就是一门科学。引导体系向希望的那个性质发展，正是体系设计者和运行者要起到的作用。

那么如何进行目标引导呢？国外学者有一个关于组织行为演化控制管理的研究工作，对我们应该有启发意义。主持这项研究的芝加哥大学的两位教授认为，任何长官意志、强迫命令等，都可能会导致组织行为比预想的结果更差。被管理者可能慑于权威，表面上服从你，但其实在心里面不一定服你；一旦出现状况，这些服从只会转化为反抗，导致更差的组织行为结果。所以他们认为，在不剥夺被管理者自由选择的基础上，利用巧妙的方式对他们的行为施加影响，也就是引导，反而效果可能更好。这就像做思想政治工作，我不强迫命令他，而是积极地跟他谈心，慢慢引导他思想接受，反而能达到更好的效果。

这两个学者举了个很有趣的例子来说明这一点。荷兰的阿姆斯特丹市有个国际机场，每天客流量很大。机场当局一直为一件事情发愁，就是男厕所太脏。和我们许多公共厕所一样，有的男士小便时很不注意，经常尿在小便池的外面，地上到处都是尿迹。因为国际机场需要很高的水准，他们就不得不每天派清洁工不停地打扫，每年要耗费 200 多万美金，成为一个大难题。

解决这类问题我们国家机场用的是这个办法：在小便池上面贴上一块标语牌，上面写着"向前一小步，文明一大步"。我看作用也不太大，因为谁也不在乎自己文明不文明。阿姆斯特丹机场当局请教专家，想了一个办法，用塑料做了一个苍蝇模型贴到小便池下水口边上，这个大难题一下就被解决了，清洁费一下减少了 80%。为什么？人人小便时都想把苍蝇给冲到洞里去，结果当他发现冲不动时，也尿完了。这个方法非常巧妙地引导他向前站了一步，结果达到了目的还让人不知不觉。这两位学者还专门写了本书讨论这个问题，名字翻译过来叫《轻推》，意思就是轻轻地推，将他引导过去，"四两拨千斤"的意思。

作战体系的引导：演习还是演戏？

机场的这个例子对我们搞作战体系建设、信息化体系建设，也是有启发意义的。事实上，我们过去有很多事情也是这么做的，比如我们就经常用"任务牵引"

重大项目建设，用年度演习来牵引军事理论研究、作战体系建设等，就是如此。但是要注意，用什么方法去引导，将会直接导致得到什么，也就是“种瓜得瓜，种豆得豆”。简单地说，用实战式演习引导出来的体系一定是作战体系，用演戏式的演习引导出来的体系则一定是作秀体系，古今中外，概莫能外。

把演习搞成演戏，这样形成的作战体系是根本打不了仗的，只会把指挥员培养成“演员”。过去，为了演习时“好看”“有气势”，部队所到之处红旗招展，车辆整洁，靶标明显。更有甚者，有的指挥员在长久的演戏式演习中养成了不良习惯，会在指挥、讲话时不自觉地去寻找转播镜头在哪里，号称要有“镜头感”，因为他们知道有首长在导演部观看。但从打仗的角度来看，这岂不是笑话。当然，现在部队演习已经向实战靠拢，一切从打仗出发，这就走上了正确的道路。

军队改革对作战体系动了大手术，但体系的形成并不是顶层设计完成后一宣布就可以达成目标的。要想使作战体系尽快成形并形成战斗力，只有合理引导，快速演化才行。因此，对军令体系，也就是“主战”体系，要靠实战演习引导，在明确使命任务并形成初步编组和指挥流程后，只有通过大量的实战演习，才能将作战体系演化并固化下来。对政令体系，也就是“主建”体系，要靠能力建设引导，通过不同能力的建设，如装备建设、人才队伍建设等，才能将能力建设体系演化出来。有些事情光靠脑子想是想不清楚的。引导加演化，这是复杂体系建设非常独特的一个特点。

人才体系的引导：劣币驱逐良币？

同样，干部队伍、人才队伍的建设也是如此。这也是所谓的人才体系，直接关系到作战体系的性质和能力，也需要靠引导逐步形成，也就是看什么是“指挥棒”。是该用只是围着领导转的人，还是能上战场的人？是该用有真才实学的人，还是谁都不得罪的老好人？“楚王好细腰，宫中多饿死”，一个体系的建立其实就是自己制度的反映，有什么样的制度，就会引导出什么样的人才队伍。

国防大学金一南教授曾介绍过美军的军官升职制度，可以为我们提供“他山之石”的参照①。美军在用人制度上坚持了几条：第一，坚持岗位轮换。既保持了创造力，培养了全面性，还避免了人身依附关系。第二，一线优先晋升。打过仗、在一线的总是优先晋升，而不是在首长身边的优先晋升。第三，激励倾斜参战。各种奖励、勋章和物质激励措施，无不是倾向于参战。比如，美军退休军官的工资按服役期最高三年的 75％计算，是因为参战期间的工资可能是最高的。美军的这几条比较好地把参战经历、一线人员给突出了出来，很清楚地表明了军队鼓励什么、保护什么，而且非常严格不容变通更改，这就培养了军人的参战热情，而不是

①参见金一南的《关于军人的灵魂与血性》，国防大学内部报告，2015 年 7 月。

搞关系、走门子的本事。

其实，我觉得美军在这个方面的制度，最核心的一条就是不留“口子”，也就是不搞什么“原则上”“一般是”等。谁都知道，这些“口子”是留给谁的。只要有“口子”，一定会有人钻，你想建立的体系大厦就会有崩塌的可能。因为谁都瞄准了这些“口子”，那些所谓的“必须”，即“必须在一线”、“必须参战过”，就成了一句空话。“上战场”就成了点缀，开的小口子则变成了汹涌的洪流，整个体系就会被引导到那些不该去的地方，最后的结果就是“劣币驱逐良币”。

“劣币驱逐良币”实质上是对体系目标的“异化”，就是对体系目标的“反动”，“种下龙种，收获跳蚤”。本想让那些能打仗、会做事的人成为人才体系的中坚，但如果制度设计失误，反而会使少数庸才马屁精充斥朝野。现在从制度上强化条件要求，强化对各类人才的考核，就是在引导人才体系朝正确的目标演化。

情商与智商：哪个对打仗更重要①

“情商”这个词近些年来很火，被很多人看得很重要，很大程度上是被原有人才体系机制引导的结果。简单地说，情商是指理解他人及与他人相处的能力，包括自我意识、控制情绪、自我激励、认知他人情绪和处理相互关系等能力，这些确实对于每一个人来说都是比较重要的。事实上，如果从体系角度来看，情商也可以看成是形成团队，乃至体系能力极为重要的软因素之一。

但是，“情商”这些年被有些人异化成了升官的便捷之道，这就完全背离了它的原意。在这些人看来，凡官场必存在阶层，而无论你处于哪个阶层，就如同群猴爬树，往上看都是红屁股，往下看总有新嘴脸。因此，他们就把如何揣摩上层领导的心思，定义成了情商的根本能力。因为只有揣摩准了上层领导的心思，才能够及时准确地开口说话，使上层领导听起来舒服，甚至欢心，于是仕途便不再存有障碍，当官也就顺理成章。

这种被异化了的“情商”造就了四种人：第一种是高“情商”但低智商，不管领导作了什么指示，都会出来附和并顺带表扬一通领导；第二种是高“情商”兼高智商，不仅附和领导，还会提出改进建议，在贯彻领导指示之中又进了一步；第三种是高智商低“情商”，对领导意见可能的错误或者偏颇立即予以纠正；最后一种则是“情商”和智商都不高的，什么时候都是默默无语没有反应。很显然，第一种人，往往能够得到领导的认可；第二种人，往往能够得到领导的赏识；第三种人，他的命运取决于领导的德才，或死得很惨，或过得很好；第四种人，在领导眼皮底下干活干了好多年，结果领导不知道他是谁。因此，高“情商”适合当官，而高智商则往往容易得罪人。

①参见军刀的《高情商适合当官，高智商适合打仗?!》，微信公众号《爱特种部队》，2017年5月28日。

这种“情商”有时还真的起作用。1945 年，抗战胜利之后，蒋介石急于消灭共产党，于是分别请时任陆军总司令的何应钦和时任军政部长的陈诚各自拟出一份作战计划。何应钦非常谨慎，知道此事并不容易，为制定作战计划还专门会见战犯冈村宁次，草拟了一个为期两年的作战计划，呈送蒋介石。但老蒋大为不悦，明显不符合他的意图。陈诚则不然，他揣摩到老蒋的心理，追求的就是速战速决，于是拿出了一个 6 个月的战争计划，其实并没有什么根据。但呈送蒋介石后，龙颜大悦，认为陈诚是可造之才。于是，1946 年，陆军总司令部被撤销，何应钦无官可做。另立国防部，并由陈诚任参谋总长。即使后来败退台湾，陈诚亦受老蒋重用。

共产党的军人则与之相反。那些老革命对于所谓“情商”之事似乎不太感冒，倒是对于打仗之事颇为用心。他们之中，大多“很有性格”，敢于“进谏”，极少阿谀奉承。比如，韩先楚将军，在军委决策已定的情况下，多次进谏要求提前攻打海南岛，终于为今天的我们留下了进入太平洋的重要基地。真正的军人，对那些圆滑处事的人总是嗤之以鼻的。碰到战事，他们追求的是打仗的智慧，也不会委曲求全，这种所谓的“情商”完全不在考虑之内。他们很多人傲骨挺立，不唯上、不低头，只求实。这些老革命老军人打过无数胜仗，他们能够客观判定局势，准确分析战事，可见他们的智商很高。其实，他们的情商也很高，与官兵建立了深厚的战友情谊，深受爱戴。但在走上战场之时，他们会坚决摒弃所有的圆滑，去追求战场上的真理，打出更多的胜仗。

其实，情商与智商并不是对立的，而是互补的。关键是不能把情商异化成某些人认为的那样，只是一种溜须拍马揣摩上级喜好，为人处世世故圆滑的能力，这是对情商最大的曲解。用这种所谓的“情商”引导体系，必将把体系引导到错误的轨道上去，就像国民党军队那样打败仗。情商作为控制情绪、自我激励和处理相互关系的能力，对于增进个人能力，强化体系能力都是非常有用的，将两者有机结合才是正道。人的精力都是有限的，抛弃那些被异化的“情商”，多用精力去研究打仗，少用所谓的“情商”去钻研当官之法，才能为体系引导出胜战之道。

4.3.2　体系结构：具有成长性会不断进化

体系是复杂系统，所以它的结构会动态改变，能够根据外界的情况变化不断适应，而且还会不断演化和进化。我们把它的这一特点称为成长性，这是体系是所谓“活的”一个重要特征。

体系的成长：边建边用，快速迭代

作战体系的成长，完全不同于我们过去想象的机器那样，一次性组装完毕立

即就有战斗力，立即就可以上战场打胜仗。体系是一个需要逐步成形完善的系统，就像小孩成长从呱呱落地，然后不断学习逐步成人。这就是我们说它是"活"的原因。任何作战体系都不是有了装备就具备作战能力，而是需要人员、装备、编制等各方面的密切结合，然后逐步生成战斗力。这就是我们常说的"战斗力生成过程"，我军曾经有个专门的提法，叫"两成两力"，即"部队装备成建制、成系统地形成战斗能力和保障能力"，也就是部队需要在不断适应和自组织过程中，不断学习并演化成能作战的体系。

所以，体系的成长是一个快速迭代的过程。这里有两个要点：第一，要迭代发展，而不是一蹴而就；第二，迭代要快速，小步试错快跑。这既是信息时代的特点，也是信息时代的要求。所以，从这一点上看，体系只能"边建边用，逐步完善"，是一个成长的过程。这听起来好像不太科学，因为过去我们对一些工程"边设计、边施工、边应用"不太认可，觉得那样做会导致"豆腐渣工程"出现。这其实是两码事。传统工程属于简单系统，也就是确定性系统，当然可以设计后才能施工，施工完才能用。但体系属于"活"的复杂系统，这个成长过程必不可少，因为体系建设本身就有很大的不确定性，需要根据形势、环境的变化，不断调整才行。马云回顾创立阿里巴巴公司时说，"我当时就是想把你们带到有水的地方，谁知道把你们带到了长江边。"所以说，在某种意义上说，体系从来都不是设计出来的，而是摸索演化出来的。

体系建设还有一个特点，就是"运行起来，才能发现秘密"。发现什么秘密？就是发现演化过程中的不确定性、适应性和涌现性。我们对待小孩也是一样的，他刚出生时你怎么就知道他具有什么天分？具有什么不足？这些都需要在以后的成长过程中才能发现。体系也是一样，它不运行你是发现不了它的秘密的，只有让它运行起来，才能发现它的优势表现在何处，不足又有哪些。就连我们开表彰大会，会议组织者都还要事先彩排，否则真的不知道会出现什么事情。

体系的成长就是一个演化的过程。在这个过程中，一些成分将被抛弃，一些功能将会退化，导致体系按照引导者控制的方向发展，形成新的体系结构。有些结构因素可能就会被抛弃，因为大自然只走捷径。比如，我们要建立作战体系，用实战演习来引导，这样在作战中哪一部分有用，哪一部分没用，一目了然，很多没用的机构就被逐步边缘化，最终还会被抛弃掉。如果我们用"演戏"或者"搞关系"的方式去引导体系，同样也会把作战体系结构演化为"作秀"体系，人才体系演化为"搞关系"体系，因为这样才是体系内部结构演化的"捷径"。

体系发展迭代的速度也关系到体系的成败。所以，我们必须要抛弃过去那种"迈四方步"建设体系的方式，要跟上时代的步伐。马斯克搞"SpaceX"可返回式火箭，就是看到美国 NASA 干得太慢，什么功能都想要，结果不仅发展慢，而且成本畸高。他就来简单的，集中在主要功能上，但迭代速度很快，结果很快便走在了前面。你可以看到,这个 SpaceX 发射周期很短,发射数量超过世界绝大多数国家,就是为了快速迭代,快速试错,快速发展,一旦迈过瓶颈期,就成为竞争的优胜者。我们总说体系是“活的”,但你老是不让它动,不给它机会锻炼,它又怎么成长呢?

我们很多的传统做法已经很难适应体系的发展速度要求了。比如说,过去我们武器装备搞定型,一旦定型了就什么都不能变。许多装备即使很落后了也不敢更换,生怕出现问题。但现在信息化发展速度极快,软件几乎一个星期就升一次级,手机也可能一年半载就要换,否则很多功能就可能无法使用。这种快速演进的趋势也已经影响到了武器装备和作战系统的研发和发展。如果我们还是抱着过去那种机械思维模式思考问题,恐怕很快就会被时代抛弃,在战争中就可能会带来巨大风险。我就曾听说有些作战系统的 CPU 用的还是 486,与软件早就不匹配,总是引起死机,但就是因为已经经过“定型”,所以就不能改动。但不改就打不了仗,这又怎么办?为什么许多管理制度就跟不上时代的发展呢?

我曾经到某单位指导信息系统工程的研发工作。他们对这个系统工程不可谓不重视,光论证工作就搞了五年,当然也不全是因为需要论证这么长的时间,也有立项、拨款、审批、拖延等原因。我对他们说,就这项系统而言,论证十年和论证一年,其实效果是一样的,即使十年论证也不见得就更好,因为外部环境早就改变了。不如尽快实施起来发现问题,通过迭代开发可能会更好一些。也有反过来的例子,有的单位领导着急,总是希望尽快研发完毕尽早见效,恨不能一年的事情两个月就搞完。我也跟他们说,生孩子一个妇女需要十个月,十个妇女也需要十个月,有些事情不是人多就能做到的,因为系统需要有逐步完善演化的时间。这两个例子告诉我们,体系的成长无论时间长短,都需要建立在尊重科学规律的基础上才行。

大家都知道系统工程,现在又出来个“体系工程”。体系工程和系统工程不太一样,研究内容就是如何建设体系,尤其是当复杂系统是其核心组成部分时。这比经典的系统工程更复杂一些,因为体系是“活”的。所以,建设体系的“体系工程”就不能是“交钥匙”工程,完成任务后就没有我的事了,而是要不断继续下去,体系也会继续演化下去,直至整个体系寿命周期完结。用一句话来概括,这就是“让系统在运行中进化,让实践带着我们前行”。

试错前进:“摸着石头过河”的智慧

如何引导体系的演化呢?实际上,我们也不知道哪样做是对的,只能通过不断“试错”,才能逐步找出正确的前进道路。也就是说,由于体系是活的复杂系统,必须发挥其天生的创造性而不是限制它,让体系内部各部分自己去寻找最适合自己的方式。一旦成功,成功的路径就可以迅速被体系复制,并在此基础上形成新的革新。一旦出错,立刻纠正,再寻找新的路径。所以,试错前进,关键在于通过

“试”，至少我们知道什么是错的。邓小平当年就提出，“要大胆地试，不试怎么知道不行？如果真的不行就再改回来”，其实也是这个道理。

这其实就是老一辈革命家在改革开放中形成的“摸着石头过河”“试点经验”式的管理智慧。当年改革开放，农村改革并不是邓小平设计的，而是小岗村农民干出来的，而且还不太符合当时的法律和政策。中央一看挺好，就发文推广，修改法律，最后完善。城镇的民营企业也不是邓小平发明的，而是许多个体户、民营企业家自发先干起来的。安徽有个“傻子瓜子”年广九，雇了十几个人，县政府说他搞资本主义，把它抓了起来，小平同志过问才放出来。那些不符合规律的就会被淘汰，而能适应环境的就发展了起来。你看哪个不是“试错”试出来的？

体系的成长也是一样。这种在试错中发展的方式，正是体系演化最适合的方法，符合复杂系统管理的基本原则。在理论上，我们把它称为“随机试错，分形生长”。分形是数学上的一个术语，描述的是一类自相似形态，也就是局部的形态与整体的形态具有同样的复杂度，比如海岸线每个地方极不规则，但都具有相同程度的不规则性和复杂性，放大的 10 千米海岸线与 100 千米海岸线，两者看起来会十分相似。简单地说，虽然每一个局部都看起来不同，但它们是有相似性的，具有相同的规律，就可以按相似的规律发展。这就是复杂系统的奇妙之处。

体系的每个组分都是可以独立运行的，所以就有独立发展创造的可能。在试错过程中，这些创造性就会使其找到自己最适合的方式，也就是试点经验成功了，然后再推广到其他单位，成功的可能性就会大大增加。然后再创造再继续发展。通过分形理论，可以在数学上证明这是有道理的，分形图形可以按照自相似的规律形成很漂亮的整体性效果。所以说，从这一点看，我们老一辈讲的“摸着石头过河”“试点经验”等，并不像有的人讲的那样，与某些西方的量化管理方法相比不够科学，而是非常科学的，并且具有扎实的复杂系统数学理论基础。

其实，试错本来就是科学方法的本质。历史上的绝大部分时间，人类主要是依靠经验规则来解决生活和生产中遇到的难题。这些规则来自很多代人的积累，并且在使用过程中不断调整、观察和修正。这在现代科学意义上其实就是对问题进行测试和排错，就像我们调试程序一样，一次不写很多语句就进行测试(test)，然后不断地进行排错(debug)。虽然前进的每一步或许都很小，但却能经受时间的考验。牛顿就说过这样的话：“最好准确地理解简单的情况，把复杂的事情留给后人。最忌试图通过建立一堆假设来理解所有的事情。”同样，生物进化中也存在测试和排错，“物竞天择”是测试，达尔文的“适者生存”也是排错。经过令人难以想象的漫长岁月，大自然创造出了极为复杂的东西，比如人的大脑，其实就是生成出来的一大团神经元网络而已。

兵棋推演是作战准备过程中最典型的试错方法。因为战争具有不可重复性，如果在实际战争中被打败，就没有再来一次的机会。所以，通过兵棋推演来试错，就是唯一的选择。试错不仅让你发现问题，而且还会令人记忆深刻。我到现在还记得四十多年前参加高考做错的数学题，但做对什么却早就忘记了。前些年，我一直组织中高级指挥员的战略战役演习，每次在演习总结后学员都有恍然大悟之感，有学员就跟我说，“要是能在演习前告诉我们这些就好了！”其实，他们不知道的是，这是我有意而为之，故意让参训者犯错，目的也是为了让他能够记住。这其实也是对一个人的知识体系学习演化过程进行的引导。

体系结构进化：“山寨”、垄断与创新①

为什么现在国家提出来要“大众创业、万众创新”？这中间有什么道理和原因吗？还真的是有。这就是体系发展过程中在不同阶段作出的不同选择。

大家知道，我们国家虽然从 1978 年开始提改革开放，但在 1992 年后，经济才真正进入高速发展期。从那时起的 20 年，我国的经济发展速度惊人，经济总量一举跃居世界老二，成为老大据说也是指日可待。为什么会如此高速发展呢？很大的原因就是“山寨”，也就是向别人模仿和学习。

“山寨”当然是西方国家媒体说我们的贬义词，但实际上我觉得并没有什么不好。二三十年前，我国改革开放刚刚起步，打开国门一看，别人什么都比我们强。1986 年我第一次出国，看别人的超市、麦当劳、飞机场什么都新鲜，就都觉得别人的好。那好吧，我们怎么办？直接“拿来主义”吧！所以大量引进各种技术，学习参考，免不了其中也有不尊重别人知识产权的地方。所以被别人讽刺为“山寨”，意思是没有自己的创新。但实际上那有创新的必要吗？我看根本没有，我们与别人相比差好几代，光模仿都模仿不过来。前面讲过，模仿本身就是一种人类行为规律，既然这是别人通过摸索，也就是他们辛辛苦苦、花费大量经费“试错”得到的结果，我们为什么不直接引入学习呢？看看别人我们就知道该怎么干，“知道”其实就是所谓的“后发优势”啊！

但为什么其他和中国差不多的国家“山寨”就不行呢？这就是另一个问题了，因为中国具有与他们相比得天独厚的优势，这就是举国体制、国有企业垄断。西方有人骂我们是“集权体制”，但其实就是“集中力量办大事”的能力。结果经过二十多年的发展，中国的高速公路、高速铁路、磁悬浮列车、国际机场等各类基础设施，都逐步成为世界第一；每个城市都高楼林立，车辆川流不息；几大经济区工厂遍地，制造业发达，成为世界最大的制造王国。有些国家为了修条路就在议会吵个五六年，我们早都干完了，他们还没有吵完。比如，全球气候协议，我们开始挨骂，但一旦行动起来，中国却成了最早批准协议的国家，而且立竿见影地空气质量逐年好转。这就是办大事的能力，只要有“榜样”，我们就可以很快引进学习，然后

①参见万维钢著《智识分子：做个复杂的现代人》，电子工业出版社，2016 年版。

变成自己的。

但是到了今天，我们可以"山寨"的基本上都"山寨"完了，除了不能学的或是对我们封锁不让学的，基本都学完了，经济发展就逐步失去了动力。没有了"山寨"的对象，"不知道"了，再照原来的方法干就不行了，所以就要另谋出路。怎么办？只有大力发展"创新"这一条路可走。但是，垄断可是创新的大敌，创新不能指望垄断的大公司完成，更不能靠国家下一个什么指令就可以实现。其实，市场经济的本质和优势，就是能在"不知道"的情况下找到什么是对的东西。怎么找到？就是《失控》的作者凯文·凯利说的"放手"，去拥抱不确定性，让"试错"告诉你什么是对的。

什么是"放手"？其实就是政府别管太多了，为最具创新潜力的小公司提供冒出来的条件。所以，现在中央政府做得最多的事情就是简政放权，几年砍掉了上万种"审批"，那简直就是割主管部门的"肉"啊！但要创新就必须如此。格力公司董明珠就说，"鼓励创新不是政府给我什么好处，你们少管点就是最大的好处"。政府通过政策鼓励大家自由竞争，创立大量的小公司进行创新，经过几年的大浪淘沙，能留下来的就是精品，就又有了可以"山寨"的对象了。风险投资其实就是这个做法，投几十个公司，但有一个成功他就赚翻了。前些年出来的阿里巴巴、腾讯、百度、京东等，哪个不是这样出来的？哪个也不是政府通过垄断搞出来的。这就是为什么中央政府现在大力推动"大众创业，万众创新"从体系科学看到的原因。所以不同的时期，体系最需要的东西是不一样的，它的结构也是不一样的。

不知大家注意没有，很多公司在取得成功后，还总是在不断地搞点新玩意，而且多数都以失败告终。外边的人以为他们在瞎折腾，其实真正的原因就是他们也"不知道"，只好到处试错，但如有一个能成功就可以赚回来。腾讯试了很多才又试出个微信，阿里巴巴试了很久才知道支付宝独立出去也可以赚钱。那些吹牛说自己如何先知先觉，什么都是一次成功的人，要么是他的运气超好，总是能"瞎猫碰上死耗子"，要么就是"打落了牙往肚里咽"，只拣好的说，维持自己的脸面。

2016 年 3 月出了件有意思的事，国外著名科技杂志《连线》的英国版四月刊，居然选择小米公司创始人雷军作为封面人物，而且标题是："是时候'山寨'中国了"。这就是说，过去的"山寨大王"，现在也开始被别人"山寨"了！还有报道称，腾讯微信上的功能，也有很多被国外的社交软件所模仿，这个时候那些西方媒体都闭上了嘴，没有人说三道四了。看来，向领先者看齐并模仿，本来不过就是体系演化过程中很正常的事情罢了。

体系演化的快慢与范围

作战体系演化的快与慢，也是对作战体系进行评估的重要指标。我们一般用 OODA 环，也就是"观察、定位、决策和行动"环，来描述从侦察发现目标，到决策行动，再到完成效果评估的整个过程周期。这是约翰·博伊德[①]提出来的典型作战周期，用整个体系完成这个周期的平均时间，就可以评估体系的整体作战速度。看看这个周期速度的演化过程，就可以看出一个作战体系演化的速度，以及与对手体系的相对比较速度。通过这些数据，就可以知道我们的作战体系与对手的作战体系在整体比较上，是相对更接近了，还是被落下得更远了，用以评估体系建设的成果。

美军曾经有过数据统计：海湾战争时，完成这个过程大约需要 100 分钟；到科索沃战争时，需要大约 40 分钟；阿富汗战争和伊拉克战争时，这个时间大约在 30 分钟以内；近期，由于长航时无人机长期留空待战，这个时间可以做到 8 分钟以内。如果是网络作战，这个时间应该会更短，这当然需要事先做更多的准备。估计现在世界上没有哪个国家的军队作战速度比这个更快了。但体系建设的成果，要看的是与对手体系之间的差距是不是更小了。

体系的 OODA 过程反映的是体系的综合能力。我曾经问过一个装甲师师长，你们师计算过没有，全师平均的 OODA 时间是多长啊？想跟美军做一个比较。但他回答说，是 10 秒之内。这吓了我一跳。后来我明白，他说的是从他发出号令，然后坦克开火击中目标的时间，并没有包括 OODA 的全部环节。首先在复杂战场上寻找目标本身就会花费大量的时间，而不像在靶场打靶那么简单。如果是导弹打航母，这个过程就会更加复杂，在茫茫大海中找到并锁定目标，然后完成打击和评估，需要整个作战体系体现出整体的综合能力。对抗的两个体系如果在体系 OODA 上差距太大，落后者就肯定处于被动挨打的境地了。

最近几年，美国人又将这个方法用于更大的循环，即国防采办 OODA 大循环的评估。也就是说，要从整个国防采办的更大周期内，从有什么战争形态，新的作战概念形成，到要造什么武器，如何进行作战试验，最后完成武器的配备，研究整个过程循环的时间。从这一点看，它注重的是新武器装备研发速度，强调的就是新型作战体系形成的速度。为什么这样做？就是希望我总能比你先进一两代，始终让对手和我有“代差”，这样你就形不成对我的体系战斗力。前面说了，只有势均力敌不确定性才能成为决定性力量，但若我比你强很多，不确定性就会很低。就像美军打伊拉克一样，基本没有什么可比性。为了做到这一点，它需要从国防研发就开始评估。比如，美军提出来的 X37B、X47B、X51A 等新装备，都是超出别人一代到二代的装备，就是基于这个考虑。

作战条令对体系演化的影响本质上也是如此。美军的作战条令，从作战概念形成起就开始同步制定，部队及时跟进试验，不断反复修改完善，因而总能在应用

---

①约翰·博伊德，1927～1997，美国著名军事理论家。

中不断进化。比如，网络作战，概念刚出来马上就搞网络作战条令，马上就找部队试用，在试验中完善。关于这一点我觉得我们也应该借鉴，不要等什么都成熟了才去搞条令，等出来了基本上就落伍了。在信息化时代，速度是第一位的。从这个意义上来说，条令不是编出来的，而是演化出来的，是试出来的。条令作为体系建设的一部分，也需要在体系不断完善过程中共同"试错"中完成，其实这也是一个快速迭代的过程。

体系的动态演化：以军官评估为例

体系的形成靠的是规则，体系能力的涌现也是靠规则，但规则在体系演化过程中也不是死板、一成不变的，也需要根据体系的情况进行改变，才有利于引导体系向所需要的方向演化。比如说，我们期望能够演化出能真正实现"能打仗，打胜仗"的作战体系，那么作为体系的核心要素，军官晋升标准的设立和测量就成为关键。这方面，美军是有经验教训的①。

如何评估军官的战场表现，美军在越战时期采用的是量化评估，最早是"清点尸体"法，就是数一数消灭敌人的数量。这个方法很简单，其实在古代就是这样，按战功论赏。这个考评方法从战略角度来看也是说得通的，因为美国人打越南采用的就是消耗战略，而美国人和北越人的人员与物资根本就不在一个数量级上。所以，通过大量杀伤北越军队和摧毁北越经济就可以迅速把北越拖垮。因此，"清点尸体"法可以引导指挥官带领部队消灭更多的北越部队，符合"考评为战略服务"的原则，实际上就是引导作战体系以消灭有生力量为核心。

但是，这个方法在实践中却遇到了大问题。基于前期战场统计，美军制定了1∶10的取胜规则标准，也就是说，自己伤亡1人带来敌方伤亡10人为及格。如果要证明自己优秀，就需要将这个交换比提升到1∶15；如果想得到晋升，则可能需要提升到1∶25，甚至1∶50。规则确定了，体系的演化就开始了，复杂系统一个很大特点就是适应规则，并依据规则朝有利于自己的方向演化，而这个方向可能并不是设定规则的人预先能想到的。那么，在越南战场这个演化是怎样进行的呢？显然，按照规则要证明自己的能力，就要一方面多消灭敌人，另一方面减少自己的伤亡，这在逻辑上没有任何问题。但是美军在这个演化过程中却出现了问题。

对于第一个方面，为了加大消灭敌人的数字，美军出现了集体舞弊现象。一是直接夸大假报越南军人死亡人数；二是把平民尸体也都计算在内，因为游击队也不穿军装；三是有意地乘个系数，因为他们认为很多尸体被拖走或者找不着了。部队如此，美军驻越部队司令部也是如此，一般也要乘个1.5倍的系数上报国防部，很显然这就更夸大了消灭敌人的数量。最后，统计数据越来越离谱。而且，为

①参见鲲腾防务的《美军军官考评晋升制度研究》，微信公众号《军事化管理》，2017年2月7日。

了统计尸体数据，很多部队打仗时光记着数数了，结果还中了埋伏和陷阱。

对于第二个方面，为了减少自己的伤亡数字，美军不敢使用大的兵力作战，尤其是可能造成很大伤亡的战斗。因为美军不敢在自己伤亡数字上造假，就在减少伤亡上下工夫。比如，有的战斗需要派出诱饵搜索部队，他们就只敢派出小分队，即使都伤亡了也没有几个人，但派出稍大的部队，即使损失一部分也是很多人。这对于搜索部队来说，无异于判了死刑，谁也不愿意去，严重影响了部队的士气。美军的评估规则，结果导致体系向相反方向演化的结局，最后输掉了战争大局。

越南战争之后，美军对军官考评进行了根本性的改革，不再用那样简单数字的方式进行。军官的考评由最熟悉这位军官工作表现的人来进行，也就是他的直接上级和上级的上级。比如，上尉连长的考核，通常由他的直接上级中校营长担任考核员，由中校营长的直接上级准将旅长担任高级考核员。而这位军官的下级、同级竞争者，也要间接地或非正式地参与到考核过程中，对考核起到辅助和监督作用。直接上级考核好处有三：一是便于约束和指挥控制下级；二是易于实现上下级的团结；三是让上级在下级的成长进步中承担更多责任，"出人才就是出政绩"也是潜规则。考核的内容包括德、才、绩、潜力。具体的考核方式则是同类竞争排名、成绩等次名额等，而且全部都是透明进行。具体方法就不说了。

在这些方法中，我认为最重要的一是透明，二是排名，三是监督，其实谁好谁差有目共睹，任何领导想要做点人情恐怕也不容易，尤其是打仗，谁的战功都摆在那里，你不拿点过硬的理由出来，就会很难服众。体系演化的方向，其实就隐藏在这些点点滴滴考评规则中。

人才是体系最核心要素：法拉利的动力不在漆上

只要是体系，就一定有人参与，就一定是以"人"为中心。战争体系、作战体系、企业生产体系，都是如此。有人说，武器装备体系是不是都是武器装备啊？其实不然，在我看来，武器装备体系只是作战体系的一个侧面，只不过我们更关注武器装备这个重点，它的运行仍然是作战体系的组成部分。其他体系也有这种情况。

"人"是体系中最具活力的成分，也是最关键的部分。以色列和叙利亚在黎巴嫩上空发生过一次空战，结果是以色列 83∶0 取胜。之后叙利亚空军说，你打胜的主要是因为你的飞机好，都是美国 F15 之类的好飞机，而我用的是苏式老飞机，当然打不赢啊。以色列空军司令霸气地回应说，如果让我换用你的飞机，我照样可以打你个 83∶0！我之所以能够打赢你，最根本的还是我的飞行员厉害。事实上也是如此，以色列飞行员常年参加作战经验丰富，训练水平又很高，叙利亚空军根本不是它的对手。所以从这点上来看，作战体系之所以强大，"人"才是最根本的。

人才的重要性对于战争来说不言而喻。1933 年出版、被认为是德军"二战"作战指导的《部队指挥》一书中，开篇就明确了指挥官应该具备的特质："战争是一门艺术,是建立在科学原则上的、自由而富有创造性的活动,对人的素质要求极高”。德军的这些要求体现出了战争的特殊需要:第一,性格坚忍不拔。因为战争迫使人经受精神和体力上最严格的考验,因此在战争中性格比智力更加重要。许多在战场上表现出色的人在和平年代可能并不引人注目。第二,责任感极强。必须具有清晰的判断力,能够独立作出重大决定,并能毫不迟疑地执行决定,对肩上担负责任有全面的认识,从不推脱责任。第三,能起典范作用。必须有完美的道德、自律和超常的勇气,表现出过人的素质和经历,并对部队能产生决定性的影响。第四,善于完成任务。理解胜利依赖于每个人,并能通过训练强化能力,具备利用和驾驭任何态势的勇气和能力。

体系以“人”为中心,不同的时代会有不同的形式。在农业时代,张飞可以“一夫当关,万夫莫开”,基本上是以英雄个人为中心组成作战体系,他的组织形式也是将军带士兵的方式,人的活力主要体现在英雄个人发挥上。在工业时代,每个人都成为庞大战争机器的组成部分,层级化的组织结构是主要形式,人的活力都表现在步调一致的协同上。到了网络化时代,个人的作用更突出而联系更紧密,体系的活力就更强调每个人的创造性发挥,因而也会影响体系组织结构的形成。这点在 IT 界特别明显。有人老是以为是他的什么管理机制或是薪酬体制起到关键作用,但这就好比“把法拉利强劲的动力,都归功于其鲜红色的油漆一样”,并没有抓住关键,其实核心作用还在于人才。

我看过一篇文章,其中有一句话我很惊讶,它说“职业经理人已死,事业合伙人时代诞生!流程化、管控化组织已死,平台化、生态化组织诞生”。这是什么意思啊?就是说在网络时代,原先在工业化时代形成的标准企业组织结构,现在已经开始发生变革了。举例来说,马云在阿里巴巴的股份是很低的,只有不到 8%,远远谈不上控股。但为什么现在阿里巴巴是马云说了算呢?这就叫事业合伙人制度,它不是由股份多少来确定谁来控制公司,而是由事业合伙人说了算。所以,阿里巴巴在香港上不了市,在国内也上不了市,就是因为与香港和国内的股份制规定不符。因此,只能跑到美国纳斯达克上市,就是这个道理。

事业合伙人很大程度就是对人才的肯定。当年马云到处找投资,谈了 100 家也没有多少人愿意投。但软银的孙正义只谈了几分钟就决定投资,而且还不断追加投资,就是因为他看上了马云这个人。如果没有马云这个人,恐怕阿里巴巴就什么都不是了,他不是任何人都可以取代的。所以,阿里巴巴采取事业合伙人制,就是这个道理。将核心人才作为体系不可或缺的组成部分,才能使体系能力大幅度提高。但“人才”不等于“人力”,不是说找个人就行。这就像有时候有的领导嘴巴上说重视人才,但其实他们眼睛里根本看不到人才,就更谈不上去追求人才。在他们的眼里,一个萝卜一个坑,让谁去填都是一样的。一个企业一个单位如果靠这样的领导当家,离破产也就不远了。

在网络化时代，传统组织形式已经失去了快速反应能力，必须放权给真正的人才，这一点我们必须注意。过去投资商投资是找项目，哪个项目好就给哪个项目投资；现在是找人，找到的这个人很好，我觉得你很有潜力，我就把钱给你，做什么你说了算。这就是适应网络化时代的一种变革。现在各个大公司的组织结构，就很好地反映了因人而异的组织形态。在网络上有个漫画[①]，虽说是调侃，也比较形象地描绘出了亚马逊、谷歌、脸谱等公司核心人才的地位和组织特点(图 4.2)。

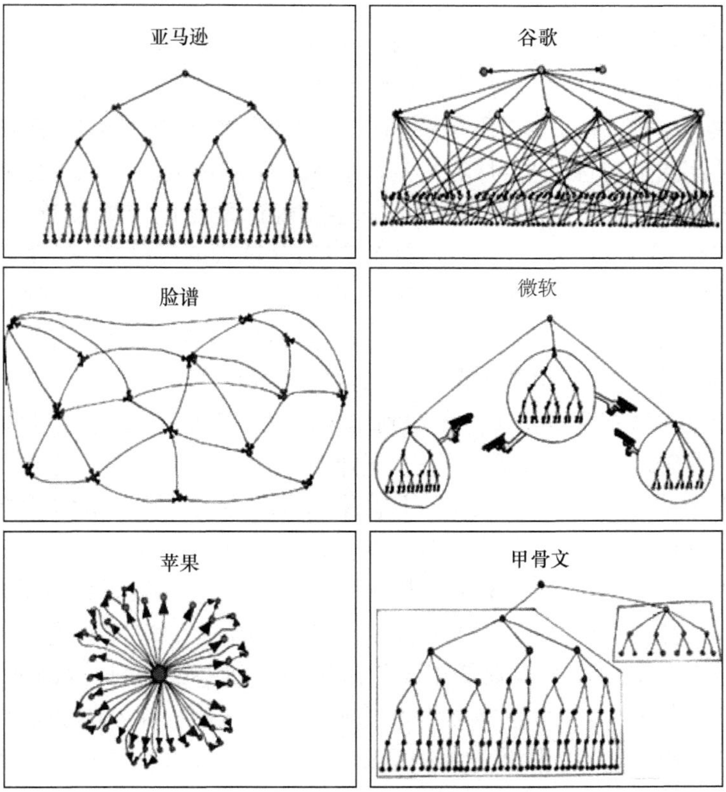

图 4.2 各大公司组织结构的漫画

其实对于作战体系来说也是一样，未来战场的复杂性，也需要在作战一线的每一名指战员发挥聪明才智，才能最大限度地形成集体的组织力和战斗力。那种纯粹的机械行动，将会越来越多地由机器去执行，而不再是人。

未来的人才标准是“潜力”[②]

20 世纪早期，人才的标准由智商和经验决定；20 世纪 70 年代，人才的标准由

①该漫画引自网络，具体来源不详，特此表示感谢。

②参见蒲实的《不确定时代的公司、组织和人》，《三联生活周刊》，2015 年 29 期。

能力而非智商决定；今天，人才的标准已经开始转向“潜力”，也就是你能在越来越复杂的世界中适应未来发展变化并履行职责的能力。对于体系来说，如何选择恰当并且优秀的人才组成体系最终的拼图，就不得不考虑这个变化的趋势。

在很长的一段历史时期里，人们是在相对稳定的环境里寻找人才，无论是早期身体强壮的工人和士兵，还是后来大学出来的优秀毕业生，都是如此。“明星”员工的作用非常明显，比如在流水线上，优秀员工的生产率要高出普通员工 40%，顶级保险销售员要比一般销售员高 240%，杰出软件工程师甚至要比一般程序员高 1200%，真正做到“以一当十”。谁要找到优秀员工，谁就处于竞争的优势地位。

如今，世界已经变得更加复杂、变化无常和充满不确定性，过去的那种稳定环境不复存在。突然之间，工作所关注的优先顺序发生了很大改变，因此未来的人才需要非常高的适应性和学习能力，来适应无法预测的变化。如果你看看世界范围内各大公司首席执行官的平均任期，就会发现这种变化。20 年前，首席执行官的平均任期是 15 年；今天，平均任期只有 5 年，是过去的三分之一。其中很大的原因就是，环境与工作本身都在发生巨变，5 年前合适的人选，5 年以后便不再是了，不再适合体系的需要。所以，人最重要的素质不再是他的经验，而是指向未来的素质，也就是“潜力”。这里最重要的就是他的学习和适应能力。

过去的企业特别强调稳定。公司利用规模经济改进流程，企业向员工提供终身工作以换取忠诚服务。在那个年代，职业被认为几乎与婚姻一样永固。雇主与员工彼此承诺，不管业绩好还是差，不管牛市还是熊市，只有退休才能将他们分开。但现在，世界已发生了不可逆转的变化，员工更倾向于成为“自由人”，而企业也愿意鼓励他们这样做，因为只有这样才能更好地适应复杂多变的环境。日本的例子很有代表性，日本的年轻领袖有高于全球平均水平的潜质和能力，然而，它资深高管的潜力在全球范围内则低于平均水平。也就是说，在日本的公司里，你开始是一个高潜质的人，而最终却会能力低下。这是为什么呢？因为日本的公司有着非常稳定的组织，人们非常习惯于内部升迁，不换工作，它们也更习惯于根据年资来提拔年龄更长的人。这样就导致了公司能力的下降。

所以说，在作战体系中，不断地推陈出新，不断地根据环境变化而变革体系结构，才能保证体系的能力不断发展，否则就会被战争淘汰。这也是为什么各国军队总是在不断变革的主要原因，因为战争是最残酷的，根本不会给你后悔的机会。但在作战体系中如何适应网络化时代的变化，却是一个富有挑战性的问题。一个个人再有才华，首先必须保证的是对军队的忠诚，而不是只将其当成谋生的工具，这一点与企业是完全不同的。没有听说过打仗时，还可以跑到对方阵营中去的。那不是“挖角”而是叛变，是要被军法处置的。网络化时代的人才观也告诉我们，选择出类拔萃的人才，也决定了未来作战体系的生死。我们必须要找到愿意为军队服务，并且将其作为自己事业的人才，他们在某种程度上就是我们事业的“合伙人”，大家共同努力完成使命重托。

在这个充满变化的不确定时代，体系组织的形式也会变得越来越有弹性。新型的人际关系，不再是雇佣制下的控制关系，而是共同分享信息并作出决策，就像公司的所有者一样。所以，体系需要的人才，未来看重的不是这些人的经验，而是他们的学习能力，具有很强的自我改变和自我重新创造的能力；他们寻找的不是相似的人，而是能够互补的人。一个组织可能会消亡，而人也有更多的可能性去从事不同的职业，但他们在一份职业中寻求的却是自主性、主人翁感、目的感，以及好奇心。这些都是人才潜质的重要组成部分。当体系中的人才都能圆满地得到这些，那他们对体系的贡献就可以期待了。

我举这几个例子就是想说明，人才是否得到重用、组织形态是否合适，在网络化时代关系到体系的存亡。我们不能以为有人就行，三个臭皮匠不一定等于一个诸葛亮，诸葛亮是很难找的。这几年我看“最强大脑”这个节目，得出一个结论，有天分的人才真的是可遇不可求，不要以为什么都可以通过后天努力就可以做到。所以，谁能尽早地发现人才，将其纳入体系，谁就会更早收益。比如，中国足球队，我们不能老是寄希望于老队员某一场的爆发，而应该寄希望于从青少年中挖掘出新的天才，这样组成的队伍才有希望。同时天才也是有限的，有限的人才谁都在抢，而且是全世界范围的抢，就看谁能抢得到。美国人最自豪的就是他们能把全世界的人才都吸引到美国去读书，然后再挑出那些最优秀的留下来为美国服务。我们是否也应该对此想想办法？

4.3.3　体系能力：具有相对性靠对抗产生

2012 年前后，我到某部去协助组织兵棋演习。当时，司令部的参谋们把对抗双方的兵力都用战斗力指数做了详细统计，报告首长说，从战斗力指数来看，对抗双方基本相当，意思是双方条件差不多，就看谁能打得赢了。当时首长问了我一个问题，说你们这个兵棋系统，是不是就是靠战斗力指数来描述部队战斗力的？如果某支部队战斗力指数比较高，是不是不管跟谁作战就一定胜利？我当时的回答是，战斗力指数只是一个参考系，并不起决定性作用。谁能打得赢，还要看谁指挥得更好。这就像 NBA 一支实力排名第一的球队并不是每场都会赢。这实际上是如何看待体系能力的问题。

体系能力的相对性

只要体系是一个“活的”系统，它就不可能像一个额定功率的马达，具有一成不变的能力。这是因为它会受到各种环境因素的影响，而且还会在不同时刻具有不同的状态。就像一个人，如何评价他的能力，可以有很多种测量手段。比如，测试体能可以测他跑得多快，力量有多大，恢复能力有多强，这些构成了一个人的基本身体素质。如果想知道他能不能成为拳击手，光靠这些测量就不行了，可能还需要找个对手对抗起来才知道他是不是具有搏击的天分。对一个人的评价还相对简单，如果要评价一个群体，比如一支NBA篮球队的水平，就更为复杂，不仅需要了解每一个人的能力，还要了解球队整体的组成效果，才能得知球队的基本能力如何。要想预测这支球队这场比赛能不能取胜，还要看队伍目前的状态，以及对手是谁才行。所以说，任何体系的能力都是建立在相对性基础上的。

美军2008版的《作战纲要》中有一句话，“战斗力不是一个数值，它可以评估，但不能量化，因为战斗力总是相对的，只有在相对于条件和敌人能力时，战斗力才有意义”。这点和我们很多人想的很不一样吧！它其实说的就是体系能力的相对性原理。一个作战体系与不同作战体系对抗时，可能会有完全不同的效果，战斗力永远都不会是一个固定的数值。你要想让我评估战斗力，首先要告诉我目前的条件和对手，才能得出有意义的战斗力多少的结论。所以不可能用一个所谓的指数就能描述。

体系能力是相对于对手的，能力要靠对抗产生。作战体系的目标是要在对抗条件下完成体系的使命，而不是每个系统组成各自最优。这就像一支篮球队，天天练运球投篮而不练对抗，尤其是与高手的对抗，恐怕也打不赢别人。但只要是对抗，就可能出现“相生相克”的现象。就像一支球队，我比你强，你比他强，他又专门克我，这种情况下你能说谁的能力更强？打仗也是一样，也会出现这种现象。田忌赛马的有意错位，也是利用了这个机理。同样，战场上谁能取胜，很大程度上是比谁少犯错误，谁犯错误少谁就能取胜，这也是相对对手而言的。

体系能力是相对状态而言的，能力会动态发生变化。也就是说，一个体系的能力不会一成不变，而是随着环境的变化而变化，这样也会影响作战的结果。比如，我的体系作战指数是10000，他的体系作战指数是8000，说我就一定能够打胜它，这还真的不一定。也许今天你的部队士气高昂，而我的部队士气低落，这样的一增一减，可能我就要吃败仗。打球也是一样，为什么有时候弱队可以战胜强队，状态在其中就起到了很大的作用。如何将球队调度到最佳状态，这就是主教练的本事了。里约奥运会中国女排小组赛接连输球，但进入复赛后却一场未输夺得冠军，其中郎平的调度能力就起到很大作用，确保了该出状态时能够出来。

所以，用作战指数描述部队的战斗力，只是一种在战前对部队实力进行简单评估的方法，对实际作战只有参考价值并无决定意义。况且，作战能力也根本不可能只用一个指数就可以全面描述。这几年有人搞了个计算作战指数的方法，把各种能力分解为火力、机动力、防护力、信息力、保障力等，用力学的方法来计算和评估一支部队的战斗力。我觉得这是一个进步，至少比那种只统计多少支枪、多少门炮、多少架飞机稍微科学一点。但我也认为它并没有真正解决问题，因为它并未摆脱传统思维方法，没有回答体系存在的对抗、动态、整体性评估这些复杂性问题。这就像我们的研究,再复杂的加减乘除也比不上微积分,再精确的传统力学计算也说明不了相对论,是一样的道理。理念上不进步,再大的努力也不会得到正确的结果。

体系能力的比较:解放军不敌英国军队?①

2014 年年初,美国斯坦福大学国际安全与合作中心研究员薛理泰,在新加坡《联合早报》上发表了一篇文章,在中国网络上引起了一片轩然大波。文章题目是《解放军是否不敌英国军队》,介绍了英国皇家联合服务研究所查默斯教授的研究成果。其中主要观点就是,解放军人数达 230 万人,英国军队仅 22.5 万人,但如果在相距两国同等距离的地区发生一场军事冲突,英国却具有战胜中国的军事能力。

这篇文章引起了中国网民的大量讨论。有的说,这怎么可能? 10∶1 的力量对比怎么打也不会输吧! 也有的说,中国人一个打一个肯定打不过,但人多了就不一样,靠人海战术他们也受不了。但俄罗斯战略和技术分析中心专家瓦西里·卡申则声称,尽管假想的这种对抗似乎不可思议,但查默斯教授的判断还是有道理的。姑且不论他的结论是否正确,在我看来,这其实就是一个体系能力评估的很好案例。

早在第一次鸦片战争期间,英国大臣义律率领由 40 余艘舰船组成的机动舰队及 4000 余官兵,依仗坚船利炮和舰队高度的机动能力,就可以纵横于中国沿海地区战胜当时的清朝军队。但这种军力相去悬殊的时代早已一去不复返了,中国综合国力跃居世界第二,军队建设突飞猛进,尖端武器不断出现,早已不是当年清朝八旗军队可比的了。所以,如若再发生一场全面战争,需要体现国家的综合战争潜力,自然英军不应该是解放军的对手。假如再重现当年英军到中国沿海作战的情况,更不用说战争发生在中国的陆地和相关空域,即使是高技术局部战争,英军也显然不是解放军的对手。

但查默斯教授的论点是,中英双方军队都处于距离本国相等距离的范围内,中国军队可能就不一定能打赢英军。比如,倘若在非洲、近东、中东,甚至在印度洋或南亚次大陆爆发这场局部战争,中国和英国军队都要前出,这就完全不像在自己家门口打仗那么容易,就涉及作战体系是否具有远征作战能力了。查默斯教授认为,英国拥有一百多年向全球各地投送兵力的历史经验,这种经验仍在持续增强。虽然英国军事预算份额逐年削减,但是英国向遥远地区投送兵力的技术能力仍然比中国强,英国军人还不时经历在遥远地区进行实战的考验。基于这个原因,尽管英军人数很少,却能在全球各地区、各种气候带驻扎和作战,并顺利保障

①参见薛理泰的《解放军是否不敌英国军队》,《联合早报》,2014 年 1 月 27 日。

与作战能力密切相关的后勤供给、装备补充，以及确保军人健康。当年为收复马尔维纳斯群岛，远征到阿根廷海域作战就是一例。总体说来，从军队保持高度战备并能在遥远地区进行实战的角度着眼，只有美军能与英军媲美，法军都相形见绌。

这其实反映的是双方作战体系之间的较量。众所周知，在距离国土遥远的地区进行一场高技术局部战争，尤其是在海空域进行的决战，往往决定战役胜负的交战时刻仅数小时而已。这一决战的特点是高强度、大密度和短时间，牵涉的不仅是武器系统的交战，而且也是双方作战体系之间的整体较量。要想赢得这一场局部战争，除了基本的作战体系必须要有的制空、制海、制电磁能力，以及指挥控制通信情报能力，还必须要有战场建设、战争环境和实战经验这三个极为重要的因素。比如，对当地战场是否了解，在当地是否有基地，附近是否有盟国，能否确保其他国家保持中立，对此类作战是否有经验等等，这些一起才构成一个作战体系能力的全部。

当然，查默斯教授的假设是不太可能出现的，但他的这种分析方法至少告诉我们一个道理：任何作战体系能力都不是孤立存在的，总是和作战使命、作战环境等密切相关。在国家周边进行作战的体系能力，与在全球范围进行作战的体系能力是完全不同的。近来兰德公司的研究报告也指出，美国的 F-22 这么强的隐身飞机，在计算机推演中一般与三代机打就是 54∶0，极端情况还出现过 108∶0，几乎不可战胜；但如果在中国沿海与我空军对抗，只要中国有办法让其机场远离到关岛一线，我军三代机数量的优势就可能让 F-22 的质量优势化为乌有。所以，体系能力的比较总是相对的。

体系下的强点和弱点：美杜莎行动

强点和弱点要在体系下重新审视。在阿富汗战争中，2006 年 9 月美军曾组织了一次名称为“美杜莎”的大规模清剿行动。塔利班针对这次清剿组织了一次较大的反攻，将北约第 31 特遣队一百余人逼进了一个叫斯皮万加尔的高地，美军伤亡不断，弹药即将告罄。这个高地从地形上看是孤立突出的，三面受敌，塔利班完全可以把它切断并消灭掉。看此情况塔利班大喜过望，认为这是让他们出口恶气千载难逢的好机会。就在他们集中兵力企图全歼北约军队突出部的“弱敌”时，美军突然派来 B1 轰炸机进行轰炸支援，又用两个螺旋桨的支奴干直升机把弹药补给送来，再把伤员带走。这一下子就使得塔利班企图全歼“弱敌”的愿望落空。

如果从传统地面作战的意义上看，塔利班的作战行动非常合乎情理，符合战术原则。但若从整个作战体系来看，塔利班就犯了很大的错误。因为它忘记了一件事情，就是美军是一个大的作战体系在运转，而不是仅仅只有地面这一支部队在作战。美军利用的就是它的整体联动能力，强也是强在体系整体上。如果还像以前那样以为地面行动就是地面行动，只是平面地思考作战，恐怕就要吃塔利班一样的亏。所以说，在体系作战条件下，传统的“弱”还是不是“弱”，传统的“强”还是不是“强”，需要重新加以审视。不能简单地根据部分情况得出整体的结论。

过去常常有人提出，敌军现在比较依赖卫星作战，卫星网既是他的强点，也是他的弱点，那我们能不能先把他的卫星打下来，这样我们不就可以打赢了吗！但事情可能并没有这样简单。你想过没有，你把他的卫星打掉一、两颗，可能对他整个作战体系影响并不是很大，因为当天上的卫星组网达到一定数量之后，作为复杂网络它对故障是有自修复能力的，对体系能力变化不太敏感，具有一定的稳健性。但如果我们只有很少的几颗卫星组网，敌军因此报复，打掉一颗就可能把整个卫星网络体系瘫痪了。所以思考问题还真的不能那么简单。

靠什么生成战斗力：美军的演习为什么这么多?

战斗力存在于体系之中。但体系能力的生成，必须在对抗中才能产生。物质基础只是必要条件，将这些物质基础有效地整合和运用，才能真正生成战斗力。军事训练、对抗性演习、实战考验都是促成体系能力形成的正确途径，而贴近实战的对抗性演习是其中最重要的方式，因为战争不会给你第二次机会。

美军特别看重演习的作用，每年组织的各种演习不计其数。这是因为，美军认为只有贴近实战的演习，才能将部队训练得最大限度地接近实战要求。如果只是让部队在实战中慢慢成长，那样的话代价太高。比如，美军在“越战”期间经过大量的统计分析发现，飞行员在前 10 次作战中被击落的概率最高，因为他经常会紧张、恐惧和不知所措。但一旦参战次数超过了 10 次，他被击落的概率将大幅度降低，用过去的话说就是成了“老油条”，实际上是参战经验增加，使得他能更正常地发挥出水平。因此，美军在内利斯空军基地创立了一个非常著名的演习，叫做红旗军演，所有的美军飞行员在上战场前都要到内利斯空军基地进行实战训练，并通过战前的演习考核。也就是说，每名飞行员前 10 个架次的“作战”，必须在红旗军演中完成。这样，等飞行员进入真正的战场时，他俨然已经成为了“老兵”，战斗力就会大幅度提高。

事实也是如此。美国空军的红旗军演推开之后，立竿见影，在越南战场上飞机被击落的概率大幅度降低。吃到甜头之后，美军将此经验推广到了其他军兵种部队，训练的对象也从飞行员，推广到战术层级、战役层级的指挥员，甚至是更高的战略层级的指挥员。演习的次数、种类也越来越多，每年光战区组织的演习就有几百次之多，有很多还是多国参加的联合军演。

同时，他们也开始建设各类作战实验室，目的就是要通过作战演习，让参战者先在战争实验室中“失败”几次，取得经验后再去参加真正的战争。把出问题、出错的阶段都放在演习中来完成，实战的时候上去的才是成熟的部队、成熟的指挥员。这些“失败”,就成为其作战体系形成战斗力的基本标配形式。所以有人说,过去我们是在战争中学习战争,现在则是要在实验室中学习战争,在“未来”中学习战争,而这个“未来”就是各种各样的战争演习创造的。

体系能力的评估:体系仿真试验床

作战体系乃至战争体系的评估是公认的难题。传统的方法是,将体系分解成各个组成部分分项进行评估,然后再组装起来得到整体的结果。显然,这种方法得到的必然是静态的、单方的、还原论式的结果,有一定价值,但更大的可能是与实际不符。这就像是想评价一个篮球队水平如何,光去测量每个人投篮如何、运球好不好、传球准不准是没有多大用处的。因为你无法知道队员在对抗条件下投篮还准不准,也不知道他们之间的配合如何,更不知道对抗不同类型的球队需要什么样的组合。因此,就需要有一个能够测试球队全面能力的对抗环境才行,“真刀真枪”地打一场就什么都知道了。对于战争体系评估来说也应该如此。

战争可不像打球那样,很容易就真打一场,只能通过仿真模拟的手段完成。因此,体系仿真试验床的概念就应运而生了,这是我提出的一个概念,目的就是为解决战争及作战体系评估问题提供平台。具体来说,就是利用仿真模拟的方法,对战争及作战体系进行整体、动态、对抗性的评估。所谓试验床,其实就是一个战争模拟系统,但它可以提供基础的战争模拟条件,比如战争及战场环境,对抗多方的国家关键基础设施和民众社会、各种作战部队和武器装备,以及能够实施的各种作战行动等。然后,被试验的“某种行动”或者“某种装备”就被放到仿真试验床上,看看会发生什么变化,影响会有多大,可能的解决方案有哪些等等。

举例来说。比如,某国新投入一种空天攻击飞行器,它对我们的防空反导体系会产生什么样的影响,就需要从整体上进行评估,看看我们已有的路基、海基、天基的防空反导体系在多大程度上能够应对,或者研究是否需要开发新的防空反导装备。同样,敌方对我国家关键基础设施体系的攻击带来的连锁反应、影响效果,以及民众承受程度,也需要有一个答案。这些都可以通过这个体系仿真试验床完成。

由于体系是复杂系统,因此体系评估就不能用传统的还原论方法完成,而必须建立在“整体”“动态”“对抗”的基础上。它具有以下几个特点。第一,评估是整体性的。评估的是整个作战体系,而非某一局部的作战行动或作战系统。这样分析作战行动部署、武器装备改变等,就能知道在体系层面的整体影响,从而辅助高层进行决策。第二,评估是动态性的。对体系的评估过程是在动态中完成的,就能够分析出整个体系能力在对抗过程中的演变过程。第三,评估是对抗性的。对抗多方可以不断按照当前态势和对手情况改变自己的状态,这样更能反映实际敌对双方的对抗博弈,而非只是在静态环境下的对比。第四,评估以真实演习大数据为基础。这些数据必须是有可信性的，能反映复杂系统真实情况，反映人和组织的因素。第五，评估可支持可视化实验、分析和研究。从而达到辅助高层决策的目的。

体系仿真试验床是一种新颖的体系评估思路和方法，目前还在深入研究中，将来可以用于武器装备体系能力分析和体系贡献度评估、作战体系能力和兵力规划、体系作战概念分析等方面，可以深入分析体系能力的动态运行机理，从体系运行机理层面去回答诸如战斗力生成、体系能力短板缺陷，以及体系能力演化等问题，探索新概念、新理论、新方法，从而提高对战斗力生成模式的理解和把握，提高战略规划的科学性。

如何评估体系战斗力：美国海军的观点

评估一个作战体系的战斗力并不是一件简单的事情。美国海军提出过战斗力评估的五大要素，对我们还是有一定参考价值的。下面这五点都是美军提出来的，但解释的内容是我加上的，因为它原先并没有更多详细的说明。所以，这也只能算是我的理解和观点。但至少可以让我们讨论一下，看看战斗力应该如何进行评估。

第一，在战争中评估战斗力的实际水平。不管体系中建了什么东西，只有战争才能评估出体系的战斗力实际水平。比如，建设了航母作战体系，那这个体系到底能不能起到预想的作用，恐怕谁说了也不算，只有战争才能真正的检验。说到底，战斗力是否形成，能否发挥，最后还是要靠实践来检验。当然，这种检验也有机遇的成分在里面：假设一开始你碰到的都是比较弱的对手，你的体系大显神威；但假如不走运一开始就是强敌，没有几分钟体系就崩溃，也是有可能的。还是那句话，战斗力总是相对而言的，没有绝对的能力，战争评估也必须知道这个结论。

第二，在实验中评估战斗力的生成模式。作战实验是干什么的？它就是专门研究体系战斗力的生成模式的，所以也就只能在实验中对这些模式进行评估，看看是否符合要求。通过评估找到最合适的战斗力生成模式，然后推广到实际训练中去。过去我们比较熟悉的是陆军部队和装备的战斗力生成模式，比如早期的刺杀、打靶和投弹三大训练，就是最早的战斗力生成模式，会了这三样，就基本上可以上战场打仗了。但如今，作战样式和要求已经变得多种多样，如何生成战斗力就不那么简单了。比如，网络作战如何生成战斗力，这就需要在实验中不断评估并找到相应的生成模式。

第三，在训练中评估战斗力的主体要素。训练的目的是让体系的主体要素按预定的规则运转，其中最重要的就是人与人、人与装备、系统与系统、团队与团队之间的配合，达成“人机合一”的境界。训练还是相对独立的，因而对战斗力的评估主要也是针对这些体系的组成系统和要素进行。只有这些主体要素都达到了体系的要求,才具备从整体上评估体系战斗力的基本条件。这就像是一支球队的各种基本功、战术训练,是实际比赛时整体发挥的前提。如果达不到要求,再好的主教练也没有办法。但对训练评估的结果决不能替代实战,因为训练毕竟不是真的战争,至少没有恐惧感。

第四,在演习中评估战斗力的行动能力。体系的能力要靠动起来才能发挥,而演习就是在动起来中评估行动能力的最好方式。这个评估主要强调的还是体系的运转是否合理,效能是否达到预期水平,而不是强调取得作战的胜负。作战的胜负只是一个客观结果,而演习则主要用于发现问题。这就像战前的"热身赛",什么都就绪了,再看看整体是否符合要求,感受一下实战的气氛。

第五,在战略上明确战斗力的发展方向。战斗力应该朝哪个方向发展?这就需要从战略上深入研究,不能千年一律,百年不变。美国陆军曾经找兰德公司帮它做了个研究,看看美国陆军未来会发生什么变化,战斗力将如何发展。这篇报告为《选择性的未来与陆军计划》,我在《战争工程论》中有过介绍①。简单地说,就是未来战争需求、战略目标,决定了战斗力生成的方向。比如,如果未来准备打大仗、打世界大战,陆军的战斗力就要朝"大战型陆军"发展,大力发展重装;如果未来准备主要面对遍布世界的恐怖组织,那陆军就应该将战斗力发展重点放在轻装高能、快速机动等方面。所以,对战斗力的发展方向,必须从战略角度来评估。

这五点简单明了,说出了战斗力评估的主要内容和方向。过去我们很多人也喜欢说要评估部队的战斗力,可要具体量化了就只有个指数法,并不知道战斗力评估实际上是很困难也是很复杂的事情。我们千万不要用简单化的思维去看待这个问题。我有一个博士生,专门研究军队体系建设绩效评估问题,我与她经常探讨这个方面的问题。我们达成的共识是,要想解决作战体系能力包括战斗力科学评估这个难题,近些年才出现的最新科学方法,比如复杂系统思想、复杂网络科学、大数据方法等,可能才是最合适的方法和途径。

4.3.4 体系效能:具有整体性靠全局反映

体系的基本能力具备了,但是否能在完成使命任务过程中发挥出来,就要看它的体系效能如何。根据复杂系统理论,体系效能具有整体性而非局部的简单叠加。各部分再好,但拧不成一股绳,也没有什么价值,最终还是要看体系整体全局的反映。

体系效能靠整体:"海王星之矛"与"鹰爪行动"

2011 年 5 月 1 日晚上刚过 11 点,两架 MH-60 黑鹰直升机从阿富汗东部的贾

---

①参见胡晓峰著《战争工程论》,科学出版社,2017 年版。

拉拉巴德机场起飞，飞机上坐着23名美军"海豹"突击队成员，开始了一次在巴基斯坦的秘密行动——抓捕本·拉登。月黑风高夜，直升机的飞行员戴着夜视镜在没有光的情况下飞过与巴基斯坦接壤处的山脉，目的地是小城阿伯塔巴德的一所房子，距离巴基斯坦边境约120英里(1英里＝1.609千米)。与此同时，美军调动了35颗卫星、40多架飞机以不同形式在支援着前方的行动。美国总统奥巴马坐在万里之外的白宫作战室里，和一帮高官、将领密切关注着这次关键性的行动。这就是著名的"海王星之矛"行动，最后以击毙本·拉登，顺利完成任务告终。

从表面来看，23名特战队员完成了这次突袭行动，但实际上参与行动的却是整个美军作战体系。有人形容，这23人的努力只是海面上露出的冰山一角，还有海面下的"八分之七"是看不见的。不管是前期的情报侦察，还是最后的作战行动，无不反映整个体系效能的发挥程度。尽管也在慌乱中坠毁了一架直升机，谈不上圆满，但行动毕竟成功了，说明整个体系的效能发挥出来了。后来有人写了本书叫《艰难一日》，其中叙述了这个行动的整个过程。

1980年初，也有一次类似的行动，名字叫"鹰爪行动"，却有着完全不同的结果。当时的美国总统卡特命令美军去伊朗营救美国驻伊朗大使馆人质，几十架飞机和190多人参与了行动，不过行动的主体是参加过越战的"蓝光"突击队。虽然精密筹划准备了很久，而且也是从总统到国防部长亲自指挥，但那次行动简直就可以说是一场灾难。由于要求无线电静默导致配合失误，在还没有与伊朗人交火的情况下，居然就有多架飞机坠毁，造成多人死亡，使得整个行动失败，美军脸面丢尽。什么能力都具备，却完成不了任务，也就是体系有能力但效能却发挥不出来，主要还是因为当时美军的整体协调能力非常薄弱。当时的情况是，由于突然刮起一阵沙尘暴，导致直升机晚到，使得提前到达的特种部队无所适从。整个体系遇到一点突发情况就不能适应，慌乱中一个接着一个的出错，最后导致行动计划彻底失败。

所以说，体系效能的整体性特点非常突出，要靠整体发挥。不能像盲人摸象，摸到什么就是什么。并没有什么衡量孤立能力的标准，一切都是配合的结果。一个人其实也是如此，能力强，意味着不是你超过别人，而是能让别人依靠你；衡量能力，不在于你的本事有多大，而在于你能构建多少稳固的协作关系为你服务。著名军事理论家克劳塞维茨也说过，"与其他相比，战争中整体与局部的关系更需统筹考虑"。这一点从"海王星之矛"行动中就可以看得很清楚，参加行动的各个部分形成了一个整体，缺了哪一个环节都可能出问题。而体系整体的形成，不仅需要信息化手段的保障，更需要体系中的每个人都经过适配体系的训练，即使在作战行动出现问题时，也不至于惊慌失措。

体系效能需深层融合:文化的作用与情报的争功

体系效能的发挥需要各部分深层融合,从而能够形成跨域联合乃至融合的效果。有些人以为"联合"就是作战和指挥上的联合,但实际上"联合"首先是体制、文化和理论上的融合,也就是要从根子上相互认可,这一点非常重要。

有一年我在中央电视台节目上接受采访,主持人问,你们国防大学来自不同军兵种的学员吃住在一起有什么好处啊?我脱口而出:"你别看这一年短短的时间,他们从不认识到成为好朋友,将来在战场上联合作战的时候,至少互相交流起来就会更顺畅一些,这对于体系效能的发挥很有好处"。这个观点很快被有的人发挥为"联合首先是文化融合"的观点,也就是联合文化。

联合文化的内涵很大,我只讲一个现象:"喝酒"。为什么以前当兵的人喝酒很多?出征酒、壮行酒、庆功酒,不一而足。其实这是有军队文化传统的,古今中外,概莫能外。曾国藩曾有句名言,可以解释其中的道理:"胜则举杯酒以让功,败则出死力以相救",说的就是军营中的那种豪气、胆气和群体的文化。尤其是,从前依靠体力作战的战场,需要调动每个人体力的最大能限,协调好战场上的合作关系,酒可能就是一种载体媒介。而正是这种文化传统,才使得军人有了那种"醉卧沙场君莫笑,古来征战几人回"的豪气。当然,我这里说的不是那种腐败作风的吃吃喝喝,那种喝酒有百害而无一利。有人把这种吃喝当做军营文化,是对军人的污辱。而且,现在也不是古代,时代已经改变了,喝酒的人也少多了,不喝酒也是可以打胜仗的。

文化传统还有很多,比如军人特别珍惜自己的荣誉,"士可杀不可辱",荣誉会看得比生命还重要。但也有反例,比如对于荣誉的过于看重也会导致体系产生问题。比如,美军自己就对自己的情报体制很不满意,它各种不同类型的情报系统有15个之多,但这种情报体制却很难整合起来,相互制约,互不买账,争功诿过,原因就是谁都想在领导面前露一手,当然不会轻易地把荣誉让给别人。比如,有美军军官写的回忆录中就谈到,海豹突击队从前线千辛万苦拿回来了情报,也经常被束之高阁,不能发挥作用,就是因为情报不是自己获得的,功劳不属于自己。"9·11"时,美军事先就得到了相关恐怖分子袭击的情报,但由于互相扯皮,最后造成重大误判。美国人入侵伊拉克,最后也归罪于"情报失误",英国人出兵攻打利比亚,据说也是"情报失误"。虽说这样讲有点推卸责任的意思,但情报部门的体制不协调也是事实。"9·11"后美国人搞了个"情报沙皇",汇总情报来源,但若体系问题不解决,结果还是一样。其实,这种情况各个国家都差不多,解决得好坏就关系到体系效能的高低。

所以,文化传统的作用绝对不能忽视,文化上、理论上,乃至体制上的深层次融合,对于形成体系来说都是至关重要的。

体系效能的“满意”“最优”和“韧性”

前面已经说过，任何复杂系统都没有“最优”，只有“满意”。只要这个系统是“活的”，你就很难说清楚它何时“最好”，就像一个人你也很难这样判断一样。当他刚取得中学优秀学生时，你就说他达到人生“最优”，恐怕谁也不会相信。但当你说一个八十岁的老人早就过了人生最高点时，恐怕也会犯错误，比如屠呦呦①在八十五岁时才获得诺贝尔奖。只有盖棺才能论定，所以“最优”这个词从来都不是给复杂系统准备的。对复杂系统的效能可以用“满意与否”来判断，这是个主观的词，你觉得行就行，“知足常乐”也是一种境界。

一般说来，体系不强调最优还有一个原因，就是最优点往往“脆弱”。比如，一个系统为了把它调到最优状态，拼命在各个方面都突出强化，但这是维持不住的，每个组分系统短时间维持高水平可以，但长期这样就成问题，就像一个人都以百米速度跑马拉松是不可能的。前面我们说过，让一根筷子站立起来不是没有可能，但是它是最不稳定的。没有任何余度的调整，最终都会导致体系的崩溃。所以，对于体系效能来说，维持“满意”，强调鲁棒性也就是稳定性，才是最重要的。

体系还有一个很重要的指标，叫做“韧性”，也有人称之为“弹性”。说白一点，就是体系“抗造”的能力。因为体系是“活”的，效能总会因为一些不确定的因素而变化，有些变化还可能后果影响巨大。如果是民用体系，这些原因无非就是“出现故障”、“人为失误”、“老化失效”等，虽然也可能发生像“美东大停电”或“日本福岛核电事故”那样的灾难，但毕竟是偶然的。若是作战体系，在战争期间出现体系灾变，这是很有可能的事情，因为对手总是会有意识地攻击体系，造成体系效能的不稳定。

体系能否适应这种灾变，并且迅速地从灾变中恢复过来，看的就是体系的韧性。我们知道，复杂网络理论已经证明，复杂体系具有鲁棒性和脆弱性并存的特点，取决于攻击或故障的类型是“有意的”，还是“随机的”。一般说来，体系韧性有三个特点：一是降低受损的可能性，这主要在体系结构上下工夫；二是减少受损带来的影响，这个重点要放在制止连锁反应上；三是缩短恢复的时间，这需要采取综合措施，包括正确的决策指挥，或是恰当的重新部署等等。总之，体系韧性的目标就是要尽快地从灾变中恢复执行关键任务的能力。

所以，对于体系来说，是否“最优”的价值意义并不是很大，是否能够在困难的时候完成该完成的关键任务，才是最重要的事情。

体系效能的发挥：尊重多样性与悠闲的“码农”

体系效能的发挥需要尊重多样性。多样性往往是创新性的来源，体系的活力

①屠呦呦，1930～，中国中医科学院研究员，2015 年获诺贝尔生理学或医学奖。

之所在。所以，任何在体系演化过程中出现的新生事物，都不能轻易否定，没准这个新事物就可能使你的体系焕发新生！

美国有一个公司，专门进行软件开发工作，但任务重、利润薄，尤其是软件工程师的工资高，公司背负沉重负担，只能维持运营。每隔十天半个月，项目经理就会向程序员下发新的程序设计任务，然后那些“码农”就吭哧吭哧地忙活十几天，非常辛苦。但是其中有个程序员是个另类，当别人忙得不行的时候，他却非常悠闲地喝咖啡聊大天，还经常不来上班，气得项目经理只想开了他。但当要求任务交差时，他又总能准时上交，而且完成任务质量还不错，甚至干得还更多，这又让项目经理闭上了嘴巴。但他总是这样吊儿郎当，拿着高工资却东游西逛的，实在是影响军心，项目经理决定还是把他辞退。

决定汇报到老板那里，老板倒没有轻易拍板，就去做了一下调查。结果真相大白：原来，每当这个程序员收到任务包之后，做的第一件事就是上网再次“发包”，将程序设计任务分解，然后通过网络再发给在印度的程序员。由于印度程序员的工资远比不上美国，而且软件设计水平并不差，所以他不仅可以高质量完成任务，而且还可以通过“多干活”小赚一笔。老板一看，这哪是什么不好的事情，简直就是一个重大创新啊！马上宣布给这个程序员升职加薪，创立一个新的部门由他管理，专门实行网络发包式的软件开发，当然这个软件公司也就因此蒸蒸日上了。

这其实就是“众包”最早的雏形，利用网络优势聚集人才和资金，完成更大更多的任务。所以说，如果这个公司的老板比较古板，不尊重多样性，可能就会与体系的重大创新失之交臂，更谈不上体系效能的发挥了。

玩游戏的科研体系：4 周等于 163 年

软件的众包似乎还好理解，但你见过让普通大众以众包方式干科研的吗？读过网上的一篇文章①后，你不能不拍案叫绝，脑洞大开，对他们佩服得五体投地。但这更说明即使是成熟的科研体系也不能墨守成规。

冰岛有家游戏公司叫 CCP，2003 年开发了一个名字叫“新伊甸园”的星战网络游戏，属于大型多人在线游戏类型，背景就是开发太空，玩家被称为“宇航员”，在太空中集结作战，与外星人抢夺地盘，干些和其他游戏差不多的事情。在线人数也不是太多，也就是几万人左右，可以说是不温不火。但它却至今仍然存活，也不能不说是一个奇迹。做到这一点的，其实就是这个游戏中暗藏的一个新玩具，叫“发现计划”。

CCP 一直是一个脑洞极大的公司，平时就喜欢找一些 NASA 的科学家来办

①参见 Mars 的《这些家伙打了 4 周网游，搞定了科学家 163 年的工作量！》，果壳网，2016 年 9 月 13 日。

讲座,讲讲小行星带、太空开发之类的东西。他们甚至还雇佣了一个经济学家来捣鼓“新伊甸园”里面的经济学。不过这回,这个“发现计划”并不是 CCP 自己找来的,而是科研机构主动找上了门。为什么这么多游戏商不找,偏偏找到他们? 这是因为这个“新伊甸园”游戏与那些打打杀杀的游戏不同,这里的玩家更喜欢做些带有研究性质的事情,那些常人觉得无聊的东西他们却兴趣无比,也就是有些极客特点的人。兴趣比什么激励措施都有效,我就见过那么一个老太太,对多重九宫格兴趣极大,那么无聊的游戏居然可以一夜一夜地玩。

所以,有个科学研究计划“人类蛋白质图集项目”的负责人就找到这个游戏公司,想利用这个游戏干点正经事,“发现计划”就是他们起的具有诱惑性质的名字。这个科研计划是一个大规模蛋白质研究项目,目的是绘制人体组织和细胞中表达基因编码的蛋白质位置。但人类的蛋白质结构多样,种类繁多,有上千万的蛋白质图片需要鉴别,让一个课题组来做这件事工作量实在太大了。于是,他们想到了这个游戏。对科学情有独钟的 CCP 满口答应,就打造了这个“发现计划”。当你登录游戏,进入这个项目时,就会看到这样的介绍:

> “一堆神秘的外来物种“流浪者”入侵了“新伊甸园”宇宙,和地球的‘姐妹会’一场大战后留下了一堆遗体。玩家需要帮助姐妹会分析这些遗体内的蛋白质,搞清楚这帮外来物种究竟是什么,……,姐妹会也会对尽心尽力的玩家给予一些道具和装备的回馈奖励……”

其实说白了,就是专门在“新伊甸园”里内置了一个小游戏。里面有数百万张人体细胞内蛋白质的染色图,玩家需要按照游戏的规则,其实就是科学家定的规则,对这些图片进行鉴定,以帮助科学家对特定蛋白质进行分类。在游戏界面里,左边会提供一张图和一些特征,玩家需要在右边的分类中选出左边出现过的那些特征,比如“红色的丝”、“蓝色的球”和“绿色的点”等等。

这么枯燥的游戏居然也会有人玩? 但事实就是这样,一大帮平时闲着没事干的极客们开始忙了起来,因为这个游戏让他们有了研究的兴趣,这比干什么都强。最开始的时候,项目组的科学家觉得这些玩家们最多鉴定 10 万张图片就顶天了。然而,没有想到的是,这个项目上线后居然大受欢迎,平均每天有 6000 名玩家参与其中,每天居然就可以鉴定 10 万张蛋白质图片,远远超出了科学家们的预想。“发现项目”刚刚上线 4 周时,新伊甸园的“宇航员”们,就已经给科学家们贡献了 163 年的工作量,鉴定了大约 1300 万张图片,这个项目也就基本完成了。

这个成就可不是什么小事。“人类蛋白质图集项目”的数据库每月大约有 15 万次访问,绝大部分来自从事相关领域的科研小组。每天就有四篇从这些研究中得出的论文发表。图集数据库不断地更新,而更新中就包括“新伊甸园”玩家们的贡献。科学家们认为,人类非常善于寻找某种相似的“模式”,而“新伊甸园”这种缓慢的游戏模式，比那些打打杀杀的游戏更有利于进行科学研究。所以，玩家们肯花很长时间来仔细观察所有图像，并愿意尝试在图片中寻找对应的模式。据说，又有许多科学家准备采用这个方法进行研究，比如研究超大质量黑洞，或是针对火星地形进行更细致描述等。

这又是一个众包的例子，但这次是搞科研，将科研活动本身巧妙地植入了游戏之中，而且参与者还是普通老百姓。设想一下，如果我们仍然沿用原有的科研体系，让大学的科学家们自己去做这件事情，那完成它就不知是猴年马月了。所以说，如何提高体系的效能，绝对不能忽视体系本身的创新因素，它回馈给你的可能就是一个惊喜。如果将这个方法用于大规模的情报处理，我想也是可以大有用武之地的。

战争体系的破击：马桶效应和美加大停电

再来看看体系效能的反面，也就是如何破击体系，让它的效能无法发挥。体系如何破击呢？我前面说过，"核心是体系关键节点的寻找"。但是，那么大的一个体系，到底哪些是关键节点呢？其实就是那些能够引起体系效能"坍塌"的节点，而且是那些不太容易恢复的节点，因为打击的就是系统的适应能力。

北约在科索沃战争期间对南斯拉夫狂轰滥炸，但南斯拉夫并没有屈服。因为南斯拉夫军队想了个办法，把部队和装备都给藏了起来，还搞了很多假目标，让北约的飞机看上去炸得热闹，但其实南斯拉夫损失并不太大。民众还动不动上街去抗议，力挺南斯拉夫政府抵抗北约军队。当后来停火协议达成时，南斯拉夫的坦克一辆一辆地从隐蔽的地方开出来，让北约的军官目瞪口呆：我们忙活了半天，敢情你什么都还在啊！

北约炸了很久不见效，就觉得没炸对地方，也就是说，炸的都不是南斯拉夫战争体系的关键节点，看上去成果很大，但实际作用很小。于是改变策略，我不炸你的军事设施了，改为炸你的民用基础设施。先炸电厂、水厂，也不管什么民众的人权了。电厂炸了民众还能忍受，没有电我就点蜡烛；但水厂炸了就不得了了，没有水一两天还能忍受，但时间长了就不行了。尤其是，家里的抽水马桶没有水冲，臭气熏天，整个贝尔格莱德家家户户都是如此。这样老百姓就不干了，这个仗没有办法打了，于是上街抗议，这次抗议的不是北约而是南斯拉夫政府了，最后把米诺舍维奇给搞下了台。他实际上不是被北约的轰炸打败的，而是被马桶打败的，所以有人把这个结果称为"马桶效应"，意思就是战争取得的主要结果来源于"马桶"。

其实，民用基础设施的那些节点成为了这个战争体系的关键节点。只有找到并打击这些关键节点，才能使它的体系效能完全不能发挥，而你的打击效能取得最好效果。这些效果虽然不是直接的，炸弹并没有直接打到民众头上，但是打到水厂电厂的效果间接影响到他们，效果也是一样的。这就是所谓的连锁反应。体系的网络互连为它带来了很多好处，但同时也为出现巨大的问题埋下了隐患。由于连锁反应引发的体系级联失效，就是最常见的情况。一旦某个局部出现问题，可能会通过网络不断放大，结果导致出现意想不到的灾难。

2003 年，美国东部和加拿大部分地区曾经发生过一次大停电事故。大停电是由掉下的树枝引发跳闸，导致一个价值 1000 美元的变压器故障引起的。这个看上去只是一个不起眼的小故障，简单维修就可以解决，但却因为这个变压器恰好处于一个关键节点的位置，引发了早就积累下来的各种隐患，于是造成了连锁反应，导致一个接一个地区的停电，最后波及整个美国东部地区，甚至还延伸到了加拿大部分地区。从卫星照片上看，停电前这些地区灯火辉煌，但停电后一片黑暗。事后美国人统计，大约造成了约 1000 亿美元的损失，可谓是损失惨重。这就是著名的“美加大停电”事件。

后来有专家说，如果这是敌国有意攻击造成的，那真可以说是找对了地方。这些关键节点就是战时需要寻找和打击最有效的目标。一枚导弹或者一个黑客，都可以打垮你的战争体系，这效能得有多大？

哪个是体系的关键节点：“马钉”还是“将军”

所以，体系中间都存在着那些极为重要的关键节点，我们必须重点关注。经济体系、国家体系的危机产生，其实也有这个特点。但是，找到这些关键节点并不是一件容易的事情，而且核心是我们不能想当然。首脑机关、指挥系统、网络枢纽就一定是关键节点吗？这还真的不一定。

我们曾经听过一个民谣故事：“一个马钉弄坏了一副马掌，一匹战马受伤摔死了一位将军，一场战役失败丢掉了一场战争，一场战争失败灭亡了一个国家”。在这里，关键节点到底是指挥那场关键战役的将军，还是将军骑乘的战马，或者是那个微不足道的马钉呢？难道马钉也可以是关键节点？如果是一个士兵骑这匹马，那它还是关键节点吗？也就是说，我们该如何判定是什么起到了关键作用呢？

好在复杂网络理论为我们提供了一条可行的思路。比如，有人研究，利用复杂网络分析谁是“9·11”恐怖主义网络中间最重要的那个成员。我们可能想当然地认为，本·拉登就是那个关键节点，只要摧毁了他，恐怖组织网络就会坍塌。但实际上，在“9·11”袭击中，本·拉登并没有发挥多大作用，他起的只是一个精神领袖的作用。通过复杂网络分析，在这个恐怖组织网络中，核心节点是那个类似办公室主任的人，他才是控制整个恐怖组织网络的核心节点。如果能事先找到他，“9·11”可能就避免了。所以说，最重要的节点并不一定是那个最大的首脑。

复杂网络分析有点像谷歌的网页排序分析。在搜索互联网的几百亿网页时，我们凭什么说哪个网页最重要，应该排在前面啊？这就是谷歌的创始人布林和佩奇当年考虑的问题。他们认为，一个网页的重要程度应该看两个东西：一是有多少网页指向它，二是指向它的网页有多重要。越重要的越排在前面，这样搜索结果就更符合实际。就像我在网上找医院，排在最前面的一定是最牛的医院，而不应该是"莆田系"。这就像社交场上，一个人如果和他联系的都是重要人物，而且很多，那他也一定是个重要人物。当然，这个"重要"并不是指他的职务有多高，而是指他的作用。复杂网络分析就是这样去做的，找到体系中最关键的节点，当然一般不会这么简单。

战争理论中有个很重要的概念"重心"，是克劳塞维茨提出来的，过去主要指集中了最多兵力的地方。约米尼也提出一个类似的概念，叫"制约点"，大概意思也差不多。但这些已经不适合于描述现在的作战体系了。美国有个学者写了本书叫《未来战争》，他就认为，克劳塞维茨的"重心"、约米尼的"制约点"在现代战争中已经不是那么容易辨别了，因为不可能只在地理上形成中心并集中。

我觉得这应该是个体系的概念，现代作战体系的"重心"和"制约点"，其实都属于关键节点的概念范畴，应该从体系角度进行分析和判断。在战争中，要想达成战争目标，不一定非要把什么都打烂才行，而只要抓住战争体系的关键节点，就可以置敌人于死地。比如，美国人现在就在研究，在未来战争中如何对付中国。有些人就提出来，与中国直接打大仗好像不太划算，只要把中国周边的几个海峡堵住，比如马六甲海峡、巴士海峡、巽他海峡等，再加上所谓的第一岛链封锁线，中国70%以上的石油物资就进不来了。不用实际交战，就可以致中国于死地。这就是它所谓的"离岸制衡"战略，真的很坏。现在西方国家拼命在南海闹事，其实也是这个目的，就是想通过控制海峡等关键节点，来控制我们的海上运输线，拖垮我们的战争体系。

兰德公司的两个评估报告

美国的著名智库兰德公司在2015年出了两份关于中国军队的研究报告[①]，引起了世人的关注，许多报纸、电视台和专业人士都进行了解读。我们在这里不讨论它的结论正确与否，重点看看它是怎么做的，也许对我们理解体系效能有一定价值。

第一份报告是兰德公司受美国国会委托完成的。报告专门对中国人民解放军的弱点进行评估，报告名叫《中国未完成的军事转型》。报告的数据来源全部是中国官方文件，以及300多篇中国军人撰写发表的文章，也包括军队内部出版的部队小报等。也就是说，它的数据来源是由我们提供的，而不是像以前那样主要

①这两份报告均可以在兰德公司网站找到。报告英文名称分别为："China's Incomplete Military Transformation",2015,Mar,18;"The U. S.-China Military Scorecard: Forces,Geography, and the Evolving Balance of Power,1996-2017"2015,Sep,14。

靠猜测。当然，他们的解读可能是完全不一样的。主要针对中国军队体系可能的弱点进行了三个方面研究。

第一，体制上的弱点。源自过时的联合作战体系、指挥架构、人员素质、职业精神、教育训练等方面存在的问题，以及腐败的影响等。报告认为，在解放军最突出的弱点中，有一些被分析人士认为是美国最大的优势，包括指挥架构，以及人员素质、教育和训练。像美国以前那样，中国仍在继续全力建设联合作战能力、清晰明确的指挥系统，以及武器与军队的相对有效结合。第二，能力上的弱点。包括网络及太空作战能力弱、后勤保障薄弱、战略空运能力不足、反潜侦察和舰队防空存在缺陷，以及特种飞机缺乏等。报告认为，这些弱点也许意味着解放军无法执行中国领导人为其布置的重要任务，例如"应对台湾的各种突发事件、执行海上维权任务、保护海上交通线，以及一些非战争军事行动"。第三，国防工业上的弱点。比如，武器装备研制缺少竞争，根深蒂固的部门垄断，经常延期交货和成本超支，质量控制存在问题，采办体系过时及存在腐败，获取国外技术渠道受限等。

第二份报告专门研究中美军力对比，报告名叫《中美军力计分卡：兵力、地理和力量平衡的变化(1997—2017)》。报告由美国空军资助，14 位专家共同完成，包括兵棋推演奇才大卫·什拉帕克，模型仿真专家杰夫·哈根，曾在劳伦斯·利弗莫尔国家实验室就职的凯尔·布拉迪，作战行动研究者迈克尔·尼克松，以及部分中国军力专家等。报告以台海、南海冲突下的中美高强度军事对抗为背景，从空中、海上、太空、网络和核力量等作战域的 10 个方面入手，详细分析了中美两军战力优势在 4 个关键时段，即 1996、2003、2010 和 2017 年，形成了 10 个方面的军力记分对比表，清楚地显示了中美军力对比情况，以及未来力量平衡变化的趋势、方向和速度。报告得出的结论是，2020 年前后中美军力对比面临转折点，使得中国军队在战争初期会获得局部和暂时的海空主导权，美军会遭受更大的损失。

从体系评估角度来看这两份报告，可以发现几点：第一，体系效能评估必须综合考虑各种影响因素。像第一个报告的"弱点分析"，并没有只局限在军队本身，而且延伸到国防工业，甚至政治领域，显得更为全面。第二，体系效能评估目标必须明确。第一个报告集中在"弱点分析"，实际上是为了分析对手体系潜力，为正确评估体系能力奠定基础；第二个报告则是从使命任务出发，分析体系之间的相对能力比较，这一点也印证了我们前面提到的体系能力相对性特点。第三，体系效能评估方法各取所需。第一个报告主要采用对手的官方文献分析对手弱点，更容易得出客观的结论；第二个报告则采用一种称为记分卡的方法，综合考虑作战距离、地理位置等因素对作战优势的影响，并用兵棋推演、蒙特卡罗计算、定性定量结合分析等方法进行动态评估，因而更具科学性。

这两份报告是美国人搞的，当然有他们自己的观点和看法，并不一定准确。但反过来，我们也可以从中发现映射在对方眼中的我军景象，可能看得更清晰、更客观一些，对正确地评价自己，也有很大的好处。

4.3.5 体系化思维是什么

如果用一句话来描述体系化思维，其核心思想就是要认识到体系是"活的"。这是一句大白话，但却包含三个方面最重要的内容。

第一，要用动态的眼光看体系。体系是"活的"动态系统，它会成长，也会衰退，状态还会不断变化；能力是在动态演化中涌现出来的，要想得到预期的结果，关键在于如何引导，重点在于如何形成。

第二，要用整体的眼光看体系。体系是一个"活的"整体，没有哪个局部能够代表整体，但哪一个局部又都关系到整体。每一个组成部分都在不断地和其他部分交互，相互影响，形成整体效果。关键节点往往起到关键作用，对体系会产生重大影响，但最后取决于是否能够找到它。

第三，要用相对的眼光看体系。体系能力是"活着"的体现，活着才能展现出自主的能力，而不是简单的机器。体系的任何能力都是相对的，因而体系的强与弱也具有相对性特点，这需要在对抗中才能生成和检验。

所以，体系化思维很大程度就是让我们牢牢记住，思考体系时必须从体系是"活的"角度出发，才不会犯将体系看成一般机器的简单系统式的错误。而且，也只有这样，我们才能更好地去理解体系。

4.4 大数据思维——"大""小"价值的抉择

著名管理学家戴明[①]说过一句很著名的话："除了上帝，任何人必须用数据说话"。也就是说，那些含含糊糊非数据式的论据，必须抛弃在结论考虑之外。但这是"数据思维"而非"大数据思维"。虽然这些概念已经被媒体炒作得混乱不堪，但数据思维是大数据思维的基础，却有着非常不同的内容。在我看来，"数据思维"只是一种工作方式，而"大数据思维"却是一场思维革命。"大数据"不是"数据大"，"大"和"小"的不同不仅仅在于数据的多少，更在于看待数据的方式，以及如何利用数据去思考和解决问题的理念。这种"大"与"小"的数据抉择，揭示了互联网时代带来的新的思维模式，也为解决复杂系统问题提供了新的途径。

4.4.1 数据化综合思维

大数据的前提是要有数据，所以大数据思维的基础是数据化思维。也就是，

---

①爱德华·戴明(Edwards Deming)，1900～1993，美国著名质量管理学家，提出全面质量管理的戴明14要点。

首先要用定量的方法获取数据，然后才能在这些数据的综合性上做文章。“一切皆可测”，是大数据思维的前提和基础。

数据化分析：如何发现廖耀湘[1]

1948 年 10 月 14 日，参加辽沈战役的东北野战军以迅雷不及掩耳之势，仅用了 30 小时就攻克了国民党军队以为可以长期坚守的锦州，并全歼了守敌 10 万余人。然后，不顾疲劳挥师北上，在辽西与从沈阳出来增援廖耀湘兵团 20 余万人相遇。一时间形成了混战，战局瞬息万变，谁胜谁负实难预料。

此时的东北野战军指挥所里异常繁忙，正在进行例行的“每日战况汇报”。这是东野司令员无论多忙都仍然坚持每晚必做的事情。值班参谋读出下属各个纵队、师、团用电台报告的当日战况和缴获情况：每支部队歼敌多少、俘虏多少；缴获的火炮、车辆多少；枪支、物资多少，等等。东野司令员的要求很细，俘虏要分清军官和士兵；缴获的枪支，要统计出机枪、长枪、短枪；击毁和缴获尚能使用的汽车，也要分出大小和类别。一天深夜，发生了这样一个故事：

> 值班参谋正在读着下面某师上报的其下属部队战报，说是部队碰到了一个遭遇战，歼敌部分，其余逃走。与其他之前的战报并无明显异样。但司令员突然叫“停！”，问道：“刚才念的胡家窝棚战斗的缴获，你们听到了什么？”司令员扫视一周，见无人回答，便接连问了三句：
>
> “为什么那里缴获的短枪与长枪的比例比其他战斗略高？”
>
> “为什么那里缴获和击毁的小车与大车的比例比其他战斗略高？”
>
> “为什么那里俘虏和击毙的军官与士兵的比例比其他战斗略高？”
>
> 人们还没有来得及思索，司令员大步走向挂满军用地图的墙壁，指着地图上的那个点说：“我猜想敌人的指挥所就在这里！”于是，命令下达，注意搜捕敌方指挥官。很快，前方传来战报，廖耀湘被活捉。而取得这场重要胜利的一个关键因素，就是出于司令员对一份普通遭遇战战报的数据分析。

这种对数据的敏感性经常是能够取胜的关键，是一名优秀指挥员必备的军事素质。有人将这作为大数据分析的重要案例，其实是不太合适的。这样的分析，只是数据化分析方式，是建立在对已发生事情进行量化、统计和分析基础上的，还属于一种传统的数据处理方式。用技术术语说，这是对数据库中已有数据的一次筛选。而大数据分析则更进一步，还需要在这个基础上，对已有的数据进行深度

---

①参见大数据的《林彪用数据挖掘活捉廖耀湘 ——从数据化谈互联网＋》，微信公众号《大数据》，2015 年 4 月 10 日。其中部分内容参见《往事回眸》、《互联网＋：兵法》等。

挖掘和分析，得出对数据更高层次的理解，发现更深层次的规律，并对未来可能发生的事情进行预测，辅助做出更优化的决策。

但只要是数据化分析，它就是一种定量化思维。所以，大数据首先要做到能够量化。要能做到深度挖掘分析，还必须有综合性思维，这种综合就需要从全面、多维、时空的角度对数据进行分析和理解，以便发现更深层次的规律。这就是所谓定量化综合性思维的含义。

定量化方法：一切皆可量化

数据化思维就是定量化思维，就是要利用数据解决问题。在弄清楚问题是什么之后，就需要将其转化为数据，并使用数据的方法加以处理，这个过程就叫量化。解决问题的过程要可衡量、可评估，有非常明确的定义，不能大而化之，模模糊糊。数据是否真实有效、数据是否跟最后结果有关系，这是在数据思维决策过程中需要考虑的两个非常核心的问题。

那么，如何进行数据化呢？简单说，数据化就是通过各种采集手段获取数据，并进行整理，最后形成规范、标准的数据结构，存储起来以便应用。我们前面说过，由于网络化、智能手机的普及，我们这个社会已经很容易被数据“标识”出来了，也就是定量化了。就是把能够测量的东西都测量，能够量化的东西都量化，这在过去是不容易做到的，现在则有了可能。当年东野司令员也主要靠各部队自己上报统计数据，而且报得准不准其实也说不清楚。

一般说来，现在数据化主要有四种形式：一是个人行为的数据化，比如个人可穿戴设备获取的健康数据，我们的手机基本上都可以做这件事；二是人与人关系的数据化，比如用微信等社交软件建立起来的人员关系数据；三是人与物关系的数据化，比如顾客与出租车之间的关系数据；四是物与物关系的数据化，比如电视、机顶盒、洗衣机或空调之间的关系。如果在战场上，数据化的形式也不外乎这些内容，但可能采集获取的方式不太一样。比如，单个平台的数据可以靠移动设备自动上报，但敌方的数据就只能靠侦察获取，这就存在着“隐真示假”的可能，不像民用数据除非自己出错，但基本上不会故意报错。

数据化管理的基本流程主要分为四步：一是收集数据，通过各种手段对数据进行采集；二是整理数据，主要是将收集的数据进行校验归类和“清洗”，就是剔除无效数据，补全缺失数据；三是分析数据，就是根据决策需要，从基础数据库中选取相关数据，并采用各种方法进行分析和表现；四是数据决策，就是利用数据辅助我们决策。要想利用好数据，这个数据化的过程就是必需的。

一般存储数据并协助应用的软件系统就是数据库，其中的数据基本上具有唯一性，各种应用可以在其基础上进行各种增删改的操作。如果还能记录不同时刻数据的各种变化，这种数据库就称为数据仓库，它比数据库多了一个时间维，就更容易进行时空的综合性分析。分析工具则有统计分析、数据挖掘、联机分析等，都是比较常用的工具。当数据量达到一定程度后，就具备了大数据分析的基本条件，然后也就产生了大数据分析。所以说，大数据思维首先是数据化思维，大数据分析首先是定量化分析。但反过来则不成立，说数据化分析都是大数据思维就不对了，因为大数据远远超出了传统数据分析的范畴。

综合性与科学采样：1/3 学生嫁教授？

大数据不是数据的简单汇集，而是借助数据的全面整合，形成事物的大数据逻辑。这句话有些学究气，不太好理解，其实就是两个方面：一是通过大数据尽量细化地描述事物，二是借助大数据反映事物的内在规律。这就是大数据的综合性特点。

大数据的综合性分析是传统数据库做不到的。一般来说，传统数据库只能对数据进行筛选、统计或者修改，这些操作结果的前提是数据库中确实有所需要的数据。但大数据则需要对数据全体进行分析，得到的结果往往与所有的数据有关。比如，通过获取到的情报数据，分析人员之间的相互关系，预测未来敌人最可能选择的行动等。因为想得到的结果数据根本就不在数据库中，所以一般的数据分析还真的做不了。

要做到这一点，首先需要将数据的全体样本都纳入分析数据的基础。所谓全样本，指的是能够得到的“全体数据”。为什么会提全样本？这是因为过去基本上都是通过采样进行统计分析。举例来说，全国 13 亿人，要想知道平均收入是多少，不可能把每个人的工资都加起来再平均，那样做的代价太大，而且也不可行。过去怎么做？就是采样，在 13 亿人中间找一些具有代表性的人群出来，对他们的数据进行统计，基本上也就知道了 13 亿人的平均收入。这是统计学最基本的原理，就是“以少代多”，从最少的样本中找到整体性的特征。

但是，要想“以少代多”，有个基本前提，就是样本选择必须科学合理。样本选择不合理，就会导致错误的结论。比如，前些年有媒体调查说超过 60%的人没有看央视的春节联欢晚会，但收视率调查却说春节晚会收视率超过 80%。结果舆论哗然，这是怎么一回事？原来，那个媒体是通过网络进行调查的，看看在春节晚会期间有多少人在看电视。这个样本选择就很成问题，上网的人怎么愿意看晚会？而且，那么多中老年人根本就不上网。这样得出的结论肯定就不准确，因为采样选择不科学。当然，也有人故意而为之，比如国外某些政党进行的所谓民意调查，总是严重偏向己方需求，就是在样本上做手脚。有些单位的领导，也经常用个别人的意见，代表“群众普遍反映”，也是不当样本选择的例子。

采样过少、过度解释也是不科学的，美国就曾经出过这样一个笑话。霍普金斯大学刚开始招收女生时，有不少人表示反对。当时就有别有用心的记者这样报道：霍普金斯大学女生中，有 1/3 嫁给了本校老师。结果社会舆论哗然，原来你霍普金斯大学招收女生是有这样的打算啊，一小半都被老师给搞走了！其实，当时霍普金斯全校总共才 3 名女生，恰好其中有 1 人嫁给了教授。这种巧得不能再巧的事情，就被记者当成科学结论传播给了大众，造成了很大的误解。

统计学是一门很重要的科学，在数据分析领域更是核心方法。所以著名统计学家 C. R. 劳①说过下面一段话：

> “在最终的分析中，所有的知识皆为历史；在抽象的意义下，所有的科学皆为数学；在理性的世界里，所有的判断皆为统计”。

大数据其实也应该看做是统计学更深入的应用，而不是否定统计学理论。

整体性数据：知识体系与“滚”的意思

大数据方法提出用全体数据取代样本数据，就是为了避免这种问题的发生，采用全体数据就不需要样本选择了。另外，采用全体数据还有更深层次的含义，这就是全体数据往往能表现出部分样本所不能表达出来的细节，而这些细节有时候却是非常关键的。比如，监控录像录了几十个小时，但为了抓盗贼可能有用的只有几秒钟；所有人用一种药都没有问题，但偏偏有一个婴儿对这种药过敏，这就必须要在说明书中说明，因为以后出生的婴儿也许还会出现这种情况。

但是，“全体数据”也只是相对而言的。因为任何事物的记录数据总是在不断增长的，不可能有固定的“全体数据”。比如，人口数据，不断有人出生、死亡，这个“全体数据”就总是在变化。通过网络移动客户端获取的数据，就更谈不上“全体数据”，只能是“尽可能多的数据”，但意思还是“避免不科学采样”。需要特别指出的是，大数据方法采纳全体数据的目的，其实为的是终结过去那种分解还原方法，直接从数据整体考察事物本身，这是复杂系统最重要的特点之一。因为任何的分解或简化，都可能导致复杂性的破坏和丧失。

军队在各个方面也需要数据的整体性。过去没有数据，现在有了数据却形不成整体，因为各个部门“数据割据”，以保密的名义把着数据不给，但天天呼吁数据共享。意思就是，“你的数据应该给我，而我的数据不能给你”，结果是数据零零散散，对谁都没有用。这里很多都是体制上的原因。这次军队改革，就是要下决心解决这一类问题。信息系统和数据必须统管，否则就成了信息孤岛，失去了价值。

《罗辑思维》②的罗振宇曾经讲过一个很好玩的段子，我觉得可以说明数据整体性的内在含义。

---

①C. R. 劳，1920～，印度裔美国统计学家，美国科学院院士、英国皇家统计学会会员，世界最伟大的统计学家之一。

②《罗辑思维》是一个知识服务商和运营商，由罗振宇创建，包括微信公众号和视频节目等，每天发布一些作者的读书体会、书籍介绍等内容，在网络上受到很多年轻人的追捧。

有个年轻人在公园散步，见一个老者手执巨笔，正准备在地上用水写字，这是老年人锻炼的一种方法。年轻人走过去，坐在一边看。

见年轻人走过来，老者双手执笔，写了个大大的“滚”字。年轻人有点上火，你这怪老头，大庭广众之下写字，不想让人看就好好说呀，居然提笔就骂人，真是岂有此理。

见年轻人不肯走，老者又写了一个巨大的“滚”字。年轻人忍无可忍，冲过去一脚把老头踹倒，说道：“我叫你骂我，不要以为你老我就不敢揍你。”

事情闹大，警察赶来。面对警察，老头哭诉道：“我好好在这儿写字，正在写‘滚滚长江东逝水……’，刚刚写了头两个字，这小伙儿上来就踹我。凭什么呀？”

“啥？你是要写‘滚滚长江东逝水’，不是骂我？误会，误会，全都是误会。”小伙子连连道歉。

罗振宇说，这个段子非常形象地刻画了我们的思维和人生。我们看到的世界或是思索的问题，基本上都是局部的。随着时间线的拉长，现在让你确信不疑的，却有可能是完全错误的。从系统论的观点来看，信息数据的整体性是一个体系，其实是不能分开使用的。局部的数据与整体性的数据，可能有完全不同的解释。比如，战役的局部可能是败仗，但在全局看却可能是打胜仗的关键。

有一个专家说：人类用了几百年的时间，花了无数的金钱，把世界一个一个分解拆开理解，但到了信息化时代，我们人类又准备再花无数的金钱和时间，把对世界的认识一个一个组装起来。互联网的发展印证了这一点，通过网络把人类的知识都整合起来了。也许今后再发展到一定程度，互联网就有可能完整地映射出人类的知识体系，也就与人类的大脑越来越接近。

现场性数据：马航 MH370 到哪去了？

2014 年 3 月 8 日，马航 MH370 在飞往北京的途中神秘地失踪了。奇怪的是，失踪的飞机在起飞后很快便没有了任何消息，而且就连附近国家的军方雷达，也没有多少可用的信息，总之不知道飞机飞到了什么地方。本来飞机失事依靠黑匣子提供数据，但现在飞机都不知道掉到哪里了，数据也就没有了。一时间阴谋论四起，有的说是恐怖袭击，有的说是美军演习干掉的。所以，当务之急就是要赶快确定飞机飞到了哪里。这时候，就需要得到尽可能多的全样本数据，才能分析飞机飞行的行为。

在各国政府的努力下，一些平时并不常用的数据被找了出来。比如，我们知道执飞马航 MH370 航班的是波音 777 客机，而这种客机的发动机是罗尔斯·罗伊斯公司制造的。我们不知道的是，为了提供维修服务，这种发动机上装了卫星通信设备，飞机在飞行时自己会和卫星通信，与罗尔斯·罗伊斯公司保持联系。最后就是靠这些发动机数据，利用多普勒原理，确定了飞机不是向北而是向南飞，到了南太平洋坠落入海的。后来找到的部分飞机残骸也证明了这一点。

这一类数据有一个很大的特点就是现场性。现场性数据，尤其是那些及时现场性新鲜数据更富价值。像警察破案、战场态势监控和装备监控等，都需要这类数据。现场性数据带有空间、时间特征，往往能从中发现有价值的内容。从理论上讲，发动机数据并不包括什么位置信息，但与卫星通信这个动作本身却可以对飞机定位，虽然有一南一北两个结果，但利用地球自转、飞机飞行等数据，通过多普勒原理就可以确定出它们之间的微小差别，从而确定飞机飞行的方向。所以，可能数据本身没有什么用，但现场性数据本身这个动作，却可以提供更丰富的线索。

这就是大数据独特的地方。巨量的大数据没有哪一部分是没有用的，我们可以从中挖出想要的东西，其他人也可以挖出他们想要的东西。这是大数据整体性思维中特别要注意的。

4.4.2 相关性跨界思维

相关性是大数据最核心的性质之一。从某种意义上来说，相关性超越了传统认识论的因果模式，认为世界"一切或可连"，也就是任何事物之间都有可能存在某种相关关系，如果利用好这些相关关系，就可以得到所需要的答案。这就使得我们可以跳出原有的思维方式，在更大范围内思考问题。对思维模式来说，这是一个重大变革。

跨界思维：造原子弹为什么要找"鬼村"？

20 世纪 60 年代，中南某省一些偏僻乡村来了一些奇怪的人。这些人到处打听哪里有"鬼村"，或者其他什么很多人得怪病的地方。那时的老百姓警惕性很高，这些人是不是什么坏人？马上就向县政府报告，但县政府却并不太管。因为他们接到的上级命令是让他们全力配合，至于为什么却谁也不知道。

其实，来的这些人是国家地质部的勘探人员，他们奉命要为我国第一颗原子弹寻找铀矿。但他们不老老实实地勘探，为什么要打听什么"鬼村"呢？这是因为当时的勘探设备没有现在这么先进，搞架飞机载上仪器，在天上飞一圈基本上就可以知道哪里有矿哪里没矿。更先进一些的还可以用卫星，天天在天上转圈，把可能有矿的地方早已普查了一遍。然后再派勘探队员去那些可能的地方钻探，就一切都搞定了。

但是 60 年代正是我们中国最艰难的时代，国外对我们严密封锁，别说搞到先进的科学仪器，就是一点资料都别想。所以想找到铀矿简直就是难于上青天。正当大家一筹莫展的时候，有人出了个主意，立刻柳暗花明。先进设备中国没有，但中国也有优势啊！一是人多，想干什么事最不缺的就是人；二是古籍多，一般各地都有地方志，上面记载的都是当地各种事情。所以，有人就提出建议，发动所有县的文史馆员们，把地方志拿来读一遍。当初找什么东西呢，就是找有没有什么"鬼村"的介绍。为什么呢？因为如果那个地方放射性强的话，那个地方就可能会产生很多癌症之类的病，人就死得多，那个地方就可能成为"鬼村"。就这样，通过这样的"鬼村"把放射性强的地方找了出来，再根据中国地壳结构分布特点，两相匹配就很容易圈定一个范围，然后再找就比较容易了。很快，铀矿找到了，中国的核工业就在那么艰苦的条件下起步了。

这就是大数据的跨界思维，其实也是一种相关性思维。如果老是局限在地质领域按它的规律去找，恐怕在那么艰苦的条件下几乎没有可能。但如果丢开原有简单的因果线性思维模式，从其他地方入手，用寻找"鬼村"代替寻找"铀矿"，用相关性来代替因果性，结果就找到了想要的结果。其实，地方志里有大量详尽的历史记载，如果现在能够电子化，那就是一笔巨大的财富，对未来仍有很多可利用的价值。屠呦呦发现青蒿素实际上也是利用了古籍，从古方中得到启发，才知道提取青蒿的汁液不能用高温蒸煮，只能用手去拧，这才有了今天诺贝尔奖的发现。

很多经济学家就很善于采用相关性跨界思维方法研究问题，著名经济学家阿门·阿尔钦[①]就是一个。"二战"结束，阿尔钦从军队退役，跑到加州大学教书，兰德公司同时也雇他当了经济顾问，因为兰德公司有很多军方项目，总要有个人做一下成本核算之类的事情。当时，兰德公司内部都在盛传氢弹就要研制成功，但氢弹究竟用的什么核元素谁都不是很清楚，但无非就是锂、铍、钍之类性质比较接近的元素。阿尔钦说他知道是什么，而且还写了篇经济学短文"股票市场告诉我们"在兰德公司内部流传。他当然没有刺探军事情报，只是利用公开的股票信息进行了分析。结果发现，生产某种元素的某公司股票涨得很快，而其他公司却没有这么快，很显然，这种元素就是生产氢弹的了。结果阿尔钦的这篇文章流传几天后，上司马上打电话给他让他收回，很显然这就是"此地无银三百两"，他肯定说对了。所以，相关性也可以告诉我们很多秘密。

跨界思维就是要敢于打破常规，从表面上没有关系的其他领域，寻找内在的相关性突破口。比如城市管理就是如此。现代大都市庞大复杂，城市管理对谁都是个难题。就拿道路维修来说，一般都要等很多人抱怨说那里简直无法忍受了，才会引起城市管理者的注意，但此时管理者的信誉已经毁损过半了。纽约的情况就是这样。有一个科学家想了个办法，号召大家都做志愿者，自愿上网下载一个手机应用程序，用手机里面的震动探测仪来帮助探测道路情况。如果你坐车或者

①阿门·阿尔钦，1914～2013，美国著名经济学家，现代产权经济学创始人。

开车经过坑坑洼洼的地方，手机就会把这些震动传回给市政当局，当数据汇总了就会发现，哪里道路需要维修了。据说这个项目后来没有成功，不是技术上不可行，而是因为美国人太重视自己的隐私了。

所以，相关性思维本质上就是跨界思维，往往可能会给我们带来惊喜。前面我们提到的谷歌流感预测，也是从本不是一个领域的搜索词统计，发现流行病趋势；从微博中的情绪变化，发现股市的涨跌规律等，几乎都是跨界的结果。换句话说，相关性思维为我们寻求结果提供了更多的可能。

复杂系统求解：西医重因果，中医重相关

过去，复杂系统为了求解，采取的方法是简化降阶，也就是降低复杂性。系统一降阶复杂性就没有了，变成了简单系统求解，结果也就失去了意义。比如，动态系统求解，你给变成静态系统求解，四维空间运动，你给变成二维空间运动，那还有什么意义？但大数据相关性的出现，为找不到因果关系的复杂事物提供了一种新的解决途径。过去任何事情要找到原因才能知道结果，但是在复杂系统中，很多原因是找不到的，也可能是根本就没有。所以，相关性思维不同于传统因果分析，它放弃了对事情原委的追究，而是通过相关性来发现关系。

这一点我们在看病上体会最深。一般说来，“西医重因果，中医重相关”。也就是说，西医看病首先要搞清楚你这个病是怎么得的，原因是什么，后果又会如何。如果要治就应该针对原因采用对应方法，发烧要降温，胃酸吃苏打，一一对应，显得非常“科学”。而中医不是这样看病，他是要从人体的整体出发，通过表象进行辩证分析，然后才是如何调理，从整体上看如何解决问题。比如，说你“上火了”，我到现在也没有明白“火”到底是个什么东西；说你“肾虚”了，但他说的“肾”和解剖意义上的肾还不是一回事。这些让人觉得有些神秘，也说不出个所以然，显得不太“科学”。

但是，有时候西医治不好的病，中医却把它治好了，特别是一些疑难杂症。很多病不知道是什么原因，但用某种药就可以缓解。板蓝根治感冒，据说到现在也找不到真正的机理，但就是管用，也不知为什么。中医里很多都是这一类，它是对症不对病，从整体上辨证施治，什么“祛湿”、“泻火”等等，都是如此。胡适当年大声批评中医，得了肾病西医看不好只好找中医，结果中医给治好了，从此不敢再说中医坏话。梁启超同样得了肾病，到协和医院动手术结果割错了肾，一命呜呼。所以有人调侃说：“西医让我们明明白白地死，中医让我们稀里糊涂地活”。意思是说，西医虽然有的病可能治不好，但至少让你知道你是怎么死的；中医虽然说不清楚为什么，但它却可以把你的病治好让你活下去。这实际上就是相关性开辟的新道路，只知道这样治能治好，但不知道为什么，直达结果。“不知道为什么”这句话是我们说的，并不是说中医“不知道”，其实是我们听不懂而已。

在社会、经济等领域，也有类似的情况。如果分析某个地方的老百姓为什么不感到幸福，可能会找到无数的原因，实际上还是不知道为什么。如果从整体上看，这些千奇百怪的原因最后都会化为某个主要的因素，比如收入，至于这些因素内部是什么复杂关系就不得而知了。美国也曾做过调查分析，得到一个所谓“1 万美元”幸福感曲线，也就是“1 万美元”收入是区分国民是否感到幸福的分水岭。为什么非得是 1 万美元呢？也不知道原因，但是知道结果，所以只要把决策放在提高低收入人群收入上，让其尽快达到 1 万美元即可。这个道理实际上与中医治病是非常相似的。

我觉得，中医乃至社会科学的思维方式特点更强调整体性和相关性，只是现在我们还无法用现代科学理论加以解释。在这方面，西医更像是简单系统思维，而中医反倒更像是复杂系统思维，只是目前还上升不到现代科学的层次上而已。西医更像是修机器，而中医更像是养小孩，两者本质上就不是一回事。

东西方思维与“不战而屈人之兵”①

说到战争，东西方思维也不一样。西方基本上就是克劳塞维茨的《战争论》的那一套，如何集中优势兵力，攻击敌人的薄弱环节等。打左翼不行就打右翼，用步兵不行就用炮兵，直至把敌人打得溃败而逃，比较直接。而我们中国人则讲究“不战而屈人之兵”，虽然要打仗了，但老琢磨能不能用别的方法解决。吓唬吓唬行不行？搞个离间计行不行？最后发现这些东西有时候还真管用。西方人只信巴顿这样能真刀实枪打仗的将军，而中国人打仗的最高境界则叫“无名将军”，你甚至都不知道他打过仗没有，但派个说客过去可能就把事情搞定了。这个方面是中国人的优势，我们虽然不太适合做逻辑推理，但却比较适合在看起来没有联系的事物间找到普遍联系。这实际上就是大数据的相关性思维，在你最意想不到的地方发力，也许就能解决问题。

同样，中国人和西方人在对未来进行分析时也不太相同。西方人比较关注“快变量”，就是那些很快见到效果的举措，比如往哪里派个航母编队示示威，在哪个地方打一仗什么的。但中国人不一样，在分析未来的时候可能比较关注“慢变量”，也就是比较注重长远。慢变量往往数量很少，变化小频率慢，相互之间看不出直接联系，但可能是最重要的因素。这就像下围棋，每一步似乎都是漫不经心，但每一步在未来都有可能成为“杀招”。比如在南海，我们的举措是慢慢出招，美国人那个着急啊！我们的每一步都没有超越他们所谓的“底线”，但每一步都让他十分难受，这就叫“斗而不破”。西方人管这个叫“中国人的围棋”战略，因为他好不容易发现了中国人的思维和他们的“国际象棋”思维不太一样。

①参见何帆的《大数据思维》，微信公众号《软件定义世界》，2014 年 9 月 10 日。

从大数据角度来看，这其实也是相关性整体思维的体现，也是复杂系统思想的体现。由于大数据建立在数据基础上，体现了它西方式的统计学科学基础；但又由于它的“数据大”，还反映了它东方式的把握宏观规律的智慧。所以说，从一开始就注意相关性，是战争博弈中大数据思维的重要体现。

互为因果关系：变色龙应该是什么颜色？

不追求因果关系不是不要因果关系，而是因为无法找到因果关系，只好超越因果关系直接去追求真相。这是复杂系统带来的独特现象。在复杂系统中，“原因”和“结果”并不一定是一一对应的，而可能是很复杂说不清楚的，也可能根本就找不到。因为在复杂系统思维中，首先要承认的就是不确定性，承认这个世界有一些无缘无故发生的事情。比如，量子力学中的测不准、人的自由意志。复杂系统中有的是“互为因果关系”，道理很清楚，却很难确定因果。

比如，有一个很有趣的问题，问的是如果让变色龙照镜子，它会变成什么颜色？大家都知道变色龙本来是绿色，但它会根据环境改变颜色隐藏自己。如果把它放到镜子跟前，变色龙应该变成什么颜色呢？镜子里也是它的影像，它会不会根据镜子里的影像改变自己的颜色呢？是谁适应谁呢？其实这就是一个互为因果的关系。答案是，变色龙会在一段时间后，稳定在原有的绿色上面。

复杂系统中有很多都是这种因果关系：A 影响 B，B 影响 C，C 又影响 A。也可能会在更大范围内相互影响，影响关系会传递很远但又返回来影响起点。有人称这种关系为“网络化因果关系”，因为很难说清楚谁是因、谁是果，也不可能通过回溯的方式找到。一个最经典的例子就是“先有鸡还是先有蛋”，因果说不清楚。2008 年加拿大科学家找到恐龙蛋，分析后认为，是恐龙生下了变异的“鸡蛋”，后来孵出了鸡的祖先，所以先有蛋。但 2016 年又有了更“科学”的解释，说是根据蛋白质的分析，制造蛋壳的蛋白质只能产生在鸡的卵巢中，这就意味着“鸡”必须先产生。总之，还是纠缠不休。其实，不管哪种情况，也只是改写问题：是先有恐龙，还是先有蛋？或者是，先有生出“鸡蛋”的鸡，还是先有孵出这只鸡的“蛋”？

由于复杂系统的本质就是复杂网络，所以这种关系比比皆是。为解决这一类复杂系统问题，大数据给我们提供了一条新的途径：借助相关关系求解。利用事物之间的相关性，找到可能的答案。这些答案可能就是具体的因果关系，只是途径不明确，比如中医治好疑难杂症；但也可能根本就不是因果关系，却有着相关的指标性特点，也可以说明问题。比如，我们都知道“太阳的升起”和“公鸡的打鸣”两个是有相关性的，但是，即使把全天下的公鸡都杀光了，太阳仍然会照常升起。这就说明，“公鸡打鸣”并不是太阳升起的原因。但我们却可以通过“公鸡打鸣”标识“太阳升起”，用“公鸡打鸣”来预测太阳即将升起，也是有作用的。

还有的是相关性隐藏在因果性之中。比如，“无风不起浪”就是因果性，风是浪起来的原因。但浪起来了风却不是唯一的原因，更大的原因可能是月亮引起的潮汐,没有风仍然可能起大浪。与浪相关的原因会有多种,地震也有可能引起海啸,所以也不能混淆这种情况下的因果关系或相关关系。所以我们说,因果关系只是相关关系的一个特例,就是这个意思。

容错思维:测量雾霾与获取情报

前几年,北方某大城市的雾霾非常严重,需要每天报告雾霾的监测值。但是,当时测量雾霾的设备还比较少,价格也很高,而且是越精密越昂贵。因为怕老百姓说你测得不准,有关单位就进口了若干台这样的仪器,开始发布雾霾测量实时结果。但你越想测得准,结果老百姓就越不满意,因为和他的感受不一样,就说你是弄虚作假。但事实是,城市这么大,只靠有限的几个点来测量,肯定不可能得到准确的结果。

后来,有专家提了个建议说,你别买那么精密的仪器了,应该用这些钱多买些便宜点的仪器,多布些测量点,可能效果会更好一些。结果市领导采纳专家意见,在每个中小学都设一个点,每所学校发一个简易型的测量仪,让测量雾霾成为中小学生的课外科学活动,也不用增加人,每天将结果实时传到网上去,最后合并起来。结果却出奇的好,配合计算机软件处理,可以很精确地显示全城各个地区的雾霾实时情况。

这其实就是巧妙地利用了大数据的容错思维。虽然可能有些学校孩子的测量不准确,仪器也可能不太精确,但架不住测量点多啊,测量点一多,很多误差和错误就可以被规避,反倒使得数据显得更准确一些。与其花很大的工夫、很多的金钱去做那些所谓精确的测量,不如用大量的不那么精确的测量取而代之。事实上,数据如此之大,追求精确已经没有了实际意义。这就像小商店记账可能会精确到"一毛"或"几分",而国民经济只可能统计到"亿",因为你即使能统计到"分",反而让别人觉得不可信。

关注效率而非关注精确,这是大数据时代的一个突出特征。它用"多"弥补了可能的局部错误,但是却提高了工作效率,同时反而在整体上也更为准确。在小数据时代,由于收集的样本信息量比较少,所以必须确保记录下来的数据尽量结构化、精确化;否则,分析得出的结论在推及总体时就会南辕北辙,因此就必须十分注重精确思维。然而,在大数据时代,得益于大数据技术的突破,大量的非结构化、异构化的数据能够得到储存和分析。这一方面提升了我们从数据中获取知识和洞见的能力,另一方面也对传统的精确化思维造成了挑战。

舍恩伯格①指出,"执迷于精确性是信息缺乏时代和模拟时代的产物。只有

①维克托·迈尔-舍恩伯格,1966～,奥地利数据科学家,美国多所大学客座教授,畅销书《大数据时代》的作者,是最早洞察到大数据发展趋势的科学家之一。

5%的数据是结构化且能适用于传统数据库的。如果不接受混乱，剩下95%的非结构化数据都无法利用。只有接受不精确性，我们才能打开一扇从未涉足世界的窗户”。也就是说，在大数据时代，思维方式要从精确思维转向容错思维。当拥有海量即时数据时，绝对的精准不再是追求的主要目标，适当忽略微观层面上的精确度，容许一定程度的错误与混杂，反而可以在宏观层面拥有更好的知识和洞察力。

我在部队讲学时有人就问我，大数据时代不关注精确，是不是我们就不用精确化作战了？其实这是两回事。我们常说的“精确作战”，指的是在作战过程中对目标的精确定位和打击，这在未来还是需要的。但大数据的“不关注精确”，指的是不追求大数据来源的精确性，因为此时的“精确”要么是很难得到，要么是得到的也不一定准确。比如，得到情报说敌人今天下午发动进攻，并没有具体时间，再等具体时间可能就耽误了战机。而且，战场上多种情报来源还可以相互印证，这样数据来源虽不太精确，仍然可以得到准确的情报结果，就是因为它有容错性。

从这一点来看，大数据思维有点像混沌思维，确定与不确定交织在一起。过去那种一元思维结果，已被二元思维结果取代。过去寻求精确度，现在寻求高效率；过去寻求因果性，现在寻求相关性；过去寻找确定性，现在寻找概率性，对不精确的数据结果已能容忍。只要大数据分析能指出可能性，就会有相应的结果，从而为快速决策、快速行动、抢占先机提高效率。

思维如何相关：球员评估与点赞发现

我们在使用相关性思维思考问题时，必须学会关联着看问题，就会有许多新发现。比如，公安局在数据库中追踪一个人，可能并不能发现什么，但如果和其他人关联起来看，结果就会大不一样。比如，某人今天去了趟上海，住了一夜回来了，很平常。但如果发现另一个人也同一车次去了上海，又住在同一家酒店，而且又同时回来了，这两个人就有了某种关系，很可能他们就是同事关系。如果是罪犯，那两者之间说不定还是同伙。所以说，相关性挖掘本身就是要发现“关联”。现在挖掘犯罪团伙，很多就是用这种方式发现的。

利用高速路的收费站自动识别车牌，也可以很快发现假车牌，利用的也是关联思维。比如，在北京发现一个号码，而同时在天津也发现同一号码，这就说明两个中间必有一个假车牌。然后，再挖掘车辆的行驶路线，就会很快发现哪个是真的哪个是假的，设卡堵截就可以了。

还有更出奇的关联，比如有人用相关性来评估球员。一个球员能力强不强，其中有一项因素是“自信心”。自信心怎么评估呢？专家建议去看看这个球员的女朋友长得怎么样。据说是，如果他的女朋友长得漂亮，说明此人自信心很强，这么漂亮的女朋友都敢追，而且还守得住，这就是另一种关联。当然，这个也可能是个笑话，但说明这种相关性关联还是有一定道理的。

从很多个人行为中也会发现关联。比如，我们玩微信，每天看到好的文章、作品就会“点赞”，表示自己的欣赏和肯定。但就是这样一个简单的动作，就包含了大量的个人信息。据美国《国家科学院学报》报告，有科学家对脸谱网上的 5.8 万用户和 5.6 万个“点赞”进行了分析，从中可以了解到你的很多信息，比如性别、种族、性取向、单身与否、父母是否离异、宗教信仰、党派立场、主要职业、是否抽烟喝酒等。要做到这些，需要多少个“赞”呢？他们的结论是：10 个赞就可以比测试者的同事判断更准确，70 个赞就超过了朋友和室友，140 个赞就超过家人，300 个赞就能击败其伴侣。这说明，只要对数据足迹进行纯数据分析，计算机可能会比我们自己更了解自己。

它是如何做到的呢？就是利用了相关性思维，从社交内容和过程中发现你的个人信息，而不是直来直去地询问。那种通过问答题式的询问，答题者经常会揣摩出题者的目的，掩盖自己真实的信息。而这种相关性的分析，往往会在不知不觉中得到答案，更具真实性。

4.4.3　交互化实验思维

交互化实验思维[①]对应的是“一切应可试”，什么都先试试看，然后才决定后面如何办。就是通过不断的交互实验，然后获得需要的结果。这就和传统的数据挖掘式思维很不同，不仅需要对已有数据进行分析，而且还需要主动产生数据，或者是通过与数据的交互，完成对数据的分析和理解。

实验性思维：“维多利亚的秘密”与数据耕耘

过去，我们比较习惯的是对已有的数据进行分析，但实验思维却让我们通过数据进行实验，验证可能的结果。美国有个著名的内衣品牌，名字叫“维多利亚的秘密”，非常有名，专门销售女性内衣和文胸，员工只有 3000 人，年销售额达到 100 亿美元以上，东西卖得非常火。那件轰动全球价值 1000 万美元的珠宝胸罩，就是他们的杰作。是什么将一个小作坊发展成全球著名的大品牌呢？他们的管理方法就值得称道，其中就有实验思维在里面。

“维多利亚的秘密”过去主要在西方国家销售，在中国并没有网点。近年开始考虑在中国销售，就在上海开了第一家旗舰店。因为他们主要是直销，不通过代理商，所以就需要了解到底什么人是他们的潜在客户。一般说来，要做到这一点只要通过积累下来的数据就可以进行分析，结果不用想都知道，当然就是那些有钱的女人。但还有哪些可以挖掘的销售对象呢？于是，这个公司就开始抽取样本

①参见陈宇新的《大数据与商业创新》，微信公众号《大数据实验室》，2014 年 8 月 9 日。

做实验，主动地向一些原来并不是他们客户的顾客发出信息，以各种手法看看他们有什么反应，比如赠送样品、组织活动等，然后根据反馈再进一步优化。结果他们惊奇地发现，有一大批男性消费者居然是他们的潜在客户，还不在少数，这是原来没有想到的。这是因为这些男顾客愿意以某种浪漫的形式，给女朋友或夫人赠送高档的内衣。很显然，有了这个发现，他们的业绩又有了很大提高。这就是用主动实验交互方式发现的数据中的奥秘。

大数据时代做这件事情比传统方式更加容易，这是因为现在可以利用已有的数据进行主动推荐，帮助顾客发现自己的需求。有的是根据关注的内容，有的则是根据选择的行为。比如，在网上买了一本《福尔摩斯探案》，系统就判断可能是个侦探小说爱好者，马上推荐其他侦探小说，这样就有可能卖出更多的书籍。这是根据关注的内容进行推荐。你老是在周末买电影票，它就会一到周末就主动向你推荐附近电影院的新电影。这是根据你的行为进行的推荐。所以，你现在上网买东西，经常可以看到这样的栏目："购买此商品的其他人还购买了以下商品"。从中间你可能发现你买东西的配件，或者是其他同样爱好的东西。比如，我买了一部手机，它很快就向我推荐手机套、新型充电器。当然也有推荐得不好的，比如我刚买了一台大电视，它接着又向我推荐大电视，这就显得太笨了，我怎么也不可能连续买很多台大电视吧！

网络上的这些系统就是通过这些方法对客户进行实验测试，看看你到底还需要什么，最大限度地发现潜在的客户和需求。你对系统的任何回应，都是交互式实验的一部分，有助于系统不断地充实对你的认知和了解。这样，数据越积累越多，对每个人的判断也就越准确，可能就会比你自己还了解你的需求。

对客户的推荐可以做实验，但反过来说，你的推荐是否有效也需要做实验来判定，这是广告客户对推荐服务商的基本要求。这时就可能需要将推荐分成多种不同方式，然后再通过销售效果判定推荐是否有效，其实道理也是一样的。

但是，用户的反馈并不一定反映其真实爱好。有人举过这样的例子：某视频网站给某用户推荐了一部同性恋电影，他看了；再推荐一部，他又看了。这时，推荐系统可能就认定该用户是同性恋，从而继续推荐，并且还把同性恋的其他东西推荐给他。但实际上该用户只不过是一时好奇看看而已，但最后深受其害。解决办法就是要定期进行实验，而不是总用过去的数据加深成见。

所以，大数据绝不是对已有固定数据的挖掘，而是在不断交互和创造数据中完成主动分析。传统数据挖掘和大数据挖掘有很大的不同，有人将前者归为"挖掘"，而将后者称为"耕种"。传统的数据挖掘有点像采矿挖金刚石，能不能采到金刚石，前提有两点，一是这个矿上要有料，二是采矿的方法要正确。而大数据的"挖掘"更像是耕种谷物，不仅要收获土地上早已有的谷物，而且还需要主动耕种，对一些不知道的"种子"要种下去看看能长出什么。也就是说，需要与数据做更多的交互和实验。这种方式被称为“数据耕耘”，以前主要用在仿真领域，但大数据实验也可以看成是一种数据的“耕种”过程。

操作性思维：万宝龙怎样卖钢笔

大数据交互式实验思维的核心，就是要让你主动“动”起来看数据，而不是简单地在“死”地方挖数据。但是，简单地“动”起来可能还不够，还需要在合理的时间范围内完成，这就要求算法还要足够地“快”。做到“动”和“快”，在大数据思维中被称为操作性思维，也就是我们喜欢说的“具有可操作性”的意思。

在大数据之前我们可能不在乎这个，因为数据量很小，所以再慢的算法可能也就是几十秒分把钟的区别。但当数据量一大，很多事情就改变了，能不能达到操作性速度要求就成了问题。比如，前面提到的推荐算法，如果用过去的方法就可能做不到。过去如果推荐一本书，一般都是先找个名人先看，过了一个月他看完了，写个书评在报纸上发表，等于向大家推荐。但是现在这样就不行了，不仅每个人的口味可能不同，而且太慢时间上也耗不起。现在已经网络化了，最好的办法就是利用网络上不断产生的大数据进行分析，然后进行推荐。

过去最科学的办法就是所谓的回归分析，也就是用其他人的数据来预测这个人可能的偏好。凡是了解回归分析的人都知道，其中的算法需要对矩阵求逆矩阵，小数据是没有问题的，但是当你有几百万几千万用户的时候，这个矩阵就可能是几千万维度的矩阵，求逆矩阵的过程就会奇慢无比。你要推荐一本书还要用户等上几分钟，甚至更长时间，这对网络用户来说是不可容忍的，他还会以为他的手机坏了。虽然你的算法很科学，但是从操作性角度来看并没有实际意义。

那么怎么办呢？这就需要改变思路，首先考虑怎样能更快、更有效地达到目的，而不是在算法上怎样科学、怎样精确，百分之百地有根据。在动态的大数据环境中，我们完全可以通过交互实验的方式，逐步地找到哪些有效或哪些无效的数据。几秒钟试一下，无效换个方法再试，看起来似乎没有什么统计学的“科学”根据，但就是可以找到想要的结果。这其实就是我们对待复杂系统常用的“试错”法，它的科学依据就是复杂性科学理论。

德国有家专门卖高档钢笔和手表的公司，叫万宝龙，是个很有名的品牌，他们做销售就很有一套。他们发现，有经验的销售员和没有经验的销售员差别很大，同样的一个客人进了商店，有经验的销售员很快就可以判断出，这个人只是来逛一逛呢，还是确实想来买点什么，什么时候需要销售员上去帮助。人家只想看看，你去打招呼让人家很尴尬，反而就走掉了；反之需要帮助了，却又找不到人显得很没有礼貌。怎么办呢？万宝龙就求助于美国的一家叫欧亚拉的大数据公司。

欧亚拉公司是专门做视频数据分析推荐广告的，视频数据量更大，因此要求的速度就要更快。它帮助万宝龙想了个办法，就是利用商店里的监控摄像头，来解决他们提出的问题。一般商店里的摄像头是用于防止盗窃的，但欧亚拉用它来采集顾客的视频图像数据进行分析。它让万宝龙把有经验的销售员找来，和他们一起研发了一个基于视频分析的智能专家系统，专门帮助没有经验的销售员决定何时上去帮忙。如果应该上去了，系统就会通过手机通知销售员。

这样，通过大数据就把一个非常优秀的销售员经验，推广到整个系统里面，等于每个员工都变成了优秀员工，单店销售额一下提高 20%。万宝龙全球这么多店，这个系统再通过网络连起来，就可以提高不小的业绩。这种方法其实也是操作性思维，所做的事情具有可操作性。虽然直接视频分析非常困难，但是将人的判断和机器的判断结合起来，再与大数据分析放到一起，就可以达到一个很好的效果。大数据如果做不到“快”和“动”，再大的“死”数据用处也是不大的。

可视化思维：南丁格尔的“饼图”

如果说大数据是从“上帝的视角”还原了整个世界，那大数据可视化就称得上是“上帝的指纹”。“一幅图抵得上千言万语”，其中不仅包含对图像信息量的估计，而且包含数据表达的过程。数据可视化是科学、艺术和设计的结合，当枯燥隐晦的数据被数据科学家们以优雅、简明、直观的视觉方式呈现时，带给人们的不仅仅是一种观察世界的全新方法，而且还往往具备艺术作品般的强大冲击力和说服力。大数据的可视化思维，就是让我们学会变换维度去看世界的运行规律。

数据可视化是一种让数据说话的过程。数据是枯燥的，也可以是美丽的。没有可视化的表达，我们可能什么也看不出来。但是，一旦我们找到了一种数据可视表达方式，不仅可以让枯燥的数据焕发出新的光彩，也可能让我们对数据有新的发现。1854 年，伦敦爆发霍乱，10 天内有 500 人死去，但比死亡更加让人恐慌的是“未知”，人们不知道霍乱的源头和感染分布。当时有个流行病专家叫约翰·斯诺，它把所有死亡人员所住之处标到了一幅地图上，随着数据的增多，地图终于“开口说话”，显示大街水井是传染源，是市政供水出了问题。知道了问题，疫情就得到了控制。这个案例被认为是人类历史上最著名的数据可视化案例之一。

另一个著名可视化案例是南丁格尔的死亡统计图。大家都知道有个著名的“南丁格尔奖”，每年都会奖励优秀护士，这是用护理学先驱英国护士南丁格尔命名的奖项。但是大家不知道的是，这个南丁格尔①还是视觉表现统计图形的先驱。1853 年，土耳其英法等国与俄国爆发了克里米亚战争。1854 年 3 月，英法为援助土耳其，正式对俄国宣战。在争夺巴尔干半岛控制权的克里米亚战争中，英国军队与俄军和疾病两线作战。英军的医疗救护条件非常低劣，伤员死亡率高达

①弗罗伦斯·南丁格尔(Florence Nightingale)，1820～1910，英国护士和统计学家，是护理事业的创始人和现代护理教育的奠基人。

42%，但国会和军队却不愿意投钱用于救治伤兵。南丁格尔为了说服将军们将钱投在医院和医疗设施上，她发展出了一种极坐标饼形图，用以说明英军士兵死亡的原因主要是战场外感染疾病，以及在战场上受伤后没有适当的护理而伤重致死，真正死在战场上的人反而不多，向不会阅读统计报告的国会议员，报告了克里米亚战争的医疗条件。最终，国会和军队终于同意将钱花在医疗和医院上，而不是只买枪炮和弹药。这种图后来就被称为“南丁格尔玫瑰图”。

南丁格尔和马克思是同时代的人。马克思曾在一篇报纸通讯中这样描述南丁格尔[①]：

> “在当地找不到一个男人有足够的毅力去打破这套陈规陋习，能够根据情况的需要，不顾规章地去负责采取行动。只有一个人敢于这样做，那是一个女人，南丁格尔小姐。她确信必须的物品都在仓库里，于是带领几个大胆的人，真的撬开了锁，盗窃了女王陛下的仓库，并且向吓得呆若木鸡的军需官们声称：我终于有了我需要的一切。现在请你们把你们所看到的去告诉英国吧！全部责任由我来负！”

可见，南丁格尔骨子里就是一个敢于打破常规的不平凡女人，她的“南丁格尔玫瑰图”就再次证明了这一点。

可视化的意义在于激发探索：如何发现贫困地区

当数据变为大数据时，数据可视化的意义就不仅仅是阐释，更是一个激发探索的过程。有的人老以为可视化就是为了把数据显示好看。其实不然，数据通过可视化变换成图形，使我们看起来更清楚了，这是一个方面。更重要的是，通过对大数据的可视化，我们还可以发现许多原先可能没有发现的问题。

可视化既是人机交互的手段，更是人机融合的过程。举例来说，很多数据都是非结构化的，也就是很难用表格一类的东西表示，比如社交网络，用一般的符号化方法根本描述不出来，但用图形就可以一目了然。社交网络的关系图谱、兴趣图谱，作战态势中的指挥关系、协同关系和保障关系，也是如此。当它们只是以一般数据或者简单图形的形式存在时，可能看不出什么，但是如果略加可视化变换，就可能会有许多发现。所以说，人与数据的这种可视化交互过程，实际上就是一个探索发现的过程，是一个人与机器结合的过程。

《科学美国人》杂志评选出的 2016 年十大创新技术中，“发现贫困地区的软件”被评为第五名，就巧妙地利用了可视化方法进行分析。联合国扶贫需要找准对象，但一般采取的方法是进行数据统计，让各个国家或地区上报各种数据，但很

---

①参见百度百科。

容易作假。科学家们就想利用科学方法找到哪些是真正的贫穷地区,然后再针对性地进行调研。最开始的时候,科学家采取的方法是,通过卫星观察全球各个地区的灯光情况。很显然,灯光亮的地区一般都比较富裕,而贫穷地区则会没有灯光或者灯光很暗。这种可视化一目了然,贫富立下可分。但是,很快科学家发现,真要精准扶贫,还需要更细致地区分极度贫穷和相对贫穷的地区,利用灯光可视化就不灵了。

这时,科学家就采用白天的卫星图像,然后将水源、田地和城市市场等,与居民区联系起来,建立起可视化图像关联图,就可以很快地把极度贫穷和相对贫穷的地区区分开来。这种不同数据之间的关联可视化,启发了科学家找到他们想要找到的东西。然后,让计算机自己通过这些图像去学习并搜索,最后得到的结果是:预测相对贫困地区的准确率达到 81%,而预测绝对贫困地区的准确率则高达 99%。所以,可视化不仅仅是显示,更能够激发更深层次的探索。

著名可视化设计师莫里兹·史蒂芬那说过一段话比较有代表性,他说:

> "数据可视化不仅有助于大众更好理解复杂问题,还可提供被讨论、反馈、或仅供反思的视觉对象。我希望用户可以把可视化作为他们探索的全新出发点……因此,若要把一个相当复杂的话题可视化,就要始终坚持揭示它的复杂性、内部矛盾、现象背后的多样性本质。我习惯给用户呈现一种结构化的方式,让他们自己剖析复杂现象,在感官上充分体验媒体形态和事实相互结合所呈现的丰富景观,而不会选择那种在文末蹦出惊喜结局的叙事方式,因为叙事方式实际已经过我对信息的预先消化梳理。对我而言,有趣的主题很少能用一个故事传达。"

史蒂芬那对可视化的本质看得很清楚,就是要坚持揭示其内在的复杂性和多样性,而这需要用户自己的积极参与,不是仅仅靠显示就可以做到的。

4.4.4 从数据到决策思维

过去我们都说计算机辅助决策,意思是计算机只能辅助人决策,它还做不到自动决策。但有了大数据方法之后,又出现了"从数据到决策"这句话,这就颠覆了我们过去的思维。从数据到决策,意思是机器不再是辅助决策,而是要基于数据自主进行决策。这就意味着 "人"与"机器"未来将是合作的,而不仅仅只是工具。广义上说,其实计算机还是辅助决策,就像参谋协助首长一样。但这种"协作式"的辅助,与过去已经有了本质上的不同,需要我们重新去思考。

"从数据到决策"与"战争算法"

"从数据到决策",核心的改变是计算机可以通过大数据自主作出决策,而不需要事事都通过“人”批准。过去，这个工作之所以只能由人完成，根本原因是有些事情计算机还判断得不够准确。比如，让防空导弹的控制计算机决定对闯入的不明飞机是否开火，这件事情还是有点困难，处理不好把民航飞机打下来也不是不可能。这是因为传感器能够提供的数据信息十分有限，还是“小数据”，通过这些小数据让计算机去判断来的是否敌机、是否构成威胁，然后再做出可否开火的决策等，有点勉为其难。只好将初步处理过的数据交给“人”，利用“人”的经验和判断，让“人”也就是指挥员做出下一步决策。但是，大数据的出现改变了这种局面。

大数据可以带来更强的“洞察力”和“执行力”。大数据方法的出现，本质上是导致智能水平的提高。当数据量有了大规模增长之后，就会发生质的改变，这就使得计算机可以通过对数据分析挖掘，提高对态势的感知能力和分析深度，得到决策需要的判断条件和结论，带来更好的洞察力。因此，就可以在一定程度上实现自主决策。比如，无人机一般都是由操控员远程遥控的，飞多了就可以积累大量数据，之后就会慢慢形成一定的飞行模式，计算机就知道在某种情况下“人”是如何反应的。如果再出现那种情况，无人机就可以自己按模式自主反应。也就是说，大数据也可以带来更强的行动执行力。

“从数据到决策”也揭示了未来战争的发展趋势。从数据到决策，有时候也是不得已而为之。为什么这么说？这是未来战争趋势决定的。未来作战的最大特征就是“快”，已经容不得“人”还介入其中了，更不能计算机再向“人”去请示然后再决策。比如，舰队防空，敌方的隐身攻击导弹飞临舰队上空才被发现，这时就只能由计算机进行综合判断，然后直接下令拦截火力反导。网络作战可能更快，一旦发现行动条件具备，比如敌方某个目标突然出现，计算机就会马上开始行动，容不得任何等待。美国有个防务研究计划，名字叫“X 计划”，干的就是这件事。那么人如何起作用呢？这就要将决策程序前移，事先给计算机定规则和条件，并授权计算机在恰当合适的时机自动执行。而大数据的作用，就是对此提供更准确的分析和判断。

“从数据到决策”的核心是算法在起主导作用。数据的多少决定了分析的深浅，但“算法”才是大数据的灵魂。无论是对大数据挖掘分析，还是对分析结果取舍判断，都是算法在起核心作用。事实上，智能技术的重大进步，也是深度学习算法取得突破后才带来的结果。比如，过去无人机飞行员对合成孔径雷达目标图像定位，识别一个目标可能需要 4 分钟时间，因为它很难在没有特定模式下识别从未见过的目标，例如一辆经过改装的车辆。但引入新的机器学习算法后，可以将它原来熟悉的车辆模式引入新的目标识别中，计算机就可以推断出目标的类型，速度可达到 3 秒钟的水平。可见算法的重要性。

2017 年，美国国防部对“战争算法”概念进行了描述，明确提出“算法战”的概念，并要建立“算法战跨职能小组”，其核心思想就是要将大量数据快速转化为有实际价值的情报信息。他们认为,美军必须在各种行动中更有效地融入人工智能、大数据和深度学习技术,以维持对日益强大的竞争者和对手的优势。采用这些技术,可以从更多信息来源的数据中通过更好的算法获取更有用的信息,减少人类判断的失误,提高武器的运用水平。尤其是,在网络作战和导弹防御作战中,这些算法将起到更大的作用。

从"末日信号弹"到"X计划"

计算机根据数据自主决策,是有不同等级的。早期的系统也有这个能力,但那时还没有所谓的"大数据"方法,依靠的就是对数据的"硬分析"。苏联有个核战争计划,叫"末日信号弹",很多人都不知道,在苏联解体后很多年才曝光,吓了美国人一跳。很多人庆幸没有和苏联人发生核冲突,如果真是那样,整个世界就要和他们一起同归于尽了,因为苏联人就是将最后核攻击的决策权交给了计算机。

20世纪80年代初,美国由于越战失利而士气低迷。里根政府上台后,为重振士气,态度开始再次强硬起来,号称不再向苏联妥协,甚至提出不再惧怕核战争。很快,里根向全世界宣布,要开展导弹防御系统建设,也就是所谓的"星球大战"计划。苏联人一看,这下美国人要玩真的了,那还了得,于是就开始认真准备起来。苏联人认为,美国人所谓的导弹防御全是假的,因为在成千上万的导弹来袭时哪能挡得住,而是为了在其袭击苏联后对付苏联剩下的少量核导弹时才有效。这样就彻底破坏了"确保双方共同摧毁"的恐怖平衡。因此,苏联人根据这个判断,开始了"末日信号弹"计划,简单地说就是如果你对我进行核打击,我就是全部死光了,系统也会自动启动报复程序,对美国也实施报复核打击,让你也跟着一起玩完。这个自动报复程序就需要自主进行判断和决策。

但是,核打击会产生强烈的电磁脉冲,导致预警指挥系统失灵,系统又如何判断呢?当危机临近时,苏联会启动它到待命状态,它则利用核爆监测系统监控苏联境内的核爆迹象,所有的数据汇总到中央计算机,经过逻辑判读是否需要采取反击手段。考虑到最恶劣的情况是,美国核弹已经落地,苏联决策指挥层生死未卜,任何现存的有线、无线,甚至卫星手段可能都已在美军突袭中毁灭,系统要如何确保苏联庞大的核武力仍然能够听命反击呢?答案是,苏联某些洲际导弹发射井中,藏的并不是洲际导弹,而是弹头部改装成的短波通信设备弹道导弹。它们平时隐藏在深入地下的发射井里,能够承受核爆炸和高强度电磁脉冲。当末日系统启动时,这些导弹会起飞到空中向其他在首轮袭击中幸免于难的苏联导弹发布加密指令,接收到这个密令的核导弹允许不经人手立即发射,所以它就像是向上空打出的一颗闪亮信号弹,指挥核导弹飞越已经变成废墟焦炭的苏联大地,发动与美国同归于尽的复仇大反击。

美国也建造了类似的装置,设计了所谓的紧急导弹通信系统,部署了一批指挥导弹。它甚至还研发了用于检测全球核爆炸的地震和辐射感应器。但是,美国从未把这些技术结合起来,变成一台“复仇机器”。因为它害怕意外事故和一个小小的差错就把整个世界终结掉。相比机器,美国还是更信任人的判断。美国空中部署了一个有能力和权力发动反击的小组,整个冷战时期,这个指挥小组就一直待在空中。

这是核武器恐怖平衡时代的事情,人类命运被交给了计算机,由它自主决策,但那毕竟是极为稀少的战略核武器。今天,这样的自主决策系统却越来越多起来,特别是在网络作战方面。2013 年,美国 DARPA 开始了一个叫做“X 计划”的研究项目,重点就放在了网络作战方面。其中,很多部分都是建立在基于数据自主决策的基础上。比如,美国国防部的一个副部长就认为,未来网络作战最应该做的是网络防御,但网络空间那么大,在每个地方都安排部队专门进行守卫,也是不可能的。因此,只有利用智能技术实现自主行动,才有可能做到。也就是说,网络防御最后还是要交给算法,但算法的训练就要基于大数据。

“算法帝国”:托马斯·彼得菲的创造与历险①

“从数据到决策”的核心是算法。算法就是一套科学的指令,通过它可以分析挖掘所掌握的数据,发现其中蕴含的信息,得到所需问题的答案。更通俗地讲,算法就是一张解决问题的精确“处方”。算法可大可小,小的可能就是一个判定,比如洗衣机的控制;大的可能会关系到国计民生,比如国家经济状态评估。但算法真正让人重视并为之疯狂的,可能还是要属华尔街的那些人。

华尔街是美国金融业的中心,长期以来都是那些股票掮客、投资商人的天下。他们的交易方式大家在电影上可能看到过,就是一个大市场,用各种手势比划,凭着商人的敏感和精明买入卖出,能否赚钱则全看个人的计算和经验。也有学者专门研究这个问题,1997 年的诺贝尔经济学奖就授予了哈佛商学院的两位教授,因为他们在 1973 年创立和发展了股票期权等合理定价公式,即“布莱克-斯科尔斯期权定价模型”。说得白一点,如果能有人按照这个公式去买卖股票,至少他知道理性的价位在什么地方,不至于太过离谱。但是,要让一般老百姓理解这么高大上的数学公式,是根本不可能的事情。

但是,有一个匈牙利来的穷小子,却无师自通,用自己的编程技能和数学知识,编写出了与布莱克-斯科尔斯模型相似的算法,在 20 世纪 80 年代横扫华尔街,引领了现代算法交易的大潮流。大家才恍然大悟,原来股票还可以这么玩!现在,在华尔街如果不会一点算法,简直就没有脸面在那里混。华尔街现在比的就

①参见克里斯托弗斯坦纳著《算法帝国》,李筱莹译,人民邮电出版社,2014 年版。

是算法，道琼斯通讯社和彭博社甚至设有专供交易机器阅读的新闻专栏，供不同公司的算法参考。所以，一大批数学家和工程师从此汇聚华尔街，进入了金融领域前沿并得到重视，也开始拿到了令人羡慕的高薪。甚至还出现一个词叫“宽客”，就是指他们这些人。

这个穷小子就是托马斯·彼得菲。彼得菲早期也就是一个销售口香糖、收购破铜烂铁、倒卖邮票的小商贩，后来当了 15 年的程序员。1975 年，被一个专门买卖贵金属的公司老板看中带入期货市场，让他组建算法编程部，但那时的算法主要还是起辅助作用。他在做小买卖时培养起来的商业直觉很受老板重视，不仅使得公司大发其财，他自己也积累了第一桶金。本来老板说好要给他股份成为合伙人，但钱赚多了老板又反悔了。一气之下，1978 年，彼得菲离开自己单干，拿着 20 万美元跑到刚成立的美国证券交易所买了一个交易席位。

那时证券交易所还不让带电脑进去，彼得菲就晚上在家用计算机计算，得到一个表格，白天再带着表格到交易大厅去买卖。这个表格其实就是“纸质算法”，和以前不同，算法不仅仅是辅助，而是严格执行的标准，只有达到表格规定的价位，才能喊价和交易。这是彼得菲算法的一次试验。当时，那些交易员们坚信，只有“胆量和智慧”才能赢得交易，而彼得菲则坚信算法中微积分的力量。所以，在那个拥挤不堪的交易大厅里，拿着一叠表格的彼得菲显得极为异样和滑稽，没有人愿意接受他的喊价。为了解决这个问题，他专门找来几个漂亮丰满的美女负责替他喊价，结果效果奇好。

算法运算还需要数据，但当时的数据业老大科特龙不愿把数据卖给他。彼得菲发挥出他理工男的才能，居然用示波器破解了电话线上传递的脉冲讯号，得到了数据。从此，彼得菲的算法更是如虎添翼。为了证明他的算法完全不需要人的介入，他甚至还请来一个黑人著名演员来炒期货，也是大赚特赚。当时，那三个美女加上一个好莱坞演员大喊交易，成了证券交易所大厅的一个奇特景象。但是，谁也没有想到，这只是彼得菲的电脑算法试验。

但是你总赚不赔，由不得别人不注意，半年后被人发现了他的秘密，也开始向他学习。彼得菲还想尽办法说服交易所，让他们同意可以把电脑带入交易大厅，虽然那个时候的电脑奇大无比。1986～1987 年两年间，彼得菲就赚了 5000 万美元，这一令人震惊的数字标志了他的巨大成功。他远远地将别人甩在身后，利用始终领先人类的计算机算法持续统治证券和期权市场。从此，基于算法的证券交易开始统治华尔街，彼得菲也就成为了“算法交易”之父。2007 年，彼得菲的盈科证券公司上市，市值 120 亿美元。对于一个穷小子、金融行业的门外汉来说，彼得菲的历险充分证明了“从数据到决策”算法思维转变的力量。

2016 年，《MIT 科技评论》上曾公布过一组统计数据：全球 12 大投行中，交易员的薪酬平均 50 万美元一年，曾占到投行总支出的 75%；但现在 45%的交易已改由计算机完成；著名投行高盛在 2000 年时有交易员 600 余人，到了 2016 年仅剩下 2 人，几乎全部交由计算机算法代替，另外雇佣了 200 名计算机工程师维护机器。可以说，算法已经彻底改变了整个投资领域。

算法指导决策[①]：我该和谁结婚？

算法的力量不仅仅在华尔街。算法也可以创立企业，凭借页面排序（PageRank）算法，拉里·佩奇和谢尔盖·布林打败雅虎和微软，创立了如日中天的谷歌公司。马克·扎克伯格搞出了社交网络算法，也建立了"脸谱"网络的世界帝国。算法也可以预测人性，诺特丹大学的巴拉巴西教授可以通过手机数据利用算法预测人的行为，准确率高达 93%。卡内基·梅隆大学的桑德霍姆教授研究了德州扑克对策算法，可以预测对手的策略是虚张声势还是真有一手好牌，并判断人会在何时做出不理智的决策。南加州大学塔姆贝教授则把这个算法用于洛杉矶国际机场的反恐巡逻，能够预测出恐怖分子自认为的制造恐怖事件的"最佳方法"，然后做出合理应对的决策。

用算法来指导我们的人生，也不是没有可能。"授人以鱼不如授人以渔"，了解了方法论的变革，才会带来元认知上的"升级换代"。过去，我们会从古代先哲的话中去寻找启迪；启蒙运动之后，主流意见变成了听从你内心的声音。然而，随着数据在生活中占据越来越重要的位置，我们做决策时也需要拿出数据和图表，用量化的数据和算法来指导我们的决策，而不只是做你自己喜欢的事。《未来简史》[②]的作者尤瓦尔·赫拉利甚至认为，做出明智的决策，自我意识的存在不是必要条件，很多算法在未来将变得比我们更加了解自己。他甚至认为，人类千百年来一直在追求自由意志，但是计算机算法的强大，很可能会让人丢掉"听从自己内心"的自由，转而把更多事情交由机器决定。

这个听起来似乎是天方夜谭，但其实仔细研究一下觉得还真有这种可能。有些算法或者手段确实比我们自己能更科学地做出决策。比如，有个数学模型叫最优停止模型，就可以用数学方法严格推导出，你在何时应该做出找谁做女朋友的决策。这个算法说的是，假如你可以从很多但有限个追求者中选择一个人交往，但不能"脚踏两只船"，并且一旦决定分手后不能再反悔。这时你该怎么办？

简单地说，就是要记住"37%"这个数。假设你的人生最多能交 100 个女朋友，那可以拿前 37 人来考察，积累经验。但过了 37 后，一旦遇到比前面好的，就绝对不能犹豫，必须果断下手。至于为什么是 37%，鉴于需要数学推导，这里就不说

①参见 Peter 的《用算法背后的道理指导自己生活的决策》，微信公众号《混沌巡洋舰》，2016 年 9 月；男人装的《用数学搞定男女那些事》，微信公众号《男人装》，2015 年 5 月。

②参见尤瓦尔·赫拉利著《未来简史》，2016 年版。该作者的另外一部著作《人类简史》更为出名。

了。麻烦的是你不知道你一生要交多少个女朋友,因而只能估计。假设你估计一生最多谈 10 次恋爱,那么你大概谈到第 3 个或第 4 个的时候,就大概知道应该选什么样的了。当然,这是纯数学分析得出的结果。其实,找女朋友可能还真用不上,但在大城市找房子、找停车位等需要带点探索加决策性质的事情,最优停止算法还是比较靠谱的。

如果真用数据分析方法帮你找对象,至少结果可能更让人放心。具体来说,首先就需要收集数据,比如我们可以拿约会节目来做样本。1000 期以后,计算机基本上可以总结出一个模式,然后再根据事后的调查,或者其他的数据统计来验证这个模式,并且逐步修正,就可以得到想要的答案。这些模式当然不是对所有人都匹配,但至少在统计意义上是合适的。比如,很多统计数据都发现,结婚太早或结婚太晚的离婚率都很高,从这一点看最优停止理论算法还是正确的。

《未来简史》的作者赫拉利想象了一种场景,就是有一天人们可能会利用大数据,授权算法来替他们做生命中最重要的决定。他设想了一个“与谁结婚”的场景。

> 你也许会到谷歌上去查:“约翰和保罗都在追求我,他们两个我都喜欢,但我真的说不清楚。我该怎么选择?”
>
> 谷歌会回答说:“好的。我从你出生那天就了解你了。我已经阅读过你所有的邮件,记录了你所有的电话,还知道你最喜欢的电影、你的DNA,以及你心脏的所有历史生物信息。我有你每次约会的精确数据,我可以向你展示你每次与约翰或者保罗约会时的心跳速率、血压和血糖水平的实时图表。而且,我了解他们就像我了解你一样。基于这些信息和我的高级算法,以及几十年来关于数百万对恋爱关系的统计数据,我建议你和约翰在一起,因为从长期来看,有 87%的可能你和他在一起更满意”。

从这个案例可以看出,对于任何决策,如果真要去找可行的算法,找到的结果可能比仅靠自己“内心的声音”会更科学一些。但这种“科学”是不是就是我们想要的结果呢?这就让我们回想起前面在复杂系统涌现性中讲过的“印第安人部落打猎”的故事[①],还是需要我们好好地思考一下。

算法统治世界[②]:算法杀人与自由意志终结

算法如此重要,随着计算机的普及发展,算法也就无处不在了。有人说,这是

①参见 2.4.3 节,“印第安部落去哪了”。

②参见郭雅菲译的《卫报:算法如何影响我们的生活》,微信公众号《新智元》,2016 年 9 月 6 日;张冬君等译的《〈人类简史〉,自由意志将终结》,微信公众号《新智元》,2016 年 9 月 7 日。

“算法统治世界”了。这应该是喜还是忧？

从 2004 年至今，美军无人机已经在巴基斯坦某地区杀死了 4000 多人，其中绝大多数死者都被美国政府通过算法归类为“极端分子”。但是，一个法国科学家团队对透露出来的美军“天网”计划文档研究后认为，这些算法很可能造成了大量的误杀①。从这些文件中可以得知，“天网”通过巴基斯坦的移动通信网络数据对民众实行监控，然后使用机器学习算法，为 5500 万民众的每一人是否成为恐怖分子的可能性打分，误报率为 0.18%。然而，很多科学家都认为这个算法是很不可靠的，存在明显的瑕疵。这个算法的假设是，恐怖分子与普通居民在行为属性上有显著的区别。然而，根据算法打出最高分的却是半岛电视台驻伊斯兰堡分社的社长。即使只有 0.18%的误报率，但在 5500 万人中，这也意味着有 99000 名无辜民众被错误地标记为“恐怖分子”，有可能让他们不幸身亡。专家问道，如果仅靠算法来草菅人命，算不算犯下战争罪行呢？

英国《卫报》还报道过这样的案例：几年前，一个年轻人成绩优异，但得了躁郁症而中途辍学，一年半后康复，回到另一所大学继续他的学业。同时，他还申请在超市打工，尽管工资相当低，但他还是愿意做。入职前需要进行考核和测试，虽然朋友愿意为他担保，但他并没有接到面试通知。他跑去询问，结果是他的性格测试被列入“红灯区”。他的律师父亲问他测试题问了些什么，他说和他在医院里做的题类似，就是“五因素模型”，包括外向性、随和性、谨慎性、情绪稳定性，以及开放性评分。起初他认为，由于测试题丢掉一份工资低廉的工作并不是什么大问题。于是又继续找工作，但一次次被拒绝，因为他应聘的每一家公司用的都是同一套测试题，也就是采用的是同一个算法。这下问题就大了，算法已经成为了他就业的障碍。好在他父亲本来就是律师，就对相关公司发起了诉讼，要求判定这些测试违法。

然而，问题还不是是否需要担责这么简单。随着基于算法的系统逐渐普及，就使算法把普通人的生活变得不再普通。数学家们所谓的“魔法公式”带来房贷危机，让世人品尝了金融危机的苦果。但我们是否有足够的理智，阻止类似事件再次发生还是个问题。现在的算法不仅关注全球经济市场，而且关注人类行为。数学家和统计学家正在研究人类的欲望、行为和消费模式。他们预测我们的诚实度，还计算我们成为学生、工人、情人，或者罪犯的可能性。这就是大数据经济带来的寻求利益最大化的结果。大多数算法被应用在好的方面，目的是用客观测量代替主观判断，但也可能被误用，从而形成更深的偏见。而且这个偏见打着“科学公正”的旗号，还不太好纠正。

---

①参见王婉婷译《美国天网文档泄露，机器学习算法或错误杀害数千人》，微信公众号《新智元》，2016 年 2 月 20 日。

同样的事情在其他领域也在发生。你生命中最重要的医疗决定将不再是基于你对疾病或健康的感觉做出，甚至也不是医生的诊断，而是比你还了解你自己的计算机做出来的，美国影星安吉丽娜·朱莉就是典型。2013年朱莉做了基因测试，证明她携带有突变的某种致乳腺癌基因，患病概率为87%。尽管当时朱莉还没有得病，但她决定在患病前就接受双乳切除手术，听从了计算机的算法。假设未来证明算法有误，又是谁该来担责呢？其实这种纠结已经发生，谷歌无人车被批准上路，很快就发生了交通事故，撞到了一辆大巴车。马上就有人在问，这个事故该算谁的责任？是无人车的制造商，还是开车上路的用户？

如果算法与规模巨大的互联网结合，那我们面临的还可能是更可怕的事情。不说斯诺登爆料出来的情报部门监控，其实我们所看、所听、所见、所买都已经被各大互联网公司进行"算法审查"了。《经济学人》杂志2012年就专门讲述了四大巨头瓜分互联网领地的故事。谷歌公司在全球搜索市场占有绝对优势，它利用算法可以决定为用户呈现它认为最有"价值"的信息，对于商家来说可能就意味着生死。亚马逊公司控制了电子书的天下，那些它认为"政治不正确"或者不合它意的书籍，都会通过算法被过滤掉，让读者根本找不到。苹果公司的iTunes商店已经占据全球音乐市场75%的份额，几乎可以肯定，倘若苹果公司"不愿意"让某首歌流行，或者需要推荐某首歌时，整个音乐市场都会被轻松操纵。脸谱公司目前具有最大的活跃用户群，达到13亿人之多，在如此大规模的用户面前，这个社交巨人利用算法上进行的所谓"优化"，完全有能力左右人们看到的各种新闻消息。2016年度的美国大选，它就被指责操纵了对假新闻的选择性过滤，影响了美国的大选。在中国，百度也一度曾将"莆田系"收费的医疗信息排在前面，结果引起了巨大的风波。

物极必反，其实我们非常反感算法替我们做决策。比如，使用算法帮助心理治疗师制订治疗方案，尽管比人类医生更准确，但大多数心理治疗师都不愿意使用。还有很多需要经验为主的领域，比如商业、管理、医疗、金融、生活等，也都是如此。为什么？其实很简单，就是因为这让人类感到自己失去了控制感，这被称为"算法厌恶"现象。后来，有人想了个办法，把算法改成可调试的模式，让人可以自己调整选择，结果谁都愿意接受了。事实上，绝大多数人只是装模作样地调几下，最后还是选了算法做出的决定。但为什么这就愿意接受呢？其实，就是让人觉得一切尽在自己的掌握中，有了控制感。但其实一切都还在算法控制下，"人类控制"也只是假象而已。

这便是我们所生存的互联网世界，或者说是一个被算法审查的互联网世界。问题是，在这些算法的统治下，我们还有没有自由意志？我们还想不想要自由意志？

4.4.5　大数据思维是什么

如果对大数据思维用一句话进行概括，我觉得应该是“理解和利用大数据的价值”。特别要理解大数据对思维方法变革带来的影响。

第一，量化思维。大数据思维首先是数据思维。俗话说：“雁过留声，人过留痕”，网络化时代使得一切都留下数字痕迹，这就为大数据的利用奠定了基础。数据成为核心竞争力，但有价值与否的关键在于挖掘和分析能力。大数据的量化与传统数据的量化有了从量到质的飞跃，带来了更多的价值。

第二，相关思维。有一句歌词可以说明：“山不转水转，水不转人转”。因果不通才走相关。并不是我们不想走因果，而是走不通。尤其是，相关关系大大扩展了我们理解事物的途径，而且还可以使我们绕开复杂系统的因果难题，从而使得数据的价值得到大大加强。

第三，洞察思维。一句诗可以很形象地解释：“蓦然回首，那人却在灯火阑珊处”。数据的价值在于用，用的关键在洞察。数据的价值因洞察力而体现，并可以扩展到依托数据直接决策。那些本来只是简单同一层次的东西，由于数据量大而突然给了我们更多的发现，使我们对这个事物的认识提高了一步，这就是洞察力。

简单地说，大数据思维就是从量化描述出发，采用相关性预测，将结果应用到优化决策中去，就这么三个层次。但在每一层会有很多方法，关键是知不知道去灵活地运用。决不能像有人说的那样，把大数据思维等同于传统的数据处理。如果真是那样，就大错特错了。大数据是一个比数据处理更高、更综合的东西。

4.5　虚拟化思维——“虚”“实”认知的碰撞

战争空间有多大？未来的空间边界在哪里？新空间带来什么新性质？新性质引发什么新思维？这又是一些战争研究者必须思考的问题。而回答这个问题，也需要改变我们传统的、实在的三维空间、时空分离的空间思维观念，朝着更复杂，但也更虚无缥缈的新空间发展。而在这些空间中发展出来的思维，就是虚拟化思维。那么，这种“虚”与“实”的碰撞，又会给我们带来什么思维变化呢？

4.5.1　虚拟化的本质是认知为核心

战争空间的扩展：“虚”者不虚

我们很熟悉战争的空间范围，从早期局限在陆地，之后发展到海洋，后来又飞向天空，再后来又开始遨游太空。我们也因此建立了陆军、海军、空军，很快也要建立天军。只要是人类身体所能到达的区域，都会最终沦为战争的领地。尽管由于能力所限，目前进入的太空只能局限在地球附近，但人类的目光也绝不会仅仅只限在这个范围。这些空间的共同特点就是，他们都属于物理空间，由物理定律统治。

但从发现电磁波的那一天起，人类就试图进入另外一个空间，这是一个由人类自己创造的各种电子设备和网络构成的新空间，这就是“赛博空间”。有人也称之为“网络空间”，或是“网络电磁空间”。在这个“看不见、摸不着”的空间里，战争早已成为常态，电子战、雷达自“二战”期间就已经出现，网络战则是近些年才出现的新事物。如果仅从电磁波的角度来看，它还是属于物理空间的范畴，但随着计算机与网络的出现，它就成为一个独立于物理空间之外的数字空间。这个空间被称为“虚拟空间”，因为它与物理的实空间不一样，是由计算机创造出来的数字化空间。

计算机创造出来的虚拟空间种类繁多。最简单的就是聊天室，一群人共享一个虚拟的“屋子”，老同学聊天、发布消息、讨论问题等。在网络上发布公共数据的空间，其实也可以看成是一个虚拟空间，比如每天的股市期货行情，成千上万的人每天在里面买进卖出；每天的新闻报道，既有媒体发布的新闻，也有读者的大量评论。形象一些的如各种游戏，直接就创造出可视化的空间和角色。比如，《第二人生》[①]就真的为用户提供了另外一个“新的”虚拟人生，你可以在里面娶妻生子，“重新做人”，有些公司也可以在里面发布广告、买卖货品。各种模拟器、模拟系统创造出来的各种虚拟空间就数不胜数了。更重要的是，在计算机创造出来的空间中，运行的是我们自己定义的法则，这完全不同于大自然的世界。

还有一个更神秘的空间，也开始进入战争视野范围，这就是以人类大脑认知互联建立起来的“认知空间”。这个有点不好理解，但在许多影视大片中却早已有过表现。《黑客帝国》《盗梦空间》中就有很多关于人脑与计算机网络互联，形成一个新的认知空间的精彩形象化描述。其实，我们每个人的大脑对世界都有一个看法，这就是个人的“认知”。而且，这个看法会随着获取信息的增多和理解的加深而不断改变。当很多个人的“认知”通过某种手段连接共享以后，就形成了所谓的“认知空间”。比如，一个指挥员观察战场态势，会得出对战场态势如何及优劣的认知，而许多指挥员的认知就构成了这一方对战场态势的整体认知，也就是“认知空间”。但这个“认知空间”与现实空间是有差别的，也就是所谓“主观”和“客观”的不同。这是因为有些信息你不完全知道，有些信息则可能是假的，甚至是敌人故意骗你的。所以说，认知空间也是一种虚拟空间。

---

①《第二人生》(Second Life)是美国林登实验室 2003 年推出的一款以“合作、交融与开放”为特色的大型 3D 模拟现实 PC 网络游戏。在这个游戏中，每个人都可以建立自己的虚拟的“第二人生”，与同在这个虚拟世界的人发生各种各样的关系，实现自己在现实生活中没有实现的梦想。该游戏推出后曾风靡一时。

赛博空间、认知空间都被认为是“虚拟化”的空间，但其实它并不“虚”。虚拟这个词的英文为 Virtual，是我们翻译成中文后的结果，但有点词不达意。“Virtual”的本意其实并不是“虚”，而是实实在在的“存在”，是“实”的，属于“事实上、实质上存在，但又不能明示”的东西。我记得，汪成为院士①对将“Virtual”翻译成“虚拟”很不以为然，还特别多次说明。所以，我们说的“虚拟空间”其实也是实实在在的存在，只是采用了另外的表现形式而已。

战争空间扩展到赛博空间、认知空间这些虚拟化的空间，我们的思维也必须转变为“虚拟化思维”，因为在这些虚拟空间中，思维方式与在物理空间是截然不同的。举个最简单的例子，在物理空间中最快的飞机从北京到纽约也得几个小时，但在赛博空间中把信息传过去只要一瞬间。

虚拟空间的多维化关系

未来我们实际上面临着战争的三大空间：一是物理空间，也就是自然空间，是我们最熟悉的战争空间，我们的一切战争思维都以此为基础；二是赛博空间，也就是网络空间，是唯一的人造空间，是由我们自己的电子设备建立起来的；三是认知空间，存在于我们的意识之中，形成我们对世界也包括对战争的看法。这三个空间，不管是“虚”的还是“实”的，共同组成了战争空间整体，这是虚拟化思维最基本的看法。美军将战争划分物理域、信息域、认知域三个域，与这三个空间比较一致。后来又加上了社会域，其实是覆盖了三个域的共同社会认知。

赛博空间是认知空间与物理空间的感知和控制通道，强化和扩展了人的认知能力。我们凭着人体感官，如眼睛、耳朵、鼻子、皮肤等，感受我们周边的各种信息，但毕竟受限。眼睛最多看到几公里远，也还只是可见光；耳朵好的能听几百米，还必须是听力范围频率；鼻子能闻几十米气味；皮肤能感知几米之内的温度变化等。这是直接感知。但是，我们又发明了各种电子仪器设备来扩展我们的能力，比如雷达可以探测几千公里，电视可以传遍全球，卫星可以在几万公里的高空负责通信，计算机可以帮助处理和存储海量的数据信息，网络可以协调起成千上万的设备一起工作。这就大大扩展了我们的感知、认知和行动的能力。所以，物理空间的信息通过赛博空间又再次映射到了认知，让我们的认知形成了新的看法。而且，由于已经联网，多人的认知就可以形成更大的认知空间，比如“态势”、“舆论”、“民意”等，也包括所谓的“战争意志”。

赛博空间的信息改变也可能扭曲认知空间。因为任何对赛博空间的干扰、欺骗和破坏，其实就是为了弱化或改变人的认知，以实现自己的目的。比如，打雷干扰了通信，雾霾影响了可见光卫星观测等，这是自然界的无意干扰。但也有有意

①汪成为，1933 年出生，中国工程院院士，我国著名计算机、仿真建模及信息系统科学家。

的干扰，比如敌方的电子战，发射电磁波让你的通信无法完成，让你的雷达看不见远处信号等。对计算机网络的攻击更可以直接篡改数据，让一切都面目全非。这些都是外界对赛博空间施加的影响，但最终都会影响到认知。比如，由于电子干扰，指挥员没有发现敌情；由于假新闻，老百姓被舆论战误导恐吓等。尤其是模拟器，其本来的作用就是有意改变人的认知，就是要“弄假成真”。

所以，认知空间与实际空间并不完全一致。这有几个方面的原因。一是认知空间由多人的认知组成，每个人都会有自己的看法，所以整体的认知一定大于个人的认知。例如，指挥员对战场态势的认知一定有他不知道的东西，因而也就是不完全的。二是认知空间不仅包括对物理空间的认知，而且也包括对赛博空间的认知，因为赛博空间不仅映射了物理空间，也会创造出新的虚拟空间，比如利用模拟器生成虚拟世界。三是认知空间一定会发生扭曲，对赛博空间传递的信息施加有意无意的影响，都会导致信息变形，从而导致认知扭曲，也就是认知的不完美。其实，就是我们人类自己直接感知的信息，也可能是不完美的，因为在很多情况下“眼见也不一定为实”，比如我们看到的魔术，就会导致我们在认知上产生错觉。

虚拟化以“认知为核心”

如果理解了各个空间的关系，就可以将这些空间统一到一个概念之下，这就是“虚拟化空间”。因为在很多人看来，即使是物理空间，也是我们人类感知的结果，而不是感知的前提①。甚至还有人认为，我们的世界说不准是什么人模拟出来的结果呢，只是我们无法证实。在《盗梦空间》电影里，不是还有用旋转的陀螺来验证我们到底处于哪个空间的情节吗！听上去是不是有点“唯心论”意思？但从理解虚拟空间这个概念出发，这倒是有一定的启发意义。

从这点来看，认知空间才是我们人类看世界的核心和终点。物理空间或自然空间是本来的存在，而赛博空间只是对物理空间的变换。赛博空间可以用三个字描述，就是“网”“电”“人”。其中，“网”指一切网络，是构成赛博空间的必要条件；“电”泛指广义电磁频谱范畴内的各种设备及设施，是赛博空间的实际存在；“人”指的是人造和人控，因为赛博空间是人造的，并受人的控制，反映人的意志，服务人的认知。赛博空间是“始于人且终于人”的，“始于人”是因为它的起点是自然世界，“终于人”是因为它是为“人”的认知服务的。这样，“认知空间”是物理空间和赛博空间的最后映射，通过它将三个空间统一了起来，并且因为会影响对所有空间的控制而成为核心。

---

①参见罗伯特·兰扎等著《生物中心主义》，朱子文译，重庆出版社，2012 年版。该书的主要观点是：“生命创造了宇宙，而不是宇宙创造了生命”，令人震惊，但也令人思考。

所以,虚拟化思维的核心就是将这三个空间统一看待,组成一个多维的新战争空间。到底多少维?美军认为陆海空天网是五维空间,他们把网络空间看成是"第五维"战略空间。依此思路,认知空间就是脑空间就应该是第六维空间。但我觉得,他们的这种划分好理解但不准确。陆海空天本来是三维空间,"天"与"空"却偏偏被拆解成两个空间,有点费解。其实这可以看成是两个领域,但属于一个空间。将网络空间和认知空间都看成一维的也不太合适,因为虚拟空间本来就是对物理空间的一种映射,维数只会多不会少。所以,我常常把网络空间称为"第二空间",将认知空间称为"第三空间",就是这个道理。如果再考虑时间维、事件维等,这在虚拟空间中客观存在,那么这个战争该是多少维呢?

另一个问题是边界。著名的科幻小说家威廉·吉布森①在一次采访中说:"将来,我们的子孙会为我们这一代人非要在数字和真实之间画一条界线而感到怪异万分。什么是虚拟空间,什么不是虚拟空间,有什么可分辨的必要吗?"这个吉布森可不是一般人,他在1984年就写出了《神经漫游者》等著名科幻小说,Cyber Space(赛博空间)这个词就是他在那本书中创造出来的。他根本不懂计算机,但却幻想出了后来出现的虚拟世界,因而被称为虚拟世界的"教父"。

无独有偶。著名哲学家卡尔·波普也认为我们的世界应该包括物理世界、人工世界和精神世界。其中,人工世界是指人类精神产物的世界,包括抽象的思维观念、文学艺术、科学技术、理论猜测等,也包括具体的精神产物,如房屋、工具、图书、飞机、轮船等。但从这一点看,就和我们所说的三个空间不是一回事。近些年得到学界重视的CPS,即赛博物理系统,就和赛博、物理两个空间比较一致,但它还是没有包括认知空间的内容。

认知空间的量子化解释:意识是什么?

在很多人看来,如果将认知空间作为核心和重点,总是感到有点玄乎,看不见摸不着的,不好理解。换句话说,认知空间是精神性的还是物质性的?如果是精神性的,称为空间就有点勉强;但如果是物质性的,称之为空间就恰如其分。这是一个需要讨论"意识是什么"的问题。

什么是意识?简单地说,意识是一种精神活动,是大脑的活动和结果,是一种自觉性的思维,是物质的一种高级组织形式。意,就是自我的意思;识,就是认知、认识,是认识外界事物的过程。从这个定义来看,它既具有心理性特点,也有物质性特点,所以多年以来,对认知、意识的科学解释一直是科学家研究争论的焦点。有人认为,意识是心理学的活动,不具有物质性。但近年来很多科学家认为,对意识可以用量子理论加以解释,也就是说,它的科学基础也可以是物理学的。既然

①威廉·吉布森,1948年3月出生,美国著名科幻作家,主要作品有《神经漫游者》、《旧金山》等。

是物理学的，那么认知空间就具有物质性，也可以采用物理学的方法理解和控制。

中国科技大学朱清时①院士就认为对意识可以用量子科学进行解释。他认为，自然科学离不开意识，反而意识可能是最基础的东西，应该首先弄清楚。量子力学里面的不确定性叠加态、波函数坍缩、薛定谔的猫、量子纠缠等现象，都可以反映意识的性质和特点。你要知道一件事情，也就是意识，就需要测量，而测量就会打破不确定性，确定具体的状态。所以，他认为意识也是一种量子物理现象。

也有很多美国科学家认为意识和量子理论有关②。亚利桑那大学医学院麻醉学与心理学教授、意识研究中心主任斯图亚特·哈梅罗夫就认为，知觉和意识产生于大脑中量子纠缠电子的玻色-爱因斯坦凝聚波函数的坍塌。比如，这种坍塌每秒钟 40 次，而有些受过特殊训练的人达到了每秒 80 次，感知的速度更快，所感知的世界就会慢下来。华盛顿大学圣路易斯分校文理学院物理教授、夸克研究理论物理学家马克·奥尔福德则认为，物理学“只是覆盖了我们经验世界的有限方面”，但他质疑“量子意识”的观点，认为量子纠缠“通常非常脆弱”，并且“难以组织”。

许多实验力图证明神经过程与量子状态有关。2003～2009 年，有科学家做过一系列实验，来证明人类在感知和认知模糊数字的过程中，其精神状态中存在量子相干效应，并取得了证据，为分析认知主体的时间动力学提供了理论支持。加州大学伯克利分校物理学家认为，他们发现了生物系统中量子相干的证据：绿色植物为了捕获太阳光能，在光合作用中表现出了量子计算的能力。2010 年，英国牛津大学在《物理评论快报》上发表论文称，一种欧洲知更鸟能更敏锐地感知主要磁场的微小变化，这是“叠加和纠缠在生物系统中持续 100 微秒，超过了最好的人造分子系统所持续的时间”的证据，作者并为此构建了一个简单模型。

在我看来，人脑与电脑的根本差别，可能是量子力学不确定性和复杂非线性系统的混沌作用共同造成的。人脑包含自然形成的非确定性神经网络系统，具有电脑不具备的“直觉”，正是这种系统的“模糊”处理能力和效率极高的表现。阿尔法狗对围棋的“经验捕捉”能力，就是最好的证明。而传统计算机本质上都是确定性的串行处理系统，虽然也可以模拟这样的“模糊”处理过程，但是效率明显低下。而正在研究中的量子计算机和计算机神经元网络系统，才真正有希望解决这样的问题，有可能真正达到人脑的能力。当然，让普通人都能去理解其中的复杂物理学原理也是不可能的，但我们只要知道，意识本身是可以具有科学性解释的就够了。

---

①朱清时，1946～，化学家，中国科学院院士，曾任中国科技大学校长、南方科技大学校长等。

②参见常丽君的《物理学和数学能完整描述真实吗：世界著名物理学家论辩量子意识》，微信公众号《量子科学》，2015 年 10 月 16 日。

4.5.2　虚拟化的重点在制造体验

体验学习:“9 · 11”的驾机者

2001 年 9 月 11 日凌晨,两架民航客机摇摇晃晃撞上了纽约的世贸中心双子大厦,制造了造成 3000 多人死亡的“9 · 11”事件。在震惊之余,我们也有许多疑问:飞行通话表明,飞行员当时可能已经死亡,并没有操纵飞机,难道是恐怖分子在开飞机吗? 他们是怎么学会开飞机的呢? 很快便有了答案。事后的调查证明,当时的飞机确实就是由恐怖分子自己操纵的。而且,在这之前,恐怖分子还以假名报名参加了飞机模拟器的培训。当 FBI 的调查人员找到这家学校时,学校的培训老师才恍然大悟:“我说他们怎么光学飞机在空中的驾驶,不愿意去学飞机的起降呢?!”

这就是模拟器的魔力。这种魔力来自于我们自身一种神秘的认知能力,即体验认知。也就是我们常说的“身体记忆”。大家知道,小时候我们学骑自行车,必须真的骑车去练才行,光听课看书你永远都学不会骑自行车。在不断的训练中,我们的身体逐步掌握了骑车的规律,就学会了骑自行车,而且终生不忘。但是,模拟器也可以给予我们这种体验学习的能力,通过模拟器完全可以学会开飞机。这是因为,模拟器调动的也是我们各种身体感觉器官之间的相互配合,以及在操纵过程中外界给予我们的各种反应。虽然说是“身体记忆”,实际上是对大脑的训练,也就是训练我们的大脑生成所需要的神经元网络,实现对外界感知的反应和肌肉控制。

事实上,这种体验式认知是我们学习过程中最常见的形式。我们从出生到现在,经过连续几十年与外界的接触,其实就是在通过体验学习。而且,在不知不觉中我们掌握了各种技能和经验。这种学习,比我们在学校里学到的形式化知识要多得多,但在过去却常常被排除在知识范畴之外。仿真模拟等虚拟化技术的发展,才使我们有机会去重新认识这种认知的魔力。

“体验”也可以转化为金钱。20 世纪 30 年代,一个名叫黄楚九的人在上海滩搞了一个大世界乐园,当时也没有啥东西,最著名的就是哈哈镜了。大家慕名而来,排着长队看哈哈镜,然后留下钱非常开心地走了。哈哈镜为黄楚九赚了不少钱,但哈哈镜本身并没有被谁带走,人们带走的其实就是“体验”。这样的东西现在越来越多,电影电视、游乐场、探险旅游等,而体验也转化为了金钱,现在称之为“体验经济”,其实就是虚拟经济的一种。可见虚拟其实并不虚。

进入虚拟空间:创造体验的工具

现在已经有了各种各样的系统,其实都是体验认知的工具,使我们有机会去体验从来没有的经历,积累从来没有的经验。这对战争的研究者和军人来说,可能更有意义和价值,因为实际的战争可能一生中都不会出现,我们也不希望它出现。最常见到的就是VR、AR和MR,他们都是感官类的体验创造工具,同时它们也是进入赛博空间、认知空间的入口。

VR(virtual reality)是虚拟现实的缩写简称,是利用计算机产生一个三维空间的虚拟世界,提供使用者关于视觉、听觉、触觉等感官的模拟,让使用者如同身临其境一般,可以及时、没有限制地观察三维空间内的事物。基本方法就是用头盔显示器、数据手套、转动平台、驾驶模拟器等设备,将你的视觉、听觉、触觉等各个感官封闭起来,欺骗你的大脑让你以为自己正身处一个完全不同的世界,例如在太空飞船上航行,或者是站在摩天大楼的边缘上心惊肉跳。VR的好坏取决于创造出来感觉的逼真程度,不仅在显示的细腻程度上,也包括对身体动作的反应速度。

AR(augmented reality)是增强现实的缩写简称,通过计算机技术将虚拟信息、数字化信息等,与真实的场景叠加起来,形成一个更加复杂的场景画面,并通过眼镜或其他显示设备表现给用户。比如,在真实的飞机发动机旁边显示出发动机的图纸,让维修工程师可以边观察发动机实物,边翻看相关的数字说明书。在医生动手术时,也可以向医生叠加显示人体器官的CT检查图,协助医生完成精细的手术。也有一些类似于全息显示的技术,可以实现在真实场景中显示虚拟物体,用户不需要眼镜也可以观察。电影《阿凡达》中显示在空气中的地形和态势显示器,就属于这种类型。所以,AR可以将虚拟的和现实的信息结合起来,并实现更好的互动性,增强了现实信息的表现力。

MR(mix reality)是混合现实的缩写简称,它将VR和AR结合起来,既包括增强现实,也包括虚拟现实,还包括各种数字化信息,将现实世界和虚拟世界合并而产生新的可视化环境。在这个新环境里,物理实体、虚拟实体和数字信息可以共存,并可以实时互动。

无论VR、AR,还是MR,都是通过封闭人的感官达到形成体验的目的。未来还可能直接与大脑连接,像《黑客帝国》中的那样,在人的脑后有一个插座,直接插上就与网络进行了连接。在《阿凡达》中,人也可以连接网络,生成替身也就是阿凡达,来代替他在其他星球上生存。这些都是未来可能的多空间连接和进入方法,但目前还无法做到,虽然已经有了最简单的脑控接口。不过,最近科技狂人马斯克已经开始着手干这件事了,根据他在特斯拉、可返回火箭上的成就,对实现这一点让人更有信心。

现在大多数虚拟空间还是靠比较初级的方式创造的,比如用模拟系统创造出合适的环境。又如,指挥训练模拟系统可以模拟出一个逼真的指挥所,虽然并没有封闭人的感官,也没有将人脑与网络相连,但是仍然可以获得比较逼真的作战指挥体验。这种体验不是感官沉浸型的，而是靠环境氛围来模拟虚拟场景，仍然可以使人在认知上得到经验的积累。在一场虚拟战争中，飞行员通过模拟器可以感知未来作战的实际过程，指挥员在模拟系统中也可以积累战争经验。这样，才不至于在真的战争来临时，而临阵紧张不知所措。这是上多少理论课程，读多少理论书籍，看多少战争电影都无法做到的。这也是认知体验独有的魔力。

认知体验与虚拟实践

仿真模拟实际上就是提供一种认知体验的途径。通过信息技术的方法，可以创造一个虚拟环境出来，让我们可以去亲身体验一下。尽管体验的东西不是真的，但却与真实的没有什么两样，这就是所谓的“虚拟实践”。从时间上看，它为我们提供了“时空穿梭”的手段，既可以回到过去研究历史，也可以飞向“未来”看看会发生什么；从空间上看，它提供了逼真的环境，可以让我们去亲自参与和亲身体验。这个“虚拟时空”就是借助现代计算机仿真建模技术实现的，帮助我们对“未来”和“未知”有个预先的体验和进行实验。

有些人老以为真实的就一定好过虚拟的，但事实却不是这样。例如，有的人就认为，让一个人学习开飞机，如果不计成本，直接让他开真飞机最好，这样就会有更逼真的体验。但实际上并非如此。真飞机是比较逼真，但如果飞的架次比较少，还很难碰到各种故障和各种特殊情况。每天都平平稳稳地飞来飞去，也训练不出什么高水平的飞行员。但在飞机模拟器上，却可以产生出各种很难见到的情况，比如机翼结冰、单个起落架放不下、机舱起火、发动机停车等，这对飞行员的训练价值就太大了。所以，几乎所有的飞机都会配上模拟器，模拟器已经成为飞行训练不可缺少的内容。从这个意义上看，虚拟实践并不是真实实践的廉价替代品，而是可以得到真实实践在短时间内难以得到效果的强化器。

认知体验其实是最高层级的学习，这是一种可以将人类最擅长的基本认知，与环境变化有效地结合起来的认知。过去那些我们从书本和课堂学习的方式，其实最后都需要转化为我们自己亲身的感受才能被接受，否则就只能是死记硬背。这里所说的“学习”，不是特指那种在学校里的学习，而是贯穿一生始终、不间断的学习，也包括在工作、研究或者实践中的学习。所以，很多科学家认为，未来的学习、研究和工作，更多的将是一种沉浸式的、以体验为主的方式，因为这种直接方式具有更高的认知效率。比如，直接“参战”，直接演示决策效果等。

模拟仿真现在被认为是继理论推导、科学实验之后认识世界的第三条途径，这就强调了认知体验的独特性，这一点已经被公认。模拟仿真的技术基础是科学计算，也正好反映了信息化社会的特点。如何理解这种认知体验的原理及特性，是我们在未来能否掌握虚拟化思维方法，适应虚拟世界越来越扩大的趋势，并在其中具有话语权的基本条件。

4.5.3 虚拟化的核心在认知控制

战争中最重要的行为就是控制:控制自己、控制敌人。但控制的前提是对己、对敌有正确的认知,也就是所谓的"知己知彼"。虚拟化思维的核心就是知道在虚拟化空间中,对认知的控制是多么重要。

黑客里奥斯的神秘任务和杰克的蹊跷死亡[①]

2013年秋,一个名叫比利·里奥斯的黑客飞到美国罗彻斯特的梅奥医疗中心,接受了一项特殊任务。梅奥医疗中心是全球最大的非营利性综合医疗机构,医院排名全美第一,仅医生和研究人员就有近3000人,每年采购的各类医疗设备和器材不计其数。里奥斯是一位"白帽"黑客,通俗地说就是一名以入侵客户自己系统的方式,来测试系统安全性的网络安全专家。他也大名鼎鼎,客户名单中不乏五角大楼、波音公司、微软、谷歌这样的业界巨头。

里奥斯以为他的工作就是帮助医院测试寻找一下网络漏洞,但当他到达会议室时被惊呆了,会议室里全是只能在黑岩大会上才能见到的美国顶尖黑客高手、网络安全公司的高级专家,简直就是一个全明星阵容。医院希望他们能对40多种医疗设备进行网络攻击,找出它们的漏洞出来。这些都是梅奥医疗中心马上要采购的设备,但是医疗设备对网络攻击的忽视,让医院忧心忡忡。里奥斯完成任务后回到家里,但对医疗设备安全性发生了兴趣。因为像梅奥中心这样财大气粗的单位毕竟是少数,那些在网络上随意就可以采购到的医疗设备是安全的吗?他决定试一试。

里奥斯在网上马上订购了一台最常用的输液泵,用于研究可否从网上对其远程控制。他知道,一旦外部能够遥控机器工作,就意味着这台输液泵有置人死地的危险。里奥斯很快就证实了他的猜想,无处不在的Wifi和网络接口,不设防的操作系统,让他很容易就攻入并控制了这台输液泵。他马上向美国国土安全部报告,而后转到了美国食品药品监督管理局。但遗憾的是,没有人认为这是一件严重的事情,甚至还责怪他引起公众恐慌。这让他愤怒无比:"难道死了人才算严重?"。

结果还真是死了人。黑客们通常在黑客大会上向公众演示他们的成果,既赚个网络安全的大钱,也顺便影响决策。一个名叫杰伊·拉德克利夫的研究人员,同时他也是糖尿病患者,在2011年的黑客大会上,向观众展示了如何远程操纵自己的胰岛素泵,让它释放出可能致命的剂量。2012年,来自新西兰的黑客巴纳

①参见蒙特·瑞尔等《恐怖!看看黑客入侵医疗设备后都干了什么》,杨飞译,微信公众号《大数据文摘》,2016年5月14日,原文刊于《商业周刊》中文版。

比·杰克，则在另一次会议上展示了远程入侵心脏起搏器，让它发出一次危险的颤动，震惊世界。之前，他还演示过如何让银行的 ATM 机疯狂吐钞。他还计划在 2013 年黑客大会上进行展示，但蹊跷的是他在会议前夕莫名其妙地因药物过量突然死亡。有人怀疑他的展示得罪了那些财大气粗的设备制造商，所以才会被杀人灭口。

这些情况的出现，才逐步引起美国国土安全部和食品药品管理局的重视。直到 2015 年，里奥斯的报告才被送到相关管理机构，开始进入制定医疗设备安全规范的阶段，对此里奥斯的愤怒才减少了一些。但带来的另外一个结果是，大批医疗器材和设备被源源不断地运到里奥斯的家中，厂商都希望他能帮助检测。这倒是他没有想到的补偿吧！

改变战场认知的网络控制

医疗设备领域如此，其他设备设施也不会例外。只要具备了联网的方式，就成为了虚拟空间中的组成部分，就可以成为被控制的对象。当你觉得无所谓的时候，灾难就会降到你的头上。我看过一个美剧，《犯罪现场调查：网络》，里面真实地再现了各种可能的网络犯罪手段，让我这个搞了几十年网络的人都感到触目惊心。在虚拟空间中，还有什么不能控制？这在战争领域怕是更自然的事情。

现在的作战领域，不仅有通过各种电子设备建立起来的战场网络，比如雷达网、通信网、卫星探测网等，也有建立在数字技术基础上的计算机网络，如指挥控制网、预警情报网等，这两者就构成了战场赛博空间。更全面一些，战争必然涉及民用设施领域，如交通控制网、电力控制网、民用通信网、供水控制网等国家关键基础设施网络，社会民众认知的媒体网络，如广播电视网、新闻网、社交网等，则构成了更大的社会赛博空间。这些，在战争中必然都成为对手关注并且想控制的对象。

2013 年 9 月，菲律宾三宝颜市爆发了一场严重的人质危机。反政府武装之一的摩络民族解放阵线，也就是所谓的“摩解”，对政府提出来的民族和解政策不满，挟持了 200 多平民为人质，与政府军展开了激烈的对抗，最后以 158 人死亡，10 余万人背井离乡收场。但在危机期间，菲律宾的安全部队非常成功地使用了网络众包和社交网络分析的技术，展示了一种网络时代新的非传统战术手段。安全部队鼓励老百姓使用网络报告“摩解”成员的藏身地点，一旦有效立即兑现奖励；通过社交网络分析评估“摩解”的民众支持度，为安全部队行动决策提供信息；同时，在社交媒体上反制“摩解”的宣传，封禁其宣传网站，跟踪其首领的关键信息。这些都是为了控制和改变战场认知，随后才使用实体部队出击，挫败了“摩解”的非对称优势。连菲律宾这样弱的军队都重视虚拟空间的作战行动，可见其在未来作战中的重要性。

通过虚拟空间对物理设施进行控制是最基本的控制,也是我们日常业务控制的基本方法。如通过计算机控制交通信号灯的变化来控制交通流量,但这种控制一旦被对手掌握,就可能成为恶意攻击对手的一种手段。由于是通过虚拟空间完成的,所以会让人感到似乎一切都没有改变,但其实你的设施早已成为别人的囊中之物,如同上面讲到的控制医疗设备那样。所以,本质上这也是一种对认知的改变,继而达到了控制的目的。

这种对认知空间的改变,本身就是一种控制。去粗存精、去伪存真是为了提高己方对敌人的认知,而隐真示假、虚张声势则是为了改变敌人的认知。其目的都是为了控制和调动敌人。战场上这种情况更多。比如,在正常的通信数据流中插入非法字符,就可能改变指挥命令的内容,而不管它加密没有。在雷达探测到的信号之外再插入另外的信号,可能就会造成完全不同的效果。比如,以色列空军发射干扰信号,结果让叙利亚空军误判了来袭的飞机架次和方向,导致作战失败。更有甚者,还可以更改你雷达上的图像,就更是将你控制在股掌之中。

争夺社会认知的新老媒体

2016 年,一件轰动世界的大事就是特朗普当选美国总统,被称为是"2016 年飞出的最大黑天鹅",让一大堆预测家跌破了眼镜。这是因为美国 95%以上的媒体都预测希拉里当选,并且公开站队反对特朗普。一些西方国家政要甚至打破惯例,提前祝贺"希拉里总统",其中就有日本首相安倍,结果被狠狠地"打了脸"。希拉里花了 300 万买的庆祝烟花就压在了仓库里,没有了去处。据说,特朗普提出低价 10 万美元要求转让,估计气得希拉里要吐血。

为什么会出现这样的事情?这是因为过去媒体是可以左右社会舆论的。说是老百姓民众的意见,其实绝大多数都是媒体报道影响的。世界上也没有什么所谓"不站队"的媒体,他们总是要拼命推销自己的价值观,并影响老百姓。所以,不管碰到什么事情,东西方阵营清楚,左中右分明。如果 95%的媒体支持谁,拼命地说他的好话,估计老百姓也会被"洗脑"从而支持谁。但是这次不一样了,这就是网络新媒体的崛起。

新媒体信息传播快,粉丝群体大;"套话"没人听,"个性"有人赞。传统媒体报纸、电视不支持特朗普,特朗普就玩"推特",相当于中国的微博微信,上面他的"粉丝"就有几千万。其实,希拉里也有网络团队,但传播效果明显不如特朗普,因为套话太多。在新媒体上,特朗普经常出格的话反倒成了他的优势,骂句娘也是家常便饭,简洁有力、冲击眼球,立刻就成为媒体的标题。结果支持他的人反倒超过了希拉里,把希拉里、奥巴马,以及支持她的《纽约时报》等众人尴尬得不得了。

当年奥巴马上台靠的是网络,这次特朗普上台靠的也是网络;过去没有人会怀疑有人会干扰美国大选，但现在美国人从一开始就质疑俄罗斯在利用黑客操纵美国大选。国际反兴奋剂组织将俄罗斯禁赛，不让他们参加奥运会，俄罗斯黑客"奇幻熊""疯狂熊"这"熊大熊二"两兄弟就出手，把反兴奋剂组织的秘密数据库给公布于世，大家才发现里面有那么多猫腻。

这就是网络化时代的新特点。如果我们还是固守旧的思维和方法，恐怕离失败也就不远了。对虚拟空间的影响和控制，就必须掌握网络传播的特点，这也就是我们以前说的"制舆论权"、"制网权"等，现在也有人将其称为"制脑权"，但实际上说的都是对社会认知空间的争夺。其中，最简单、最常见的形式，就是新老媒体之间的对话语权，对社会舆论的争夺。过去，可能没有几个领导对网络重视，但出了"郭美美"等一系列网络舆论事件后，恐怕没有几个领导敢忽视网络的影响力。但很多领导并不是真正了解其中的关键在何处，所以有时反倒是弄巧成拙。

但这仅是对舆论民意的争夺。如果在国家之间，这种对舆论、民意等社会认知空间的争夺和对抗，怎么看都像是一场没有硝烟的战争。但在战争对抗中，就需要更多的创新，更严密的组织和行动。

死去的"真相"与"舆论伏击"①

既然有这样的选举政治，当然就不可避免地会出现这样的战争。美国人从第一次海湾战争起，就明确开始了"媒体嵌入式"舆论战，到伊拉克战争时又包装推出了"英勇战斗受伤被俘"的 19 岁女兵杰西卡·林奇，再到新媒体直接参与"颜色革命"，已经把战争认知空间的控制玩得纯熟。

100 多年前，美国参议员海勒姆·约翰逊就说过一句话："战争发生时，第一个死去的就是真相。"现在，可能还要披露出更多所谓"真相"，让世人更加难辨。你会发现，西方大国媒体已经大量参与战争，俨然构成了新的"媒体火力"，甚至还成为了主力。这已经成为了一套新的战争社会生存法则，谁要是在战争中不会玩这一套，恐怕就算不上真正的"玩家"了。学会在虚拟认知空间中"打仗"，是未来战争中必须学会的重要本事。

"二战"期间，德国为了破坏英国政府及其新闻媒体的信誉，就颇费苦心设计了一个圈套。德国先是故意暗中散布一些"未经证实的消息"，谎称英国空军已经把柏林地区的主要铁路和车站炸毁。当这些小道消息传到英国之后，英国人信以为真，并把它当做胜利的捷报大张旗鼓地宣传。当英国人上当后，德国马上邀请国外记者到柏林地区进行现场参观，用事实证明英国是无稽之谈，大大地降低了英国新闻媒体在听众中的可信度。有人把它称为"舆论伏击战"，因为德国成功地

①参见郭继卫的《从特朗普的胜选看军事斗争模式的嬗变》，微信公众号《第一军情》，2016 年 11 月 17 日；南疆草的《舆论伏击战》，微信公众号《大军猫》，2015 年 6 月 30 日。

隐蔽了意图和封锁信息,使英国连基本的新闻核实都没做到,结果上当受骗毁坏了信誉。

俄罗斯也干了件同样的事。2015 年 2 月 27 日,俄罗斯反对党领导人、前副总理涅姆佐夫遇刺,这一突发事件给以美国为首的西方国家和俄国内反对派一个绝佳机会,西方媒体借机大肆攻击抹黑普京,说是"因为发表过关于普京腐败的报告""要给出俄罗斯介入乌克兰内战的证据"等,暗示涅姆佐夫是被普京暗杀的。普京以退为进,反倒不急着辩驳,只是简单回应,而且故意放出破案不利、嫌疑人找不到等信息。结果奥巴马上当,毫无根据地指责这是普京侵略乌克兰计划的一部分;那些反对派也充分暴露,嫌疑人也麻痹大意以为抓不住他了。

就在此时,普京开始收网,俄罗斯将疑犯陆续抓获,公布身份,指控谋杀,公开审理。其中第 6 名嫌疑人与警方对峙过程中引爆炸弹自杀身亡,嫌疑人之一达达耶夫对犯罪事实供认不讳,使得真相大白于全世界。虽然西方媒体没有善罢甘休,但胜负已决,也只能是负隅顽抗。就连美国的《纽约时报》也不得不无奈地称,"要厘清暗杀涅姆佐夫案真相需要长期、复杂的工作"。

所以说,与其简单被动地发布消息,不如有计划地进行"作战"。如果证据不够,反而不如不公布,公布了只会引来更多的攻击。以其人之道还治其人之身,善于利用媒体才是控制虚拟认知空间的本事。

"既不知彼,也不知己"的未来战场

虚拟战争空间的出现,使我们现在没有了对待物理空间那样的自信。在物理空间中,我们对它的特性还能亲身感受,基本能够把握。侦察、观测的手段也多,效果也直接,而且敌人和我们也差不太多。但今天,我们对虚拟空间会有多大把握呢?

实话实说,原先我对美国人的情报能力是有一个判断的。但斯诺登事件爆发后,让我大吃一惊。美国人在网络空间的能力已经远远超出了我的想象,他们的那几大计划可以说把全世界都包含在内了,而且不管是不是他的盟友或铁哥们儿。他们利用美国人在网络设备设施上的垄断地位,悄悄摸摸地把后门装进了全世界的网络路由器里。不管是有线的、无线的,还是海底的、卫星的,所有传输的数据几乎都在他的收集范围之内,我们的数据在自己用的同时也被悄悄地送给了美国人。美国人特别强调保护隐私,结果你什么数据都收集,那还得了,所以斯诺登看不下去了,就给它来了个锅底朝天,向全世界曝了光。结果美国政府不干了要抓他,斯诺登只好跑到俄罗斯躲了起来。

美国人这么干其根本目的就是要对虚拟空间实施控制。为什么它不光针对中国和俄罗斯,连盟友也不放过?这是因为全球的网络赛博空间是连在一起的,相互关联不可分离,你能拿中国的数据也就能拿法国的数据;你能听到俄罗斯普

京的电话，你就可以监听到德国默克尔的电话。而且，这些网络并不是对人人都透明的，你甚至都不知道这是谁的网络、谁的机器，等你弄清楚这是默克尔的计算机，那你已经侵犯了她。这不像在物理空间，边界地盘分得很清楚。

所以，虚拟空间的规律完全不同于物理空间，我们不能拿过去的经验来套虚拟空间。我看有的人搞虚拟空间作战研究，提出了一系列的作战行动，一看还都是模仿物理空间的行动，如“网络机动”、“网络设伏”、“网络突击”和“网络轰炸”等。倒是通俗易懂了，但是也丧失了虚拟空间的本性。比如，你要进入一个地址，不是有了地址就可以“上门”的，你自己还要想办法建立起一个“通道”，这与物理空间完全不同。我曾对一位领导说过，在网络空间中，恐怕不能仅用“进攻”和“防御”来描述行动类型，“控制”和“战场建设”恐怕是更重要的行动。

过去我们在战争中强调“知己知彼”，现在我们不仅难以“知彼”，甚至也不“知己”了。为什么？“不知彼”是因为敌人不会敞着怀让你看，还好理解，但“不知己”似乎觉得不太可能。我连自己怎么样都不知道了？其实，在虚拟空间中，你就是可能不知道自己的情况，何况自己和对手本来就搅和在一个空间中。比如，你知道不知道你的计算机中有无病毒？市场上的杀毒软件针对的是普通病毒木马，但查不出专门针对你个人的木马，而这种木马危害更大。上次我讲课讲到计算机上有个小摄像头，有的电视机、游戏机上也有，很多就被黑客利用，你家情况一览无遗。结果下课后，很多人回家都找胶布把摄像头盖了起来。在这种情况下，将来打起仗来，我们的指挥系统和信息化装备，是不是还在我们的控制之下，发出的命令是不是能够正确执行，对此我们是不是会心存疑虑呢？

4.5.4　“虚”“实”结合产生创新

“虚”与“实”的碰撞

不知道大家注意到没有，“虚拟现实”和“虚拟实践”都是矛盾的组合词。虚拟现实，“虚拟”和“现实”就是虚实矛盾。虚拟实践，说它是“实的”，它标称自己是“虚拟”的；说它是“虚的”，它又是“实践”。合起来看，它既不是理论，也不是实践，也是虚实矛盾。其实，这些组合词反映了跨越“虚拟”和“实在”两个空间，并在两个矛盾事物交界处出现革命性创新。

这使我想到“半导体”的产生。半导体既不是导体，也不是绝缘体，但正是两者的结合才有了半导体，产生了晶体管，继而才有了我们现在的信息世界。同样，既不是完全虚拟，又不是完全真实的虚拟现实技术，给我们开辟了从现实通向虚拟空间的道路。既不是理论也不是实践的仿真方法，给我们创造了虚拟实践的手段。也正是这些看似矛盾的结合，却很可能给我们带来认识世界方法论的变革。

不知大家注意没有，世界就是这么奇妙，在这种“非此非彼”的情况下，往往会产生很大的创新。我们前面说过，有一句话叫“创新产生于混沌的边缘”，其实说的也是这个意思，因为经常会在矛盾的交界处，发生一些原本不可能或者不可思议的事情。这就提示我们，如果要创新，去这些看似矛盾的地方寻找，可能性会更大一些。

作战实验室：战争的虚拟实践

作战实验室就是这样虚实碰撞的典型。真实战争不可求，但战争研究却不可停。怎么办？作战实验室就是利用虚拟化手段，让虚拟战争在真实空间中预演。有人一听到作战实验室，就会想到有个什么样的屋子，里面有些什么样的设备。其实作战实验室的建设，更关注的是它制造“虚拟战争”的能力，以及在它背后的专业团队。

制造虚拟战争靠的是战争模拟系统。现在，我们已经有能力模拟大规模的局部战争，这在过去是想都不敢想的事情。一场战争有多少人员、飞机、军舰、坦克、大炮参加？涉及多少城市、机场、港口和设施？如果再加上战争影响到的社会民众和地区，那又得有多少人员、基础设施涉入其中？但由于计算机的计算和存储能力大幅度增加，作战模拟仿真的技术也不断提高，现在将上百万人的军队，上万架的飞机，几千艘军舰都可以同时装入计算机，如果需要还可以再装入上亿的民众，以及一个地区的国家关键基础设施，如交通网、通信网、电力网、能源网等。这样的战争模拟是完全可以模拟出一场局部战争的，而且还可以模拟得比较细。

有了战争模拟手段，就可以为战争研究提供虚拟战例。过去我们是“从战争中学习战争”，“从历史中学习战争”，这是因为过去战争变化还比较缓慢，过去的东西还有价值，而且除了军事演习也没有更好的研究手段。军事演习不仅敏感，而且规模也受限。但有了计算机战争模拟，通过作战实验产生出来的虚拟战例，就成为研究未来战争的一个“富矿”。我们这些年去部队参加演习，和部队的指挥员一起，就研究了很多作战问题和案例，很多是他们过去没有想到或者是想到了无法验证的。有了战争模拟系统，就可以为部队验证作战方案，试验作战构想，创新作战战法提供实验的条件。

有人说，你这是模拟的，与真实的战争还有距离，其实他的真实意思是“你这是假的，没有价值”。模拟出来的战争当然是假的，但如果战争模拟系统设计的科学，就可以逼近未来真实的战争。是不是符合未来战争实际，就看你是不是真演真抗。如果搞“演戏”，那肯定就是假的，这种情况不是没有，而且是来的首长职位越高，演得就越假。这不仅为军委所禁止，也为我们这些战争模拟研究者所深恶痛绝。如果是真演真抗，这种演习的结果就非常有参考价值。

无人机作战:是虚还是实?

从陆上作战跨到海上作战,这叫跨域作战;而从物理空间作战跨到虚拟空间作战,这就叫跨空间作战。跨空间作战中就有个虚实的问题,就是作战人员如何在虚拟和实在两个空间中往返的问题。听起来很简单,但在虚拟空间作战,经常会影响到认知空间,导致不可预知的情况。这个不解决好,恐怕未来也会出现大问题。

比如,无人机操作员远距离操控无人机作战,这是虚的还是实的?美军现在无人机操控员已经超过了有人机飞行员,未来肯定还会更多,因为这是一个趋势。美军现在就在探讨无人机操控员的两个问题,一个是心理疾病问题,另一个是参战与否问题。这两个问题都与“虚”“实”空间有关。

第一个问题是“无人机飞行员的疾病算不算负伤”。无人机飞行员一般都是在基地操纵几千公里以外的无人机参战,虽然身体没有危险,但心理压力极大。可以想象一下:上班的时候到基地遥控无人机在阿富汗打仗,“嘭”的一声用炸弹把车辆、房屋给炸了,看着被炸的人血肉横飞;然后完成任务下班回家,送小孩上幼儿园或者带着老婆孩子去吃意大利披萨。这就会让人的大脑产生出不连贯的感觉,一会儿在虚拟空间,一会儿又在现实世界,大脑认知就会产生错觉。所以,据说很多无人机操控员都因此产生心理分裂,患上心理疾病。其实,无人机操控员面对的虚拟空间,只是现实空间的一个电视映像而已,但两个地方离得很远。你说这种疾病算不算战时负伤?

第二个问题是“无人机操控员算不算参战”。这个问题其实前些年已经争论过,当时的美军空军参谋长就认为,未来无人机飞行员只会越来越多,如果不算参战那还有谁会去干啊!所以发布命令,对所有飞行员一视同仁。但真打起仗了,有人机飞行员又不干了,为什么?因为美军有个规定,凡参战负伤的军人一律颁发“紫心”勋章,这样那些在后方操纵无人机的飞行员如果负伤也可以得到勋章。但有人机飞行员一听不干了,我们在前方顶着炮火冒着生命危险打仗,你们在后方舒舒服服地开无人机,得个病就算负伤,这两个能一样吗?最后集体发泄不满,结果紫心勋章暂停发放。

在伊拉克战争期间,已经出现了一个奇怪的现象:有恐怖分子举着白旗向无人机投降!这在人类历史上还是第一次有真人向无人机投降。当然,恐怖分子投降的对象是隐藏在无人机背后的人,但未来谁又能判断出无人机背后是“人”,还是自主的机器呢?所以,人类向机器投降也不是没有可能。这算是虚的还是实的?这是“跨空间”作战还是“跨‘类族’”作战?这里的‘类族’我指的是“人”与“机器”之间的区分。诸如此类的问题将来只会更多。

跨空间、重创新的未来战争

这样的问题未来还会面临很多,因为我们已经开始迈向新的时代,面向新时代的战争。而这个时代的战争必定是虚实空间交错,特别注重创新的战争。

无人平台将来会唱主角。可以肯定地说,无人作战将来是主要的作战样式,而且还会越来越减少人员的操控,交由无人平台自主智能决策。这种战争智能化,又会引发什么新的问题?有人说,人工智能的进步不仅会导致无人战争的发生,而且还会导致无人战争将先于有人战争频繁爆发。这是因为,无人化的作战平台可以最大限度地减少伤亡,让战争决策者能够更容易地将争端付诸战争。无人化导致减少伤亡,但无人化也会导致战争增多,这是不是让人啼笑皆非?

虚拟空间也会发生战争。现在虚拟社区在网络上到处都是,比如《第二人生》,那里面已经生活了很多人,许多大企业、通讯社、大报纸都设了点。但也有人在里面爆炸了一颗"原子弹",号称要反对游戏公司的"集权统治"。这是不是一个苗头?战争会不会蔓延到人类的认知空间,就像电影"盗梦空间"讲的那样?现在脑电波感应器也已经研制成功,人类与电脑的连接将很快成为现实。黑客既然可以攻击心脏起搏器,那他就可以攻击脑电波感应器,一旦如此就直接进入认知空间了。这个事情你说很远吗?我看很近,而且已经非常近了。

美国国防部的 DARPA 就打算让死人"说话"。对刑侦破案来说,让死去的人"说话"是很有意义的,这会让那些杀人灭口者败露。当然,这里的"说话"不是开口,而是通过尸体特征读出有用的信息。但 DARPA 干的可不一样,他们试图把死人脑中的化学信号读出来,将电化学信号转换成数字信号,让大脑与电脑进行直接沟通。这样就可以让死去的关键人物"说话",读出他大脑中隐藏的信息。最终的目的是让人脑与电脑之间建立联系,让士兵拥有超级大脑。要是真能做到这一点,想想都有点可怕。DARPA 还真是敢想敢干,创新意味十足。

大家知道马航的 MH370 失联事件。最近也有人大胆假设,认为 MH370 是被黑客劫持了,甚至还专门做了实验研究。在实验中,黑客所有可能控制飞机的信息通道全打通了,怎么通信连接飞机,怎么控制飞行自动驾驶仪,怎么控制飞机飞行,还专门发表了一篇研究报告,名字就叫《飞机劫持》。可以设想,如果有人能够完全控制所有的飞机,那我们还有什么安全可言。这让人不能不觉地毛骨悚然。

未来的战争是什么样?虽然想象很多,但我要说的是,可能所有的想象都赶不上时代的变化,而且创新将是未来战争取胜的关键。所以,最重要的是,我们不能再拿那些传统思维去看待未来战争了!

4.5.5 虚拟化思维是什么

虚拟化思维的核心就是"跨空间来思考未来"。因为虚拟化主要指的还是赛博空间、认知空间，所以虚拟化思维又是与实体化思维相对的，也就是不能再用过去我们熟悉的空间概念看待世界和战争。这里有三个重点，可以用三个词表示。

第一个是“空间”。“空间”思维要求我们从单一的物理空间，扩展到赛博空间和认知空间。这是三个完全不同的空间，现在这三者之间也有了联系的接口，可以相互关联，并且能够进入。注意这不是“三维”空间，而是多维空间。在这个方面思维上的差别，就像将牛顿的绝对时空观，扩展到相对论的多维时空观一样大。

第二个是“体验”。虚拟化思维中非常重要的一点就是要理解“体验”的含义，这是人类最重要也是最广泛的认知世界的途径，但在过去却是被忽视的，因为找不到合适的工具和手段。必须通过三个空间的结合，才能创造出来独特的体验，而独特的体验却又开辟了更大的认知空间，创造出了独特的虚拟实践。所以，这已经成为无可替代的第三种认识世界的途径。

第三个是“认知”。人类所有的活动，最后都会归结到认知，也就是我们对世界认识理解多少，我们又能对世界把握和控制多少。现在，我们开始有手段控制赛博网络空间了，也开始尝试直接进入认知空间，但认知空间才是人类战争对抗的终极战场。这些在过去也有，只是没有成为关注的对象而已。虚拟化思维就是要帮助我们建立新的战争认知概念和理论。

这三个词确定了虚拟化思维模式的重点，也决定了我们对未来的理解。只有理解了才能把控、创新，才能在新的虚拟疆土上站稳脚跟。

最后，对本章作一小结。网络化思维、体系化思维、大数据思维和虚拟化思维，是我们看待信息化战争的最值得关注的、有代表性的现代科学思维方法。它们的共同之处在于以下几个方面。第一，将“战争”看成是复杂系统，它们的核心其实都是系统化思维方法；第二，特别强调战争的适应性、不确定性、涌现性和非线性等复杂性特点；第三，采用复杂网络、大数据和认知科学等现代科学方法作为主要技术手段；第四，最终实现观念转变：理解和把握信息化战争，我们必须要用复杂系统思维来思考。

第 5 章　复杂性科学思想与战争研究

5.1　科学管理向复杂性思想转变

5.1.1　向科学管理的艰难转型

塞布罗斯基的演讲

1998 年的一天，国防大学新建的学术报告厅里座无虚席。这一天在这里演讲的是来访的美国海军军事学院院长塞布罗斯基中将[①]。塞布罗斯基是提出网络中心战理论的两个人之一，他后来成为美国国防部转型办公室的主任，掌管美军转型的实施，这使其声名暴增，世人皆知。塞布罗斯基在中国国防大学的演讲主题，就是他刚刚新鲜出炉的网络中心战思想。当时他说了这么一段话：

> 作为一种新发展的战争理论，网络中心战的基本概念是非线性、复杂性和混沌，它的确定性更少而涌现性更多；更多强调行为而非实体，它更多强调相互关系而非具体事物。

当时，我就坐在听众席里。听讲的有来自总部、部队和院校的将校学员，年轻的博士研究生和硕士研究生，也有很多国防大学的教授、副教授和讲师。现在回想起来，当时我们有多少人能够理解他这些话的意思，理解诸如“非线性、复杂性、混沌、确定性、涌现性、实体、行为、关系”等术语的具体含义呢？即使在今天，我们很多号称“网络中心战”研究专家的人，也未必真正知道它的理论基础是什么，它的运行又是依据什么样的机理，而只是照葫芦画瓢的模仿而已。我虽然是科班数学专业、系统工程专业出身，但在 20 年前，我也只能说是似懂非懂。但塞布罗斯基的这段话，却确确实实在告诉我们，网络中心战的理论基础就是复杂性科学。尽管一开始并非如此，但随着它的理论不断完善，才正式转向将复杂性科学作为其科学理论基础。

复杂性科学作为美军转型的理论基础，可以说是基础中的基础，理论中的理论，指导了美军新军事革命和军队转型，也深刻地影响了战争理论的发展。复杂性科学出现后，很快便引起军事理论家的注意，并将其应用到战争理论研究中，取

---

①亚瑟・卡尔・塞布罗斯基，1942～2005，美国海军中将，美军转型办主任，网络中心战理论的提出者之一。

得了不少成果，出版了不少专著，发表了不少论文，也进行了许多试验，大大推进了战争理论的研究。至少，它可以更合理地解释战争系统的复杂性特征，这是牛顿科学理论无法企及的。也正是因为复杂性科学理论，使得战争理论的研究有了新的发展。这是科学思想的发展，认识论的进步。

错误的科学思想也会导致重大损失，其中影响最深远、最具典型意义的，是 20 世纪 60 年代，在麦克纳马拉担任美国国防部长期间，美军错误地运用量化分析方法，导致越战失败带来的教训。

麦克纳马拉与“蓝血十杰”①

美国的国防大改革就是从麦克纳马拉②时代开始的，可以说是麦克纳马拉一手把美军带入了工业化时代。工业化时代的最主要特征是什么？就是一切靠数据说话，以量化分析为主要手段。因为只有这样，才能实现专业化分工和大规模生产，而麦克纳马拉就是这方面的好手。

麦克纳马拉 1916 年出生于美国一个爱尔兰人家庭，天资聪颖、学业优异。他于 1937 年毕业于加州大学伯克利分校，1939 年拿到哈佛大学工商管理硕士学位，然后到哈佛大学任教，讲授统计分析在管理方面的应用，奠定了他一生事业的学术基础。“二战”期间，他和哈佛商学院一批管理学方面的年轻人被招募到陆军航空队，也就是美国空军的前身，担任统计分析军官。他们的主要任务就是拟定适当计划，确保分布于全球、拥有 200 多万人员和 10 多万架飞机的美国航空部队，能够按计划施行作战任务。他们也不负众望，使得美国陆军航空队对日本的轰炸效率提高了 30%。

1945 年战争刚结束，这批人集体加入福特汽车公司，继续从事统计分析工作。那年，麦克纳马拉刚 29 岁，因为年轻，他们被大家称为“神童”。果然，他们到福特公司后迅速创造了奇迹，使福特公司起死回生，他们每个人也赚到了大钱，并且快速攀升至高管位置。麦克纳马拉爬得最高，1960 年被任命为董事长时年仅 44 岁。这也是福特公司历史上第一次由非福特家族成员的人担此重任。这批人正好是十个人，所以美国《商业周刊》资深作家约翰·伯恩将他们的故事写成一本书，这就是著名的《蓝血十杰》，畅销全世界，中国也有出版。书名取自西班牙古代的传说，认为贵族身上流淌着的是“蓝色的血液”，后来西方用“蓝血”泛指高贵、智慧的精英才俊。

---

①有关内容参见百度百科词条“罗伯特·斯特兰奇·麦克纳马拉”、“蓝血十杰”，以及阎滨的《麦克纳马拉：以铁腕重塑五角大楼，却因越战一败涂地》，《澎湃新闻》，2015 年 9 月 5 日。

②罗伯特·麦克纳马拉，1916～2009，美国政治家，1961～1968 年任美国国防部长，1968～1981 年任世界银行行长。

麦克纳马拉聪明、能干、果断、自信、拼命，生活方式严谨，精通法律，而且痴迷于数字式量化管理，对数字有一种着魔般的爱好。如果一个问题能用数字加以直观的说明，他便会觉得轻松自在。他要求只要有可能，递交给他的文件都应该附上数字和图表。定量计算和客观分析，是麦克纳马拉处理问题的法宝。1961 年，麦克纳马拉被招募进肯尼迪总统的班子，成为历史上最年轻的国防部长，后来也只有拉姆斯菲尔德第一次任国防部长时，才以 43 岁的年龄打破这个纪录。但正是因为麦克纳马拉这种极度相信量化和数据的个性，既造就了他在美军国防大改革上的成就，也让他在战争复杂性问题上栽了跟头，最终灰溜溜地下台走人。

五角大楼的“科学管理革命”

麦克纳马拉很年轻便接掌了五角大楼，这其实是个苦差事。美国国防部成立于 1947 年，但权责并不明确，体制不顺畅，各个军种之间扯皮严重。为了争夺有限的军费预算明争暗斗，好几位前任国防部长最后都没有“善终”。所以上任伊始，麦克纳马拉就明确宣布：“我到这里是为了开启并刺激新思路与新方案形成的，而并非只是调停纠纷和协调利益。”意思是我才不给以前的事情“擦屁股”，而是要用我自己的办法解决问题。他从国防管理和采购制度入手，引入工业部门的管理方法来管理军队，凭借集权式的管理方法和科学的规划评估手段，掀起了一场五角大楼的科学管理革命。

麦克纳马拉相信，大多数事情是可以用数字量化来表示的，然后在此基础上做出合理的决定。麦克纳马拉认为，“有效管理国防部资源的主要问题，不在于缺少管理的法定权力，而是没有做出正确决策所需要的基本管理工具。”而这一工具需要他带进国防部的那批“神童”来完成，这就是系统分析，以及 PPBS 系统，即计划、规划、预算系统。系统分析是年仅 30 岁的阿兰 · 恩索文在国防部发展起来的一门技术，而 PPBS 则是由查尔斯 · 希契提出来的。希契是一位经济学家，为兰德公司工作，1961 年他和罗兰 · 麦基恩合著了《核时代的国防经济学》一书。

系统分析＋PPBS 这套管理模式，把三军包罗万象的计划囊括在内，使得文职官员很容易看清楚整个武装力量的全貌。通过这个模式，强化了国防部的统一管理，削弱了军种权力，有利于国防体系的形成，对美军的发展产生了巨大影响，在美苏争霸中逐步占了上风，美军也逐步走上世界最强军事力量的宝座。可见，科学化的方法起的作用有多大。这个系统的新版本到现在美军还在使用，后来在拉姆斯菲尔德时代的 2003 年，才对麦克纳马拉的 PPBS 进行了重大改革，取而代之的是 PPBE 系统，即规划、计划、预算与执行系统，其中最大的变化在于将基于威胁转变为基于能力。依据这个思想的转变，美军确定了以能力为核心的转型思路。从这些方面我们可以看出，美军对国防管理顶层设计的重视程度。

麦克纳马拉重视数据分析还体现在细节上。他给人们的印象是对问题了如指掌，对工作得心应手，对细节熟稔于胸，谁也别想蒙他。“二战”的时候，他发现从英格兰起飞的美军轰炸机中途返航率高得出奇，一般人都不会注意，但他对数据天生很敏感，发现是一些飞行员由于恐惧找借口返航。他将此情况报告给当时的航空队司令勒梅，勒梅亲自驾机并发誓要把胆小鬼送上法庭，结果中途返航率迅速下降。

当上国防部长后，在一些富有争议的重大决策和武器项目上也证明了麦克纳马拉的远见。比如，C-5 银河式巨型运输机、快速滚装运输船和 M16 步枪，都是他不顾强烈反对和质疑，拍板上马的项目，这些武器装备至今还发挥着巨大作用。比如，M16 自动步枪，麦克纳马拉依据约翰·霍普金斯大学的创伤弹道研究报告，认为小口径步枪就可以满足军方需要，但陆军高层守旧分子却认为“小口径枪是用来打松鼠的”。麦克纳马拉下令送一批 M16 去越南战场试验，很快战场上每个人都争着要 M16。所以说，麦克纳马拉相信数据胜于相信经验。

唯数据论和“掐死总统的时间”

麦克纳马拉对数据和数学具有狂热的癖好，相信一切靠数据和分析说话，这并没有错。但他企图将其推广到战争的各个方面，就说明他对战争涉及的复杂性及运行机理认识不足。所以说，他本质上还是一个机械唯物论者，被有的人讥讽为不可一世的技术统治论者，这让他在越南战争中吃了苦头。

后来成为参联会主席和国务卿的科林·鲍威尔[①]，当年作为南越军队的军事顾问被派到越南，亲眼目睹了麦克纳马拉在越南战争中所主导的荒谬政策。在他的自传《我的美国之路》中，就写到了麦克纳马拉的系统分析法实行的情况：一切靠数据分析，比如，如果一个村庄周围设有一定长度的篱笆，有民兵守卫，村长在过去的三周内未被杀害，就把该村列为“安全村”。显然，这么机械地进行数据分析会给战争带来什么样的后果，可能连敌人的影子都没有看到，就打输了战争。更可笑的是，麦克纳马拉部长来到越南访问 48 小时后就总结说：“各种系统分析的结果都表明我们在赢得这场战争。系统分析才有意义，系统分析才能了解真情。”鲍威尔挖苦说：“我国是世界上最先进的国家。麦克纳马拉的计算尺精英们算出的精确指数，不过是在衡量不可衡量的东西而已。”但美国军方早已被麦克纳马拉那套吓人的管理学理论震慑住，不敢对这位部长提出任何质疑。

到了 1967 年，麦克纳马拉发现美军在越南南方战场上遇到越来越多的北越正规军，战争不再是打击“起义越共”的反游击战，而变成与北越正规军之间的正规战，残酷的地面战斗使美军伤亡惨重，美国国内反战运动也越来越高涨。同时，美军持续轰炸北越不但损失惨重，而且效果值得怀疑。麦克纳马拉赞助的兰德公

①科林·鲍威尔，1937～，美军陆军上将，曾任美军参谋长联席会议主席、美国国务卿。

司一个研究小组分析了轰炸行动后，认为美国的轰炸反而增强了北越的军事力量；另一个研究小组则告诉他，轰炸将迫使北越回到谈判桌上来。这么矛盾的结论让麦克纳马拉抓狂，让他对打赢战争丧失了信心，最后不得不宣布提前辞职。

后来的历史学家认为，麦克纳马拉是"二战"以来第一个取得对国防事务绝对控制权的人。他开创的管理革命，在发展国家战略和防务问题上颇有作为，重塑了美军的灵活反应能力，为美国的国防大改革做出了突出贡献，他将美军真正带入工业化时代。但他最大的失误则是在越战的战略指导方面。

但我认为，他最大的失误其实是在科学思想方面。他认为现在军事行动需要更细的量化分析，将工业时代简单系统的分析方法，不恰当地推广到战争各个方面。他对数据的过分强调，遮蔽了决定战争走向的其他因素。他用出动战机数、投弹量和杀敌数来衡量战争的进展，投入越来越多的美国军队却只得到不断增加的伤亡数字，而不是预期中必然的、逻辑注定的胜利。这是典型的机械唯物论信念，迷信数学、迷信量化，将精确等同于科学，本质上则是科学思想的错误。

麦克纳马拉后来也悔悟道："战争的复杂性超越了人类思维能够理解的极限，我们的判断和理解都是不足的。"其实麦克纳马拉采用的方法现在看来还属于传统的、以静态分析为主的线性系统分析方法，对战争系统的复杂性关注不够。当时的陆战队司令鲍尔·瑞伯就揶揄他们："知道每件事情的代价，却不知道任何事情的价值"。他认为，麦克纳马拉的做法纯属"扯淡"，根本不懂战争，总是像"会计师"一样在算账，而不是在打仗。代价好算，价值不好算。

有一个段子不知是真是假。说是后来尼克松上台当上总统，就问国防部何时能够结束越南战争。国防部回答说，根据我们的系统量化计算，要想打赢越南战争，最简单的方法就是使用核武器。当时，在美国反战已经成为潮流，越南战争深受民众指责。而国防部还在这样简单地思考问题，不禁使得尼克松大怒。尼克松说："你们这么注重量化，这么讲科学，你们有没有算过，当我宣布使用核武器轰炸了北越之后，愤怒的美国民众越过白宫的栅栏，掐死总统需要几秒钟时间？"尼克松这是在讽刺他们强调量化，强调精确，却得出了一个完全错误的结论。

5.1.2 向复杂性科学思想的转变

"量化"数据的解读

这使我想到一个问题。我们现在这些年也开始重视量化了，明白量化和科学的重要性。这比过去什么都是大而化之、单纯依靠思辨进行定性分析是一个很大的进步。但是，如果我们的思维方法不正确，就完全可能重蹈覆辙。有一段时间，我在帮助某部门评审某系统时，发现还有很多领导、专家仍然还是麦克纳马拉式的思维，以为只要量化、精确就是科学，以为仍然可以找到普适的决策数学公式，忽视了或者根本不知道战争复杂性的存在。而且这个问题非常普遍，让我非常惊讶和不安。

量化带给我们一种严谨的感觉，但有时如果解读不当也会闹笑话。万维钢在他的《智识分子》①一书中就讲了个对避孕套数据解读的故事。伦敦奥运会组织者给运动员准备了 15 万个避孕套，竟在开幕后仅仅 5 天之内就被用完。好家伙，这些运动员跑到奥运村干什么来了？于是腾讯视频就请来梁文道、蒋方舟和阎连科三位文人对此事谈谈看法。这三位都是高端文人，所以谈的都是大道理，甚至还要做一番技术分析。梁文道说，他从来都是公开支持性产业和性工作者的，意思是这很正常。蒋方舟说，拥有优秀基因就会花心，也是符合生命起源学说的。阎连科则从中医角度进行分析，认为运动员为了出好成绩就要以毒攻毒，“性”可能也是一个疏通渠道。但其实只要进行简单运算就会知道，1 万名运动员，5 天 15 万个，男女各半，平均每天要 6 个！那还是奥运会吗？其实，真正合理的解释是大部分被运动员拿走当奥运纪念品了。

还有类似的数据分析。一般说来，我们可能认为恐怖袭击最值得担心，但根据杂志《经济学人》的排名表，美国人死于恐怖袭击的概率是两千万分之一，而死于被闪电击中的概率是二百万分之一，要高出恐怖袭击 10 倍，但我们从来没有多少人担心闪电。同样，飞机也比汽车安全，核电比火电安全，但我们总是更担心飞机和核电。物理学家凭数据就可以得出结论无可厚非，但这并没有解释为什么人们会有那样不同的感觉。我觉得，这就是复杂系统带给人类潜意识直觉的一种反应。闪电没有针对性，而恐怖袭击却有针对性，人人都坐飞机的美国必然担心劫机，但人口众多的非洲穷人肯定不把这当成一回事，这种平均概率没有多大意义。火电即使出现灾害也在可控范围，但核电就很难说了。所以，有无数据虽然是科学的基础，但对数据的正确解读才是关键。

所以说我们不要盲目地认为，只要量化和精确了，采用数据分析和数学公式了，就一定是科学的，其实并不一定。完全可以用数学公式推导出错误的结论，比如很多打着“科学算命”幌子的人不就是如此吗。只有正确科学思维方法指导下的量化，才是真正科学的方法。我们不能为了量化而量化，为了数据而数据，结果只是换了个包装而已。

科学管理：工具还是目的？

麦克纳马拉是个矛盾的人物，但他做的工作对科学管理的启示还是很大的。一方面，他具有极强的基于事实和数据的理性主义精神，同时他又陷入了机械唯物论的泥淖，忘记了科学管理是工具而非目的。所以，麦克纳马拉在 1967 年被评

①参见万维钢著《智识分子》，电子工业出版社，2016 年版。

为“当代美国最伟大的企业家”的同时，媒体评价他“精通数字，沉迷事实，使他同时做得这么成功，也这么失败”，就是对他最好的写实。

伯恩的《蓝血十杰》中文版长达680页，再现了麦克纳马拉及其团队“蓝血十杰”的成就和教训。前300多页讲的是数据与理性管理的辉煌与胜利，而后300多页则是对数据管理误区和缺陷的批判。作者高度评价他们最重要的成就：把彼得·德鲁克①所谓的管理革命变成了世界性主流。“他们可以组织和经营庞大的公司，建立企业帝国，并且征服政府，简单地说，他们可以根据逻辑、理性和合理化，创造出一个完美的世界……”但与此同时，“他们盲目坚信，行之一时的东西可以行之久远”，他们企图“扮演上帝的角色，却忽略凡人的责任”，作者借用一家著名财经媒体的评论：他们将系统分析工具宗教化了，“统计是量化方法的胜利，量化方法则是生机尽失与死亡的胜利”。

从本质上看，麦克纳马拉们是一批卓越的职业管理专家，但他们不是战场上打出来的将军和领袖，“头脑中缺乏战场的韵律细胞”。因此，虽然他们可以用数据和流程拯救福特公司，使美国国防部从混乱走向强盛，但教条与完美哲学又被他们推向极端，管理过度化开始窒息公司和军队的活力，对成本的过度控制开始扼杀创新，又会走向衰落，最后以惨败收场。他们信奉的是“数据统治”，企图用沙盘与图表完全覆盖“战壕里的经验”，这也导致他们通过调研得到的数据推出了大获成功的装备，但同时也为了头脑中的理想蓝图，而不惜进行数据造假，结果完全背离需求，造成巨大损失。

这是典型的忘记了目的为何的结果。例如，福特公司为控制成本和绩效，构建了强大的财务控制体系，人数最多时达到14000人，这使得这家30万人的巨型公司在成本控制、绩效管理方面有了相对可靠的监管平台，但同样由于过度和极端化，监管变成了目的，财务部门反而成为福特公司至高无上的权枢中心。导致的结果是，偏离市场与客户，组织体系趋于僵化，竞争力下降，最后不得不再次调整。

“蓝血十杰”退场后，福特公司在第一时间做了两件事，一是裁减一半财务人员，从14000人裁减到7000人，二是组织公司的中高层管理人员参加研修一门叫《非理性管理》的课程。几年之后，福特才再度复苏。之后，美国管理学界在反思：组织中的士气、纪律、领导力、创造力、品德和勇气如何量化？其实，管理远不是线性思维所能覆盖的，必须要用复杂系统思维才能认识和理解。

这里介绍麦克纳马拉和“蓝血十杰”的成败，绝不是认为他们基于数据分析的做法是错误的，反而是认为他们大大推动了科学管理的发展。但是，凡事不能走极端，他们把这些做法无限扩大，因此才导致最后的失败。

---

①彼得·德鲁克，1909～2005，美国管理学家，被誉为现代管理学之父，著有《管理的实践》等。

回过头来看看我们自己，其实我们还差得很远。在科学管理方面，我们甚至连第一步还没有做到，有的单位甚至还倒过来做，先有结论，然后再让分析部门去凑他们想要的数据。说得好听点这是自欺欺人，说得不好听点这就是利用数据进行欺骗，而且堂而皇之，大行其道。另一方面，由于加强了监管，结果很多管理趋于教条，看起来严格有效，但却严重制约了创新和发展。这不是在重犯他们已经犯过的错误吗！忘记了科学管理的初心，把监管变成了目的，是不是应该让我们警醒呢？

美军转型的理论支撑：博伊德与《战争论》

美军从麦克纳马拉主导的向工业化时代军队转型的经验教训中知道了一个道理，就是不能简单地把一些简单系统方法生搬硬套到具有复杂性特点的战争中来。所以，他们在向信息化转型过程中，就格外注意不犯类似的科学思维错误。因此，从一开始他们就对战争的科学基础进行了深入探讨，认准复杂性科学思维的基础性地位。在这个方面，代表性人物就是约翰·博伊德①。

博伊德出身空军，早期是战斗机飞行员，他还当过空战战术教官。但使博伊德真正出名的是他在战争理论方面的研究，被誉为 20 世纪美国杰出的战略思想家和军事理论家，是美国“军事改革运动”的主要代表人物，也是信息时代美国新军事革命理论的先驱者之一。他撰写的《空战新概念》《冲突的类型》等研究成果，成为美军改革派进行理论变革的思想工具。后来，博伊德致力于探索战争和战略问题，写了大量有影响的理论著作，著名的 OODA 循环（即观察、判断、决定、行动循环）理论就是他提出来的，并将这个理论应用于冲突的不同类型。

博伊德等接受了现代科学思想的军事理论家们认为，战争理论应该建立在下述假设的基础上，即在物质和社会的世界中存在着固有的、不可克服的不确定性。倾向于将战争视为更加有机的整体，其中构成军事理论基础的应该是人在战争中的本性和行为。其实质应该是克劳塞维茨的“阻力”概念与不可预测性、不确定性的结合。他们希望从牛顿物理学的因果决定论理念，向新的以概率和趋势为特征的科学观念转变，继而向复杂性科学的系统观转变。因而，现代科学理论的出现和发展，如混沌和复杂性理论、人工智能理论、人工生命与人工社会理论、生物进化理论等，将在很大程度上改变人们对战争的认识，对战场的理解，以及对战争理论的整体看法。正是在他的理论基础上，诞生了美军的网络中心战、基于效果作战等军事理论。

①有关博伊德的情况介绍，参见《科学·战略·战争：约翰·博伊德的战略理论》一书译者序（弗兰斯·奥辛格著，杨斌译，军事科学出版社，2010 年版）。参见布鲁斯·伯科维茨著《战争的新面貌》，杨光等译，军事科学出版社，2010 年版，第 33-34 页。

从某种程度上说，博伊德用现代科学思想发展了克劳塞维茨的战争理论。过去，我们总是说，克劳塞维茨是社会物理学家，是因为他把他那个时代最先进的牛顿物理学，作为了战争的科学基础来研究，意思就是克劳塞维茨没有考虑到战争复杂性的特点，但其实这是不太恰当的。当我再次翻开《战争论》的时候却发现，我原来的印象竟然是错误的。克劳塞维茨其实早就认为战争具有其独特的规律。他在《战争论》的第一卷中写道①：

> “很容易看出，技术和科学所使用的机械思维方法是很少适应战争的，同样也很容易看出，力图从战争中找出类似死的物质世界所能找出的规律，总是不可避免地会导致错误。然而，过去人们确立军事艺术时，还是以技术为榜样的。以艺术做榜样也行不通，因为艺术本身还非常缺乏法则和规则，而已有的几条法则和规则又往往是不完善的和片面的，它们不断地被各种意见、感觉和习惯的巨流所冲击而淹没。”

从克劳塞维茨这段话中我们可以看出，其实他也认为机械的思维方法是不适合战争的，想要找到物理定律那样的规律，是会导致错误的。所以，说他是社会物理学家其实还是有点偏颇的。

复杂性理论的地位：空军和陆军的辩论

美军当代战争理论基本上都紧随现代科学理论的研究发展。例如，五环目标选择、网络中心战，战争新规则之发现比战法更重要，蜂群战术，指挥控制专家组的敏捷指挥理论，以及千年挑战演习中试验的基于效果作战（EBO）、快速决定性作战（RDO）等新概念，都引入了复杂性科学理论的观点，而且美国人新出的作战条令也无一例外地宣称，它以复杂性科学理论为基础。

比较有代表性的是基于效果作战理论，这是在拉姆斯菲尔德时代备受推崇的战争新理论，是美军近年来军事理论体系中最基本也是最重要的内容，由它引发了美军许多新军事理论的变种。事实上，快速决定性作战的思想也是基于效果作战理论的一个重要组成部分。这个理论是由戴维·德普图拉提出的，在海湾战争期间他还只是一个上校，但主持了空中战役计划的制订。他提出基于效果作战的概念，主张改变过去军事力量运用方式，以追求战略效果为出发点，来制定作战计划和实施军事行动。简单地说，就是根据需要达成的效果，以及如何达成效果来作战：需要集中的是效果而非兵力；打击体系重心而非面面俱到；打击抵抗意志而非剥夺其抵抗手段；速度优先，要用时间优势压倒空间优势等。由于德普图拉的这些理论得到当时国防部长拉姆斯菲尔德的认可，他也跟着一路不断升官，最后官至空军上将。

①参见克劳塞维茨著《战争论》(第一卷)，解放军出版社，2004 年版，第 125 页.

但再红的理论也有日落之时。2008年，出身美国海军陆战队的詹姆斯·马蒂斯[①]上将担任了联合部队司令部的司令。这个马蒂斯何许人也？他就是被特朗普任命为国防部长，让世人大吃一惊，人称“疯狗将军”的人。他上任伊始，首先就拿基于效果作战理论开刀，认为这个理论完全就是无稽之谈，严重阻碍了美国联合作战的发展，必须回归到经过战争考验的那些理论和术语上来。他还下令立即在联合部队停止使用该理论来指导作战，与之相关的作战净评估、体系分析等概念和术语也立即停止使用。一时间舆论哗然，美军内部产生了激烈地论辩。论辩的基本态势是：美军陆战队大学支持马蒂斯取消基于效果作战及其相关理论，而美国国防大学及空军的学者则坚定地支持基于效果作战的理论。

马蒂斯及其支持者认为，基于效果作战理论根本不符合实际。在战略层面与实际需要相距甚远，在作战层面也容易带来许多负面效应。认为战争系统是非线性的复杂系统，不可能什么都是确定性的，更不会长期一成不变，情报系统也不可能提供所有情报，作战过程根本难以预测，如何确定所要的效果？他们甚至怀疑，这是不是又在走麦克纳马拉的老路？从复杂系统观点看，尤其是陆上作战这种具有更多不确定性的样式来看，这些观点应该说还是很有道理的。

而以空军为主的支持者则争辩说，基于效果作战理论的价值不容否定，而且在战争中得到了检验，存在的问题仅仅是实践中的不足，完全可以在今后不断完善。他们认为，效果有助于理解作战的因果关系，更好地将目标与任务结合起来；注重系统分析和定量分析，可以降低作战中的主观性。也就是说，基于效果作战构想只是为指挥官提供了大的框架，并没有否定指挥官的主观能动性。对于存在的问题可以采取相关措施解决，不能因噎废食，倒洗澡水的时候把孩子一起倒掉。

这些争论看法虽然对立，但至少有一点是一致的，就是都承认战争是复杂系统，必须用符合复杂系统的方法解决问题。指责对方错误地理解了复杂性系统理论，没有用复杂性理论看待战争系统。所以说，复杂性科学理论作为他们战争理论的基础这一点是共同的。

5.2　基于复杂性科学的战争理论研究

战争复杂性既然这么重要，那么会怎样影响关于战争问题的研究呢？也就是说，用复杂性科学的观点，我们对问题的研究会有什么样的结果呢？这样的研究已经非常多，有的还非常理论化难以理解，下面通过几个例子做概要说明。

---

①詹姆斯·马蒂斯，1950～，美国海军陆战队四星上将，2007年担任联合部队司令部司令，2010年出任中央司令部司令，2013年退役，2017年起任美国国防部长。

5.2.1 信息时代的指挥控制

皮尔洛教授的五种指挥方式

信息时代的最大特点是深度网络化和去中心化。信息可以联网共享，就没有必要再像过去那样非要逐级下达。依照层级的管理控制实际上是工业化时代的东西，到了网络化时代它就显得没有必要。在信息比较匮乏的时代，以指挥员为中心的指挥控制方式也许是一种比较好的选择。但随着战争的规模越来越大，武器系统也越来越复杂，战争本身的复杂性增加，信息量骤增，指挥员甚至连同他的参谋机构已经无法面对这种超量的信息过载，因此就需要进行变革。

但应该转成什么方式呢？有人说，现在什么都联网了，过去管不过来的现在都可以管了，所以应该扩大集中管理的范围。也有人说，现在有条件了，应该加强协同式指挥。美国耶鲁大学有个皮尔洛教授，他把对部队的指挥控制分成五大类，即全部集中指挥控制、集中指挥分布执行、协同指挥控制、分散指挥控制自同步执行、无组织指挥控制，然后逐项进行分析。他画了一个表，给出了五种指挥控制的类型，然后研究它们的优缺点（表 5.1）。他是从战争复杂性角度出发研究问题的，而不是只从技术进步带来的改进进行研究。

表 5.1 指挥控制的类型及优劣

类型	全部集中	集中指挥 分布执行	协同指挥控制	分散指挥控制 （任务式）	无组织 指挥控制
事例	72 小时空中 任务命令（ATO）	沙漠风暴	科索沃	潜艇作战、特种部队 作战（击毙本·拉登）	伊拉克 恐怖活动
优点	使用资源优化	近最优资源分配 鼓励创新	决策质量较高 各单位可配合 具有鲁棒性	低开支 适应局部变化	使敌人不能预测 出其不意
代价	投入代价大	相互参照 易错失良机	响应慢，需要协同 工具与协作	高专业要求 半自主单位	随机应变，偶然 协同，相互干扰

第一种是全部集中控制。最典型的例子是空军的作战计划命令组，一切按照事先确定的计划执行，不能有任何差错。这是因为飞机在天上不能停下来等待，所以空军对时间的要求最为严格，不管干什么事，必须事先决定哪一架先起飞，在什么空域等待编队，编队后又如何按照航线飞行，以及到达空战区域后如何完成任务等，必须做到分秒不差。这种指挥完全依赖集中控制，其优点是可以有选择地优化使用资源，但控制比较严密，因而需要控制的代价太大。

第二种是集中指挥分布执行。就是制定统一的计划命令，然后由各个作战单位分别自主执行。例如,海湾战争中的沙漠风暴行动,空军、海军、陆军分别按照计划实施作战行动,通过配合时间点进行协调。在这种方式下,各个作战单位有一定的自主性,在不破坏整体协同的条件下可以自由行动,在资源分配上也可以比较优化。但是,由于是先集中后分散,所以相互之间配合是松散的,因而也就有可能贻误战机,对于临时发现的全局性情况也难以迅速共同响应。

第三种是协同指挥控制。就是不同的国家或组织首先进行协调,然后再指挥具体的部队进行作战。这与前面两种方式都是同一层次的作战协调不同,还需要首先协调高层。例如,在科索沃战争中,北约各参加空袭南联盟的国家,先是通过北约组织进行协调,确定各自的空袭目标后,再分别采取行动。这种方式可以确保决策是优化的和高质量的,不会造成空袭空白区或者重复空袭,因而鲁棒性比较好,但响应速度比较慢,协调起来也比较困难。北约空袭利比亚时,由于美军不太愿意介入,作战情报的获取就比较困难,特别是法国还游离于北约军事指挥系统以外,各打各的,协调也很乱。当时的美国国防部长盖茨还抱怨他们:你们离开了美国能干什么?!

第四种是分散指挥控制。比较典型的例子是潜艇作战和特种部队作战等,也包括游击战。游击队因为分散隐蔽在不同地方,所以他们的作战就要在总的作战方针指导下,各自为战,最后达成作战目的。特种部队作战与游击作战比较相像,也需要各自为战。潜艇独立深潜于茫茫大洋之中,通信比较困难,因而也需要独立作战。这种方式的指挥控制代价比较低,而且每个作战单位可以根据自己当地、当时的情况及时调整,所以比较灵活,也容易出创新成果。但对这些作战单位来说,对他们素质的要求就比较高,要求具有很强的自主能力。

第五种是无组织状态下的指挥控制。最典型的就是恐怖组织,如“基地”、“ISIS”等组织的恐怖活动,主要靠恐怖组织的分支单位自由活动,总部只是通过媒体发布一些公开的声明来协调行动,或者通过网络传递一些协调的信息。这种活动没有一定之规,因而对手无法预测,经常会出其不意。“9·11”恐怖袭击就打了美国一个措手不及,基地组织借助媒体进行的“斩首行动”舆论宣传战,再次搞了全世界一个措手不及,就是这种指挥控制的特点。但在这种控制情况下,需要每个作战单位能够随机应变,自己知道自己该做什么。由于没有有效的控制,协同起来也很困难,有时候可能相互支持,有时候又可能相互干扰。

信息时代指挥需“放权周边”

皮尔洛教授把每一种方法的优缺点及代价总结出来,分析并得出的结论是,对复杂系统指挥控制而言,更适合的应该是分散指挥控制方式。但过去的分散指挥控制过于松散,需要对其进行升级换代。

什么地方需要升级呢?就是要做到全局信息共享、实现作战自同步。全局信息共享比较好理解，就是要有能力保证所有全局信息，能够及时分发到各个独立作战的部队中去。这样，这些部队就有了“定盘星”，有什么问题也能及时调整。

作战自同步可能不好理解，其实就是各个作战部队跟上全局作战节奏，自己就知道该干什么，而不用上级下达具体的命令。这就使得部队指挥员创新性得到极大地发挥，而不是像前面集中方式中都要固守上级的具体行动规划。很显然，这就要求各部队指挥员具有很高的综合素质，能根据战场整体态势和作战总体目标决定自己的行动。电视剧《亮剑》中，李云龙为报杀妻之仇，擅自行动攻打平安县城，但他的两个兄弟部队在无法通信核实条件下仍能主动配合，结果打了个大胜仗，就是自同步很好的案例。网络中心战最重要的目标，就是要在作战过程中部队能够实现战场自同步。

皮尔洛认为，对复杂系统而言，在信息化条件下自同步分散控制方式最为合适，而不是传统认为的集中控制。这一点与很多人想的不同，信息化之后有了条件不是更容易集中控制了吗？但皮尔洛认为，“集中控制也会集中不确定性和摩擦”，过去由于很难实现信息共享，所以只能由信息集大成者的上级进行集中控制，但也同时把不确定性和摩擦集中起来，造成了更大的不确定性和阻碍。网络中心战的提出者塞布罗斯基也说过同样的话：“军事行动极为复杂，复杂性理论告诉我们，最好自下而上组织军事行动”。

这是很有道理的。因为当部队越多、武器平台越多、平行执行的任务越多时，作战的集中规划就越困难，战场的集中管理就越复杂。战场管理不同于民用系统的管理，比如民航的空中管制或城市的交通管理，这些都已经非常困难，打起仗来到处都是意外和对抗，又如何真正做到完全集中管理呢？当然，该集中的地方还是要集中，比如频谱、空域及目标这些联合作战要素，但总的来说还是要敢于放手。因为打仗不是为了证明能否实现集中指挥，而是要证明能否打胜仗。

这种分散式指挥方式在中国有个差不多的说法，叫任务式指挥。也就是将大的任务分解成可以独立完成的小任务，交由具体的部队去实施，同时通过网络化手段为其提供战场共享信息。这种自主执行小任务指挥，能够更符合战场的实际，更容易发挥基层指挥员的创造性，也更符合复杂系统的特点。因为复杂系统理论认为，带动系统自组织演化的是局部规则，而每个局部往往千差万别，不可能用一个规则就可以包打天下，任何强求在大的开放系统中统一规则的努力，往往是费力不讨好的。早年的计划经济模式，最后也只有让位于“包产到户”模式后才解放了生产力。

当然，即使存在分散控制的发展趋势，也肯定不是什么都是一刀切，都分散的好。比如，对核武器的管理就必须实行集中管理的原则，否则就会出大问题。类似还有指挥信息系统、军事航天系统等，它们要么是技术需要统一设计实施，要么是建设上就需要统一管理和运用。这就像农村包产到户、企业独立经营后，仍有许多关系到国计民生的关键企业要由国家垄断的道理一样。同样的道理，空军、火箭军的指挥控制可能集中控制的成分要多一些，而陆军、海军的指挥控制可能分散的成分就会更多一些。但不管是集中还是分散，最根本的就是要紧跟时代发展的步伐与时俱进，而不能企图一劳永逸。

指挥控制的去中心化趋势也许并不是信息化建设者的初衷，但却是技术进步导致的必然结果，也恰好符合战争系统不确定性的规律。这种指挥去中心化的发展趋势，军事理论家称为放权周边，英文就是 power to the edge。有些书翻译成权利边缘化或力量边缘化，其实是错误的。它的本意是将力量配属给部队，而不是集中在中心，用我们中国话来说就是“好钢用在刀刃上”。简单地说就是，打仗需要共享态势、感知-决策-射手链一体，让“听得见炮火的人呼唤炮火”，让离敌人“最近的”一线指挥员指挥。当然，这个“最近”，不是物理距离上“最近”，而是指最了解战场一线情况。

技术进步带来的冲动：“十二颗将星的干扰”

美军海豹突击队击毙本·拉登的“海王星之矛”行动，就是任务式指挥方式的代表。行动成功后发布了一组照片，有人看到后得出一个结论：你看，奥巴马总统亲自指挥了击毙本·拉登行动。其实恰恰不是这样。虽然白宫作战室里的总统、国防部长，以及军方的高级将领，都可以看见现场情况，但他们并没有进行实时指挥，而是仍把决策权交给一线指挥官，也就是带队执行突击行动的指挥官。对于白宫来说，仍然是抓大放小，管大事不能管具体事，否则就违背了作战的基本规律。

有些人总是认为，现在的技术手段已经可以做到将前方情况实时回传，所以就可以实现所谓的决策权上移，即将本来由下级决策的内容，上移到上级指挥机构，前方就只是一个作战执行机构。这一点在技术上确实可以做到，所有的现场情况都可以传回指挥所，甚至可以做到士兵瞄准镜中看到什么，后方指挥员也可以看到什么。但这是决策权上移的理由吗？如果指挥的是核武器或战略导弹这样的武器，也许应该如此，但是对于常规作战行动，这样做就不合适了。任何传回的信息都不如现场的感受，只有一线指挥员才能真正理解作战实际情况，也只有他们才能在符合上级命令的基础上做出最合理的现场决定。

美国人对此体会最深①。一位参加过伊拉克战争的营长就抱怨，在一次战斗中，曾有共计“12 颗将星”的将军们指示他该如何部署部队。我算了一下，这 12 颗星大概得有一位四星上将，两位三星中将，以及一位两星少将。一名特种兵上尉

①参见彼得·辛格著《机器人战争——机器人技术革命与 21 世纪的战争》，李水生等译，军事科学出版社，2013 年版。

带领部队在追击逃跑恐怖分子时，一名高他四级的准将却插手指挥，甚至具体到了每一个士兵，让他不知所措。一位将军坐在有空调的指挥大厅内观看无人机传回的视频，看到部队军服不整，敞开衬衫，取下头盔，他就通过无线电把下级批评了一通。殊不知执行任务的部队当时正在山区作战，天气太热，不得已而为之也。这些人被称为战术将军，意思是喜欢管具体事的大官。

有一个极端的例子。美军的"乌鸦"无人机操作员发现恐怖分子正在路边安放简易爆炸装置，于是他向指挥官报告，请求立即打击。但指挥官在显示屏上分辨不清武装分子具体情况，一再要求降低无人机的盘旋高度，最后士兵操控无人机直接撞到了武装分子胸部，双方同归于尽，然后向上级报告："长官，这下子您看清楚了吧！"这个可能有特殊原因，但也说明上级和下级之间的冲突。

无人机传回的是现场图像，但指挥过程中大量使用的是战场态势图，而这种态势图又是由计算机处理过的，并不能反映战场上全部信息，而且有些还是敌人的欺骗结果，就更容易造成上级和下级看到的不一致，造成误解。伊拉克战争的美军最高指挥官弗兰克斯将军，就曾被这种系统误导过。由于他看到的态势是比较粗略的，没有显示较小的作战单位，而实际上部队正在那里激战。而他却对下级部队指挥官大发雷霆，认为他们在欺骗他，造成了极大的误解。

网络、卫星和无人机打破了地理位置的限制，使得指挥官有了可以实现远程指挥的能力，也对他们产生了很大诱惑。有人形容他们就像是有了"5000 英里长的螺丝刀"，可以操纵到武器上某个具体的螺丝钉。这就使得高级指挥员有了介入最基层作战行动的冲动，随意干预下级指挥员的工作。他大概想的是，"老子当年也是当连长起来的，你能指挥得有我好？"但从作战指挥来说，有这个能力也不意味着就该使用，更不意味着你用了就比别人好。况且，如果任务失败，责任又该算谁的呢？

令一线指挥员悲哀的是，将军们总是认为下级没有很好地理解上级指挥意图，于是越来越多的高级指挥员开始所谓越级指挥。但谁又能比指挥员本人更好地理解他自己的意图呢？同时，将军们又总是过高地估计信息技术传回的信息，越来越希望亲自监控战场的情况，以为这就是整个战场的实际，而事实并非如此。这样带来的后果是，下级指挥员不敢决策，事无巨细均要请示，成了"妈宝型"指挥员，这对下一代指挥官的成长也很不利。

最清楚实际情况者，才有可能做出最准确的决策，这也是复杂系统管理最重要的特点之一。华为的老总任正非就非常推崇这一点，他认为未来的战争是"班长的战争"，是由第一线的人决定胜负的，因而要让他的管理人员当好"少将连长"，就是"既要有全局，又要在一线"的意思。天天在办公室看材料，是搞不清楚实际情况的。在层出不穷的新技术条件下，从体制上就减少对权力的争夺，避免管理者的冲动，杜绝插手指挥现象，恐怕是未来必须要关注和解决的新问题。

5.2.2　复杂性思维与战斗力的炼成

2016 年，我在《南方周末》上读到一篇文章，题目是“美军，为何能在战场上培养出一流的商业精英”[①]，介绍了美军海豹突击队如何培养精英，以及部队如何实现能打仗的目标，我觉得很有启发。因为从复杂性科学观点来看，这些观念和做法都比较契合战争的实际，其实中心就是一点，如何处理好人的因素的发挥。反映的就是毛泽东的观点：武器是战争的重要因素，但不是决定因素，决定战争胜负的是人而不是物。如何让军队的组织、管理、训练和培养目标更符合时代的要求，在很大程度上就需要我们在思维上能够跟得上时代的变化。

反脆弱：杀不死我的使我更坚强

前面说过，提出“黑天鹅”理论的塔勒布还写过一本书，叫《反脆弱》[②]，讲的也是如何应对复杂系统中的不确定性问题。如果只看书名可能会觉得挺奇怪的，怎么是“反脆弱”？脆弱的反面不就是强韧吗？但塔勒布告诉我们，对于简单系统而言，脆弱的反面就是强韧，就像玻璃杯，能否摔坏取决于杯子的强韧程度。但对于复杂系统而言则不是这样，复杂系统作为生命体，在完整和破碎之外，还有第三种选择，就是“成长”，也就是“杀不死我的，将会使我更坚强”，这就是反脆弱，说的是一个成长的过程。自然界只要是生命的过程，都有这个特点。美军海豹突击队的训练就突出证明这一点，这就是要用极端的环境培养士兵，使他们能够快速成长。其实，各个国家的军队在这方面都差不多。

比如，很多人都知道，我军部队每天要求士兵叠被子像“豆腐块”，而且要求衣装整洁，如有违反严厉处罚。有些人觉得这是多此一举，叠好被子就能打仗？其实他们不知道的是，美军海豹突击队也是一样，甚至是有过之而无不及，有时候体罚士兵到了不讲理的程度。这其实就是训练的一个重要方面，不是训练你如何整洁，而是磨炼你的性格，要让你养成好习惯，懂得服从上级，体会到不公平，但你还得继续前进。有时候惩罚还很严重，完不成指标加练两小时，直到你筋疲力尽精神濒临崩溃，还要咬牙坚持。但惩罚不是为了整垮你让你退出，而是让你成长起来，变得越来越坚强。《士兵突击》里的许三多就是如此。

海豹突击队还特别鼓励士兵创新和冒险，而不是按部就班。有个障碍滑行纪录很长时间无人能破，但一个士兵采用了头朝下的冒险姿势下滑，结果破了纪录。这样做危险不危险？很显然十分危险，但安全不是指挥员在训练中首先考虑的问题。更危险的还有：让士兵独自深夜游过鲨鱼出没的海域，单独在野兽出没的密

---

①参见万维钢的《美军，为何能在战场上培养出一流的商业精英》，《南方周末》，2016 年 5 月 12 日。

②参见塔勒布著《反脆弱》，雨珂译，中信出版社，2014 年版。

林深处独自生存一周等，都是在训练士兵的冒险和生存能力。

美军的训练有时也挺有创意。比如，海军陆战队有一个新兵训练项目，是上级突然指派一个小队去打扫军营厨房，但是具体做什么和怎么做一律不告诉你。新兵们谁也没干过这个活儿，甚至厨房也从来没有来过，东西如何摆放，工具在什么地方，设备如何使用，一切只能自己看着办。等到小队摸索着把厨房打扫完毕了，军官就会突然冒出来，点评他们每个人在此过程中做出的各项决定。那些能够根据情况主动做出决定的人，会受到特别的表扬。这实际上就是在观察每个人的创造能力，而不仅仅是只知道请示服从。战场上比这复杂得多的情况更需要这些有创意的士兵。

团队训练也是如此。海豹突击队非常强调团队合作，经常采用的是皮划艇训练。很多人一起合作在激流中突破障碍，传递的就是你一定要跟队友配合的理念。在这种残酷的情况下，个人的什么东西都不重要了，最能体现集体主义和人人平等的环境，而且作为领导还必须为团队负责。海豹突击队还有个理论，叫极端所有权，意思是每个领导都“拥有其团队的所有错误和缺点”，也就是不管你怎么样，你作为领导就必须为团队“背黑锅”。这个理论后来还被引入企业管理学理论中。

所以，军队训练的目的都是为了“能打仗，打胜仗”，但要做到这一点，首先就是要使每一个士兵、每一个团队都能成长，在成长中不断完善自己。这就是复杂系统独有的“反脆弱”特性，也是复杂性科学告诉我们的最基本的原理。

活思维：AAR 与人的因素

到底是把部队当成机器，还是当成“活的”系统，看上去似乎没有疑问，但在过去却经常出现这样的言论：“在我的眼里，这些士兵就是一些数字”，参加作战的士兵只是战争机器上的一个部分而已。更多的作战模拟系统模拟的实际上只是武器装备的属性，而根本没有人的属性在里面。有人认为，似乎只要有了这些武器装备，部队能够整齐划一，执行命令精确，就可以打胜仗了。这都是典型的机械思维模式，核心错误就是忘记了军队是由人组成的，而且还是不断变化的复杂系统。你可以通过训练使其能力大增，也可以一个错误就使其军心涣散。因此，“活的”思维非常重要。

搞过作战演习研究的人都知道，美军有个训练手段，叫做 AAR(after action review)，翻译过来就是行动后点评，这不是简单的什么优点缺点总结两句就可以的，而是对部队所有参演行动的详细分析和检讨。不看职位高低，每个人必须畅所欲言，比如说下级要直言不讳地给上级指出错误，告诉他哪个地方指挥错了。美军西点军校有人说，过去 25 年里，就是因为 AAR 的出现，才彻底改变了美国陆军的训练质量，提高了部队的战斗力。我军将此方法引入后称为检讨式讲评，意思也差不太多。

AAR 最早起源于越南战争期间。在第二次世界大战和朝鲜战争中，美国空军优势很明显，一般的空战交换比都能达到 5∶1，甚至有时候是 10∶1。什么是空战交换比？这是空军的术语，意思是打掉对方几架飞机，自己才损失一架飞机。可是在越南战争期间，美军的战斗机 F-4 明明比越军使用的米格-21 性能要好，可是交换比居然只有 2.3∶1，也就是打掉越军两到三架飞机，自己就得损失一架。由于无法承受这样的损失，即使还处于优势的情况，美军在 1968 年还是停止了空战一年，研究该怎么办。

美国海军想出了一个新的办法来训练飞行员，具体有三条：第一，所有的训练动作和结果都要记录在案；第二，假想敌必须逼真，最好还要强于自己；第三，必须进行行动后点评。尤其是这个点评起到关键作用，因为飞行员的每一个作战动作都会受到质疑，在不断的质疑中就会涌现出更好的解决方案，然后再次参与训练和演习，之后不断进行完善。

AAR 是由所有参与者共同完成的，这样的评估考察就不仅仅是武器装备和战场环境，而且还包括对手和队友。在讨论中，飞行员逐步理解了对手为什么会这样想，队友为什么会那样想，这就不是什么生硬的战术，而是去适应人的思维。他们发现，其实在作战过程中，最关键的就是了解对手和队友的思维。这不就是复杂性科学的思维方法吗？不仅空战如此，海战也是如此；战术行动如此，战役行动也是如此；单军种作战如此，联合作战更是如此。

海军这样训练，效果很快显现。一年后到越南重新开始空战，海军航空兵的空战交换比从 2.4∶1 迅速地提升到了 12.5∶1，整整提升了 5 倍。而空军仍然坚持旧的训练方法，他们的空战交换比甚至从 2.3∶1 降低到了 2.0∶1，效果更差，结果狼狈不堪。因为这个方法效果太好，美国人还拍了个电影，这就是大家都知道的《壮志凌云》。很快，这个训练方法向全美军推广，并建设了很多训练基地，比如陆军的欧文堡训练基地，空军的内利斯空军基地，号称开启了第一次训练革命。痛定思痛，空军在内利斯基地组织的“红旗”军演，成为美军最牛的演习之一，更是享誉全球。

其实想想他们的做法，最大的改变就在于承认了“人的因素”的核心作用，而美军过去一直是比较推崇武器和技术的。即使在现在很多自动武器不断出现的情况下，一个经验丰富的老兵也包括指挥员，他的价值可能反而更高。据说，一个战斗机飞行员如果经历过七、八次空战还没战死，那他从此几乎可以是“战无不胜”了，统计表明他要再赢 50～100 次，才有可能被击落。也就是说，人在实战中进步的速度，远远高于武器研发所带来的进步速度。人的价值到底在哪里？就在那些久经沙场的老兵经验里，战争归根结底还是人与人之间的战争。

放权士兵与领导力炼成

放权可以说是信息时代的主题，战争也不例外。上级既然放了权，得到授权的下级就得要有决策的能力，而不能有权不会用或是不敢用。对下级指挥员如此，对普通士兵也是如此。

拉姆斯菲尔德时代，美军比较迷信所谓的新军事理论或者科学手段，几乎所有的作战方案都事先在电脑中进行过模拟推演，几乎所有的计划都进行过精密计算。但是，一到实际战场上就问题百出，发现情况完全不是想象的那么回事。伊拉克战争后期美军伤亡惨重，尤其是面对那么网络化和飘忽不定的对手时，就更是如此。原因很简单，他们忘记了一件事，就是战争是一个复杂系统，存在很大的不确定性，因此也就根本不存在完美计划，炮声一响，什么计划都不会继续存在，一切都要靠一线指挥员和士兵"摸着石头过河"，靠他们临机的理解和发挥。

那么怎么办？这就要训练士兵具备独立作战和决策的能力，也就是所谓的领导力。领导力这个词听起来像是专门为领导安排的，或者以为说的是组织能力，其实都不是。美国人创造出这个词，实际上指的是作战单位的一个整体属性。提出这个观点的是西点军校组织与领导方式研究机构的负责人，大概相当于我们的教研室主任，名字叫安东尼·伯吉斯。普林斯顿大学的哲学教授跑去找他调研，以为这不过是一介武夫而已，结果一见面才发现不得了，这个伯吉斯居然对认知科学、教育理论都非常精通，专门研究现代战争条件下军队的指挥和领导，最关心的是一个作战单位怎么在不可预知的环境中完成任务。

按照伯吉斯的观点，领导力就是一支部队能否在任何情况下都能坚持完成任务的能力。也就是说，如果战场上的客观条件变了，部队能不能找到新办法完成任务；如果有人受伤失去战斗力，其他人能不能继续完成任务；在完成任务之后，能不能主动转换到新的作战目标上等，这些其实都是领导力的体现。在电影《集结号》中，九连付出了全体牺牲的代价，最后只剩下连长谷子地一人，仍然坚持完成了任务。但美军现在对领导力的要求则是，哪怕战斗一开始连长谷子地就牺牲了，剩下的士兵也能够继续完成任务，并且每个人都坚信这个任务可以完成。

从一点上来看，正如金一南[①]所说，"军人最高的奉献不是牺牲而是胜利"。特别能吃苦，特别能牺牲，这些品质都非常好，但还不应该是全部。如果你特别能战斗、特别能把事办成、特别能调动一切手段去完成关键任务，取得最后的胜利，这样的能力才更具有吸引力。一名军人能在极端困难环境下把敌人打败而自己又活着回来，才是我们最想看到的结果。能吃苦、敢牺牲都不是目的，完成任务取得胜利才是。

所以，领导力不仅仅是领导的属性，而是一个作战团队的整体属性。它不仅要靠优秀的领导，更要靠团队的每一名优秀士兵；它不仅反映在平时的工作，更反映在完成关键任务和关键时刻之中。因此，这要求训练每一个成员不仅能够成为

---

①金一南，1952～，国防大学教授，著有《苦难辉煌》《心胜》等。

团队中的重要一分子，而且还要能够在极为复杂的情况下独立完成任务，逼着他能够在极端困难的条件下做出正确的决定。如果仅仅能够做到服从命令听指挥，在未来战场上是远远不够的。其实，强调整体性但又要突出个性的发挥，以适应未来战场的复杂性和不确定性，正是复杂性科学告诉我们的基本原理之一。

5.2.3 去中心化的作战

无领导组织的力量：海星与蜘蛛[①]

由于复杂系统的适应性特点，一定会根据环境变化而演化出新的规律，因此就必须时时关注变化，不断加以应对。对于社会如此，对于战争也是如此。比如，网络化带来的去中心化现象，就会导致无领导组织的产生，而这是恐怖组织最标准的形式，我们必须了解和应对。

什么是无领导组织？这是一类网络时代新诞生的组织形式，可以在没有领导的直接指挥下自主执行任务，比如本·拉登的"基地"组织。大家都以为本·拉登作为恐怖组织的头子，在直接指挥"基地"组织活动，其实不然。本·拉登除了经常发布一些宣扬恐怖主义的录音讲话、提供点经费支持，其实也没有干什么，为防追杀还躲了起来。至于那些袭击美军的路边炸弹、人体炸弹，到哪里去伏击美军巡逻队等具体任务，从来都不是本·拉登指挥的，甚至也没有什么复杂的组织机构。那些去执行任务的人经常是三三两两，很多甚至就是"独狼"。

但为什么又把他们看成是一个组织呢？这是因为他们的目标是统一的，同时"基地"组织通过网络联系、精神控制、基地培训等方式提供了支持。例如，通过给信徒发放极端伊斯兰主义的录音录像，对信徒进行洗脑威胁，灌输极端伊斯兰思想，从思想上对他们进行控制。由于这些人大多文化水平不高，威胁利诱加恐吓，一些人就跑到他们设在阿富汗、巴基斯坦等偏远地区的基地进行培训，学习打枪射击、制造自杀炸弹等，然后放他们回去搞"圣战"，去杀"异教徒"。看上去他们是没有组织的，但实际上又通过网络进行了松散控制，这就是去中心化的直接体现，反映一种完全不同于过去的恐怖主义组织形式，还挺难对付。

美国有个学者叫布莱夫曼，根据这个特点写了本书，书名叫《海星与蜘蛛》[②]，说的就是这种组织的特点及其带来的问题。这本书有个副标题，"无领导组织的不可阻挡的力量"，意思是现在这种无领导的组织已经不容忽视了。我们熟悉的组织，比如军队、政府和公司，通常都有明确的上下级关系。下级服从上级，全体服从顶层，顶层则是整个组织的大脑，也就是"中央司令部"，负责研究战略计划，

---

①参见同人于野的《怎样杀死海星》，《瞭望东方周刊》，2014 年 10 月。

②该书的中文版名称为《海星模式》，奥瑞·布莱夫曼，罗德·贝克斯特朗著，中信出版社，2007 年版。

统一组织实施。想要击溃一个这样的组织，最好的办法当然是擒贼先擒王，只要把“司令部”消灭，整个组织就算不死也会瘫痪。布莱夫曼认为这些组织像蜘蛛，有明确的“头”，只要把头掐掉，蜘蛛就死亡了。现在作战搞的斩首行动就是这个意思。

但去中心化的无领导组织就不是这样。布莱夫曼认为，这种无领导组织就像“海星”一样，由于没有“头”，你还不知道该怎么把它弄死。即使你把它切成几段，可能它还活着，甚至生长出更多的海星出来。这种无领导的组织依托的是网络化信息传播优势，可以在无形的网络之中形成无形的组织，具有统一的目的，但无统一的结构；有达成目的的行动，但无统一的安排。因而，具有极大的不确定性，无法预测，经常出其不意，很难对付。但这种组织也有弱点，由于它没有领导，所以效率也不会高，也就很难干成什么大事。我说它就是“成事不足，败事有余”，它不可能推翻一个强有力的政府，但这种东西在网络化时代也会带来很大的破坏性。

我们在新疆反恐，就面临这样的形势。新疆的“东突”恐怖组织在国外有那么几个人，但在国内的那些人组织是什么？他的“头”在哪儿？它也只是通过网络或其他传播形式进行煽动，可能并没有实际的司令部。这是一个新现象，我们就不能拿传统思维来思考，必须根据网络化时代的特点才能找到破解之道。

互联网的老板是谁?

去中心化组织的出现，是网络化的直接后果。现在已经有了很多不同类型的去中心化组织，一些是适应网络化潮流出现的新事物，比如维基百科、比特币、自由软件，以及 P2P 的金融组织等。另一些则是随网络普及产生出来的非法组织，比如网络盗版团伙、网络化非法组织、恐怖极端组织等。维基百科就是一个利用网络志愿力量编辑百科全书的社团，目前已经非常成功，但它并没有一个有形的组织形式。比特币现在很火，也没有中央发行机构，其实是通过网络信用方式，去掉了过去银行才有的垄断权。网络盗版通过网络进行，有时真的还很难找到这个组织的头目。

把去中心化组织的成员联系在一起的不是领导人，而是某个共同的理念或者需求，比如开源软件的软件共享理念等。有时候组织有一个名义上的领导，但其对整个组织的控制能力极其有限，其实只是一个精神领袖。虽然有时也会出现自己的小圈子，但这些小圈子之间的关系非常松散。最厉害的是，组织的信息和智力分布在所有成员中，并没有统一的发展计划，最好的主意往往来自第一线而不是中央。这就使得去中心化组织能快速演化，有时候成长的速度极其惊人。

类似的组织还有不少，很多还处于“灰色”地带，各国政府也不知道如何管控。其实，互联网就是一个去中心化组织，并没有一个中心或者是集中管理的部门，这一点在早些年是很难被人理解的。一个美国网络服务商想要把互联网接入法国，结果对方始终在问“谁是互联网老板?”服务商解释来解释去,对方就是不明白,互联网这么大怎么就没有一个“头”呢? 法国人后来认为可能是翻译出了问题,没有说清楚他们的问题,所以始终无法签约。后来逼急了,这个美国服务商只好说:“我就是互联网的主席”,这样才把合约签署下来。其实,这种情况当年在中国也不少见。

如何应对去中心化组织

现在已经没有人问“互联网老板是谁”这样的问题了,但问题本身仍然存在。比如,该怎么应对这类去中心化组织呢? 传统的方法肯定不行,必须用复杂性科学思维有针对性地思考。美国人反恐战争打了十几年,越打越恐,把世界搞得乱七八糟。但后来美国人学乖了,在伊拉克也总结出了一些经验,也算是初步适应了复杂性世界的特点。

布莱夫曼在《海星与蜘蛛》中介绍了美国人的方法,主要有三条。

第一,改变生存环境。你由理念来聚集,我就让你的理念没市场。有些极端组织在当地很有市场,并不是只靠威赫恫吓,也要通过修医院盖学校等方式拉拢百姓,百姓才愿意帮助他们,反倒是政府失位,比如黎巴嫩真主党。你要想老百姓不跟极端组织走,必须要让他们觉得你比较可信,能为他们提供尽可能多的帮助,这就会改变极端组织的生存环境。

第二,改变它们的组织形态。如果能把他们变成一个有“头”的组织,就比较好消灭了。其实,去中心化还是组织的初级形态,要想成大事还是会有形化的。比如,后来出现的“ISIS”这种有明确组织的极端组织,正好印证了这个规律。不过一旦有形了,反倒容易将他们消灭。

第三,把自己也去中心化。下到基层去,和一线的人直接去交流,让老百姓相信你,他们才会帮助你。伊拉克战争后期美军进行了很多改变,他的死亡人数才戏剧性下降,就是因为采用了一些他们原先根本没有想到的措施。比如,美军在很多地方建立永久性哨所,就给了当地人一种信任感。还有一个士兵建议,留大胡子可以与当地民众更好地交流,当地老百姓更信任留大胡子的人等。美军后来认为,一些一线军官和士兵总结出来的东西,可能比拉姆斯菲尔德提出来的那些“高大上”理论要好用得多。

当然,像美军这些措施在我看来也就是权宜之计,因为他们毕竟是外来军队,早晚都要退出。那留下来的是什么,就很难说了。他们说,最好的主意往往来自一线和基层,这不就是我们坚持了多年的“群众路线”吗! 我们其实早就会这些东西了,今后在网络化时代更要坚持使用这些东西才行。

当我们面对一个变化很快的复杂系统时,往往会更加关注那些变化比较快的因素,忽视那些变化比较慢但实际影响更大的因素。比如,森林砍伐、盗猎动物、雾霾锁城容易引起重视，但气候和环境的缓慢变化却会忽视。同样，在战争中，我们容易看到的是杀敌数量、推进速度等显见因素，但却容易忽视战争中的人心所向和意志改变。网络普及带来的去中心化，会越来越凸显这个问题的重要性。

“无边界组织”：作战组织的变革[①]

对付这种去中心化的无领导组织，如果仍然沿用对付正规军队的那套军队组织结构，肯定会出问题，所以还需要对自己的组织形式进行变革才行。美国驻伊拉克特种作战部队前司令斯坦利·麦克里斯特尔[②]，根据自己的经历和经验也写了本书，叫《团队的团队：复杂世界的交战新规则》，其中就谈到了如何变革组织结构，来应对复杂作战环境的改变。

众所周知，美军的联合特种作战部队是20世纪80年代初营救伊朗人质事件失败后组建起来的。自组建之日起，就攻无不克、战功卓著，完成了多次重大任务。但是，当麦克里斯特尔2003年就任美军驻伊拉克联合特种作战部司令的时候，他却发现自己面对的是一个前所未有的战场，对手是完全不同于正规军的“基地”组织。尽管美军士兵可以说是武装到了牙齿，但面对这些乌合之众般的“基地”武装分子，却让美军吃尽了苦头。他们的战略战术并无规律可循，也没有传统意义上的层次组织架构，而是通过互联网联系，也就是前面说的去中心化组织。面对这样的对手，美军疲于奔命、防不胜防，伤亡人数直线上升。

这是怎么回事？麦克里斯特尔认为问题的根本出在美军自身组织模式上面。一是组织机构日益庞大臃肿，上下层级增多，决策过程缓慢，导致贻误战机。二是部门之间相互信任程度不够，信息缺乏互通，说是联合作战，实际还是各管一段，对有限资源争抢不让，对作战任务则本位主义严重，互不通气，束之高阁。在现代战争环境下，宝贵机会都是稍纵即逝。

痛定思痛，麦克里斯特尔开出的“药方”是：向对手学习，以其人之道还治其人之身，从组织变革入手，打造新的作战组织模式，就是无边界组织。意思是，组织上不再设置各种边界，消除人员之间的壁垒，让信息在组织内部流动起来，让不同团队之间的行动配合起来，以应对新的复杂世界。也就是，创造出一个“团队的团队”出来，也是他这个书名的来源。

麦克里斯特尔给出的第一招是，打破组织的内部与外部边界。一是统一思想，明确团队目标，使人人具备共享意识。二是采取措施让信息交流在组织内部

---

①参见行走的帆的《美军是如何向对手学习打造无边界组织的》，微信公众号《行走的帆》，2016年6月14日。

②斯坦利·麦克里斯特尔，1954～，2003～2008年任美国联合特种作战司令部司令，四星上将。2009年因改变美军阿富汗战略取得成效被《时代》周刊选为年度风云人物之一，2010年因对美国《滚石》杂志发表对美国白宫文职官员的不当言论而辞职。

没有障碍，比如办公区就打开隔断。三是采用合适的软件工具及时交流信息，这个工具叫 O&I 会议，意思是作战与情报会议，有点像我们的微信聊天群，信息一发上去，相关人员人人皆知，不管你处于地球的何处。O&I 会议让所有信息畅通起来，也让每个参与者看到了事件全局，因而可以系统思考。四是将过去树状的管理与控制型组织结构，改为网状的团队型组织结构，让团队之间可以无缝连接，高效工作。

当时，有人看到几千人在作战与情报会议系统上共享信息，第一反应就是会不会造成敏感情报失密。麦克里斯特尔专门指出：实践证明，这种大范围、全透明方式共享信息带来的战场先机，远远超过因为情报泄密所带来的损失。我猜想，这个系统肯定不是简单地什么信息都共享，还是会分群、分组、分级别流动信息的，但信息传播是网状的，而不是树状的。

麦克里斯特尔给出的第二招是，加深团队之间的信任感，增强团队之间联结性。要做到这一点可以采用两种方法。一是人员嵌入计划，也就是轮换不同部门之间的人员，一般六个月一次，让每个人学会站在其他部门立场上思考问题。二是设立关键联络官，由各个部门相互派出常设的联络人，人选必须是精英，并且有授权能代表部门决策。这两种办法的使用，就使得各部门之间实现了“你中有我，我中有你”。

麦克里斯特尔给出的第三招是，将权力下放，对一线团队充分授权。这就是我们前面讲过的放权周边，让一线团队能够在掌握信息的基础上及时决策。这与传统的下级提供信息供上级决策的模式不同，而是反过来的，是上级提供信息，下级团队通过对现场实际情况作出判断并决策。当然，对下级也不是单纯放权，放权必须建立在两个前提基础上：一是团队要确保可以充分接触到所有信息，并能在共享条件下进行系统性和全局性思考；二是领导者对团队做了足够的培训和辅导，使他们具备有效决策的能力。这样就可以大大加快作战中的决策速度，确保不贻误战机。

通过这些变革，美军联合特种作战部队一改往日臃肿迟缓的形象，开始变得和对手一样机动灵活。三年后，也就是 2006 年前后，在拥有和之前同样资源的情况下，特种部队执行任务的行动速度比之前快了 17 倍，并成功猎杀了当时基地的三号人物扎卡维，扭转了战场上的被动局面。后来的击毙本·拉登行动和解救被海盗绑架的菲利普船长行动等，都是麦克里斯特尔进行作战组织改革后的经典之作。一些“基地”组织的恐怖分子被俘后，也很好奇，总是询问审讯人员：“你们怎么行动的那么快？是怎么做到的？”总是感到很诧异。

由于取得的战果显赫，麦克里斯特尔也加官晋爵，还被《时代》周刊选为 2009 年的年度风云人物，风光一时。也可能是过于得意忘形，他就口无遮拦地批评总统的阿富汗政策，甚至指责副总统等一干文职官员“成事不足，败事有余”，犯了军人干政的大忌，结果最后被总统解职回家。一个人有了一点成绩就容易骄傲犯错误，看来美国人也不能例外。

所以说，任何组织，无论军队还是企业，都需要根据环境的改变而改变，不能以不变应万变，因为根本就没有能够适合任何目标的万能组织模式。美军在海湾战争中所向披靡，但在对付基地组织这种完全网络化的对手时就失去了效力。所以，我们要明白的是，不断变化才是这个世界永恒的主题。对作战组织而言，无论周遭环境、作战对手和战略目标如何变化，下力气提高自身的适应性，打造能够快速应变的组织韧性，才是最重要的事情。

5.2.4　复杂环境下的军队变革

美军的“轻足迹”变革

美军把未来的战争环境归结为四个特征，英文就是“VUCA”，它们是 Volatility(易变性)、Uncertainty(不确定性)、Complexity(复杂性)、Ambiguity(模糊性)的首字母缩写，意译的话可以翻译成“动荡、无常、复杂、模糊”，形象地展示出了未来战争具有的复杂性。

奥巴马政府认为，过去小布什政府采用的国防政策效果不尽如人意，伊拉克战争花费巨大无比。比如，“震慑”式的军事行动，听上去“高大上”，做起来声势猛，但难以为继。用我们的话说，就是“杀鸡用了牛刀”；用奥巴马的话说，就是足迹太重，踩下去的脚印太深了，跑得就慢了。因此，为适应这种变化，就应该将作战单位保持灵活的小型化，减少足迹、放轻足迹、共享足迹，依赖各作战单元的有效与简捷配合，实现对作战目标的精准打击与消灭。奥巴马将其称为轻足迹变革。

奥巴马的这个看法倒是符合实际。现在的社会不同从前，已经进入了网络化、信息化的社会。虽然战争复杂性的本质未变，但战争的复杂程度却高度增加，特别是网络化带来很多本质性的变化。如果再用传统的机械化战争思维，采用笨重的装备、“笨重”的联系，“笨重”的思维，恐怕未来战争真的来了就很难适应。他们提出，为适应未来“VUCA”复杂环境，军队至少应该在三个方面做较大变革。

第一，无人化的变革。无人平台将是未来战争的重要角色，这有赖于智能技术的进步。用无人平台取代有人平台，用蜂群战术取代人海战术，用分布式杀伤取代集中式杀伤，带来的将是颠覆性变化，甚至战争都可能重新定义。

第二，网络化的变革。无人平台是装备的变革，而网络空间是空间的扩展。在网络时代，将要颠覆传统战争空间的许多定式。进攻、防御，还是控制；摧毁、杀伤，还是利用；离线、在线，还是即时；有形、无形，还是虚拟现实，都会带来重大的影响，在网络空间也可以制胜战争，至少不会是传统战争的翻版。

第三，小型专业化的变革。类似特种部队这样的组织形式，将会成为未来战争最好的方式。它完全改变了军队中传统的观念和组织架构,体现为模块化团队的组织灵敏性,以跨职能部门高度自治的组织,有效地应对战场上瞬息万变的局面。

这就是轻足迹变革。军队的体量变"轻",作战形式变"轻",作战代价变"轻",为的都是不留下太重的"足迹"。这从某种意义上看,是符合复杂系统性质特点的。但在这样的趋势下,军队将怎么建,武器将怎么研,仗将怎么打,部队将怎么指挥,都需要重新思考。

适应复杂环境:中国军队改革的努力

2015 年,中国军队也发出了改革的最强音。改革态度之坚决,改革力度之巨大,改革速度之快速,出乎大多数人的预料,举世震惊。这是认清了未来战争发展趋势所做出的正确决策,也是中国军队发展避不开的门槛和必由之路,组织者也做了充分的论证和准备,绘出了未来改革的路线图和施工图。但有的人错误地理解了军队体制变革的意义,认为这不过是过去做法的延续,其本质就是没有正确地认识变革的意义和机理,采用的仍然是老旧的思维角度和方法。

比如,怎样理解"军委抓总,军种主建,战区主战",到底什么发生了变化?从系统科学的观点来看,系统结构决定系统性质与功能,这是一种本质性上的变化。简单地说,过去树状指挥体制,解决的按地盘分工分权问题,用的是从下级到上级,一级套一级的方法,明确的不仅是职权范围,而且也是"利益"范围。通俗点说,就是你是我的属下,我必须对你负责,你也必须只能对我负责,"我的地盘我做主"。这是一种从农业时代军队发展起来的指挥体制,虽然已经有了很大的变化,但上下级之间仍然容易形成利益关系、地盘观念,如升迁提拔、物资分配等。由于利益捆绑存在,易于指挥,故经常有"某家军"的说法,但却不利于合作,合作就涉及利益交换。以前常说的"不要把脚踩进别人的地里",说的就是"不要侵犯别人的利益"这个潜台词。

但是,工业时代军队由于分工不同而必须合作,就需要一种不是按地盘分工而是按功能分工的体制,就出现了"主建"和"主战"两类军队管理方式。这在本质上是将树状指挥体制改为了矩阵式管理体制,以功能、职权分工确定上下级关系,上下级之间形成了网状的多对多关系。虽然仍有利益在内,但却开始向法治转化,用法律确定功能职权范围。显然,这种方式将易于联合,不同部门、不同部队之间很容易合作,但由于没有利益驱动,任务与利益脱钩,可能会变得不太容易指挥,尤其是在非战争紧急情况下。比如,我干得再好也不会由你提拔,我为什么要听你指挥?所以,要解决这个问题,只能通过制度设计、法律完善加以解决,如严格条令、强化交流等,避免演化出军改设计者不想看到的结果。

又如,新的军队体系结构将如何形成?有些人可能认为,军队的体制编制只要一宣布命令,转隶完成,一夜之间就可以实现改变。但这是不可能的事情。我们前面说过，任何复杂体系的形成，都需要经过一定时期的演化，才能真正实现体系功能和目标，没有哪个体系是一夜形成的。在这种“军委抓总，军种主建，战区主战”的新体制下，如何才能尽快实现体系的形成呢？我觉得就是要做到精心设计、演化引导、试错前进、及时反馈这四个方面。

所谓精心设计，就是既要考虑宏观的科学配比，如官兵比、军种比等，又要考虑动态的运行过程，建立合理的管控流程，并以法律形式固定。所谓演化引导，就是通过大的任务活动驱动体系演化，“主战”的指挥体制可以靠演习驱动完善，“主建”的领导体制可以靠项目驱动建设，都能用演化驱动体系快速形成。战争时期为什么部队很快就可以形成战斗力？靠的就是不断参战，在战争实践中成长。所谓试错前进，是新体系形成的基本理念，复杂系统不能幻想什么都可以事先完美设计，必须靠不断试错才能前进。所谓及时反馈，则是不断评估，但标准只有一个，就是“能不能打仗”，也就是战斗力标准。

再如，有些人对为什么军队要减员增效并不理解，认为中国如此大的国土，周边如此复杂的环境，没有足够的兵力怎么能够应付未来战争。其实，这也是时代带来的变化：战争在发生变化，军队也必须跟着应变。未来不太可能出现像第二次世界大战那样的战争，即使出现也不会是旧时那样的打法。武器装备、作战力量的效能已经远远地超出了那个时期，作战方式怎么还会是千篇一律？这是很显然的事情。

但是，更重要的是，时代要求军队必须精干高效，是战争演化至今的必然。从复杂性科学理论来看，目标变了，军队体制进化的路径也会改变。如果仍然墨守成规，必然会导致在未来战争中走向衰亡和失败。这就像当年的恐龙，在地球上称霸一时，却奇怪地突然灭亡，为什么？就是因为恐龙虽然身躯庞大可以保证不受外敌捕杀，但同时也难以找到能够容下这么大身躯的藏身山洞。温暖时期可以称霸，但寒冬时期就只能挣扎并最终灭绝。军队也是如此，这是复杂系统理论告诉我们必须主动适应环境的变化，才能够生存。

事实上，这次中国军队的军改，应该说还只是在补工业时代军队体制的课，只不过体系迭代演化的速度会大大加快。简单地说，通过改革让军队首先适应工业时代战争的要求，然后再逐步过渡到信息时代作战体系。所以，实现双重转型的任务难度会很大，需要做出更艰巨的努力，但我们首先需要做到的是，必须理解这些改革举措背后蕴含的科学机理和深刻含义。

未来的战争控制：《与中国开战：想不敢想之事》

2016年，兰德公司一份名为《与中国开战：想不敢想之事》[①]的研究报告震惊

①参见兰德公司研究报告《与中国开战》，华南理工大学公共政策研究院(IPP)译，微信公众号《IPP-REVIEW》，2016年10月21日。

世界。这个报告研究的是未来美国与中国发生战争后会带来什么问题，既为美国政府出谋划策，同时它也希望中国政府能认真看待这份报告。

在兰德公司看来，也包括中美绝大多数国际问题研究者和外交官看来，中美两国在可预见的未来几乎没有发生军事冲突的可能性。然而，它认为越是这样乐观，就越应该研究一旦发生冲突的应对措施，所以是想不敢想之事。这倒是符合复杂性科学的思想，研究不确定性，为的是管控不确定性。所以，对美国政府来说这是政策建议，而对中国政府来说则有战略威慑的意思在里面。但我也认为，这是美国人在把控战争不确定性方面的一个重要举措。

兰德公司做这个研究很大程度是因为，随着美国的军事优势逐步减弱，如果发生与中国的战争，对是否能够取胜达成既定目标并不自信。他们认为，中国的军事实力日益增长，特别是所谓反介入和区域拒止能力(A2AD)的提高，意味着美国难以在战争爆发后掌握控制权并取得决定性的胜利。因此，该报告分析了中美之间战争的可能形式，评估了双方可能的损失和影响，提出美国应该做好的准备工作，以及在战争爆发后美国如何在战争目标和战争成本上取得平衡。报告认为，中美双方都不太可能使用核武器，而且也不会涉及大规模的陆地作战，但网络战不可避免。在这种情况下，战争从一开始就倾向于双方互相进行猛烈的攻击，但双方都无法完全制服对方，而之后就是双方在工业能力和资源补给上的竞赛。报告分析了短期低强度型、长期低强度型、短期高强度型，以及长期高强度型四种战争类型，研究了军事、经济、国内政治和国际关系的影响，但总的认为战争对中国的不利影响会更大。

这里我不想评论兰德公司研究报告是否合理，我想讨论的是它在这项研究中提出的若干关于战争控制的问题，以加深我们对战争复杂性的理解。

第一，关于战争控制的概念。兰德公司认为，中国战略专家提出的战争控制理念，旨在寻求如何能在不放弃使用武力且符合国家利益的情况下避免失败。思考是这样的：中国的国家制度稳定、领土主权完整，以及经济发展是压倒一切的目标，这要求在战争爆发时能够对其实现控制和限制。军事行动规模应当适度，引导战争以最小代价朝着有利于中国的方向发展，并能让敌人按照中国提出的条件结束战争，收获稳定的结果。但兰德公司认为，这是一项艰巨的任务，不管一个国家有多强大，亦不论其军事实力有多强，它都不可能始终掌控整场冲突。美国现在仍然深陷阿富汗战争和伊拉克战争泥沼之中就是证明。我认为，对战争实施控制的理念是正确的，但相信自己能够完全控制得住战争则是错误的，尤其是这种规模巨大和极为复杂的战争。对于复杂系统来说，战争的不确定性导致的非线性涌现性结果，往往是不以人的意志为转移的。任何对战争走势错误的判断，往往会带来灾难性的后果。

第二，关于战争控制的整体性。兰德公司认为，中国人的战争控制概念考虑了战争冲突的整体性，范围涉及战后的中国、亚洲乃至全球层面，表明中国人十分注意在战争的目的和花费上取得平衡。更具体来说，中国人可能意识到控制冲突的规模、范围和持续时间对于常规冲突而言更为关键，而且希望美国的厌战情绪能提供一个有利于中国的解决方案。我觉得，关于战争整体性的观点是符合复杂性理论的，因为对于复杂系统而言，从来都是从整体出发来思考问题的。所以，美国人认为他们有能力迅速击溃中国的海空军力量，但若跟中国打地面战、打持久战，则必将付出沉重代价，尽管兰德公司的评估报告认为中国的损失会更大。

第三，关于战争控制中的指挥控制。兰德公司认为，战争强度和持续时间还依赖于双方指挥控制系统（C2）的运用。美国的 C2 系统越来越强调灵活性、前线部队的主动性、对态势的快速反应和联合作战，以及上级领导下的委托授权。虽然信息化战争使指挥控制越来越具有分散化趋势，但美国的政治领导人仍然会对行动过程中的细节感兴趣，无论他们能否接管指挥。美军一贯认为，他们最大的优势并不是像我们有些人想的那样是他的武器装备，而是他们管理战场和复杂系统的能力。与美国不同，中国的指挥控制在传统上就特别强调层次化，强调尊重领导从而比较依赖上级指挥，组织冗余而且刚性遵守计划，缺乏灵活性，很容易崩溃。我认为，中国军队正在进行的军改，实际上就是要解决这个问题，要为 C2 系统松绑以提高灵活性，来应对战争的不确定性。同时需要注意的是，战争控制也需要强调自上而下进行指挥的重要性。这就需要进行矛盾的折中。

第四，关于战争控制中的变量影响。所谓变量，指的是战争强度和持续时间，按高、低两种强度，长期、短期两种时间长度分析。兰德公司认为，低强度意味着对手段的严格控制，包括军队授权、武器使用、打击目标，以及地域和节奏，也就是说，交战双方共同控制战争。反之，高强度则意味着可以无限制地使用各种激烈手段（核武器除外），通过摧毁对方军队来获得决定性的优势。这意味着对胜利的渴望超过了对代价的担忧，希望削弱对方的战斗意志，而对战争是否适度没有更多考虑。就中美冲突而言，高强度意味着一开始美军就直接攻击中国内地目标。短期意味着战争在数天或几周内结束，而长期则可能超过一年或更久。一般来说，低强度战争容易拖延，甚至成为冻结的冲突。但中美两国都是大国，高强度、低强度的战争，都有可能拖延成长期战争，因而如何控制战争就成为关键。

第五，关于战争严重程度的上限与下限。兰德公司认为，中美低强度的冲突代价甚至可能低于其他国家武装冲突，但高强度的冲突代价却可能远远超出两国能承受的代价之和。这是因为世界上最大的国家和经济体之间的战争，只要是势均力敌的，影响都会是全面的，甚至可能引发世界大战，以及战后秩序的重建，战败的成本还会更高，如拿破仑战争、第二次世界大战等。中美之间的战争会否出现这种情况，没有人知道。所以，对于这种“想都不敢想的战争”，战争控制将是极为困难的。如何控制战争尽量不要升级，将考验两国领导人的智慧。

兰德公司的报告，对未来可能发生的中美战争研究，是建立在复杂性科学思想基础上的，分析方法比较科学严谨，其提出的观点和结论也有一定参考价值。尤其是，对战争控制的研究，比较符合战争的不确定性、非线性等特点。但如果认为战争将来就是这样打的，就不正确了，因为战争的复杂性告诉我们，任何战争都是“人”打出来的，不是“算”出来的，都具有极强的不确定性，因而结论也只能是参考而已。

5.3　战争理论创新的科学基础

5.3.1　理论创新缘于科学基础深厚①

科学理论进展激发战争理论创新

近二十年来，战争理论创新呈现出一个集中爆发的繁荣期。在这个时期大量涌现的创新性军事理论和概念，正好契合工业时代向信息时代转变中人类智慧的成果，反映了对信息化战争本质特点和基本规律的认识，体现了新的思维特点和战争理念，同时在推进各国军事转型中起到了重要的理论支撑作用。尤其是，美国在这个时期大力鼓吹向信息化转型，对战争理论的发展和繁荣起到了引领作用。

据不完全统计，世界各国在这期间产生了超过 100 种以上具有世界范围影响的战争理论，其中绝大多数都是美军首先提出的。值得注意的是，其中一个非常重要的特点，就是这些理论大多数都是由现代科学进步催生的。具体来讲，主要是源于 20 世纪中后期以来美国在系统科学、复杂性理论、复杂网络科学等相关基础学科上的飞速发展，对战争复杂系统的理解和认识上升到了一个新的高度。相关的研究人员再将这些基础理论与战争或作战实际结合，便产生了相应的战争理论。所以，其新的战争理论往往带有很强的时代烙印和学术气息。

和其他专门研究理论的学者不同，这些研究者往往又可以通过政府换届等“旋转门”机制，进入政界、军界把这些理论付诸实施。比如，拉姆斯菲尔德就是再次当上国防部长后，才开始拼命推销他的军队转型理论的。再加上美军这些年“三年一小仗，十年一大仗”地到处打仗，对这些理论不断地进行试验和检验，不断的争论和实践又使其接上了“地气”，也就越来越接近战争实际。可以说，从海湾战争、科索沃战争，再到阿富汗战争、伊拉克战争，战争一个接一个，全世界都在跟着美军学打仗做试验，观察和研究新的战争理论。

美军战争理论创新总是紧跟现代科学的进展。虽然其中不乏各军种为争取

---

①参见乔正伟的《美军当代作战理论及其创新机理分析》，《国防科技》，2016 年 37 期，第 73-77 页。

国会拨款抛出的“噱头”，但更应引起我们重视的是，这些“新概念”的不断提出，原因在于其背后有着强大的基础性科学的支撑。从20世纪初期开始，号称“老三论”的系统论、控制论和信息论出现，开始影响美军的战争理论研究。在“二战”中，军事运筹学诞生，将数学方法融入作战理论和技术，取得了很好的效果并得到认可。从20世纪中后期开始，耗散结构论、协同论和突变论“新三论”的兴起，更是将美军的战争理论研究引入复杂性科学的轨道，开始了新战争理论的研究高潮。近二十年来，复杂网络理论、大数据理论，以及智能科学理论，由于更具操作性，相应的战争和作战理论，以及相应的作战技术更是不断出现，催生了更多的新思想、新理念和新方法，引领了新一轮的新军事变革。我们在前面讲到的大多数内容，都在说明这一点。

战争理论随科学基础不断演进

战争理论一直伴随着科学理论的发展而不断演进。总是试图从科学理论的进步中，寻找对战争现象更好的解释，以解决对战争规律的认识问题。

牛顿科学体系是现代科学的基础，不仅催生了工业化时代的诞生和发展，也促进了早期战争理论家利用牛顿物理学对战争规律进行解释。早期的几何学也成为18世纪提高弹道精度、提高防御工事效能的重要工具。就是从那时候起，普鲁士人就开始把军队努力变成一台可以高速运转的机器，包括对士兵的训练都整齐划一，力图在战术上做到精确。这个做法使得很多人相信，只要一丝不苟地执行命令，就能取得战场上的胜利。后来，随着战争装备摩托化的发展，这种机械物理化思维，更是占据了统治地位。克劳塞维茨在《战争论》中，就试图用摩擦和重心等牛顿物理学概念来解释战争中的一些现象，试图从中寻求答案。但他也意识到，战争是由活生生的人创造出来的，用机械思维恐怕不太合适，因而也不可能完全从这些面向“死的物质世界”的物理学中找到合适的解释。

热力学的出现，使得人们对世界有了新的理解。热力学中熵的出现，代表以概率论为基础的科学理论开始走向前台，冲击了线性和精确预测的机械模型基础。从单兵火器、巨舰大炮，到核武器，无不是从热力学打开的能量理论中获得的突破。同样，战争理论家们也开始利用热力学理论来解释战争，比如集中兵力的战术实质上就是集中能量，而且意识到不确定性是战争中不可回避的问题，因而无法进行精确预测，也就是存在克劳塞维茨所说的“战争迷雾”。后来美国的博伊德提出用能量机动理论研究空战机动问题，其实也是这个理论的一种发展。

为了应对变化莫测的不确定性，人们开始思考如何更综合地应用科学的方法。为了通过信息处理从整体上对战争进行控制来解决问题，因而就诞生了“老三论”。信息被定义为负熵，控制就是如何控制反馈，系统则是从整体上用分解还原方法考虑问题。这时人们认为，以此为基础的数学方法和系统分析可用于战术和战略问题，战争控制理论可以解决认识战争机理问题，它们必将天下无敌。尤其是，计算机的出现和应用，更是在工具上大大强化了人们的信心。但很快他们就发现，即使像越南战争这样的局部冲突，也不是全面灵验的，这些理论仍然无法解释其中的机理和规律。因为还是老问题，战争是“活的”，会发生自组织演化，会有不确定性，也会出现非线性的结果。

复杂性科学揭开了战争理论研究新篇章

认识到战争是复杂系统，因而不能用简单系统理论解决问题，这就使得战争理论前进了一大步。战争理论家开始把目光从那些简单系统理论转到能够描述战争系统动态变化的理论基础上。如何适应战争中的复杂性，比如自组织、自适应、非线性、不确定性和涌现性等，就成为新的战争理论的发展方向。例如，揭示系统演化过程的自组织系统理论，揭示有序过程背后随机现象的非线性数学和混沌理论等。特别是，系统论起到了引领的作用。比如，约翰·沃登在充分吸收和借鉴系统科学研究成果基础上，将其与军事实践相结合，提出基于系统科学的“空地一体战”理论，并写出了《敌人是一个系统》一文。在此文中，他将敌人看成是一个系统，并据此提出举世闻名的“五环”理论。所以有人说，“研究西方的战争史变成了研究系统科学的发展史”。

复杂系统理论、复杂网络理论和大数据理论的连续出现，让过去赤手空拳的军事理论家有了更合手的工具。这个阶段最著名的就是网络中心战理论的出现，标志着美军对网络组织、蜂群作战和自同步的认识达到了一个新的高度。它与之后连续出现的基于效果作战、决定性作战、可控混乱等理论，其实都建立在同一个理论基础上。美国的威廉·欧文斯海军上将引入的“系统的系统”概念，也就是我们所说的体系，提出对情报监视侦察系统、指挥系统和精确打击系统进行理论性的整合，并最终由塞布罗斯基等发展为网络中心战理论。可控混乱理论则来源于混沌理论，最初是用于企业危机管理的，而后被引入国际政治及军事理论领域，成为后来引发所谓“颜色革命”的理论。

值得注意的是，这个时期的战争理论发展已经从过去战争理论先出现，然后再寻找科学解释的阶段，发展转变为在发展战争理论的同时，主动去挖掘认识内在的科学规律。比如，在网络中心战理论研究期间，美国国防部与控制研究项目办公室就出版了詹姆斯·莫法特的著作《复杂性理论与网络中心战》①，就是从复杂性视角对网络中心战理论进行了系统的阐述。英国伦敦经济与政治科学院的安托万·布斯凯也出版了《科学作战方法：现代战场上的有序和混沌》②一书，专门

---

①参见詹姆斯·莫法特等著《网络中心战与复杂性理论》，郁军等译，电子工业出版社，2004年版。

②参见安托万·布斯凯著《科学作战方法：现代战场上的有序与混沌》，徐北巨等译，蓝天出版社，2011年版。

研究科学与战争的关系，尤其是关注如何利用现代科学理论来解释作战方法。

这些理论的研究很大程度上就是要解决一个矛盾，即像军队这样强结构化的组织，过去都是特别强调统一号令集中控制，如何适应未来网络化时代战争越来越具有的分散和不可预测等特点，而军队越来越需要赋予更大的自主权和灵活性等新情况。换句话说，就是能否从深层次科学机理中，找到战争运行发展的规律，从而实现对未来战争新的理解和把控。

5.3.2 战争理论家的科学素养

"疯子"博伊德与他的OODA理论

为什么美军这些年能够出现这么多被世界认可的战争理论创新呢？我觉得很大程度是缘于他们深厚的科学传统，以及提出者很高的科学素养，这些往往决定了他们战争理论研究的起点。显然，站立的起点高度不一样，观察的视野就不一样，理解的深度也就不一样，也就是所谓见多才能识广。

号称"美军孙子"的战争理论家约翰·博伊德，出身F-16战斗机飞行员，可谁也没有想到他能成为那么著名的军事理论家。1997年他去世后，他的朋友整理他的书房，结果发现他的阅读极为广泛，真可以称得上是博览群书，而且很多一般人不会读的科学著作也都成了他的阅读书目①。比如，他去世前正在阅读《宇宙的起源》、《混沌的崩溃》、《生命之网》、《自私的基因》、《从混沌到有序》、《科学的终结》、《皇帝的新脑》、《复杂》、《心智的社会》、《机遇与混沌》、《时间之箭》、《意识的进化》等。这些书就是一般的大学教授可能也没有全部读过，而且还是当时最前沿的一些理论。可见他的理论功底有多深。正是因为他有这样的科学理论基础，才奠定了他的战争理论必然要从科学理论中寻求解释和答案。

这是博伊德不同于其他战争理论家最独特的地方，也是他能在军事理论界独树一帜的主要原因。他以丰富的战争经验为依据，深入挖掘军事思想历史，并吸取自然科学的最新成就，对已有的战略理论重新进行审视，创造了丰富而系统的理论体系。博伊德能准确地理解自然科学的许多最新进展，他在战争理论中引入了很多现代的科学理论思想，如系统论、非线性理论、不确定性理论、复杂适应性系统理论等，开创了新的战争理论研究模式。但正因为如此，他的很多理论比较难懂，显得高深无比，给他的观点带来很多的争议和曲解。虽然他在西方军事理论界无人不晓，但仍被认为是"当代最不为人所了解的名人"。

博伊德用科学方法来研究军事理论，源于他的能量机动理论，这还是从他当

---

①参见弗兰斯·奥辛格著《科学·战略·战争：约翰·博伊德的战略理论》，杨斌，姚云竹译，军事科学出版社，2010年版，第106页。

飞行员时期开始的。他曾参加过朝鲜战争,后来到内利斯空军基地担任战术教官,他每天都要驾驶F-100“超级佩刀”飞两到三次模拟对抗。他发现自己能通过机动占据优势,而当自己占据优势地位时,此时的能量总是高于对手,也就是可以比对手能更有效地控制飞机。通过运用这些知识,他的空战技巧被磨炼得炉火纯青,以至于没有人能在四十秒钟内打败他。但他并没有自满,一直想搞清楚错综复杂的机动飞行背后,到底有什么科学道理。

博伊德发现,通过热力学原理可以获得更科学的解释。他了解了能量的状态,以及状态之间的转换和平衡。他知道,当飞机从稳定飞行状态转弯时,需要增加一定的推力才不掉速度或不掉高度,而做不到就意味飞机在失去能量。因此,他得出结论,在空战中占位都需要进行正确的能量管理,然后才能取得空战的胜利。沿着这个思路,博伊德找到了把机动性相关参数量化成图表的方法,从而形成了新的空战理论,为自己的实践找到了科学理论依据。

同时,博伊德还在此基础上发展出了OODA环理论,即观察(Observation)、判断(Orientation)、决策(Decision)、行动(Action),并且将其扩展到作战的各个层次。博伊德认为,几乎所有的作战行动都可以分成四个基本要素:第一,观察,了解当前情况;第二,判断,根据当前局势做出判断;第三,决策,制定应对决策;第四,行动,把决策付诸行动。获胜的关键就是要掩盖你的意图,使对手无法预料你的行动,而你同时还要搞清对手的意图。也就是说,要设法比对方更快地完成OODA环,进而干扰、延长、打断敌方的OODA环,造成敌方的迷惑、误判,甚至丧失作战意志,最终取得胜利。

博伊德的理论后来在实战中得到证实。他跑到越南给飞行员讲课,但没有人相信他,认为他就是个“白痴”,根本不懂飞行。但按照他的理论,美军的F-105居然打败了当时性能优于它的米格-17,一下就令人刮目相看。博伊德的理论从此在一定程度上得到认可,美国空军随后还专门给了通用动力和诺斯罗普公司一个合同,让他们对博伊德提出的能量机动性的权衡分析方法进行研究。后来,能量机动理论在定义轻型战斗机性能指标和制定招标书中发挥了重要作用,直接影响F-15、F-16和F/A-18等战斗机的设计,博伊德也因此被称为F-15战斗机的“军事需求之父”。

博伊德的战争理论改变了美军的作战思想和理论基础,种下了美国陆军“空地一体战”、海军陆战队“机动作战”、空军“空中战役”、参联会“震慑作战”的种子,也为美军联合战略规划和执行系统提供了相关的概念和术语。他关于如何学习和思考,关于战争、竞争、决策和领导本质的哲学,不仅影响了军事界,也影响了美国企业界和教育界。在一个以技术崇拜为特征的军队里,他率先说出“人第一、观念第二、物第三”的口号。他认为,战争理论应该建立在下述假设的基础上,即在物质和社会的世界中存在着固有的、不可克服的不确定性。倾向于将战争视为更加有机的整体，其中构成军事理论基础的应该是人在战争中的本性和行为。前面已经说过，其实质就是克劳塞维茨的阻力概念与不可预测性、不确定性相结合，从牛顿物理学的因果决定论理念，向新的以概率和趋势为特征的科学观念转变，继而向复杂性科学的系统观转变。

虽然博伊德为美国空军做出了巨大贡献，但他在空军并不受欢迎。因为他性格直爽，说话很不客气，尤其是那些被他认为智商很低的长官，不管多大的官，说话经常让他们下不来台。一名上将想听他介绍他的理论，他却以上将能给的时间不够为由坚决拒绝，所以被人认为他就是个"疯子"。这让我想起很多天才几乎都是这样，对自己能得到什么要求很少，但对研究工作却极为苛刻，说话往往咄咄逼人，可能是因为他们实在是难以忍受"这么简单的问题你们怎么就是不懂?"所以，有这样的性格，博伊德仅以上校军衔从空军退伍也就不难理解了，否则凭着他的贡献当上将军，或者在工业界谋个高薪职位，也不是什么难事。

博伊德对待名利毫不在乎，从不出版什么著作，他的理论大多数都以 PPT 或报告手稿的方式流传；著名期刊《时代》要采访他让他露脸，别人都会趋之若鹜，他却推荐了别人；他的居所极为简陋，被人称为"贫民窟上校"；退役后为能接触机密材料继续推动军事变革，宁愿低薪担任国防部文职人员；只需他每周工作一天，他却工作 50 个小时以上。博伊德曾说过这样的话：

> "生活中最重要的就是能够随心所欲做事情。只有两种方法保证你能做到这一点：要么成为有钱人，要么把自己的欲望减到零。我永远不会变为富人了，因此只有放弃自己的欲望。"

这就是一名真正学者的清心傲骨。在自己热爱的战争理论研究之外，他别无所求。

"学霸"防长和拿破仑院士

西方并没有军事科学这个学科门类，因而它的军官培训都是从其他学科转过来的，大多数是理工科或者商科，因而一般都具有比较好的科学基础。网络中心战理论提出者之一的塞布罗斯基，虽然相继担任海军军事学院院长和国防部转型办主任，官至中将军衔，但他在大学时学的专业是数学，所以在讲非线性、涌现、自组织这些一般人很难听懂的术语时，可以运用自如，理解深透。这些年我军也开始实行"4＋1"的培训体制，先让军校学生到理工科大学学习科学技术，然后才去自己的军种院校进行专业培训，目的也是为了强化科学基础的训练。

美军参联会前主席迈克尔·马伦[①]上将，读研究生时居然学的是军事运筹学，这在很多人看来不可思议。因为在我们这里军事运筹学都被“默认”为技术学科，属于学习难度大、要求高，但并“不符合”指挥岗位需要的学科，不是技术干部出身还没有人愿意学。但马伦自己回忆起这段经历却十分自豪，他曾说过：“军事运筹学教会了我一种非常重要的技能，就是如何让我比过去更具批判性地审慎思考并真实地构建问题。在作为参联会主席的工作中，这使我能够有可能认识并提出正确的问题，然后提出疑点和难点，推动事情向解决的方向发展。”其实，军事运筹学是一门把军事与科学结合起来，用科学思维研究战争的军事学科，应该得到大力地发展。

奥巴马时代的第四任国防部长阿什顿·卡特[②]，从未带过兵打过仗，但却拥有骄人的学术背景，简直可以称为“学霸”。他于 1976 年获得耶鲁大学物理学和中世纪历史专业学士学位，1979 年获得牛津大学理论物理学博士学位，随后在洛克菲勒大学从事了两年的粒子物理学博士后研究，1982 年才转入麻省理工学院开始研究国际政治问题，1984 年进入哈佛大学，从助教一路晋升到教授。早在 1975 年，他就在《耶鲁科学》杂志上发表了一篇题为“夸克、粲和 Y 粒子”的粒子物理学理论文章。之后，他一直都在研究粒子物理，在这方面也小有成就。后来他转行成为政客，忙着研究如何遏制中国的崛起；而当年和他一起研究的课题组成员，却在 2008 年获得了诺贝尔物理学奖。假如当初卡特本人继续从事底夸克的研究，或者晚一两年再放弃粒子物理学的话，那么后来得到诺贝尔奖也说不定！

这些都说明具有科学素养和科学思维，对战争理论的创新者来说是多么的重要，这是“知其所以然”的必须。有些人可能不以为然，研究战争懂那么多科学理论有那么重要吗？当年的老红军、老八路也没有什么文化，不也照样打胜仗？但是，他们忘记了，领导他们打仗的可都不是大老粗，而是各种讲武堂的佼佼者，许多人还在国外留学过。国外的军事家更是如此，拿破仑当年打仗很厉害，但很少人知道他还是法兰西科学院数学学部的院士[③]。何况，信息化战争也早就不是当年的那种战争了！

1797 年，拿破仑从 11 位候选人中脱颖而出，当选为法兰西科学院院士，时年仅仅 28 岁。他对自己是数学院士这事非常自豪，总是把这个头衔签在各种命令和文告的最前面。他能当选院士并不是由于他证明了什么定理，尽管他的数学才华确实很高，而是在于他作为第一执政官的贡献：对法国科研体系和教育体制的

---

①迈克尔·马伦，1946～，美国海军上将，2007～2011 年担任美国参谋长联席会议主席。

②阿什顿·卡特，物理学家，哈佛大学教授，2015～2017 年担任美国国防部长。参见邢志忠《已知的未知：美国防长与物理学》，《科学世界》，2015 年第 9 期。

③参见周红的《拿破仑：独一无二的数学家》，微信公众号《赛先生》，2016 年 10 月。

建设,对科学家的重视和对年轻人才的培养,以及对数学和其他学科发展与应用做出的巨大推动。拿破仑不太相信什么民主和议会,但是他绝对相信数学家等才智之士,他的许多数学家朋友纷纷被他封为高官。也正是在他的推动下,法国的高等教育飞速发展,尤其是数学作为基础学科得到很大重视,直到今天法国的数学仍在世界享有盛誉。以至于华为公司的任正非还专门在巴黎设立了研究院,看重的就是法国的数学能力。

拿破仑还在军队中积极倡导学习数学,他自己的数学老师就是大名鼎鼎的拉普拉斯,这是个在今天数学教科书中还会经常见到的名字。作为法军统帅,拿破仑要求当时的“高技术”兵种,比如炮兵和海军,所有军官都要有很高的数学水平,能够为发挥更强火力研究出更好的大炮和舰船。拿破仑还非常珍视科学人才,1814 年,当反法联军兵临城下而法国兵员短缺时,有人提议调理工学校的学生参加战斗,拿破仑却说:“我可不愿为取金蛋杀掉我的老母鸡。”这句话今天还镌刻在该校梯形大教室的天花板上。这就是一代军事家对科学的态度。

钱学森的战争科学思想

过去,军人往往会给人“大老粗”的形象,但今天,我国的高级将领和军事理论学者也有了很高的科学素养。我在部队调研时就发现,很多中高级军官的科学素养已经远远地超过了上一代军官。有一些部队的高官,如师长、军长,甚至战区或军种的司令,表现出来的综合科学素质和对科学原理的理解力,都能让我这个大学教授感到惊讶。真的是时代不同了!中高级指挥员的科学素养能达到这个程度,钱学森是做出了突出贡献的,他的思想影响了很多人。

钱学森早就提出了利用系统方法研究战争的观点①。他所提出的“战争是科学”,我们要准备的是“核威慑条件下的信息化战争”“战争是系统对系统、体系对体系的对抗”等观点,都是在很多年以前就提出来的。还有很多概念,如军事科学体系、军事系统工程、作战模拟,也就是现在说的兵棋推演、作战实验室等概念,也都是以钱学森为主提出来的。他的整个思想,尤其是系统科学思想是比较超前的,很值得我们学习。后来提出的“从定性到定量的综合集成方法”,已经成为处理战争复杂系统的科学思想和方法论的基础。

这些思想非常具有前瞻性,虽然当时也遭到了不少质疑,但时至今日却愈发显示出他的远见。钱学森作为一名科学家,首先想到的是如何从科学角度看待未来战争,采用科学思维去分析战争,所以总能得出和别人不一样的结论。1985 年,钱学森在一次会议上提出,我军未来的团长、师长、军长应该都具有博士、硕士学位,当时会场上一片哄笑。很多人认为钱学森真是有点异想天开,但今天我们已

①参见王寿云著《军事系统工程的理论与实践》,国防工业出版社,1998 年版。

经有了这么多的博士军长、师长，就不需再要说什么来证明谁对谁错了。

1995 年，钱学森读到《科学美国人》杂志介绍"Cyber War"，也就是现在我们说的"赛博网络战"，他立刻以其科学家的职业敏感性意识到这是一个非常重要的问题，立刻向中央建议需要马上追踪，进行战略性的研究。他认为，世界上现在已经有人想把计算机转变为战争武器了，我们的家园将会变得更加不安全。现在看来，历史又一次证明了钱学森的敏感是正确的。

海湾战争后，钱学森分析了近几场高技术局部战争，观察世界各主要国家军队建设的情况，得出了一个结论：信息化战争是体系与体系的对抗，运用综合集成方法构建一体化作战体系，已经成为建设信息化军队的主要内容。他给中央军委写信，建议强化综合集成的研究，因为综合集成强调利用信息技术的联通性和融合性，把军队各个分系统整合成一个宏观有序、整体优化的大系统，就可以形成远远大于系统简单相加而得到的整体作战效能。中央军委采纳了他的建议，在全军展开这方面的研究和工作。

应该可以说，钱学森的科学思想，给我军的军事理论研究注入了新的活力，也为我们揭示了研究战争理论的科学方法。但也毋庸讳言，我们的很多战争理论仍局限在传统思维的基础上，还在自觉不自觉地固守还原论思想的模式，这种状况严重制约了军事理论的发展。其中一个重要的原因就是科学基础和思想的薄弱，亟待加强。

5.4　未来战争宣言

5.4.1　新时代的意义

"马粪国际会议"与失去意义的难题

《超爆魔鬼经济学》①是一本奇书，能把最复杂的问题，用最简单的方式加以说明，并告诉你一个意想不到的答案。在这本畅销书里，作者讲了一个"100 年前大都市如何解决马粪问题"的故事。

> 19 世纪末 20 世纪初，世界各大都市都有很多马车，成为人们出门的交通工具，在纽约市大约就有 20 万匹马担负这项工作。其他的各大都市也都是一样，伦敦、巴黎、柏林，都有几十万匹马在为人们的交通奔忙。但是，马车也会带来许多问题，比如会出现交通事故，处理起来更加麻烦。但还有一个更让人头疼的问题，这就是马粪。马为了拉车就必须吃喝，吃喝了就会排泄，每匹马平均每天排泄约 10 多公斤的马粪。

①参见斯蒂文·列维特等著《超爆魔鬼经济学》，曾贤明译，中信出版社，2010 年版。

照此计算,20 万匹马一天就是 200 多万公斤,约合 2000 多吨。因为量太大无法及时运走,就堆在大街边上,以至于整个城市臭气熏天,因此马车就成为了当时的"头号城市公敌"。

1898 年,纽约市牵头组织了首届城市规划国际会议,其中最重要的议题就是马粪问题,因为全球各大城市都面临这个问题。但是,与会的代表和科学家们也拿不出什么好办法,就像现在我们老是开会研究城市堵车、雾霾问题一样。原计划 10 天的会议,结果 3 天就结束了,因为实在无计可施,再讨论下去也没有什么意义。"没有马匹,世界各大都市可能无法运转;而有了马匹,却使得各大都市无法正常运转",这就是会议得到的两难结论。

但是,几年后问题却神奇地自己消失了。技术革新解决了难题,因为出现了汽车,让马车退出了历史舞台,也让马粪问题无果而终。它以一种出人意料的方式,解决了面临的危机。

这就是颠覆性创新带来的时代变迁。这种创新虽然并没有解决原来的难题,但却可以让这些难题失去意义,也就是没有必要再去伤脑筋解决了。汽车的出现使社会进入了汽车时代,马车时代的问题也就失去了解决的意义。马车不是输给了汽车,而是输给了时代。

所以,当我们今天面临新危机的时候,比如城市的经常性拥堵、永远让人头疼的雾霾,可能危机的解决就在眼前,但也许并不是我们如何去修更多的路,进行各种汽车的限行,关闭更多的冒烟工厂等直接的方法,而是采用一种颠覆性的技术创新。从目前来看,这种创新很可能就是人工智能技术。有人做过计算,因为每辆汽车每天要占两处停车位,而且绝大多数汽车只是上下班代步,实用时间很少。如果大力发展共享式的无人驾驶汽车,整个北京只要目前的五分之一数量的汽车就够用了,而且还可以节省大量的停车用地。是不是如此?我们拭目以待。

战争和军队其实也一样。20 世纪初,最好的作战部队是骑兵,但坦克的出现就淘汰了骑兵。所以当时一位英国将军说:"我们的骑兵部队非常好,我们不能把它弄丢了,这可是我们的宝贝"。但一位科学家说:"你可以养育出更好的奔马,但社会毕竟已经进入了汽车时代"。今天,航空母舰、隐身战机、重型坦克、战略导弹已经成为了大国之间较量不可缺少的战争重器,但我们在努力发展它们的同时,是不是也应该思考,未来会给我们带来哪些时代性的变化,而这种变化会不会是颠覆性的?

颠覆性创新与指数级颠覆

什么是颠覆性技术呢?这是最早由美国哈佛商学院教授克莱顿·克里斯滕

森提出的一个概念，是指那些技术上另辟蹊径，并会对已有传统或主流技术产生颠覆性效果的技术。克里斯滕森认为，技术创新分两种，一种叫延续性技术创新，另一种叫颠覆性创新，或者叫破坏性创新。延续性技术创新一般在竞争环境之下，只要应对得当，领先者凭借已有的资源总是能保持领先地位。而在颠覆性创新竞争环境之下，由于领先者的先发地位被破坏，所以总会被后来者掀翻马下。

最典型的颠覆性创新例子莫过于数码相机了。二十年前，柯达、富士胶片占据天下，风光无限。为了不影响胶片的销售，他们甚至不惜把已有的数码相机技术冷藏。但是，你不搞不等于别人也不搞，别人也不跟你比胶片技术，开发新技术新市场，很快数码相机快速发展，新的尼康、佳能数码相机巨头出现，而老霸主柯达也就只能眼睁睁地看着自己垮台。但尼康、佳能可能也高兴不了几天，现在手机中又都加入了相机功能，估计数码相机地位也将不保，很快又会被手机拍照所取代。

QQ 原来是计算机即时通信的鼻祖，占据了中文即时通信的垄断地位，微软的 MSN 怎么打也打不进来。但后来基于手机的微信出现，一下让 QQ 落入尴尬地位，但好在这是同一家公司的产品，左口袋拿出来的又放回了右口袋。腾讯的马化腾说，幸好不是别人搞出来微信，否则腾讯可就真的完蛋了。微信的出现，不仅基本上吃掉了 QQ，而且还侵蚀了阿里巴巴支付宝移动支付的地盘。一个“抢红包”的创意，抢掉阿里巴巴四分之一的生意。马云早就看到了微信的影响，不惜一切代价推广他们自己类似微信的产品“来往”，而且要求员工都用。但哪有那么容易？一旦颠覆了，也就翻篇了，别人是很难再插进去的。这就是颠覆性技术的意义。而且，微信又在推所谓的小程序，也就是依托微信的手机应用，不用复杂的编程就可以实现所要的功能。那些靠编手机 APP 吃饭的公司可能又要倒掉一大片。百度也开放了汽车自动驾驶的代码，估计这又会使一些公司傻眼。

技术的创新可以颠覆，而数量增加到一定程度也会引起颠覆，这就是量变引发质变。这在互联网领域表现得最为明显。移动平台数、网络覆盖率、大数据增长率、智能应用增长率，这些年都是以指数级的方式增长，比如手机在 2016 年已经达到了 85 亿部，甚至超出了全世界的总人口数。凡是搞 IT 系统研发的人，都知道深圳有个华强北电子大卖场，最兴旺时连很多外国人都知道。在那里，可以一站找齐所有需要配套的元器件，需要什么电子产品很快就可以生产出来。但现在却开始衰败了，就是因为通过手机联网这些事情都可以做到，没必要再去那里了。

一般都有一个规律：“凡发生指数级变化，就必将导致传统颠覆”。所以，现在很多传统理念都被颠覆了，比如前面说到的“时间增值、空间贬值”，“过去是强点制胜，现在是弱点致败”，“过去决策重因果，现在决策重相关”，“过去管理靠层级，现在去组织化、去中心化”等，这一切实际上揭示的就是时代的改变。现在，移动互联网是今天最大的颠覆性创新，所以很多公司都不惜一切代价，把能拉到尽可能多的手机入网，作为他们的战略目标。

创新才是后来者的机会①

对于创新，我们经常会有一些误区。我们总是以为，越是处于领先地位的国家、军队或者公司，越会比那些落后者更喜欢创新一些；后来者应该向领先者学习，只有这样才能成为领先者，才能超过他们。但实际上，这些看法仅仅说对了问题的一半，而问题的另一半答案却可能恰好相反。这是为什么呢？

先看看谁更喜欢创新一些。“二战”后，美国通用汽车公司绝对是世界上最领先的公司之一。为了总结一下自己为什么那么牛，公司请来管理学领域的传奇人物彼得·德鲁克，让他来发现通用汽车的管理秘密。事实上，德鲁克的发现确实影响了世界几十年。德鲁克专注于研究企业的内部管理，而在当时没有人认为管理有什么好研究的。他这一研究就研究了一年半，而且非常细致具体，最后他对公司的了解程度甚至超过了一些高层管理人员，以至于公司高层更希望德鲁克能到公司来任职。德鲁克的研究成果就是《公司的概念》。他认为通用汽车公司成功的秘密关键在于分权，即每个部门经理都有很大的决定权，这点与其他公司不一样。德鲁克认为这个方向是正确的，他建议，为了进一步发展，应该把部分权利分给客户。对于德里克的评价公司肯定洋洋自得，但听到德鲁克的建议却炸了窝：既然你说我是最好的公司，凭什么我们还要改革呢？

德鲁克一看美国人不接受他的思想，就跑到日本去了。当时日本刚刚开始恢复，对什么都很虚心。听到德鲁克的建议就说，好啊！我们就照你说的干！所以，日本汽车公司不仅分权分给了客户，而且一直分到了生产线。各个生产线都有相当大的独立性，生产线工人都被鼓励向公司提出各种建议，而且很多建议都被采纳了。结果是，日本汽车车厂迅速崛起，开始占据美国的市场，美国公司反而要跟日本人学习企业管理了。

但这个创新思想的源头在哪里？其实就是美国通用汽车公司，是德鲁克从中提炼出来的。为什么美国通用汽车公司不愿意采纳，而日本公司敢于采纳呢？这就是因为，落后者本来就失无所失，才愿意搏一下。反过来，领先者因为已经领先了，一般来说，都不太愿意改变现状，一旦改变，出现问题算谁的责任？因为改革是有风险的。这也应了那句西方谚语：只要能用，就不要轻易改变。不要指责美国公司“故步自封”，每个人都号称要“改革”，但真要你做出决策，你未必真能敢于决策，尤其是关系到国家或者军队重大变革时。那些能够挽狂澜于既倒的伟人，

①参见《创新是落后者的特权：三个竞争故事》中的案例，同人于野的《学而时嘻之》。详细内容可以在万维钢的《万万没想到：用理工科思维理解世界》一书中找到，电子工业出版社，2014 年版。

你不能不佩服他们的魄力。从这一点来看，仅仅有思想不叫创新，敢于用这个思想去做才叫创新。

再来看看是否都是后来者学习领先者。如果仅仅作为跟随者，当然是后来者学习领先者，但这不是竞争的常态。所谓后发优势，其实只有后来者落后很多时才有效，因为你能通过领先者看明白哪些是正确的。但如果仅仅如此，后来者就永远都会处于落后地位。事实上，后来者创新才是竞争中的一般性规律。因为只有这样才能超越领先者，成为新的领先者。比如，很多新的创新都不是来源于领先的大公司，而是小公司，最后都是大公司收购小公司，直接向后来者学习，才是最快发展之道。

中国作为后来者，现在在国际上的地位是最不利的时候。当你是老三老四的时候，没有理睬你，甚至为了“拉帮结派”还可能会巴结你。但现在你是老二了，就成了老大的眼中钉、肉中刺，他时时刻刻都担心你超过它，尽管中国可能还真没有那么想。如果这个时候你只是跟着他跑，疲于应付，恐怕也就没有了主动权，永远也不会超过它。但如果能够大胆创新，走自己的道路，相信会有成为“老大”的那一天。这种创新，不仅应该体现在科技上，也应该体现在企业管理上和国家、军队的发展战略上。

创新带来不连续的时代更迭

从进化论来看，颠覆性创新就是一种“突变”，是系统在演化过程中具有活力的表现。如果一切按部就班的发展，系统可能不会出现很大变化，但如果由于某种原因在某一点发生了改变，可能就会造成系统本质性的变化。比如，基因的变异，造就了新的生物；环境的特殊改变，强迫猴子下地变成了人；科学家的某个失误，结果导致发现了一种新的物质；小岗村秘密包产到户的“错误”，结果导致了中国农业的大改革。所以，有人说，社会的进化和生物的进化是一样的，很多都是由“错误”引起的，而这些所谓的“错误”，可能就是重大的创新。

一般说来，颠覆性创新有三个层次，最低的层次是“产品对产品”的颠覆，比如数码相机颠覆了胶片相机；再进一层是“品类对品类”的颠覆，或者“行业对行业”的颠覆，比如亚马逊颠覆了实体书店，网络通信颠覆了传统邮局；最高意义上的颠覆是“时代对时代”的颠覆，比如蒸汽机出现产生工业时代，颠覆了以农耕为主的农业时代。所以，颠覆时代才是最大的颠覆。

从这一点来看，技术发展并不像我们有的人想的那样是线性的，而是台阶式的，总有一个缓慢发展、急速上升，再缓慢发展的过程。不同的台阶就构成了不同的时代（图 5.1）。有位“网红”教授叫李善友，他的报告很受欢迎，也很“烧脑”，他告诉我们，这种颠覆性的创新不仅仅是台阶式的，而且各个台阶之间还是不连续的。这些不连续，不是某种技术的持续改进，比如不断改进马车，让它跑得更快，而是创新出一种新的技术，来取代过时的东西。虽然开始汽车可能不如马车，但一旦超过，马车就被消灭了。

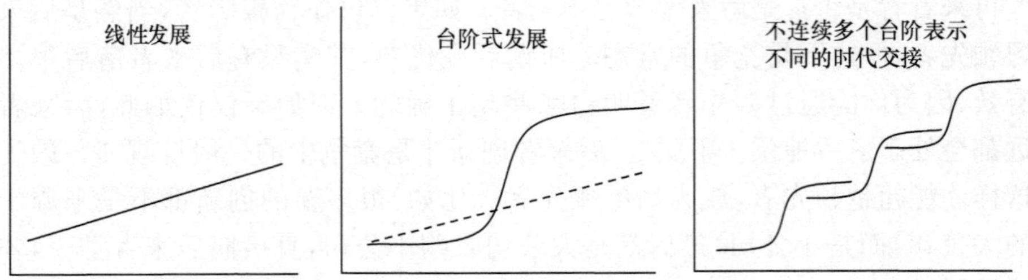

图 5.1　不同时代发展形式示意

我觉得他讲得挺有道理。这些不连续的“台阶”至少告诉我们两点启示。

第一，发展不连续，意味着我们的经验会在新的时代失去价值，甚至可能成为负担。比如，不管你多么的熟悉马和马车，但却对理解汽车没有多大帮助，一些惯性思维反而会使你错误地理解汽车时代。所以，在跨越时代的过程中，我们首先要做的就是破除路径依赖思想，重新审视未来，审视自己；次之要做的是不断地学习，在未来的复杂世界里，学习能力总是处于第一位的，只有会学习才能更好地了解世界和适应世界，而不是抱残守旧，怨天尤人。

第二，发展的不连续，意味着过去无法解决的难题失去意义，不再需要花力气去解决。比如，马车时代的马粪问题在汽车时代就失去了意义，你再去研究什么马粪问题的解决方法，比如培育少拉屎的马，就没有了价值。所以，不断创新才是解决难题最重要的途径。对于那些无法解决的难题，我们必须跨代思考，到另外一个层次去解决问题，也许才是根本的出路。这也是哥德尔定律早就告诉我们的结论。

这种不连续的时代更迭，要求我们必须不断地努力学习，首先在认知上不落后于时代，才能应对未来世界的不确定性，最大限度地跟上时代的步伐。

认知的落后是本质的落后

前面我们说过，世界观是思维的底层代码，思维不可能超越世界观的高度独自发展。对世界的认知程度，也就是观念，决定了我们思维和行动的高度。但是，有时候我们对自己的认知状态并不清楚。傅盛①将其总结为四种状态或者境界。第一种，不知道自己不知道。以为自己什么都知道，是一种自以为是的认知状态。第二种，知道自己不知道。对未知世界怀有敬畏之心，愿意丰富自己的认知。第

①参见傅盛的《绝境当中的核心武器，是认知而不是资源》，微信公众号《经纬创投》，2017 年 3 月 6 日。

三种，知道自己知道。已经了解了事物的规律，提升了自己的认知。第四种，不知道自己知道。或者说，对觉得自己知道的东西也保持警惕，敢于否定之否定，永远都保持一种“空杯”心态，时刻在学习，这是认知的最高境界。孔夫子说，“知之为知之，不知为不知，是知也”“学然而后知不足”，说的大概也是这个意思。

人和人最大的差别就是认知，这几乎是人与人之间唯一的本质差别。技能的差别是可量化的，技能再多再累加，也就是熟练工种。而认知的差别是本质性的，是不可量化的。人和人比拼的，是对一件事情的理解和洞察。执行也很重要，但执行的本质是为了实践认知。比如，为什么鸦片战争，大清帝国输得那么惨？简单说，一群怀揣现代物理学认知的人，打败了另一群信奉四书五经认知的人。其实就是两种不同认知的较量，也是两个不同时代的较量。所以，从这点上说，思维的落后是最大的落后，认知的落后是本质的落后。

自以为是是提高认知转变观念的大敌。总是以为自己知道，其实是自己不知道；以为自己重视，其实并不是真的重视。就像有时候喊创新，出台的政策却是反创新的；有时候喊重视人才，结果出台的政策却使人才远去。这可能并不是有意而为之，而是认知出现了问题。所以有人说，创新被接受还是被拒绝，不仅取决于创新本身，而且同样取决于领导的想象力。如果领导还是坚持认为自己什么都知道，恐怕他就成为了创新最大的阻力①。

但是，没有人会轻易承认是自己的认知出现了问题，因为在他的逻辑里是完全自洽②的。比如，鸦片战争大清帝国失败，他们总结经验是因为少了坚船利炮，因而大买特买外国军舰，建立北洋海军，甚至军官都由西方培训，但从来没有认为是认知观念上出了问题，结果在甲午战争中再次惨败。能够自我否定，假设自己无知，是提高自我认知的唯一路径。不做痛苦的自我否定，认知就上不了一个新台阶，即使机会摆在面前，也会视而不见。这往往是区别英雄和凡人的唯一机会。同样，不行动的认知，就是伪认知。真正的认知，必须知行合一。

那么，如何察觉到自己认知上的不足并提高呢？我想可以从下面几个方面进行努力。

第一，不间断学习。见多才能识广，学而后知不足，只有大量地接触新鲜事物，打开眼界，才能知道自己的差距，清楚自己的不足，知道努力的方向。愿意求教学习，可以大大提高效率。

第二，坚信大趋势。事物的发展规律是谁也不能违背的，趋势决定了未来。某一个人的观点你还可以怀疑，但大多数人都和你不一致时，你就要考虑自己是

①参见查尔斯·凯特林的《创新和他的敌人：为什么人们抗拒新技术》，微信公众号《信息与电子前沿》，2017 年 3 月 10 日。

②关于什么是“自洽”在第 6 章还会详细解释，简单说就是自圆其说。

不是错了。有些暂时不理解的事情,可以在实践中不断加深认知,这就叫“理解的要执行,不理解的也要执行,在执行中加深理解”;否则,就会浪费时间,丢掉机会。

第三,强化决策力。认知的本质就是做决定,人和人一旦产生认知差别,就会做出完全不一样的决定。你拥有的资源和兵力都不重要,核心是你脑海里对战场的理解,这就是你的认知能力。但认识到了,必须转化为具体的决定,这才是真正的认知。不敢做决定,更不敢做决断,是认知上的失败。

第四,常怀恐惧心。恐惧不是害怕,而是对未来不确定性保持警惕,才能提高反应速度。多想想如果错了怎么办,这样真的错了才有机会。去理解别人不愿意理解的事情,才能看到别人看不到的机会。越是置身绝处,才越有可能绝处逢生。

当年,曹操和刘备煮酒论英雄,一个豪气冲天,指点群雄;一个寄人篱下,一味谦恭。曹操用手指着刘备说:“天下英雄,唯使君与操耳”。刘备一听,吓得筷子都掉地上了。纵然天下各种人物拥有千军万马,但曹操真正顾忌的却是这个正在种菜的刘备。刘备虽然寄人篱下,内心却是匡扶汉室的认知。这只有高人才能理解。天下大势,何其复杂;即便如此,也能简化到最关键的点,也就是关键人的关键认知。一个人如此,一个军队如此,一个国家其实也是如此。认知的升级,就是人的成长、军队的成长、国家的成长。

这说起来容易,做起来却困难。比如,一些军事理论家始终无法理解,未来也许并不需要火力就可以达成战争的目的,消灭有生力量可能变得并不重要。这也许就是“代沟”吧。今天,人工智能又呼啸而来,可能会让更多的人不理解。因为未来最大的可能,就是智能技术的颠覆性创新带来的又一新时代,也就是智能化战争时代。

5.4.2 智能化战争呼之欲出

战胜人类的又一个“阿尔法”

就在“阿尔法狗”完胜李世石之后不久,又一个叫“阿尔法 AI”空战程序横空出世。它是由美国辛辛那提大学与美国空军研究实验室合作开发的,主要设计者是该校工程与应用学院的两个博士研究生,一个叫尼克·恩内斯特,另一个叫大卫·卡罗尔。2016 年,在美国空军组织的空战模拟中,这个空战程序居然连续战胜退役空军上校基纳·李,且无一败绩,引起轰动。

基纳·李何许人也?此人退役前是大名鼎鼎的空战战术教官,美国空军飞行精英,具有多种战斗机的飞行经历,曾与数以千计的空军飞行员进行过对抗训练,有着丰富的对抗经验。然而,就是这样的一个空战高手,居然败给了一个机器,而且是连续被击败,几乎没有任何还手之力。而且这还不是“一对一”作战,而是更接近实战的“二对四”协同作战,并且在空战想定设计上,李上校的作战条件甚至还优于“阿尔法 AI”。

想定是这样的：李上校和另一个飞行员扮演蓝军，驾驶 2 架战机，每架携带 4 枚远距空空导弹和 4 枚近距空空导弹，在预警机的支援下准备突防，预警机可实施 500 公里范围的实时探测、引导和目标识别支援。“阿尔法 AI”扮演红方，操纵 4 架战机进行拦截，每架战机携带 4 枚中距空空导弹，而且雷达还没有 360 度的探测能力。很明显，蓝方虽然飞机少，但仍占据明显优势，不仅火力远强于红方，而且还有预警机的支援。值得一提的是，在空战中有没有预警机支援差别是很大的，因为有预警机就相当于多了个能够更快探测和计算的帮手。

但在这场对抗中居然有预警机的一方惨败，这只能说明人脑还是不如电脑快。而且，在高速机动等人类生理极限条件下进行思考，人类飞行员的独特技能和空战艺术肯定要打折扣，往往只能凭直觉行动。而在以“微秒”为计量单位的空战行动中，犯错的可能性大大增加，付出的就可能是生命的代价。这与“阿尔法狗”可以慢慢思考不同，空战程序需要在很多变量情况下还要高速思考，并且还要转换为身体的动作，其难度之大可想而知。

基纳·李后来评论说：“我对它的感知和反应能力感到吃惊，当我在飞行中做出改变时，它似乎立即就知道了我的意图并立刻反应，以避开我的导弹杀伤区。它知道怎么使我的攻击无效，它在进攻和防御之间的转换几乎是瞬间完成的，而且无懈可击。”“过去的人工智能空战程序我都能对付，但这个不行。这是迄今为止，我所见到的最有攻击性、最敏捷、变化最多的，也是仿真最为可信的人工智能程序。”

我理解李上校的意思是，这才是真正的人工智能，其他啥都算不上。

“终结者”的前奏[①]？

但是，“阿尔法 AI”空战程序采用的技术，并不是前面提到的深度学习，而是一种称为遗传模糊逻辑的智能技术。它结合了遗传算法和模糊控制，在处理大规模复杂智能系统问题方面具有卓越的性能。遗传算法是经典的人工智能算法，采用的是生物进化中自然选择和遗传机理模型，通过模拟自然进化过程中的随机变异和选择，根据限定条件和目标不断找到最优解，那些非最优解就会被不断迭代淘汰。简单地说，就是飞行员之间不断交战，谁活到最后谁就是英雄，保存下来的程序和算法就是最好的结果。所以，越打下去就会越好，性能还会不断增强。但遗传算法也有个毛病，就是精确计算的计算量太大，不适应空战这种高速场合。所以，他们引入模糊算法，不再计算精确解，这就大大加快了计算速度。

---

①参见乔亚的《终结者的前奏》，《航空知识》，2016 年 9 期，第 50-53 页；荣华，刘衷瑞的《人机空战：机器胜!》，《环球军事》，2016 年 7 期，第 60-61 页。

"阿尔法 AI"在空中格斗中比人类具有更快的态势感知和战术计划速度,大约快 250 倍,而且还是集群对抗,这里面需要大量的相互协同。这是什么概念? 假设一个高手反应总比你快 250 倍,你还怎么和他对抗? 当一群高手都能如此时,你就是再多人又能如何? 武侠小说中有那么一句话,"天下武功,唯快不破",用到这里也是正确的。在作战中,如果对态势的认知理解速度快于对手,尤其是对复杂战场态势的认知理解很快,那将占据多大的优势啊! 这就是所谓认知速度优势。

此外,他们的这个系统硬件仅值 500 美元。这又是什么概念? 虽然没有可比性,但也不妨比较一下:"阿尔法狗"的硬件是几千台服务器,价值怎么也得几千万美元吧,而且占据的空间巨大,耗电量巨大,据说下一盘棋就要交几万块钱的电费。"阿尔法 AI"却只要区区 500 美元,这就意味着马上就可以装到现在的飞机上去,而且可以大量拷贝,意味着可以批量"制造"精英飞行员。

能耗是目前困扰人工智能的一大难题,在我看来还是一个核心问题。有人举了一个很形象的例子:人只要吃个馒头就可以想那么复杂的问题,为什么计算机要消耗那么多能源? 事实也是如此。IBM 公司就致力于将小能耗芯片和神经元网络结合,试图制造出能耗很小的单元神经元芯片,然后再由这些芯片堆积成复杂的类脑芯片进行运算。这个芯片已经造出来了,名字叫真北(TrueNorth)。我觉得他们的做法至少有两点是正确的:一是能耗小,将解决能耗问题置于关键地位;二是由简单神经元堆出复杂神经元网络,比较符合复杂系统的涌现观点。考虑到 IBM 在"深蓝"和"沃森"上的成功,我还是比较看好他们扎扎实实的做法。

是不是"阿尔法 AI"比"阿尔法狗"要好呢? 其实不能这么说。"阿尔法 AI"空战程序采用模糊遗传算法只能针对简单的战术行动,也就是那些比较容易量化和形式化的动作判断,有点像工业控制中的复杂控制系统,只不过将其挪到了天上。而且天上障碍物比较少,也更容易分析和控制。这就像智能控制中的自动和自主的差别,自动是它能自己处理所有教会它的情况,自主则是能处理没有教给它的情况。说得再明白一点,"阿尔法 AI"的智能程度没有"阿尔法狗"的高。我相信,如果经过训练,"阿尔法狗"也是可以空战的。但目前来看,至少使用它的代价太大。

据报道,美国麻省理工学院的一位研究人员,以前也当过 F-15 战斗机的飞行员,在实验室里成功地使计算机学会了战斗机实时机动。该智能程序能通过自主发现,而不是通过被动编程植入经典战术,迅速适应并学会了机动和武器运用。智能无人机可以通过与有人机对战提高空战能力,也可以研读空战录像或者飞行参数改进空战动作,从而摆脱后方操作员的遥控,独立进行空战。这将是未来空战的一次革命。

当然,目前"阿尔法 AI"空战程序还不能真正实用,还有很长的路要走,但它展现出来的，尤其是对作战态势的识别和理解能力，已经足以让我们震惊了。未来它可以变成“智能僚机”，配合飞行员作战，或者变身为“智能对手”，协助飞行员训练，我觉得都会是很快的事情。如果将来真的装上飞机变成真正的自主无人机参与空战，那将是一个巨大的突破。在这种情况下，别的国家飞行员还怎么打仗？

有人说，是不是“终结者”要来了？这还真有点像。

自主无人平台的作战革命①

“阿尔法 AI”空战程序的出现，让人感到自主无人平台出现将会是很快的事情。大家知道，过去的绝大多数无人机，基本上都是由后方的无人机操控员操控的，也就是像风筝一样始终牵了根线。如果无人平台能够实现自主化，等于扔掉了人类手中牵着的“风筝线”，完全依靠自身对环境的判断去行动以完成任务。这样，以后将是无人飞机、无人坦克等无人装备在作战，而不再需要士兵亲自上战场。这将颠覆现在所有的作战规则，是战争形态的又一次革命，而不仅仅是功能、性能上的改善。有专家判断，要达到这个智能化水平，最多只需要三十年的时间。从“阿尔法 AI”到“阿尔法狗”的突破来看，以上判断并非空穴来风。

无人平台不仅仅是大家熟悉的无人机，还包括无人地面平台，像无人车、无人坦克、机器士兵等；无人海上平台，如无人艇、无人潜航器等。此外，还包括本来就是无人化的空间飞行器，用于网络空间作战的虚拟武器平台，如赛博飞行器、数字大炮等。由无人平台可以构建无人系统，包括有人与无人平台混合的系统，这些构成了未来无人化作战的基本条件。无人作战系统的特点是平台无人、系统有人，其本质是有人作战系统的智能延伸，通过人和智能化武器装备的高度融合，最大限度地提升作战效能，满足人类对武器不断发展变化的作战需求。未来战场将形成无人与有人作战系统交互融合的新型作战体系，从而能有效地提升联合作战体系的能力。

无人化作战将改变作战的基本模式，其中最典型的就是被称为蜂群行动的作战样式，其主要方法就是运用大量低成本无人机，对作战目标实施饱和式攻击，力求以较小代价换取最大化的作战效果。用小型无人机配合大型有人机实施作战行动，也可以取得意想不到的好效果。而且，无人作战系统与网络中心战具有天然的血缘关系，尤其是无人作战系统具有任意部署、多任务载荷、可应对复杂恶劣环境等特点，形成理想的分布结构，为实现新型作战理念创造了必要条件。

高智能化的无人平台无疑代表了未来作战的发展趋势。美国国家科学委员会曾预言：“21 世纪的核心武器是无人作战系统”，目前这一预言正逐渐成为现实。

---

①参见中国航空新闻网的《人工智能与未来无人智能系统作战》，王富军的《无人作战系统：颠覆未来战争规则》，微信公众号《中国指挥控制学会》，2016 年 12 月。

为此，世界各国都在加紧研制新一代无人平台，并研究和试验无人作战的形式。美国空军正在改进遥控无人机，做到在智能软件上“即插即用”，也就是可以不断地升级。俄罗斯预计到2025年可以实现战斗机飞行员对附近5～10架无人机集群进行指挥控制。

尽管如此，但客观地讲，实现自主化无人平台作战还有很大距离。短期内，可以将智能程序用于有人飞机，将会大大提升作战平台的性能。从“阿尔法AI”空战程序，我们已经看到人工智能的巨大优势，特别是它具有人类无可比拟的计算速度和反应能力。因此，发展高智能无人机无疑是一种战略选择，这也意味着无人机空战自主化必然是一个发展趋势。

“深绿”计划和战场态势认知

打仗首先要做的就是分析当前战场的情况，然后根据战场情况进行判断，做出决策。当前战场情况用军事术语说就是作战态势，既包括敌我双方部队的当前状态，也包括未来发展的趋势。无人平台作战的行动基本还在战斗至多在分队战术层面，也就是在几架飞机、几辆坦克配合的层面上理解作战态势，并做出相应的决策和行动。如果作战行动变为更大规模，比如在以营连为基本单位的合同战术层面，或是在更高的战役战术、战略战役层面，对态势的理解判断就更为困难了。统一起来讲，不管是那一种，这都聚焦到一个核心问题，即作战态势认知问题上。

美国的DARPA曾认为他们可以解决这个问题，至少在战术层面可以做到。他们想将智能技术引入作战指挥过程，并计划将其嵌入到大名鼎鼎的“未来指挥所”系统中。那一年是1997年，恰好IBM的“深蓝”战胜了国际象棋世界冠军卡斯帕罗夫，因而借这个机器战胜人类事件的光，他们把这个计划叫做“深绿”。意思是“深蓝”可以战胜棋王，那么计算机也可以帮助指挥员进行快速决策，在作战指挥中取得制胜的先机。但后来他们发现，原先的估计过于乐观和简单了，这个计划至今都没有完成。

“深绿”的目的和任务是预测战场上的瞬息变化，帮助指挥员提前进行思考，判断是否需要调整计划，并协助指挥员生成新的替代方案。他们预先的设想是能够将制定和分析作战方案的时间缩短到现在的四分之一。提前演示出不同作战方案，以及可能产生的分支结果，通过快速决策打破敌人的决策行动环，导致其始终不能将OODA过程，即观察-判断-决策-行动形成闭环。由于决策速度比你快，因而行动也就比你快，当你还没有做出决策时，战场情况已经由它的行动改变了，所以你又不得不去重新观察判断，永远无法完成决策并行动。它设想用这种方法控制敌人，并最终打败敌人。通过“深绿”，可以将指挥员的注意力集中在决策选择上，而非方案细节的制定上，方案细节的制定交由计算机帮它完成。

“深绿”由四大部分组成。第一部分叫指挥官助手，说白点就是人机接口；第二部分叫闪电战，实质就是模拟仿真；第三部分叫“水晶球”，相当于系统总控，完成战场态势融合和分析评估；第四部分是“深绿”与指挥系统的接口。它们主要有三个特点。第一，基于草图指挥。通过“指挥官助手”这个模块实现决策指挥的“从图中来，到图中去”，以最大限度地符合指挥员的决策分析与操作习惯，也就是通过最自然的手写图方式，与计算机实现交互。第二，自动决策优化。决策通过模型求解与态势预测的方式进行优化，系统从自动化接口的“指挥官助手”进去，然后通过“闪电战”这个模块进行快速多维仿真，再通过“水晶球”模块实现对战场态势的实时更新、比较和估计，最后提供给指挥员决策的各种选择。第三，指挥系统的集成。将决策辅助功能集成进“未来指挥所”系统。

但“深绿”没有达成目标，只有部分系统完成了任务，其他的还在艰难研究中。为什么？主要还是因为计算机对战场态势的判别太难了，计算机无法真正理解战场上发生情况的含义，也就无法得出正确的判断，做出正确的决策。包括感知理解和判断决策两个方面，我把它统一称为态势认知。让计算机像“阿尔法 AI”空战程序那样，去简单理解几架飞机的作战行动尚可，但让计算机去理解战役战术那么复杂的战场行动，就有点勉为其难了。

所以，“深绿”也只能在小的作战行动上有所作为，但它又是为陆军服务的计划，在地面上可就不如在天上简单了，所以这个计划就只能由大变小，不了了之了。但估计有了“阿尔法狗”的经验，也许“深绿”还是有可能“死而复生”的。当然，“阿尔法狗”的团队不会直接研究军事问题，据说谷歌收购他们时就有“不得用于军事及情报目的”的签约条款。但你不搞别人会搞，只要方法是通用的，谁搞都是一样。

围棋博弈与战争的不同

“阿尔法狗”战胜李世石后，很多人说，这个程序可以用于兵棋推演，以为兵棋与围棋差不多，让我写文章介绍介绍。但我的结论是“还差得很远”，简直可以说不是一个量级上的东西。主要原因是围棋与战争之间，在机器智能解决问题的条件上，存在以下巨大的差异。

第一，信息条件方面的差异。围棋棋盘透明，是一种典型的完美信息动态博弈。围棋每走一步，都是根据当前的盘面信息作出的决策，并且当前的盘面信息对于棋手来说是完全知晓的，没有任何隐藏。而战争过程并不是全透明的，甚至有时会故意隐真示假，这就是一种不完全信息条件下的动态博弈。也就是说，存在“战争迷雾”，使得战争双方在决策的时候，没有办法把整个战场看清楚。显而易见，信息掌握越多的一方，越容易做出好的决策。另外，围棋的轮次规则可以保证在决策前态势不变，但实际作战态势是时时刻刻都在变化的，决策只能在动态变化中完成，否则战机就会稍纵即逝。这种在“迷雾”中动态决策的要求，对人来说都很困难，对人工智能系统来说就更是难上加难了。

第二，规则确定性方面的差异。围棋规则是确定的、清晰的，规则对于双方也都是相同的，双方的起点实力也是平等的。而在战争领域，由于对抗双方实力可能不对等、对抗因素不确定，使得对抗规则也不对等。例如，在伊拉克战争中，美军可以超视距攻击伊拉克的防空阵地，也可以用钻地弹攻击位于地下的掩体目标，而伊拉克则不行。同理，恐怖组织可以无视国际法袭击平民目标，而正规军队一般不会采用这样的行动。这些都是作战规则不确定的体现。所以，这种战争规则不对等、不固定、动态变化等特性，相较于围棋的确定性对等规则，更难以把握和运用。

第三，训练样本数量上的差异。机器学习需要大量的样本，但围棋和战争两者的样本数量具有天壤之别。围棋具有大量样本，“阿尔法狗”要得到 16 万盘人类对弈的数据并不困难，而且数据采集相对容易，只要将每一步双方的行动方案记录下来即可。但战争数据来源少，即使是历史上已有的战争数据，也不具备所有的属性，都是些简化的记录。通过各种演习、试验积累的数据，也还是近几年的事情。在这一点上，美军和以色列军队做得比较好，实战的数据比较多，但仍很难满足机器学习的需要。因此，要想在机器学习上有大突破，必须另辟蹊径。

第四，计算量方面的差异。计算量主要取决于博弈空间的范围和决策选择的内容。围棋的计算量已经巨大，需要上千颗 CPU、GPU 才能应付。但战场空间的计算量更是远远超出围棋的量级范围，如果仅在大规模计算能力上下工夫，显然也是很难解决问题的。事实上，在实际作战中，指挥员处理复杂的战争问题主要依赖于专业训练和指挥经验，而专业训练又依赖于军事理论知识和战争经验的长期积累。因此，找到快速缩小博弈空间的方法本身，就是智能算法首先要解决的问题，以应对作战决策爆炸式增长的计算量问题。

尽管有这么大的差异，似乎用计算机进行战场态势理解就是一个不可能完成的任务，但只要问一句话就可以回答这个疑惑：为什么指挥员可以理解战场上的态势呢？这说明人类是具有高度概括和抽象理解的能力，而“阿尔法狗”告诉我们，计算机也是可以学会这个本事的。

“态势理解”突破会带来什么

我不想去讨论更细致的技术内容，因为这不是本书的主题，只想从结果出发看看会对战争带来什么影响。假设计算机已经可以做到对态势的初步理解，我们会看到什么？我想主要会有以下几点重要的变化。

第一，只要局部算法突破，就会带来示范雪崩效应，导致其他各个方面也都连续突破。比如，“阿尔法狗”围棋赢了，就可以很快在各种棋类、扑克、视频游戏、战争游戏等方面突破，甚至在文本阅读、医疗健康等领域也都取得重大进展。因此，只要在态势认知的一个方面突破，比如空战或者局部战术上取得进展，其他方面的突破也应该很快。“阿尔法狗”研发团队准备让其学习玩战争游戏，一旦成功，对作战态势认知的研究就会产生巨大的影响。

第二，算法只要可用，就会通过应用不断改进，使其越来越好。比如，智能手机刚出来时也并不好用，但用着用着就变好了，这就是“用”的功劳。像这种机器智能算法更是如此，它的神经元网络本来就需要大量数据去训练学习，只有不断地学习才会进步，所以才会越用越好。这样将别人落下的距离就会越来越大。

第三，算法出来就可以无限拷贝，这就意味着很快形成集群规模。这和找到一个聪明人不一样。当年刘备找到诸葛亮，也是“三顾茅庐”才请出来的，因为诸葛亮只有一个。但一旦这个算法出来了，计算机的特点就是能拷贝，就可以瞬间拷贝出一大堆的“诸葛亮”，一大堆“精英飞行员”出来，很快便形成集群规模、链式反应。如果满天飞的都是这种“聪明”飞机，谁还能跟它打仗呢？

第四，只要算法有了，绝对速度就可以通过技术改进不断加快。这是很显然的，硬件和软件的进步，各种体系结构的进展，都有可能。比如，超大规模并行计算、神经元网络芯片、量子计算机等，都可能加快态势认知的速度。哪怕这个算法很初级，但只要态势认知速度上去了，就意味着你能比别人取得先机，有了先机就有了胜利的机会。所以，在未来战争中比拼的其实就是态势认知速度的快慢。所以，态势认知速度，无论在哪个层次，不管实现的是智能无人机，还是智能参谋或者指挥员，都将成为决定战争胜负的决定性因素。

作战决策比拼和新“龟兔赛跑”

从上面四条看到了什么？我看到的是智能技术给未来战争带来的震撼性改变。这绝不是某种技术的线性改进，而是一次颠覆。这次颠覆可能改变人类未来的走向。考虑到作战态势的复杂性，我认为人机结合可能是更适合的方式，也就是将人的优势和机器的优势融合来解决问题，而不是让计算机全部取代人。我把这种方式称为“人机智能”方式，它在两个方面与以往的理念有所不同。

第一，计算机可以不再是单纯地辅助人决策，而是在有些情况下需要替代人决策。这是因为，有了机器智能的辅助，计算机可以不仅仅是辅助人更好地决策，或得到更好的作战方案，而是在某些方面可能比人做得更好，这时就需要把决策权赋予它。比如，在高速的网络空间作战行动中，人根本无法跟上行动过程，这时就必须让计算机替代人去决策。在这里，机器智能的目的不仅是帮助人，而是要超过人。

第二，计算机智能与人是可以共同进步的，即机器智能会促进人类智能的进步。这是“阿尔法狗”给我们的重要启示，其结果就是人与机器的结合使得双方都进步。因此,不能认为仅让计算机模拟人类智能就够了,实际上我们也应向计算机智能学习,机器智能会进一步促进人类智能的发展。反过来说,计算机做一些事情也远远没有人做得好,所以如何搞好人机分工也非常重要。这样,未来作战通过人机智能辅助,不仅能够满足"人"的要求,也能得到更好的作战结果,而这个结果是人与机器合作得到的。这是一个巨大的改变,谁先意识并做到这一点,谁就能在未来战争中占据主动。

未来的战争胜利将取决于认知速度,而认知速度的快慢,取决于我们对智能技术的掌握程度。我们绝不要低估机器智能技术突破门槛后的发展速度。当年曾有人在某报上撰稿认为,"在围棋上计算机战胜人类尚需 100 年",但仅仅几个月后,"阿尔法狗"就让他们"打了脸"。智能技术的特点是,突破它的门槛很高,可能会很长时间都被挡在门外。一旦突破,它反而会有借力加速的作用,使得发展普及的速度加快。如果哪个国家在作战态势认知上取得突破,抢先跨入门槛,就会导致其他国家在战略战术上非常被动。

有人说,我们过去是"机械化没赶上,信息化拼命追,智能化不能再落后"。想法挺好,但实际上并未意识到问题的严重性。我曾在微信朋友圈中发了一条:"如果总是假装在努力,未来智能技术发展的结果会让你知道,后果很严重"。有人马上问,什么意思,是不是说得有点过了?你是不是有点太着急了?但我认为,怎么强调这一点都不过分。我们不能总是想着别人等我慢慢赶,乌龟追上兔子只有一次,兔子不会每次都让乌龟得逞。智能化与机械化、信息化的追赶是有本质区别的,这是因为战争智能技术会快速地扩大强者和追赶者之间的鸿沟,放大两者之间的能力差距,让你追无可追。到那时再后悔就来不及了。

5.4.3 应对未来战争时代

新的时代,新的战争

颠覆性创新在战争史上也多次扮演了时代转换者的角色。农业时代,打仗比的是谁的兵力多、力气大、刀枪好,所以才有"楚霸王项羽拿着 100 多斤重的巨型盘龙戟","关云长提着削铁如泥的青龙偃月刀"的精彩描述。但不管真假,在火枪和火炮面前就根本没用。火枪和火炮的出现,让这些冷兵器都失去了作战的意义,再加上后来出现的飞机、坦克、军舰等重型装备,催生了工业时代的战争与军队。原子弹等核武器的出现,让大规模常规战争也失去了意义,只要有了核武器一般谁也不敢来侵犯,这又让战争进入了核武器时代。由于后果严重,除了美国人往日本扔了两颗原子弹试了试,至今还没有人敢再试。

计算机和网络进入战争,标志着信息时代战争的来临。精确制导作战、网络中心战、网络空间战、太空作战,新的武器装备和新的作战形式不断涌现,它们让那些风光一时的巨舰重炮开始慢慢边缘化，可能很快就风光不再。航母曾经是我们的梦想，因为没有航母我们无法保卫自己的海洋权益，所以我们必须要有航母。但如果因此就大量发展航母，恐怕我们也要好好想一想，时代会不会像“汽车消灭马车”那样，跟我们开个历史性的玩笑？

这并非没有可能。无人作战平台的出现，让很多作战样式必须重新思考。美国的兰德公司曾经专门做过一个研究，让大型隐身轰炸机 B-2 携带大量小型无人机执行任务，靠近敌方的探测范围附近后，释放无人机让其进入敌方探测区。由于无人机很小，敌方雷达根本不会反应，但其却获得了所要的信息情报，甚至还可以帮助防区外的 B-2 引导轰炸敌方目标。这种有人无人平台的配合，极大地提高了 B-2 的作战效能，颠覆了传统战略轰炸的形式。这都是颠覆性技术可能带来的颠覆性变化。

信息时代发展下去必然是智能时代，也会带来智能时代的战争。很多人在研究智能化战争怎么打，举了很多例子，比如无人化作战飞机和车辆、智能化情报分析和辅助决策、自动化态势理解和指挥等，说得都挺对，但这些在信息化战争中不也是一样？其实，是否是智能化战争的核心，在于其战争系统的智能化程度是否占据主导地位。也就是说，虽然命令还是靠人来下达，但无人飞机、坦克、军舰，包括网络病毒、木马等赛博空间兵力，完全靠自主能力在战场上作战时，才能真正称为智能化战争。

我们现在很多人对未来战争形态的预测，其实大都是现代战争的增强版，还是火力为主的交战形式，就连许多想象力丰富的科幻电影也逃不出爆炸和射击的模式。其实，我们想象一下，如果几千年前的人幻想未来战争，恐怕也逃不出当时认知的局限，估计也都是各种大刀长矛金箍棒的水平。其实，我们忘记了一件事，就是未来改变最大的可能是人的智能认知水平，在这种情况下还需要我们扛着枪炮哪怕是激光电磁之类的武器亲自上阵肉搏吗？这一点上倒是电影《黑客帝国》可能更接近未来的实际，是人类智能和想象力的较量，至少也应该是机器人在战场充当主角。

当满天遍地都是机器人在作战时，我们人类躲在坚固的地下工事里，会不会有一种在“下战争棋”的感觉？已经不需要我们流出鲜血，甚至可能连无人平台也不要出去直接作战，而只要在巨型计算机上比一下谁的神经元网络更好一些，认知速度更快一些，是不是就可以知道谁输谁赢了？更有甚者，是不是可以只对国家关键基础设施进行控制，就可以要挟对手是战是和了？

这让我想起二十多年前，我们研发的战争模拟系统被中央电视台报道，当晚就有一熟悉的记者打电话给我，问未来会否出现上面说的这种“仿真博弈式”的战争？我当时哑然失笑，认为是天方夜谭，但时至今日我们不能不佩服那个记者的创新性思维。2400 年前，墨子和公输般就上演了一场“解带围城”攻防推演的好戏，避免了真实战争的爆发；2400年后的今天，利用战争模拟系统和人工智能，谁又敢说没有这种可能呢？智能仿真完全可能颠覆传统仿真的方法，创造出一种新的战争形式。但是，这种战争我们又有谁还认识呢？无独有偶，还真有人有同样的看法。

假如AI参与《血战钢锯岭》

杨静原来是一位媒体人，但对人工智能可以说是"狂热"，创建了著名的人工智能微信公众号"新智元"，成立了新智元专家库，我也有幸名列其中，让我有了向大家学习的机会。她将世界上人工智能领域大多数的华人专家聚集在了一起，做成了许多本行业内专家都做不到的事情，成为了号召力极强的"美女群主"。她在看完电影《血战钢锯岭》后，居然写了一篇文章，论述人工智能必将推动我们的战争文明①，让我省了不少笔墨，原本我是想描述一下未来的。下面是部分内容（本书有部分改动）。

> 《血战钢锯岭》的故事背景发生在"二战"接近尾声的1945年，冲绳战役，美军伤亡7.5万人，日军伤亡11万人，被英国首相丘吉尔称为"战争史中最激烈最著名的战役之一"。冲绳战役后，美国对日本使用原子弹，彻底结束"二战"。如果场景转换到AI主导的2045年，那时如果发生这类战争，我们还会看到血肉横飞的场面吗？答案是"绝不"。
>
> 假设到了2045年，人工智能已经掌控了主要文明体的复杂系统控制，形成了3～5个超大规模的"云脑"。而智能终端也有了长足发展，逐渐可以代替人类从事军事活动。届时"民粹"政体之间万一挑起世界大战，进程将会如何？
>
> 首先"云脑"之间会用战争仿真系统先下一场大大的兵棋。各混合文明体之间把武器装备、智能指挥系统都放在仿真系统上做一场虚拟现实演习，同时程序化交易系统也可以测试资本市场对于战争进程的反馈。兵棋推演如果还不能估算战争的胜负概率，可以像"阿尔法狗"这样，安排5场正式"数字战争"，由几大"云脑"负责全盘仿真进行战争对弈。换句话说，可以先由"云脑"自我模拟战争后，再派机器人登场"肉搏"。
>
> 下输了的"云脑"如果还不服，可能发动"人＋机"混合编队的世界大战。届时钢锯岭附近可能会云集大批机器人。无人机、无人装甲车、大狗机器人、机器战士将是战争主体，"云脑"在后方负责指挥控制。真

①引自杨静的《假如AI参与＜血战钢锯岭＞》，微信公众号《新智元》，2016年12月25日。

正的人类,不应该再作为战争的终端武器出现在战场上,而是作为“云脑”的神经系统控制者待在后方。

战争也就不再是人类血肉之躯的博弈,而是智能复杂程度的终极较量。机器人战争的钢锯岭上,也会有“医疗兵”,不过他们救死扶伤的对象就是机器了。况且,哈佛大学等机构研发的软体机器人也是极其廉价的,假如真有战争需要,可以大批量复制。重要的是,战争机器人可以联网下载相关的地图导航、武器使用技能,其他机器人遭遇的伏击、格斗,他们立即可以同步学习,迭代优化系统。所以,不用以人类生命为代价,战争就可以打得更复杂、更智能。

其中,我们再去考察某一个“机器人”的死伤,意义并不大。原因在于它的躯体材料是廉价的,后台复制成本很低。而它的“记忆”或者“终端感知”与“终端学习”经验,完全可以随时“上传”给“云脑”。换句话说,只要它随时保持与“云脑”的交互,“云脑”可以低成本地复制另一个“它”出来。那么,从战争本身的角度也好,或者从生命本身的价值而言,机器人那段经历的“意义”也就实现了。

1945年以两颗原子弹爆炸为标志结束的第二次世界大战,有可能成为人类历史上最后一次惨烈的“血肉之战”。第二次世界大战是历史上死伤人数最多的战争,共有5500万~6000万人死亡,1.3亿人受伤,合计死伤1.9亿人。2045年,人类将彻底告别作为战争武器终端的惨烈角色,转而用“云脑”与终端机器人作为彼此利益博弈与理念对决的工具。

人类的传统战争模式即将终结,传统世界观也将颠覆。AI可以使鲜活的“生命”不必再“血战钢锯岭”,更能让人类的美好创造在“云脑”中永生。这才是人工智能技术能为人类贡献的最理想未来,人类的血肉之躯,本来就不应该互相用刺刀残害,也不应该承接炮弹与火焰喷射器的洗礼,更不应该是原子弹的目标。AI的终极目标,应该是用廉价的材料互相伤害,用复杂的头脑互相竞争,从而实现低成本高效率的智能迭代。AI必将结束人类进化过程中不得已而在彼此之间进行的“血肉”之战,而将人类的生命提升到“精神”能抵达的至高与永恒之境。

我真的佩服杨静作为媒体人的想象力,但军人的看法也非常类似。美国陆军训练与条令司令部副司令麦克法兰中将在2017年的一次会议上就说,“我们正在面临战争史上根本性的变化”①。这次会议就是专门研究未来战争形态变化的,叫

①参见张易译的《人工智能彻底改变战争中步兵的角色》,微信公众号《新智元》,2017年7月31日。

“疯狂科学家”会议，由美国陆军和乔治城大学联合举办。与会者认为，人工智能的发展会使未来的战争彻底变样，甚至改变步兵的性质，将其转变为战场上的协调员。在这里，人的作用就是决定是否开火，而其他事情就都交给了计算机。而且他们认为，更快的战斗节奏会导致人类必须借助机器增强，才能加速思考、处理信息，并闪电般地做出决定。更快的战斗节奏会越来越多地将人类推出OODA决策环，这意味着战争将演化为人工智能系统之间的对抗。这是不是与杨静的想象非常类似？

未来的战争可能就是这样，也可能不是。但无论如何都不会是“二战”时的样子，甚至都不会是伊拉克战争时的样子。我把杨静的这篇文章部分内容“贴”在这里，是想提醒大家，无论你有多么强的想象力，可能都无法完全构想出未来战争的形式和内容，因为人工智能带来的颠覆是无法想象的。

美国的“未来战争宣言”

美国国会参议院2016年发表了一个报告，叫做《未来战争宣言》，对未来战争进行了描绘。报告认为，尽管美军是全球最强大的军事力量，但仍须警惕军事领域发生的颠覆性变化，并大力投入做好准备，因为美国的对手在不断创新。报告提出了以下几个需要重点关注的要点。

第一，战争在不断地演变。颠覆性创新会彻底改变游戏规则，再好的骑兵面对坦克也会束手无策，再好的蒸汽战舰在航母时代也终将被淘汰。新技术往往是颠覆性变化的催化剂，但技术创新必须与军事条令、组织制度创新相结合，才会导致战争样式的转变。比如，利用坦克创造出来的“闪电战”。尽管军队一直寻求以常规增量式发展超过对手，但同时必须时刻警惕改变战争的颠覆性变化。尤其是现在，由于新技术被广泛扩散，很容易被其他国家用于反制自己，而且新技术又层出不穷，会引发更深刻的军事变革。因此，当务之急是尽可能的透视一个不确定的未来，了解即将到来的变化。

第二，未来已来，迎接挑战。科幻小说作者威廉·吉布森曾说，“未来已经在眼前，只是没有被大多数人看到。”战争中的许多改变不是源于新技术，而是来自现有技术在整个国际体系中的扩散。不同的技术应用规模会产生不同的效果。在战争中，当一种技术扩散并应用于多国军队后，就会产生截然不同的效果。19世纪，英国人利用马克沁机枪征服了非洲，但随着机枪技术快速传播，在“一战”中他们自己就得面对也有机枪的敌人，结果是灾难性的，一天就损失2万士兵。今天的美国也面临着类似挑战，比如中远程导弹就对美国形成巨大威胁，而导弹拦截却是昂贵的。同样的情况还包括太空、网络空间、电磁频谱，以及海底等，必须彻底转变军事思想才能对付。种种迹象表明，下一代战争模式将战争从少数昂贵平台，转变为由低成本平台通过网络形成的整体，比如 DARPA 正在试验将大型飞机的能力分解为一群合作的低成本飞行器能力的计划。

第三，关注信息技术发展带来的变化。主要有三大趋势。一是更高的透明度。全面数据化和信息自由流动使得世界迅速透明，曾经只有超级大国才有的卫星图像，现在在网上就可以免费获得。斯诺登带走了超过 170 万个文件，而五角大楼当年泄漏的越战文件也仅仅只有 7000 页①。通过大量没有规律的信息挖掘成为了主要的挑战。二是更广泛的连接。互联网和社交网络的广泛应用，增进了人与事物之间的联系，同时也加速了创新的步伐。三是更深度的机器智能。计算能力的快速增长导致出现越来越多的智能机器，当计算能力嵌入具体物理机器，这种趋势会催生越来越多的自动武器和机器人系统。

第四，关注塑造未来战争的六种关键概念。当权衡如何利用有限的国防开支应对挑战时，就需要预测未来几十年需要什么样的能力。有六个关键作战概念需要关注。一是隐藏与发现，就是不让敌人找到，而自己尽快找到敌人。除了隐身、探测、干扰、密码等装备能力，也包括找到隐藏在人群中的敌人的这一类非装备能力。二是理解和混淆，主要是指在认知领域的竞争，如信息处理、战场空间理解、人体增强和快速决策等，也包括反面的信息欺骗等。三是网络弹性和网络破坏，即保护己网、毁坏敌网的能力，网络也可看成体系。四是打击和拦截，如发展高速、低成本弹药及平台，拦截则反之。五是行动与决策速度，解决行动速度与决策速度的矛盾，做好人力系统和自动系统的平衡。六是关键人群的看法，通过一定手段了解社会的反映，争取民众的支持，也就是现在常说的媒体战。

第五，用敏捷性战略应对未来。这是一种管理颠覆性变化的策略，重点是增强对颠覆性变化迅速反应的能力。需要关注三个方面。一是快速反应能力。战争形势已经变化，但国家受官僚主义所累，不足以应对现代战争的变化速度。应对敌人的创新可能比直接挫败一次敌人的行动更为关键。应将过去成功的经验制度化，确保做好快速应对未来冲突的准备。二是模块化设计。为应对未来快速反应需要，应突出装备的模块化设计，解决平台寿命长而软件技术变化快的矛盾。可以实现技术的快速更新，以更低的成本逐步提升战斗力。三是演示实验能力。新技术本身不会产生战场优势，需要被融合进新的作战概念、训练、军事条令和组织中才行。因此，就需要不断地通过作战实验来发现新的战争模式，展现新的作战能力和效果。

美国参议院《未来战争宣言》的结论是：20 世纪已经见证了很多战争中的颠覆性变化，如重机枪、坦克、飞机、潜艇、核武器、GPS、隐身技术、制导武器、通信网络

---

①1971 年，时任兰德公司的高级分析员的丹尼尔·艾尔斯伯格，将美国五角大楼的 7000 多页内幕文件泄露给《纽约时报》，导致全国范围的反战浪潮，促使美国政府不得不彻底结束越南战争。

等，它们都改变了战争。如果一个国家不能适应这些变化，就会付出高昂的代价。虽然美国经受住了这些变化带来的冲击，但也无法保证未来必定成功。必须做好最充分的准备，以应对未来可能发生的颠覆性变化。虽然现在还无法看到未来的具体形式，但挑战马上就会到来，让我们拭目以待。

在我看来，美国人总是危机感十足，总是担心自己有一天被别人打败，沦落为二流国家。所以，他们在不停地寻找敌人，不停地找自己的毛病，不停地强化战争力量。他们的战争总结很少见到有说好话的，倒是经常是直言不讳地批评。但也正是这种特质，使他们保持了百年以上的超级大国地位。这是需要我们学习和思考的。

从《未来战争宣言》中我们可以看到，美国人已经把重点放到信息化战争的更高阶段，主要应对的还是可能出现的颠覆性变化挑战。我就在想，我军在向机械化转型尚未完成的情况下，不仅面临着信息化战争的挑战，同时还面临着即将来临的智能化战争的挑战，我们又将如何应对“三代同时”的转型呢？

悲剧有时也会变为喜剧。战争的变革又何尝不是这样呢？

第6章　从科学思维到科学方法

战争科学是不是科学？推而广之，社会科学是不是科学？这样的问题其实并不是今天才提出来的，这是很多战争理论家很早就提出来的问题。拿破仑时代的著名战争理论家约米尼曾断言："战争并不是一种科学，而是一种艺术"。我国著名科学家钱学森却说："战争是一门科学"。这是截然不同的两种态度，我们应该怎样看待？这就要从什么是科学谈起了。

6.1　什么是科学

6.1.1　科学的三要素

什么是科学？中国科学院高能物理研究所张双南研究员曾经做过很好的说明①，我觉得他说得很简洁，也很精彩。这里主要介绍他的观点，同时加上一些其他研究者的观点，以及我自己的一些理解和说明。

科学的目的：普京提出的问题

科学的目的是什么？这是科学的第一个要素。如果将这个问题抛给大家，恐怕很多人都会说，科学的目的是造福人类。但这个回答却是不正确的，这也是我们很多人对科学认识的最大误区。

一提到科学，很多人很快就会联想到能够有什么用处，俄罗斯总统普京就是其中一位。当他还在担任俄罗斯总理的时候，俄罗斯和德国联合研制了一个以暗能量为主要研究目标的空间X射线天文卫星。暗能量是宇宙学中的一个猜想，要想验证这个猜想，就必须建立一些大型的科学装置，自然要花不少的钱。普京在听取了关于这个项目的介绍后，问了两个问题："暗能量有用吗？暗能量危险吗？"当时一个科学家是这么回答的："我不知道。不过在100年前，如果你问爱因斯坦相对论是有用还是危险，爱因斯坦一定回答说不知道。但是今天我们知道相对论既有用，也危险。"因为利用相对论，我们造出了核电站，也造出了核武器。

科学的确可以造福于人类。社会的进步和生活品质的提升，绝大多数都是科学进步带来的，而且今天有很多科学研究项目的目的就是要造福于人类。但是，

---

①参见张双南的《从普京发问谈起，到底什么是科学》，微信公众号《知识分子》，2016年1月28日。

科学的目的本身并非如此，因为科学成果同样也可以给人类造成灾难，这样的例子同样也不胜枚举。

因此，科学的目的既不是造福于人类，也不是危害人类，而是刨根问底，探索大自然和社会，发现各种规律。比如，我们前面说过的牛顿三大定律、爱因斯坦相对论、量子力学等基础性自然科学规律。但是，如何应用这些规律则并不是科学本身的目的。因此，科学家在研究的时候可以只关心这些规律本身，并不需要关心它是否有用、是否危险，当然这并不排斥科学家要遵守科研的伦理道德，约束自己的行为，选择开展自己认为是否有用、是否危险的科学研究工作。比如，现在很多国家就禁止对人类胚胎的克隆，就是一种科研伦理道德上的约束，防止“疯子”科学家的出现。

一般说来，对科学的理解存在两个极端。一方面，科学家强调发现自然规律的重要性，却容易忽视科学对社会、经济和战争的影响，他们更关心对好奇心的满足，对世界的解释，但是否能通过科学掌控未来，则不是他们考虑的范畴。这当然不包括那些伪专家，他们甚至连好奇心都不考虑，考虑的只是名声，以及由此转化而来的利益。另一方面，某些领导人、企业家，甚至老百姓则在另外一个极端，他们关心和渴望科学进步，但也毫不回避他们所做的一切都是为了某种利益，如果没有什么利益，恐怕可能就没有人会赞同大量的金钱投入，仅仅是为了满足某种对世界的好奇心。在经济衰退时这个矛盾就会非常突出，但在经济发展好时则不会那么显眼，其实就是经济实力使然。

需要进一步说明的是，科学研究发现的规律并不限于自然科学研究的自然规律，也包括其他各种规律，比如社会科学关注的社会规律，军事科学关注的战争规律等。自然科学、社会科学，包括军事科学所研究的对象不同，所发现的规律当然也不同，但是它们的目的都是揭示规律，而且它们也都符合科学的另外两个要素。需要说明的是，并不是所有揭示规律的学术研究都是科学研究，因为很多学术研究并不完全符合科学的另外两个要素，如数学、艺术研究等。

科学家的好奇心与“无用”知识的意义①

说到科学的目的，有必要先说一下科学的驱动力到底是什么？其实像普京那样关注科学是否有用问题的人并不在少数，甚至可以说是大多数。但是，在科学家看来，他们进行科学研究的目的，其实并不是它是否有用，而是为了满足探索自然和社会规律的“好奇心”。所以，那些对人类文明产生重大影响的科学思想，开始可能都是些无用的知识，就是在这些科学家的“好奇心”下产生出来的。所以，如何保护科学家的“好奇心”，尊重他们和他们的研究，实质上就是促进科学的发

①参见小远的《那些‘无用’的思想对人类有多重要》，微信公众号《群学书院》，2017 年 2 月 6 日。

展。这方面,美国著名科学家弗莱克斯纳[①],就是杰出的典范。

20世纪30年代,弗莱克斯纳在普林斯顿高等研究院担任院长。1933年,当时德国的纳粹政府因为爱因斯坦是犹太人而且公开反对纳粹,恼羞成怒,查抄了爱因斯坦在柏林的寓所,焚毁其书籍,没收其财产,并悬赏十万马克索取他的人头。当时,爱因斯坦恰好在美国访问,避居在普林斯顿。弗莱克斯纳得知消息后,立即找到爱因斯坦,邀请他去刚刚成立的普林斯顿高等研究院工作。

爱因斯坦当时寄人篱下,所以只提出了两条要求:第一,我要带着助手一起去;第二,年薪3000美元,这在当时也算是比较高的工资了。弗莱克斯纳却说,第一条,没问题;第二条,不行!爱因斯坦一听,院长是不是嫌我要的钱多了?就说,"要是普林斯顿一年的生活费花不了这么多,我也可以少要点"。"不,先生",弗莱克斯纳正色回答道:"我不同意的原因,不是你要得太多,而是太少了。如果一年只给你3000美元的薪水,那么全世界都会认为我在虐待爱因斯坦!"结果,爱因斯坦在普林斯顿的年薪,定为16000美元。这样的工资水平,在当时绝对算得上是独一无二了。

爱因斯坦来到普林斯顿研究院后,也没有被分派什么具体课题,让他自己看着办,而他研究的相对论这类课题绝对算是"无用"之学了。因为是研究院,所以大多数教授甚至也没有什么教学任务。据说,当时爱因斯坦每天做的事情,就是端着咖啡杯到处找人海阔天空地"闲聊"。当时能和他闲聊的人也不是无名之辈,都是些当时著名的科学家,冯·诺依曼就是其中之一。冯·诺依曼被誉为20世纪最伟大的科学全才,计算机和博弈论之父,也是主导当时美国原子弹计划的科学家之一。可见也不是一般人。

当时很多人责备弗莱克斯纳,认为他花那么高的工资请来的科学家们,每天都"无所事事",做着毫无"用处"的工作,是不是有点犯傻?其实,这些质疑很正常,要是在今天我们这里,恐怕也是如此,但好在中国对名人有种天生的崇拜心理,估计问题也不大。但要是一般普通教授,尽干些没用的事,恐怕就得让你"拜拜"了。但面对质疑,弗莱克斯纳当时是这样回答的:

> "先生们,在爱因斯坦诞生前100年,他的同乡高斯[②]出生在普鲁士。高斯发明的非欧几何学,是整个19世纪最晦涩的数学研究,在长达四分之一世纪的时间里,高斯无法发表任何相关研究成果,因为当时人们认为它们'没有用'。可是今天,全世界都知道,如果没有高斯当年

①亚伯拉罕·弗莱克斯纳,1866～1959,美国著名医学科学家,也是著名高等教育改革家,他发展了跨学科高等教育研究。

②卡尔·弗里德里希·高斯,1777～1855,德国著名数学家、物理学家和天文学家,近代数学奠基者之一,有"数学王子"之称。高斯与阿基米德、牛顿并列为世界三大数学家。

的研究，相对论及其丰富的实用价值恐怕全都是泡影。”

“近一两百年间，全世界的专业学院在各自领域内做出的最大贡献，可能不在于培养出多少实用型的工程师、律师或医生，而在于进行了大量看似无用的科学活动。从这些无用的科学活动中，我们获得了许多新的发现，它们对人类思想和人类精神意义之重大，远远胜过这些学院建立之初力图达成的实用成就”。

“而在普林斯顿，行政工作被尽可能的弱化。脑中无物的人，无法专注思考的人，在高等研究院是撑不下去的。我希望爱因斯坦先生能做的，就是把咖啡转化成数学定理。未来会证明，这些定理将拓展着人类认知的疆界，促进着一代代人的灵魂与精神的解放”。

弗莱克斯纳说的一点都不错。正是在普林斯顿高等研究院，爱因斯坦的广义相对论研究又取得了新的进展，并且对量子力学理论研究也有促进。我看这其中就有普林斯顿高等研究院咖啡的功劳。弗莱克斯纳在 1939 年又发表了一篇著名文章，后来被广为传播，题目就是《无用知识的用处》。在文中他写道：

“时至今日，‘实用性’是我们评判某个大学、研究机构或任何科学研究存在价值的标准。但在我看来，任何机构的存在，无需任何明确或暗含的‘实用性’的评判，只要解放了一代代人的灵魂，这所机构就足以获得肯定，无论从这里走出的毕业生是否为人类知识做出过所谓‘有用’的贡献。一首诗、一部交响乐、一幅画、一条数学公理、一个崭新的科学事实，这些成就本身就是大学、学院和研究机构存在的意义。”

“正因为如此，我极力呼吁各位不要过于关注‘实用性’的概念。诚然，某些怪异想法可能会大行其道，宝贵的研究经费也有可能会被白白浪费掉。但比放纵和金钱远远重要的是，禁锢人类思想的锁链得以被粉碎，思想探险获得了自由。正是凭借这份自由，爱因斯坦等才能披荆斩棘、向着宇宙最深处不断探寻，同时将紧锁在原子内部无穷无尽的能量释放出来。也正是凭借这份自由，玻尔等了解了原子构造，并从中释放出足以改造人类生活的力量。”

“人类真正的敌人并非是无畏且不可靠的思想家，无论他的思想是对还是错。真正的敌人是那些试图为人类精神套上桎梏，让它不敢展翅飞翔的人。”

我觉得弗莱克斯纳说得真好。他的文章虽然写于 1939 年，至今已有近 80 年之久，但怎么看都像是在说今天的我们。当然，注重基础科学研究并不是要否定应用科学研究，但我们在试图改变目前存在的忽视基础科学研究现状时，是不是可以从中得到启发呢？

科学的精神：质疑、独立、唯一

科学的第二个要素是科学的精神，包括质疑、独立、唯一。

质疑是最基本的科学精神，也称为批判精神。就是要对以前的结果、结论，甚至广泛得到证实和接受的理论体系，以怀疑的眼光重新进行审视。笛卡儿的科学方法论最核心的内容就是批判的怀疑。但是，质疑并不完全等同于怀疑，更不是全面否定。质疑实际上是批评地学习和接受，其目的是揭示以前工作的漏洞、缺陷、不完善、没有经过检验或者不能完全适用的地方。比如，哥白尼对"地心说"的质疑，才产生出了"日心说"，大大推进了天文学对宇宙的认知；爱因斯坦对牛顿理论的质疑，结果才诞生了狭义相对论和广义相对论，将物理学往前推进了很大的一步。

丘吉尔说，"如果我们不会质疑，骗子就产生了。"这就是质疑的作用，不管什么人都没有不被质疑的权利。就科学家而言，被质疑者如果在质疑中发现了自己的错误，一般都是敢于承认的，允许你改变他的想法，并不认为这是什么丢脸的事情，因为他们是真理的追求者。

独立有两层含义。一方面，科学研究所发现的规律独立于研究者，也独立于研究手段和研究方法，即发现的客观规律是客观存在的，不会因人而异，因地因时因方法而异。另外一方面，科学研究者必须具有独立的思想，科学研究工作也必须以独立精神进行，既不屈服于任何权威、资本或潮流，也不剽窃他人的成果为己有。只有独立做出的科学研究成果才有科学价值，当然这并不排斥学术交流和学术合作，因为交流与合作往往是激发研究者个人创造力的有效途径。创造力是最终产生高度原创性独立研究成果的根本原因。

但要做到独立并不容易，困难主要有三个：一是主流压制非主流，不管是有意识还是无意识；二是权威压制非权威，年轻人很难出头；三是受限于非科研因素，比如资金、组织或管理，成为别人的御用工具，或丧失科研道德。这些都与独立的科学精神背道而驰。有的人甚至连独立人格都丧失了，人云亦云随大流，傍了大款傍大官，还谈什么科研的独立精神。回顾科学史，我们很容易发现，现在主流的学说或理论，以前其实都是非主流的，科学的发展历程就是非主流不断地取代主流的历程，而这正是独立科学精神的具体体现。

唯一指的是科学规律的唯一性。也就是说，对于同一事物，科学规律不会有多个。不会因为不同的权威、信仰或环境的改变而改变。由于科学的目的就是揭示科学规律，离开唯一的科学精神，也就无所谓刨根问底，科学的目的也就不再存在，当然科学研究也就无法进行。因为科学研究的方法基本上就是围绕着科学规律的唯一性发展出来的。

但对于唯一性的解释，不能仅仅限于经典物理学的狭义范畴，更不能理解成为唯一确定性结果。比如，"世界虽然千变万化，但在同样条件下必然出现同样确定结果"，可能就不太符合量子理论新的发现，也不符合社会科学的特点。根据哥德尔定理，在更高层看，唯一的规律应该是更高层的规律，而非经典物理学中所见的简单因果关系的规律。

科学的研究方法：逻辑化、定量化和实证化

科学的第三个要素是科学的研究方法，也包括逻辑化、定量化和实证化。

先说逻辑化。科学研究起源于古希腊哲学，而哲学研究所建立的逻辑化正是科学方法的最早起源。所以，以前通过学术研究获得的博士学位，往往被称为哲学博士(Ph. D.)，就是这个原因。什么是逻辑？一般地讲就是规律，比如客观规律，我们有时候说某事情发展得出乎意料，常会说："这不符合逻辑啊！"就是违反了规律的意思。但狭义上的逻辑指的就是思维规律，是对思维过程抽象出来的一套规则，是由古希腊哲学家亚里士多德等创立的，包括形式逻辑和辩证逻辑，以及细分下来的推理逻辑和演绎逻辑，对哲学发展起到了关键作用，也成为重要的科学方法。

再看定量化。在使用逻辑方法开展科学研究的过程中，定量化是必不可少的。没有定量化，就无法通过归纳建立模型，也无法对模型进行演绎做出预言，并被进一步的观测或者实验检验。现代科学与传统哲学分道扬镳，成为完全不同的学科领域，就是因为采用的工具发生了变化。前者使用的是数学研究建立起来的各种计算方法和工具，而后者沿用的仍然是传统的逻辑方法。而科学研究的定量化又使得科学研究的成果能够得到实际应用，这是科学和哲学彻底分离的最显著的标志。

最后是实证化。实证化是最需要被强调的科学研究方法，尤其是经典科学。从天文学研究带来的人类认识宇宙的几次大飞跃中可以看到，几乎每一次都是旧理论预言和新观测结果相矛盾，因而导致理论必须进行修改，因为真正的客观规律只能唯一。现在有不少的科学研究都忽视了实证化，建理论、写文章的动机和结论都局限在已有理论或数据基础上，很少，甚至完全不考虑理论是否能够被证实，或者被实践所检验。爱因斯坦在建立了广义相对论之后，不但对一些已知现象进行了解释，而且还预言了光线弯曲和引力波，结果全部被证实，尽管观测到引力波已经是100年后的事情了。

科学的目的、科学的精神，以及科学的方法这三个要素，是我们认识和理解"什么是科学"的最重要的基础，也是科学最重要的核心内容。

6.1.2　科学的概念

狭义的科学概念:探索知识的方法

说了科学的三要素,最后还是要回答,科学到底是什么?这里就有了狭义概念和广义概念之分了。狭义的概念来源于自然科学,而广义的概念则扩大到了社会科学等非自然科学领域。

从狭义上说,科学是探索知识的过程,而非知识本身,这个过程又被称为科学方法。其涵义是利用这些方法可以得到解决问题的结果,而这些方法又是经过严格验证的,而且结果也是可信的。所以也可以说,科学就是一个探索规律的过程,但要符合一系列经过学术共同体认可的规则和过程。符合这些规则和过程,就认为是科学的,否则就是不科学的。

为了做到这些,需要先满足以下前提:第一,观察的事物或事件必须有特征或原因,而且特征可以识别,可以用普遍接受的方式描述。鬼神就无法研究,因为不知道它的特征是什么,如何识别和描述。第二,可以重复的事件必须有同样的特征或原因,并且其他人也可以感知。不能说我看到鬼了,别人却看不到。第三,自然法则不因时间和空间的改变而改变。也就是发现的规律,不能只在某一个地方、某一个时刻才灵光,比如"信则灵不信则不灵"就不可以。

然后是具体的科学研究过程:第一,观察现象,包括使用感官或仪器的观察。第二,质疑与探索,也就是提出问题、收集信息、开始研究。了解前人的工作可以启发思路,节省时间;问题提的好坏会直接影响问题是否能够被解决。第三,提出假说。假说是对特定问题的可能答案,而且能够被验证。一个好的假说必须是逻辑严密的,能够包含现有的所有信息,并对将来可能补充的信息开放。如果有多个选择,一定要选择最简单包含最少假设的那个假说。第四,验证假说。通过收集其他已经确认的信息加以验证,也可以通过额外的实验验证。不管是哪一种,都必须确保验证是可靠和可信的。一般说来,只有大量的重复实验皆表现出明显的因果关系,这个实验才可信。第五,形成理论和结果。通过对上述结果进行归纳和演绎,得出新的理论和法则。第六,发表和交流。科学方法的核心特征之一就是交流。绝大多数情况下,科学研究结果必须要接受其他人的监督和审查,包括发表文章、公开想法和思路。

这个科学过程是规范的,所以已经成为自然科学研究的基本范式,影响到了其他学科领域。在这里,执行的严格与否,往往就成为区分科学不科学的关键。从中也不难看出,这个过程是遵循逻辑化、定量化和实证化科学方法标准的。

广义的科学概念[1]:知识体系及研究方法

狭义的科学概念主要还是针对自然科学而言的,但广义的科学概念就比其宽泛了许多。它至少包含三层含义。

第一,知识或学问。这是最普遍的认识,将科学与知识对应起来,比如常见的自然科学、物理科学、宇宙科学等,也能见到哲学是一门科学之类的表述。军事科学也被表述为:是研究战争的本质和规律,并用于指导战争的准备与实施的综合性科学。这类表述中的科学显然是指知识或学问,即它是在最广义上使用的科学概念,其中也应该包含对自然或社会规律进行探索研究的含义,但并没有特别强调。

第二,自然科学,也就是狭义的科学概念。因为科学这个概念就是从自然科学起源的,所以它的方法就是最基本的方法。但是,自然科学的方法并不是唯一产生知识的方法,所以过去几乎所有关于科学的争论皆由此产生。比如,中国古代有没有科学?如果此处的科学指的是基于规范科学方法的自然科学,那么中国古代没有科学是不言而喻的。倘若指的是最广义意义上的知识或学问,那么说中国古代没有科学就不正确了。不过,通常情况下,人们所说的科学主要指的还是自然科学。

第三,基于实证研究的有关自然和社会的知识体系。这个一看就比狭义科学概念的范围要大,因为包含社会这个对象在内,而且基于实证研究,又指明了研究方法。所以,这里的科学指的就不是上面所说的最广义上的知识或学问,也不是指狭义上的自然科学,而是指一种经受了经验检验和逻辑检验的知识体系,当然也包括研究方法。按照这种理解,虽然人文类学科称不上是科学,只能叫做人文学科,但是基于实证研究的社会科学却可被认为是科学家族中的正式成员,比如人们常说"马克思主义是科学",就是正确的。这样,那些采用了科学方法的学科,比如社会学、心理学、经济学、行为学、军事学等,就都可以归于科学的范畴。

实证研究方法:创造了最"牛"博士论文

在这里,基于实证研究这个方法起到了非常关键的作用。实证研究是西方实证主义哲学学派特别推崇的方法,就是拒绝一切形而上学,强调经验和客观精确描述,从研究现象出发,进行系统逻辑分析,从中归纳得到科学定律。是不是听起来很熟悉?其实就是注重第一手材料,强调亲身的调查与感受,强调一切凭证据说话。

---

①参见周程的《科学的起源及其在清末的传播与发展》,微信公众号《科学春秋》,2016 年 12 月 19 日。

这个学派的哲学思想大大影响了现代科学的发展,尤其是社会科学的发展。代表人物都大名鼎鼎,一个叫孔德[①],是 19 世纪实证主义社会学的创始人;另一个是维特根斯坦[②],将实证主义重经验的学说与数学的符号逻辑结合起来,创立了逻辑实证论,在 20 世纪风靡一时。

传说,维特根斯坦在没有任何学位前就已经名满天下,他的学士论文还是他的导师记录了他的谈话帮忙整理的,勉强被学位委员会接受。博士论文则是他在"一战"的战壕里写的,题目是《逻辑哲学导论》。出版前没有人看得懂,他的导师、著名哲学家罗素就自告奋勇写了洋洋洒洒的长篇序言以示推荐,但出版后却被维特根斯坦臭骂,说罗素根本没有看懂,瞎写一气,罗素听了也没有脾气。答辩时,也没有人敢问他问题,只好草草通过了事,因此这篇博士论文被后来的博士研究生们认为是最"牛"的博士论文,连由最"牛"教授组成的答辩委员会都不敢提问,还有谁能够做到?第二"牛"的就是前面提到的德布罗意的一页纸论文,产生了两项诺贝尔奖。

其实,science 一词最初的含义就是指知识或学问,进入 19 世纪后又用来特指自然科学,而实证主义兴起之后又开始用来泛指建立在此基础之上的有关自然、社会的知识体系,既包含自然科学,又包含社会科学;既包含已经获得的知识,也包含继续获得新知识的规范方法。其中,使用普遍适用性的科学方法,比如自然科学方法或实证研究,才是科学与否的关键。

所以,总的来说,科学作为一种思维方式和研究方法,是用于探索和观察世界的一套规则和形式,与提出问题并回答问题的方式有关,由那些希望获得可靠答案的人们创造。除了特别指明,本书也采用这个定义。

科学与其他学术研究的关系

从科学的狭义和广义概念来看,我们既不能仅仅将科学看成是知识的另一种表述,也不能太过宽泛失去科学本来具有的方法含义;既不能将其限死在自然科学领域,但也不能无限扩展,而失去科学的基本特征。所以,科学这个词还真不能乱用。有些学术研究就不属于科学的范畴,即使是广义的科学概念。

首先,哲学不是科学。现代科学的确起源于哲学,但哲学与科学在学科上并列。哲学研究的是世界的一般性规律,给出的是方法论,而科学研究的是特定领域的特定规律,方法更为具体。虽然哲学的逻辑化是科学研究方法的重要内容,但是在一般意义上的哲学研究并不强调定量化研究,也不强调实证化研究。因

①奥古斯特·孔德,1798～1857,法国著名哲学家,社会学和实证主义的创始人,被誉为"社会学之父"。

②路德维希·维特根斯坦,1889～1951,出生于奥地利,著名英国哲学家,分析哲学的创始人之一,被认为是 20 世纪最有影响力的哲学家。

此，既然哲学的目的、精神和研究方法都和现代科学有很大的不同，所以哲学并不是科学。

有些科学家不承认哲学的意义，尤其是物理学家。美国有个很有名的物理学家叫费曼①，此人被认为是继爱因斯坦后最睿智的科学家，从事量子电动力学研究，参加过曼哈顿计划，最早提出纳米的概念，据说他还发现了蒙古族"呼麦"的演唱技法。就是这样一个人，在谈到关于现代科学和哲学的关系时，却说过这样的话："科学家需要哲学，就像鸟儿需要鸟类学家一样"，意思是哲学没有什么用。而且他还说过"哲学和科学一般没有关系，当发生关系的时候一般都是哲学损害科学。"当代物理学家史蒂芬·霍金也说过"哲学已死"。当然，这是他们自己的片面看法，但从中也可以看出，哲学和科学学者之间的隔阂有多大。

第二，数学也不是科学。这是很多人不知道的，尽管数学是科学定量化方法的基础，但数学却不属于狭义下的科学范畴。中学课本对数学有个定义："数学是关于空间形式和数量关系的科学"。也有说："数学是一切科学的语言"，以及"数学是科学之母"等等。如果从广义上说，数学是科学还可以，但从狭义上说就不是了，这是因为数学对实证化没有要求，不需要观测、实验和检验，也不需要能够证伪，只求逻辑推理过程没有错误，就是正确的数学理论。所以，数学不是科学，但是和科学关系非常密切。

其实，在正式场合，国外很多机构在学科上是把科学和数学并列的，写成科学和数学，与我们平常说的理科相当，说明数学一般不能被简单地列为科学的一个分支。但也有很多大学的数学系被写成数学科学系，显然又希望强调数学的科学性质。所以，广义地把数学列为科学的一个领域也未尝不可，很多国家的科学院都设有数学部，或者是数理学部，大概也是这个原因。

第三，科学也不等于学术研究。尽管哲学和数学在严格意义上都不是科学，但是哲学和数学也都是严肃的学术研究，而且还是非常重要的学术研究。我们并不能说科学比哲学或者数学重要，它们之间没有高低贵贱之分。这说明，学术研究不一定都是科学研究，比如历史、文学、艺术、工程技术等，它们各自都有自己的研究方法。

举例来说，科学要求假设能被验证，但有些学术研究就无法验证。比如，我们可以假设"如果某个事件没有发生，历史的进程会发生什么样的变化"。但时光不会倒流，这一假设也就无法得到验证，所以历史不是科学。但这并不影响历史学用其自己的方式进行研究。当然，也不排除有朝一日，历史研究中也采取了科学的方法，从而衍生出某种"历史科学"出来。

---

①理查德·费曼，1918～1988，著名物理学家，美国加州理工学院物理学教授，1965年获诺贝尔物理学奖。

第四，科学也不等于技术。科学经常被混同于技术，然而技术只是科学在各种任务上的应用。高科技的说法是错误的，因为科学不分高低，所以只能有高技术。科学的本质是探索，是满足人类好奇心的，是非功利的，如地球为什么转动，行星为什么不掉下来等等。这些探索的理论就是科学，比如牛顿定律、相对论等。技术则不然，技术是有功利的，最直接的表现就是专利，而科学是没有产权的，科学知识是人类共同的财富。现在很多学者也分不清楚，经常混为一谈。比如，很多学者在讲战争科学时，其实介绍的也主要是各种武器装备和军事技术。

中国没有多少科学传统，历史上从来都是只有技术没有科学，对技术更感兴趣，尤其是实用技术。四大发明是技术，航海，甚至中医等也都是技术，哈雷彗星也是中国人先观测到的，但并没有人去追究后面的科学原理。即使在今天，公众包括政府也是对技术更加关注，对科学，尤其是科学精神就关注不够，这就显得有点功利，也是导致现在社会上伪科学屡见不鲜，科研功利主义风行一时的一个原因。

什么是伪科学

伪科学必须专门说一下，因为我们周边有太多的伪科学现象，我老妈就经常被骗。有一年我回家，她十分高兴地告诉我，她花了 6000 元给我买了一床可以治疗睡眠不好的磁疗被子，我只能暗暗叫苦，还不能拂了老人的一片好意。又一次她又告诉我，今后不再喝牛奶了，因为有人告诉她，牛奶会养大癌细胞，而应该吃蛋白粉。不出意外，家里又多了好几箱蛋白粉。还有一次，我发现她居然每天坚持听广播，因为有一个“杨教授”每天给她们讲吃某种胶囊的好处，她坚信“广播里说的不能错”，还经常推荐给别人，让我哭笑不得。所以，伪科学十分害人。最奇葩的是，我甚至还见到一篇题目为“引力波终将引爆未来战争变革”的文章在微信上流传，那些伪科学观点简直让人哭笑不得，说不准还会误导什么领导。但是，什么是伪科学呢？

首先，伪科学不是科学，却要伪装成科学。它用科学的外表和科学的语言来说服、迷惑和误导人们认为它是科学可信的。最典型的就是打着营养科学和中医科学的牌子，去误导消费者，尤其是老年人，以便从中牟利。比如，我们都知道人体需要诸如氨基酸、维生素、矿物质等各种营养素，如果营养素缺乏身体就会出现问题，许多科学实验都证实了这一点。但绝大多数情况下，我们的身体并不缺乏这些东西，但伪科学广告却断章取义的选取科学信息，使得人们觉得不补充他们就活不了命了。再比如，有人宣传天然食品有利于健康，很多食品都以纯天然为珍贵，但这个结论并不准确，因为很多天然植物却具有很大毒性，没有人愿意在食品中添加。

第二，伪科学经不起科学检验。科学检验的方法很多，比如统计实验、双盲实验、疗效实验等。但伪科学中很多都是没有根据的断言,比如“绝无毒副作用”,但这是很难证实的,因为暂时没有发现不等于绝对没有。现在青少年中流行的星座理论,就是打着天文学的幌子,将个人命运归纳为若干种星座命运。但实际上,随便找一批人就可以很快证实,这个理论是不靠谱的,为什么生在某一天的人就一定“固执”,生在另一天的人就一定会“理财”? 如果他妈妈早产几天、晚产几天,是不是性格就一定会改变? 这和那些计算机算命并没有什么两样。

第三,伪科学基本上都是选择性证实。科学与伪科学最大的区别就在于态度的不同。伪科学总是去寻找支持其猜想的证据,而科学总是去寻找挑战自身猜想并证明其错误的证据。这是科学和伪科学的一条分水岭。比如,某种治病疗法被宣传得神乎其神,还让某些病人亲身说法,以证明其有效性。但恰恰这样是不科学的,因为他只会挑那些有效的病例,而不会挑那些无效的病例,这就是选择性证实。在很多时候,战争研究者也经常犯这样的错误,比如,宣称海湾战争的“兵棋推演结果与实际战争一致”,但实际上这个结果只是上百种结果中的一个。

当然,也不能随便给别人扣伪科学帽子。扣帽子最典型的事件就是苏联院士李森科,他使用政治手段打击学术上的反对者,将基因遗传学扣上伪科学的帽子。还有个别科学家仅熟悉自己的专业领域,但将一些方法不适当地推而广之,对不符合者扣的也是伪科学的帽子,甚至动员媒体、粉丝参与攻击。其实,很多学科的差别是很大的,像复杂系统研究,就不能简单地用物理学方法去评判。比如,关于重复性实验,对于物理学来说,很多理论就应该能够被重复验证,但对一些社会科学理论来说,可能就无法做到完全确定。不是不可以重复,而是重复的初始条件很难一致,结果就更难一致,有时甚至都不允许实验。对于这种情况,就需要找到其他科学的方法。所以,伪科学的帽子也是要慎用的。

6.1.3 科学的辨析与局限

科学并不代表正确

经过多年的科学教育,我们不知不觉中留下了一个印象,这就是科学的就是正确的。“相信科学”原来的含义是“按照科学的方法看待问题”,似乎转变成了“相信科学所给出的‘结论’”。这其实是对科学的极大误解。真正的科学,从来就没有把自己打扮成正确的化身,恰恰反对的就是永远正确和绝对正确。其实,科学最重要的是方法,而不是结论。也就是说,如果你采用的研究方法是科学方法,那么得到的结论也就可以被承认是“科学的”。这里就蕴含着两个含义:第一,被认可的是科学方法;第二,结论只是方法的结果,但不为确保正确背书。

人类对世界及其规律的认识并不是一成不变的,而是不断提高的。开始认为正确的结论,后来也可能发现有局限性。因此,科学的结论只不过是在当前认知情况下，通过科学方法得到的符合实验结果的结论。牛顿三大力学定律可以通过物理实验得到证实，这个结论符合当时的认知，也就是科学的。但是，当爱因斯坦将这个理论置于接近光速条件下时，就又暴露出了它的不足，只能局限在静止或低速条件下成立，所以这个理论又是有局限的。因此，科学又总是发展的，正确也只是相对的。

爱因斯坦自己也因此留下过终生遗憾。当年，爱因斯坦的广义相对论如日中天，受到广泛的追捧。但当他将广义相对论方程应用到宇宙模型上去的时候，却发现了一个问题：根据这个方程，宇宙要么是收缩的，要么是膨胀的，不可能保持静止，但这与实际天文观测到的情况并不一致。爱因斯坦苦思冥想，最后找到一个办法，为让理论更加完美，他就给广义相对论加上了一个宇宙常数，这样这个方程终于可以说明宇宙是不会变化的了。但是，这个"权威"加上"完美"的理论，却被天文台一个看门的小伙子赫马森给打破了。

当时，赫马森还默默无名，在天文台值夜班看大门。晚上没事干就用望远镜观察星云，结果发现了大量的宇宙星云红移[①]现象，就报告给了著名天文学家哈勃[②]。结果，哈勃认为这说明宇宙本身就在急速膨胀，从而证明爱因斯坦原来的理论其实是正确的，并足以让他再得一次诺贝尔奖。这个发现让爱因斯坦懊悔不已，公开承认那个宇宙常数是"其一生中最大的错误"，可以说是"一失足成千古恨"。但是，后来另一位科学家勒梅特，又将爱因斯坦丢掉的宇宙常数拿了回来，用于分析宇宙的演化，认为宇宙演化是一个膨胀-收缩-再膨胀的过程，但现在还未被证实。

我们从爱因斯坦这个故事中就可以看到，认识是怎样逐步发展的。它告诉我们，科学总是不断进步的，并没有绝对的权威，也没有绝对的真理，更没有绝对的正确。采用科学的方法，我们得到的也只是比其他方法更能防止谬误，更接近真理的结果罢了。从另一个角度看，用科学方法得到的结果，只是意味着可以被大多数科学家所承认，但并不意味着一定正确。

既要证实也要证伪[③]

科学结论必须能够证实，同时还要能够证伪，这已经成为一条被普遍接受的科学原则，尽管还存在许多争议。

证实就是能够证明结论正确，这是最常见的方法，比如数学的证明、物理的实

①红移是指物体的电磁辐射由于某种原因波长增加的现象，表现为光谱的谱线朝红端移动了一段距离，即波长变长，频率降低。这有点类似于声波的多普勒效应，意味着天体在朝我们的远端离去。

②埃德温·哈勃，1889～1953，美国天文物理学家，是现代宇宙理论银河外天文学奠基人，发现了宇宙膨胀证据。

③参见吴军著《文明之光》(第二册)，人民邮电出版社，2014 年版。

验、天文的观测等。简单地说，就是要找到实证证据，不能空口无凭，也不能用虚证。比如，圣经上说、老祖宗说等都不行，某领导说就更不行了。但是，可以用其他已经经过证实的证据作为条件来证明，比如知道了万有引力定律，再来证实海王星的存在，这在逻辑上是可行的。

科学不仅要能够证实，更要能够证伪。这已经成为划分科学与非科学“很流行”的重要原则，是卡尔·波普提出来的。什么叫能够证伪？就是所提出来的命题必须要有能够被否定的可能性。比如，“所有天鹅都是白色的”就是一个科学命题，因为它能够被否定，只要找到一只黑色天鹅就可以了。但是，“上帝是存在的”就不是科学命题，而是宗教信仰，因为没有办法找到否定它的方法，在地球上挖地三尺找不着，也不能证明它在其他星球上不存在。“明天可能下雨，也可能不下雨”也不是科学命题，因为它总是正确的。所以，任何绝对正确、放之四海而皆准的命题，都不属于科学研究的命题，因为不能证伪。

波普强调了科学方法论中验证的核心作用，带有强烈批判性思维特点，并断言科学规律只是暂时有效，并永远对重新验证开放。因此，波普理论的三个突出特点是：预测和解释的对称性，证实和证伪的不对称性，以及验证的核心作用。验证让科学发展、改进和创新。波普以爱因斯坦的相对论和弗洛伊德的精神分析理论做了对比。爱因斯坦的广义相对论尽管提出了令人感到匪夷所思的结论，但是因为它可以被实验验证，并且通过了检验，因此它就是科学理论。反之，弗洛伊德的理论认为，“一个人在其成年之后的任何行为，似乎都可以归结于受其童年时代母亲的影响”，这个结论因为无法改变其童年行为而得到验证。所以，根据波普可证伪性理论，弗洛伊德的理论就不属于科学理论。

根据可证伪性原则，数学这种由公理为基础的学科，就理所当然地不属于科学。公理是那些不需要证明的命题，比如经典几何学中的平行线公理。欧几里得[①]在《几何原本》中依靠5条公理建立起几何学的逻辑体系，而罗巴切夫斯基[②]则推翻平行线公理建立起非欧几何。所以说，数学是一套定义体系，是建立在公理基础上的逻辑推演和逻辑推演结果集。数学不可被证实，也不可被证伪。当然，这是针对纯数学而言的。数学构成科学的基础，但是科学的基础恰恰不是科学。

可以被证伪的理论才是科学的理论，但也可能并不一定正确，或者不一定是在所有情况下都正确。但是，不能够被证伪的理论，就一定不能称为科学理论。不过，不是科学的理论，可能是非科学，也可能是伪科学。非科学的结论未必是错的，只是它的结论不能通过被认可的科学方法得到，仅此而已，没有必要歧视。但

①欧几里得，公元前330～前275，古希腊数学家，《几何原本》的作者，被誉为“几何学之父”，最伟大的数学家之一。

②尼古拉斯·罗巴切夫斯基，1792～1856，俄罗斯数学家，喀山大学教授，非欧几何的早期创立者。

伪科学就不是这样了，它总是会打着科学的旗号，做着完全不科学的事情，就更应该值得警惕。如果一个人不愿意接受别人对其理论的证伪，那他就不能自称为科学，最多只能称为经验，或者只是自己的信仰。所以，只有采用科学的方法，得出来的结果才被学术界认可，这也是学术的规则。

对波普的可证伪性理论也有许多反对的声音。比如，弗洛伊德的精神分析理论是已经得到证实的科学成就，却被波普宣告为不是科学理论，显然不能让人接受。波普反对用归纳法进行的证实，认为根本不起作用，但大多数科学家却认为波普有点瞎扯。因为在科学研究中，我们几乎都是在寻找证实的证据，而没有什么人去寻求证伪的证据，比如天文学家寻找火星上有水的迹象，从来不会去想如何证伪火星上从来无水这个猜想。现代理论物理中很多理论也根本无法证伪，比如关于宇宙 11 维空间的“弦论”，虽然能完满地统一不同的理论，但也因为无法证伪，还在是不是科学的泥潭中挣扎。

我认为，可证伪性最大的作用是为科学发展留有逻辑上的可能，否则就会使科学成为教条。比如，西方中世纪时教会就不准对《圣经》内容证伪，结果它就成了僵化的教条，教会非要说这是“真理”，在科学上就失去了说服力。可证伪性作为判定科学与否的准则，可以参考使用，但它也仅能分辨一部分命题，也会有一些其他命题被它“误伤”。所以，它更像一个哲学上的思辨，而不像是科学上的标准。所以，证伪应该与证实一起使用，才是真正的科学之道。

事实上，现代科学尤其是物理学的发展，已经超出了哲学家的想象，很多人也在思考是否需要重新定义科学方法论，因为现代科学发展已经逼近了自然极限。2015 年年底，100 多名物理学家、哲学家和历史学家，不寻常地聚集到一起，参加一个名为“为什么相信一个理论？根据现代物理学重新思考科学方法论”的研讨会，一起讨论老问题的新答案：

> 什么是科学？如何判断一个理论是否成立？什么才是一个可信的科学理论？一个永远都无法得到验证的理论对物理学有什么用处？科学与伪科学的界限究竟在哪里？

他们甚至喊出“为科学的灵魂而战”这样的口号，因为他们已经感到了前所未有的困惑和不解，他们需要新的哲学思考和帮助。

科学的局限性：不是万应灵药①

科学研究的对象有局限性。由科学的定义我们知道，它只是探索知识的一种

①参见蒋高明的《科学是“对的”还是“相对的”》，微信公众号《战略前沿技术》，2015 年 1 月 25 日。

规范方法，针对的是那些具有客观现实基础的具体问题，目的是从中发现其运行的规律。而诸如道德评估、价值判断、社会取向、个人偏好、美丑好恶等道德及感性问题，都不属于科学研究的对象范畴。

最简单的例子就是关于美的描述：文学家描述女孩子漂亮可以用“她有着一双美丽的大眼睛”几个字就够了；但如果你非要用科学方法去描述，可以得到的是“眼眶高多少，长多少，深多少，眼白占比例多少，眼珠占比例多少，颜色如何，每分钟闪动多少次”等等的数据，这倒是像科学了，然而美在哪里呢？“100个人眼里有100个林黛玉”，对“美”是无法用科学语言描述的。换句话说，科学方法只是工具，本身并无法去做“对”或“错”、“美”或“丑”的判断。

科学本身能力也有局限性。科学也在不断发展之中，由于受人们从自然现象中探寻本质能力的限制，比如条件的限制或信息的缺乏，甚至误解，得到的结论不可能都是正确的。但是，科学本身是具有自我纠错能力的，当我们获取了新的知识，就必须改变或者抛弃原本错误的想法。比如，虽然现在看起来地心说是一种错误的结论，但是在当时它也是通过科学方法构建起来的，只是受限于人的观察能力而得到的错误结论。所以说，科学本身也需要发展。

DDT俗名滴滴涕，是一种曾广泛使用的杀虫剂，是获得过诺贝尔奖的发明。在“二战”期间，DDT在疟疾、痢疾等疾病的防治方面大显身手，救治了很多生命，还带来了农作物增产。然而，到了20世纪60年代，科学家发现DDT在环境中非常难以降解，并可在动物脂肪内蓄积，很多动物受到影响，导致某些鸟类几乎灭绝。所以，后来被很多国家禁用。但由于非洲疟疾带来的危害更大，2006年世界卫生组织又宣布有条件地重新启用DDT，条件就是控制在室内使用。但实际上，DDT问世时就是要求这么使用的，只是后来被无限制地扩大了。所以说，科学总是在不断完善，也有自我纠错的能力。

科学适用的范围也有局限性。人们必须要明白，科学并不是解决当今世界所有问题的万应灵药。虽然科学是一个强大的工具，但也不能回答所有的问题，解决所有的困难。人类社会面临的绝大多数问题皆源自我们的行为和欲望，民众饥荒、药物滥用、环境污染都是人类自身造成的，同样也必须由人类来解决。科学可以为解决这些问题提供一些工具，这些工具也只是诸多工具中的一种，但解决问题还需要依靠人类自己。

臭名昭著的“三聚氰胺奶粉”案，如果仅从科学上看其实也是合理的，因为添加三聚氰胺可以使得牛奶蛋白质测量时含量增高。事实上，它也是以科学的名义进入人类食物链的，还获得了国家科技进步奖。但2008年毒奶粉事件爆发，3万多名受害儿童证明，这个所谓的高技术是害人的。三聚氰胺不仅毁灭了“三鹿奶粉”那样的名牌企业，还沉重打击了中国的乳业，以至于不少年轻妈妈宁愿冒风险也要到国外购买洋奶粉。

所以，滥用科学只会给人类带来灾难，并不能解决问题。而且，更深一步去想，随意地改变大自然经过千百万年形成的平衡结果，由于复杂系统的相互纠缠作用，谁知道会在什么地方又冒出什么重大问题呢？

6.2　如何科学地从事研究

科学既不相信权威，也不相信少数服从多数，不管你有多大的名头，也不管有多少人支持你的结论，科学只相信论据及得出论据的方法和过程。所以，任何请出名人来证明自己的正确，或者通过媒体来圈到多少粉丝，对科学研究来说都没有用处，而且只会适得其反。那么，什么才是科学的正确方法呢？

6.2.1　规范的科学过程

任何科学结论的做出，都是一个科学发现和证实的严密过程。有的可以很简单，比如伽利略到比萨斜塔上扔出两个铁球，以证明自由落体运动与铁球重量无关；有的则可能长达上百年，要经过几代人的努力，比如引力波探测。但不管是哪一种情况，科学方法都是最重要的。引力波理论的发现和实验证实过程，就充分证明了这一点。

引力波理论与爱因斯坦的犹疑

1915 年，爱因斯坦提出广义相对论。这个在旁人看来完全是天书一般的场方程，却用它那美妙的数学公式告诉了我们宇宙引力的秘密：时空约束物质如何运动，而物质引导时空如何弯曲。爱因斯坦很自然地就联想到，当物质在时空中运动时，时空会如何随之改变呢？这就像一个铁球在蹦床网上滚动一样，不仅自己会沿着轨道在弹力网上运动，反过来也会影响蹦床网的形状。很快，爱因斯坦写出了方程的数学解，他称之为引力波方程。按照爱因斯坦的解释，当一列引力波迎面走来时，你周围的时空会不断经历压缩-拉伸-压缩-拉伸的过程，这样你就会忽而又高又瘦，忽而又矮又胖，并且循环往复。

爱因斯坦的广义相对论还有很多预言，最奇怪的要属黑洞了。黑洞是那种质量极大的天体，引力大到可以把任何物质都吸收进去，甚至连光线也不例外。爱因斯坦虽然从理论上预言了黑洞，也觉得很“好玩”进行过深入研究，但他可能从来都没有真正相信过这个东西。但正是黑洞，使得引力波的探测成为了可能。科学家们发现，只有像黑洞这样质量巨大的天体，在靠近碰撞时才有可能发出我们可以探测到的引力波。这就使得广义相对论在提出 100 年之后，它的预言又一次得到了证实。在现代物理学里，很少能看到这样一个理论能够历经百年而依然不倒。我们不得不佩服爱因斯坦的天才大脑。

引力波理论的发现却遵循着严格的科学过程。事实上，爱因斯坦虽然在广义相对论中预言了引力波，但一度并不相信引力波的存在，还差一点闹出科学史上的一个大笑话。1936 年夏初，当时爱因斯坦已经离开德国三年，在美国的普林斯顿高等研究院与年仅 27 岁的内森·罗森合作完成了一篇题为“引力波存在吗?”的学术论文，并投给了美国物理学会主办的顶级刊物《物理评论》。在这篇文章中，爱因斯坦和罗森认为新宇宙模型中的引力波不真实存在。

当时，美国的科学期刊已经开始按照科学规范要进行同行评估，就是要找几个比较懂行的学者匿名审稿。而欧洲的期刊还没有这样做，都是靠专家名人推荐，或者是编辑自己来审，拒绝一个功成名就的作者投稿相当不礼貌，这种事极少发生。爱因斯坦是从欧洲来的，并不知道这一点，结果过了很久才收到编辑部的通知，说是有匿名专家认为论文结论有问题，希望他进行修改。爱因斯坦当时多牛啊？看到这个审稿信后很生气，马上给编辑部回了一封信，意思是“我给你们论文是让你们发表的，不是让你们给别人看的。既然如此，我只好给其他期刊了。”论文又被寄给了欧洲刊物《富兰克林研究所杂志》，爱因斯坦曾在那里发表过一篇论文。

后来大家知道，评审爱因斯坦论文的是霍华德·罗伯特逊[①]，一位对广义相对论了如指掌的美国科学家。他花了一周时间仔细审阅了论文，撰写了长达 10 页的评审报告，委婉地指出了其中的错误并提出了适当的修改方案，明确地认为，这个宇宙模型中的引力波是真实存在的，并要求作者考虑他的这个意见。但爱因斯坦并不接受，甚至连审稿意见都没有仔细读过。不过爱因斯坦也已经发现他的理论出了问题，但还是不知道如何修改，其实如何修改罗伯特逊已经在审稿意见中给出了。

后来事情起了变化，爱因斯坦与罗伯特逊偶然相识，并交上了朋友。罗伯特逊说服了爱因斯坦，并给出了一种更清楚的解，证明引力波是存在的。那个时候，爱因斯坦和罗森的论文已经被《富兰克林研究所杂志》接收了，不过爱因斯坦在收到校样稿时，得以有机会在结论中做一个保全面子的改动，增加了一段备注，并感谢“我的同事罗伯特逊教授在澄清原文中的错误时给予的亲切帮助”。当时，爱因斯坦的合作者罗森已经到苏联工作了，在报纸上看到了这件事，但他还是坚持自己的错误观点，一直到 20 世纪 70 年代，而那时几乎所有物理学家都已经相信引力波存在了。

新理论的发现就是这么诡异。天才理论的提出者自己却不敢相信自己，总是疑心重重反复调整，这对爱因斯坦来说已经不止一次了。但遵循科学原则的评

①霍华德·罗伯特逊(Howard Robertson)，1903～1961，美国著名物理学家。

审,却不仅让他重返真理,而且也让他有机会找回了面子。

引力波探测的构想

美国杂志《纽约客》在介绍引力波探测发现的长文①中,用诗一般的语言描述了引力波产生的过程,让我读了一遍又一遍,每读一遍都会产生出无限的遐想。限于篇幅,我只能引用其中很简短的一段。

> “13 亿年前,遥远的银河外有两个黑洞发生了碰撞。它们彼此围绕旋转了不知道多少年,但每一圈都在加速,呼啸着靠近对方。到了它们间距只有几百公里的时候,它们旋转的速度几乎达到了光速,释放出强大的引力能量。时间和空间被扭曲,在不到 1 秒钟的瞬间里,两个黑洞终于合并为一,辐射出了比全宇宙恒星辐射能量还多几百倍的能量。它们生成了一个新的黑洞,质量大约有 62 个太阳大小。”
>
> “黑洞碰撞产生的引力波向四周传播,在旅途中随着距离衰减。在地球上,恐龙崛起,演化,消亡。引力波继续前进,大概 5 万年前,引力波到达了我们的银河系。此时,正是智人取代其近亲尼安德特人,开始成为地球上最主要的人猿。100 年前,爱因斯坦,这个灵长类物种中进化得最先进的人类中的一员,预言了引力波的存在,也激发了数十年的猜测和无果的寻找。”

要想探测到引力波谈何容易！爱因斯坦就认为,引力波引起的变化实在是太微小了,以至于引力波根本无法探测到。但是,科学家们并没有放弃。不过,要探测到微小的引力波,必须要解决两个最大的问题:第一,探测尺度必须足够的小;第二,要防止其他的震动被当成引力波。这两个问题让科学家们在理论提出后 50 年才开始准备探测,而为了探测到引力波又整整忙活了另外 50 年。

第一个尝试探测引力波的是马里兰大学的一名工程学教授,名叫乔伊·韦伯。他设计的设备名字叫谐振条天线,用于放大微弱的引力波。为了确保测量到的不是其他震动,他把谐振条置于真空中,并且安排了两个地点测量。1969 年 6 月,韦伯宣布他记录到了引力波事件。当时大家都很激动,《纽约时报》报道说:“人类对宇宙的观测又一新篇章被翻开了”。但其他实验室按照他的方法都没有产生与他类似的结果,因而大家后来都不相信他的结果了,反而说他是个说谎者。可见重复性实验的重要性。

---

①参见赵巍译的《〈纽约客〉:发现引力波背后最完整的内幕故事》,微信公众号《机器之心》授权《赛先生》转载,2016 年 2 月 16 日。

但是韦伯的工作也激发了另外一些人进行新的探索，其中就有麻省理工学院的雷纳·韦斯[1]。韦斯的探测方法和韦伯有着极大的不同。他最早想到需要把探测系统做成L型，就是后来系统的样子。这就像两个人躺在地上，他们的头挨着头，身体形成90度角。当引力波通过他们时，其中一个人会被拉长，另一个人会被缩短；下一时刻，则是相反。因为当引力波朝着一个方向拉伸时空时，一定会在另一方向压缩时空，韦斯的设备就会测量这两个波的长度，如果用于测量的管子足够长，就应该可以检测出来。

后来造出来的设施称为LIGO，意思是激光干涉引力波观测，由两个相隔大约3000公里的部分组成，一个位于路易斯安那州，另一个在华盛顿州，乘飞机大约需要3个半小时，不过对于引力波只需要万分之一秒就能到达。在每一处设施，都有两个约4米高并互成直角的L状混凝土管道伸向远方，长度达到4公里，并且为保持水平不受地球曲率影响，管道的后部还要大约抬高1米左右。

为了达到必要的测量精度，韦斯建议使用激光来作为尺子。光在真空中的速度是常数，所以当两个管子都为真空后，激光光束应该同时在拐弯处重逢，除非引力波通过时影响了它。一旦发现影响，就可以测量出具体的结果，差距越大，表明引力波越强。但由于过于敏感，就必须解决地球上无处不在的各种干扰。后来LIGO的精度达到了质子的千分之一，也与他的这个设计构想有关。韦斯在1972年写出了这个设计报告，后来被基普·索恩认为是天才的设计。

跨越百年的追寻：引力波验证实验[2][3]

LIGO早期的发起人有三个人，除了雷纳·韦斯，另外两个是基普·索恩和罗纳德·德雷福[4]。基普·索恩是引力领域首屈一指的大牛，他在研究了多年的引力波理论后意识到引力波探测的重要性，并开始探寻实验测量引力波的途径，他参与拍摄的电影《星际穿越》广为人知。罗纳德·德雷福则是建设探测实验设施的专家，用于弥补理论物理学家的不足。

这个团队从1981年开始建造小一点儿的原型。1990年，他们申请国家基金委投入2.72亿美元建造LIGO，但遭到很多科学家反对，因为大家怕这个项目把大多数经费都吸走了，毕竟总体经费有限。但好在有个负责官员的博士论文研究的就是类似课题，给予了大力支持。他开玩笑说，他就像是卧底，否则LIGO根本

---

①雷纳·韦斯，1932～，出生于德国，美国麻省理工学院物理学教授，最早提出引力波探测方法的人。

②参见胡一鸣的《LIGO发现引力波：人类从此拥有新的宇宙感知力》，以及《LIGO早期三位发起人的故事》一文，微信公众号《知识分子》，分别刊于2016年2月12日、2016年12月8日。

③参见赵巍译的《〈纽约客〉：发现引力波背后最完整的内幕故事》，微信公众号《机器之心》授权《赛先生》转载，2016年2月16日。

④罗纳德·德雷福，1932～，美国加州理工学院教授，引力波探测的发起人之一。

没有机会，因为根本看不到任何前景。1994 年，探测器 LIGO 建设正式破土动工，但设计和建设最大的问题就是要解决外来震动问题，所以整个建造过程可以说就是不断改进完善的过程。2001 年第一代系统完成，之后在 2010 年又进行了一次耗资 2 亿美元的升级。最后终于造出了历史上最敏感的设备，而且对除了引力波以外的任何其他东西震动都不敏感，比如微小的地震、大气的闪电、汽车的关门、飞机的轰鸣，甚至野外的狼嚎。据说光抽真空就需要 40 天的时间。

为了保证探测的客观性，这个团队还专门安排了 4 个人负责制造假引力波数据，让参与数据分析的科学家能够在完全不知情的情况下发现。因为过去的经验证明，很多信号如果不被反复甄别，很容易出现虚报。2010 年，探测器收到很强的数据，分析了六个月后认为这是真的引力波，正准备发表论文，才被告知这是注入的假信号。虽然有点可惜，但却证明了这个设施和分析是有效的。这还真有点像我们的演习。

系统原计划在 2015 年 9 月 18 日开始正式运行，但其实它早已开始上线工作了。9 月 14 日凌晨 4 时 50 分，系统收到了一批特殊的数据。后来被证明这就是 13 亿年前外星系的两个黑洞合并时产生的引力波，地球终于听到了宇宙发来的声音，也第一次验证了爱因斯坦天才的构想。这比期望得到数据的 2017 年早了整整两年，而且距离正式启用仪式也早了 4 天。历史就是这样巧合，如果错过了，就不知道要等多久了。

引力波探测器的作用不仅证实了引力波的存在，而且开创了一种新的宇宙探测方法。通过这个方法，可以知道遥远星系演化、黑洞大小等信息。碰巧的是，LIGO 探测引力波波段频率落在了人类可以听得见的频段，也就相当于给了人类用“听”的方式探测宇宙的新方法。不同天体会发出它们自己特有的引力波，意味着 LIGO 将会听到一个宇宙交响乐。目前已经有好几个项目立项建设了，有的把探测长臂伸向了太空，可以预见将会出现更多激动人心的成果。

从探测引力波的故事中，我们可以看到，从理论到实验都需要严谨的科学态度，遵守严格的科学规范，尽可能地防止出现科学上的错误。当然，大多数的科学发现和证实，并不需要 100 年的时间，但是 100 年的时间却可以让我们去除功利，集中在科学本来的目的上，即探索世界的奥秘。爱因斯坦的广义相对论早在 1919 年就通过引力下的光线弯曲实验证实了，但引力波理论仍然让他本人犹疑；不管爱因斯坦有多大的名气，科学的审稿制度却纠正了他的错误；引力波探测的严谨实验，半个世纪的努力，就是要让一切外来影响都化于无形，目的都是为了得到那个相对可信的结论：引力波不仅在理论上存在，而且在实际中也存在。这就是规范的科学方法带给我们的启示。

该资助哪些研究：海尔迈耶的九个问题

顺便说一下科研管理。引力波探测是典型的基础性研究，但基础性研究是很难得到具体结果的。引力波探测花了十几亿美元，得到了举世轰动的结果还好说，但如果没有结果又会怎么样呢？将这么多钱投入到一个很难预计的项目中去，难免有些担心，大量资金浪费会让管理部门将难辞其咎。这就引出一个问题：作为科研管理部门或者基金投入部门，该对哪些项目进行资助，又对哪些项目暂时不资助呢？

当然，现在大家已经有了共识，就是不要急于求得回报，尤其是基础性理论研究，还是应该让科学家按照他们的好奇心来行事。按照科学家的想法，管理部门提供的就是服务，说白了就是给钱，但我干什么你最好不要插手。但反过来想，科研管理部门的钱也是纳税人的，也不能白花更不能浪费，总得有个说法吧！这么多的科研经费，如果只靠人脉，甚至靠腐败来分配，带来的就不仅仅是浪费了，甚至会严重毁坏科学的声誉。因此，这也是科学研究规范过程的重要环节之一。

那么该怎么做呢？美国有一个发明家叫乔治·海尔迈耶，他发明了液晶显示器，被誉为液晶显示器之父。但很多人认为，他最大的贡献并不是液晶显示器，而是提出了科学审查项目资助依据的海尔迈耶问题①。海尔迈耶 2014 年已经去世，但他留下的海尔迈耶问题，则成为了人类的不朽财富。海尔迈耶问题是，要求每个申请者在申请科研课题资助时，都必须回答以下九个问题：

第一，你想研究什么问题？

第二，已有的相关研究怎么样，还有哪些局限性？

第三，你的方法有何新意，为什么这个方法会取得成功？

第四，谁会关心你的研究？

第五，如果你成功了，你的工作会带来哪些改变？

第六，此项目的风险和回报是什么？

第七，研究需要多少成本？

第八，需要花多少时间？

第九，有无中期检查和结题检查能验证它是否成功？

海尔迈耶提出的这九个问题其实都是很基本的问题，也是每个科研人员在做研究时都必须想清楚的事情。如果这都想不清楚，说明你对所要研究的问题还达不到可以资助的程度，也很难预期取得的成果。这里所谓的成果，并不是要求每个科研项目都取得成功，而是要有结果，哪怕证明设想是错误的也行。

可是遗憾的是，我们的很多研究其实并不能回答这九个问题，谈得很多都是意义而不是问题本身，也不知道实际问题与科学问题之间的关系。这一点在社会科学研究中更为突出，有的人上来罗列的就是写书的章节，有的则是说文解字，看题说话，还有的则是把方法当问题，拿着方法的锤子敲钉子，敲到谁谁就是问题。

①参见吴锵的《海尔迈耶之问》，《读者》，2015 年 7 期。

更有甚者，一些人做研究的目的只是为了得到经费，干什么并不重要，本末倒置，这就更不合适了。所以，在这种情况下很多科研经费都被浪费了，尽管可能每个项目结题时都号称取得了“成功”。但从科研过程来看，这也是不规范的表现之一。

6.2.2　严谨的科学方法

逻辑“自洽”与思想实验

任何理论首先要做到的就是自洽。什么是自洽？通俗地说，就是自圆其说，也就是按照自身逻辑推演的话，可以证明自己至少不是矛盾或者错误的，这就是最简单的自洽性。所以说，一个科学命题首先必须要是自洽的。

数学是自洽的，它是根据几条最基础的公理推导出来的一套逻辑体系。数学理论无所谓真与伪，只要在逻辑上是自洽的，就可以认为这套理论是正确的。所以，既有欧氏几何，也有非欧几何，它们都是自洽的，区别就在于它们依据的公理不同。只要概念清晰、逻辑正确、推理合理、结论明确，对于数学来说就是可以被认可的。但是否科学，是否符合实际，那不是数学考虑的问题。有一个著名数学家说过，你当然可以提出一个很简单自洽的数学理论，但它可能一点用都没有。

这正是数学与科学本质不同的地方。科学是实证的，是需要现实证据的，依据的结论必须要能够证实和证伪，而且需要重复试验。如此则这个结论为真，否则这个结论就可能为假，至少不能认定为科学结论。所以，从这个角度来看，一个科学理论能够自洽，只是科学研究的第一步，一个不能够满足自洽性的理论或者方法，显然就是不科学的，因为你从逻辑上就讲不通。所以，能够自洽也并不等于科学，自圆其说也许只是强词夺理，甚至可能是歪理学说。

某些宗教理论、神话传说也可以是逻辑自洽的，因为根据它们的“理论”，可以得出一系列的奇迹出现、因果报应等结果，尽管这些所谓的“理论”并没有任何实证根据。佛教的逻辑是死后可以轮回，反正也没有办法证伪，所以它可以自圆其说，信众也越来越多。反倒是道教比较麻烦，老是想通过炼丹使人长生不老，但因为人总是要死的，人一死了就被证明理论有问题，所以相信它的理论的人越来越少，因为它自己不能自圆其说。所以，即使能够自洽，也不等于就是科学的。

自洽的逻辑体系不同，导致的逻辑结果也会不同。比如，我们大家很熟悉的中医理论是建立在中国古代阴阳、五行和八卦哲学思想上的，这也可以看成是一个逻辑体系。所以，中医对人体和疾病的解释都是建立在这个逻辑体系之下，也是可以自圆其说的。但是为什么有的科学家不认为中医是科学的呢？就是因为中医的逻辑和西医的逻辑完全不是一个东西，当然就很难相互解释和理解了。比如，什么食品是“凉性”的，什么东西是“热性”的，为什么会“上火”，就找不到所谓的西方科学依据。中医之所以被人诟病，其理论有时确实很难自洽。但是，中医可以传承千年，又说明了它有存在的价值。所以，中医也不必非要把自己搞得越来越像西方的科学，坚持自己的逻辑体系即可。我想，这种争吵恐怕要一直持续下去，直到能有一个更大的逻辑体系包含两者的时候才会停止。

追求逻辑自洽是科学研究的基础，但发现自洽的矛盾则可以驱动科学的进步。为此，科学家们创造出一种方法：思想实验。思想实验这个词是爱因斯坦想出来的，意思是针对一个虚构的场景，在这个场景中能够精准地表达一些难题的症结，从而激发对此问题的深度思考，并最终得到解决方法或者取得相关发现。最著名也是最简单的思想实验，要属伽利略的“落球实验”。

伽利略为了反驳亚里士多德的自由落体速度取决于物体质量的理论，他构造了一个简单的思想实验。他是这么想的：如果一个轻的物体和一个重的物体绑在一起然后再从塔上丢下来，根据亚里士多德的说法，就会出现两种结果：一是由于重的物体下落速度快，但轻的物体下落速度慢；两者合起来的速度就会使得下落速度变慢。二是将两个物体看成一个物体，其总重量要大于单独的物体，因而速度应该更快一些。这样，就产生了矛盾，这个矛盾就从逻辑上证明了亚里士多德理论是错误的，实际上无论物体质量多少，不考虑阻力的情况下，所有物体自由落下的速度都是一样的。

另一个著名的例子是爱因斯坦的“追光”思想实验，是他在 16 岁时构想的。他推理说，如果他能够以光速运动并追上光，那么空间中的光线就应该像是冻结了一样。但是，光不会被冻结，光的速度也不会慢下来，仍然以光速运动。因此，即使追上了光线，观察者也会发现光线不变，出现变化的就应该是其他东西，比如时间或空间。就是这样一个如此简单的思想实验，帮助爱因斯坦完成了狭义相对论的逻辑构建。但经过了很多年，他的理论才得到实验的验证。

还有很多的思想实验，比如“薛定谔的猫”、“缸中的大脑”、“中文房间”等。科学的进步很多就是首先起源于各种各样的思想实验。即使高深如哲学，也通过思想实验，促进了哲学的深入思考，比如“电车难题”。大家如果有兴趣，可以百度一下网络。所以，有人说，“最强大的实验室，其实就在你的肩膀之上”，也就是你的头脑，说的就是思想实验的重要作用和意义。

逻辑自洽是思想实验的基础，也是每个人思维方法的基础。而所谓强大的人，都是因为自己内心坚信了一套逻辑自洽的信仰体系，不管是全然接受某一个现有宗教体系，还是自创一套独有的宇宙物理法则，本质上人的内心都是由某种信仰体系支配的。这话说得还是有些道理的，至少在逻辑上的严谨性不会让我们在推理出结果时感到纠结。反过来，一旦新的科学发现动摇了原有的信念，是谁都会感到痛苦万分，比如爱因斯坦对待量子力学结论时的情形。

同行重复验证[①][②]:新“基因剪刀”失灵?

既然科学重在方法而不是结论,而这些方法又是大家共同认可的,这样科学研究的结论就必须经得起别人的质疑,找不出你方法上的毛病才行。其实,当你发表论文时就是向全世界发出了一个声明:“请你们来寻找我得出的这个结论的毛病吧!”这才是一名科学家应该有的正常心态。

其中一个很重要的方法,就是必须能够让同行重复。也就是说,光你自己得到结论还不行,还需要其他人也能做到。作为科学家,有责任方便同行证实自己的科研成果,而最基本的要求是在论文中写清楚实验是怎么做的。这就要求你必须将实验的条件、方法等都要交代清楚,有利于别人重复验证。这也是为什么要发表论文的目的之一。如果别人也能在同样条件下得到同样结果,那么这个结论就算是初步被证实了。如果一个科学家做出来的实验结果谁都不能重复,甚至就连自己第二次也得不到同样结果,那么学术界就只能认定他的结论是无效的,哪怕结论真的是正确的。

2016 年,河北科技大学的韩春雨在《自然》上发表论文,说是发明了一种新的“基因剪刀”技术,轰动一时,被媒体认为是诺贝尔奖级别的成果。“基因剪刀”是个通俗的说法,其实就是基因编辑技术,通过分子级的内切酶,可以把基因切开,以利于对基因修改。这个技术当然很牛,比的就是谁的“剪刀”更好用。但韩春雨的论文发表后,谁也重复不出来,结果就遭到质疑。别人没有办法重复你的结果,总是有原因的,但你有义务去帮助别人。如果你为了保密拿专利,那就是另外一回事了,只能在申请专利后才发表论文,这就可能会比别人慢一步。论文可能会得诺贝尔奖,专利可能会赚钱,但两者只能选择其一。

事实上,重复一个实验有时很容易,有时却并不容易。有很多科学研究的实验条件非常复杂,参数极多,甚至实验者自己也未必能把这些参数全记录下来,说不准在实验时忽视了什么因素,结果这次能做出来,但下次就做不出来,别人就更做不出来了,倒也不是实验者故意造假。但即使如此,对不起,结论还是不能被认可。所以,这是科学方法所确立的基本规则。

为解决这个问题,麻省理工学院的两名学生还专门发明了一种仪器,可以自动记录实验参数。但对于那些极为复杂的实验,可能也根本没有什么仪器可以记录全面。在很多科幻电影中也可以看到,很多科学家在实验时,都是打开各种摄

①参见吴军著《文明之光》(第二册),人民邮电出版社,2014 年版。

②参见吴军的《透过韩春雨学术之争,我来谈谈什么是学术的规矩》,微信公众号《德先生》,2016 年 12 月 1 日。

像、录音或其他记录设备，不仅记录实验过程，同时也是怕自己遗漏什么内容。

但是有些实验因为成本非常高，全世界也没有第二套实验设备，就必须另辟蹊径。比如，发现所谓"上帝粒子"希格斯玻色子的欧洲核子研究中心，他们用的加速器全世界仅此一台，别人根本没有办法重复验证，这种情况下实验就需要自己重复进行，而且采用不同方法交叉验证，以免观测到的结果不准确。事实上，他们的结果也是拖了很久才公布的，为的就是确保验证准确。验证引力波的 LIGO，也是在相距几千公里的两个地方分别建了两套相同系统，目的也是要能够相互比对验证。对于这样的实验，所有的细节也是要公开的，以便其他科学家查验和质疑。

寻找科学证据："幻影杀手"和"奇怪宇宙信号"①

有人说，科学家为科学结论寻找证据的过程，就如同福尔摩斯查案，要能抽丝剥茧地梳理各种证据，去伪存真，逻辑推理，最后才能得到正确的结论。如同福尔摩斯遇到难题一样，断案的过程也经常会跟他们开玩笑，但只要遵从科学的方法，最后凶手还是会落入法网的。下面讲的真就是一个查案的故事，但从中我们绝对可以体会到科学家们寻找证据时同样的艰难。

1993 年 5 月，德国的一位 62 岁老妇人在家中被人用铁丝勒死。八年后的 2001 年 3 月，德国一名 61 岁的老板被发现死于自己的古董店里，现场的现金被拿走，但店内价值连城的古董却安然无恙。两次一样，警察在现场都找到了同一名年轻女性的 DNA，而且这是唯一的线索。因此，警方推断这个凶手是名女性，并且连环作案，谋财害命，手段毒辣，来去无踪，令人胆寒。媒体得知此事，大力渲染，给她起了个外号，叫"幻影杀手"。

不像上次作案后凭空消失了八年，而是从此以后"幻影杀手"开始不断作案。几个月后的 2001 年 10 月，警方在附近森林里发现了一个带血的海洛因注射器，上面发现了"幻影杀手"的 DNA；紧接着的 24 号，警方又在一个被抢劫房车的残留食渣里发现了"幻影杀手"的 DNA；两年后的 2003 年年底，警方在另一处盗窃案现场又发现了"幻影杀手"的 DNA；2005 年 5 月，在一群吉普赛人因内讧而发生的枪战现场，警方又在一颗子弹上发现了她的 DNA。2007 年，一名女警察被人从背后枪杀，而在案发现场的门把手和汽车仪表盘上，又发现了她的 DNA。最后，连续 16 年，警方在 40 个犯罪现场中都找到了这名杀手的 DNA，除了显示这位杀手性别为女性，并没有查出什么有价值的信息。

如此疯狂的作案和怪异的举动，让警方百思不得其解，动员了全欧洲的警察对其进行调查，并悬赏 40 万美元，要将她捉拿归案。为了搞清这名凶手的身份，

①参见 TIME 的《搞翻整个欧洲的'连环女杀手'》，微信公众号《男人装》，2016 年 5 月 18 日。

警方连算命的占卜师都用上了，当然这并没有什么用处。德国的各大报纸将这件事称为“百年不遇的神秘连环犯罪事件”，并在民众中造成了恐慌，指责警方光吃干饭不干活，一个女杀手居然做了这么多案子还抓不住，真是有负国人。

德国警察尽管愤怒无比，“居然敢杀警察”，但毕竟办案还是要讲证据，如何寻找到罪犯的蛛丝马迹才是关键。经过冷静分析，一些令人匪夷所思的矛盾点出现了。这个杀手作案毫无规律，地点遍布德国和法国，同伙千奇百怪，没有人见过她的照片，任何摄像头也没有拍摄到过她的镜头，被捕的嫌犯也没有人承认见过此人。终于，2009 年，调查人员发现了其中的蹊跷。法国警方为了确认一名被烧毁的难民尸体身份，重新比对了早年间难民提交申请时所按指印上的 DNA，结果里面居然有“幻影杀手”的 DNA，但这个尸体居然是男的！

这下警方彻底懵了。法国警察说你们德国警察不行，还是我再来测试一下，结果神奇的事情又出现了，“幻影杀手”的 DNA 又不见了。这怎么可能？除非是警方检测设备有问题。在想破脑袋之后有人提出来，会不会是提取 DNA 样本的棉签有问题？因为只有这样对上述 40 余起案子才有合理的解释。警方赶紧调查，结果发现，德国警方使用的棉签全部采购于奥地利的同一家工厂，而且是同一名女工所搓！

于是真相大白。这个被媒体称为“幻影杀手”的戏耍了欧洲警方整整 16 年的“凶手”，其 DNA 其实出自于奥地利一名徒手搓棉签的棉签厂女工。当然，DNA 的事情清楚了，但案子还是没有破，能否破案还要看警方如何找到其他证据了。

事实上，在科学研究历史上也经常出现类似的情况①。1998 年，澳大利亚帕克斯天文台的射电望远镜接收到一种异常强烈的无线电脉冲信号，因为和现有所有宇宙辐射物理模型都不同，科学家们觉得这可能是一次历史性的新发现，都兴奋异常，并开始申请经费进行深入研究。这个信号在 17 年间反复出现，让科学家十分迷惑，给出了许多的假说，比如闪电说、黑洞说、中子星说等，还有人认为这可能是外星人的联络信号，也由此不断发表学术论文。他们还给这个信号起了个怪兽的名字“泊利松”，意思是长了翅膀的牡鹿，也就是飞鹿。

随着时间的推移，到 2015 年他们发现了一个规律，就是信号总是在白天出现，而且频率恰好在微波炉的频率范围内。他们再依据这个线索进行追踪之后真相大白，原来是天文台的科学家使用微波炉时，强行打开微波炉门时泄漏出的那一点辐射造成的结果，真是让人哭笑不得。最后，这个结论又发了一篇论文。17 年的科学研究，花掉了无数科研经费，最后的结果居然只是一台微波炉的泄露。这是不是和那个女工的棉签有异曲同工之妙啊？但这就是科学研究的结论，也没

①参见 hwarming 的《一伙科学家忽悠了 17 年的经费，结果…》，http://blog.sina.com.cn/u/1155797883[2016-6-5]。

有什么好指责的。科学研究就是刨根问底，而不管这个"底"是不是和你的想象一致。

我们从这两个故事中至少可以得到两点启示。

第一，排除工具或环境误差是科研活动最核心的内容之一。"女杀手"居然是女棉签工，可见排除工具本身的误差，甚至是误导，是多么的重要。所以，在科学研究的过程中，如何排除测量仪器带来的误差，这本身就是科研活动中的重要工作。比如，在引力波探测中，可以说三分之二以上的工作，就是要排除非引力波的影响，设计的仪器设备几乎都是为了解决这个问题，就是为了不出现微波炉这种情况。

第二，科学研究过程和方法必须十分严谨。科学家证实一个理论，其实和破案大同小异，都是在寻找证据并给出合理解释。但在寻找证据时，也免不了会被一些假象迷惑，最后落入歧途，得到错误的结论。但如果能自已发现错误，或者是被别的科学家指出，就又要重新调查。直至能找到更过硬的证据，或者是没有被人发现的破绽，而这都需要严谨的科学方法做保障。"微波炉案"就是如此。

学术共同体：学术界"江湖"的规矩

你的科研成果要得到承认，就必须遵从学术界的那些规矩。学术界是什么？在哪里？说得通俗点，就是我们平常说的"学术江湖"；说的学究点，就是学术共同体。学术共同体这一概念是 20 世纪英国哲学家迈克尔·波兰尼①首先提出来的。1942 年，他在一篇题为《科学的自治》的文中首次使用了学术共同体这个概念。他把全社会从事科学研究的科学家，作为一个具有共同信念、共同价值、共同规范的社会群体，以区别于一般的社会群体和社会组织，这样的一个群体就被称为学术共同体，也就是"学术圈子"。

"学术圈子"里的这些人，一般都是一些具有相同或相近的价值取向、文化生活、内在精神和特殊专业技能的人，为了共同的价值理念或兴趣目标，并且遵循一定的行为规范而构成的一个群体。"人在江湖飘，哪能不挨刀"，在武林江湖要守武林的规矩，在"学术江湖"，就要守学术的规矩。学术规矩也很多，代代相传，比如发表论文的格式、研究成果的可重复性、研究结论的可比性、成果的署名规则、成果的优先判定规则等等，都是如此。除非你能像证明了庞加莱猜想的佩雷尔曼②，敢于把论文发在网络上就能轰动全世界，给 100 万美元的奖金还懒得去领，你就得遵守这些规矩。

---

①迈克尔·波兰尼，1891～1976，英国哲学家、物理化学家，著有《个人知识》等。

②格里高利·佩雷尔曼，1966～，俄罗斯数学家，"菲尔茨奖"获得者，因破解庞加莱猜想而闻名于世。

比如，一些原创性的大成果快要突破时，那些在此领域工作的课题组都会拼命加班加点，恨不能一秒钟分成三段用，争分夺秒连轴转。为什么？就是为了争那个优先发表权。所以，每篇论文下面都要注明刊物接受论文的时间，现在上传网络论文数据库了，时间更是精确到了秒级。谁先发表，这个成果的首创权就是谁的，没有争议。你对记者说得再多、再早也是没有用的，看的就是论文发表的时间。这就是规矩。

既然科学结论只是相对正确的，科学家的荣誉主要还是来自同行的认可。认可的方式有多种，既可以是研究结果被同行验证，也可以是被同行引用，或者是被别人的学术报告或论文介绍等。有些成果很难被重复验证，比如代价太大，这时就取决于主流学术界对它的看法。个人之间的学术观点可以不同，甚至可以对其商榷或批评，但忽视前人的工作是很不好的。现在有些人写论文根本不提前人的工作，这就破坏了科学的规矩。对于破坏学术圈规矩的人，将来就很难在“圈子”中“混了”，最低也会被别人选择性忽视。吴军①曾讲过一个关于链霉素发明权之争的故事，很有代表性。

> 美国微生物学家瓦克斯曼②发明了链霉素，但是没法提炼出副作用小的药品。他的学生沙茨找到了一种副作用比较小的菌种，最后得到了可以实用的药品。但是瓦克斯曼认为这个研究成果是他独自发明的，而这些学生“只是他的工具”，因而独占了研究成果的利益，也就是转让专利获得的收入。
>
> 沙茨一气之下将导师告上了法庭，法庭判决他为共同发明人，从而拿回了自己应得的利益。钱是拿回来了，但他从此也没法在美国学术圈子里混了，因为他破坏了学术界当时的规矩，也就是导师和学生的成果所属关系。后来，瓦克斯曼独享了诺贝尔奖，世界也就将沙茨忘掉了。好在后来有人找到了实验记录，让世人也了解了一些沙茨的工作。这时瓦克斯曼已经去世多年，沙茨也已经退休了。

如果单纯看事实，瓦克斯曼的做法无疑有些自私，但是沙茨破坏了当时学术圈的规矩，也就免不了要受到来自学术圈的惩罚。沙茨曾经给很多诺贝尔奖获得者写信求援，但是没人理他。规矩是否合理是一回事，但遵不遵守规矩是另一回事。这些规矩并不是要和谁为难，而是为了让整个学术圈子能够形成一种合力，各自围绕课题共同进行研究探讨。维护这些规矩，才会有更多的研究成果出来。

---

①参见吴军的《透过韩春雨学术之争，我来谈谈什么是学术的规矩》，微信公众号《德先生》，2016 年 12 月 1 日。

②塞尔曼 · 瓦克斯曼，1888～1973，美国微生物学家，出生于乌克兰，“抗菌素”一词的创造者，因发现了链霉素，1952 年获得诺贝尔生理学与医学奖。

当然，现在一些学术界的"潜规则"饱受诟病，尤其是学术腐败带来的很多问题，被绝大多数科研人员批评，但这些不能算是正式的科学规矩。

6.2.3 基本的科研逻辑

我们在科学研究过程中，经常犯一些低级错误而不自知，自以为是科学的，但其实是不科学的。如何才能科学，至少要知道一些最基本科学研究知识，并遵守一些最基本的规则，其核心就是逻辑。

中国式逻辑的缺陷[①]

在科学研究中，我们首先要遵从的是逻辑，但是一些人经常犯的就是逻辑错误。从古希腊的亚里士多德开始，古人就逐步建立起了逻辑规则，并将其作为思维规律用抽象方式规范起来，成为我们思考问题的指导。说起来谁都知道，但在中国，逻辑却可能是比较薄弱的环节。这倒不是开设了多少逻辑课程的问题，很大程度上是因为长久以来，中国人形成了一些独有的思维习惯，忽视了逻辑思维的基本常识。

费正清[②]就专门研究过这个问题，他认为，中国人始终没有建立起一套完整的逻辑思维体系，因此也就很难从一种概念证明另一种概念，从一种思想证明另一种思想。也正是因为如此，才造成了中国近代的科技落后，这就是他对所谓"李约瑟难题"[③]的回答。所以有人开玩笑说，这世上有两种逻辑，一种是逻辑，另一种是中国逻辑。在中国，逻辑的最大敌人，恰恰就是中国逻辑本身，因为其是反逻辑的。

第一，有意无意地概念模糊。概念是思维的基本单位。明确概念是判断与推理的前提和基础，如果没有清晰的概念界定，由此而来的判断和推理也就很难保证其正确性。中国人不善于或者说是不屑于去辨析概念，对于概念的定义一向是模糊的。什么是仁，什么是道，什么是气，什么是火，经常让我们如坠五里云雾之中。我在看电视时，就经常注意看底下的英文字幕，想了解一下这些中国特有的概念用英语是怎么解释的，结果看到的还是拼音。这些概念可能很难解释，但概念模糊，判断推理就很难进行，科学研究就很难规范，很可能产生错误或是模糊的结论。

---

①参见宋怀常的《中国人思维的逻辑缺陷》，微信公众号《逻辑学》，2015 年 12 月 13 日。

②费正清，1907～1991，哈佛大学终身教授，著名历史学家，美国最负盛名的中国近代史研究领域泰斗，著有《剑桥晚清史》《剑桥中华人民共和国史》等。

③李约瑟难题，是由英国著名学者李约瑟提出来的，即尽管中国古代为人类科技做出了很多重要贡献，但为什么科学和工业革命没有在中国发生？

耶鲁大学陈志武教授还讲过这样一件事：中国在加入世界贸易组织 WTO 时，提出的很多条款都是笼统和模糊的，比如，美国应该为中国培养更多的管理人才。但作为 WTO 的合同协议条款，什么叫“应该”“更多”“管理人才”？怎么样才算“培养”？每一项都是模糊的，双方难以执行，美国完全可以不认账。当然，有些人故意将一些概念模糊化，则是为了自己的私利，比如故意制定模糊的收费管理规定，目的则是为了乱收费。实际上，我们有一些研究人员在搞研究写文章时，这种模糊还成了他们的一种科研技巧。比如，一个概念量化不清楚时，不是去找到或者得到准确的结果，解决方案反而是把量词模糊起来；某个结论估计不准确，也故意模糊处理，免得被别人从深处追究。这其实是一种很不好的学术风气，但却在某些地方大行其道。同样，我们很多研究生在开题时，经常起点并不在问题，而大说特说所谓的意义，搞不清楚到底他要研究什么，但是意义却是很伟大的。这其实也是同样的逻辑错误。所以，为解决这个问题，我干脆规定我带的研究生，第一节必须写“问题的提出”，但就是这样，也还是有些学生不知道研究的问题究竟是什么。

第二，非黑即白的二元思维。某专家一次在某大学演讲中说，我们的企业不要总是追求做大做强，结果听讲的大学生就问他：难道企业要做小做弱吗？这就是典型的黑白思维。不要追求做大做强并不能推论出做小做弱。这种二元思维只看到了事物相反的两面或两端，忽视了其他方面或两个极端之间的中间情况，而中间情况往往是最普遍的。二元思维是中国人常见的思维，这是一种很简单的思维，是小孩都会的好人坏人思维。在对待历史问题上，中国人的这种思维比较明显，喜欢把历史人物分成明显的好与坏两类，将好的神圣化，将坏的妖魔化。同样，也很容易将某一地区、某一阶层或某一职业的人妖魔化。在政治思想界的“左”与“右”，也往往容易走向极端。这种思维是片面的，没有认清人性的复杂性与多面性。

第三，描述错误的类比推理。北京大学著名逻辑学教授金岳霖教授曾举过一个例子说明，我们常说“金钱如粪土”，还说“朋友值千金”，这都是类比推理。但是如果从逻辑上推论的话，就是“朋友就是粪土”。这其实就是错误的类比推理。这样的谚语在我们生活中数不胜数，比如“子不嫌母丑，狗不嫌家贫”，“苍蝇不叮无缝的蛋”等。如果这些类比只是文学上的描述，可能问题不大，而且比较生动，能将一些深奥的道理转变为简单的语句。但是，类比推理在逻辑上是或然性的，就是结论有可能为真，也有可能为假。因为相比较的两类事物本来没有什么关系，只是人类通过思维将它们联系在了一起。所以，在科学研究时，尽量不要用这种不严格的推理方式。比如，由狗的忠诚推出人也应该忠诚，人和狗是不同的动物，怎么能确定有一样的品质呢？虽然我们在讲课时经常以举例说明，但也要警惕错误的类比推理带来的副作用。

第四,以偏概全的集合思维。有很多人分不清集合概念与非集合概念的差别,常常会得出错误的结论。比如,从某省的一些人在做假货,就推论出某省人都做假货,就是一种以偏概全的思维,没有分清集合概念与非集合概念。中国话里经常有这种模糊的集合概念,需要充分注意。比如,我们说南方人善于做生意,这里的南方人是集合概念,但不代表每个南方人都善于做生意。区别某个语词是否表达集合概念,须结合语言环境而定,即需要把某一领域的每一个对象与概念反映的性质联系起来考察。准确区分集合概念与非集合概念,有助于避免犯混淆概念的逻辑错误。

其实,这样的逻辑错误还有很多。比如,易中天先生曾将中国逻辑归为三点:问态度,不问事实;问动机,不问是非;问亲疏,不问道理。什么意思?比如,在家里爸爸批评小孩,妈妈就会袒护,尽管也知道小孩做错了,但仍然要说爸爸态度不好,这就是问态度,不问事实;一个人干了坏事,说"他的动机是好的吗!"就可以减少惩罚;一个人是不是有道理,首先要看看他和我是什么关系,关系好,没有道理也可以有道理。

在生活中,人们即使不经过专门地学习,也会自然而然形成一些固定的思维逻辑,但按照这些逻辑来推理,往往不能推出确定的结论。如果再按照这些或然性的结论做其他推理,那就更没有说服力了。一般来说,学数学出身的人比较讲逻辑,因为没有逻辑所有的推理都无法完成。以至于在科学研究,甚至工作、生活中也养成了讲究逻辑的习惯。但就可能会与周围格格不入,你说这是好呢,还是坏呢?但是,我想,讲科学首先就要讲逻辑,没有逻辑还谈什么科学呢?!

"无"不需要证明,能证伪才有意义①

科学命题中,"无"是不需要证明的,默认的就是命题成立,但"有"则必须出示证据证明。比如,"上帝是不存在的",这不需要证明,因为找遍全球也找不着,也不意味着就没有了,所以只能默认是"无"。但反过来,要说"有",就必须拿出证明,出示"上帝存在"的证据才行,当然必须是过得硬的证据。这种情况在现实生活中也经常见到。比如,你说"手机辐射有致脑癌的危险",就必须拿出证据。而我认为没有危险,就不需要出示证据。全球科学家曾做过上百项手机辐射与脑癌和白血病相关性的研究,结论是不能确认它们之间具有相关性。你的"手机辐射导致脑癌"理论不能成立,而我的"无癌"理论就继续成立。你要想坚持自己的理论,就必须继续寻找证据,直至得到证明。

这种"无"不需证明的逻辑,实际上是"证伪"的另外一种表现形式,从另外一个方面说明了科研上正确选择命题的重要性。对"有"的证明是一种证实,需要证

①参见奥卡姆剃刀的《辩论七律》,《北京科技报》,2012 年 9 月 12 日。

据，但对“无”的证明因无法实现，就只能证伪。举例来说，你说我没有上过大学，不需拿出证据，因为“无”不需证明，但我要证伪，出示我的毕业证书就可以了。如果你说我偷了单位的东西，就要证实，你就要拿出证据，录像、赃物均可，不能空口无凭。这就是证实、证伪的逻辑关系。

除非特殊情况，科研命题的选择一般都要求能够证伪。如果一个命题在逻辑上根本不能证伪，就基本可以判定这个命题不是一个合适的科学命题。比如，有专家说房价将要大跌，如果跌 20%为大跌，这个命题就很好证实，一旦跌了算一下就知道命题是否正确。但是这个命题是无法证伪的，因为明年房价没有跌，不等于后年不跌；后年不跌不等于永远不跌，这样专家就会永远立于不败之地。但如果命题改为房价明年将要大跌 20%，有时间有程度，就是可以证伪的了。所以，这个命题就比前面的更具科学性。

我们有一些研究生的课题，在立项时就缺乏可证伪性，这点在社会科学这一类学科中比较明显。比如，20 世纪末我刚来国防大学时，校长非要我参加其他专业博士生的开题报告会并提意见，因为他总觉得博士研究生选题有问题，但又说不出是啥问题。我这个刚来的“外来和尚”就自然被选上了。我连续听了 3 名博士生的开题，发现选题都很大，因为刚好接近世纪末，所以几乎每个选题中都有“21 世纪”的字样。其中一个博士研究生的选题是，“21 世纪外军军事战略研究”，可能他的意思是要研究一下某国军事战略的未来趋势。我当时就问了一个问题，你的课题结论能覆盖 100 年吗？

有些研究课题脱离现实严重，被部队指战员调侃为：“50 年也够不着、100 年也用不上，永远也错不了”。另一位老学者把一些研究课题称为“屠龙之技”，意思是这些研究生的研究选题，听上去挺“高大上”，但没有任何实际价值，研究的对象甚至都不存在。永远错不了用科学的语言来说，其实就是这些选题根本不具备可证伪性。校长听完我们发言后，终于明白了问题所在，后来这一方面就改进了很多。

其实还有更奇怪的事情，有些研究生写论文连要解决的问题是什么都说不清楚，后来居然也把论文写出来了。问题不知道，但伟大意义却写了一大堆，也不知这些从何而来。这一点在社会学、军事学研究生中比较常见。一般说来，任何研究论文都应该是研究问题的，但这些“问题”分为两类：一类是原创型，从来没有做过，经常被比喻为“从 0 到 1”；还有一类是改进型的，在别人工作基础上改进，被比喻为“$N+1$”。绝大多数研究应该都是“$N+1$”，原创性的很少。既然如此，就需要说清楚这个“N”是什么吧？但是很多人连这个也说不清楚，还谈什么问题研究呢？

证据不能选择：农村兵更适应部队？

我们在研究课题时，寻找结论的证据是最基本的过程。一般来说，我们都会有一个预想的结果，这个结果可能是从理论推出来的，也可能是我们自己根据经验预想的。因此，在寻找证据的过程中，总会特别关注那些预想结果。但是，要想证实结论的正确性，就不能选择证据，不管出现什么结果，都应该进行深入分析，或是排除，或是采用。总之，对所有数据都要有一个说法。

前面我们讲过，对结果不能选择性证实，用美军在海湾战争前的兵棋推演作为例子进行了说明。有人在战后宣布，海湾战争的实际作战结果，居然和兵棋推演结果极为接近，因而有力证明了兵棋的预测性云云。事实是什么呢？美军在战前确实进行了兵棋推演，但不是只有 1 次，而是很多次，而且结果都不一样。你为什么只挑出其中的一次来证明结果与实战一致呢？从科学的角度来看，这就是不科学的，因为证据是不能挑选的。事后去挑证据，只能说是“事后诸葛亮”。事实上，兵棋的作用根本不是预测，而是发现问题，通过推演找到作战计划的漏洞。

现在，经常有些人用选择性数据来证明自己的理论，用某些例子或者常识推论出结论，这些都是不科学的表现。比如，是城市兵还是农村兵更能适应部队的生活？我们大家可能都会根据常识猜想，部队管理严格、生活单调、工作艰苦，可能那些农村来的士兵更容易适应，而城市兵来自条件较好的地方，可能更不容易适应。作为一个科研课题，某单位写出了研究报告，举了很多例子证实这一结论。但某个例子不等于多数，更不等于全部，这都属于选择性证实，在科学上并没有价值。

其实同样的课题，美国一个叫拉扎费德的社会学教授也做了研究①。他调查了很多部队，统计了所有数据并进行了相关性分析，最后得出的结论是相反的：城市兵更能适应部队生活，这里说的是大多数，而非某个个例。这是因为从统计学意义上来说，城市兵更习惯于拥挤、合作、服从命令、衣着规定和礼仪，因而对部队的生活反而更能接受。如果不进行统计分析，根本得不出这个结论。

这种观点先行，再寻找例子的方法还是很有市场的。比如，某领导不喜欢某事，就会特别关注它的负面现象，最后找到些只言片语来证明他的观点是正确的。这倒不是这个领导有意刁难或其他什么，其实这就是心理学的先入为主现象。什么枕边风，小人谗言之类的，其实都属于这一类。有的人所谓科学研究，其实只是诠释领导讲话，也没有什么科学性而言。如果把这一套用到了科学研究中，能否得出科学的结论，就可想而知了。

更不科学的是用名人的观点来证明科学的结论。如果用名人的观点来佐证自己的结论也未可厚非，但要作为证据就不行了。你可以找到依据名人名言证明你是对的，但也可以同样找到更多的名人名言证明你是错的。这一点在社会科学研究中经常见到。因此，选择证据必须要用科学的方法，比如统计学理论、大数据

---

①参见同人于野的《别用常识理解复杂世界》，《东方早报》，2011 年 10 月 29 日。

理论等，他们都限定了严格的方法和程序，比如其中关于如何采样的规定就非常严格，弄不好就会出错误结果。

相关未必因果：如何知道药品的疗效①

因果关系在科学结论中必须明确。有些结论的证据是直接的，也就是具有因果关系。比如，吃饭能够提供能量，这就是一个很明显的因果关系，但喝板蓝根可以治感冒就不是。其实研究早已证实，感冒基本上都是自愈的，与喝不喝板蓝根没有多大关系。但喝板蓝根可以让你多喝水，而增加喝水可以帮助你自愈，有一定相关性。这就像毛泽东说的，“再合适的温度，石头也孵不出小鸡”。只有鸡蛋在温度合适时，才能孵出小鸡，温度只是相关因素，并不是决定性的因果因素。

所以，不能将相关关系当成因果关系，轻率地给出因果关系的结论。例如，有人说，“喝红酒有益健康，法国曾有过科学统计，每天喝杯红酒的人更长寿”。看上去，这个结果好像是经过科学研究证实的，但有统计结果也未必是因果关系，甚至还可能是错误的。比如，会不会是每天喝得起红酒的人，其饮食和卫生条件更好而长寿，其实与红酒无关。更极端的例子，现在经科学统计证实，即使每天抽两包烟的人，也比烟草引进之前的古人寿命长，这能说明吸烟有利于长寿吗？

但要证明因果关系有时并不容易，比如某种药品或医疗方法的疗效。现在，很多商家猛吹疗效，找几个人出来讲感受，讲自己的故事，其实是经不起科学考验的。科学家为了证明疗效，可谓煞费苦心，不惜精心设计一套“骗局”来评估。只要经过了这个所设“骗局”的考验，才能够获得被人认可的疗效。这样的所谓“骗局”，专业名称就是随机对照试验。

随机对照试验可以分为单盲、双盲和三盲这样三组进行，目的就是要让病人、医生和试验分析人员三组人员之间全部都相互不知道谁参与了试验，也不知道药品是真是假，最后再看效果如何。这样，就避免了人为的心理因素、安慰剂效应、医生不自觉暗示等因素。真正的试验设计者是不参加的，只能在后面充当“幕后黑手”默默观察。一旦结果出来，才能知道疗效是否真的存在。

所以，这样的研究相对来说对疗效的评估更客观公正，可信度也较高。但需要很长的时间和大量的财力支持。所以，一个药品要被批准，是需要很长时间的。但是，尽管如此严格，这个结果也只是相对可信，也不能保证绝对可信，或者是对所有人都有效，以及对副作用的判定。中药绝大多数都通不过这种科学试验，因而无法在欧美国家销售，很多都是对确切疗效和副作用搞不清楚。说中药是科学的，至少在证据上就很难自圆其说了。

---

①参见段云峰的《这个精心设置的‘骗局’原来是为了验证疗效》，http:// blog. sciencenet. cn/blog-236900-1032980. html[2017-5-10]。

6.2.4 科学的思维方法

如何科学地思考:奥卡姆剃刀和投硬币的概率

科学方法论中有一个很重要的原则,叫做奥卡姆剃刀。什么是奥卡姆剃刀原则? 就是八个字:如非必要,勿增实体。提出这个原则的人叫奥卡姆,是位 14 世纪的学者,他对当时无休无止的哲学争吵感到厌倦,于是著书立说,宣称只承认确实存在的东西,那些空洞无物的普遍性要领都是无用的累赘,应当被无情地用“剃刀”剃除。这把锋利的“剃刀”出鞘后,剃秃了几百年间争论不休的经院哲学和基督神学,使科学、哲学从宗教中彻底分离了出来,引发了始于欧洲的文艺复兴和宗教改革,启动了科学革命,并一直延续至今,还渗透到了更广泛的领域。人们为了纪念奥卡姆,就把这句话称为奥卡姆剃刀原则。

“如非必要,勿增实体”是什么意思呢? 在科学研究领域,奥卡姆剃刀原则一般表述为:当你有两个或多个处于竞争地位的理论能得出同样结论时,那么简单的或可证伪的那个更好,对于现象最简单的解释往往比复杂的解释更正确,需要最少假设的解释最有可能是正确的等等。也就是说,简单的那个更好一些,不要故意地增加一些没用的累赘。所以,也有人认为它应该被称为吝啬定律,或者朴素原则。再通俗点理解,就是前面我们说过的“大自然只走捷径”,也差不多是这个意思。

为什么要将复杂变简单呢? 因为复杂容易使人迷失,只有简单化才利于人们理解和操作。这个方法要求我们做到两点:第一,对无法解决的东西暂时不提;第二,去掉过度理论化的趋势,过多理论只是负担。当年邓小平搞改革开放,就提出“不要争论,大胆地试”,强调实践是检验真理的唯一标准,就是将复杂理论问题先放下,先去解决能够解决的实践问题。邓小平理论最大的特点就是简洁,尽说大实话,但效果极好,影响力极大,比我们一些只会说那些晦涩语言的学者,不知道要好多少倍。这对我们科学研究来说也有启发意义。

看起来这八个字简单明了,但是真正理解对了、用对了也是不容易的。首先我们要了解奥卡姆剃刀原则既不是真理,也不是事实,只是一种科学共同体约定的行事方式,或者说是一种科学的思维方法。不符合奥卡姆剃刀原则的结论,内容虽不一定是错的,但程序肯定不妥。反之,符合奥卡姆剃刀原则的结论,内容也有可能是错的,但却是在当前证据条件下最合情合理的。

奥卡姆剃刀原则也应该成为一种管理理念。这个原理要求我们在处理事情时,要把握事情的本质,解决最根本的问题。尤其是要顺应自然,不要把事情人为地复杂化,这样才能把事情处理好。在运用奥卡姆剃刀原则时应牢记爱因斯坦的一句著名格言:“万事万物应该都尽可能简洁,但不能过于简单”。这一理念与儒家的《中庸》思想可以说是有异曲同工之妙。一些管理者的时间有限，终日忙忙碌碌却鲜有成效，究其原因正是缺乏简单管理的思维和能力，分不清重要的事与紧迫的事，结果成为了低绩效或失败的管理者。这种人被硅谷称为伪工作者，意思是成天非常忙碌，但对事业没有多少贡献。从这个意义上讲，管理之道就是简化之道，简化才意味着对事务真正的掌控。

奥卡姆剃刀原则说的是简洁思考，但简洁思考也不能"一根筋"，还要学会更宽广地考虑问题。记得有人出过这样一道数学题，问："投硬币连续 10 次都是正面，第 11 次为正面的概率是多少?"如果用正常思维回答这个问题，答案应该仍然是 0.5，因为这次与前面结果是什么没有关系。但是，前面 10 次连续都是正面，用概率计算就是 0.5 连续乘上 10 次，这将是一个很小很小的数，也就是说这种情况出现几乎没有可能。因此，更正常的思维应该是，前面这么小的概率事件都发生了，那么就可以合理怀疑这个硬币两面都是正面，因而第 11 次投硬币为正面的概率应该为 1。

显然，这种思考方法避免了"一根筋"式的数学逻辑思维，糅合了生活中的因素，是一种更宽广的思维，从科学研究上看应该更加合理一些。因为逻辑只是方法，而科学追寻的是世界万物的规律，本来就是我们生活的一个组成部分。

批判性思维与创造性思维

什么是批判性思维？美军针对作战指挥给出过说明，就是"一种有目的的、经过深思熟虑的判断和推理活动，并推动进行连续的学习，以适应战场态势的不断变化"。什么是创造性思维，就是"一种应用想象力和洞察力，提出新颖想法、倡导创新的思维活动"。说白一点，就是敢于质疑，敢于创造，敢为天下先。但是，基于中国人思维的特点，这些恰恰就是我们最薄弱的地方。

当年钱学森提出过一个"钱学森之问"，为什么我们的学校总是培养不出杰出人才？钱学森的这个问题其实可以推广到各个领域，就是相对于我们的人口规模、教育投入和经济总量，为什么培养出来的世界级人才如此之少？尽管各种各样院士、教授头衔职称或获得各种奖励的人数并不少，但能够被国际上普遍承认的顶尖人才为什么寥寥无几？其实，还是我们培养学生的方法上出了问题。我们没有培养出他们敢于质疑、敢于创造的能力，而是更多地让他们学会了死记硬背，或者是诠释理解。过于局限于教师传授知识，学生获取知识，好像这就是"知识就是力量"的全部。但是，创造知识的力量又是什么？仅靠知识就能创造出新知识吗？就能产生创造力吗？

人的创造性或创造力从哪里来？清华大学经管学院钱颖一认为①，创造力等于知识乘以好奇心和想象力。好奇心和想象力取决于教育环境和方法，一般说来，儿童时期的好奇心和想象力特别高，但随着受教育的时间越多，好奇心和想象力很有可能递减。这是因为知识体系都是有框架和假定的，好奇心和想象力往往会挑战这些假定，突破现有框架，这在很多情况下并不正确，所以就会被批评，这就在客观上容易产生压制好奇心和想象力的结果。我们国家的应试教育制度会使情况变得更糟，学生学习的目的是为了好成绩，而教师教书的目标是传授标准答案，结果就是教育越投入，教师和学生越努力，好奇心和想象力就被扼杀得越系统、越彻底。

批判性思维是创造性思维的孪生兄弟，不敢质疑肯定就无法创造。2016 年 7 月 31 日《纽约时报》有一篇报道，介绍了一项中国、美国、俄罗斯三国教育学家正在进行的研究。在对大学生“批判性思维”能力的初步比较中，发现一个有趣现象：中国大学生的批判性思维能力随着年级升高而递减。也就是说，在大学一年级，中国学生得分最高，而到了三年级，中国学生得分最低。这似乎表明，中国的大学教育在批判性思维教育方面起的是负作用，培养的学生越来越呈现出不敢质疑、乐于守成的特征。一位纽约大学教授说，“中国学生很善于总结，但不善于批评、分析和提出自己的观点。”

为什么提出问题、敢于质疑对研究如此重要呢？这是因为提问、质疑和批判，可以把静态、单向的活动，转变为动态、双向的交流，是一个深度理解的过程，也是一个酝酿创造的过程。这就是为什么简单的记录和总结只能是肤浅的理解，而提问或者批评甚至指摘，才能带来深入的思考。

我们在战争研究方面见到的情况也是如此。由于军队是一个等级特征比较突出的组织，上下级关系明确，因此批判性思维和创造性思维就更为薄弱。对已有的理论、领导认可的东西都不敢于去质疑，唯恐破坏领导威信，这在很大程度上制约了战争理论的创新。很多所谓的“创新”也就是“名词”创新，实际上并不敢从根子上否定前人，这是因为既缺乏科学理论基础没有底气，也缺乏否定前人的胆量与决心。这在本质上就是思维方法的失败。要想回答“钱学森之问”，首先就要建立起批判性思维和创造性思维的环境，对于战争研究来说就更应该如此。

为什么要批判性思维：避免犯愚蠢的错误②

为什么说批判性思维对于战争研究来说非常重要呢？这是因为，战争的成败

---

①参见钱颖一的《这两个公式让你获得创造力：亚布力论坛开幕演讲》，微信公众号《知识分子》，2017 年 2 月 11 日。

②参考引用了何帆的《团结起来，犯最愚蠢的错误》，FT 中文网，2016 年 11 月 14 日，取材于欧文 · L. 贾尼斯的《小集团思维：决策及其失败的心理学研究》。

往往关系到国家的存亡,如果只是一味地保持所谓的团结或者一致,不敢质疑权威或者已有的方案,带来的就可能是战争的失败。在这方面,美国人有过两个截然不同的案例,而且都是同一个总统干出来的,这个总统就是肯尼迪。

1961 年,肯尼迪在艰苦卓绝的情况下一路过关斩将最终赢得美国总统大选,展现出了一个能力十分强大的总统形象,所有人都对他充满了信心。围绕在总统身边的也都是一群经验丰富的聪明人,包括国务卿迪恩·腊斯克、国防部长罗伯特·麦克纳马拉、司法部长罗伯特·肯尼迪,以及总统的国家安全事务助理乔治·邦迪、总统顾问著名历史学家小阿瑟·施莱辛格、中央情报局局长艾伦·杜勒斯等。可以说这些人都是一群聪明人,但是却犯了最愚蠢的错误。

当时,肯尼迪和他的团队正在谋划一个秘密计划,派遣一队古巴流亡者登陆古巴,用武力推翻卡斯特罗政权。美国人的如意算盘是,如果把古巴流亡者留在美国,这批人不知道会惹什么麻烦,不如把他们训练成武装分子,送他们打回古巴。如果顺利的话,流亡者振臂一呼,古巴人民就会揭竿而起,推翻卡斯特罗政权;即使不顺,这些流亡者也可以潜入附近的埃斯坎布雷山,和当地的反抗组织会合,上山打游击。

1961 年 4 月 17 日,一队大约由 1400 人组成的古巴流亡者部队,在美国海军、空军和中央情报局的帮助下,在古巴猪湾登陆。但一切都不像原来想的那样,登陆部队被在海岸警戒的古巴民兵巡逻队发现了,很快古巴军队就迅速向登陆点集结,用榴弹炮、机关炮和火箭炮向滩头射击。美国负责运送后备弹药和物资的四艘船,没有一艘抵达。前两艘船被古巴军队的飞机击沉了,后两艘船仓皇逃走。第二天,登陆的流亡者部队被消灭,其中 1200 人被生俘。消息传出,美国国内一片哗然,国际舆论纷纷谴责,肯尼迪总统的声望一落千丈。可以说,这是一场完全的失败。

中央情报局跟肯尼迪总统保证,这个计划绝对不会泄密,但读读美国的报纸就什么事情都知道了。肯尼迪总统本以为古巴流亡者士气高昂,但就在入侵的前一个月,古巴的流亡者已经开始不满,而且还爆发了一场大规模叛乱。美国人以为古巴军队弱不禁风、不堪一击,人心思变,但事实上,古巴军队训练有素、反应迅速,而绝大部分古巴人是支持卡斯特罗政权的。最愚蠢的判断是,美国人本以为即使登陆失败,流亡者也可以逃到附近的深山老林里去,但没有想到的是,去那里的道路根本无法通行。肯尼迪总统深为自责,他意识到自己批准的计划和实际执行的计划没有任何相似之处。杜勒斯悔恨莫及,决定辞去中央情报局局长职务。多年之后,国防部长麦克纳马拉还对猪湾事件有负罪感。

为什么一个如此优秀的团队,能犯下如此愚蠢的错误呢？原因就在于他们丢掉了批判性思维的武器,对任何可能出现的问题都没有人愿意质疑,结果导致作战的失败。而且特别值得反思的是,之所以没有批判性思维,是因为他们“太团结”了。有些专家将这种维护小集团团结的思维，称为小集团思维，也正是这种小集团思维，使得肯尼迪和他的团队犯下了致命的错误。

战争中确实需要团结和纪律，才能齐心合力完成任务。但是，当这种所谓的团结和忠诚，变成所有成员都不提出有争议的议题，不需要质疑和批评时，这就埋下了失败的伏笔。比如，当司法部长罗伯特·肯尼迪，也就是总统的亲弟弟，得知施莱辛格有不同的意见后，就把他拉过去说：“也许你是对的，也许你是错的，但总统的主意已定，你就不要再为难他了，现在是每个人都要帮助他的时候。”这样，大家确实很团结，所有人都有共识，但这种共识是肤浅和表面的。大家会不由自主地形成一些习惯，而这些习惯有可能导致共同做出愚蠢的决定。

后来，他们中的很多人对此进行了总结，得出了几点痛苦的见解。第一，为维护团队团结，放弃了批判性思维。据施莱辛格的回忆录，如果当时哪怕只有一个高级顾问反对，肯尼迪总统也会叫停猪湾登陆计划。但遗憾的是，大家都没有表示反对。施莱辛格自己隐隐觉得不妥，但他觉得自己只是个教授，因而也不愿意说出自己的担心。所有的人都沉默，而其他人都把这种沉默理解为同意。第二，团队会倾向于捍卫自己的立场，因而会变得盲目乐观，缺乏足够的警惕。第三，团队会盲目地相信领导，而领导会鼓励下属变得更加听话。如果领导先表达了自己的观点，下属就很难再提出不同的意见，大家都会顺着领导的话往下说。尤其是，在临时性决策小组中，没有规范的议事程序，团队成员也不稳定，就会更加依赖主要领导人。这就更容易导致小集团思维。

其实就是同样的小集团，也不一定就犯愚蠢的错误。同样是肯尼迪的这个班子，在 1962 年就成功地化解了古巴导弹危机，避免了一场迫在眉睫的核战争。同一个班子，在处理古巴危机时候的表现，和在猪湾事件中的表现大相径庭：小组成员不再是一团和气，而是争得面红耳赤。每个人也不再坚持原本的观点，而是在讨论中不断地修正自己的看法。国务卿腊斯克一开始是鸽派，后来是鹰派，到最后连他自己也不确定自己是哪一派了。肯尼迪总统吸收了猪湾事件的教训，在讨论问题的时候，他会刻意地离场，让大家尽可能地畅所欲言。在团队内部，要专门有一个人跟别人抬杠，罗伯特·肯尼迪就担当了这一“魔鬼辩护人”的角色。他扮演这一角色非常成功，以至于变成了团队内部最让大家讨厌的人。但是，也就是这样，才成功地引入了批判性思维，让战争计划变得更加科学和合理。

所以，是不是小集团并不是关键，而引入批判性思维，才是问题的核心。团结很重要，团结起来可以取得胜利，但如果在该质疑时不质疑，该争辩时不争辩，恐怕就要“团结起来犯下最愚蠢的错误”。这是我们在战争研究中最需要注意防止发生的事情，这种事情在我们各级决策中并不少见，甚至可能更多。

创造性人才的思维模式

创造性思维有很多种模式，钱颖一提出四类心智模式，从不同角度说明了创造性人才的思维特征，比较有启发意义。

第一类是爱因斯坦的简洁思维模式。爱因斯坦坚信世界是可以被简洁理论理解的，并可以用简洁的公式加以表述。他说过一句很有名的话，"如果你无法简单地解释，就说明你没有理解透彻"，说的就是这个意思。在他看来，科学研究不是智力竞赛，不是为了获得智力上的快感，也不是为了纯粹功利的目的，而是以最简洁的方式描述出世界的"图像"，并且简单易懂。如果描述得不够简洁，他甚至怀疑自己的思考方式是否发生了错误。所以，爱因斯坦的创造性动力来自于他对世界简洁化描述的激情，而不是按部就班的工程化分析。

第二类是乔布斯的不同思维模式。乔布斯是苹果公司的创始人，在面对 IBM 这样的计算机霸主时，乔布斯想到的就是"与你不同"。IBM 公司的座右铭是创始人沃森提出的 Think，也就是思考，所以 IBM 的笔记本电脑就叫 ThinkPad。1997 年，当乔布斯重返苹果公司时，公司正处于低谷等待重建。乔布斯花重金为苹果公司设计了一个新的广告片，在展示出包括爱因斯坦、爱迪生、毕加索等杰出人物之后，镜头最后推出的广告词是 Think different，就是不同思维。意思就是，我要像这些历史杰出人物一样，也要走不同的道路。

第三类是马斯克的反直觉思维模式。马斯克这个人思考问题的模式受物理学的影响很大。他从量子力学中得到启发，发现在量子层面的物理规律与我们在宏观层面的物理学直觉往往是相反的，但却是正确的。因而他从中悟到，不能跟着通常世界中形成的直觉走，而应该用一种追究最原始假设的方式思考，不是人们通常用的类比方式思考。所以，他才会运用这个逻辑去制造特斯拉电动汽车，制造可回收的火箭，结果一鸣惊人，再鸣更惊人。这就是原始创新与边际创新之间的差别，也就是颠覆创新与增量创新之间的差别。

第四类是蒂尔的逆向思维模式。彼得·蒂尔是那本很有名的书《从 0 到 1》的作者，也是马斯克的同学，他的心智模式就是要思考别人没有思考过的维度，要想别人还没有想到的领域。比如，当别人都在讨论技术问题时，他就提出商业模式问题；当别人都在商业模式上纠缠的时候，他的思维又更多地集中于技术创新。他的逆向思维不仅使他在 2004 年成为 Facebook 的第一个天使投资人，也使他在 2016 年美国大选中成为硅谷唯一支持特朗普的企业家和风险投资人。

其实，不管哪种模式，这些思维模式都是具有创造力的思维模式。它们不完全相同，也不应该相同。需要强调的是，思维模式其实并不能像技巧一样进行讲授和学习，它其实是一种心态，或者说是一种习惯，只能在一个合适的环境中产生出来。需要让自己"悟"出来，"悟"不出来，谁也帮不上忙。只有"悟"出来了，人才也才会自己"冒"出来。这就是产生创造性人才的基本规律。

6.2.5　求实的科学精神

科学的核心要素之一是科学精神，是人们在长期的科学实践活动中形成的共同信念、价值标准和行为规范。它一方面代表了坚忍不拔、勇于创新的精神状态，另一方面也约束了科研人员的行为和道德，这些共同构成科学研究取得成功的保证。但是，由于社会上各种功利思想的侵蚀，以及不科学的评估体系，导致很多不良的现象，值得我们深思。

科学不能买卖：MIT 学生的恶作剧①

科学研究人员就是靠发表论文"吃饭"的，自然就会产生很多以此为生的"产业"。全世界学术期刊有 3 万本左右，每年发表 200 万篇左右的论文，这一方面说明科研事业的兴旺，但另一方面也免不了有滥竽充数的，出现了大量的"山寨"期刊、学术会议或论文。原来我以为只有善于"山寨"的中国才有这种现象，但其实国外也是一样。MIT 有几个学生就对此开了一回玩笑。

MIT，也就是麻省理工学院，这个学院的学生喜欢恶作剧全世界都知道，但他们把恶作剧搞到学术会议头上，则是很多人没有想到的。2005 年前后，有三个学生觉得现在有些论文发表过程实在太"水"，就决定拿它开个玩笑。三个人都是学计算机人工智能的，他们在完成教授布置的课程研究课题时，开发了一个小软件，名字叫 SCIgen，意思是 SCI 论文生成器。这个软件可以自动随机生成完全没有意义的计算机科学论文，其中还包含各种以假乱真的图表和引用，猛地一看还真能唬住不少人。

2005 年 4 月，他们利用这个软件自动生成了一篇论文，题目起得很"高大上"，叫《Rooter：处理接入点与冗余的典型合一方法》，投给了"世界系统学、控制论和信息论联合学术会议"，因为他们听说这个会议的论文非常"水"。结果，论文还真的被接收了。此事曝光后，CNN、BBC 和一些大报都产生了极大兴趣，纷纷报道，轰动一时，搞得那个学术大会组织者狼狈不堪，只好撤回了邀请函。但这三个学生自己募钱跑到会议举办地，租了间会议室，用假名字、假名片开了一个自己的"分会场"，所做的学术报告也是随机生成的，这更叫那些媒体兴奋不已而再次报道，搞得许多赞助商赶紧撤回了对会议的赞助，可见那个学术会议的名声有多差。

多年之后，问题仍然存在。2013 年，一位法国研究者在 IEEE② 和斯普林格③出版公司旗下的期刊中，发现了超过 120 篇用 SCIgen 生成的论文，迫使 IEEE 和斯普林格出版公司赶紧将它们移除。后来，斯普林格还发布了一个开源软件，叫

---

①参见 usashare 的"MIT 学生怎么忽悠了整个学术圈"，《环球科学》，2015 年 4 期，原文链接：http://phys.org/news/2015-04-mit-students-world-scientific-journals.html，以及埃里克斯的《男子用论文生成器炮制论文被两家期刊接受》，《南方都市报》，2014 年 12 月 15 日。

②IEEE 即"电气和电子工程师协会"，是全球最大的非营利性专业技术学术组织。

③德国的斯普林格出版公司是世界上最大的科技出版社之一，已经有 150 多年的历史，以出版学术出版物闻名于世。

做 Sci 探测器，专门用来自动检测由 SCIgen 生成的论文。2014 年，美国国家标准与技术研究院的一名助理研究员，又用 SCIgen 生成了一篇论文，发给了名称为《计算机智能与电子技术》和《纳米技术》的两本期刊，结果对方除了收钱以外，看都没看就同意接受发表，这一次这两本期刊的注册地址都是中国沈阳，说白点就是个发论文的皮包公司。

从这些事情可以看到，学术界也不是那么“干净”，只要有利益，什么事都可以干得出来。但是那些学术会议、学术期刊的组织者，为什么就不能坚持正常的评审程序，让懂行的同行专家发现问题呢？我想只要认真地做到这一点，这些“山寨论文”是不难露出马脚的。发表论文如此，评职称甚至评院士也是如此，久而久之，“劣币驱逐良币”，科学研究还有什么价值？

但反过来想一想，一个小小的软件就可以欺骗大家，是不是我们的学术论文也太容易“生成”了呢？真正科学期刊没有试过，但我确实观察过一些社会科学包括军事科学方面的期刊，那上面的文章确实有点“八股化”，固定模式，套话连篇。比如，研究一个问题，一定是“这是什么什么的客观需要”、“什么什么的必然要求”、“什么什么的关键举措”等等，几乎可以填空完成不同的课题。设想一下，搞一个这样的“论文生成器”又有什么难度？

知识不是表演：普朗克司机的故事①

科学研究是探索未知的基本方法，也是理解知识的最好方式。比如，在大学里都鼓励大学老师通过科研来促进教学，反过来也可以通过教学来培养更多的科研人才。但是，是不是每个人都掌握了他应该掌握的知识呢？投资家巴菲特有个合作伙伴，叫查理·芒格，就喜欢讲一个“普朗克司机的故事”，来说明这一点。

> 普朗克是一名著名的物理学家，量子物理学的创始人之一，是 1918 年诺贝尔物理学奖获得者。得奖之后，自然被大众瞩目，他每天奔波于各个学府及社交场合，演讲他的理论。因为每次都是司机陪他去，所以讲了一段时间后，司机都听得烂熟。
>
> 司机就对他说：“教授呀，你每次讲的内容都一样，听多了连我都会讲了。这样吧，下次到慕尼黑，就让我替你讲吧，你也歇一歇”。普朗克一听就说：“好啊，你想讲，那就你来讲好了”。
>
> 到了慕尼黑，普朗克坐在下面，司机登台，对着一大群听众洋洋洒洒的大讲一番，讲得跟普朗克一样，内容也非常完整。讲完了，听众热烈鼓掌，接着，一名教授举起手来：“先生，我请教一个问题……”，然后

①参见雾满拦江的《哪些知识会让你变蠢》，微信公众号《雾满拦江》，2016 年 3 月 2 日。

问了个非常专业的问题。司机照葫芦画瓢念念稿子还行，怎么能够回答问题?

但司机不愧为"老司机"，不慌不忙地说："你这个问题也太简单了吧？我看，这样吧，我可以让我的司机来回答一下……"。

这个故事我估计是查理·芒格或者其他什么人编出来的，但还是可以说明点道理的。查理·芒格说：知识有两种，一种是知识，另一种是表演。许多人并没有掌握什么知识，而是像普朗克的司机一样，只是学会了表演。但是这种表演，对人们并没有什么帮助。但糟糕的是一些人就像普朗克的司机一样入戏太深，忘记了自己只是个司机，而不是普朗克本人。有些人在现实生活中也如普朗克的司机一样，登上讲台鹦鹉学舌，却期望获得普朗克的荣誉。如果这种要求得到满足，他们就会更觉得了不起，久而久之，他们就真的认为自己就是"普朗克"了，甚至大众也会认为如此；但如果得不到满足，他们就会怨气冲天，号称怀才不遇。

现在我们的时代是网络时代，好处是上网一搜，什么就都尽在眼底，但屏幕一关，可能大脑好像依然如旧。其实有些专家就是这么当上的：开会或电视采访前上网搜一搜，简单做下归纳，记住几个关键数据，就可以信心满满地发表自己的高见了，但要深度地追问一下，恐怕就像普朗克的司机一样，啥也回答不了了。微信的出现更加剧了这种状况，许多知识被切割成零散的碎片，对什么事情好像谁都知道，但好像谁又都说不清楚，但至少有一点可以炫耀：我知道这个!

这些所谓的"知识"确实对我们的工作并没有太大意义，知识只是成为了表演的工具。所以有人说，"网络使人变蠢"，也不是一点道理没有。但网络只是个工具，而知识甚至都不能构成工具本身。只有系统化的思想，才能构成真正意义上的工具。但是工具也会淘汰人，它淘汰的一定是那些脑子顽固而保守，没有形成自我思想体系的人，只有这类人才会排斥进步，而这与年龄无关。所以，网络上有没有什么并不重要，重要的是你自己的大脑里有没有。

在教学中也存在一样的问题。一般说来，讲课好的老师大多数都是科研出色的老师，他们的知识体系更完整，理论讲解得更深透，操作实践更熟练，也就是"知其然也知其所以然"。但我们在评价他们的时候，却又经常评价不到点子上，比如教学评估、授课比赛时，评委们关注更多的却是他们的口头表达、课件效果等，有的人讲课像是在演话剧，却能得到高分，但这其实只是一种表演而已。

神秘论、阴谋论、"民科"与科学主义①

一个科学家必须首先是一个健康的怀疑论者，他必须分得清事实和主张。一

①参见万维钢的《阴谋论与科学思维》，微信公众号《阿尔法工场》，2014 年 10 月 4 日；阿肯巴克的《科学的战争：他们为什么围攻科学》，微信公众号《塞先生》，2015 年 2 月 26 日；郑永春的《如何识别民科》，科学网，2016 年 2 月 23 日；马兆远的《量子大唠嗑》，中信出版社，2016 年版。

个论点是否科学，取决于它是否能被严格的科学方法和众多的严密证据支持，而不是在媒体上听起来多么响亮，或者罗列出多少名人的支持。科学家也不能以偏概全，固执己见，要敢于承认理论的不足，并且对诚实有强烈的道德认同感。但自从科学出现以来，就一直有一些论点或现象伴随左右，如影随形，如果不能正确区分，将很容易掉入陷阱。

第一个是神秘论。2015年，“气功大师”王林被警方带走，之后死在了监牢里。但他已经不是第一个以神秘“气功”的方式去诈骗钱财而进入牢狱的人了。20世纪80年代，所谓的“气功大师”风靡一时，众多老百姓和各级领导，甚至很多科学家都被忽悠得神魂颠倒，“耳朵认字”“隔空取物”“远距发功”，都是常见的表演项目。我记得当时“气功大师”所谓的“带功报告”票价高昂，但仍趋之若鹜，整个礼堂里不管多么有身份的人都跟着大师摇头晃脑，真像是群魔乱舞，现在想起来都觉得好笑。但为什么几十年过去了，仍然有那么多人都相信王林之流的胡说八道呢？

第二个是阴谋论。2014年3月，马航的MH370航班起飞后失踪了，许多国家出动飞机、舰船寻找，几乎把南印度洋翻了个遍，也没有找到飞机的影子。整个事件还在被定性为“失联”期间，互联网上就已经充斥着各种阴谋论。其中有一个理论说，马航失联其实是中美“两个大佬”较量的结果，而且中方目前稳操胜券。这篇奇文把当时的国际形势，包括乌克兰局势紧张、日本右翼政府态度软化、朝鲜半岛的微妙变化、西方阵营出现的裂痕和泰国局势未能朝预期方向发展，以及国内形势，如改革进展、两会前金融波动、昆明火车站恐怖袭击和河南隧道爆炸事故，通通联系在一起，认为只有全盘考虑这些因素，甚至还要结合“三年前发生在菲律宾马尼拉的人质事件与奥巴马即将在四月展开的访问活动”，才能理解一架客机为什么会失联。更早一些的阴谋论者宣称，美国人登月也是NASA伪造的。

第三个是“民间科学家”。2016年2月11日，美国科学家正式宣布，人类首次直接探测到引力波。这本来没有我们什么事，结果有好事者翻出五年前的一段视频，说是在一档电视娱乐节目中出镜的一位下岗职工，提到他正致力于引力波等诺贝尔奖级的重大科学研究，但遭到了评委和主持人不留情面的批驳。网友们纷纷感叹一个优秀人才被嘲笑、被埋没，批评主持人和评委欠他一个道歉，甚至称此人为“诺贝尔哥”。连微博名人都为他加油，评价其为“一个了不起的工人”。这个工人就是典型的“民科”，即所谓“民间科学家”。更有甚者，另一位“民科”甚至宣布“美国宣布人类首次直接探测到引力波成果属于造假”，让人哭笑不得。

第四个是科学主义。这是无限地放大自然科学的作用，不恰当地将某个科学领域的结论推广到其他领域的一种意识形态，认为这才是唯一正当的知识形式。最典型的莫过于将自然科学理论，推广到复杂系统领域中，比如社会科学、战争科学等领域。当用经典自然科学方法无法计算或解释某些复杂系统现象时，他们就会认为这是“伪科学”。他们甚至认为，“科学主义”这个词就是这帮子搞社会科学的人弄出来反对科学的。但事实上,科学恰好不承认各种权威,也不会帮助他们去追逐私利,包括这些自以为掌握了"科学发言权"的大科学家们。无限放大自己所知科学的作用,否定其他科学的意义,本身就是反科学的。

产生这些论点和现象的原因很简单,就是对科学是什么并不真正理解。任何一个经过基础科学训练的人,现在中学生就应该达到这个水平,都应该知道一些事情是否成立都必须经过严格的科学测试。但科学不是一堆事实,而是一套思维方法,科学的思维并非与生俱来,而是需要经过不断的训练。

当科学与表象不一致时,人们更容易相信自己的直觉,相信眼见为实,相信身边人的看法,这就导致神秘论被推崇。对于神秘论中的很多谜题,比如气功、人体特异功能,科学的态度应该是首先怀疑,但不能"一棒子打死"或者"盲目相信",要允许进行科学测试,以研究其是否成立。我们的世界还是有很多谜题的,比如看《最强大脑》节目就让我很震撼,为什么有的人的大脑能够那么快地找出那么复杂物品中的微小差别,做出惊人速度的快速运算,记住那么多的东西,这些也够我们研究很长时间了。所以,还是要相信世界上可能存在不可思议事物的。要不被别有用心的人用魔术欺骗,办法只有一个,就是进行科学的测试,而不要相信所谓的"眼见为实"。

对于阴谋论则需要科学思维的帮助。相信阴谋论很可能是人的一个思维本能。人们总是希望能给复杂而混乱的世界找个简单的解释,尽管这些解释都是"马后炮"、"事后诸葛亮",而且这些故事确实很有吸引力。这是由人类本性中对确定性的追求所决定的。认为凡事都有个目的,是普通人思维区别于科学思维的根本之一。科学家会科学思维,但科学家也是普通人,脑子里有时候也会冒出目的论来。所有这些阴谋论都有一个共同的思维模式,就是不承认巧合,不承认有些事情是自然发生的,认为一切的背后都是有目的的。不可否认,这个世界上的确有阴谋,不可能所有政府在任何时候都是无辜的,但事实上这种阴谋的能量十分有限,而且这么多的巧合都凑到一块,这是多小的概率事件啊!正如林肯所说,"你可以在所有的时间欺骗一部分人,也可以在一段时间欺骗所有的人,但你不可能在所有的时间欺骗所有的人。"想要完成一个阴谋非常困难,而且就算做成了也有很大的曝光风险。维基解密爆出那么多的秘密,但一定会使阴谋论者很失望,怎么没有点猛料呢?

"民科"们的特点则是不屑于研究小问题。他们的"研究"往往针对某个重大的科学问题,要么试图推翻著名的科学理论,要么致力于建立某种庞大的理论体系,立志于研究一些听上去很玄、很牛的东西。相对论、宇宙模型、哥德巴赫猜想等,常常是他们挑战的对象。我的办公室书柜里就有挑战相对论、挑战哥德巴赫猜想的论文集,但其中并没有什么严格的理论和证明,倒是有不少报纸的报道、与名人的合影和自己写的打油诗。而且,"民科"们常常把科学和神话混搭。"暗物质"和"阴曹地府"、"夸克"和"太极"、"黑洞"和道教中的"玄牝之门"等等，舶来的科学名词与中国传统文化和神话故事中的概念混在一起，"洋"为"中"用，"科"为"民"用。他们大多数并没有受过专业的学术训练，甚至不知道他所挑战的对象究竟是什么。需要说明的是，不要把"民科"与普通的科学爱好者、业余科学家混淆起来，"民科"们所做的事情，其实和科学没有什么关系。

科学不承认绝对真理和绝对权威，科学的正确也仅限定于特定范围、特定前提下。但科学也是理性的，并且愿意说理和争论，任何事情都可以通过科学的交流不断完善。那些奉行阴谋论、神秘论、科学主义的人，以及所谓的"民科"，其实都是不承认真正科学的。有人说他们不讲科学，就是愚蠢。德国有一个科学家说：

> "愚蠢是比罪恶更加危险的敌人。罪恶可以抵抗，但愚蠢无法防卫，因为它并不服从理性，毫无规则可言。假如事实与一己的偏见相左，那就更不相信事实；假如事实无法否认，那就把它当成例外干脆推开不理。所以同恶棍相比，蠢人总是自鸣得意，当你和蠢人谈话时，你碰到的不是他本人，而是一连串的标语和口号，以及诸如此类的东西。"

所以，我们在讲科学的同时，也应该避免愚蠢。但是，从这段话中，是否就可以看到我们身边存在着的某些愚蠢现象的影子呢？

科学的初心：不通人性的机器①

科学究竟是为了什么？当然，我们可以回答是为了探索世界，是为了满足我们的好奇心，科学客观上也会对我们的生活产生影响。那么，我们在更好地了解一个事物的规律之后，是不是就应该毫无保留地去运用这个规律吗？

2016 年，美国电影《萨利机长》上映，讲述了一个真实的故事。2009 年，编号为 1549 号的航班刚起飞便遭到飞鸟撞击引擎失灵，但在萨利机长的驾驶下成功迫降纽约边上的哈德逊河，机上人员全部生还。电影的故事从这里开始，萨利机长接受了航空安全部门的轮番调查和严格盘问，其中最重要的说法是，他完全可以返回附近的机场，没有必要在河上迫降，而且这个说法经过模拟器仿真应该能够实现。他因此被质疑，冒险迫降是不是为了他安全咨询公司的商业利益？是不是拿全体乘客的性命开玩笑？

在听证会上，航空安全部门与空客公司合作，利用记录下来的数据，展示了用计算机模拟出来的结果。计算机完美地还原了当天飞机遭遇鸟群撞击之后的高度、速度、角度等数据，以及天气、风向等外部环境。模拟结果表明，这架飞机完全

①参见方可成的《不通人性的机器，可能毁掉人们的生活》，《南方周末》，2017 年 2 月 15 日。

可以成功返航，在某处机场着陆。眼看萨利机长就要名誉扫地了，但就在此时他问了一个关键性问题：计算机模拟时考虑到了人类驾驶员需要按照飞机驾驶手册进行反应、思考、判断的时间了吗？为了回答这个问题，听证会临时决定给模拟过程加上 30 秒钟的人类反应时间重新进行模拟。果然不出所料，飞机在模拟器上就再也无法成功着陆，而在水上迫降就成为唯一选择。

计算机是完全按照飞机的特性模拟的，在纯理性条件下，计算机是可以飞回机场的，但作为人类的驾驶员却只能按照规程反应。在不通人性的机器面前，英雄机长的名誉险些被毁掉。其实，这样的事情还有不少。现在很多企业都引入科学算法来强化管理，但在管理的同时，是否还记得他们管理的是人而不是机器，这就大成问题。

美国服务行业的工作人员，如超市和餐饮业，很多是按小时数拿薪水的合同工，收入本来就很微薄。但近几年大数据分析盛行，企业都采用计算机算法来排班，大大提高了企业的工作效率，但却让这些员工饱受其苦。这种排班算法的核心是基于顾客流量安排上岗员工数，听上去是不是很“科学”？一般情况是，周二上午人流少就少安排人上岗，周末晚上人流多则全员上岗。更先进一些的还可以做到更“科学”，比如，下雨时人们可能会更多地走进咖啡店，所以这时要多安排人手；某个晚上附近体育场有大型赛事，可能会给快餐店带来一大批深夜客流等等。这一切都让人流预测和排班安排达到了前所未有的科学化程度，但它却给店里的打工者带来了灾难性的后果。

首先，这种复杂性预测往往只能提前一两天完成，员工只能更多地接受临时排班，这对很多有家庭的员工来说就是一种灾难。第二，过去人少时员工难得地还能有点空闲休息一下，现在拜科学算法所赐使得他们几乎没有了这种时间。这些算法可以说是真正分析清楚了人力资源最佳利用的规律，但它也可能忘记了人与机器的不同。虽然可以为企业带来丰厚的盈利，但是这种算法算不算是真正的科学，还真的值得探讨。

有一个数学家叫凯西·奥尼尔，写过一本书叫《数学杀伤性武器》，在书中她提醒我们：机器和算法的表现，最终体现的其实是制造机器、设计算法的人的意志。如果设计算法的人不考虑人性的因素，那么机器是不会自动考虑人性的。从这个意义上说，机器不通人性并不可怕，只要制造机器、设计算法的人多一些对人性的考虑和关怀，而不是只考虑某件事物本身。其实，我觉得恐怕还没有这么简单，在智能时代，机器的理性与人类的人性将成为主要的矛盾，尤其是机器人自主化更高的时候，会不会带来更多的问题？我们将如何平衡机器的理性与人类的人性之间的关系呢？这将是对科学初心的拷问。

这让我想起另外一件事。2017 年初，香港法官连续判决辱国议员身份失效、香港警察侵犯罪罪成入狱。结果对立的双方都在骂法官判决偏袒，给社会造成分裂。我于是就想，如果是人工智能"阿尔法狗"去当法官，它又会怎么判呢？判了又能服众吗？它可是没有任何身份和立场的。

科学的极限：哪些永远不会知道

"求知是人类的本性"，2000 年前的哲人亚里士多德这样说。但人类的知识是否存在界限？是不是只要科学家努力，所有的问题我们都可以弄清楚？其实不是。科学家现在已经知道，有些问题永远都不会有答案。这就是科学的局限。这是承认我们自己的无能吗？其实恰好相反，意识到自己的无知正是未来获得新知识的保障。

英国数学家马库斯·杜·索托伊在《我们无从知晓的》"*What We Cannot Know*"这本书中探讨了科学知识的边界①。索托伊认为，当前正是科学知识的黄金时代。从欧洲大型强子对撞机，到人类基因组排序，再到费尔马最后定理的证明，当今科学界取得了众多值得人类铭记的伟大成就。并且科学进步的节奏正在加快，比如，自"二战"以来，每九年科学出版物的数量就会翻番，但仍有更大的挑战等待着人类去破解。癌症能被治愈吗？衰老能够被打败吗？是否存在一个能够适用于所有学科的"万物理论"？我们能够知道一切吗？

现实是，人类的知识存在一条极限边界。比如，从理论上看，如果你掷一枚骰子，牛顿的运动定律可以让我们预测出最后将出现哪个数字，只要各种条件都知道。但事实是，人们可能根本无法得到所有的数据。复杂系统理论已经证明不确定性的存在，所以很多系统根本无法完全精确，也就根本无法预测遥远的未来，比如大家熟知的"蝴蝶效应"。量子物理学更是将物理学推到了一个匪夷所思的境地。

即使未来不可预测，人们依然希望能够揭开物理世界的规律。正如史蒂芬·霍金在他 1988 年的畅销书《时间简史》中写道，"我仍然相信，在谨慎乐观的基础之上，我们可能已经接近了探索自然终极定律的终点。"但当人们已经抵达终点时，他们自己如何才能知晓这一点？他们之前就误判过，伟大的物理学家开尔文勋爵在 1900 年就自信地宣布："现在物理界已经没有什么新的理论能够被发现了。"然而，就在仅仅几年后，相对论和量子力学就又开启了物理学的新篇章。

还有哪些是科学家们可能永远无法知道的呢？《新发现》杂志找了一批科学家给出了他们的观点，可以让我们了解一下科学本身的边界在哪里。

第一，认知的局限，永远无法知道他人的感受。比如，"你爱我吗？"，这句话你永远也无法证明他说的是真话还是假话。不管你用什么科学手段，神经学也好，

①参见《科学的边界：那些可能我们永远无法知晓的》，韩宏译，《经济学人》，2016 年 6 月 21 日；爱缪尔·穆尼尔等《科学永不知道》，周佩琼译，《新发现》，2016 年 9 月；《我们无从知晓》《时间简史》《无知：它如何推动科学》均是该文提到的相关书籍，有的国内已经有译本，如《时间简史》。

脑科学也好，对于“共情”永远做不到，他人永远是他人，既相识又陌生。

第二，逻辑的局限，我们永远无法确定数学论证会不会引向悖论。这其实就是哥德尔定律，“数学无法证明其严密性”，再直白一点，就是没有一个数学家能够肯定“1＋1＝2”永远不会导致矛盾。作为科学之王的数学，自己也承认自己存在着弱点。

第三，测量的局限，永远不知道6000万年后行星会在哪里。6000万年对于人类来说很长，但对于宇宙来说却只是一瞬间。天文学家100年前就知道，三个互相吸引的物体足以引发决定性的混沌，这就是所谓的“三体”问题。由于测量的误差，100万年就可能误差达到1000万公里，所以永远无法知道我们的位置会在哪里。

第四，概念的局限，永远找不到共同的祖先。这就是一个悖论：所有生命的祖先被称为最后普遍共同的祖先，它一方面被描述得越来越精确，另一方面却越来越不可能存在。因为存在重要基因的横向交换，那么普遍祖先应该是一个群体而不是一个个体。

第五，智力的局限，永远无法理解超越我们理解范围的事情。人类的智能受限于大脑结构和缓慢的进化速度，但人工智能，没有物理上或生物上的障碍，所以超过人类是很自然的事情。

第六，观测的局限，永远不知道我们生活在怎样的宇宙中。我们在大洋中航行看不见整个大洋，地平线限制了我们可以看到的区域。同样，我们对宇宙的观测速度赶不上宇宙膨胀的速度，我们看到的只是它过去的样子，永远也接收不到它们现在发出的光芒。

第七，工具的局限，永远不知道电子的样子。任何物理学理论都不能让人参透现实本身，比如对电子的测量。无论使用什么工具，你看到的其实是电子的轨迹，而不是电子本身。

第八，熵的局限，永远不知道霸王龙的基因组。原来以为可以做到，以前不断宣布得到了千万年前，甚至1亿年前虫子的DNA。但后来发现，DNA其实会受到时间的侵蚀，其中的信息保存不断地在受到后来的污染，总是处于熵增的状态。在DNA保存方面，100万年是个可信的界限，也就是说，霸王龙的基因得不到。

第九，认识的局限，永远不知道为什么。对一种物理实体起源的解释总会牵涉其他实体，以至无穷下去，找不齐所有能够影响这个实体的所有因素。所以，我们永远不知道哪些现象真的可以独立存在，也就是那些“为什么”了。

第十，阐释的局限，永远不知道我们是生活在地球外面还是里面。这怎么可能？但是数学家用内凹地球的模型，也可以给出我们所得到的一切，只不过是从一个不同的集合角度考虑的，当然物理法则也完全不同。这说明，我们对很多事物的阐释是可以有多个角度的，但我们却不知道到底哪个是真实的。

其实,还有很多。我们才发现,“科学的功能并非增加我们的知识,而是不断更加准确地揭示我们有多么的无知”。这是美国哥伦比亚大学生物学教授斯图尔特·菲尔斯坦在2012年出版的《无知:它如何推动科学》一书中说的。另一个科学家让·马克利维·勒布隆也说:“有一件事令科学家尤其是物理学家束手无策,那就是处理自己的无知”。马提亚斯·吉莱尔说:“我们走出了对应科学绝对胜利的知识视野;这个时代要求我们更加谦逊”。

对简单对象提出简单问题的时代似乎已经结束了。人们在发现混沌理论、相对论、哥德尔定理后证实,科学本身确实有些问题将永远不会有答案。我们甚至都不知道我们自己不知道,但这也许是通向其他知识类型的入口,更会激发人类对未知、对探索新知识的渴望。

6.3　战争如何成为科学

6.3.1　战争科学的独特性

战争是艺术还是科学

战争是艺术,还是科学?这是个问题。历史上有太多的理论家对此进行过定义,但又总是似是而非,让人迷惑。拿破仑麾下的约米尼将军,在其名著《战争艺术概论》中斩钉截铁地说过:“战争是一门艺术,而非科学”①。德国当时的总参谋长老毛奇认为,人的行为不能归纳成一套规律和原则,战争是一门艺术而不是一门科学。和他同时代的军事理论家克劳塞维茨在其名著《战争论》中也说过下面两段话②:

> “人们似乎至今仍未决定,究竟采用军事艺术,还是军事科学这个术语,而且也不知道该根据什么来解决这个问题。……我们认为,战争既不是真正的技术,也不是真正的科学,人们正由于看不到这一点,才走上了错误的道路,不知不觉地把战争同其他各种技术和科学等同起来,并且做了许多不正确的类比推理。”
>
> “战争同技术或艺术的根本区别在于:战争这种意志活动既不像技术那样只处理死的对象,也不像艺术那样处理的是人的精神和感情这一类活的、但却是被动的、任人摆布的对象,它处理的是活的,又是有反应的对象。”

①参见约米尼著《战争艺术概论》,唐恭权译,华中科技大学出版社,2016年版,第249页。

②参见克劳塞维茨著《战争论》(第一卷),解放军出版社,2004年版,第124-125页。

但也有很多战争理论家坚信战争是科学。英国将军富勒坚称:“战争像人类其他行为一样,是一门科学,因为它以事实为基础,并且在战争能够被当做艺术来展示之前,你必须对其有科学化的深刻研究和把握。”中国著名的科学家钱学森也认为,战争就是一门科学[①②]。他认为:

> “战争问题尽管很复杂,但它也是客观世界的现象,因而也是有规律的,是可以被认识并掌握的,这就是战争的科学。”
>
> “我们要用现代科学技术来研究战争的规律,研究战争这门科学,这就形成了现代军事科学。”

钱学森在很多场合都谈到战争科学的问题,概括起来他认为,战争同世界上其他任何客观事物一样,具有科学性:一是战争有其自身发展的规律,并且可以被人们认识和掌握;二是对战争规律的认识是一个漫长的历史演变过程,是几百、上千年对战争经验不断总结的结晶;三是战争规律是发展变化的,其变化形态取决于科学技术的发展、新武器和新装备的涌现,以及战争环境的变化;四是战争是一门科学,要用现代科学技术来研究战争规律。

那么,战争到底是艺术,还是科学?我认为,回答这个问题必须从两个方面来看,一是艺术与科学的本质特征,二是时代发展带来的变化。

第一个方面,从艺术与科学的区别来看。艺术是纯感性的,而科学是纯理性的,可以说是完全属于不同的范畴。有人说,“唯有战争和爱情可以不择手段”。还有人说,“战争是暴力美学,如果你认同杀人是艺术的话”。说的都是战争的感性特点,也就是它艺术的那一面。但也有人说,“战争不是艺术,但战争的技巧是一门艺术”,这其实说的还是战争过程中的艺术特点。约米尼其实就是这个观点,在他的眼里,战争是纯感性的,是战争指挥者个人决策技艺展现的天堂,也就没有了科学理性的空间。

但是钱学森出于一名科学家的本能,在他眼中,任何客观事物都可以是科学的研究对象,就应该可以用科学的方法加以研究,就可以寻找到其中的规律,因而战争就应该可以是科学。至于应该用什么样的科学方法研究战争,那就是另外一回事了。钱学森也提出过,军事系统工程、运筹学、系统科学,以及计算机作战模拟等现代科学技术,与战争的历史经验相结合,可以使得我们更好地了解和掌握战争的客观规律。

克劳塞维茨甚至认为战争既不是艺术,也不是科学,而是一类特殊的事物。但我认为他实际上既看到了战争的艺术一面,又看到了战争的科学一面,只是还

---

①参见钱学森著《我国今后二三十年战役理论要求考虑的几个问题》,《通向胜利的探索》(上),1987年,第63页。

②参见军事科学院军事运筹分析研究所《作战模拟的研究与应用》,军事科学出版社,1987年,第12页。

不好确定战争"科学"到底应该是个什么东西。因为他认为，战争是"人"的战争，是"活"的对象，"战争在人类活动中最近似赌博"，不能用简单的技术或艺术来类比。但是，他也同时认为，战争是有规律的，可以借助科学的手段加以研究，所以他自己就采用了很多物理学的术语来解释战争现象，实际上就是认同了战争的"科学"的另一面。

第二个方面，从时代的发展角度来看。我觉得，要了解克劳塞维茨、约米尼的战争理论观点，就要了解 200 年前他们那个时代对"科学"的理解。从他们的叙述中可以明显看出，在 200 年前，人们对"科学"的认识还局限在特定技术或者知识的层面，更没有许多现代科学理论，比如复杂系统理论，能够解答克劳塞维茨心中的疑惑。约米尼认为战争是有"原理"的，也就是战争的基本规律，其实这个"原理"更接近于我们今天所说"科学"的概念。所以，他们当时所说的"科学"，和 200 年后钱学森所说的"科学"是有本质不同的。我们不能将两者等同对待，而应该看到其中本质的内容。

事实上，战争艺术也是相对战争科学而言的。这是因为，战争既有其艺术的一面，但也有其科学的一面，两者不会矛盾，更不会冲突。在艺术的层面，展现的是"人"的感性和偶然，是每个人对战争及其活动的不同理解和个性的极致发挥，以及战争带来的千变万化和各种可能性。在科学的层面，展现的则是战争规律的理性和必然，是宏观规律和微观机理的演化和目标，以及人们把握和控制战争的各种可能性。

顺便说一下，也有人说"战争是科学吗?"是个错误的问句，因为如果可以这样说，就如同讲"石油是科学""食品是科学"一样说不通。其实，提出这样疑问的人恰好没有注意"战争"和"石油"、"食品"在词性上的不同，"石油"和"食品"是纯粹的物质对象名词，所以那样说是不正确的，但可以说"石油科学"，含义是"研究石油的科学"；而"战争"却既是名词描述战争这个对象，也可以是动名词描述组织战争的人类活动，所以"战争是科学"和"战争科学"都应该是成立的。

战争科学与自然科学的差异

战争科学属于社会科学的范畴，与自然科学有着明显的不同，因而对科学方法的理解和运用也有所差异。最大的差异主要在以下三个方面。

第一，研究对象具有复杂性。这和所有的社会系统一样，面对的不是自然科学所面对的自然世界，而是由人类不同人群组成的社会及其相关系统，所以自然科学的方法有很多就很难适应。前面讲到的适应性、不确定性、涌现性等就是其典型代表特征，自组织、可进化、非线性等就是它的典型结果。所以，很多原先适用于自然科学的科学方法，就必须根据复杂系统的性质有所调整。

比如，复杂系统具有整体性，但它的适应性性质会带来组成结构的自然调整，再用分解还原的方式去研究它就不合适了。因此,必须从一开始就从整体出发,将其看成是一个整体才行。再比如,复杂系统具有不确定性,因而对因果关系的要求就不能像自然科学那样地确定,这也会带来一系列的影响。这些在前面各章中已经讲了很多,这里就不再啰嗦了。

第二,社会系统具有易错性和反身性[①]。这两个概念是索罗斯发明的。索罗斯就是那个我们大家在金融危机中熟知的"金融大鳄","量子对冲基金"的创始人。但大家不知道的是索罗斯本来是个哲学家,对哲学有着狂热的爱好,而且也很有建树,炒股票什么的其实只是他的副业。所谓易错性是指复杂系统因素那么多,任何人都不可能了解全部,对世界的看法始终是片面的,也就是易错的,因而也就可能带来错误的结果。这个概念比较好理解,因为人们普遍承认,我们生活的世界其复杂性确实超出了我们的理解能力。

反身性的概念与自然科学就相差很远,可能有的人不容易理解。反身性是指系统操作者本身就是系统的一个组成部分,他的任何改变包括对系统的理解,都会引起系统本身的变化。因此,当人们使用某些方法时,如果他们自己也是被处理对象的一部分,情况就会变得极为复杂。因为"人"既是系统的操纵者,又是系统的参与者,所以他对系统的认知和操纵都会导致系统演化。就像前面我们说过的股市变化一样,哪怕你只是认识了它,也会导致系统状态的改变。因为社会系统还是复杂系统,又具有很大的不确定性,所以这个改变又是非线性的,结果也是不可预测的。对简单系统的认知,会使我们越来越理解这个系统,但对复杂系统的认知,在我们更加理解它的同时,又会由于反身性反而使得复杂系统演化出更加复杂的状态,让我们更加不能理解它。

反身性可以用一个故事来进行说明,这个故事是诺贝尔文学奖获得者加夫列尔·马尔克斯[②] 1970年在委内瑞拉发表演说时讲的。

> 从前,一个很小的村子里住着个老太太。一天,她一脸愁容地告诉孩子:"一早起来我总觉得村子里会有大难。"随后,她的孩子和其他孩子打球输了,解释说他妈一早起来就说村里会有大难,所以心慌。接下来这个"有大难"的说法开始传给了卖肉的,卖肉的则将这一消息告诉了所有前来买肉的人。就这样,一传十,十传百,谣言越传越广。
>
> 后来,村里人什么都干不了了,就等着出事。下午两点,天一如既往的热。突然有人说:"瞧,天真热!""这个点还没这么热过!""就是,没有这么热。"再后来,人们越来越紧张,万念俱灰,想走又不敢走。接着,

---

①参见许永硕的《索罗斯演讲:人的不确定性原则》,微信公众号《和讯期货》,2016年2月15日。

②加夫列尔·马尔克斯,1927～2014,哥伦比亚作家、记者和社会活动家。拉丁美洲魔幻现实主义代表人物,著有《百年孤独》《霍乱时期的爱情》等,1982年获诺贝尔文学奖。

有个人带头把家具、孩子等统统装车，带着牲口准备离开。随后全村都收拾东西准备离开。剩最后一拨人，决定一把火烧掉房子，整个情形就像是一场战乱。

人群中，那个有预感的老太太说："我说就会有大难吧，还说是我疯了！"

老太太的预测，直接影响了她所在的系统，最后导致了一场谁也没有想到的灾难，反过来又证实了她的预测，让人始料不及。这点就与自然科学方法完全不同。比如，你说："现在在下雨。"因为对象是自然系统，你并不在系统之中，你的这句话不管是对是错，都不会改变天气。但如果你是证监会主席，你说："股票会很快下跌"，就可能真的导致股票市场的一片混乱。战争也是一样，你期望战争进程总是按照计划走，但事实是"炮声一响，计划清零"，一切就都要根据战场的实际变化了。因为你的状态的任何变化，都会导致战场状态的改变，从而引起系统连锁演化。所以说，战争思维是动态的、不确定的思维，与自然科学的思维是完全不同的。

第三，战争系统具有对抗性和残酷性。战争系统也是社会系统的一种，但它是一种极为独特的社会系统，就表现在对抗性和残酷性上面。所谓对抗性，是指战争系统不像物理系统那样遵从自然规律，甚至也不像其他社会系统那样可以"双赢"。比如，你扔出去一块石头，它不会乱飞，一定会遵从牛顿的科学定律，最后落在什么地方，而且这个地方通过计算是可以精确得到的。所以，我们才会知道哪颗彗星会在哪天飞过来等等。但是，在战争系统中，对手是不会配合你的，而且它是有意要对抗的，总是以"你死我活"为目标的，我要把你搞到最不舒服，才是我的胜利。在这点上，战争科学就不能像自然科学那样，总是假设对象和你配合，遵守什么定律，而必须假设对手"兵不厌诈"才行。

所谓残酷性，说的是战争只给你一次机会，没有第二次。这不像自然科学做实验，可以连续做很多次，直至做到成功；也不像打篮球，可以先搞场季前赛，实验实验阵容。其他社会系统也可以搞个试点什么的，比如社区选举、金融改革都可以。在实际战争中是没有这样机会的，"胜者为王，败者为寇"，萨达姆被打败了，就被杀头。你的战争科学理论再好，结果可能什么也没有证明就结束了，这就是战争。因此，战争科学如何实验和验证，在方法上就必须另辟蹊径，不能对自然科学方法照搬照抄。

所以，只有理解了战争的独特性，才能理解战争科学的独特性，也才能知道怎样做才是科学的方法，但这不是说传统科学方法论对战争研究不适用。事实上，这些方法论大多数都是适合的，但要特别注意战争的特殊性，知道应该如何应对才行。

6.3.2 科学地研究战争

战争是典型的复杂系统，因而就存在前面所说的各种复杂性问题。应该如何去做，才能保证战争研究的科学性呢？再回顾一下本章最开始时讲到的，“科学的目的是探索规律”、“科学的精神是质疑、独立和唯一”，以及科学的方法是“逻辑、量化和实证”，其实每一条我们都应该坚守，所不同的是在某些具体问题上需要采用符合复杂系统的方法。有人说过一句大白话，“除了数学、逻辑和哲学，所有的一切结论都是假说，并不能确定其正确性。所谓科学，其实就是不断证伪，使其错误犯得更少一点的方法而已”。这就是说，采用什么样的方法才是关键，它将决定你的结论是否科学。但是，仅就方法而言，对于复杂系统还有很多问题需要回答。

战争科学不要“东施效颦”

很多人在思考战争科学方法论时，总是存在很多的困惑。这些困惑与更一般化的社会科学领域面临的困惑其实都是一样的：一方面，想着如何让社会科学能够更符合自然科学的“科学”标准；另一方面，又发现其实很多地方自然科学方法并不能给出更合理的答案。所以总是有人在搞“社会物理学”之类的东西，其实就是主动往自然科学上去靠。但是，我觉得简单地将社会科学与自然科学类比，不仅没有必要，而且也不会有好的结果。有人说，“社会科学正在经历‘物理学嫉妒’”，意思其实就是说自己做不到，还想东施效颦。社会科学和战争科学也面临着同样的窘境。

其实很多哲学家、经济学家和科学家早就思考过这个问题。他们认为，人类社会现象与自然现象有着完全不同的特性，就是人类思维所起的作用。人的自由意志影响不到自然系统，没有因果关系，不会依人的意志为转移，但却可能对社会系统产生很大的影响。而且由于反身性的存在，认知和操纵两种功能之间还会相互影响，引发大量的不确定性。参与者根据不完全的认知去行动，行动的结果可能根本不符合他们的期望，但这却是人类事物的重要特点。除了反身性，还有很多其他的不确定性来源，都可能产生非线性的结果。

这样，如果还非要社会科学与自然科学在科学方法上必须相同，必然是缘木求鱼，得不到结果。所以，波普提出的科学方法论在社会科学应用时，就必须更加谨慎。波普的理论对于自然科学效果不错，但人类社会的不确定性原理却向这个理论中注入了不和谐因素。因为预测中引入了不确定因素，预测和解释之间的对称性就被破坏了，验证的中心作用也处于危险之中。比如，在验证的初始条件和终结条件中，由于反身性，是否要包括参与者的思想？这个问题非常重要，因为每一次验证都需要复制这些条件。如果参与者的思想应该包括在内，但我们却很难对其进行观察，而且每一次观察也可能不同。如果将它排除在外，那么初始条件和终结条件就构不成完整的条件，因为即使同样的客观条件，也可能由于参与者的不同，而得到截然不同的结果。

显然，社会科学应用自然科学的方法论存在很多的困难。为了消除这些与人类不确定性相关的困难，人们做过很多尝试，试图在参与者的思想和现实之间引入或者假设一些固定的关系。比如，在经济理论领域建立的许多模型，仍然是在模仿物理学的方式方法。但这些哲学家和经济学家，比如波普和哈耶克①，都发现社会科学不能得到和物理学相类似的结果。哈耶克抨击了机械和轻率地将自然科学中定量方法应用于经济学的尝试，他称之为“科学主义”，也就是为了科学而科学。波普在他的书中也指出，历史不是由普遍有效的科学规律决定的，虽然他坚持认为任何科学都应有统一标准。

所以，社会科学如何才能做到“科学”？我认为，必须认识到社会科学与自然科学之间的差异，在更高的层次上寻求解决方案。这也是哥德尔定律告诉我们的结论，我想也应该适用于复杂系统的科学标准，而不是错误地用自然科学方法乱作诊断。这种复杂系统的科学方法，应该可以兼容自然科学的科学方法论，但是又可以为社会科学，也包括战争科学找到一个研究框架。仅就战争科学而言，从整体性、动态性和对抗性出发进行研究，应该是最基本的科学方法要求。

社会科学研究的科学之道②

北京大学的谢宇教授曾经专门做过一次演讲，谈了自然科学与社会科学研究的不同在什么地方，并解释了应该如何科学地进行社会学研究。我觉得他的演讲很有启发意义，这对我们从事战争科学研究的人也有参考价值。

古希腊哲学家柏拉图③是逻辑思维鼻祖之一。他认为世界有两个，一个是本质的世界，另一个是现实的世界。现实的世界是你看得见、摸得着，体验得到的世界，也就是我们生活中的世界；而本质的世界是你看不见摸不着的，但却是真理的世界。他认为，要了解真理，重要的不是具体的东西，而是要了解背后的原理。比如，我们了解圆的特征不能研究具体的圆，只能从数学特征上去了解这个“圆”的类型，数学逻辑才是背后的真理，而这就是真理和表面现象的区别。这种思维后来被叫做“类型逻辑思维”，也被称为“柏拉图主义”，一直在对科学产生重大影响。

但是，柏拉图的这种思维对社会科学一直不太适用。因为在社会科学的研究

①弗里德里希·冯·哈耶克，1899～1992，奥地利裔英国著名经济学家和政治学家，以坚持自由市场资本主义闻名，1974 年获诺贝尔经济学奖。

②本节部分内容参考引用谢宇教授的演讲《‘社会科学与自然科学研究之别’之‘跨界思维：科学再认知’(上)》，微信公众号《未来论坛》，2016 年 8 月 1 日。

③柏拉图，公元前 427～前 347，古希腊哲学家，客观唯心主义的创始人，是西方哲学最伟大的哲学家和思想家之一。他是苏格拉底的学生，亚里士多德的老师，三人并称为古希腊三贤，主要作品有《理想国》等。

对象中，不确定因素非常大，根本不能满足柏拉图所提的要求。今天的社会科学思维更多的来源于达尔文①，他在生命科学、进化发展方面提供了很重要的哲学启示。与柏拉图关注的类型中的抽象逻辑相反，达尔文认为“个体很重要，变异也很重要”。不能因为强调一类人，就可以忽视个体的差别，而这些个体差别对社会发展往往是很重要的。因为这种思维是从全体角度看个体，所以这种想法就叫做“总体逻辑思维”。

比如说，突变可能是偶然的事件，但是它的变化，是个体与个体之间的差别。我们今天知道，这个载体叫基因，因为个体的基因不一样，才可能对环境的变化反应不一样，才有可能做出自然选择。自然选择的基础是异质性，这种异质性不像柏拉图所说，是我们不愿意看到、不可避免的人为粗糙复制造成的。对达尔文来讲这些是真实的、可以遗传的，对进化论有重要作用的一种差异。所以，为什么我们认为社会科学和生命科学比较接近，就是因为柏拉图思想强调了一类人，忽略了个体差别；而达尔文提出的这种理论则强调了个体差异的重要性，是社会科学比较能接受的一种理念。

有了这种总体逻辑思维，就有了做统计分析的可能。弗朗西斯·高尔顿②，他是达尔文的表弟，是将心理学、人类学、社会学、统计学结合起来进行研究的鼻祖。他把达尔文的总体逻辑思维介绍到社会科学，也把统计方法介绍到社会科学。他的出发点和达尔文很相近，重点在差异。他认为，对于人类学研究，仅做平均数没有什么意义，差异才有价值。比如，我们统计人类的特征，如果只进行简单算术平均，就会得出“我们每个人平均有一个乳房和一个睾丸”这样的笑话。

高尔顿开创过很多研究，比如他是世界上第一个系统研究智商的人、第一个系统研究身高体重的人、第一个研究双胞胎的人、第一个系统研究指纹的人，这些都属于个体有差异的内容。比如，指纹的价值就在于不一样，假如大家指纹都一样了，也就没有什么意义了。他就是在这些“不一样”中寻求整体答案的。

高尔顿的理论其实很简单，他认为个体差异从本质上来讲是随机的、不可控制的，当然微观上可能是可以解释的，但从原理上就是一种随机的不确定因素，自然界本来就是不确定的，这一点倒是与后来兴起的复杂性科学理论观点一致。但这与当时统治科学界的牛顿决定论思想是不吻合的。高尔顿的理论认为，整个社会现象本质上就是不确定因素决定的，机制可以是一定的，出发点也可以是一样的，但是它的结果却可能是不一样的。因为个体有不确定的因素，而这种不确定因素是不可预见的，是没有规律的，但是总体的分布是有规律的，这就反映了统计的重要性。这种个体的不确定性，与总体的规律性并存，就是总体逻辑思维的结果。

---

①查尔斯·达尔文，1809～1882，英国生物学家、进化论的奠基人，著有《物种起源》等。

②弗朗西斯·高尔顿，1822～1911，英国人类学家、地理学家和气象学家，著有《遗传的天才》等。

在社会科学研究中，我们研究的对象变异程度可能非常大，但原因很多。对于达尔文来讲，他研究变异只是载体的适应能力，实际上就是基因。但如果研究社会，基因就不仅仅是唯一的载体，其他很多内容都可能成为背景差异，比如人的行为可能受到环境的改变而改变，也包括教育、健康等。所以每个人的变异更为复杂，而且随着时间的变化而变化。况且，人类的行为还有反身性，不仅适应环境，而且还会改变环境，比如政治制度、经济政策，以及技术发展等。同样，人类还是有理性的，这与动物不同，知道什么好什么不好，这就会带来选择性，最终也会改变环境，比如吃不吃鱼翅、熊掌，移不移民等。此外，还会存在很多偶然性，也会带来我们每个人想法、行为的改变，比如偶然得知哪里有黄金，就可能一窝蜂地去淘金。

社会科学研究对象中的每个个体都不同，又怎么进行科学研究呢？这就要通过总体进行，比如统计分析。它的科学性主要体现在两个方面：一是客观性，二是经验性。客观性是说，社会科学研究的结果不应该随着研究者主观意志的改变而改变，主观意志不能对研究有影响，有影响了就不会客观，就不能称为科学研究。这一点符合柏拉图的观点，强调事物内在的规律和真理。经验性是说，在研究中需要实证，因为实证更有生命力、更具体，而且可以重复，但理论只是为解释现象服务的。这一点比柏拉图科学性要求就弱了很多，依赖于更多条件。

社会科学还有三个基本原理，所有的社会科学研究都应该遵循这三个原理。第一个原理叫做变异性原理。变异性是社会科学研究的真正本质。我们的研究都是在研究变异性。第二个原理叫做社会分组原理。虽然社会、人口当中有很多的变异性，但我们可以对其分组，分组以后就可以减少个体间的差异性，但会得到组与组之间的差异性。分组解释了一部分总体的差异，或者说组内的差异要小于组间的差异，就是小于总体差异。第三个原理叫做社会情景原则。社会情景和社会分组不一样，社会情景是指大环境，比如说改革开放前的中国，改革开放后的中国，“二战”前的日本，“二战”后的日本等，这些都是情景的变化，会造成制度的变化，而这种变化又会影响系统里面的所有个体。所以，人与人之间的差别随着社会情景变化而变化。

战争科学本质上也属于社会科学研究的大范畴，虽然具体来说和谢宇教授关注的社会学可能有很大差异，但从研究思想或方法来看还是有一致地方的。尤其是，研究信息化战争，就更离不开社会科学研究了。

理解“可重复性”：方法还是结果？

可重复性是社会科学研究中一个不可回避的问题。你得出一个结论，相当于认识到了一个新的规律，就应该让别人知道并能应用。但复杂系统在多次重复中可能得不到同样的确定性结果，怎么看待这个问题？

要回答这个问题，我们首先要弄清楚在自然科学中，“可重复性”指的是什么。一般来说，在自然科学研究中，一个新规律的发现，需要说明这个规律本身，以及初始条件和终结条件，并且给出可以得到的确定性结果，这样别人才有可能去验证。但是，在有些人的眼里，“可重复性”被简化成必须重复某个具体的确定性结果，从而就可能被误导成为“只有得到这个结果才是科学的”这样的结论。

比如，我们发现了烧开水的规律，“100 摄氏度时水会沸腾”，初始条件包括“烧水的地点海拔高度、水的类型”等，终结条件是“翻腾大量气泡”等，结果是测量此时水的温度。这样，别人是完全可以重复的。需要注意的是，从科学方法论来说，这里“100 摄氏度”并不是那个需要重复的内容，因为在海拔高的地方，水在 80 多摄氏度可能就沸腾了，而需要重复的是“水的类型、海拔高度、水的温度和加热沸腾之间关系”这个规律。如果把“100 摄氏度”当成了必须重复的结果，就丢掉了最核心的内容。

烧水这个例子很简单，有点科学知识的人就不会被误导。但如果得到的是那些带有不确定性结果特点的规律，就很容易推导出悖论。比如，我们扔硬币，每一次结果都不一样，你就不能拿着一次“正面”的结果，要求别人次次都重复得到“正面”的结果，其实它的规律是统计规律，而这个规律是“每次正面的概率为二分之一”，这是可以重复的。

所以，像战争系统这样带有很强不确定性的系统，从科学方法来说，重复的不应该是某一个具体的确定性结果，而应该是某一种规律，即使这种规律表现出来的不是确定性的，而只具有某种相关性。因此，相关性也是证明科学规律的重要方式。事实上，很多科学研究都是以证明“相关性”为结果的，比如社会学、心理学、医学等都是如此。只要证明了这种相关性，而非某个确定性结果，也属于被重复的范畴。

科学方法上的“可重复性”要求，不要与复杂系统的“结果不可重复”概念混淆。前者说的是对某种规律的认识和证实方法，而后者说的是某个系统的具体结果。比如，我们“不可能重复地打两场同样的战争”，这是因为初始条件没有办法完全一致，运行过程中也会有某些天然的不确定性，再加上非线性导致的结果混沌和巨大偏差，因此结果就不可能重复。但是，如果发现某种战争规律，那么这种规律每次都会对某个结果产生相关影响，不管是统计性的，还是强相关的，那么这个规律又是可以重复的。比如，在兵棋推演中，如果在实施空对地突击作战之前，对突击路线上敌方阵地进行高强度电子干扰，将大幅度提升突击效果，这就是作战规律。可能每次突击结果并不一致，但这个规律却是屡试不爽的，除非敌方采用其他完全不同的防范措施。

所以，科学方法上的“可重复性”完全可以用在复杂系统研究方面。但是，战争系统的特殊性也使得这种重复性研究变得很困难。前面说过，战争数据缺乏、战争系统不断演变、战争可能只有一次机会等等，这让证明战争科学的规律还需要寻找更好的方法和手段。过去最直接的方法就是“从战争中学习战争”和“从历史中学习战争”，现在有了战争模拟系统，也可以“从虚拟战争中学习战争”，也就是“从‘未来’中学习战争”。这些都为我们不断发现战争规律，提供了更好的条件。

对于很多以复杂系统为研究对象的学科来说，可重复性都要面临同样的问题。2016 年，一个称为开放科学研究（OSC）的科学团体在《科学》上发表一篇文章，说他们“重复了 100 项刊登在心理学顶级期刊的研究工作，结果只有 36％的实验结果得到重现”。这在心理学界乃至整个社会科学界引起了不小的震动。OSC 的 270 个科学家成员来自世界各地，他们选取了心理学领域的 3 本顶级期刊在 2008 年发表的 111 项研究结果进行重复验证，最终完成其中的 100 项。原有结论中有 97 项得到了显著的统计效应，而在重复实验中仅有 36 项统计效应显著。

为什么这么多研究的重复性这么差呢？哈佛大学心理学教授达尼尔·吉尔伯特等在《科学》撰文指出，根据他们的分析，36％的重复成功率并不低；相反，这一结果表明心理科学研究的结果可重复性很强。之所以不能重复，很多都是因为采样选择、计算误差、存在偏差和解释性不同的问题，任何一点差别都可能导致无法重复。因此，重复必须严格忠实于原有研究。吉尔伯特说：“无论你的研究对象是人，还是既有的课题，都必须遵守所有科学研究的规则，包括抽样、计算误差，以及不告知实验者研究假设等。元科学也同样不能免除这些束缚，违反科学的基本规则，就会得到错误的结果。”

从这个案例可以看出，对于复杂系统的研究重复性是多么的困难，就更别谈战争系统这样特殊的系统了。但无论如何，重复性研究对于任何一门科学来说都是重要的，因为它让我们辨识出那些最值得信赖的研究结果。但是，我们目前很多关于战争问题的研究还根本谈不上重复，因为连基本的科学方法都还达不到。可见，战争科学的未来是多么的任重道远。

计算社会科学宣言①

2009 年，哈佛大学大卫·拉泽尔为首的 15 名科学家在《科学》发表文章，首次提出计算社会科学②的概念，第一次将计算技术的快速进步与社会科学研究联系起来，并试图建立一个全新的学科。这个学科融合了社会科学、计算科学和复杂性科学等多个跨学科领域，以整合性的、跨学科的社会研究为目标，力图使用先进

①参见社会学社论团队译“计算社会科学宣言”，微信公众号《sociology 前沿论文大推送》，2015 年 10 月 8 日。

②参见大卫·拉泽尔的《计算社会科学》，孟雷等译，刊于《中国计算机学会通讯》，2011 年 6 月期，第 70-73 页。

的计算方法，强化信息处理过程，建立起新的社会科学研究途径，既包含社会科学理论的研究，也包含作为复杂系统方法论手段的工具研究。我在《战争工程论》一书中也提出，战争科学研究其实也可以走同样的道路。

2012 年，康特等 14 位欧美学者在《欧洲物理学杂志特刊》上联合发表了又一篇文章，题目是《计算社会科学宣言》，描述了更详细的内容和方法。《计算社会科学宣言》从目标对象、发展现状、方法创新、面临挑战和预期影响等五个方面，全景式地说明了计算社会科学发展现状及其未来等方面。这里给读者做一个简单介绍。

第一，目标与对象。《计算社会科学宣言》总结了当前及未来人类可能遭遇的社会和政治问题，比如人口结构变迁和移民影响，金融和经济的不稳定性，社会、经济和政治分歧，健康威胁，多极世界中的力量不平衡，有组织犯罪、社会骚乱与战争，制度设计带来的不确定性，信息系统的不道德使用等一系列问题。这些问题不仅严峻，而且难以预测和处理。进一步而言，人类社会已经进入前所未有的快速变迁时期，技术的发展开启了新的沟通渠道，衍生了大量新的行为类型，从根本上影响了组织原则，同时其产物正在形成新的历史构成因素。

《计算社会科学宣言》认为，上述危机之所以难于应对，其中一个重要原因就是社会复杂性这一根本特征。复杂社会系统的特征表现在其多层次性和多维性上，其过程不仅表现为从微观层面向宏观层面伸展，也表现为从宏观层面到微观层面的互动，还表现出各个特征和过程之间的相互依赖和相互影响。其结果是导致社会总体水平上新系统特征的涌现，以及诱发社会经济和政治领域重大事件的突发产生，如全球金融危机和政权崩塌。

《计算社会科学宣言》指出，信息与交流（ICT）技术为研究社会复杂性和解决大问题提供了重大机遇，大大提高了人们理解社会规律的能力。这是因为，一是 ICT 技术产生了大量的数据，这些技术记录了人类活动的轨迹；二是计算能力的发展使我们有能力去处理这些数据，创造新的模型来反映社会复杂性和多样性。传统的社会科学工具几乎浮在问题的表面，而新的工具几乎投射到了社会行为的各个方面。从超级计算机到分布式计算的可能性，使得执行大规模、异质性、多主体研究成为可能。尤其是，可以用来对社会和行为系统的复杂性进行建模。所以，《计算社会科学宣言》把这一新领域命名为计算社会科学，它集合了社会与行为科学家、认知科学家、智能体科学家、计算机科学家、数学家和物理学家之间的多边协作，以满足对目标现象的新方法创新和理论建模。

第二，发展现状。《计算社会科学宣言》指出，目前计算社会科学涉及的领域主要包括涌现现象研究、社会学习系统与机制，以及定量计算社会科学等三个方面。一是由于复杂系统的个体互动会在总体上涌现各种集体现象和行为，如社会分割、协作、互惠、社会规范和制度等，社会学界一直在努力解决宏观与微观之间的连接问题，而计算机模拟新技术正越来越朝这个方向在努力。二是各种社会动态均可归属为基于强化和模仿的学习过程，而学习是一种基础性机制，它可能达至特定条件下的均衡。但是，学习会改变期望，进而导致不均衡现象，因此由学习导致的非均衡现象是计算社会科学需要研究的重要领域。三是计算社会科学的一个核心内容是多主体建模，虽然这种方法十几年前就有了，但最近其在定量计算、海量数据处理等方面都取得了较大进展。

第三，方法创新。《计算社会科学宣言》认为信息与交流技术可以为社会科学提供帮助，它不仅有助于获得、分析和构建大数据，探讨大问题(big problems)，也有助于提供大思考(big thinking)。这些大数据可以构建产生大型社会现象的计算模型，用于理解全球社会系统，这对社会科学界而言也是重大机遇。更为重要的是，还可能会产生新的原则和概念。

以往的社会科学是关于人如何思考(心理学)、如何处理财富(经济学)、如何相互协调(社会学)、如何管理他们自己(政治学)，以及如何创造文化(人类学)的学问。计算社会科学凭借强有力的工具，不仅要对真实世界进行分析、实验和反馈，还要借助规模前所未有的经验数据建构一个"虚拟的计算社会世界"对其加以检验，以此提升我们对真实社会经济系统复杂性的理解。

计算社会科学主要包括以下几点。一是重要工具是基于主体建模，并要从认知科学中汲取更多的思想。二是关注对象是社会世界构成的事实，如人、思想、人造物，以及社会生态系统中的关联等去特征化的计算对象。三是注重适应性，社会复杂性源于人类对环境挑战的适应，以及涌现出成功适应的结果等。四是关注不确定性，概率和其他关于不确定性的科学理论是理解复杂性的必要条件。五是关注社会演化的可能性，对于社会复杂性，可能发生的事与已经发生事一样重要。六是注意无尺度现象，幂律是典型的代表，收入、财富、冲突、组织、城市及社会生活中的其他特征多服从幂律，但也不应忽视临界性存在的特殊性，对于一些社会现象，如冲突，临界性可能更深刻。七是非均衡性，自然原始数据反映社会复杂性典型的非均衡性，而应用理论转化的数据正态化方法(如回归分析)可能破坏生成过程中有价值的信息。所以，如何正确地分析非均衡性是计算社会科学的重要内容。八是复杂网络分析，复杂网络解释了许多社会复杂性，计算社会科学可以与社会网络分析结合，包括主体建模、复杂性模型和可视化分析，提升解释力。

第四，面临的挑战。《计算社会科学宣言》认为计算社会科学的建立目的是回答许多根本性的科学问题，目前面临三个方面的挑战。一是理解互动的层次与方向问题。社会互动的层次与方向是社会复杂性的主要来源。社会层次涌现于互动及互动的反作用，我们需要理解新的层次是如何产生的。二是文化建模问题。探讨文化的全球化、多样性及持久性，文化多样性可以理解为主体和网络共同进化的动态结果。三是多方法交叉研究。与传统的方法不同，新的方法设计包括以实验检验来自数据推断的设计、以实验检验模拟预测的设计、协调大型实验等。

第五,预期影响。《计算社会科学宣言》预测了计算社会科学对科学、技术竞争力和社会三个方面的影响。在科学方面,社会学将经历一个巨大的范式转变。与实验方法相结合的计算方法,将使社会科学更接近于建立理论、经验事实和研究之间的良好连接。另一方面,它的影响也会超出社会科学,因为它将提供新的工具和方法,这些工具和方法也适用于任何以大数据为资料的研究。对于技术竞争力的影响,计算社会科学可以通过大数据分析模拟研究改善管理,增进政策决策与评估的科学性。

看完《计算社会科学宣言》,我总是在想,我们是否也可以提出类似的"计算战争科学",发表一个《计算战争科学宣言》呢？其实,仔细研究上面的内容,你会发现它对战争科学研究完全适用。我期待着那一天早日到来。

6.3.3 战争科学:离科学还有多远

战争研究方法:林则徐的咨询报告①

在战争研究中,我们最容易犯什么样的错误呢？我看到关于林则徐的一篇文章,觉得挺有启发,正好可以拿来作为案例进行讨论。

> 1839 年 9 月,林则徐向道光皇帝上了一道奏折,相当于我们现在的战略咨询报告,回答了一个道光皇帝最为关心的问题:英国会不会与中国开战？这时距离鸦片战争爆发还有 9 个月,而此时英国战舰正源源不断地从英国本土开往中国。在这篇长达 2000 字的奏折里,林则徐详细分析了两国的战争条件,最后得出了一个"不至于突然发生战争"的结论,其中有这么一句话:"知彼万不敢以侵凌他国之术窥伺中华……"。

现在看来这当然是一个错误的结论,但它是怎么得出来的呢？我看,至少在下面几个方面犯了研究方法上的错误:

第一,碎片化信息代替体系化知识。林则徐当年非常重视收集西方情报,资料来源是从各种途径收来的报纸,请了至少四个人整天为他翻译,并经他本人亲自审阅并装订成册,以供决策时参考。这就是情报收集,但是比较零碎,缺东少西,用今天的话说就是碎片化。由于清朝政府夜郎自大,外国都是"番邦",看"番邦"的资料,有失天朝大国的体面,所以对西方包括英国不可能有系统的了解。所以,根据这些零散的情报,再加上当时林则徐等"天朝"官员僵硬的固有思维,得出

①参见李刚的《碎片化学习是如何把林则徐带到'坑里'去的》,资料来源于茅海建教授所著《天朝的崩溃——鸦片战争再研究》,微信公众号《人神共奋》,2016 年 12 月 11 日。

错误结论是很正常的事情。

第二，选择性证实方法搞研究。就是挑选对自己观点有利的证据，对自己观点不利的东西视而不见。这是前面说过的不科学方法的典型。林则徐从翻译资料中了解到英国的地理位置、面积、人口、军队、舰船等数目，与大清国简直没有相比的可能，据说当时中国的 GDP 占全世界的四分之一，难怪林则徐有这样的判断："此蕞尔小邦，若大军远征，势必路途遥远、补给困难，绝对不会出此下策"。林则徐虽然知道印度就是英国的殖民地，可以用于补给，但一个天朝官员还根本无法理解殖民地的意义。

第三，用老思维理解新知识。比如，当时林则徐对世界贸易的理解错得离谱。他从翻译资料中得知，英国以"贸易立国"为本，但根本无法理解这句话所具有的国策含义，只认为这不就是商人想搞点买卖吗！也因此低估了英国想要打开中国市场的决心。他武断地认为，鸦片走私只是民间行为，英国政府不会为这些黑心商人撑腰。他从报纸中发现了"证据"：一些英国人也反对鸦片贸易，英国国王也要求商人尊重中国法律等等。所以，他得出一个中国式思维的结论：英国政府是好的，但这些卖鸦片的商人干坏事。因此，他建议道光皇帝直接给英国国王写信，要求其管束好自己的国民，"定必使之不敢再犯"。

第四，懒得追究不懂事物的真正含义。英国发动鸦片战争还有另外一个目的，就是追求所谓的"对等外交"。但是，在当时中国朝廷的眼里，所有外国都要臣服于中国皇帝。这一观念英国人当然无法接受，他们必须要通过一场战争来解决这个问题。而对于"对等外交"是什么意思，林则徐始终无法理解，也懒得去理解。比如，林则徐对英国驻华商务总监义律的身份始终有误解，他一直以为义律只是个商人的头，而非英国的正式外交官。这就为以后开启战端埋下了伏笔。

林则徐开始禁烟之后，义律下令鸦片商把鸦片全部集中到他那里。对于这个举动林则徐非常高兴，这样他就直接找这个"商人头"去收就可以了，但这就落进了义律设下的圈套。因为全世界谁都知道鸦片不是好东西，此时英国议会正在为鸦片贸易合法性争吵不休，而林则徐禁烟是中国政府查禁毒品走私的行为，英国政府根本没有理由阻止。但义律这样一做，鸦片到了政府官员义律手里，就成了英国政府的财产，你再查抄，就相当于强占了英国政府财产，英国政府就完全可以介入。

林则徐哪里理解得了这些东西？果然，义律刚把鸦片转为英国政府财产，林则徐再查抄，义律立刻向首相巴麦尊汇报，要求派军队武力报复。巴麦尊就是那位说出"没有永远的朋友，只有永远的利益"名言的铁血首相，正巴不得对华开战呢，结果立即捅到议会，以微弱多数通过侵华军费案，发动了鸦片战争。而给他们借口的就是这些对战争研究"一知半解"的清朝官员。

我认为，其实这是否"借口"还在其次，英国人早在觊觎中国，战争早晚会爆发，但分析一下林则徐对战争研究的教训，对我们还是有一定启示意义的。我们从上面每一条错误中，是不是可以看到现在有些人进行战争研究方法的影子？碎片化的战争知识获取，“八股化”的战略思维套路，“想当然”的理解国际环境，“不求甚解”的接受新事物，这些不科学，甚至反科学的情况可以说还比较普遍的。

显然，这种“研究报告”都是套路化的产物，是“生产”出来的，而非研究出来的，问题很“高大上”，但思维却极为落后，更谈不上专业化。找几个人座谈一下，到网上搜几篇文章读一读，就可以拼凑出来，对未来战争又能有什么价值呢？这让我想起了中国和外国的两个故事。

> 中国故事是：一个人问拾粪的老头：“如果你当了皇帝，最希望得到什么？”老头回答说：“我要是做了皇帝，就买一个金粪叉。大路上的牛粪都必须归我，谁也不能拾。谁拾我就杀谁的头！”
>
> 外国故事[①]是：一个非洲食人族部落的土著小孩，被英国殖民者抓到牛津大学去念书，学成归来，又返回了部落。很多年以后，一位探险家找到了这个部落，酋长能说一口流利的牛津腔英语，一问是牛津大学毕业的。探险家很好奇地问道：你还吃人肉吗？酋长答道：人肉还是要吃的，不过我现在用的是盘子和刀叉。

思维高度决定了认知和行为的高度。拾粪的老头本来就没有学习，所以思维仍然还是过去的高度。但那个酋长的小孩还是上了牛津大学的，但估计也没有学到真经，思维基本没有改变，学会的也只是皮毛，回来仍然还是食人族。这让我们会想到什么？如果我们仍然还是“大清国”的思维，即使拿着最先进最昂贵的工具，用了最时尚的词句和方法，其实和林则徐并没有什么本质区别。

一个社会学教授的公开信

要想知道战争科学离科学还有多远，可以将其放大到整个社会科学研究的范围来看。2013 年，北京大学乔晓春教授曾经给教育部长写了封公开信[②]，点出了他在社会科学研究中观察到的问题，这些问题有些在“战争科学”或者叫“军事科学”研究中也存在。这里我引用其中部分内容，供大家参考。

> “实际上，在中国社会科学领域一直存在着很多奇怪现象，让人无法理解。比如，在社会科学领域，专业的转换或跨越很容易实现，一个人可以不经过规范的专业训练而转换到不同的学科，也有人同时可以跨越多个领域，不仅懂政治，也懂经济学和社会学；……中国有些高产

①参见马兆远著《量子大唠嗑》，中信出版社，2016 年版。

②参见乔晓春的《中国社会科学：离科学还有多远》，微信公众号《学术中国》，2014 年 7 月 9 日。

的社会科学学者，一年能发表几十篇论文，甚至上百篇文章；而国外最高产的学者，一年最多也就发表 2～3 篇论文。”

“难道中国学者就比国外学者更聪明、更有水平吗？不是的。因为这些学者不需要看前人的研究，也不需要收集数据，更不需要构建模型去证明自己的结论，而是关在房间里凭自己的感觉、想象和理解，依靠‘哲学’的思辨推理，得出自己‘认为’的结论。然而，一个规范的研究，通常要围绕某个问题阅读数百篇论文和著作，要通过调查收集实证数据，并对数据进行处理、建模、运算和分析，再由此得出结论，最后写出论文。这一过程往往要花费很长的时间。”

“在中国的社会科学领域，人们还可以发现，同一研究内容的不同文章，很多结论往往都是重复的，即使有些个别结论是不同的，也不是通过证明，而是通过‘感觉’得到的。从而导致中国的社会科学研究尽管发表论文的数量很多，但新贡献却很少。正常情况下，一篇学术论文必须要有新的贡献，而且是经过证明的新贡献、新结论，不允许重复以往别人曾经证明过的结论，这样每一篇论文都是学术大厦上增加的一块新砖，最终使大厦越堆越高。而中国学者发表的论文尽管数量很多，但凭借想象得出的结论几乎都是重复的，可以说我们的学术是‘有增长，而无发展’的。”

乔晓春还对一个问题感到十分费解：很久以来，很多人包括社会科学家都反复强调社会科学和自然科学是不一样的。如果从理论上说，社会科学理论与自然科学理论截然不同，这是可以理解的，但是如果在研究方式和方法上过分强调两者的不同，就让人十分不理解，好像社会科学家更乐于把自己做的工作与“科学”分开。

乔晓春认为，科学就是解释经验现象的系统性方法。经验意味着可观测和可测量；现象就是事实，是真实存在的事情。科学的标志在于方法，科学解释的对象是经验现象。由此可以看出，科学的特点是以事实为依据，以方法为手段的，这一点在社会科学中也不例外。客观事实的载体就是各类数据，手段就是科学的分析方法。科学的基本特征是，让事实说话，让数据说话，而不是让研究者自己说话。研究者只是事实的收集、整理、组织、分析者，而不应该是事实的承载者，他本身的经历和感受不能作为一般事实，更不能依此来下结论。然而，现在很多社会科学论文都只是作者的一些思考和想法，根本谈不上是科学研究，也没有扎实的数据支持。科学的结论一定是客观的，而不是研究者凭主观判断和个人经历就可以得出的。

乔晓春认为，社会科学和自然科学既有共同点，又有不同点。共同点是他们都属于科学的范畴，从而都需要依据事实和客观数据来下结论，属于客观判断，排斥主观判断。社会科学与自然科学的不同点在于，社会科学的研究对象是人，即研究人的社会关系和社会行为；自然科学研究的对象是物，即自然的物质形态。虽然存在差别，但是作为科学，它们又是相同的，不应该由于这些差别而排斥科学的方法和手段，排斥科学客观的研究。不能因为证明不出来，就只好“感觉”出来，从而把原本应该是科学的研究，用不科学的、简单的、直观的方法来处理。得出的结论通常是常识性的、低水平的，而不具任何新意和科学性。

“中国社会科学研究的不科学、不规范，导致了一系列严重后果。首先，中国的社会科学与国外的社会科学之间，走了两条截然不同的路径。中国社会科学是走“思辨”路线，而国外走的是“实证”路线。两条路径相互隔离，各自在自己的领域发展和行进。中国学者读不懂国外的学术论文，因为国外社会科学论文几乎每一篇都要用大量的数据和各种数学模型，而中国学者很少有人知道或学过这些模型。相反，外国学者也搞不懂中国的论文，在他们看来，中国的论文似乎每一句都是结论，而每一个结论都没有证据。由于中国的社会科学家无法与国外的社会科学家进行交流，从而导致中国的社会科学在国际上没有地位，更无话语权。”

引用了这么多，并不是说我完全同意他的观点，而是觉得他说的问题确实是问题，因此我也不想再多说什么了。只要称为“科学”，不管是“自然科学”还是“社会科学”或“军事科学”“战争科学”，就应该用科学的方法加以研究，这样才能真正地成为科学。除非你不叫“科学”，比如哲学、历史学等，它们有自己的学术研究方法和手段。这应该成为所有研究者的共识。但我认为，这将是一条漫长而崎岖的道路。

第7章　科学对于战争的意义

任何理论要上升为科学，最大的敌人有两个：一个是“知其然不知其所以然”，忽视对原理的追寻；另一个是“故步自封、墨守成规”，不愿意或者害怕创新。科学就是承认自己不知道，才会追根问底，不断创新，在否定之否定的大循环中，在不断推进自己对于世界的认知中不断前进。无论对于战争，还是对于战争理论研究，这也是科学意义之所在。

7.1　人类认知与科学革命

7.1.1　认知是推动人类发展的唯一动力[①]

奇书《人类简史：从动物到上帝》

2011年，一部《人类简史：从动物到上帝》出版，之后风靡全世界。2015年翻译成中文在中国出版，同样造成轰动，街谈巷议皆以能谈论此书为荣，还得了中国国家图书馆文津图书奖。作者是名叫尤瓦尔·赫拉利的以色列年轻教授，1976年出生，2002年在牛津大学耶稣学院获博士学位，曾专攻中世纪史和军事史，发表过很多关于军事历史方面的专著，以及若干有关战争史的论文，但都没有这部《人类简史》这么轰动。这部书为什么会得到这么多人推崇呢？

我觉得和他思考历史的方式有关。与其他历史研究者注重细节不同，赫拉利采用的是一种“大历史”的叙事方法，着重从宏观角度观察人类的发展轨迹，从文明历程的角度去思考人类的命运，因而看到的东西往往开阔，说明的事情更能清楚，使得我们顿觉眼前一亮，有点拨云见日之感。它给了我们很大的认知冲击，使我们对于习以为常的东西不免产生怀疑，从而帮助我们塑造了一种新的看待事物的眼光，而这种眼光经常是带有批判性的。

比如，赫拉利认为，人类历史发展的过程其实就是对我们自身“虚构故事”和“想象现实”的结果。也就是说，因为人们相信它们存在，它们才因此存在。人类因为会做“梦”，而不再是一个个孤立的个体，意味着一个人和某个人群，或整个人类的演化史从此被打通了。有个历史学家说：“神话是人类集体的梦，而梦是个人

---

①参见Z小姐的“【Z小姐评书】之《人类简史》”，微信公众号《杨静Lilian》，2015年2月8日，以及徐文奇的《人类虚构的意义：〈人类简史〉在说什么？》，《三联生活周刊》，2016年4月25日。

的神话”。正是这些共同的想象,造就了人类一个又一个的奇迹,“美国梦”也好,“中国梦”也好,也都是如此。

只要这些共同的信念仍然存在,其力量就足以影响世界。比如,货币的出现和使用,就是大家都相信的结果。赫拉利说:“金钱正是有史以来最普遍也是最有效的互信系统”。“比起语言、法律、文化、宗教和社会习俗,金钱的心胸更广阔,更具有包容性。所有人类创造的信念系统之中,只有金钱能够跨越几乎所有文化鸿沟,不会因为宗教、性别、种族、民族和性取向等有所歧视。”这个观点完全不同于过去的观点,可以算是对金钱本质的另一种揭示。

“虚构与想象”的力量

为什么说是“虚构和想象”创造了人类的发展历史呢?赫拉利在《人类简史》中给出了说明。他认为,人类是从智人进化过来的,而征服世界很可能是因为独特的语言。有限声音组合出了无限多的句子,储存和沟通了惊人的信息量。通过语言,可以让他们在一个部落中了解谁更可靠、谁不可信,从而为发展出更紧密、更复杂的合作形式奠定基础。正是因为有了语言,人类才可以进行虚构。比如,虚构某种动物是部落的保护神等。虚构让人类能够拥有想象,最重要是可以一起想象,编制出共同的故事。有了这些故事,不仅可以使合作变得更为灵活,而且还能实现与无数陌生人的合作,所以人类最终统治了世界。

前面已经说过,人类群体直接维持关系的团体大小是150人,也就是所谓的“邓巴数”。超过这个数字后,团体成员无法了解其他成员的情况,就很难维持这个团体。因此,要越过150人这个门槛,创造出城市、国家和宗教,秘密就在于虚构的故事。司法制度,也是基于法律的故事,一名律师可以根据法律为一位陌生人辩护。公司、军队、党派等等,都是如此。为什么智人能够打败尼安德特人,能够狩猎比自己大很多的动物,一定程度上也是因为这种合作机制,可以构建出更大的社会网络。今天我们能够造出洲际导弹,也是因为我们能够建立起上百万人的合作网络,完成从采矿到制造一系列的工作。互联网的出现,则是几十亿人共同创造出来的超大规模全球性连接的奇迹。

人类通过想象和虚构在发展出协作的同时,也发展出了对抗,这也可以看成是一种负向的协作,比如歧视、奴役、冲突和战争。赫拉利写道:“复杂的人类社会似乎就是需要这些由想象建构出来的阶级制度和歧视。……还没有任何一个大型人类社会能真正免除歧视的情形。”这种说法和萨缪尔·亨廷顿在《文明的冲突》一书中所提到的:“如果没有真正的敌人,也就没有真正的朋友。除非我们憎恨非我族类,我们便不可能爱我族类”的说法几乎一模一样。亨廷顿将其称为是人类“古老真理中的不幸真理”。也就是说,我们总是需要虚构,而我们虚构最多的,一种是低人一等的人群,另一种是我们的敌人,而且他们都是族群性的。赫拉利认为，人类的虚构和想象，也决定了我们最终的去向。这其实就是我们所说的：观念决定行动，认知决定未来。

赫拉利将人类发展的历史分为“认知革命”、“农业革命”和“科学革命”三个阶段。但傅盛认为，《人类简史》就是一部人类认知的演化史，这一点我非常赞同。德国诗人海涅说过：“思想走在行动之前，就像闪电出现在雷鸣之前一样”。人类文明的演进史不仅是一部器物、技术的演进史，更是一部对世界的认知思想演进史。无论是从最早部落中的八卦能力，开启人类虚构和合作的历程，再到农业革命以后产生了金钱、帝国、宗教的能力，再到科学革命对世界的理解，本质上都可以看成是在认知道路上的不断进步，这种进步也包括对战争的科学认知。

7.1.2　科学就是承认自己不知道①

从自认无所不知，到承认自己无知

在科学革命发展之前，人类认为自己什么都已经知道了。如果出现疑问，人们已经习惯从过去先贤那里寻找问题的答案。这些先贤可以是释迦牟尼、耶稣、穆罕默德这样的宗教先知，也可以是孔子、老子，或者是亚里士多德这样的古代中国或古希腊的哲人。因为无论在伊斯兰教、基督教，还是佛教的宗教典籍里，都假设世上所有的事情都已经为人神所知，因此学习就是去读《圣经》、《古兰经》或者《金刚经》，遇到困惑就去找牧师、阿訇或者高僧寻求答案。同样，古人里的先贤智者也早在几千年前洞察了一切，比如一部《黄帝内经》，就已经解决了人类所有的医学问题。先贤没有不知道的东西，所有问题他们都解决过。所以，我们只要按照他的方式去做好就够了。如果实在是没有人知道这件事，那就意味着这件事情不重要。

在500年前科学出现之前的几千年，似乎全人类都是这么想的。所以，几乎没有人去认真探究大自然运行的发展规律，也很少有人把对各种自然现象背后的机理当回事，只是通过想象来给自己一个自圆其说的回答。比如，天上打雷闪电了，想象一个雷公和电母就好了，但究竟是不是这么回事，就没有人追问了。连火药的发明可能也就是一个意外，为了炼长生不老的丹药，炼着炼着就爆炸了，就发明了火药。但火药出来了并没有人去研究背后的机理，并将其应用到战争中，而是搞出了鞭炮用于驱鬼神。原因就在于，人类不相信还有什么东西需要解决，只相信所有的答案都在过去，从意识上就切断了探索未知世界的动力。

现代科学的出现，实际上就是承认了人类自己的无知，承认了世界上还有自

①参见傅盛的《傅盛读人类简史：认知是人类前进的唯一武器》，微信公众号《猎豹傅盛》，2016年1月17日。

己，包括先贤不知道的东西，因而需要不断地去探索和研究。1620 年，弗朗西斯·培根[①]发表了“知识就是力量”的宣言。1687 年，牛顿发表《自然哲学的数学原理》，将大自然的原理归结于数学。这就打破了过去人类无所不知的神话，“给世界带来了光明”。现代科学不仅愿意承认自己的“不知道”，而且愿意在知识进展之后，承认过去相信的可能是错的。于是，再也没有什么概念、想法或者理论是不可挑战的，再也没有什么是绝对的真理了。

对于人类来说，这是一个巨大的进步，也使得欧洲成为现代科学的发源地，并促进欧洲近代的快速发展。所以赫拉利说，科学革命并不是“知识的革命”，而是“无知的革命”。真正让科学革命起步的伟大发现，就是发现了“人类对于最终的问题其实毫无所知”。这就给人类知识体系带来无穷的活力和更强的求知欲，提升了人类理解世界的能力，以及创造新科学和新知识的能力。

从相信祖宗而停止不前，到勇于探索而改变认知

前人给我们留下了很多宝贵的财富，既有物质的，也有知识的，这是他们千百年来积累下来的经验和研究的结果。但是，这不能成为我们懒惰守旧的理由。科学告诉我们的是一个永无止境的未来：不断探索人类才能进步。在这一方面，“知”比“行”更重要。也就是说，从人类发展的角度来看，认知的不足，本质上才是我们面临的最大障碍和壁垒。

我们认识理解这个世界，经过了千百年的历史后，也只能说才知道了点皮毛。鸦片战争以后，中国人花了 100 多年的时间，才开始理解西方社会和西方科学，但到目前可能也仅仅是皮毛。海湾战争至今已经过去了快 30 年，我们也研究了快 30 年，又有谁敢说真正理解了现代战争？既然都没有真正理解，何谈借鉴和超越呢？所以，从这个意义上讲，“知”比“行”要重要得多。马克思从来没有办过什么企业，也没有参加过任何一场战争，但就靠他对资本主义社会本质的理解和深刻认知，写出了伟大的《资本论》和《共产党宣言》，极大地改变了全球的面貌。这就是认知的力量。

现代科学思想对欧洲人的影响是巨大的，也促成了他们探索世界的欲望和征服世界的野心。这一点和古代中国人的想法是截然不同的。当年郑和下西洋，既没有探索的想法，也没有征服的野心，只是作为和平的使者、贸易的伙伴周游列国，宣示中央帝国的国威。以至于郑和下西洋那么多次，居然也不知道世界到底是个什么样的，可能也不关心它该是什么样的，甚至后来皇家保留的地图还是欧洲传教士给画的。而欧洲人的探索和征服野心，却使得他们不断开疆拓土，快速发展起来。

---

①弗朗西斯·培根，1561～1626，英国唯物主义思想家、哲学家和科学家。

美洲的印第安人也和古代中国差不多,但国力不如中国,所以很早就被西班牙人给灭了。美洲印第安人的阿兹特克和印加两个帝国其实离得很近,一个在现在的加勒比地区,另一个在现在的秘鲁地区,但他们居然彼此之间并不互知。然而,登上南美大陆的西班牙殖民者却是知道的。所以,西班牙人灭掉了阿兹特克帝国后,并未停下征服和探索的脚步,不久就把印加帝国也给灭掉了。所以有人说,如果当时印加人对于周遭的世界多一点好奇,知道自己的邻居已经被外来的西班牙人给灭掉了,就有可能成功地抵御入侵。但这样巨大的帝国却认为他们知道一切,没有一点对外探索的好奇心,他们不需要知道,也不想知道,不愿意知道。以致大敌来临时,他们如同见到了外星人,完全不知该如何反应,连这些穿着奇怪服装拿着奇怪武器的人是什么都无法确定。这不就是一种无知吗?

当然,我们可以谴责这些殖民者的邪恶,但他们行为背后却是对未知世界的探索精神,比如哥伦布的探险带来世界地理大发现。科学家更是如此,哥白尼不信已有的"地心说"而提出"日心说",牛顿打破神学的桎梏而提出物理学,达尔文的进化论更是剑指"上帝创造论的心脏",都是不甘于已有的知识而进行的无畏探索,促使人类社会的前进。这样的科学探索带来和改变的是我们对世界的认知,而这是需要突破前人留下的思维障碍的。勇于探索、愿意认知,是科学带来的最大改变。

战争科学的进步,也首先依赖于认知的进步

我们所处的时代在改变,因而战争也在改变,但我们的认知改变了吗?这应该是每一个战争的研究者首先需要问自己的重要问题。认知的改变,不是喊几句口号就可以解决问题的,而是对时代本质的理解和对战争机理的深刻把握。我觉得需要首先认识几点。

第一,信息革命的本质在于缩短认知时间,提高认知水平。互联网的出现为几十亿人的协作奠定了物质基础,但本质上却极大地缩短了统一认知的时间。在文字印刷传播时代,一本书要传播到全球可能要几百年的时间;在广播电视时代,可能只需要几天的时间;在移动互联网时代,却可能只需要几秒钟的时间。这是什么概念?这就是说,成千上万,甚至以亿为计量单位的人群,可能在很短的时间内就会对某件事情形成"共识",而不管这个"共识"是真是假,继而产生出行动。比如,中东的所谓"茉莉花革命"。未来战争肯定不会只是军队自己的事情,而可能是全民的事情。

对战争形势的判断和战场态势的认知,也都会迅速加快,对抗双方比拼的不仅是作战行动的能力,更是双方指挥员决策者对战场态势的认知速度和水平,而且是集体协作条件下的认知速度和水平。如果我们还像过去那样,以为战争还是

"二战""抗美援朝""海湾战争"或者是"伊拉克战争"那个样子,甚至将其理解成"在电视上看到的"那个样子,还是按部就班,还是各管一段,还是不紧不慢,恐怕将来就会像印加帝国一样自食苦果。信息时代带来的认知改变是普遍的,你变的同时他也在变,对于战争来说更是如此。我认为,这种认知上的改变,必将带来对战争的颠覆式变革。我们可以拭目以待。

第二,认知进步会改变思维模式,认知高度将决定未来决策的高度。科学带来生产力的极大提高,但更重要的是改变了人类对世界的认知思维模式。蒸汽机的出现,带来工业革命,但革命首先改变的是生产的思维模式,带来生产方式的变革,极大地释放了生产力。而在信息时代,改变的也首先是信息化思维模式,带来了网络化生产方式的变革,创造了网络时代的新经济形式。但从本质上来看,这种信息化思维的核心是对人类乃至机器智能的极大释放,从而提高认知高度,也导致决策高度的提升,而这种高度表现在决策完整性、科学性等方面。

智能技术的发展已经证明,机器智能不仅仅是在模拟人类的智能,而是可以超过人类智能的,人工智能的目的也不是让机器超过人,而是要让人超过自己。认知的能力将依赖智能技术的发展,这一点在战争中将会体现得更明显。所以,从某种意义上讲,信息时代只是智能时代的初级阶段和前奏,信息化战争的真正决战,将是在认知能力上的比拼,而这个能力将会极大地依赖智能技术的进步。其震撼程度将绝不亚于当年西方殖民者凭着几百条火枪,就征服了几十万军队的印加帝国一样。

第三,战争认知进步的关键在于解放创造力,并最终提高战斗力。古希腊哲学家赫利克利特说:"战争乃万物之父、万物之王。它能区分人神,亦能带来自由或奴役"。人类迫于生死存亡的压力,为赢得战争,不得不竭尽所能发明创造出比他人更加先进的武器装备和战争形式,以压倒和征服对手。贺福初[①]说,要做到这一点,需要首先解放创造力。创造力将决定存亡,战斗力是创造力的体现。因此,军事永远是新型科技和颠覆性技术的首秀场,军事革命正是在科技创新的不断洗礼和交替迭代中完成的。

战争科学研究应该如何解放创造力?事实上,我们面临的是一个尴尬的窘境:战争理论的研究现在更多的是诠释前人和外军的理论,不多的"创新"更像是名词的创造;战争理论学习更受欢迎的是能立刻见效的具体方法,把院校的理论学习等同于作战指挥机构的方案研讨。一直有一个疑问萦绕在我的脑海,我们教给学员的是不是像有的学者所说的"屠龙之技"?我们又将如何证明我们战争理论的正确,并能经得起未来战争的考验?事实上,没有人敢拍着胸脯保证。但如

①参见贺福初的《解放创造力》,《光明日报》,2016年5月27日,以及《如何解放创造力》,《国防参考》,2016年第14期。贺福初,中国科学院院士,军事科学院副院长。

果换个思路，我们的战争研究不是告诉你有什么、是什么，而是承认我们也不知道未来会怎样，但可以告诉你该如何去应对这些不确定性，是不是更能激发出每个人的创造力，从而让我们的战争研究更充满活力呢？

认知的进步并不容易

早就有专家指出，人类有四套认知系统，都在一起使用的。这就是：原始爬行动物时代的认知系统，5 万年前语言成熟时发展出的认知系统，5000 年前文字发明后发展出来的认知系统，以及 500 年前科学兴起后发展出来的认知系统。由于后一套系统总比前一套系统更复杂，因而更耗费能量，速度也更慢，所以人类在本性上总是倾向于使用低层次的认知系统。这被称为认知的惰性。

所以有人说，大脑不是用来思考的，其真正作用在于使你避免思考。我们大脑的绝大部分，都是在让我们顺从身体里的荷尔蒙，而不是去动用耗能昂贵的分析、推理等理性思维，分析、符号和理性都是大脑的敌人，所以我们必须无时无刻地和本能做斗争才能运用它们。思维的每一步跃迁，都要求我们做出极大的努力。我们常说，“懒得动脑子了”，实际上就很形象地描述出了我们思考时的基本倾向。有些人为什么总是愿意接受农业时代的思考方式，比如诗词歌赋，而不愿意接受工业时代的科学进步，比如数学方法，很大程度上就是觉得使用简单的认知系统更容易一些。

所以，认知的进步并不是那么容易做到的。一个人如此，一个群体如此，一个社会也可能如此。这种认知上的惰性就是某种“愚蠢”。所以，如果认知不愿意进步，再多的科技进步也只能造就更多的蠢人。在很多情况下，我们的愚蠢经常会被别人利用。比如，广告商就在利用我们的本能而避开我们的理性，向我们推销自己的产品。一个激进的政治主张也可能一下就煽动起一群人的情绪，很大程度上也是非理性的产物。可以预见，在未来这样的愚蠢并不会消除，我们要做的只能是不断地用科学和理性武装自己的头脑，而且愿意并努力地使用。

人们对无知是恐惧的，但对待无知的方式却是装作什么都知道，这其实是一种掩耳盗铃般的愚蠢。很多事情都可以找人替代，还有很多事情别人也可以帮你，但唯有认知这件事情，九成靠自己悟，一成靠高人点拨。首先承认和发现自己的无知，再不断以好奇心驱动去探索和建立对世界的新的认知，才是人类前进的唯一动力。对于战争研究来说，也应该如此。

7.2 结　　语

军事科学是实践和经验的科学。千百年来，无数的先人总结了无数的经验，成为人类宝贵的精神财富。但是，经验毕竟有限，已经难以适应信息化战争的千变万化，甚至都不会留给我们积累经验的时间了，因为它变化得越来越快了。而科学则可以为我们打开一扇认识战争的新大门，找到驾驭战争的新方法。孙中山说过一句话："一艘没有装罗盘的船可能也可以到达目的地，而一艘装了罗盘的船有时反而不能到达。但我宁愿利用科学仪器来航行，而不是仅靠经验"。他说出了科学的作用。

美国人看中国人的科学观

我们再看另外一段很有名的话，看看美国人是如何看待中国人的科学观的。这是 1883 年 8 月 15 日的一篇著名演讲，这篇演讲被认为影响了美国近代的科学发展。演讲很长，题目是《为纯科学呼吁》。我们看其中的一段。

> "我时常被问及这样的问题：纯科学与应用科学究竟哪个对世界更重要？为了应用科学，科学本身必须存在。假如我们停止科学的进步而只留意科学的应用，我们很快就会退化成中国人那样。多少代人以来他们都没有什么进步，因为他们只满足于科学的应用，却从来没有追问过他们所做事情的原理。而这些原理就构成了纯科学"。
>
> "中国人知道火药的应用已经若干世纪了，如果他们用正确的方法探索其特殊应用的原理，他们就会在获得众多应用的同时发展出化学，甚至物理学。因为只满足于火药能爆炸的事实而没有寻根问底，中国人已经远远地落后于世界的进步，以至于我们只能将这个所有民族中最古老、人口最多的民族当成野蛮人。"

演讲者是美国第一任物理学会会长亨利·奥古斯特·罗兰①，这个人对美国近代科学的发展做出了非常突出的贡献。从演讲中我们可以看出，当时中国在世界科学界人的眼中是什么样子的。中国人很早就知道了火药能爆炸，但却没把它发展出化学和物理学，只是做成鞭炮用于祭祀神灵、驱邪驱鬼；很早就知道了指南针，却没有发展出地理学，但却用于看风水；很早就发明了活字印刷，但更多地用于印佛经。

缺乏对科学原理的追寻，导致科学上的落后，最后导致国运的衰落和被动挨打。现在有一些国防工业部门包括一些科研单位，把这段话做成了牌子挂在了墙上，就是想时刻提醒自己，我们在搞应用的同时，不能忘了科学的本源。只关心科学的结果，而不关心背后的原理将永远无法进步！

我认为，对于战争和战争理论的研究，也应该如此。我们不能人云亦云，总是

---

①亨利·奥古斯特·罗兰，1848～1901，美国著名物理学家，美国科学院院士，美国第一任物理学会会长。

跟在别人的后面“鹦鹉学舌”，而是必须要知道背后的原理是什么和为什么，这才是最重要的。科学确实带来了新的武器装备、新的作战理念，甚至新的战争形态。但更重要的是，科学理论和思维方法也可以为我们认识和理解战争机理，提供更科学的途径。

可以死于无常，但不能死于无知

大道至简。“第一性原理”表现在基本规律上。战争制胜一条亘古不变的规律仍是“强胜弱败、优胜劣败”，信息化战争改变的只是调度规则。我们必须认识到战争是一个活的动态系统、对抗系统和整体系统，要想制胜，就必须以动态、对抗、整体的复杂系统思维，去寻找体系的相对优势和强点，科学地调度才有取胜的机会。对待强敌就更是如此。这也是现代科学理论告诉我们的最基本的理念，仅用传统思维是无法认识和把握的。

但是，需要特别强调一句，复杂性科学并不是要否定还原论思想，而是要超越还原论思想。这就像相对论并没有否定牛顿力学一样，两者之间并不矛盾，只是在还原论方法解决不了的领域再去运用复杂性科学方法。核心区别在于我们应该把战争系统当成生命体，还是机器？我们应该知道，在什么时候对什么系统，该用还原论的方法，还是复杂系统方法。事实上，简单系统思维可以看成是复杂性思维的一个特例，因此用复杂性思维去理解简单系统也没有问题。但是，反过来就不行，用简单系统思维去理解复杂系统就做不到。

《人类简史》中说，“科学革命的关键不在于某一项科学突破，而在于一整套认识世界的科学方法”。我们不能认为牛顿科学范式就是科学思维方法的终点，因为科学思维方法也在不断进步，并促进人类的发展。所谓科学思维，是从科学原理出发的思维，是理性的思维。所以，认识战争机理就必须从科学原理出发，从理解我们所处的这个不确定世界出发，才能真正理解信息化战争的复杂性，使我们立于不败之地。

认识战争机理不是一件容易的事情，还需要做出更多的努力。科学理论还在不断发展，还有许多我们不熟悉，却是应该知道的东西。我们不要满足于易于理解的东西，还要去理解我们一时还难以理解的东西。因为正是这些难以理解的东西，可能会使我们先敌一步，掌握不对称优势，克敌制胜。

塔勒布说过：“我们可以死于无常，但不能死于无知”。思维的落后是最大的落后，我们不能死了都不知道是怎么死的，这就未免太冤了。

打开好奇心之门，了解科学进展，掌握科学的思维方法，研究信息化战争的运行机理，是我们每个人应该努力去做的事情，包括你，包括我，也包括所有关心国家命运的人！